W0356701

hänssler

BIBELWISSEN

FRIEDRICH HAUSS

Biblische Begriffe und Gestalten

Stichwort- und Personen-
konkordanz zur Bibel

Die Deutsche Bibliothek – CIP-Einheitsaufnahme

Hauss, Friedrich:
Biblische Begriffe und Gestalten : Stichwort- und
Personenkonkordanz zur Bibel / Friedrich Hauss. – Neuhausen-
Stuttgart : Hänssler, 1992
(Hänssler-Bibelwissen)
ISBN 3-7751-1775-X
NE: HST

hänssler-Bibelwissen
Bestell-Nr. 391.775
Lizenzausgabe 1992 mit freundlicher Genehmigung des
Luther-Verlags, Bielefeld
Alle Rechte vorbehalten
Der vorliegende Band enthält die bisher in der TELOS-Reihe
erschienenen Titel »Biblische Taschenkonkordanz« und »Biblische
Gestalten«
Titelbild: Chester Beatty Library, Dublin Blauel/Gnamm, ARTHOTEK
Umschlaggestaltung: Daniel Dolmetsch
Printed in Germany

Biblische Begriffe

Alphabetisches Stichwortverzeichnis
(Abkürzung: s. = siehe)

Biblische Gestalten

Inhalt

I. Teil: Die Gestalten des Alten Testaments

Vorwort

In diesem Band sind erstmals die beiden Konkordanzen zu biblischen Begriffen und Gestalten vereinigt, die aus der Schriftauslegung des badischen Theologen Friedrich Hauß (1893-1977) hervorgegangen sind. Beide Werke haben sich seit ihrem ersten Erscheinen vielfach bewährt: in der Hand von Pfarrern, Pastoren, Mitarbeitern und Leitern von Bibel- und Hauskreisen, aber auch von Christen, die sich in ihrer (vielleicht knappen) täglichen Stillen Zeit einem Bibeltext zuwenden.

1. Stichwortkonkordanz

ermöglicht es, zentrale biblische Begriffe von ihrem Vorkommen in der gesamten Heiligen Schrift her zu verstehen. Friedrich Hauß wollte mit seiner Begriffskonkordanz andere Konkordanzen, die unter einem Stichwort alle Bibelstellen auflisten, an denen dieser Begriff vorkommt, ergänzen und erweitern. Sein Anliegen bei dieser Konkordanz war es, »die wichtigsten biblischen Begriffe nach ihrem sprachlichen und biblisch-theologischen Sinn darzustellen«. Das tat er aufgrund einer sorgfältigen Auslegung (Exegese) und »einer ernsthaften Besinnung auf den sprachlichen und biblisch-theologischen Gehalt der biblischen Begriffe«.
Die von Friedrich Hauß geleistete (Vor-)Arbeit versetzt den Benutzer dieser Konkordanz in die Lage, mit wenig Aufwand übersichtlich zu erfahren, welche Bedeutung(en) ein biblischer Begriff hat und wie er im Ganzen der Bibel zu verstehen ist. Die biblischen Begriffe sind nach ihrer hebräischen und/oder griechischen Bedeutung sprachlich aufgeschlüsselt. Ihr Sinngehalt wird in wenigen Sätzen dargestellt. Die zitierten Bibelstellen werden nach sachlichen Gesichtspunkten aufgelistet.
Wie kann man mit der Stichwort- bzw. Begriffskonkordanz arbeiten?

> Man stößt etwa beim Lesen von Philipper 1,2 auf den Begriff »Gnade«. Nun schlägt man in der Konkordanz den Begriff »Gnade« auf. Da wird unterschieden zwischen der Auffassung der Gnade im Alten und Neuen Testament. Für das Neue Testament faßt die Begriffskonkordanz die Bedeutung so zusammen: »Gottes Geneigtheit zu dem Sünder ohne Verdienst und Würdigkeit, ohne jeglichen Rechtsanspruch«. Dabei sind zwei Unterabteilungen gemacht. Die erste redet von »Gottes Geneigtheit zu dem Sünder ohne Verdienst und Würdigkeit«, die zweite sagt, »wie der Mensch der Gnade teilhaftig wird und ihrer verlustig geht«.
> In der ersten Unterabteilung werden dann die Stellen nach vier Gesichtspunkten zusammengefaßt. Zunächst werden Bibelworte angeführt, die zeigen, daß die Gnade in Jesus geoffenbart ist. Man ließt, daß Jesus um unseretwillen arm wurde und starb. So ist also Gottes Gnade in Jesus zu uns gekommen. Eine zweite Gruppe von Bibelworten zeigt uns, daß die

Gnade das Gegenteil ist von Verdienst und guten Werken. Sie ist ein unverdientes Geschenk. Eine dritte Gruppe von Bibelworten sagt uns, daß die Gnade allen Menschen gilt. In der vierten Gruppe werden dann die Gnadengaben Gottes aufgezählt.
Wenn nun die Stellen der zweiten Abteilung uns klarmachen, daß die Gnade Gottes uns durch die Offenbarung Jesu Christi angeboten wird, daß sie im Kreuzestod Jesu uns geschenkt wird, daß man sie versäumen und durch Mutwillen verscherzen kann, dann entsteht vor uns ein anschauliches Bild von dem, was Gnade Gottes ist.
(Aus dem Vorwort von Friedrich Hauß zu früheren Auflagen)

2. Die Konkordanz der biblischen Gestalten

Mit dieser Kokordanz zeigt Friedrich Hauß anhand ihres Vorkommens in der Bibel Männer und Frauen, die in ihrer Zeit und Eigenart von Gott angesprochen worden sind. Das Leben dieser biblischen Gestalten wurde durch Gottes Wort verändert: »Entweder haben sie das Wort Gottes angenommen und sind dadurch zurechtgebracht worden, oder sie haben es abgelehnt und haben durch den Widerstand gegen die umgestaltende Macht des göttlichen Worts ihr Leben selbst verdorben. Daß das Licht des Wortes Gottes als gestaltende Macht im Leben der biblischen Menschen gesehen werde, daran lag mir in dieser Arbeit.»
Anders als bei der Stichwortkonkordanz sind in diesem Teil des Buches die Artikel nicht alphabetisch angeordnet. Friedrich Hauß faßt in einzelnen Abschnitten jeweils mehrere biblische Personen in Gruppen zusammen und folgt dabei im großen und ganzen der Anordnung der biblischen Bücher. Ein ausführliches Inhaltsverzeichnis sowie ein alphabetisches Namensverzeichnis erleichtern das Aufsuchen einer biblischen Gestalt.
Das Anliegen von Friedrich Hauß, das er mit seinen beiden Konkordanzen verfolgte, ist es dem Benutzer biblische Begriffe und Gestalten so nahezubringen, daß dadurch Gott durch sein Wort selbst zu ihm spricht. »Wer zur Wirklichkeit Gottes kommen will, muß die Bibel lesen« – das war die Erkenntnis und die Voraussetzung, unter der Friedrich Hauß seine Konkordanz ausarbeitete. Daß dies mit dieser Neuauflage vielen Menschen geschenkt werde, ist auch die Hoffnung des Verlages.

Stephan Zehnle
(theol. Verlagslektor)

1. BUCH

Biblische Begriffe

Abendmahl, das von dem Herrn Jesus am Abend vor seinem Kreuzestode eingesetzte Mahl, das seinen Jüngern den Sinn des Kreuzes aufschließen und seiner Gemeinde die Frucht seines Sterbens übermitteln soll.

1. Der Schatten, der vom heiligen Abendmahl in dem Alten Testament vorausfiel, ist das Passahmahl und der Bundesschluß am Sinai. Siehe Bund.

2 Mose 12	Stellvertretend für die Erstgeburt stirbt das Lamm.
Joh. 1, 36	Siehe, das ist Gottes Lamm.
1 Kor. 5, 7	Wir haben auch ein Passahlamm, das ist Christus, für uns geopfert.
Joh. 6, 54	Wer mein Fleisch isset (Hinweis Jesu auf seinen Tod).
2 Mose 24, 8	Da nahm Mose das Blut und sprengte das Volk damit und sprach: Sehet, das ist das Blut des Bundes, den der Herr mit euch macht über all diesen Worten.
Mtth. 26, 26	Einsetzung des heiligen Abendmahls. Der Neue Bund in Jesu Blut. Gebrochen wird sein Leib; vergossen wird sein Blut auf Golgatha (Mrk. 14, 22-24; Luk. 22, 19-21; 1 Kor. 11, 23.25). ThW: »Blut Christi« ist wie Kreuz nur ein anderer anschaulicherer Ausdruck für den Tod Christi in seiner Heilsbedeutung. Nach den Einsetzungsworten des Abendmahls leistet das Blut Jesu Christi Gewähr für die Verwirklichung der neuen Gottesordnung.

2. Die Gemeinde Christi und das Abendmahl.

	a) Sie gedenkt Jesu Opfertodes.
1 Kor. 11, 26	Sooft ihr von diesem Brot esset ..., sollt ihr des Herrn Tod verkündigen.
11, 24	Das tut zu meinem Gedächtnis (Luk. 22, 19)!
	b) Sie nimmt Jesu Opfertat als Gabe für sich.
Mtth. 26, 26	Nehmet, esset (Das ist das Tun des Glaubens)! Mrk. 14, 22.
	c) Sie hofft, indem sie an die Tischgemeinschaft mit dem Herrn im Himmelreich denkt.
Mtth. 26, 29	Ich werde vom Gewächs des Weinstocks nicht mehr trinken, bis ich's neu trinken werde im Reich Gottes.
1 Kor. 11, 26	Des Herrn Tod verkündigen, bis daß er kommt.
	d) Würdig zur Teilnahme am heiligen Abendmahl ist der, der in diesen drei Beziehungen lebt. Die Warnung 1 Kor. 11, 27 fordert keine moralische Qualität, sondern eine vom Evangelium bestimmte Haltung. Das erfordert Selbstprüfung.
1 Kor. 11, 28	Der Mensch aber prüfe sich selbst.
	e) Wird der Genuß des heiligen Abendmahls durch Teilnahme Unwürdiger gestört?
Luk. 22, 21	Siehe, die Hand meines Verräters ist mit mir über Tische.
Mtth. 13, 27	Es ist immer Unkraut zwischen dem Weizen.
Luk. 14, 23	Gehe auf die Landstraße und nötige sie hereinzukommen (Eingeladen sind alle, aber es sind nicht alle würdig).
1 Kor. 11, 29	Wer unwürdig ißt und trinkt, ißt und trinkt sich selbst zum Gericht.

3. Worin besteht die Gabe des Abendmahls?

	a) Im Neuen Bund durch Vergebung der Sünden s. Sünde II. 3. (Mtth. 26, 28; Jerem. 31, 31).
	b) In der Vereinigung mit dem Gekreuzigten.
Mtth. 26, 26	Das ist mein Leib, das ist mein Blut.

1 Kor. 10, 16 Gemeinschaft des Blutes Christi, Gemeinschaft des Leibes Christi.

Joh. 6, 63 Der Geist ist's, der lebendig macht, das Fleisch ist nichts nütze (Des Herrn Erklärung zu der Frage: »Wie kann dieser uns sein Fleisch zu essen geben?«). Das Wort Gottes macht durch sein Hinzutreten aus Brot und Wein ein Sakrament. Der Geist erweckt den Glauben, daß sich mit Brot und Wein Christus selbst naht als der Gekreuzigte, Auferstandene und Wiederkommende.

c) Im Gewinn des ewigen Lebens.

Joh. 6, 54 Wer mein Fleisch isset und trinket mein Blut, der hat das ewige Leben.

d) In der Einheit mit Christus die Einheit der mit ihm Verbundenen.

1 Kor. 10, 17 Ein Brot, so sind wir viele ein Leib.

Ablegen, siehe Alter Mensch, heilig.

Absondern im Sinne von Erwählen, Weihen (beim Hohenpriester), sich trennen von dem Unheiligen, auch als Verfolgungsmaßregel: in den Bann tun.

1. Die Reinigung der Gemeinde.

Hebr. 7, 26 Der Hohepriester Christus von den Sündern abgesondert.

2 Kor. 6, 14 Ziehet nicht am fremden Joch mit den Ungläubigen.

6, 17 Darum gehet aus von ihnen und sondert euch ab (siehe Jes. 52, 11).

Eph. 5, 11 Habt nicht Gemeinschaft mit den unfruchtbaren Werken der Finsternis, strafet sie aber vielmehr (Innere Trennung vom bösen Wesen).

1 Kor. 5, 10 Das meine ich nicht von den Hurern in dieser Welt, sonst müßtet ihr die Welt räumen.

5, 13 Tut von euch selbst hinaus, wer da böse ist (Zucht nach Matth. 18, 15-17).

Apgsch. 5, 13 Der anderen aber wagte sich keiner zu ihnen zu tun, sondern das Volk hielt groß von ihnen (Zucht durch die Wirkung des Wortes und Geistes).

2. Die ersten Christen gingen aus der jüdischen Volkskirche, als sie in Bann getan wurden.

Luk. 6, 22 Selig seid ihr, so euch die Menschen hassen und euch absondern (in den Bann tun) um des Menschensohns willen.

Apgsch. 21, 27 Paulus im Tempel.

Allmacht, allmächtig. Dieser Name Gottes am häufigsten in den Büchern Mose, Hiob und Offenbarung. Da gebraucht, wo Gottes Macht zu segnen und zu richten zum Ausdruck kommt. Jesus Christus hat teil an Gottes Allmacht. Der ohnmächtige Mensch bekommt Anteil an Gottes Kraft durch den Glauben.

1. Christus hat teil an Gottes Allmacht.

Mtth. 28, 18 Mir ist gegeben alle Gewalt im Himmel und auf Erden.

11, 27 Alle Dinge sind mir übergeben von meinem Vater.

Mtth. 9, 6 Christus vergibt Sünde.

Joh. 5, 27 Er hält das Gericht (Mtth. 25, 31).

1 Kor. 15, 27 Er hat ihm alles unter seine Füße getan.

2. Gottes Macht zu segnen.

1 Mose 17, 1 Ich bin der allmächtige Gott, wandle vor mir!

28, 3 Der allmächtige Gott segne dich!

Hiob 22, 25 Der allmächtige Gott wird dein Gold sein.

5 Mose 32, 39	Ich kann töten und lebendig machen.
Ps. 77, 11	Die rechte Hand des Höchsten kann alles ändern.
Mrk. 10, 27	Alle Dinge sind möglich bei Gott.
Luk. 3, 8	Gott kann Abraham aus den Steinen Kinder erwecken.
2 Kor. 9, 8	Er kann machen, daß allerlei Gnade unter euch reichlich sei.
Hebr. 2, 18	Er kann helfen denen, die versucht werden.
11, 19	Gott kann wohl auch von den Toten aufwecken.
Jak. 1, 21	Das Wort kann eure Seelen selig machen.

3. Gottes Macht zu richten.

Hiob 37, 23	Den Allmächtigen können wir nicht begreifen.
Offenb. 1, 8	Der da ist und der da war, der Allmächtige.
19, 15	Tritt die Kelter des Zornes Gottes, des Allmächtigen.
19, 6	Der allmächtige Gott hat das Reich eingenommen.
Dan. 4, 34	Er kann demütigen.
Jerem. 17, 10	Ich, der Herr, kann das Herz ergründen.

4. Der Mensch ist ohnmächtig, im Glauben nimmt er teil an Gottes Kraft.

Ps. 62, 10	Menschen sind ja nichts.
Mrk. 10, 27	Bei den Menschen ist's unmöglich.
1 Kor. 2, 14	Der natürliche Mensch vernimmt nichts.
Joh. 3, 27	Der natürliche Mensch kann sich nichts nehmen;
Gal. 6, 3	so er doch nichts ist.
Phil. 4, 13	Ich vermag alles durch den, der mich mächtig macht.
Ps. 18, 30	Mit dir kann ich über Mauern springen.
2 Kor. 12, 9	Meine Kraft ist in den Schwachen mächtig.

Alter Mensch, die durch die Erbsünde verderbte Wesensanlage der Menschen, die durch die Wiedergeburt überwunden wird (siehe Wiedergeburt und heilig). Das Alte und Neue ist unvereinbar miteinander.

Luk. 5, 36	Niemand flickt einen Lappen von einem neuen Kleid auf ein altes Kleid.
1 Kor. 5, 7	Feget den alten Sauerteig aus.
2 Kor. 5, 17	Ist jemand in Christo, so ist er eine neue Kreatur, das Alte ist vergangen, siehe, Neues ist geworden.
3, 14	Die Decke bleibt unaufgedeckt über dem Alten Testament. (ThW: »Der Bund des Gesetzes wird bei Paulus erstmalig Altes Testament genannt. Er hat seine Eigenart im Fehlen des Geistes und ist vom Buchstaben, der da tötet, beherrscht«.)
Röm. 6, 6	Dieweil wir wissen, daß unser alter Mensch samt ihm gekreuzigt ist.
Eph. 4, 22	Leget von euch ab, nach dem vorigen Wandel, den alten Menschen, der durch Lüste im Irrtum sich verderbet.
Kol. 3, 9	Ziehet den alten Menschen mit seinen Werken aus.

Amt, siehe Dienst.

Anfang, Gott hat die anfangende Gewalt. Weil Christus ganz auf seiten Gottes steht, ist er hineingebettet in den Anfang und hat teil an Gottes Schöpferkraft, die Anfänge setzt. Der gottesfürchtige Mensch beginnt alles mit Gott.

1. Gott und Christus haben die anfangende Gewalt, sind selbst der Anfang.

Offenb. 1, 8	Ich bin das A und O, der Anfang und das Ende.
3, 14	Christus, der Anfang der Kreatur.

Kol. 1, 18	Der Anfang und der Erstgeborene von den Toten.
Micha 5, 1	Welches Ausgang von Anfang und von Ewigkeit her gewesen ist.
Joh. 1, 1	Im Anfang war das Wort. ThW: »Das, was vor aller Zeit liegt, von dem die Zeitaussage überhaupt nicht gemacht werden kann.«
1 Mose 1, 1	Im Anfang schuf Gott Himmel und Erde.
Hebr. 12, 2	Lasset uns aufsehen auf Jesum, den Anfänger und Vollender des Glaubens.
Phil. 1, 6	Der in euch angefangen hat das gute Werk.

2. Der gottesfürchtige Mensch beginnt alles mit Gott.

1 Mose 12, 8	Abraham baute Gott einen Altar (Beginn der Siedlung).
1 Sam. 7, 5	Samuel beginnt den Krieg mit Buß- und Bettag in Mizpa.
23, 2	David fragte den Herrn: Soll ich hingehen?
Tobias 8, 5	Tobias beginnt seinen Ehestand mit Gott.
Apgsch. 13, 3	Da fasteten sie und beteten ... und ließen sie gehen (Anfang der Heidenmission).
Joh. 15, 5	Ohne mich könnt ihr nichts tun.

Anfechtung, siehe Versucher.

Angst, Bedrängnis, die das Herz beklemmt und die Fähigkeit zum Glauben wie zum Handeln lähmen will. Angst lehrt beten. Die Bedrängnisse wiederfahren dem Christen notwendig als endzeitliche Leiden (Röm. 8, 35). Durch Christi Angst (Mtth. 26, 37) und Sieg ist die Angst derer, die an ihn glauben, überwunden.

1. Angst lehrt demütig beten.

2 Sam. 22, 7	Da mir angst war, rief ich den Herrn an.
Nehem. 9, 27	Zu der Zeit ihrer Angst schrien sie zu dir.
Ps. 22, 12	Sei nicht ferne von mir, denn Angst ist nahe.
31, 10	Sei mir gnädig, denn mir ist angst.
118, 5	In der Angst rief ich den Herrn an.
Jona 2, 3	Ich rief zum Herrn in meiner Angst.
Jes. 26, 16	Wenn du sie züchtigst, so rufen sie ängstlich.
Ps. 51, 19	Opfer, die Gott gefallen, sind ein geängstigter Geist.

2. Der Tröster in Angst.

Ps. 4, 2	Der du mich tröstest in Angst.
32, 7	Du wirst mich vor Angst behüten.
138, 7	Wenn ich mitten in der Angst wandle, so erquickst du mich.
Jes. 8, 23	Es wird nicht dunkel bleiben über denen, die in Angst sind.
Mtth. 26, 37	Jesus fing an zu trauern und zu zagen (Gethsemane).
Jes. 53, 8	Er ist aus Angst und Gericht genommen (der Messias).
Joh. 16, 33	In der Welt habt ihr Angst; aber seid getrost, ich habe die Welt überwunden.
Röm. 8, 35	Wer will uns scheiden ... Trübsal oder Angst?
2. Kor. 6, 4	Wir beweisen uns als Diener Gottes in ... Angst.
Röm. 8, 22	Alle Kreatur ängstigt sich noch immerdar.
2 Kor. 4, 8	Wir haben allenthalben Trübsal, aber wir ängstigen uns nicht.

Antichrist, siehe Widerchrist.

Apostel, das heißt Abgesandter. 1. Es gibt Apostel im allgemeinen Sinn, Abgesandte mit einem bestimmten Auftrag. 2. Apostel im besonderen Sinn sind die von Christus unmittelbar zum Aposteldienst Berufenen. Eine Fortsetzung dieses besonderen Apostelamts gibt es nicht. Ein durch Menschen berufener Apostel ist kein Apostel im eigentlichen Sinn. Der Auferstandene erneuert den Auftrag an die Jünger. Die Apostel sind Zeugen der Auferstehung, ohne daß alle Zeugen der Auferstehung Apostel geworden wären. So ist der persönliche Auftrag des Auferstandenen der alleinige Grund des Apostolats. Damit haben die Apostel eine autoritative Stellung in der Gemeinde und so werden sie auch zugleich Missionare. Mit der nachösterlichen Situation hängt auch der bleibende Charakter des nun erteilten Auftrags zusammen. Der Auferstandene bestellt seine Vertreter für den ganzen Zeitraum, der zwischen seiner Auferstehung und seiner Wiederkunft liegt, und bestellt sie aber darum nur einmal. Für das durch den Auferstandenen erneuerte Apostolat (Joh. 20, 22) ist der Geist unentbehrlich. Durch ihn empfangen die Apostel die Gewißheit der Gegenwart Jesu und damit auch seine Kraft. Die Gemeinde ist der Ort, wo Jesus als der Auferstandene wirkt, und seine Apostel können nur als ihre Glieder seine Bevollmächtigten sein.

1. Apostel im allgemeinen Sinn.

Joh. 13, 16	Noch der Apostel größer als der ihn gesandt hat.
2 Kor. 8, 23	Apostel der Gemeinden (Abgesandte mit der Geldgabe; nach der neu durchgesehenen Lutherbibel: Boten).
Apgsch. 14, 4	Sie hielten es mit den Aposteln (Paulus und Barnabas).
2 Kor. 11, 13	Solche falschen Apostel und trügliche Arbeiter verstellen sich zu Christi Aposteln. (Offenb. 2,2).

2. Apostel im besonderen Sinn.

Mrk. 3, 13	Apostelwahl.
Joh. 17, 18	Gleichwie du mich gesandt hast in die Welt (Hebr. 3,1 wird Christus selbst Apostel genannt), so sende ich sie auch in die Welt.
Joh. 20, 22	Nehmet hin den heiligen Geist!
Apgsch. 1, 2	Nachdem er den Aposteln, welche er hatte erwählt, Befehl getan hatte.
Gal. 1, 1	Paulus, ein Apostel nicht von Menschen, auch nicht durch Menschen, sondern durch Christus.
Eph. 2, 20	Erbaut auf dem Grund der Apostel und Propheten (der Grundstein ist ein für allemal gelegt, für den gibt es keine Nachfolgerschaft).

Arbeit , arbeiten, Arbeiter. Die Schrift kennt körperliche und seelische Arbeit. Gott will, daß wir arbeiten, verheißt der Arbeit Segen und fordert den gerechten Lohn für sie.

1. Die Arbeit der Hände.

2 Mose 29, 9	Sechs Tage sollst du arbeiten.
Ps. 128, 2	Du wirst dich nähren von deiner Hände Arbeit.

2. Arbeit der Seele.

Jes. 53, 11	Darum, daß seine Seele gearbeitet hat, wird er seine Lust sehen und die Fülle haben.
43, 24	Mit hast du Arbeit gemacht mit deinen Sünden und hast mir Mühe gemacht mit deinen Missetaten.
Joh. 4, 38	Ich habe euch gesandt, zu schneiden, das ihr nicht gearbeitet habt.
Mtth. 9, 37	Die Ernte ist groß, aber wenige sind der Arbeiter.

3. Gott will, daß wir arbeiten.

Eph. 4, 28	Wer gestohlen hat, der stehle nicht mehr, sondern arbeite.
1 Thess. 4, 11	Arbeitet mit euren eigenen Händen, wie wir euch geboten haben.
2 Thess. 3, 10	So jemand nicht will arbeiten, der soll auch nicht essen.
3, 12	Solchen gebieten wir, daß sie mit stillem Wesen arbeiten.
Haggai 2, 4	Sei getrost ... und arbeite.

4. Segen der Arbeit.

Sirach 40, 18	Wer sich mit seiner Arbeit nährt und läßt sich genügen, der hat ein fein ruhig Leben.
31, 27	Nimm dir etwas vor zu arbeiten, so widerfährt dir keine Krankheit.
1 Kor. 15, 58	Wisset, daß eure Arbeit nicht vergeblich ist in dem Herrn.
Offenb. 2, 2	Ich weiß deine Arbeit.
14, 13	Selig sind die Toten, die in dem Herrn sterben, sie ruhen von ihrer Arbeit.

5. Gott will, daß die Arbeit den gerechten Lohn erhalte (siehe Lohn).

Ärgernis, sich ärgern, ärgerlich (eigentlich: Falle, in eine Falle geraten). Etwas, woran man zu Fall kommt, wodurch ein widergöttliches Verhalten herbeigeführt wird.

1. Ursprung des Ärgernisses.

Mtth. 13, 27	Woher das Unkraut? Das hat der Feind getan.
2 Sam. 19, 23	Daß ihr mir heute wollt zum Satan werden.
Mtth. 16, 23	Hebe dich, Satan, von mir! Du bist mir ärgerlich.
Luk. 17, 1	Es ist unmöglich, daß nicht Ärgernisse kommen.

2. Art des Ärgernisses.

	a) Verführung.
2 Mose 23, 33	So du ihren Göttern dienst, wird es dir zum Ärgernis (Fall) geraten.
Mrk. 34, 12	Daß sie (gottlose Einwohner) dir nicht zum Ärgernis (Fallstrick) werden.
Offenb. 2, 14	Bileam, welcher lehrte den Balak ein Ärgernis aufrichten ... Hurerei zu treiben.
Röm. 16, 17	Achthaben auf die, die da Zertrennung und Ärgernis anrichten.
1 Tim. 4, 1	In den letzten Zeiten werden etliche von dem Glauben abtreten und anhangen den verführerischen Geistern und Lehren der Teufel.
Mrk. 9, 42	Wer der Kleinen einen ärgert, die an mich glauben, dem wäre besser, daß er ins Meer geworfen würde.
9, 43	So dich deine Hand ärgert, haue sie ab!
	b) Anstößiges Verhalten.
2 Mose 32, 4	Aaron gibt den Israeliten Ärgernis durch das goldene Kalb.
2 Kor. 6, 3	Wir geben niemand irgendein Ärgernis, auf daß unser Amt nicht verlästert werde.
1 Joh. 2, 10	Wer seinen Bruder liebt, der bleibt im Licht, und ist kein Ärgernis bei ihm.
	c) Selbst Erlaubtes kann zum Ärgernis werden.
1. Kor. 8, 13	So die Speise meinen Bruder ärgert, wollte ich nimmermehr Fleisch essen.
Röm. 14, 13	Daß niemand seinem Bruder einen Anstoß oder Ärgernis darstelle.

d) Der Sohn Gottes, wenn er infolge seiner Niedrigkeit nicht erkannt wird, wird zum Ärgernis.

Mtth. 11, 6 Selig ist, der sich nicht an mir ärgert.
13, 57 Sie ärgerten sich an ihm.
17, 27 Auf daß wir sie nicht ärgern, so gehe hin an das Meer.
26, 31 In dieser Nacht werdet ihr euch alle an mir ärgern.
26, 33 Wenn sie auch alle sich an dir ärgern, so will ich mich doch nimmermehr ärgern.
Joh. 16, 1 Solches habe ich zu euch geredet, daß ihr euch nicht ärgert (wenn sie den Haß der Welt erfahren).
Mtth. 24, 10 In den letzten Tagen werden sich viele ärgern.
Jes. 8, 14 Ein Stein des Anstoßes und ein Fels des Ärgernisses.
1 Kor. 1, 23 Wir predigen den gekreuzigten Christus, den Juden ein Ärgernis.

3. Das Gericht über den, der auf sündige Weise Ärgernis gibt.

Mtth. 13, 41 Des Menschen Sohn wird seine Engel senden, und sie werden sammeln aus seinem Reich alle Ärgernisse und die da Unrecht tun.
18, 7 Wehe dem Menschen, durch den Ärgernis kommt ... besser daß du einäugig zum Leben eingehest, denn daß du zwei Augen habest und werdest in das höllische Feuer geworfen.
Mrk. 9, 44 Da ihr Wurm nicht stirbt und ihr Feuer nicht erlischt.

Armut, arm. Gott hat eine Vorliebe für die Armen, weil sie vom Mammonsgötzendienst nicht umstrickt sind und daher mehr Sinn haben für die himmlischen Güter. Der Sohn Gottes erwählte die Armut, weil sie seinen inneren Reichtum am wenigsten verhüllte. Er hat unter den Armen seine Jünger gefunden und sie auf den Weg der Armut gewiesen. Allerdings muß die Armut auch im Herzen sein, weil nur der aufs Bitten Angewiesene den göttlichen Reichtum erlangt.

1. Die Armut ist Gott wert und steht unter seinem Schutz.

Ps. 72, 14 Der Armen Blut wird teuer geachtet vor ihm.
9, 10 Der Herr ist der Armen Schutz.
12, 6 Weil die Elenden verstört werden und die Armen seufzen, will ich auf stehen, spricht der Herr.
69, 34 Der Herr hört den Armen.

2. Reich und arm.

Sprüche 19, 17 Wer sich des Armen erbarmt, der leiht dem Herrn.
Amos 5, 11 Wider die Unterdrücker der Armen.
Sprüche 22, 2 Reiche und Arme müssen untereinander sein, der Herr hat sie alle gemacht.
29, 13 Reiche und Arme begegnen einander, beider Augen erleuchtet der Herr.
28, 6 Es ist besser ein Armer, der in seiner Frömmigkeit geht, als ein Reicher, der in verkehrten Wegen geht.
13, 7 Mancher ist arm bei großem Gut, und mancher ist reich bei seiner Armut.

3. Oft ist Armut selbstverschuldet.

Sprüche 10, 4 Lässige Hand macht arm.
28, 19 Wer dem Müßiggang nachgeht, wird Armut genug haben (Sprüche 24, 33).
Luk. 15, 13 Er brachte sein Gut um mit Prassen.

4. Gottes Sohn ward arm, predigte den Armen und wies den Weg den Armen.

Sacharja 9, 9	Siehe, dein König kommt zu dir arm.
2 Kor. 8, 9	Ihr wisset die Gnade unseres Herrn Jesu Christi, daß, ob er wohl reich ist, ward er doch arm um euretwillen.
Mtth. 8, 20	Des Menschen Sohn hat nicht, da er sein Haupt hinlege.
Jak. 2, 5	Hat Gott nicht erwählt die Armen, die im Glauben reich sind?
Mtth. 11, 5	Den Armen wird das Evangelium gepredigt.
19, 21	Verkaufe, was du hast, und gib's den Armen.
Luk. 14, 21	Führe die Armen, Krüppel, Lahmen und Blinden herein.
Zephanja 3, 12	Ich will lassen in dir übrigbleiben ein arm, gering Volk, die werden auf des Herrn Namen trauen.
Luk. 16, 22	Der Arme starb und ward getragen von den Engeln.
Mtth. 5, 3	Selig sind, die geistlich arm sind!
Offenb. 2, 9	Ich weiß deine Werke ... deine Armut (du aber bist reich!).

Auferstehung, Auferweckung, auferstehn. Auferstehung der im Alten Bund geahnte, in Christus verwirklichte Sieg Gottes über den Tod. Er wirkt sich aus im Leben der Glaubenden durch Befreiung von der Todesfurcht, in ihrem Sterben durch die Gewißheit des Heimgangs. Er vollendet sich durch die Wiederkunft Christi in der Umwandlung und Enderneuerung aller Dinge, auf die die ganze Schöpfung wartet.

1. Der Sieg Gottes über den Tod im Alten Bund geahnt.

1 Mose 49, 18	Herr, ich warte auf dein Heil (der sterbende Jakob)!
Hiob 14, 14	Bis daß meine Veränderung komme.
19, 25	Ich weiß, daß mein Erlöser lebt.
Hosea 13, 14	Tod ich will Dir ein Gift sein.
Hesek. 37, 1-15	Die Totengebeine werden wieder lebendig.
Jes. 26, 19	Deine Toten werden leben.
Dan. 12, 2	Viele werden aufwachen ... Die Lehrer werden leuchten.
2 Makk. 7, 14	Daß uns Gott wird wieder aufwecken.
12, 43	Dieweil er dachte an die Auferstehung.

2. Der Sieg Gottes in Christus verwirklicht.

Mtth. 16, 21	Christus zeigte seinen Jüngern, wie er sollte auferstehen.
Joh. 2, 19	Tempelabbruch und Wiederaufbau.
Mtth. 16, 4	Das Jonaszeichen.
21, 42	Verworfener Stein – Eckstein.
28	Auferstehungsberichte (Mrk. 16; Luk. 24; Joh. 20 und 21).
Apgsch. 1, 22	Zeuge seiner Auferstehung.
1 Kor. 15, 1	Auferstehungsberichte des Paulus (Apgsch. 9, 3).
4, 33	Sie gaben Zeugnis von der Auferstehung des Herrn mit großer Kraft.
26, 23	Christus sollte der erste sein aus der Auferstehung.

3. Das Auferstehungsleben in den Glaubenden schon jetzt gegenwärtig.

Joh. 5, 24	Wer mein Wort hört und glaubt, der hat das ewige Leben.
11, 26	Wer da lebet und glaubet an mich, der wird nimmermehr sterben.
Eph. 2, 5	Samt Christo lebendig gemacht.
Kol. 3, 1	Seid ihr nun mit Christo auferstanden.

4. Den Glaubenden ist Leben nach dem Tod verheißen.

Joh. 11, 25	Ich bin die Auferstehung und das Leben, wer an mich glaubt, der wird leben, ob er gleich stürbe.
17, 24	Vater, ich will, daß, wo ich bin, auch die bei mir seien, die du mir gegeben hast.
Luk. 23, 43	Heute wirst du mit mir im Paradiese sein.
Phil. 3, 20	Unser Wandel (Heimat) ist im Himmel.
1, 23	Bei (mit) Christo zu sein.
1 Thess. 4, 17	Bei dem Herrn sein allezeit.
2 Kor. 5, 1	Wir wissen aber, so unser irdisches Haus, diese Hütte zerbrochen wird, daß wir einen Bau haben, von Gott erbaut ein Haus, ... das ewig ist, im Himmel (Gott wird der mit Christus verbundenen Seele nach dem Tode ein Organ geben, das dem Leib entspricht).
5, 8	Daheim sein bei dem Herrn.
Joh. 14, 2	In meines Vaters Hause sind viele Wohnungen ... Ich gehe hin, euch die Stätte zu bereiten.
Hebr. 2, 15	Er erlöste die, so durch Furcht des Todes im ganzen Leben Knechte sein mußten.

5. Die Vollendung des Sieges über den Tod bei der Wiederkunft Christi.

Joh. 5, 28	Es kommt die Stunde, in welcher alle, die in den Gräbern sind, werden seine Stimme hören und werden hervorgehen, die da Gutes getan haben, zur Auferstehung des Lebens, die aber Übles getan haben, zur Auferstehung des Gerichts (*Allgemeine* Auferstehung).
1 Kor. 15, 22	Sie werden in Christo alle lebendig gemacht werden, ein jeglicher aber in seiner Ordnung: der Erstling Christus; danach die Christo angehören, wenn er kommen wird, danach das Ende. (Das Ende: vgl. der Rest der Toten).
15, 26	Der letzte Feind, der aufgehoben wird, ist der Tod.
1 Thess. 4, 16	Die Toten in Christo werden auferstehen zuerst ..., danach wir, die wir leben und übrigbleiben.
1 Kor. 15, 52	Die Toten werden auferstehen unverweslich, und wir werden verwandelt werden.
Offenb. 20, 6	Erste Auferstehung (Auferstehung der *Gläubigen*).
20, 13	Das Meer gab die Toten, die darin waren; und sie wurden gerichtet, ein jeglicher nach seinen Werken (*allgemeine* Auferstehung).
1 Kor. 15, 54	Wenn dies Verwesliche wird anziehen die Unverweslichkeit, dann wird erfüllt werden das Wort: Der Tod ist verschlungen in den Sieg.
Röm. 8, 22	Alle Kreatur sehnt sich mit uns ... Wir warten auf unseres Leibes Erlösung (Vers 23).
Offenb. 21, 1	Ich sah einen neuen Himmel und eine neue Erde (Die Schöpfung wird wie der Leib erneuert werden, so daß das gegenwärtige Leben, soweit es aus Gott ist, keimhaft dem zukünftigen zugrunde liegt. Vgl. 1 Kor. 15, 37, Gleichnis vom Samenkorn; doch geht jede Auferstehung durch den Tod hindurch. 1 Kor. 15, 36: Was du säest, wird nicht lebendig, es sterbe denn. So geht auch die Neuschaffung von Himmel und Erde durchs Todesgericht).
2 Petr. 3, 12	Die Himmel werden vom Feuer zergehen und die Elemente vor Hitze zerschmelzen.

Auserwählt, siehe Erwählung und Leiden.

Barmherzigkeit, barmherzig. Die Gesinnung, die das Elend nicht sehen kann, ohne sich zum Helfen angetrieben zu fühlen. Paulus redet von Gottes Barmherzigkeit nur in heilsgeschichtlichen Aussagen. Gottes Barmherzigkeit ist seine heilsgeschichtliche-endzeitliche Tat in Christus (Tit. 3, 5; Röm. 9, 23; 15, 8.)

1. Die Barmherzigkeit Gottes.

a) Sie ist väterliche und mütterliche Liebe.

Hosea 11, 8	Meine Barmherzigkeit ist zu brünstig.
2, 21	Ich will mich mit dir verloben in Ewigkeit, ich will mich mit dir vertrauen in Gerechtigkeit und Gericht, in Gnade und Barmherzigkeit.
Jes. 49, 15	Kann auch ein Weib ihres Kindleins vergessen, daß sie sich nicht erbarme über den Sohn ihres Leibes?
Jerem. 31, 20	Ist nicht Ephraim mein teurer Sohn und mein trautes Kind? Darum bricht mir mein Herz gegen ihn, daß ich mich sein erbarmen muß.
Luk. 1, 78	Durch die herzliche Barmherzigkeit unseres Gottes, durch welche uns besucht hat der Aufgang aus der Höhe.
Mtth. 9, 36	Da er das Volk sah, jammerte ihn desselbigen.
Luk. 15, 20	Es sah ihn sein Vater, und es jammerte ihn.

b) Sie währet ewig.

2 Chron. 5, 13	Gottes Barmherzigkeit währet ewig.
Ps. 23, 6	Gutes und Barmherzigkeit werden mir folgen mein Leben lang, und ich werde bleiben im Hause des Herrn immerdar.
Klagel. 3, 22	Die Güte des Herrn ist es, daß wir nicht gar aus sind, seine Barmherzigkeit hat noch kein Ende.

c) Sie wendet das Gericht ab bei Bußfertigkeit.

Jerem. 3, 12	Ich bin barmherzig und will nicht ewiglich zürnen, allein erkenne deine Missetat, daß du wider den Herrn gesündigt hast.
Joel 2, 13	Er ist gnädig und barmherzig ... und reuet ihn bald der Strafe.
Jona 4, 2	Ich weiß, daß du barmherzig bist und läßt dich des Übels reuen.

d) Sie gedenkt unserer Sünden nicht und löst uns von ihnen durch die Heilstat in Jesus Christus.

Ps. 25, 7	Gedenke nicht der Sünden meiner Jugend, gedenke aber meiner nach deiner Barmherzigkeit.
Jes. 54, 7	Ich habe dich einen kleinen Augenblick verlassen, aber mit großer Barmherzigkeit will ich dich sammeln.
Dan. 9, 18	Wir liegen vor dir mit unserem Gebet und vertrauen nicht auf unsere Gerechtigkeit, sondern auf deine große Barmherzigkeit.
Hebr. 2, 17	Daher mußte er in allen Dingen seinen Brüdern gleich werden, auf daß er barmherzig würde und ein treuer Hohepriester vor Gott, zu versöhnen die Sünden des Volkes.
2 Kor. 1, 3	Der Vater der Barmherzigkeit.
Röm. 9, 23	Daß er kundtäte den Reichtum seiner Herrlichkeit an den Gefäßen der Barmherzigkeit.
Röm. 15, 8	Ich sage aber, daß Jesus Christus sei ein Diener gewesen der Juden, ... zu bestätigen die Verheißungen ..., daß die Heiden aber Gott loben um der Barmherzigkeit willen.
Titus 3, 5	Nicht um der Werke willen der Gerechtigkeit, die wir getan hatten, sondern nach seiner Barmherzigkeit machte er uns selig ... durch Jesum Christum unseren Heiland.
1 Petr. 1, 3	Der uns nach seiner großen Barmherzigkeit wiedergeboren hat durch die Auferstehung Jesu Christi ...
Hebr. 4, 16	Laßt uns hinzutreten mit Freudigkeit zu dem Gnadenstuhl, auf daß wir Barmherzigkeit empfangen und Gnade finden.
Judä 21	Wartet auf die Barmherzigkeit unseres Herrn Jesu Christi zum ewigen Leben.
1 Tim. 1, 13	Aber mir ist Barmherzigkeit widerfahren.
Röm. 12, 1	Ich ermahne euch durch die Barmherzigkeit Gottes, daß ihr eure Leiber gebet zum Opfer.
1 Kor. 7, 25	Als der ich Barmherzigkeit erlangt habe von dem Herrn, treu zu sein.

2. Wir sollen barmherzig sein.

Hiob 6, 14	Wer Barmherzigkeit seinem Nächsten verweigert, der verläßt des Allmächtigen Furcht.
Mtth. 9, 13	Ich habe Wohlgefallen an Barmherzigkeit und nicht am Opfer.
23, 23	Sie lassen dahinten das Schwerste im Gesetz, nämlich das Gericht, die Barmherzigkeit und den Glauben.
Luk. 10, 37	Der die Barmherzigkeit an ihm tat.
6, 36	Seid barmherzig, wie auch euer Vater barmherzig ist.
Röm. 12, 8	Übt jemand Barmherzigkeit, so tue er's mit Lust.
Phil. 2, 1	Ist nun bei euch Ermahnung, ist herzliche Liebe und Barmherzigkeit.
Kol. 3, 12	So ziehet nun an als die Auserwählten Gottes herzliches Erbarmen.
Mtth. 5, 7	Selig sind die Barmherzigen, denn sie werden Barmherzigkeit erlangen.
Jak. 2, 13	Es wird ein unbarmherziges Gericht über den ergehen, der nicht Barmherzigkeit getan hat.

Behüten, siehe bewahren.

Bekehrung, sich bekehren, Buße tun. Sich abwenden von dem Zustand der Heilsferne, sich zuwenden in den Zustand der Heilsgemeinschaft.

Im Hebräischen ist Buße und Bekehrung dasselbe Wort: »Umkehr«. Im Griechischen wurde der Begriff wiedergegeben mit »Sinnesänderung«, im Deutschen mit »Bekehrung und Buße«, wobei das Wort Buße aus dem alten Katholizismus und dem altgermanischen Sühnegedanken einen moralistischen Beigeschmack hat.

Es gab im Alten Bunde eine kultisch-rituelle Buße mit Fasten, Weinen, im Sack und in der Asche, die an allgemeinen Bußtagen zur Abwendung einer allgemeinen Not getätigt wurde. 1 Sam. 7, 3; Jona 3, 5; Neh. 9 und Dan. 9 (Bußliturgie).

Die Kritik der Propheten wandte sich gegen die äußerliche Buße. Sie verlangten die Umkehr des Herzens zu Gott, weil an der Stellung zu Gott sich alles entscheidet, Joel 2, 13; Jes. 58, 5 ff. Sie wissen, wie schwer die rechte Umkehr ist, und erwarten sie daher von Gott und nicht von Menschen. Jer. 13, 23; Jes. 30, 15; 10, 20 u. 21. Johannes, der Täufer, verlangt echte Umkehr ohne falschen Schein, Umkehr aller, nicht nur der bekannten Sünder und der Heiden, sondern auch der jüdischen Frommen, die meinen, sie brauchen sie nicht, er verlangt Umkehr des ganzen Wesens von innen heraus und verbindet damit die Umkehrtaufe, die durch Gottes Wirken die Sündenvergebung und Umwandlung schafft. Gott schafft sich eine Gemeinde für das kommende Heil. ThW: »So steht an der Pforte des Neuen Testaments der Umkehrgedanke, der die letzten Erkenntnisse prophetischer Frömmigkeit umfaßt, aber sie in die Sicht endzeitlicher Gewißheit rückt.«

Jesus fordert Buße in der Befehlsform, die aber mit der Botschaft vom in seiner Person gegenwärtigen Reich zusammengehört. Das Tätigkeitswort »seinen Sinn ändern« überwiegt das von den Juden bevorzugte Hauptwort »Sinnesänderung« (14mal, das letzere nur 3mal) ThW. Zur Umkehr zu rufen, ist das Ziel seines Kommens. Luk. 5, 32. Das ist auch das Ziel seiner Wunderzeichen. Mtth. 11, 20. Er fordert letzte, unbedingte Entscheidung vom Menschen, endgültige Abkehr vom Bösen, entschlossene Hinkehr zu Gott in ganzem Gehorsam. Wer nicht umkehrt, verfällt dem Gericht. Aus der Umkehr erwächst der Glaube (Mrk. 1, 15). ThW: »Die Geistestaufe, die Jesus in der Vollmacht des Weltvollenders vollzieht, ist nichts anderes als die Verleihung der Gotteskraft, die Menschen schafft, die der Gottesherrschaft untergeben sind.«

Die Botschaft der Apostel enthält als Grundforderung die Umkehr. Das Wort von der Umkehr gehört zu den grundlegenden Sätzen der urchristlichen Unterweisung (Hebr. 6). So verknüpft die Pfingstpredigt des Petrus die Umkehr mit der Taufe. Sie ist Abkehr des Menschen vom Bösen und Hinkehr zu Gott, Tat des Menschen und Gabe Gottes. Sie ist Geisteswirkung und umfaßt den Glauben. Sie gründet sich auf die heilsgeschichtliche Offenbarung in Jesus Christus und geschieht in endzeitlicher Spannung.

Die Bußermahnungen der Sendschreiben stehen ganz im endzeitlichen Licht. Buße tun heißt nicht nur einmal sein Leben ändern, sondern sich immer von neuem ausrichten auf das Ziel.

Bei Paulus tritt das Wort Umkehr zurück. Die Umkehr ist im Glauben eingeschlossen. Er verwendet für Buße die Ausdrücke Sterben und Auferstehen mit Christus. Ebenso ist es bei Johannes. Er gebraucht gern die Ausdrücke: gezeugt, wiedergeboren, Licht, Finsternis, Leben und Tod. ThW: »Der innere Zusammenhang der Umkehridee geht durch das ganze Neue Testament.«

Der Hebräerbrief betont, daß der Mensch nicht beliebig über die Buße verfügen kann. Fällt er wieder von Gott ab, so verfällt er dem endzeitlichen Gericht.

1. Volkstrauertage und ihre Kritik durch die Propheten.

1 Sam. 7, 3	Israel weinte vor dem Herrn. Samuel aber sprach zum ganzen Hause Israel: So ihr euch von ganzem Herzen bekehret zu dem Herrn, so tut von euch die fremden Götter und dienet ihm allein, so wird er euch erretten aus der Philister Hand.
Jona 3, 4	Es sind noch 40 Tage, so wird Ninive untergehen. Sie ließen predigen, man solle fasten, und zogen Säcke an.
Neh. 9, 33	Du hast recht getan, wir aber sind gottlos gewesen. (Aus der Bußlithurgie des Nehemia).
Dan. 9, 3	Ich kehrte mich zu Gott, dem Herrn, zu beten und zu flehen im Sack und in der Asche.
Joel 2, 13	Zerreißet eure Herzen und nicht eure Kleider!
Jes. 58, 5	Sollte das ein Fasten sein, das ich erwählen soll, daß ein Mensch seinem Leibe übel tue? Das ist aber ein Fasten, das ich erwähle, laß los, welche du mit Unrecht gebunden hast, ... reiß weg allerlei Last, brich dem Hungrigen dein Brot ...
Jerem. 13, 23	Kann auch ein Mohr seine Haut wandeln und ein Pardel seine Flecken? So wenig könnt ihr Gutes tun, die ihr böse seid.
Jes. 30, 15	Wenn ihr umkehrtet und stille bliebet, so würdet ihr stark sein, aber ihr wollt nicht.
Jes. 10, 20	Zu der Zeit werden die Übriggebliebenen in Israel sich auf den Herrn verlassen.

2. Die Täuferpredigt.

Mtth. 3, 2	Tut Buße, das Himmelreich ist nahe herbeigekommen.
3, 7	Zu den Pharisäern: Ihr Otterngezücht, wer hat denn euch gewiesen, daß ihr dem zukünftigen Zorn entrinnen werdet?
3, 11	Ich taufe euch mit Wasser zur Buße, aber der nach mir kommt, wird euch mit dem heiligen Geist und mit Feuer taufen.

3. Die Bußpredigt Jesu und der Apostel.

Mrk. 1, 15	Die Zeit ist erfüllt, das Reich Gottes ist herbeigekommen. Tut Buße und glaubt an das Evangelium!
Luk. 5, 32	Ich bin gekommen, zu rufen die Sünder zur Buße und nicht die Gerechten.
Mtth. 11, 20	Er fing an, die Städte zu schelten, in welchen am meisten seiner Taten geschehen waren und hatten sich doch nicht gebessert.
Luk.13, 5	So ihr euch nicht bessert, werdet ihr alle auch also umkommen.
Apgsch. 2, 38	Petrus sprach: Tut Buße und lasse sich ein jeglicher taufen auf den Namen Jesu Christi, zur Vergebung der Sünden, so werdet ihr empfangen die Gabe des heiligen Geistes.
Hebr. 6, 1	Ich will nicht abermals Grund legen von Buße der toten Werke.
Röm. 6, 8	Sind wir mit Christus gestorben, so glauben wir auch, daß wir mit ihm leben werden.
Joh. 3, 5	Es sei denn, daß jemand geboren werde aus Wasser und Geist, so kann er das Reich Gottes nicht sehen.

4. Der Sünder bekehrt sich von:

Hesek. 18, 21	allen seinen Sünden, die er getan hat;
18, 23	von seinem Wesen, von aller seiner Bosheit;
Jerem. 25, 5	von seinem bösen Wege;
Apgsch. 14, 15	von diesen falschen zu dem lebendigen Gott.
Klagel. 3, 40	Lasset uns erforschen und prüfen unser Wesen und uns zum Herrn bekehren!

5. Er bekehrt sich zu dem Herrn.

Apgsch. 11, 21	Eine große Zahl bekehrt sich zu dem Herrn.
26, 18	Sich bekehren von der Finsternis zu dem Licht.
Jerem. 24, 7	Sie werden sich von ganzem Herzen zu mir kehren (Jerem. 3, 7; Joel 1,13).
Hiob 22, 23	Sich bekehren zu dem Allmächtigen.
1 Petr. 2, 25	Ihr seid nun bekehrt zu dem Hirten und Bischof eurer Seelen.

6. Die Folge der Bekehrung.

Apgsch. 3, 19	Eure Sünden werden getilgt.
2 Kor. 3, 16	Die Decke wird abgetan.
Mtth. 13, 15	Daß sie sich bekehren und ich ihnen hülfe.
Jes. 19, 22	Sie werden sich bekehren zum Herrn, und er wird sich erbitten lassen und sie heilen.

7. Die Bekehrung ist Gottes Werk.

Jerem. 31, 18	Bekehre mich du, so werde ich bekehrt.
Phil. 2, 13	Gott ist's, der in euch wirket beides, das Wollen und Vollbringen.
Hesek. 37, 5	Die Totengebeine werden durch Gottes Geist lebendig.
Mtth. 19, 26	Bei den Menschen ist's unmöglich, aber bei Gott sind alle Dinge möglich.

8. Doch wird der Mensch aufgefordert dazu, kann also auch Folge leisten durch die Kraft des Geistes.

Jerem. 3, 14	Bekehret euch, ihr abtrünnigen Kinder.
Maleachi 3, 7	Bekehret euch zu mir, so will ich mich zu euch kehren.

9. Heute bekehre sich der Mensch!

Sirach 5, 8	Darum verziehe nicht, dich zum Herrn zu bekehren, und schiebe es nicht von einem Tag auf den anderen!

Bekennen, Bekenntnis. Bekennen heißt, eine Aussage machen vor Gericht, Zeugnis ablegen, feierliche Glaubensaussagen machen, sich im Glauben zu etwas bekennen. Im Gottesdienst antwortet schon die alttestamentliche Gemeinde auf die Heilstaten Gottes mit Lob- und Dankpsalmen, ebenso im Neuen Testament. Röm. 15, 7-13 ist Paulus der liturgische Vorbeter der Heiden, in 1 Tim. 6, 12 wird an das Bekenntnis vor vielen Zeugen erinnert (Ordination des Timotheus). In der himmlischen gottesdienstlichen Gemeinde bekennen alle Zeugen, daß Jesus Christus der Herr sei zur Ehre Gottes, des Vaters. Phil. 2, 11. Ähnlich Offenbarung 4 und 5.

Das Sündenbekenntnis hat seine Stelle schon im alttestamentlichen Gottesdienst (Bußliturgien Neh. 9 und Dan. 9), dann bei der Taufhandlung Johannes', des Täufers, bei der Erweckung in Ephesus (Apg.19, 18) und in Krankheitsfällen (Jak. 5, 16). ThW: »Es ist möglich, daß in allen diesen Fällen auch das öffentliche, freie Bekenntnis der eigenen Schuld möglich gewesen ist.« Das Sündenbekenntnis vor Gottes Richterstuhl: Röm. 14, 12, das jeder einzelne ablegen muß.

1. Das Bekennen zu Christus.

Mtth. 10, 26	Es ist nichts verborgen, was nicht offenbar werde.
10, 32	Wer mich bekennt vor den Menschen, den will ich bekennen vor meinem himmlischen Vater.
10, 33	Wer mich verleugnet vor den Menschen, den will ich auch verleugnen vor meinem himmlischen Vater.
Luk. 12, 8	Den wird auch des Menschen Sohn bekennen vor den Engeln Gottes.
Röm. 10, 9	So du mit deinem Munde bekennst Jesum, so wirst du selig.
1 Joh. 4, 2	Ein jeglicher Geist, der bekennt, daß Jesus Christus ins Fleisch gekommen, der ist von Gott.
4, 15	Welcher nun bekennt, daß Jesus Gottes Sohn ist, in dem bleibt Gott und er in Gott.
2 Kor. 9, 13	Preisen Gott über euer untertäniges Bekennen.
1 Tim. 6, 12	Du hast bekannt ein gut Bekenntnis vor vielen Zeugen.
6, 13	Christus Jesus, der unter Pontius Pilatus bezeugt hat ein gutes Bekenntnis.
Hebr. 4, 14	Lasset uns halten an dem Bekenntnis.
10, 23	Lasset uns halten an dem Bekenntnis der Hoffnung und nicht wanken.

2. Das Bekenntnis der Sünden ist notwendig zur Selbstdemütigung und zur völligen Lösung.

4 Mose 5, 7	Sie sollen ihre Sünde bekennen, die sie getan haben.
Esra 9, 6	Priesterliches Bekenntnis der Volkssünde (Nehemia 1,6).
Dan. 9, 20	Als ich noch ... betete und meine und meines Volkes Sünde bekannte.
3 Mose 16, 21	Aaron soll alle Missetat auf den Bock (Sündenbock, auf den damit die Sünde gelegt wurde) bekennen.
26, 40	Da werden sie dann bekennen ihre Missetat (nämlich unter dem Gericht).
2 Chron. 30, 15	Priester und Leviten bekennen ihre Schande (bei der Tempelreinigung).
Nehemia 9, 2	Sie traten hin und bekannten ihre Sünden und ihrer Väter Missetaten (Bußtag).

Ps. 32, 5	Ich will dem Herrn meine Übertretungen bekennen, da vergabst du mir die Missetat meiner Sünde.
Mark. 1, 5	Sie ließen sich taufen im Jordan und bekannten ihre Sünden.
1 Joh. 1, 9	So wir aber unsere Sünden bekennen, so ist er treu und gerecht, daß er uns die Sünden vergibt und reinigt uns von aller Untugend.
Jak. 5, 16	Bekennet einer dem anderen seine Sünde und betet füreinander, daß ihr gesund werdet.
Röm. 14, 12	So wird nun ein jeglicher für sich selbst Gott Rechenschaft geben.

Berufung. Der Ruf Gottes in sein Reich ist der göttliche Anfang, der zu unserem persönlichen Heil führt. Der himmlische Beruf hebt den irdischen nicht auf, sondern vertieft ihn.

Gott beruft durch seine Mittel und zu seinem Zweck die Menschen in Christus. Die Antwort des berufenen Menschen kann nur das Glauben sein im Sinn des Gehorchens. Das Wort »Berufen« ist im Neuen Testament ein technischer Ausdruck für den Heilsvorgang. Die Berufung vollendet sich in seiner ewigen Herrlichkeit, die das eigentliche Ziel seiner Berufung ist.

1. Das Rufen Gottes.

	a) Gott macht den Anfang.
Offenb. 3, 20	Siehe, ich stehe vor der Tür und klopfe an.
Mtth. 20	Die Arbeiter im Weinberg werden von dem Hausvater gerufen.
Joh. 10, 27	Meine Schafe hören meine Stimme.
	b) Gott ruft durch das Evangelium und das Zeugnis seiner Boten.
2 Thess. 2, 14	Darein er euch berufen hat durch unser Evangelium.
2 Tim. 1, 9	Gott hat uns berufen mit einem heiligen Ruf.
Hebr. 3, 1	Berufen durch die himmlische Berufung.
	c) Gott ruft zunächst das Volk Israel, dann die Heiden, viele, die Mühseligen.
Apgsch. 13, 46	Euch mußte zuerst das Wort Gottes gesagt werden, nun ihr es von euch stoßet, wenden wir uns zu den Heiden.
Mtth. 20, 16	Viele sind berufen, aber wenige sind auserwählt (22, 14).
11, 28	Die Mühseligen und Beladenen: Kommt her zu mir alle.
1 Kor. 1, 26	Nicht viele Weise nach dem Fleisch, nicht viel Gewaltige sind berufen.
Luk. 14, 21	Führe die Armen, Krüppel, Lahmen und Blinden herein!
	d) Wozu beruft Gott? Er beruft:
1 Petr. 2, 9	von der Finsternis zu seinem wunderbaren Licht;
1 Thess. 2, 12	zu seinem Reiche und zu seiner Herrlichkeit (1 Petr. 5, 10);
1 Kor. 1, 9	zur Gemeinschaft seines Sohnes Jesu Christi;
Gal. 5, 13	zur Freiheit;
1 Thess. 4, 7	nicht zur Unreinigkeit, sondern zur Heiligung;
2 Thess. 2, 14	zum herrlichen Eigentum;
Eph. 4, 4	auf einerlei Hoffnung;
Offenb. 19, 9	zum Abendmahl des Lammes.
1 Kor. 7, 15	Zum Frieden hat euch Gott berufen.
2 Kor. 4, 14	Er wird uns auch auferwecken.

2. Der Mensch und der Ruf Gottes.

	a) Er kann den Ruf Gottes verwerfen.
Mtth. 13, 13	Mit hörenden Ohren hören sie nicht.

Röm. 10, 21	Den ganzen Tag habe ich meine Hände ausgebreitet zu dem Volke, das sich nichts sagen läßt.
Hosea 13, 9	Israel, du bringst dich ins Unglück.
Röm. 11, 7	Die anderen sind verstockt.
	b) Der Mensch kann den Ruf Gottes annehmen und festmachen, denn Gott ist treu.
2 Petr. 1, 10	Tut desto mehr Fleiß, eure Berufung festzumachen.
Röm. 8, 30	Welche er berufen hat, die hat er auch gerecht gemacht.
11, 29	Gottes Gaben und Berufung mögen ihn nicht gereuen.
Phil. 3, 14	Jage nach dem vorgesteckten Ziel, welches vorhält die himmlische Berufung!
2 Thess. 1, 11	Gott mache euch der Berufung würdig.
	c) Himmlischer und irdischer Beruf.
1. Kor. 7, 20	Ein jeglicher bleibe in dem Beruf, darinnen er berufen ist.
7, 18	Er bleibe in seinem Volk, in seiner sozialen Stellung, in seiner Ehe, Familie, wo Gott ihn hingestellt hat.

Beschneidung, beschneiden, Vorhaut. Beschneidung, das äußere Bundeszeichen Israels, das das männliche Geschlecht Gott weihte. Schon die Propheten verlangen eine Verinnerlichung, Beschneidung des Herzens. Durch Christus bekommt auch dieses Gebot seine Sinnerfüllung. Der Heilige Geist wandelt die Herzen um. So wird das äußere Zeichen im Neuen Bunde überflüssig. Paulus bezeichnet Israel oft als die Beschneidung, die Heiden als die Vorhaut (so Gal. 2, 7). Die neu durchgesehene Lutherbibel setzt dafür »Juden« und »Heiden«.

1. Leibliche Beschneidung.

1 Mose 17, 10	Alles, was männlich ist unter euch, soll beschnitten werden.
Luk. 2, 21	Da acht Tage um waren, daß das Kind (Jesus) beschnitten wurde.

2. Die Erfüllung dieses Gebots:

	a) gefordert;
5 Mose 10, 16	So beschneidet nun eures Herzens Vorhaut!
Jerem. 4, 4	Tut weg die Vorhaut eures Herzens.
	b) geschenkt.
Kol. 2, 11	In welchem ihr auch beschnitten seid mit der Beschneidung ohne Hände, durch Ablegung des sündlichen Leibes im Fleisch, nämlich mit der Beschneidung Christi, indem ihr mit ihm begraben seid durch die Taufe (Beschneidung wird mit der Taufe in Parallele gesetzt).
Röm. 2, 29	Beschneidung des Herzens, die im Geist, nicht im Buchstaben geschieht.
Gal. 5, 2	Wo ihr euch beschneiden lasset, so nützt euch Christus nichts.
2, 3	Nach der Entscheidung des Apostelkonzils ward Titus nicht gezwungen, sich beschneiden zu lassen.
5, 6	Denn in Christus gilt weder Beschneidung noch unbeschnitten sein etwas, sondern der Glaube, der in der Liebe tätig ist.

Beten, siehe Gebet.

Bewahren, beobachten, beständig im Blick haben, vor Schaden, vor Verlust behüten.

1. Bewahrt von der Treue Gottes.

a) Gott bewahrt in leiblicher Not.

Ps. 121, 4	Hüter Israels, der nicht schläft noch schlummert.
Luk. 4, 10	Gott wird seinen Engeln befehlen, daß sie dich bewahren.
Ps. 141, 9	Bewahre mich vor dem Stricke, den sie mir gelegt haben.
140, 5	Bewahre mich vor der Hand der Gottlosen.

b) Gott bewahrt die Seele.

Ps. 97, 10	Der Herr bewahrt die Seelen der Heiligen.
2 Thess. 3, 3	Der Herr wird euch stärken und bewahren vor dem Argen.
Joh. 17, 15	Jesus bittet: Daß du sie bewahrest vor dem Übel.
Phil. 4, 7	Der Friede Gottes bewahre eure Herzen und Sinne.
2 Tim. 1, 12	Ich bin gewiß, er kann mir bewahren, was mir beigelegt ist, bis an jenen Tag.
1 Petr. 1, 5	Wir werden durch den Glauben bewahrt zur Seligkeit.

2. Bewahrt von der Treue des Menschen, auf die es ebenso ganz ankommt als auf die Treue Gottes.

2 Tim. 1, 14	Dies beigelegte Gut bewahre durch den Heiligen Geist, der in uns wohnet.
Jes. 26, 2	Hereingehe das gerechte Volk, das den Glauben bewahrt.
Maleachi 2, 7	Des Priesters Lippen sollen die Lehre bewahren.
5 Mose 4, 2	Die Gebote des Herrn bewahren.
Hiob 23, 12	Ich bewahre die Reden seines Mundes.
Luk. 11, 28	Selig sind, die Gottes Wort hören und bewahren.
Sprüche 21, 23	Wer seinen Mund und Zunge bewahrt ..., bewahrt seine Seele vor Angst.
Pred. 4, 17	Bewahre deinen Fuß, wenn du zum Hause des Herrn gehst!
1 Joh. 5, 18	Wer von Gott geboren ist, der bewahrt sich, und der Arge wird ihn nicht antasten.

Bewährung, bewähren, als echt erweisen, prüfen, nach Prüfung als echt anerkennen. Der Christ hat das Heil Gottes empfangen und steht unter dem Gericht Gottes, vor dem er als bewährt erscheinen soll. Die Bewährung des empfangenen Heils in der jeweiligen Lage der Gemeinde, in der Trübsal, die ihr widerfährt, besteht darin, daß sie den Christusglauben festhält in Geduld. Dazu muß der Christ prüfen, was der Wille Gottes ist. Er muß sich selbst prüfen, ob er sich bewährt hat. Dabei ist nicht das Gericht der Menschen, sondern das Gericht Gottes maßgebend.

1. Bewährt ist das, was Gottes ist.

Ps. 12, 7	Die Rede des Herrn ist lauter wie durchläutert Silber im irdenen Tiegel, bewährt siebenmal.
Jes. 28, 16	Ich lege in Zion einen bewährten Stein, einen köstlichen Eckstein.
Apgesch. 9, 22	Paulus bewährte es, daß dieser ist der Christus.

2. Das, was im Menschen göttlichen Ursprungs ist, das Heil, das er im Glauben an Jesus Christus empfangen hat, wird bewährt durch Trübsal und Anfechtung; es waltet das Ewigkeitsmaß des höchsten Richters.

Sirach 27, 6	Die Trübsal bewährt des Menschen Sinn.
2 Kor. 8, 2	Durch viel Trübsal bewährt.
1 Petr. 1, 7	Der Glaube bewährt in mancherlei Anfechtungen, köstlicher erfunden als das vergängliche Gold, das durchs Feuer bewährt wird.
1 Kor. 3, 13	Welcherlei eines jeglichen Werk sei, wird das Feuer bewähren.
1 Thess. 2, 4	Bewährt von Gott, der unser Herz prüft.

Röm. 16, 10	Apelles, der Bewährte in Christo.
Jak. 1, 12	Selig ist der Mann, der die Anfechtung erduldet, denn nachdem er bewährt ist, wird er die Krone des Lebens empfangen.
1 Kor. 9, 27	Daß ich nicht anderen predige und selbst verwerflich (nicht bewährt) werde.
2 Kor. 10, 18	Darum ist einer nicht tüchtig (bewährt), daß er sich selbst lobt, sondern daß ihn der Herr lobt.
Röm. 5, 4	Geduld bringt Bewährung.
1 Kor. 11, 19	Es müssen Parteien unter euch sein, auf daß die, die rechtschaffen (bewährt) sind, offenbar werden.

3. Darum sollen die Christen prüfen, welches der Wille Gottes ist, sie sollen sich selbst prüfen, ob sie in der Bewährung stehen.

Röm. 12, 2	Verändert euch durch Erneuerung eures Sinnes, auf daß ihr prüfen möget, welches da sei der gute, wohlgefällige und vollkommene Gotteswille.
2 Kor. 13, 5	Prüfet euch selbst!
1 Kor. 11, 28	Der Mensch aber prüfe sich selbst (in zuchtloser Haltung darf er dem im heiligen Abendmahl gegenwärtigen Christus nicht entgegentreten).
Mtth. 21, 42	Jesus wird von den Bauleuten abschätzig beurteilt und ist doch der von Gott auserkorene Schlußstein. (Nicht auf der Menschen Urteil kommt es an, sondern auf Gottes Urteil).

Bezeugen, siehe Zeugnis.

Bild, siehe Christus [4. h.]

Bleiben, soviel wie beständig sein, beharren bis ans Ende, eine Eigenschaft Gottes im Unterschied vom Menschen.

Schon im Alten Testament ist die Ewigkeit Gottes vor allem in den Psalmen vielfältig bezeugt, erst recht im Neuen Testament. Jesus Christus hat Anteil an Gottes Ewigkeit. Der Geist bleibt auf ihm. Das hebt ihn weit hinaus über die Propheten. Gott bleibt in ihm (Joh. 14, 10). Christus bleibt ewiglich (Joh. 12, 34). Christus bleibt in den Gläubigen (Joh. 15, 4-7). Es gilt, zu bleiben in Christus und durch ihn in Gott. Es bleiben die göttlichen Lebensäußerungen in den Gläubigen: Gottes Wort, Gottes Leben, Gottes Liebe, seine Wahrheit, seine Lehre, seine Salbung. Der Gläubige bleibt im Licht, während der Ungläubige umgekehrt in der Finsternis und im Tode bleibt.

1. Das Bleiben der Menschen.

Hebr. 13, 14	Wir haben hier keine bleibende Stadt.
1 Joh. 2, 17	Die Welt vergeht mit ihrer Lust.

2. Gottes Bleiben. Das Bleiben Gottes in Jesus Christus.

Ps. 45, 7	Dein Stuhl bleibt immer und ewig (Ps. 9,8).
119, 89	Dein Wort bleibt ewig (1 Petr. 1, 23; Jes. 40, 8).
33, 11	Der Rat des Herrn bleibt ewiglich.
Offenb. 1, 8	Ich bin das A und das O, der Anfang und das Ende.
2 Tim. 2, 13	Glauben wir nicht, so bleibt er treu.
Joh. 1, 32	Der Geist blieb auf ihm (auf Jesus).

3. Das Bleiben Gottes – durch Christus auf die Menschen bezogen.

Joh. 1, 14	Das Wort ward Fleisch und wohnte unter uns.

Luk. 24, 29	Bleibe bei uns, denn es will Abend werden und der Tag hat sich geneiget. Und er ging hinein, bei ihnen zu bleiben.
Mtth. 28, 20	Siehe, ich bin bei euch alle Tage.
Joh. 14, 16	Gott soll euch einen Tröster geben, daß er bei euch bleibe ewiglich, den Geist der Wahrheit.
14, 17	Der Geist der Wahrheit bleibt bei euch und wird in euch sein.
15, 11	Daß meine Freude in euch bleibe.
2 Joh. 2	Die Wahrheit, die in uns bleibe.
Joh. 15, 7	So ihr in mir bleibet und meine Worte in euch bleiben.
1 Joh. 2, 14	Denn ihr seid stark und das Wort Gottes bleibt bei euch.
3, 15	Und hat nicht das ewige Leben bei ihm bleibend.
3, 17	Wie bleibt die Liebe Gottes bei euch?
2 Joh. 2	Um der Wahrheit willen, die in uns bleibt und bei uns sein wird in Ewigkeit.
9	Wer in der Lehre Christi bleibt, der hat beide, den Vater und den Sohn.
1 Joh. 2, 27	Und die Salbung, die ihr von ihm empfangen habt, bleibt bei euch.
2, 10	Wer seinen Bruder liebt, der bleibt im Licht.
Joh. 12, 46	Ich bin gekommen in die Welt als ein Licht, auf daß, wer an mich glaubt, nicht in der Finsternis bleibe.
1 Joh. 2, 10	Wer seinen Bruder liebt, der bleibt im Licht.
3,14	Wer seinen Bruder nicht liebt, der bleibt im Tode.

4. Das Bleiben Christi in uns durch den Heiligen Geist hängt ab:

	a) von unserem Glauben;
Kol. 1, 23	So ihr anders bleibt im Glauben gegründet und fest (1 Tim. 2, 15).
Joh. 8, 31	So ihr bleiben werdet an meiner Rede.
Gal. 3, 20	Der nicht bleibt in alledem, was geschrieben steht.
2 Tim. 3, 14	Bleibe in dem, was du gelernt hast.
	b) von unserer Liebe;
Joh. 15, 9	Bleibet in meiner Liebe.
1 Tim. 2, 15	So sie bleiben in der Liebe.
1 Joh. 4, 16	Wer in der Liebe bleibt, der bleibt in Gott und Gott in ihm.
4, 12	So wir uns untereinander lieben, so bleibt Gott in uns und seine Liebe ist völlig in uns.
	c) vom Gehorsam;
1 Joh. 2, 17	Wer den Willen Gottes tut, der bleibt in Ewigkeit.
3, 24	Wer seine Gebote hält, der bleibt in ihm.
	d) vom Gebet;
1 Tim. 5, 5	Bleibet am Gebet und Flehen Tag und Nacht.
1 Thess. 5, 17	Betet ohne Unterlaß.
Röm. 12, 12	Haltet an am Gebet.
	e) zusammenfassend.
1 Mose 5, 22	Henoch blieb in einem göttlichen Leben.
Ps. 73, 23	Dennoch bleibe ich stets an dir.
Joh. 15, 4	Bleibet in mir und ich in euch.

5. Die Frucht des Bleibens in ihm.

Joh. 15, 5	Wer in mir bleibt und ich in ihm, der bringt viel Frucht.
1 Joh. 3, 6	Wer in ihm bleibt, der sündigt nicht.
4, 13	Daran erkennen wir, daß wir in ihm bleiben, daß er uns von seinem Geist gegeben hat.

Blind sein im geistlichen Sinn heißt: verschlossene Augen haben für die Wirklichkeit Gottes und seines Gesalbten wie für die eigene Sünde und Verlorenheit.

Die Erleuchtung ist ein schöpferisches Werk Gottes, durch das der Blick für Gotteswirklichkeit und Sünde wieder geöffnet wird.

1. Blindsein ist Gerichtsfolge auf unsere Sünde.

5 Mose 28, 28	Wenn du nicht gehorchen wirst der Stimme des Herrn (Vers 15): der Herr wird dich schlagen mit Wahnsinn, Blindheit und Rasen des Herzens.
Jes. 6, 10	Verstocke das Herz dieses Volkes ... und blende ihre Augen, daß sie nicht sehen und genesen (Befehl Gottes an Jesaja).
9, 1	Das Volk, das im Finstern wandelt.
Luk. 1, 79	Die da sitzen in Finsternis.
Joh. 3, 19	Das ist aber das Gericht, daß das Licht in die Welt gekommen ist und die Menschen liebten die Finsternis mehr denn das Licht, denn ihre Werke waren böse.
Mtth. 13, 13	Mit sehenden Augen sehen sie nicht.
Röm. 11, 25	Blindheit ist Israel zum Teil widerfahren.
Mtth. 23, 24	Ihr verblendeten Leiter, die ihr Mücken seiht und Kamele verschluckt.
23, 26	Du blinder Pharisäer.
15, 14	Lasset sie fahren, sie sind blinde Blindenleiter.
Offenb. 3, 17	Du weißt nicht, daß du bist elend, ... blind und bloß.
2 Kor. 4, 3	Ist nun unser Evangelium verdeckt, so ist's in denen, die verlorengehen, verdeckt, ... bei welchem der Gott dieser Welt der Ungläubigen Sinn verblendet hat, daß sie nicht sehen das helle Licht des Evangeliums.
Eph. 4, 18	Sie sind entfremdet von dem Leben, das aus Gott ist, ... durch die Blindheit des Herzens.

2. Nur die göttliche Erleuchtung macht die geistlich Blinden sehend.

	a) Die Quelle des Lichts.
Ps. 36, 10	In deinem Licht sehen wir das Licht.
Jak. 1, 17	Der Vater des Lichts.
2 Kor. 4, 6	Gott, der da hieß das Licht aus der Finsternis hervorleuchten, hat einen hellen Schein in unsere Herzen gegeben, daß durch uns entstünde die Erleuchtung von der Erkenntnis der Klarheit Gottes im Angesicht Jesu Christi.
	b) Der Messias erleuchtet.
Jes. 42, 6	Ich habe dich gegeben zum Licht der Heiden, daß du sollst öffnen die Augen der Blinden.
Jerem. 31, 34	Sie sollen mich alle kennen.
Luk. 2, 32	Ein Licht, zu erleuchten die Heiden.
Joh. 1, 9	Das war das wahrhaftige Licht, welches erleuchtet alle Menschen, die in die Welt kommen.
Eph. 1, 18	Gott gebe euch erleuchtete Augen des Verständnisses (weil Gott erleuchtet, darum Fürbitte und Gebet um Erleuchtung).
5, 8	Ihr waret weiland Finsternis, nun aber seid ihr ein Licht in dem Herrn.
5, 14	Wache auf, der du schläfst ..., so wird dich Christus erleuchten.
Kol. 1, 13	Welcher uns errettet hat von der Obrigkeit der Finsternis.
	c) Die Leuchte ist Gottes Wort.
Ps. 19, 9	Die Gebote des Herrn sind lauter und erleuchten die Augen.
2 Kor. 4, 4	Das helle Licht des Evangeliums.
2 Petr. 1, 19	Ein Licht, das da scheinet an einem dunklen Ort.
Apgsch. 26, 17	Unter welche (die Heiden) ich dich jetzt sende, aufzutun ihre Augen, daß sie sich bekehren von der Finsternis.
Ps. 119, 105	Dein Wort ist meines Fußes Leuchte.

Eph. 3, 8	Mir ist gegeben diese Gnade, zu verkündigen ... und zu erleuchten jedermann, welches da sei die Gemeinschaft des Geheimnisses.
Offenb. 3, 18	Salbe deine Augen mit Augensalbe.
	d) Wachstum in der Erkenntnis
2 Kor. 3, 18	Wir werden verklärt in dasselbige Bild ... von einer Klarheit zur anderen.
1 Kor. 1, 5	Ihr seid durch ihn in allen Stücken reich gemacht, an aller Lehre und in aller Erkenntnis.
Kol. 1, 9. 11	Wir hören nicht auf zu beten, daß ihr wachset in der Erkenntnis Gottes.
Hebr. 6, 4	Es ist unmöglich, die, die einmal erleuchtet sind und geschmeckt haben die himmlische Gabe und teilhaftig geworden sind des Heiligen Geistes und geschmeckt haben das gütige Wort Gottes und die Kräfte der zukünftigen Welt, wo sie abfallen, wiederum zu erneuern zur Buße (Unterbrechung dieses Wachstums und Rückfall vernichtet den Gnadenstand).
Ps. 25, 14	Das Geheimnis des Herrn ist unter denen, die ihn fürchten ..., meine Augen sehen stets zu dem Herrn (Bedingungen des Wachstums).
Mtth. 13, 12. 16	Wer da hat, dem wird gegeben ..., selig sind eure Augen, daß sie sehen.
Offenb. 21, 23	Die Herrlichkeit Gottes erleuchtet sie, und ihre Leuchte ist das Lamm (Vollendung).
Mtth. 13, 43	Dann werden die Gerechten leuchten wie die Sonne in ihres Vaters Reich.

Blut, der Träger der tierischen und menschlichen Lebenskraft.

I. Das Blut im Alten Bund.

1. Über ihm waltet die Ehrfurcht vor dem Leben. Es ist ein Frevel, der zu Gott schreit nach Vergeltung, unschuldig Blut zu vergießen.

1 Mose 4, 10	Es schreit die Stimme von deines Bruders Blut zu mir von der Erde.
Offenb. 6, 10	Und sie (die Seelen unter dem Altar) schrien: Wie lange ... rächest du nicht unser Blut?
Mtth. 27, 24	Pilatus sprach: Ich bin unschuldig an dem Blut dieses Gerechten. Das Volk antwortete: Sein Blut komme (wenn es unschuldig ist und gerächt werden muß, was sie bezweifelten) über uns und unsere Kinder!

2. Man nimmt das Blut daher nicht zu sich. Verbot, Blut zu essen.

3 Mose 3, 17	Das sei eine ewige Sitte, daß ihr kein Blut esset.
Apgsch. 15, 20	Daß sie sich enthalten ... vom Blut.

3. Man gibt es Gott, dem Ursprung des Lebens, zurück. Aus der Schlachtung wird das Opfer als Gabe an Gott. Dabei der Gedanke der Sühnung und Stellvertretung. Besonders bei Bundesschluß das Opfer, um durch das Blut den Ernst der Sache und durch die Teilung des Bluts die Verbindung der Teilnehmer zu bekunden.

1 Mose 4, 4	Opfer Abels.
8, 20	Opfer Noahs.
15, 10	Bundesopfer Abrahams Gott dargebracht.
2 Mose 24, 8	Bundesopfer am Sinai (Das Blut des Bundes).

4. Die sühnende, stellvertretende Bedeutung des Bluts eines Opfertieres. Die Sünde wird durch Handauflegung dem Tier übertragen, sein Blut

vor dem Altar und dem Vorhang vergossen und das Fleisch außerhalb des Lagers verbrannt (3 Mose 4).

2 Mose 12, 23	Blut an der Überschwelle (Passah, 3 Mose 4).
3 Mose 17, 11	Das Blut ist die Versöhnung, weil das Leben in ihm ist.
16	Versöhnungstag.
Jes. 53, 4	Fürwahr er trug unsere Krankheit ..., durch seine Wunden sind wir geheilt.
Hebr. 10, 1	Das Gesetz hat den Schatten von den zukünftigen Gütern, nicht das Wesen selbst.

II. Das Blut Jesu. ThW: »Das Blut Christi« ist wie ›Kreuz‹ nur ein anderer anschaulicher Ausdruck für den Tod Jesu Christi in seiner Heilsbedeutung.« Es ist, sowohl im Abendmahl wie bei Paulus und Johannes, die Gewähr der Entsündigung in der neuen Gottesordnung. Es hat seine Wirkung nicht als Stoff, sondern als Ausdruck für die Selbsthingabe Jesu Christi in seinem Gehorsam bis zum Tod (Phil. 2, 8; Röm. 5, 19; Hebr. 5, 8).

1. Das Wort Jesu.

Joh. 1, 29	Siehe, das ist Gottes Lamm (Johannes der Täufer bezieht Jes. 53 auf Jesus).
Luk. 12, 50	Ich muß mich zuvor taufen lassen mit einer Taufe (Mtth. 20, 22 Bluttaufe, siehe Taufe).
Mtth. 20, 28	Gebe sein Leben zu einer Erlösung für viele.
Joh. 6, 54	Wer mein Fleisch isset und trinket mein Blut.
Mtth. 26, 26	Abendmahl, das Blut des Neuen Testaments, des Neuen Bundes zwischen Gott und Menschen (Mrk. 14, 22-24; Luk. 22, 19. 20).

2. Das Wort der Apostel.

Apgsch. 8, 34	Von wem redet der Prophet solches (Jes. 53 auf den Tod Jesu bezogen)?

Das Blut Jesu Christi ist gegeben:

	a) zur Erlösung;
Apgsch. 20, 28	Die Gemeinde, welche er durch sein eigenes Blut erworben hat.
Offenb. 5, 9	Du hast uns erkauft mit deinem Blut.
1 Petr. 1, 19	Erlöset mit dem teuren Blut Christi.
	b) zur Reinigung;
1 Joh. 1, 7	Das Blut Jesu Christi, des Sohnes Gottes, macht uns rein von aller Sünde.
Offenb. 1, 5	Gewaschen von den Sünden mit seinem Blut.
7, 14	Sie haben ihre Kleider gewaschen im Blut des Lammes.
	c) zur Gerechtigkeit;
Röm. 5, 9	Nachdem wir durch sein Blut gerecht geworden sind.
	d) zum Frieden;
Kol. 1, 20	Er macht Frieden durch das Blut an seinem Kreuz.
	e) zur Heiligung;
Hebr. 13, 12	Jesus heiligte das Volk durch sein eigenes Blut.
	f) zum Eingang in das Heilige;
Hebr. 10, 19	Freudigkeit zum Eingang in das Heilige durch das Blut Jesu.

Eph. 2, 13	Nahe geworden durch das Blut Christi.
	g) zur Gemeinschaft und Versöhnung mit Gott;
Hebr. 13, 20	Das Blut des ewigen Testaments (9, 20; 10, 29).
1 Kor. 10, 16	Gemeinschaft des Blutes Christi.
Röm. 3, 25	Gnadenstuhl durch den Glauben in seinem Blut.
1 Petr. 1, 2	Zur Besprengung mit dem Blut Christi.
	h) zur Überwindung,
Offenb. 12, 11	Sie haben überwunden durch des Lammes Blut.

III. Das Blut in der Verbindung »Fleisch und Blut« bringt die menschliche Ohnmacht, Todverfallenheit, Autoritätslosigkeit im Vergleich zur göttlichen Autorität zum Ausdruck.

Mtth. 16, 17	Fleisch und Blut hat dir das nicht offenbart, sondern mein Vater im Himmel.
1 Kor. 15, 50	Das Fleisch und Blut können das Reich Gottes nicht ererben.
Eph. 6, 12	Wir haben nicht mit Fleisch und Blut zu kämpfen, sondern mit Fürsten und Gewaltigen.
Hebr. 2, 14	Nachdem die Kinder Fleisch und Blut haben, ist er desselben gleichermaßen teilhaftig geworden.
Joh. 1, 13	Welche nicht nach dem Geblüt, sondern von Gott geboren sind.

Brot, das unentbehrliche Lebensmittel, in übertragener Bedeutung die Nahrung der Seele.

Ps. 104, 14	Gott bringt es aus der Erde.
2 Thess. 3, 12	Es soll durch Arbeit verdient werden.

1. Gott ernährt in der Teuerung.

2 Mose 16, 14	Das Manna.
1 Kön 17, 6	Die Raben bringen Elia Brot.
Mtth. 14, 19	Jesus speist die Fünftausend.
4, 4	Ablehnung der Versuchung, aus Steinen Brot zu machen.

2. Jesus Christus ist das Brot, das vom Himmel gekommen ist.

Joh. 6, 51	Das lebendige Brot.
6, 32	Das rechte Brot.
6, 48	Ich bin das Brot des Lebens.
6, 58	Wer dies Brot isset, wird leben in Ewigkeit.

3. Das Essen des Brotes ist gleichbedeutend mit »für sich nehmen«, glauben. Christus will unser Lebensmittel sein, nach dem wir hungern und an dem wir satt werden.

5 Mose 8, 3	Der Mensch lebt nicht vom Brot allein.
Amos 8, 11	Es kommt die Zeit, da will ich einen Hunger ins Land schicken ... nach dem Wort des Herrn.
Mtth. 5, 6	Selig sind, die da hungert und dürstet nach der Gerechtigkeit; denn sie sollen satt werden.

Bruder, brüderlich, Bruderliebe. Bruder sein heißt, in Lebensgemeinschaft stehen mit dem anderen. Die Sünde vereinsamt, aber ihre Überwindung durch Christus verbindet zu wahrer Bruderschaft. Die gliedliche Verbundenheit untereinander ergibt sich ohne weiteres aus der Verbindung mit dem Haupte Christus (1 Kor. 12, 12).

1. Die Sünde vereinsamt.

1 Mose 4, 9	Soll ich meines Bruders Hüter sein (Kains Bruderschaft zerstörte der Neid)?
11	Turmbau zu Babel (Infolge des Hochmuts verwirrt und zerstreut).
Luk. 22, 24	Es erhub sich auch ein Zank unter ihnen, welcher unter ihnen sollte für den Größten gehalten werden.

2. Wahre Bruderliebe schafft Christus. Die mit ihm Verbundenen sind auch untereinander verbunden.

Mtth. 12, 50	Wer den Willen tut meines Vaters im Himmel, der ist mein Bruder.
Joh. 20, 17	Gehe hin zu meinen Brüdern und sage ihnen (der Auferstandene zu den Jüngern).
13, 34	Ein neu Gebot gebe ich euch, daß ihr euch untereinander liebet.
Mtth. 23, 8	Einer ist euer Meister, ihr aber seid alle Brüder.
Apgsch. 1, 14	Diese alle waren stets beieinander einmütig mit Beten und Flehen.
Apgsch. 4, 32	Die Menge der Gläubigen war ein Herz und eine Seele (dieses eine Herz war Christus, der in ihnen lebte).
Phil. 1, 14	Brüder in dem Herrn.
1 Joh. 3, 14	Wir wissen, daß wir aus dem Tode in das Leben gekommen sind, denn wir lieben die Brüder. Wer den Bruder nicht liebt, der bleibt im Tode.
4, 20	Wer seinen Bruder nicht liebt, den er sieht, wie kann er Gott lieben?
2,9	Wer da sagt, er sei im Licht und hasset seinen Bruder, der ist noch in der Finsternis.
2 Petr. 1, 7	Reichet dar in der Gottseligkeit brüderliche Liebe und in der brüderlichen Liebe allgemeine Liebe.
1 Petr. 2, 17	Habt die Brüder lieb!
Röm. 12, 10	Die brüderliche Liebe untereinander sei herzlich.
Eph. 4, 3	Seid fleißig zu halten die Einigkeit im Geist durch das Band des Friedens!
1 Petr. 1, 22	Machet keusch eure Seelen im Gehorsam der Wahrheit durch den Geist zu ungefärbter Bruderliebe und habt euch untereinander inbrünstig lieb aus reinem Herzen.
3, 8	Seid allesamt gleichgesinnt, mitleidig, brüderlich!
Hebr. 13, 1	Bleibet fest in der brüderlichen Liebe!

3. Volksbruderschaft, Bruderschaft nach dem Fleisch.

Röm. 9,3	Ich habe gewünscht, verbannet zu sein von Christo für meine Brüder, die meine Gefreundete sind nach dem Fleisch (Paulus von den Juden).

Buchstabe, siehe Schrift.

Bund: Gott schließt in seiner unendlichen Liebe einen Bund mit der Menschheit. Als dieser Bund im Paradies gebrochen wird, schließt Gott den Bund der Verheißung, der vom Menschen Glauben erwartet, und den Bund des Gesetzes, der die Sehnsucht nach Erfüllung der Verheißung erweckt. Der Bund der Verheißung, der den Bund des Gesetzes immer begleitet, wird von Christus erfüllt durch seinen Kreuzestod. Der Neue Bund wird mit jedem geschlossen, der an Christus glaubt. ThW: »Der Vorgang, der mit Bund oder Testament nicht in seinem eigentlichen Sinn wiedergegeben wird, ist durchgehend die Verfügung Gottes, die machtvolle Kundgebung Gottes in der Geschichte, durch die er das

Verhältnis zwischen sich und den Menschen gemäß seiner Heilsabsicht gestaltet, die autoritative göttliche Verordnung (Stiftung), die eine entsprechende Ordnung der Dinge herbeiführt.«

1. Der erste Bund.

1 Mose 2, 15	Gott, der Herr, nahm den Menschen und setzte ihn in den Garten Eden, daß er ihn baute und bewahrte...; du sollst essen von allerlei Bäumen im Garten, aber von dem Baum der Erkenntnis des Guten und Bösen sollst du nicht essen.
Hosea 6, 7	Sie übertreten den Bund wie Adam.

2. Der Bund der Verheißung.

1 Mose 3, 15	Derselbe soll dir den Kopf zertreten, und du wirst ihn in die Ferse stechen.
1 Mose 8, 22	Solange die Erde steht, soll nicht aufhören Saat und Ernte (Bund Gottes mit Noah, als er opferte).
12, 3	In dir sollen gesegnet werden alle Geschlechter auf Erden (Bund Gottes mit Abraham).
15, 18	An dem Tage machte Gott einen Bund mit Abraham (verbunden mit dem blutigen Opfer, das Opfer ein Hinweis auf die Versöhnung durch Christus).
17, 11	Die Beschneidung, das Bundeszeichen.

3. Der Bund des Gesetzes fordert Gehorsam und gewährt Segen. Er ist zur Erziehung des Volkes Israel zwischen hineingekommen (Röm. 5, 20).

2 Mose 19, 5	Werdet ihr nun meiner Stimme gehorchen und meinen Bund halten, so sollt ihr mein Eigentum sein vor allen Völkern ..., ihr sollt mir ein priesterlich Königreich und ein heiliges Volk sein.
2 Mose 24, 7	Alles, was der Herr gesagt hat, wollen wir tun ..., da nahm Mose das Blut ... und sprach: Das ist das Blut des Bundes, den der Herr mit euch macht über diesen Worten.
3 Mose 26, 42	Gottes Versprechen, an diesen Bund zu gedenken (Ich werde gedenken an meinen Bund).
5 Mose 7, 9	Der Herr, dein Gott, ein treuer Gott, der den Bund und Barmherzigkeit hält denen, die ihn lieben und seine Gebote halten.
Ps. 25, 10	Die Wege des Herrn sind eitel Güte und Wahrheit denen, die seinen Bund und seine Zeugnisse halten.
25, 14	Das Geheimnis des Herrn ist unter denen, die ihn fürchten, und seinen Bund läßt er sie wissen (seinen Segen erfahren).
50, 5	Versammelt mir meine Heiligen, die den Bund mit mir gemacht haben beim Opfer.
Jerem. 11, 3	Verflucht sei, wer nicht gehorcht den Worten dieses Bundes (3 Mose 26, 15; 5 Mose 31, 16; Jos. 7, 11; Ri. 2, 20; Jes. 24, 5).
Ps. 50, 16	Was verkündigst du meine Rechte und nimmst meinen Bund in deinen Mund, der du doch Zucht hassest und wirfst meine Worte hinter dich?

4. Der Neue Bund (durch Verheißung an Adam und Abraham gegeben, wird von den Propheten weitergeführt, bis der Erfüller kommt).

Jes. 42, 6	Ich habe dich behütet und habe dich zum Bund unter das Volk gegeben.
54, 10	Es sollen wohl Berge weichen ..., aber der Bund meines Friedens soll nicht hinfallen.

55, 3 Ich will mit euch einen ewigen Bund machen, daß ich euch gebe die unverbrüchlichen Gnaden Davids (2 Sam. 7).

Jerem. 31, 31 Ich will mit dem Hause Israel und dem Hause Juda einen neuen Bund machen, nicht wie der Bund gewesen ist, den ich mit ihren Vätern machte, welchen sie nicht gehalten haben.

Sacharja 9, 11 Auch lasse ich durchs Blut des Bundes los deine Gefangenen aus der Grube (Heimkehr aus der Gefangenschaft).

5. Die Erfüllung der Verheißung des Neuen Bundes (Im Neuen Testament tritt das Wort Bund zurück, es wird das hebräische Wort für Bund im Griechischen wie schon in der griechischen Übersetzung des Alten Testaments mit dem Wort Testament [letzte Willensverfügung] wiedergegeben).

Luk. 1, 72 Gott hat geredet durch die Propheten, daß er Barmherzigkeit erzeigte unseren Vätern und gedachte an seinen heiligen Bund.

Mtth. 26, 28 Das ist mein Blut des Neuen Testaments, welches vergossen wird für viele zur Vergebung ihrer Sünden (siehe Abendmahl).

Joh. 1, 29 Siehe, das ist Gottes Lamm.

Mtth. 26, 26 Nehmet, esset (wer den für ihn gekreuzigten Christus für sich nimmt, das heißt glaubt, der ist aufgenommen in den Gnadenbund).

Gal. 3, 15 Verwirft man doch eines Menschen Testament (letzte Willensverfügung) nicht, wenn es bestätigt ist, und tut auch nichts dazu.

Hebr. 9, 17 Ein Testament wird fest durch den Tod.

Gal. 4, 24. 26 Das sind zwei Testamente: eins vom Berg Sinai, das zur Knechtschaft gebiert, welches ist die Hagar, ... aber das Jerusalem, das droben ist, das ist die Freie.

Röm. 11, 27 Das ist mein Testament mit ihnen, wenn ich ihre Sünde werde wegnehmen (Anspielung auf Jerem. 31, 33. 34; Jes. 27, 9).

Gal. 3, 17 Das Testament, das zuvor bestätigt ist auf Christum (siehe Abschnitt 2), wird nicht aufgehoben (durch das Gesetz).

Hebr. 9, 20 Das ist das Blut des Testaments, das Gott euch geboten hat (vom Bund am Sinai).

7, 22 Also eines soviel besseren Testamentes Ausrichter ist Jesus geworden.

Offenb. 11, 19 Die Lade seines Testamentes ward in seinem Tempel gesehen (4 Mose 10, 33; Bundeslade, 5 Mose 10, 8; Jos. 6, 7. Sie enthält die Gesetzestafeln [Zeugnisse, 2 Mose 25, 16] und den Gnadenstuhl, vereinigt also den Bund des Gesetzes und der Verheißung. Christus ist der rechte Gnadenstuhl. Röm. 3, 25).

Buße, Buße tun soviel wie sich abwenden vom Bösen mit dem schmerzlichen Rückblick der Reue; der Beginn einer Bewegung, die ihre Vollendung findet in der Zuwendung zu Gott und Erneuerung des Herzens. Wesen und Geschichte des Begriffs siehe Bekehrung.

1. Buße entsteht:

a) im Anblick der Gerichte Gottes;

Mtth. 12, 41 Die Leute von Ninive taten Buße nach der Predigt des Jonas.

Apgsch. 17, 30 Nun gebeut er allen Menschen an allen Enden, Buße zu tun, darum, daß er einen Tag gesetzt hat, an welchem er richten will.

Offenb. 3, 19 Die ich liebhabe, die strafe und züchtige ich, so sei nun fleißig und tue Buße.

Luk. 15, 17 Da schlug er in sich.

Hiob 42, 6 Darum spreche ich mich schuldig und tue Buße (im Anblick der göttlichen Erhabenheit).

Jes. 6, 5	Wehe mir, ich vergehe!
Apgsch. 16, 29	Er ward zitternd (der Kerkermeister).
	b) im Anblick der Güte Gottes;
Röm. 2, 4	Weißt du nicht, daß dich Gottes Güte zur Buße leitet?
Mrk. 1, 4	Johannes predigte von der Taufe der Buße zur Vergebung der Sünden.
1, 15	Das Reich Gottes ist herbeigekommen, tut Buße und glaubet an das Evangelium.
Mtth. 9, 13	Ich bin gekommen, die Sünder zur Buße zu rufen.
Luk. 7, 37 ff.	Die große Sünderin.
19, 2 ff.	Zachäus.
23, 40	Der Schächer, der Jesu Fürbitte für seine Feinde gehört hatte.
Mrk. 6, 12 ff.	Sie gingen aus und predigten, man solle Buße tun, und trieben die Teufel aus.
	c) durch die geistesmächtige Bezeugung des Gekreuzigten und Auferstandenen, die Gericht und Gnade zusammenfaßt.
Apgsch. 2, 37	Da ging es ihnen durchs Herz (Petruspredigt).
3, 19	So tut nun Buße und bekehret euch (nach der Heilung des Lahmen).

2. Buße ist ganz Gottes Tat, darum ist sie Evangelium.

	a) Gott gibt Raum zur Buße (Weisheit 12, 10).
Apgsch. 5, 31	Gott hat Jesum erhöht, zu geben Israel Buße.
11, 18	Gott hat auch den Heiden Buße gegeben zum Leben.
2 Tim. 2, 25	Ob ihnen Gott dermaleinst Buße gebe, die Wahrheit zu erkennen.
	b) Gott kann Buße verweigern.
Hebr. 12, 17	Esau fand keinen Raum zur Buße.
6, 6	Es ist unmöglich, wo sie abfallen, wiederum zu erneuern zur Buße (siehe Sünde 1, 7).

3. Sie ist ganz der Menschen Tat, darum wird durch Gericht und Gnade aufgefordert, Buße zu tun.

Luk. 16, 31	Hören sie Mose nicht (der Aufforderung wird kein Gehör geschenkt).
Offenb. 9, 20	Die Leute, die nicht getötet wurden von diesen Plagen, taten nicht Buße.
Mtth. 11, 21	Wären solche Taten in Tyrus ... geschehen, sie hätten Buße getan.
21, 32	Ob ihr's wohl sahet, tatet ihr dennoch nicht Buße (die Bekehrung der Sünder macht keinen Eindruck).

4. Buße bedeutet Abwendung vom Bösen:

Hebr. 6, 1	Buße von den toten Werken;
Offenb. 3, 15	Buße von Lauheit, Sattheit, Blindheit;
2, 21	Buße tun von Hurerei;
9, 21	Buße tun für Mord, Zauberei, Dieberei;
Apgsch. 8, 22	Tue Buße für Bosheit;
Joh. 5, 14	Sündige hinfort nicht mehr!

5. Die Abkehr äußert sich:

	a) im Leidtragen über die Sünde;
Jak. 4, 9	Seid elend und traget Leid.
Mtth. 5, 4	Selig sind, die da Leid tragen.
2 Kor. 7, 10	Die göttliche Traurigkeit.
Luk. 22, 62	Petrus ging hinaus und weinte bitterlich.
7, 38	Die Sünderin netzte des Herrn Füße mit Tränen.
	b) im Bekenntnis der Schuld;
Ps. 32, 5	Darum bekannte ich dir meine Sünde.

2 Sam. 12, 13 Bei David, Jes. 6, 5 bei Jesaja, Mtth. 3, 6 bei den Zuhörern des Täufers, Luk. 15, 21 beim verlorenen Sohn.
Luk. 18, 13 Bei dem Zöllner, Luk. 23, 41 beim Schächer.
1 Joh. 1, 9 So wir unsere Sünden bekennen, so ist er treu.

c) im Reinigen der Hände;
Jak. 4, 8 Reiniget die Hände, ihr Sünder.
Luk. 19, 8 Zachäus gibt das unrechte Gut zurück.
1 Mose 35, 2 Reiniget euch (Jakob zu seinen Söhnen).
Josua 7, 13 Es ist ein Bann unter dir, Israel.

6. Buße bedeutet Hinkehr zu Gott.

Apgsch. 20, 21 Buße zu Gott, Apgsch. 11, 18 Buße zum Leben.
Mrk. 1, 4 Taufe der Buße zur Vergebung der Sünden. Die Buße vollendet sich in der Antwort Gottes, die in der Vergebung der Sünden besteht.
1, 15 Tut Buße und glaubet an die frohe Botschaft (Vergebung).
Apgsch. 2, 38 Tut Buße und lasset euch taufen auf den Namen Jesu zur Vergebung der Sünden.
Luk. 15, 22 Die Vergebung ist völlig, sie ist Einsetzung in die Sohnschaft.
15, 7 Freude bei Gott über einen Sünder, der Buße tut.
Apgsch. 2, 38 Ihr werdet empfangen die Gabe des Heiligen Geistes (mit der Vergebung der Heilige Geist gegeben).

7. Aus der Buße kommt rechtschaffene Frucht.

Mtth. 3,8 Sehet zu, tut rechtschaffene Früchte der Buße!
Luk. 3, 11 Die Frucht zeigt sich nicht im Außerordentlichen, sondern im praktischen Berufsleben. Der Reiche, der Zöllner, der Soldat bringen diese Frucht in ihrem Beruf.

8. Ist Buße etwas Einmaliges, oder währt sie ein ganzes Leben hindurch?

Offenb. 2, 5 Tue Buße und tue die ersten Werke (die Gemeinde war schon bekehrt, hatte aber die erste Liebe verlassen).
Jak. 4, 7 Widerstehet dem Teufel, nahet euch zu Gott (ein Leben lang Versuchung, darum ein Leben lang Abkehr vom Bösen und Hinkehr zu Gott).

Christus, der Gesalbte, der Messias, Christus, hebräisch der Messias, deutsch der Gesalbte, in vielen Stellen des Alten Testaments Bezeichnung des Königs, der ebenso wie der Hohepriester gesalbt wurde, dann Bezeichnung des erwarteten Heilands; in den Evangelien nur als Amtsname, in den Paulinischen Briefen und im ersten Petrusbrief auch als Eigenname gebraucht.

1. Vom König Israels.

1 Sam. 2, 10 Der Herr erhöht das Horn seines Gesalbten (2, 35; 12, 3).
Jes. 45, 1 Kores, der Gesalbte des Herrn.
1 Chron. 16, 22 Tastet meinen Gesalbten nicht an.

2. Vom Heilskönig.

Ps. 2, 2 Wider den Herrn und seinen Gesalbten.
Dan. 9, 25 Bis auf den Gesalbten.
Luk. 23, 2 Jesus spricht, er sei Christus, ein König (Anklage vor Pilatus).
23, 38 Der Juden König (Kreuzesinschrift).

3. Jesu Selbstbekenntnis und Bekenntnis der Jünger.

Mtth. 26, 63	Daß du uns sagst, ob du seiest Christus, der Sohn Gottes. Jesus sprach: Du sagst es.
Mrk. 9, 41	Daß ihr Christus angehöret.
Mtth. 16, 16	Du bist Christus, des lebendigen Gottes Sohn (Joh. 6, 69).
Joh. 4, 25	Der Messias kommt, der Christus heißt. Jesus spricht zu ihr: Ich bin's.

4. Zeugnis der Jünger von Christus.

	a) Jesus ist der Christus.
Apgsch. 2, 36	Gott hat Jesus zu einem Herrn und Christus gemacht.
8, 5	Philippus predigte ihnen von Christus.
1 Kor. 3, 23	Ihr aber seid Christi, Christus ist Gottes.
1 Joh. 2, 22	Wer ist ein Lügner, wenn nicht, der da leugnet, daß Jesus der Christus sei?
	b) Christus, Gott, siehe Gott 3.
	c) Christus, der Sohn Gottes, siehe Sohn Gottes.
	d) Christus, der Menschensohn, siehe Menschensohn.
	e) Christus, der Herr, siehe Herr.
	f) Christus, der Geist, siehe Geist I. 2.
	g) Christus, der Hohepriester, siehe Priester.
	h) Christus, das Ebenbild Gottes.
2 Kor. 4, 4	Christus, welcher ist das Ebenbild Gottes.
Kol. 1, 15	Welcher ist das Ebenbild des unsichtbaren Gottes.
Hebr. 1, 3	Glanz seiner Herrlichkeit und Ebenbild seines Wesens (Ebenbild, Urtext: Siegelabdruck).
	Wir sollen seinem Bild ähnlich werden:
Röm. 8, 29	Sie sollen gleich sein dem Ebenbilde seines lieben Sohnes.
Kol. 3, 10	Ziehet den neuen Menschen an, der da erneuert wird nach dem Ebenbild dessen, der ihn geschaffen hat.
2 Kor. 3, 18	Wir werden verklärt in dasselbige Bild.
	i) Christus, der Erstgeborene aller Kreatur, durch den alles geschaffen ist.
Kol. 1, 16	Erstgeborener vor allen Kreaturen, denn durch ihn ist alles geschaffen.
Hebr. 1, 3	Trägt alle Dinge.
Joh. 1, 3	Alle Dinge durch dasselbige gemacht.
Röm. 8, 29	Der Erstgeborene unter vielen Brüdern.
	k) Christus, das Wort Gottes, siehe Wort 1.
	l) Christus, der Mittler (1. Mittler zwischen Gott und den Menschen, indem er die Ansprüche Gottes an die schuldbeladenen Menschen bezahlt; 2. Bürge, der die Ausführung der Verheißung garantiert).
Gal. 3, 19	Mose, der das Gesetz dem durch seine Sünde von Gott getrennten Israel vermittelt.
1 Tim. 2, 5	Christus: Es ist ein Mittler zwischen Gott und den Menschen.
Hebr. 8, 6	Christus: Ist eines besseren Testamentes Mittler.
	m) Christus, Eckstein und Haupt seiner Gemeinde (Eckstein das Haupt [wörtlich so im Hebräischen] des Gebäudes, in dem alle Linien zusammenlaufen. Im Haupt werden alle Lebensäußerungen des Leibes beherrscht und zusammengefaßt).
Jes. 28, 16	Ich lege einen köstlichen Eckstein.
8, 14	Stein des Anstoßes und Fels des Ärgernisses.
Ps. 118, 22	Der Stein, den die Bauleute verworfen haben, ist zum Eckstein geworden.
Mtth. 21, 42	Anwendung des Herrn auf sich selbst.

Apgsch. 4, 11	Anwendung des Petrus auf Christus.
Eph. 1, 22	Christus, gesetzt zum Haupt seiner Gemeinde.
4, 15	Wachsen an dem, der das Haupt ist, Christus.
5, 23	Christus, das Haupt der Gemeinde.
	n) Was sie an Christus haben.
1 Kor. 15, 3	Christus gestorben für unsere Sünden nach der Schrift.
Röm. 6, 9	Christus von den Toten erweckt.
1 Kor. 1, 24	Christus göttliche Kraft und göttliche Weisheit.
1, 30	Christus uns gemacht von Gott zur Weisheit und Gerechtigkeit.
Eph. 1, 7	An welchem wir haben die Erlösung.
5, 14	Christus wird dich erleuchten.
Phil. 1, 21	Christus ist mein Leben.
3, 8	Achte alles für Schaden gegen die überschwengliche Erkenntnis Christi.
1, 23	Ich habe Lust, abzuscheiden und bei Christus zu sein.
	o) Christus wird sein Werk vollenden.
Phil. 2, 11	Alle Zungen bekennen sollen, daß Jesus Christus der Herr sei.
Hebr. 13, 8	Jesus Christus gestern und heute und derselbe in Ewigkeit.
Offenb. 20, 4	Diese regierten mit Christus.

Danken, Dankbarkeit, Dank opfern, loben. Weil der Mensch alles von Gott empfangen hat und empfängt, darum ist seine normale Stellung zu Gott das Danken. Dankbarkeit führt zu tieferer Gotteserkenntnis. Undankbarkeit verfinstert. Die Schrift fordert uns kräftig auf zum Danken für alles. Oft lernen wir erst danken dadurch, daß uns Gott etwas wegnimmt. Der rechte Dank führt zum Lobpreis und Zeugnis. Wofür man Gott danken kann, das ist keine Sünde.

1. Alles, was wir Gutes haben, ist von Gott empfangen.

1 Kor. 4, 7	Was hast du aber, das du nicht empfangen hast?
Mtth. 25, 16	Fünf Zentner empfangen.
Luk. 16, 25	Gedenke, daß du dein Gutes empfangen hast in deinem Leben.
Apgsch. 7, 53	Ihr habt das Gesetz empfangen.
2, 38	Tut Buße, so werdet ihr empfangen die Gabe des Heiligen Geistes.
Röm. 8, 15	Ihr habt nicht einen knechtischen Geist empfangen.
2 Kor. 6, 1	Wir ermahnen euch, daß ihr nicht vergeblich die Gnade Gottes empfanget.

2. Dankbarkeit führt zu tieferer Heilserkenntnis.

Ps. 50, 23	Wer Dank opfert, der preiset mich, und da ist der Weg, daß ich ihm zeige mein Heil.

3. Undank verfinstert.

Röm. 1, 21	Dieweil sie wußten, daß ein Gott ist, und haben ihn nicht gepriesen als einen Gott noch ihm gedankt, sondern sind in ihrem Dichten eitel geworden, und ihr unverständiges Herz ist verfinstert.

4. Die Erkenntnis der Gabe Gottes verpflichtet zum Dank.

Röm. 1, 19	Was man von Gott weiß, ist ihnen offenbar, denn Gott hat es ihnen geoffenbart (Da jeder wenigstens anfangsweise Gotteserkenntnis hat, ist er auch zum Dank verpflichtet).
Eph. 1, 18	Erleuchtete Augen des Verständnisses.

5. Daher Aufforderung zum Dank.

Ps. 118, 1	Danket dem Herrn (106, 1; 107, 1)!
95, 2	Lasset uns mit Dank vor sein Angesicht kommen.
100, 4	Gehet zu seinen Toren ein mit Dank.
Eph. 5, 20	Saget Dank allezeit und für alles.
Kol. 2, 7	Seid fest im Glauben, wie ihr gelehret seid, und seid in dem selbigen reichlich dankbar.
3, 15	Der Friede Gottes regiere in euren Herzen, und seid dankbar.
3, 17	Danket Gott und dem Vater durch ihn.
1, 12	Danksaget dem Vater, der uns tüchtig gemacht hat zu dem Erbteil der Heiligen im Licht.

6. Der Weg zum Dankbarwerden führt oft über Leiden.

Ps. 118, 21	Ich danke dir, daß du mich demütigst und hilfst mir.
Jes. 12, 1	Ich danke dir, daß du zornig bist gewesen über mich.

7. Dank für irdische und geistliche Gaben; Dank für den Heilsstand anderer.

Luk. 17, 16	Er fiel auf sein Angesicht ... und dankte ihm (der geheilte Samariter).
Mtth. 14, 19	Jesus dankt über den Broten.
1 Kor. 15, 57	Gott aber sei Dank, der uns den Sieg gegeben hat.
2 Kor. 2, 14	Gott sei gedankt, der uns allezeit Sieg gibt in Christo.
9, 15	Gott aber sei Dank für seine unaussprechliche Gabe!
1 Tim. 1, 12	Ich danke unserem Herrn Jesu Christo, der mich stark gemacht.
Röm. 7, 25	Ich danke Gott durch Jesum Christum, unseren Herrn.
1. Kor. 1, 4	Ich danke Gott allezeit eurethalben.
Phil. 1, 3	Ich danke Gott, sooft ich eurer gedenke.

8. Der rechte Dank führt zum Lobpreis und zum Zeugnis.

Ps. 92, 2	Das ist ein köstlich Ding, dem Herrn danken und lobsingen.
1 Chron. 16, 8	Danket dem Herrn, predigt seinen Namen.
Ps. 9, 2	Ich danke dem Herrn von ganzem Herzen und erzähle alle deine Wunder.
40, 4	Ein neu Lied, zu loben unseren Gott. Das werden viele sehen.
Eph. 5, 4	Nicht schandbare Worte, sondern vielmehr Danksagung (soviel wie Lob Gottes).
Kol. 4, 2	Wachet im Gebet mit Danksagung.
Luk. 24, 30 f.	Die Emmausjünger erkennen Jesum an der Danksagung.
1 Thess. 5, 18	Seid dankbar in allen Dingen (Lobet Gott in allen Lebenslagen).
Phil. 4, 6	In allen Dingen lasset eure Bitten im Gebet und Flehen mit Danksagung vor Gott kundwerden.
Ps. 34, 2	Ich will den Herrn loben allezeit.
104, 33	Ich will den Herrn loben, solang ich bin.
148, 13	Sein Lob geht, soweit Himmel und Erde ist.
Mtth. 21, 16	Aus dem Mund der Unmündigen ... hast du ... Lob zugerichtet.
2 Kor. 1, 20	Alle Gottesverheißungen sind Ja in ihm, Gott zu Lobe durch uns.
Eph. 1, 6	Zu Lob seiner herrlichen Gnade.
1, 12	Auf daß wir etwas seien zu Lob seiner Herrlichkeit.
Ps. 103, 1	Lobe den Herrn! (147, 1; 148, 1; 150, 1).
Röm. 15, 6	Auf daß ihr einmütig, mit einem Munde lobet Gott.
Offenb. 19, 5	Lobet unseren Gott, alle seine Knechte.

Jak. 3, 10	Aus einem Munde geht Lob und Fluchen.
Apgsch. 16, 25	Paulus und Silas lobten Gott um Mitternacht.
Offenb. 5, 12	Das Lamm, das erwürget ist, ist würdig zu nehmen Preis und Lob.

9. Wofür man danken kann, das ist keine Sünde.

1 Tim. 4, 4	Nichts ist verwerflich, das mit Danksagung empfangen wird.

Demut, demütig, demütigen. Demut entsteht durch die volle Wahrhaftigkeit, in der der Mensch sich so einschätzt, wie Gott ihn beurteilt. Der Demütige weiß, daß er in allem auf die Gabe und Gnade Gottes angewiesen ist. Durch Gericht und Leiden führt Gott zur Demut. Die Demut hat Gottes und der Menschen Wohlgefallen.

1. Gott demütigt durch Leiden und Gerichte und durch Offenbarung seiner Majestät.

1 Mose 32, 8	Da fürchtete sich Jakob sehr (als Esau ihm entgegenzog).
32, 11	Ich bin zu gering aller Barmherzigkeit und Treue.
5 Mose 8, 3	Er demütigte dich und ließ dich hungern und speiste dich.
Ruth 1, 21	So mich ... der Herr gedemütigt und der Allmächtige betrübt hat (Naemi).
Ps. 102, 24	Er demütigt auf dem Wege meine Kraft.
119, 67	Ehe ich gedemütigt ward, irrte ich.
Jes. 13, 11	Ich will die Hoffart der Gewaltigen demütigen.
Dan. 4, 34	Wer stolz ist, den kann er demütigen.
Ps. 119, 71	Es ist mir lieb, daß du mich gedemütigt hast, daß ich deine Rechte lerne.
119, 107	Ich bin sehr gedemütigt, Herr, erquicke mich nach deinem Wort!
18, 36	Wenn du mich demütigst, machst du mich groß.

2. Gott hat Wohlgefallen an der Demut.

	a) Er erhört sie.
Luk. 5, 8	Gehe hinaus von mir, ich bin ein sündiger Mensch (Petrus beim großen Fischzug).
22, 61	Der Herr wandte sich und sah Petrus an ..., und Petrus ging hinaus und weinte bitterlich.
Ps. 118, 21	Ich danke dir, daß du mich demütigst und hilfst mir.
Judith 9, 13	Allezeit hat dir gefallen der Demütigen Gebet.
	b) Er gibt ihnen Gnade.
Zephan. 2, 3	Suchet Demut, daß ihr am Tag des Zorns des Herrn möget verborgen werden.
1 Petr. 5, 5	Gott widersteht den Hoffärtigen, aber den Demütigen gibt er Gnade.
Sirach 3, 21	Der Herr ist der Allerhöchste und tut doch große Dinge durch die Demütigen.
	c) Er erhöhet die Demütigen.
Hiob 22, 29	Die sich demütigen, die erhöht er.
Luk. 18, 14	Wer sich selbst erniedrigt, wird erhöht werden.
1 Petr. 5, 6	So demütigt euch nun unter die gewaltige Hand Gottes, daß er euch erhöhe zu seiner Zeit.
Jak. 4, 10	Demütigt euch vor Gott, so wird er euch erhöhen.
Phil. 2, 8	Er erniedrigte sich selbst, darum hat ihn auch Gott erhöht.

3. Beispiele der Demut.

Joh. 1, 27	Des ich nicht wert bin, daß ich seine Schuhe auflöse.
3, 30	Er muß wachsen, ich aber muß abnehmen (Johannes der Täufer).

Luk. 1, 48	Er hat die Niedrigkeit seiner Magd angesehen (Maria).
Joh. 5, 19	Der Sohn kann nichts von ihm selber tun, sondern was er sieht den Vater tun.
Mtth. 11, 29	Lernet von mir, denn ich bin sanftmütig und von Herzen demütig.
8, 8	Ich bin nicht wert, daß du unter mein Dach gehest (Hauptmann von Kapernaum).
1 Kor. 15, 9	Ich bin der geringste unter den Aposteln, als der ich nicht wert bin, daß ich ein Apostel heiße.
Eph. 3, 8	Mir, dem allergeringsten unter allen Heiligen (Paulus).
1 Tim. 1, 15	Sünder selig zu machen, unter welchen ich der vornehmste bin.

4. Demut bewahrt Liebe und Einigkeit.

Eph. 4, 2	Mit aller Demut und Sanftmut mit Geduld, und vertraget einer den anderen in der Liebe.
Phil. 2, 3	Nichts tut durch Zank oder eitle Ehre, sondern durch Demut achte einer den anderen höher, denn sich selbst.
Kol. 3, 12	So ziehet nun an ... Demut, Sanftmut, Geduld.
1 Petr. 5, 5	Allesamt seid untereinander untertan und haltet fest an der Demut.

5. Falsche, hochmütige Demut.

Kol. 2, 18	Der nach eigener Wahl einhergeht in Demut und Geistlichkeit der Engel.
2, 23	Selbsterwählte Geistlichkeit und Demut.

Dienst, dienen. Dienst heißt: sich zur Verfügung stellen mit seinen Kräften und Gaben. Gott hat uns gedient durch Christus. Der Gott gehorsam Gewordene dient Gott und den Menschen um Gottes willen. Das griechische Wort für Amt ist diakonia = Dienst. Damit ist jedem Berufswirken ein neuer Sinn gegeben. Alles Wirken des Christen, Wortverkündigung, Armen- und Krankenpflege, die schlichteste Berufstätigkeit ist Dienst. Zur Geschichte des Begriffs: Die ursprüngliche Bedeutung des Wortes ist Dienen bei Tische. Diesen Sinn hat das Wort nie ganz eingebüßt. Entscheidend in der christlichen Geschichte des Begriffs ist die neue Wertung des Dienstes durch Jesus. Jesus ist unter den Seinen als der Dienende. In Mtth. 25 faßt der Herr mannigfache Tätigkeiten wie speisen und tränken, kleiden und beherbergen, Kranke und Gefangene besuchen in dem Begriff dienen zusammen. Was getan wird einem der Geringsten, ist dem Herrn selbst getan. Der höchste Dienst, der Gott und den Menschen getan werden kann, ist das Opfer des Lebens, zu dem der Christus gekommen ist. Der Jünger Jesu ist zur Nachfolge in diesem Dienen berufen. ThW: »Dem Nächsten, Christus und Gott dienen, ist eins. Jede Gottesgabe, die einer empfangen hat, wird zur Gabe, die er dem Nächsten schuldet (1 Petr. 4, 11). Nichts von Werkgerechtigkeit darf dem christlichen Dienen anhaften. Es geschieht von Gott her und zu Gott hin.« Das Sammeln und Einbringen einer Kollekte nennt Paulus einen Dienst (2 Kor. 8, 19). Selbst die heidnische Staatsobrigkeit ist in Ausübung ihres Amts eine Dienerin Gottes. Das Diakonenamt, das Phil. 1, 1 und in den Pastoralbriefen (Timotheus- und Titusbriefe) erscheint, ist dem Bischofsamt zugeordnet. Vielleicht hat dieses Amt seinen Ursprung im Abendmahl, da es auch weiterhin sich nicht nur im Außendienst, sondern auch im Gottesdienst der Gemeinde betätigt hat. Von Diakonissen ist die Rede Röm. 16, 1, vielleicht auch 1 Tim. 3,11.

1. Gott hat uns gedient.

Phil. 2, 7	Entäußerte sich selbst und nahm Knechtsgestalt an.
Luk. 22, 27	Ich aber bin unter euch wie ein Diener.
Mtth. 20, 28	Gleichwie des Menschen Sohn nicht gekommen ist, daß er sich dienen lasse, sondern daß er diene und gebe sein Leben für viele.
Joh. 13	Fußwaschung.

2. Der Gottesdienst soll sein auf Erden wie im Himmel.

Mtth. 6, 10	Dein Wille geschehe auf Erden wie im Himmel.
Dan. 7, 10	Tausendmal tausend dienten ihm.
Ps. 103, 21	Lobet den Herrn, alle seine Heerscharen, seine Diener, die ihr seinen Willen tut.
2 Mose 23, 25	Dem Herrn, eurem Gott, sollt ihr dienen, so wird er dein Brot und Wasser segnen.
Josua 22, 5	Da ihr ihm dienet von ganzem Herzen und von ganzer Seele.
Ps. 2, 11	Dienet dem Herrn mit Furcht.
100, 2	Dienet dem Herrn mit Freuden.
Sirach 35, 20	Wer Gott dient mit Lust, der ist ihm angenehm und sein Gebet reicht bis an die Wolken.
Mtth. 4, 10	Du sollst anbeten Gott, deinen Herrn, und ihm allein dienen.
6, 24	Ihr könnt nicht Gott dienen und dem Mammon.
Titus 3, 3	Wir waren auch weiland ... dienend den Begierden und mancherlei Wollüsten.
Mtth. 15, 9	Vergeblicher Gottesdienst (Menschengebot).
Jak. 1, 26	Eitler Gottesdienst (wenn man die Zunge nicht im Zaum hält).

3. Dienst an Menschen, Christus zulieb, ist Gottesdienst.

1 Petr. 4, 10	Dienet einander ein jeglicher mit der Gabe, die er empfangen hat.
Joh. 13, 14	So sollt ihr auch euch untereinander die Füße waschen.
Mrk. 10, 43	Welcher will groß werden unter euch, der soll euer Diener sein.
Apgsch. 6, 1	Almosenpfleger.
9, 36	Tabea.
Röm. 12, 5	Untereinander ist einer des anderen Glied.
Gal. 5, 13	Durch die Liebe diene einer dem anderen.
Eph. 6, 6	Nicht im Dienst allein vor Augen, als den Menschen zu gefallen, sondern als die Knechte Jesu Christi.
6, 7	Lasset euch dünken, daß ihr dem Herrn dienet und nicht den Menschen.
Mtth. 25, 40	Was ihr getan habt einem unter diesen meinen geringsten Brüdern, habt ihr mir getan.
Jak. 1, 27	Ein reiner und unbefleckter Gottesdienst vor Gott dem Vater ist der: die Waisen und Witwen in ihrer Trübsal besuchen.
1 Petr. 4, 11	So jemand ein Amt hat, daß er es tue als aus dem Vermögen, das Gott darreichet.
Apgsch. 6, 4	Wir wollen anhalten am Gebet und am Amt des Worts.
2 Tim. 4, 5	Tue das Werk eines Predigers des Evangeliums, richte dein Amt redlich aus.
2 Kor. 5, 18	Das Amt, das die Versöhnung predigt (3, 9, das Amt, das die Verdammnis predigt).
3, 6	Welcher uns tüchtig gemacht hat, das Amt zu führen des Neuen Testaments, nicht des Buchstabens, sondern des Geistes.
6, 3	Wir geben niemand irgendein Ärgernis, auf daß unser Amt nicht verlästert werde.
Röm. 12, 7	Hat jemand ein Amt, so warte er des Amtes.
Kol. 4, 17	Siehe auf das Amt, das du empfangen hast in dem Herrn, daß du es ausrichtest.

4. Das Diakonen- und Diakonissenamt.

Apgsch. 6, 2 und 3	Es taugt nicht, daß wir das Wort Gottes unterlassen und zu Tische dienen. Sehet unter euch nach sieben Männern, die ein gut Gerücht haben und voll heiligen Geistes und Weisheit sind, welche wir bestellen mögen zu dieser Notdurft. (Doch wird für sie die Amtsbezeichnung Diakon nicht gebraucht. Auch sind sie tätig im Wort und in der Lehre, was 1 Tim. 3 den Bischöfen und Tit. 1 Ältesten vorbehalten wird.)
Phil. 1, 1	Allen Heiligen in Christo Jesu in Philippi samt den Bischöfen und Dienern.
1 Tim. 3, 8	Die Diener sollen ehrbar sein, nicht zweizüngig, nicht Weinsäufer, nicht unehrliche Hantierung treiben, die das Geheimnis des Glaubens in reinem Gewissen haben.
3, 11	Desgleichen die Weiber sollen ehrbar sein (nicht ihre Weiber, vgl. Diakonissen).
Röm. 16, 1	Phöbe, welche ist im Dienst der Gemeinde zu Kenchreä.

Durst, dürsten, hungern. Der bildliche Ausdruck für die heiße Sehnsucht nach Erquickung. In Jesus ist alles Sehnen gestillt.

1. Das große Sehnen und die Verheißung der Stillung.

Ps. 42, 1	Wie der Hirsch schreit nach frischem Wasser.
42, 3	Meine Seele dürstet nach Gott, nach dem lebendigen Gott.
Amos 8, 11	Ich werde einen Hunger ins Land schicken ..., nicht Durst nach Wasser, sondern nach dem Wort des Herrn.
Jes. 44, 3	Ich will Wasser gießen auf das Durstige.
55, 1	Wohlan alle, die ihr durstig seid, kommet her zum Wasser!
Sacharja 13, 1	Der freie, offene Born wider die Sünde.

2. Jesus stillt das Sehnen.

Joh. 19, 28	Mich dürstet (Jesus am Kreuz, als er stellvertretend all unser Sehnen in seiner Gottesabgeschiedenheit litt).
Mtth. 5, 6	Selig sind, die da hungert und dürstet nach der Gerechtigkeit, denn sie sollen satt werden.
Luk. 1, 53	Er füllt die Hungrigen mit Gütern und läßt die Reichen leer.
Joh. 4, 14	Wer von dem Wasser trinkt, das ich ihm gebe, den wird ewiglich nicht dürsten.
6,35	Wer zu mir kommt, der wird nicht hungern; und wer an mich glaubt, den wird nimmermehr dürsten.
7, 37	Wen da dürstet, der komme zu mir und trinke.
Offenb. 7, 16	Sie wird nicht mehr hungern noch dürsten, denn das Lamm wird sie leiten zu den lebendigen Wasserbrunnen.
Offenb. 22, 17	Wen dürstet, der komme; und wer da will, der nehme das Wasser des Lebens umsonst.

3. Wer an Jesus vorbeigeht, leidet ewiglich an ungestillter Sehnsucht.

Luk. 16, 24	Kühle meine Zunge, denn ich leide Pein in dieser Flamme.

Eckstein, siehe Christus [4 m.]

Ehe. Die natürliche lebenslängliche Verbindung von Mann und Weib.

1. Ihre göttliche Stiftung.

1 Mose 2, 24	Darum wird ein Mensch Vater und Mutter verlassen und seinem Weibe anhangen, und werden die zwei sein ein Fleisch.

2. Ihr Zweck.

1 Mose 2, 18	Hilfe in allen Mühsalen (»Es ist nicht gut, daß der Mensch allein sei«).
1, 28	Zur Vermehrung des Menschengeschlechts (»Seid fruchtbar und mehret euch«).
1 Kor. 7, 9	Zur Vermeidung der Zuchtlosigkeit (»Es ist besser freien, denn Brunst leiden«).

3. Ihre Vertiefung durch den Herrn Christus.

Mtth. 19, 6	Was Gott zusammengefügt hat, soll der Mensch nicht scheiden.

4. Die Unauflöslichkeit der Ehe, die wahre Herzensgemeinschaft bedingt die Einehe.

Mtth. 5, 28	Wer ein Weib ansieht, ihrer zu begehren, hat schon die Ehe gebrochen in seinem Herzen.
Eph. 5, 25	Ihr Männer, liebet eure Weiber, gleichwie Christus geliebet hat die Gemeinde und sich selbst für sie dargegeben.
1 Tim. 3, 2	Ein Bischof soll sein eines Weibes Mann.
3, 12	Die Diener laß einen jeglichen sein eines Weibes Mann.

5. Die Ehe soll gottwohlgefällig begonnen werden.

1 Mose 24, 12	Eliesers Gebet.
Tobias 8, 5	Des Tobias Gebet (Man soll nicht auf Schönheit, nicht auf großes Gut, sondern auf Tugend schauen).
Sirach 9, 8	Wende dein Angesicht von schönen Frauen.
Sprüche 31, 10	Ein tugendsam Weib ist viel edler denn die köstlichsten Perlen.

6. Die Ehe soll gottwohlgefällig geführt werden.

1 Petr. 3, 7	Mit Vernunft, nicht umnebelt von den trügerischen Leidenschaften der Sinne, sondern mit Erkenntnis des wahren Zwecks der Ehe (siehe 2).
1 Thess. 4, 5	Der Leib soll in Heiligung und Ehren gehalten werden, nicht in der Brunst der Lust, wie die Heiden.
Gal. 5, 16	Wandelt im Geist, so werdet ihr die Lüste des Fleisches nicht vollbringen.
1 Mose 38, 9	Die Onanssünde.
Hebr. 13, 4	Die Ehe soll ehrlich gehalten werden bei allen und das Ehebett unbefleckt.
1 Petr. 3, 7	Daß eure Gebete nicht verhindert werden (Das Geistesleben muß die Oberhand behalten; ist das nicht der Fall, so ist Zuchtlosigkeit, Sünde da).
1 Kor. 6, 12	Ich habe es alles Macht; es frommt aber nicht alles. Ich habe es alles Macht; es soll mich aber nichts gefangen nehmen.
1 Tim. 4, 4	Alle Kreatur Gottes ist gut und nichts verwerflich, das mit Danksagung empfangen wird, denn es wird geheiligt durch das Wort Gottes und Gebet.

Ehescheidung. Die Ehe ist unauflöslich, Scheidung unter dem mosaischen Gesetz erlaubt.

Mtth. 19, 8	Mose hat euch erlaubt euch zu scheiden um der Herzenshärtigkeit willen.

für den Gläubigen nur:

Mtth. 19, 9	Es sei um der Hurerei willen (geschlechtliche Zuchtlosigkeit eines Teils der Ehegatten, die den anderen tief erniedrigt).
1 Kor. 7, 15	So aber der Ungläubige sich scheidet, so laß ihn sich scheiden.

aber dann ohne Wiederverheiratung, um die Möglichkeit der Versöhnung offen zu lassen.

Mtth. 19, 9	Wer die Abgeschiedene freit, bricht auch die Ehe (Ob, wenn der eine Teil der geschiedenen Ehegatten wieder heiratet, auch der andere heiraten darf, muß nach den Verhältnissen und innerer Geistesleitung entschieden werden).

Ehre, ehren. Ehren heißt: Lobpreisend Tugend und Herrlichkeit anerkennen. Die Ehre beansprucht der Mensch für sich. Sie kommt aber Gott allein zu. Ihn zu ehren und von ihm Ehre zu empfangen, soll uns das allerwichtigste sein.

Es ist bezeichnend für die vom Heiligen Geist geprägte Sprache der Bibel, daß sie im Hebräischen für die »Ehre« Gottes ein eigenes Wort entwickelt hat, die kabod, den Lichtglanz Gottes, eine Bedeutung, die das griechische Wort für Meinung, Ansehen (doxa) mit einem ganz neuen Sinn erfüllt hat. Luther hat dieses Wort teils mit »Ehre«, teils mit »Herrlichkeit« übersetzt (s. Herrlichkeit). Jesus Christus hat Anteil an Gottes Herrlichkeit durch seinen Tod und seine Auferstehung.

1. Der gottferne Mensch nimmt die Ehre für sich.

Joh. 5, 44	Wie könnt ihr glauben, die ihr Ehre voneinander nehmet, und die Ehre, die von Gott allein ist, suchet ihr nicht!
7, 18	Wer von sich selbst redet, der sucht seine eigene Ehre.
12, 43	Sie hatten lieber die Ehre bei den Menschen, denn die Ehre bei Gott.
Röm. 1, 25	Sie haben geehrt und gedient dem Geschöpfe mehr denn dem Schöpfer.
Gal. 5, 26	Lasset uns nicht eitler Ehre geizig sein!
Phil. 2, 3	Nichts tut durch Zank oder eitle Ehre.
1 Thess. 2, 6	Wir haben auch nicht Ehre gesucht von den Leuten.
1 Mose 11, 4	Laßt uns einen Turm bauen ..., daß wir uns einen Namen machen.
4 Mose 12, 1	Mirjam, da sie Mose gleich sein wollte, ward aussätzig.
2 Sam. 24, 1	David für die Volkszählung mit Pestilenz bestraft.
Dan. 4, 27	Nebukadnezars Ehrgeiz und Fall.
Mtth. 20, 20	Der Ehrgeiz der Mutter der Söhne des Zebedäus.
Apgsch. 8, 9	Simon, der Zauberer, gab vor, er wäre etwas Großes.
12, 23	Agrippa geschlagen, weil er die Ehre nicht Gott gab.
1 Petr. 5, 5	Gott widersteht den Hoffärtigen.

2. Gott allein gebührt die Ehre.

5 Mose 32, 3	Gebt unserm Gott allein die Ehre.
Jes. 48, 11	Ich will meine Ehre keinem anderen lassen.
Ps. 115, 1	Nicht uns, Herr, nicht uns, sondern deinem Namen sei Ehre!
Luk. 2, 14	Ehre sei Gott in der Höhe!
19, 38	Der König der Ehre!
Joh. 5, 23	Den Sohn ehren wie den Vater.
11, 4	Die Krankheit ist ... zur Ehre Gottes, daß der Sohn Gottes dadurch geehrt werde.
8, 50	Ich suche nicht meine Ehre, es ist aber einer, der sie sucht.
Hebr. 2, 7	Mit Preis und Ehre hast du ihn gekrönt.
3, 3	Dieser ist größere Ehre wert denn Mose.
Phil. 2, 11	Christus der Herr zur Ehre Gottes, des Vaters.
Röm. 11, 36	Ihm sei Ehre in Ewigkeit! Röm. 16, 27; Gal. 1,5; Eph. 3, 21; Phil. 4, 20; 1 Tim. 1, 17; 6, 16; 2 Tim. 4,18; 1 Petr. 4, 11; 5, 11; 2 Petr. 3, 18; Offenb. 1,

	6; ThW: besser übersetzt mit »ist Ehre« nach 1 Petr. 4, 11 (die Schrift hallt wider vom Lobpreis der Ehre Gottes).
Joh. 14, 13	Was ihr bitten werdet, das will ich tun, auf daß der Vater geehret werde in dem Sohne (Was Christus und seine Jünger tun und leiden, zielt auf die Ehre Gottes ab).
15, 8	Darin wird mein Vater geehrt, daß ihr viel Frucht bringt.
1 Petr. 4, 16	Leidet er aber als Christ, so ehret er Gott in diesem Falle.

3. Gott gibt Ehre denen, die ihm und Christo angehören.

Joh. 12, 26	Wer mir dienen wird, den wird mein Vater ehren.
Ps. 91, 15	Ich will ihn herausreißen und zu Ehren bringen.
73, 24	Du leitest mich nach deinem Rat und nimmst mich endlich mit Ehren an.
Sprüche 29, 23	Der Demütige wird Ehre empfangen.
15, 33	Ehe man zu Ehren kommt, muß man zuvor leiden.
Röm. 2, 7	Preis und Ehre und unvergängliches Wesen denen, die mit Geduld in guten Werken trachten nach dem ewigen Leben.
1 Petr. 5, 4	So werdet ihr, wenn erscheinen wird der Erzhirte, die unverwelkliche Krone der Ehre empfangen.

4. Wir sollen einander ehren nach göttlicher Ordnung.

1 Petr. 3, 7	Gebet dem weiblichen als dem schwächeren Werkzeuge seine Ehre.
2 Mose 20, 12	Du sollst deinen Vater und deine Mutter ehren.
3 Mose 19, 31	Vor einem grauen Haupte sollst du aufstehen und die Alten ehren.
Sprüche 16, 31	Graue Haare sind eine Krone der Ehre.
Maleachi 1, 6	Ein Knecht soll seinen Herrn ehren.
Sirach 7, 32	Den Priester.
1 Tim. 5, 17	Die Ältesten, die wohl vorstehen, halte man zwiefacher Ehre wert.
1 Petr. 2, 17	Den König ehren.
Röm. 13, 7	So gebet nun jedermann, was ihr schuldig seid ... Ehre, dem Ehre gebührt.
1 Petr. 2, 17	Tut Ehre jedermann.

Eigentum. Die Erde und alles, was darinnen ist, ist Gottes Eigentum. Das Volk Israel war in besonderem Sinn erwählt, Gottes Eigentum zu sein. Anerkannt wird das Eigentumsrecht Gottes erst durch das Volk des Neuen Bundes. Welcher Trost und welche Verpflichtung, sein Eigentum zu sein! Der Herr hat auch das volle Eigentumsrecht über unseren Besitz. Freudig können wir Christen opfern und verlassen, wenn Gott es will. Wir tragen unser Eigentum zu Lehen von Gott, sind Verwalter, die weder verprassen noch geizen dürfen, sondern arbeiten, die Erde sich untertan machen sollen, auf daß sie haben zu geben dem Dürftigen.

1. Das Volk des Eigentums.

1 Mose 14, 19	Gott, der Himmel und Erde besitzt.
2 Mose 19, 5	Werdet ihr nun meiner Stimme gehorchen und meinen Bund halten, so sollt ihr mein Eigentum sein vor allen Völkern, denn die ganze Erde ist mein.
5 Mose 7, 6	Dich hat Gott, dein Herr, erwählt zum Volk des Eigentums, Ps. 135, 4; Maleachi 3, 17.
Joh. 1, 11	Er kam in sein Eigentum und die Seinen nahmen ihn nicht auf.
Eph. 1, 14	Daß wir sein Eigentum würden zu Lob seiner Herrlichkeit (im Neuen Bund).

2 Thess. 2, 14	Darein er euch berufen hat durch unser Evangelium zum herrlichen Eigentum unseres Herrn Jesu Christi.
Titus 2, 14	Er reinigte sich selbst ein Volk zum Eigentum, das da fleißig wäre zu guten Werken.
1 Petr. 2, 9	Ihr seid das Volk des Eigentums.

2. Es hat den Trost, sein zu sein.

Jes. 49, 16	Siehe, in die Hände habe ich dich gezeichnet.
43, 1	Fürchte dich nicht, ich habe dich erlöset – du bist mein.
Joh. 10, 27 f.	Meine Schafe – niemand soll sie aus meiner Hand reißen.
2 Tim. 2, 19	Es kennt der Herr die Seinen.

3. Die Verpflichtung.

Joh. 10, 27	Meine Schafe hören meine Stimme, und sie folgen mir.
Eph. 1, 14	Daß wir sein Eigentum würden, zu Lob seiner Herrlichkeit.
Titus 2, 14	Fleißig zu guten Werken.

4. Die Kraft, das Eigentum zu opfern und zu verlassen, wenn Gott es will, denn wir gehören ihm, und er, in dem wir alles haben, gehört uns.

1 Mose 22	Isaaks Opferung.
Hiob 1, 21	Der Herr hat's gegeben, der Herr hat's genommen, der Name des Herrn sei gelobt!
Luk. 5, 11	Sie verließen alles und folgten ihm nach.
Mtth. 13, 44	Und verkaufte alles, was er hatte, und kaufte den Acker.
19, 29	Wer verlässet Häuser oder Brüder ... um meines Namens willen, der wird's hundertfältig nehmen und das ewige Leben ererben.
Ps. 73, 25	Wenn ich dich nur habe, so frage ich nichts nach Himmel und Erde.

5. Wir sind Verwalter unseres Eigentums, die Gott Rechenschaft geben müssen.

Mtth. 25, 14	Er tat ihnen seine Güter aus.
25, 19	Hielt Rechenschaft mit ihnen.
Luk. 15, 12	Gib mir das Teil meiner Güter, das mir gehört ..., brachte sein Gut um mit Prassen (Wer das Höchsteigentumsrecht Gottes vergißt, wird ein Verschwender oder Geizhals).
1 Tim. 6, 6	Es ist ein großer Gewinn, wer gottselig ist und lässet sich genügen (Nur wer die göttlichen Güter kennt, ist genügsam. Joh. 10, 11).
6, 10	Geiz ist eine Wurzel alles Übels.
Mtth. 6, 24	Ihr könnt nicht Gott dienen und dem Mammon.
Eph. 4, 28	Arbeite und schaffe mit den Händen etwas Gutes, auf daß er habe zu geben dem Dürftigen.

Einfalt, Einfältigkeit, einfältig: Einfalt ist Einheitlichkeit in Wahrhaftigkeit und Treue. Einfalt ist Einfachheit und Lauterkeit. Gott hat sich in Christus als höchste Einfalt offenbart. Der Mensch ist unwahrhaftig und verworren, unlauter und untreu. Er ist aus der Einfalt herausgefallen. Glaube ist Rückkehr zur Einfalt. Die Früchte des Glaubens tragen das Gepräge der Einfalt.

1. Gott ist Einfalt, ganz gerade und ganz treu.

1 Joh. 1, 5	Gott ist Licht und in ihm ist keine Finsternis.
Jak. 1, 5	Gott gibt einfältig jedermann und rücket's niemand auf.
Apgsch. 13, 10	Die richtigen Wege des Herrn.

Jak. 1, 17	Der Vater des Lichts, bei welchem ist keine Veränderung noch Wechsel des Lichts und der Finsternis.
1 Joh. 1, 9	Er ist treu und gerecht.

2. In Christus ist Gottes Einfalt Fleisch geworden.

Luk. 2, 49	Wisset ihr nicht, daß ich sein muß in dem, was meines Vaters ist?
Joh. 4, 34	Meine Speise ist die, daß ich tue den Willen des, der mich gesandt hat und vollende sein Werk (Einfalt zu Gott).
Mtth. 11, 26	Ja, Vater, denn es ist also wohlgefällig gewesen vor dir (kein Zwiespalt in seinem Wollen).
Joh. 1, 9	Das war das wahrhaftige Licht, das alle Menschen erleuchtet.
2 Kor. 1, 19	Der Sohn war nicht Ja und Nein, sondern Ja in ihm.
Offenb. 19, 11	Hieß Treu und Wahrhaftig.

3. Der Mensch ist aus der Einfalt gefallen.

2 Kor. 11, 3	Die Sinne verrückt von der Einfalt in Christo.
5 Mose 32, 5	Die verkehrte und böse Art fällt von ihm ab.
Eph. 4, 18	Welcher Verstand verfinstert ist und sind entfremdet von dem Leben aus Gott.
Pred. Sal. 7, 29	Gott hat den Menschen aufrichtig gemacht, aber sie suchen viele Künste.
Mtth. 6, 22	Wenn dein Auge einfältig ist, so wird der ganze Leib licht sein, ist aber dein Auge ein Schalk, so wird der ganze Leib finster sein.
Apgsch. 8, 23	Ich sehe, daß du bist verknüpft mit Ungerechtigkeit.

4. Der Glaube ist der Schritt in die Einfalt.

Weish. 1, 1	Suchet den Herrn mit einfältigem Herzen!
Mtth. 18, 3	Wenn ihr nicht umkehret und werdet wie die Kinder.
11, 25	Du hast es den Unmündigen geoffenbart.
Sprüche 2, 7	Der Herr läßt es den Aufrichtigen gelingen.

5. Die Auswirkungen des Glaubens in der Einfalt.

Röm. 14, 23	Was nicht aus dem Glauben geht, ist Sünde.
Apgsch. 2, 47	Sie lobten Gott mit Freuden und einfältigen Herzen.
Röm. 12, 8	Gibt jemand, so gebe er einfältig.
2 Kor. 8, 2	Sie haben reichlich gegeben in aller Einfältigkeit.
9, 11	Daß ihr reich seid in allen Dingen mit aller Einfalt.
Eph. 6, 5	Ihr Knechte seid gehorsam ... in Einfalt eures Herzens als Christo.
2 Kor. 1, 12	Unser Ruhm ist dieser, daß wir in Einfalt und göttlicher Lauterkeit gewandelt haben (Des Apostels Vorbild).
Ps. 116, 6	Der Herr behütet die Einfältigen.
119, 130	Dein Wort macht klug die Einfalt (Der Segen der Einfalt).
Joh. 16, 23	An jenem Tage werdet ihr mich nichts fragen (Vollendung der Einfalt).

Einigkeit, siehe Bruderliebe [2], Geist [I 3.b.3], Kirche.

Empfangen, siehe Danken 1.

Ende.

1. Die Endlichkeit und Vergänglichkeit alles Irdischen ist für das Alte und Neue Testament feste Überzeugung und zugleich Antrieb, den ewigen Gott zu suchen (Ps. 90, 12).

1 Mose 6, 13	Alles Fleisches Ende ist vor mich gekommen.
Sirach 14, 20	Alles vergängliche Ding muß ein Ende haben.

Jes. 38, 12	Du machst mit mir ein Ende den Tag vor Abend.
24, 8	Die Freude der Harfe hat ein Ende.
60, 20	Die Tage deines Leides sollen ein Ende haben.
Ps. 119, 96	Ich habe alles Dinges ein Ende gesehen.
39, 5	Lehre mich doch, daß es ein Ende mit mir haben muß.
Sirach 28, 6	Gedenke an das Ende. Sirach 38, 29.
Mtth. 5, 18	Himmel und Erde vergehen. Mtth. 24, 35; Luk. 13, 3; 21, 33.
24, 3	Welches wird das Zeichen sein ... des Endes der Welt?
28, 20	Ich bin bei euch bis an der Welt Ende.
1 Kor. 15, 24	Danach das Ende.
Jak. 4, 14	Was ist euer Leben? Ein Dampf ist's, der eine kleine Zeit währet, dann aber verschwindet er.
Luk. 12, 20	Du Narr, diese Nacht wird man deine Seele von dir fordern.

2. Demgegenüber: Gott und alles, was sein ist und von ihm kommt, kennt kein Ende:

a) weder in zeitlicher Beziehung (siehe Ewigkeit);

Ps. 102, 28	Deine Jahre nehmen kein Ende.
Dan. 6, 27	Gottes Herrschaft hat kein Ende. Dan. 7, 14
Klagel. 3, 22	Seine Barmherzigkeit hat noch kein Ende.
Offenb. 1, 8	Ich bin der Anfang und das Ende. Offenb. 3, 22.
Jak. 1, 17	Bei welchem ist keine Veränderung noch Wechsel des Lichts und der Finsternis.

b) noch in räumlicher Beziehung.

Dan. 4, 19	Deine Gewalt langt bis an der Welt Ende.
Sirach 50, 24	Der große Dinge tut an allen Enden.
Ps. 98, 3	Aller Welt Enden sehen das Heil Gottes.
Jes. 62, 11	Der Herr läßt sich hören bis an der Welt Ende.
43, 6	Bringe meine Söhne von ferne und meine Töchter von der Welt Ende.
Mrk. 13, 27	Dann wird er versammeln ... seine Auserwählten ... von dem Ende der Erde bis ans Ende des Himmels.
Apgsch. 1, 8	Ihr sollt meine Zeugen sein ... bis an das Ende der Erde.

3. Das Ende der Welt tritt ein, wenn ihre Entwicklung zum Abschluß gereift ist und Jesus wiederkommt zum Gericht und zur Vollendung des Reichsplanes Gottes.

Mtth. 13, 39	Die Ernte ist das Ende der Welt.
13, 49	Also wird es am Ende der Welt gehen: Die Engel werden ausgehen und die Bösen von den Gerechten scheiden.

a) Dann erst wird das Menschenleben in seinem Ertrag und Resultat offenbart.

Hebr. 9, 27	Den Menschen ist gesetzt, einmal zu sterben, danach das Gericht.
Röm. 6, 21	Was hattet ihr damals für Frucht? Welcher ihr euch jetzt schämt; denn das Ende derselbigen ist der Tod.
6, 22	Nun ihr aber seid von der Sünde frei ..., habt ihr eure Frucht, daß ihr heilig werdet, das Ende aber das ewige Leben.
2 Kor. 11, 15	Welcher Ende sein wird nach ihren Werken.
Phil. 3, 19	Die Feinde des Kreuzes Christi, welcher Ende ist die Verdammnis.

b) Darum wichtig das Aushalten bis ans Ende.

Mtth. 24, 13	Wer beharret bis ans Ende, der wird selig. 10, 22.
Hebr. 13, 7	Gedenket an eure Lehrer ..., ihr Ende schauet an und folget ihrem Glauben nach.
1 Petr. 1, 9	Das Ende des Glaubens davonbringen, der Seelen Seligkeit.

2 Tim. 4, 7 Ich habe den Lauf vollendet ..., hinfort ist mir beigelegt die Krone der Gerechtigkeit.
Sacharja 14, 7 Um den Abend wird's licht sein.

4. Jesu Kommen in die Welt, sein Leiden, Sterben und Auferstehen hat die letzte Phase der Weltgeschichte eingeleitet, die dem Ende vorausgeht. Darum die lebhafte und nahe Enderwartung im Neuen Testament.

Hebr. 9, 26 Nun aber am Ende der Welt ist er einmal erschienen.
1 Petr. 4, 7 Das Ende aller Dinge ist nahe herbeigekommen.
1 Kor. 10, 11 Es ist aber uns geschrieben zur Warnung, auf welche das Ende der Welt kommen ist.
1 Joh. 2, 18 Kinder, es ist die letzte Stunde.

a) Der Termin des Weltendes ist und bleibt Gottes Geheimnis (siehe Zeit 2 c).
Sacharja 14, 7 Es wird ein Tag sein, der dem Herrn bekannt ist.
Apgsch. 1, 7 Es gebühret euch nicht, zu wissen Zeit und Stunde, welche der Vater seiner Macht vorbehalten hat.
Mtth. 24, 36 Von dem Tag aber und der Stunde weiß niemand ..., sondern allein mein Vater.
24, 6 Ihr werdet hören Kriege und Geschrei von Kriegen ..., das muß zum ersten alles geschehen; aber es ist noch nicht das Ende da.

b) Wie Jesus die Gnade Gottes vollendet, indem er den Äon der Sünde beendet, so hat er sie damit begründet, daß er den Äon des Gesetzes abschloß (Äon gleich Zeitabschnitt).
Röm. 10, 4 Christus ist des Gesetzes Ende, wer an den glaubet, ist gerecht.

Engel. Boten Gottes, höhere Geisteswesen, von Gott geschaffen zu seinem Dienst. – Der Name wird auch für Priester und Propheten gebraucht, die einen göttlichen Auftrag haben, also Boten des Herrn sind (Haggai 1, 13; Maleachi 2, 7; 3, 1).
1 Kor. 11, 10 Das Weib soll eine Macht haben auf dem Haupte um der Engel willen. Begleitengel, die auf Schicklichkeit achten (ThW).
Offenb. 2, 1 Dem Engel der Gemeinde schreibe (Engel, die die Gemeinde repräsentieren wie Michael das Volk Israel. ThW).

Es gibt gute und böse Engel (siehe Teufel). Die guten Engel leben in himmlischer Gerechtigkeit und Reinheit.

1. Sie dienen zur Ausrichtung des Gerichts.

1 Mose 3, 24 Ein Engel bewahret das Paradies.
2 Kön. 19, 35 Ein Engel schlägt das assyrische Lager.
Apgsch. 12, 23 Ein Engel schlägt den Herodes.
Mtth. 13, 49 Die Engel scheiden die Guten von den Bösen.
2 Thess. 1, 7 Der Herr Jesus vom Himmel offenbar samt den Engeln seiner Kraft.

Auch böse Engel bekommen Macht von Gott, zu strafen.

Ps. 78, 49 Da er böse Engel unter sie sendete.
2 Kor. 12, 7 Des Satans Engel, der mich mit Fäusten schlage.

2. Die Boten Gottes sind Diener der Heilsoffenbarung.

	a) Im Alten Bunde.
Apgsch. 7, 53	Das Gesetz ist empfangen durch der Engel Geschäft; von den Engeln durch die Hand des Mittlers (Gal. 3,19).
Hebr. 2, 2	Das Wort, das durch die Engel geredet ist.
1 Mose 22, 15	Ein Engel erscheint Abraham; 2 Mose 3, 2 dem Mose; Josua 5, 15 dem Josua; 1 Kön. 19, 5; 2 Kön. 1, 3 dem Elia; Jesaja 6, 6 dem Jesaja.
	b) Im Neuen Bunde.
	Ein Engel erscheint bei der Ankunft des Herrn:
Luk. 1, 11	dem Zacharias; Luk. 1, 26 der Maria; Luk. 2, 9 den Hirten.
	Sie sind Diener Jesu.
Mtth. 4, 11	Engel traten zu ihm und dienten ihm.
26, 53	Zwölf Legionen Engel.
Joh. 1, 51	Werdet sehen die Engel Gottes hinauf- und hinabfahren auf des Menschen Sohn.
	Sie erscheinen bei Auferstehung und Himmelfahrt:
Mrk. 16, 5	der Maria Magdalena; Luk. 24, 23 den Weibern beim Grabe; Apgsch. 1, 10 den Aposteln.
	Engel sind beteiligt bei Gründung der neutestamentlichen Gemeinden und erscheinen:
Apgsch. 5, 19	den Aposteln; Apgsch. 8, 26 dem Philippus; Apgsch. 10, 3 dem Kornelius; Apgsch. 12, 7 dem Petrus (Gefängnis), Apgsch. 27, 23 dem Paulus; Offenb. 5, 2 dem Johannes.

3. Sie nehmen Anteil an dem Fortgang des Reiches Christi auf Erden.

1 Tim. 3, 16	Christus erschienen den Engeln.
1 Petr. 1, 12	Welches gelüstet die Engel zu schauen.
Luk. 15, 10	Es wird Freude sein vor den Engeln Gottes über einen Sünder, der Buße tut.
1 Kor. 4, 9	Paulus: ein Schauspiel den Engeln und den Menschen.
1 Tim. 5, 21	Bezeuge vor Gott und den auserwählten Engeln.
Mtth. 18, 10	Ihre Engel im Himmel sehen allezeit das Angesicht meines Vaters im Himmel.

4. Sie schützen die Gläubigen.

Ps. 34, 8	Der Engel des Herrn lagert sich um die her, die ihn fürchten.
91, 11	Der Herr hat seinen Engeln befohlen über dir.

5. Sie tragen ihre Seele heim.

Luk. 16, 22	Lazarus ward getragen von den Engeln in Abrahams Schoß.

Die Seligen sehen ihnen gleich.

Apgsch. 6, 15	Sie sahen sein (des Stephanus) Angesicht wie eines Engels Angesicht.
Mtth. 22, 30	Sie sind wie die Engel.
Offenb. 7, 9	Loben mit den Engeln vor Gottes Thron.

6. Die Engel loben Gott in den himmlischen Wohnungen.

Ps. 148	Lobet ihn all sein' Heer.
Offenb. 5, 11	Preis des Lammes.
7, 11	Preis Gottes.

Enthalten, siehe Fasten.

Erbarmen, siehe Barmherzigkeit.

Erbe, erben. Das Heilsgut, das Gott Israel zugesagt hat, erlangt das wahre Israel, die Gemeinde des Neuen Bundes. Sie hat jetzt die Anwartschaft und die Erstlingsgaben, den Vollbesitz aber erst in jener Welt. Der Erbe im besonderen Sinn ist Christus.

Das Land Kanaan war den Erzvätern von Gott verheißen und zugeschworen. Daher wird es das »gelobte« Land genannt. Es war nicht durch Leistung erworben oder durch Eroberung erbeutet, sondern durch Gottes ursachlose Bestimmung zugeteilt. Erst auf Grund dieser Zuteilung wurde es dann in Besitz genommen. »Diese Auffassung des Erbes wurzelt in der alttestamentlichen Erfahrung des die Geschichte des Menschen konkret bestimmenden Gottes, der jedem sein Teil gibt« (ThW). Es wird unter Erbteil im Alten Testament wesentlich der Landbesitz verstanden, der ein bleibender und auf die Söhne zu vererbender Besitz sein soll und geschützt ist durch das 10. Gebot und das Gesetz des Jubeljahres 3 Mose 25, vgl. 1 Kö. 21, 3. In vergeistigter Frömmigkeit wird Israel als Erbe Gottes bezeichnet (Ps. 28, 9), ja Jahwe selbst wird das Erbteil genannt (Ps. 16,5). Im Neuen Testament ist Jesus Christus als der Sohn der Erbe des Weinbergs (Mrk. 12, 1-12). Die Seinen sind als in die Sohnschaft Versetzte Miterben Christi. Das Erbe wird ein eschatologischer Begriff, an dem die Kinder und Söhne des Reichs Anteil haben, eine Verheißung, die im Hebräerbrief angeschlossen wird an die Verheißung, die den Vätern geschehen ist und auf die sie warteten durch Glauben und Geduld (Hebr. 6, 12). Das unvergängliche Erbe (1. Petr. 1, 3) wird in Offenb. 21, 7 in dem himmlischen Jerusalem, in dem neuen Himmel und in der neuen Erde, wo kein Leid und kein Tod mehr ist, dargestellt und den Überwindern verheißen.

1. Christus ist der Erbe als der Sohn.

Ps. 2, 7 f.	Du bist mein Sohn, ... heische von mir, so will ich dir die Heiden zum Erbe geben.
Hebr. 1, 4	So viel höher der Name ist, den er vor ihnen ererbet hat. Phil. 2, 9.
Mtth. 21, 38	Da aber die Weingärtner den Sohn sahen, sprachen sie: Das ist der Erbe.

2. Nur Kinder erben.

Röm. 8, 17	Sind wir denn Kinder, so sind wir auch Erben, nämlich Gottes Erben und Miterben Christi.
4, 13	Abraham der Welt Erbe (der Vater der Glaubensgerechtigkeitsgemeinde).
Gal. 3, 29	Seid ihr aber Christi, so seid ihr ja Abrahams Same und nach der Verheißung Erben.
Eph. 1, 5	Verordnet zur Kindschaft durch Jesum ..., durch welchen wir auch zum Erbteil kommen sind. V. 11.

3. Welche Kinder sind.

Eph. 1, 5	Die zuvor Verordneten.
Titus 3, 7	Durch desselbigen Gnade gerecht und Erben des ewigen Lebens nach der Hoffnung.
Kol. 1, 12	Der uns tüchtig gemacht hat zum Erbteil der Heiligen im Licht.
Mtth. 25, 34	Ihr Gesegneten meines Vaters, ererbet das Reich, das euch bereitet ist von Anbeginn der Welt.
Jak. 2, 5	Die am Glauben reich sind und Erben des Reichs, welches er verheißen hat denen, die ihn liebhaben.
Hebr. 6, 12	Durch Glauben und Geduld ererben.
Eph. 3, 6	Das Geheimnis Christi: die Heiden Miterben.
Röm. 8, 17	Miterben Christi, so wir anders mit leiden.
Offenb. 21, 7	Wer überwindet, wird alles ererben.

4. Wer nicht erbt.

1 Kor. 6, 9	Die Ungerechten werden das Reich Gottes nicht ererben, weder die Hurer ...
15, 50	Fleisch und Blut können das Reich Gottes nicht ererben.
Gal. 5, 21	Saufen, Fressen – die solches tun, werden das Reich Gottes nicht ererben.
Hebr. 12, 17	Esau verworfen, als er den Segen ererben wollte (weil er um einer Speise willen die Erstgeburt verkaufte).

5. Beschreibung des Erbes.

1 Petr. 1, 4	Das unvergängliche, unverwelkliche Erbe.
Hebr. 6, 12	Die Verheißung ererben.
1 Petr. 3, 9	Den Segen ererben.
Hebr. 1, 14	Ererben die Seligkeit (Errettung).
1 Petr. 3, 7	Miterben der Gnade des Lebens.
Ps. 16, 6	Das Los ist mir gefallen aufs Liebliche; mir ist ein schön Erbteil worden.
1 Joh. 3, 2	Es ist noch nicht erschienen, was wir sein werden ..., ihm gleich sein werden; denn wir werden ihn sehen, wie er ist.
Offenb. 21	Der neue Himmel und die neue Erde.

Erkenntnis, erkennen. Alle Erkenntnis beruht auf Erleuchtung. Erkenntnis Gottes setzt göttliche Offenbarung voraus. In der griechischen Profanliteratur ist »erkennen« die Erkenntnis eines Gegenstandes oder Sachverhalts, der in den Gesichtskreis des Erkennenden tritt. Der Begriff »erkennen« ist vom Sehen her bestimmt. Durch Erkenntnis steigt der Erkennende in die Nähe des Seienden hinauf, in die Nähe Gottes.

Die fälschlich so genannte Gnosis (1 Tim. 6, 20), eine griechische Erkenntnislehre, die das Neue Testament scharf bekämpft, beruht auf diesem Aufsteigen des Erkennenden zu dem Seienden, zu Gott hin und behauptet, daß die Erkenntnis Gottes die göttliche Natur verleihe, die Unsterblichkeit.

Im Alten Testament ist das Erkennen mehr eine Weise des Hörens, »die Einsicht in den fordernden und begnadenden Willen Gottes, die primär Anerkennung, gehorsame und dankbare Beugung unter das Erkannte ist« (ThW). Nicht erkennen ist Schuld.

Bei den Rabbinen verleiht die Kenntnis des Gesetzes auch die Fähigkeit, es zu tun. Das Volk, das das Gesetz Gottes nicht kennt, ist sündig.

Der neutestamentliche Erkenntnisbegriff hat den alttestamentlichen zur Voraussetzung. Die Erkenntnis Gottes beruht auf Gottes Heilstat in Jesus Christus. Sie geschieht zum glaubenden und gehorsamen Empfang. Der Mensch steigt nicht auf mit seiner Erkenntnis zu Gott, sondern die Erkenntnis wird ihm durch Gottes Gnadenwillen offenbart. Mtth. 11, 25. 27; Mtth. 16, 17. Die Gotteserkenntnis des Menschen gründet sich darauf, daß ihn Gott erkannt hat. Gal. 4, 9 (nun ihr aber Gott erkannt habt, ja vielmehr von Gott erkannt seid). Gottes Erkennen und Erwählen ist eins (2 Tim. 2, 19: Es kennt der Herr die Seinen). Erkenntnis Gottes ist nur möglich durch den Geistesempfang (1 Kor. 2, 12). Der natürliche Mensch ist blind für Gott (1. Kor. 2, 14). Bei Johannes ist eine direkte Gotteserkenntnis ausgeschlossen. (ThW: »Das Erkennen Gottes hat seinen direkten Gegenstand in der Offenbarung, in Jesus. Erkenntnis Gottes bedeutet Annahme der Liebestat Gottes in Jesus und den Gehorsam gegen seine Forderung.« Joh. 1, 10: Die Welt kannte das wahrhaftige Licht nicht. Erkennen bedeutet bei Johannes den erkennenden Empfang der Liebe Gottes in Jesus. Wer diese Liebe empfangen hat, liebt die Brüder. Den Sohn Gottes erkennen, heißt, um seine Einheit mit dem Vater wissen (Joh. 10, 38; 14, 20; 16, 3). Wer Gott in Christus erkennt, empfängt Anteil an seinem göttlichen Wesen (Joh. 17, 3: Das ist das ewige Leben, daß sie dich und den du gesandt hast, Jesum Christum, erkennen).

1. Selbsterkenntnis.

Ps. 51, 7	Siehe, ich bin in sündlichem Wesen geboren.
1 Mose 32, 11	Ich bin zu gering aller Barmherzigkeit.
Mtth. 8, 8	Ich bin nicht wert, daß du unter mein Dach gehst.
Luk. 5, 8	Gehe hinaus von mir, ich bin ein sündiger Mensch ... (Mtth. 26, 75).
Röm. 3, 20	Durch das Gesetz kommt Erkenntnis der Sünde.

2. Gotteserkenntnis.

	a) Sie ist unserem natürlichen Verständnis unzugänglich.
Hosea 4, 1	Es ist keine Erkenntnis Gottes im Lande.
Jes. 6, 9	Höret und verstehet's nicht, sehet und merket's nicht!
5, 21	Weh' denen, die bei sich selbst weise sind und halten sich selbst für klug!
59, 8	Sie kennen den Weg des Friedens nicht.
Joh. 8, 27	Sie verstanden aber nicht, daß er ihnen vom Vater sagte.
Luk. 18, 34	Sie vernahmen aber keins und die Rede war ihnen verborgen.
19, 42	Aber nun ist's vor deinen Augen verborgen.
11, 52	Wehe euch; ihr Schriftgelehrten, ihr habt den Schlüssel der Erkenntnis weggenommen.
Röm. 1, 21	Sie sind in ihrem Dichten eitel geworden, und ihr unverständiges Herz ist verfinstert.
1, 22	Da sie sich für weise hielten, sind sie zu Narren geworden.
1 Kor. 1, 21	Dieweil die Welt in ihrer Weisheit Gott in seiner Weisheit nicht erkannte.
Eph. 4, 17	Sie wandeln in der Eitelkeit des Sinnes, welcher Verstand verfinstert ist und sind entfremdet von dem Leben, das aus Gott ist.
2 Tim. 3, 6	Die mit Sünden beladen sind und von mancherlei Lüsten umgetrieben, lernen immerdar und können nimmer zur Erkenntnis der Wahrheit kommen.
Kol. 2, 2	Zu erkennen das Geheimnis Gottes, des Vaters und Christi.
Eph. 3, 19	Die Liebe Christi, die alle Erkenntnis übertrifft.

Phil. 4, 7 Der Friede Gottes höher als alle Vernunft.
1 Kor. 2, 14 Der natürliche Mensch vernimmt nichts vom Geiste Gottes.
2 Kor. 4, 4 Das Evangelium ... verdeckt, bei welchen der Gott dieser Welt der Ungläubigen Sinn verblendet hat.

b) Die Erkenntnis Gottes den Vätern verheißen.

Jes. 11, 9 Das Land ist voll Erkenntnis des Herrn.
Jerem. 31, 34 Sie sollen mich alle kennen, beide, klein und groß.

c) Die Erkenntnis Gottes wird geschenkt durch Offenbarung.

Sprüche 2, 6 Der Herr gibt Weisheit.
2 Chron. 1, 10 So gib mir nun Weisheit und Erkenntnis (Salomo).
Dan. 2, 21 Er gibt den Weisen ihre Weisheit. 1 Tim. 1, 17: dem allein Weisen.
4 Mose 24, 16 Dem die Augen geöffnet werden, wenn er niederkniet (Bileam).
Apgsch. 22, 14 Gott hat dich verordnet, daß du seinen Willen erkennen sollst.
Mtth. 11, 27 Niemand kennet den Sohn denn nur der Vater; und niemand kennt den Vater denn nur der Sohn, und wem es der Sohn will offenbaren.
16, 17 Fleisch und Blut hat dir das nicht offenbart, sondern mein Vater im Himmel.
Kol. 1, 9 Wir hören nicht auf, für euch zu beten und zu bitten, daß ihr erfüllt werdet mit Erkenntnis seines Willens. Eph. 1, 16.17.
2. Kor. 2, 14 Gott hat offenbart den Geruch seiner Erkenntnis durch uns an allen Orten.
4, 6 Gott hat einen hellen Schein in unsere Herzen gegeben, daß durch uns entstünde die Erleuchtung von der Erkenntnis der Klarheit Gottes in Angesichte Jesu Christi (Gott bedient sich menschlicher Werkzeuge).
10, 5 Wir zerstören damit alle Höhe, die sich erhebt wider die Erkenntnis Gottes, und nehmen gefangen alle Vernunft unter den Gehorsam Christi.
1 Tim. 1, 17 Gott ... dem allein Weisen sei Ehre und Preis.

d) Erkenntnis Gottes geschenkt durchs Wort.

Ps. 19, 8 Das Zeugnis des Herrn ist gewiß und macht die Unverständigen weise.
119, 104 Dein Wort macht mich klug.

e) geschenkt durch den Glauben an Christus.

Hosea 2, 22 Im Glauben will ich mich mit dir verloben, und du wirst den Herrn erkennen.
Joh. 6, 69 Wir haben geglaubt und erkannt, daß du bist Christus.
Eph. 3, 17 Daß Christus wohne durch den Glauben in euren Herzen .., auf daß ihr begreifen möget ... auch erkennen die Liebe Christi.
Joh. 8, 28 Wenn ihr des Menschen Sohn erhöhen werdet, dann werdet ihr erkennen, daß ich's sei.
14, 21 Wer mich liebt, der wird von meinem Vater geliebt werden, und ich werde ihn lieben und mich ihm offenbaren.
Kol. 2, 3 In welchem verborgen liegen alle Schätze der Weisheit und der Erkenntnis.
Joh. 10, 14 Ich erkenne die Meinen und bin bekannt den Meinen.
10, 4 Die Schafe folgen ihm nach, denn sie kennen seine Stimme.
8, 31 So ihr bleiben werdet an meiner Rede ... und werdet die Wahrheit erkennen.

f) Wachstum in der Erkenntnis durch Gottesfurcht, Demut, Gehorsam und Gebet.

Kol. 1, 11 Wachset in der Erkenntnis Gottes. 2 Petr. 3, 18.
1 Kor. 1, 5 Durch ihn an allen Stücken reich gemacht, an aller Lehre und in aller Erkenntnis.
14, 20 Am Verständnis seid vollkommen!
Röm. 12, 2 Verändert euch durch Erneuerung eures Sinnes, auf daß ihr prüfen möget (Wege zum Wachstum).

Eph. 5, 9	Wandelt als Kinder des Lichts und prüfet, was da sei wohlgefällig dem Herrn.
4, 15	Wachsen in allen Stücken an dem, der das Haupt ist, Christus.
	g) Inhalt der Erkenntnis.
Ps. 46, 11	Seid stille und erkennet, daß ich Gott bin.
4, 4	Erkennet doch, daß der Herr seine Heiligen wunderbar führet.
Luk. 19, 42	Wenn du doch auch erkenntest zu dieser Zeit, was zu deinem Frieden dient.
1, 77	Erkenntnis des Heils gebest seinem Volk, die da ist in Vergebung ihrer Sünden.
Apgsch. 22, 14	Du sollst erkennen seinen Willen.
Hebr. 10, 26	Nachdem wir die Erkenntnis der Wahrheit empfangen haben.
2 Petr. 2, 21	Erkennet den Weg der Gerechtigkeit.
Eph. 3,19	Erkennet die Liebe Christi.
Phil. 3, 10	Zu erkennen ihn und die Kraft seiner Auferstehung und die Gemeinschaft seiner Leiden.
Offenb. 3, 9	Sie sollen erkennen, daß ich dich geliebt habe.
Mtth. 7, 16	An ihren Früchten sollt ihr sie erkennen (Menschen erkennen).

3. Erkenntnis, die nicht auf einen Gegenstand bezogen ist, ist Weisheit.

Hiob 5, 13	Er fängt die Weisen in ihrer Weisheit (Listigkeit, verkehrte menschliche Weisheit).
Röm. 1, 22	Da sie sich für weise hielten, sind sie zu Narren geworden.
Jerem. 8, 9	Was können sie Gutes lehren, weil sie des Herrn Wort verwerfen?
1 Kor. 1, 21	Dieweil die Welt durch ihre Weisheit Gott in seiner Weisheit nicht erkannte.
Jak. 3, 15	Weisheit von unten: irdisch, menschlich, teuflisch.
3, 17	Weisheit von oben her ist aufs erste keusch.
1, 5	So jemand unter euch Weisheit mangelt, der bitte von Gott.
1 Kön. 3, 9	Bitte Salomos.
1 Kor. 1, 30	Christus, welcher uns von Gott gemacht ist zur Weisheit.
Eph. 1, 17	Daß der Gott unseres Herrn Jesu Christi, der Vater der Herrlichkeit, gebe euch den Geist der Weisheit und der Offenbarung zu seiner selbst Erkenntnis.

4. Klug durch Erkenntnis.

Ps. 90, 12	Lehre uns bedenken, daß wir sterben müssen, auf daß wir klug werden!
Mtth. 7, 24	Wer diese meine Rede hört und tut sie, den vergleiche ich einem klugen Mann.
Luk. 12, 42	Wie ein groß Ding ist's um einen treuen und klugen Haushalter!
Mtth. 25, 2	Kluge Jungfrauen (klug zur Bereitschaft).
Luk. 16, 8	Der Herr lobte den ungerechten Haushalter, daß er klüglich getan hat, denn die Kinder dieser Welt sind klüger als die Kinder des Lichts.
Mtth. 10, 16	Darum seid klug wie die Schlangen (klug zum Umgang mit Menschen).

Erleuchtung, siehe blind.

Erlösung, Erlöser, erlösen: freikaufen durch eine Sühneleistung, durch ein Lösegeld, befreien. An zwei Stellen verwendet Jesus diesen Ausdruck »Lösegeld«: Mrk. 10, 45 und Mtth. 20, 28. In dieser ausdrücklichen Bedeutung kommt er sonst im Neuen Testament nicht vor, an anderen Stellen wird ein Wort in allgemeiner Bedeutung für Erlösung und erlösen gebraucht. Der Begriff »Erlösung« hat oft einen endzeitlichen Sinn und schaut auf die endgültige Befreiung der Jünger aus der Not dieser Welt durch die Wiederkunft des Herrn hin (Luk. 21, 28). Das Lösegeld empfängt Gott. Es wird stellvertretend von Jesus mit der

Hingabe seines Lebens, seiner selbst in das Todesgericht bezahlt. Wenn der Herr schon vorher vollmächtig als der Sohn Gottes Sünde für alle Ewigkeit vergibt, tut er es im Blick auf diese seine Erlösungstat. Dieses Lösegeld gilt für viele, eine »unbestimmte Menge« (ThW). Warum dieses Lösegeld nötig ist, wird nicht gesagt. Es ist Gottes Wille, und diesem Willen unterwirft sich der Sohn. Auf Grund dieses Dienstes werden viele frei von ihren Sünden. Es hat Gott gefallen, auf diese Weise seinen Gerichtsernst mit seiner Güte zu vereinen.

1. Die Erlösung.

a) Erlösung von Leiden und Drangsal.

Hiob 5, 20 Erlösung aus der Teuerung.
2 Thess. 3, 2 Erlösung von bösen Menschen.
Ps. 103, 4 Erlösung aus dem Verderben.
2 Kor. 1, 10 Erlösen vom Tode.
Hebr. 2, 15 Erlösen die, so durch Furcht des Todes im ganzen Leben Knechte sein mußten.
2 Tim. 4, 18 Erlösen von allem Übel. Mtth. 6, 13.

b) Erlösung aus der Schuldverhaftung.

Mtth. 20, 28 Gebe sein Leben zu einer Erlösung für viele (Mrk. 10, 45).
Eph. 1, 7 An welchem wir haben die Erlösung durch sein Blut, nämlich die Vergebung der Sünden.
Röm. 3, 24 Die Erlösung, so durch Christum Jesum geschehen ist, welchen Gott hat vorgestellt zu einem Gnadenstuhl.

c) Erlösung vom Gesetz.

Gal. 4, 5 Auf daß er die erlöste, so unter dem Gesetz waren.
3, 13 Christus hat uns erlöst vom Fluch des Gesetzes.

d) Erlösung von der Versuchung.

2 Petr. 2, 9 Der Herr weiß die Gottseligen aus der Versuchung zu erlösen.

2. Das Mittel der Erlösung.

a) In leiblicher Not.

2 Kor. 1, 10 Er wird uns auch hinfort erlösen durch Hilfe eurer Fürbitte.

b) In Sündennot das Blut Jesu.

Ps. 49, 8 Kann doch einen Bruder niemand erlösen.
1 Petr. 1, 18 Nicht mit vergänglichem Silber oder Gold erlöst, sondern durch das Blut Jesu Christi.
1 Tim. 2, 6 Der sich selbst hingegeben hat für alle zur Erlösung.
1 Kor. 1, 30 Welcher uns gemacht ist von Gott zur Erlösung.

c) Die Erlösung ist vollbracht.

Jes. 43, 1 Fürchte dich nicht, ich habe dich erlöst.
Ps. 31, 6 Du hast mich erlöst, du treuer Gott.
Eph. 1, 7 An welchem wir haben die Erlösung.
Röm. 3, 24 Die Erlösung, so durch Jesum Christum geschehen ist.

d) Die Erlösung wird erst in Zukunft vollendet durch die abschließende, den Todesleib und die Sündenwelt überwindende Offenbarung des Heils.

Luk. 21, 28 Erhebet eure Häupter, darum, daß sich eure Erlösung naht.
Eph. 1, 14 Der Geist, das Pfand unseres Erbes zu unserer Erlösung.
4, 30 Versiegelt auf den Tag der Erlösung.
Röm. 8, 23 Warten auf unseres Leibes Erlösung.
7, 24 Wer wird mich erlösen vom Leibe dieses Todes?
1 Thess. 1, 10 Zu warten seines Sohnes, der uns vom zukünftigen Zorn erlöst.

Erneuerung, siehe Wiedergeburt.

Erretten, Erretter, so recht der Name unseres Gottes. Bei den Griechen wird dieser Name für Götter, Feldherrn und Könige verwandt. Im Alten Testament wird von Gott alle Hilfe in äußeren und inneren Nöten erfleht, vor allem wird eine messianische Errettung (jeschua heißt Rettung) erwartet, die in irdischer Hilfe gegen die Feinde, in der Rückkehr in das Land der Väter, und da die Not Israels eine Folge seiner Sünde ist, in der Vergebung der Sünden gesehen wird. So ist die geistliche Seite im Alten Testament vorhanden, wird aber im Neuen Testament ausschließlich betont. Es geht um Erlösung vom zukünftigen Zorn (Röm. 5, 9), vom Verlorengehen (Mtth. 16, 25; 18, 19), vom Todesverhängnis (Jak. 5, 20), Rettung am Tag des Herrn (1 Kor. 5,5), von den Sünden (Mtth. 1, 21; Luk. 1, 77, Apgsch. 5, 31). Der Name Retter und Heiland wird im Neuen Testament mit Ausnahme der Pastoralbriefe, wo er auch Gott beigelegt wird, ausschließlich für Jesus Christus verwandt. Das Heil wird im Glauben an ihn empfangen als ein gegenwärtiges Gut, dessen Vollendung von der Wiederkunft des Herrn erhofft wird.

1. Der Name Gottes.

Ps. 18, 3	Der Herr ist mein Erretter.
40, 18	Mein Helfer und Erretter.
Titus 3,4	Da aber erschien ... die Leutseligkeit Gottes, unseres Heilands (Urtext: Erretters).

2. Nicht Menschenkraft kann erretten.

Ps. 33, 16	Ein Riese wird nicht errettet durch seine große Kraft.
Hesek. 7, 19	Ihr Silber und Gold wird sie nicht erretten am Tage des Zorns des Herrn.

3. Die Verheißung: Der Herr errettet.

Hiob 5, 19	Aus sechs Trübsalen hat er dich errettet.
Jes. 46, 4	Ich will heben, tragen und erretten.
Ps. 50, 15	Rufe mich an in der Not, so will ich dich erretten.
34, 18	Der Herr errettet aus aller Not.
Luk. 18, 8	Er wird sie erretten in Kürze.
Hebr. 7, 25	Er kann selig machen immerdar, die durch ihn zu Gott kommen.

4. Wovon Gott errettet.

1 Sam. 17, 37	Der mich von dem Löwen und Bären errettet hat.
Ps. 56, 14 68, 21	Du hast meine Seele vom Tode errettet. Wir haben den Herrn Herrn, der vom Tode errettet; von den Lügenmäulern (Ps. 120, 2); von den falschen und bösen Leuten (Ps. 43,1); vom Strick des Jägers und der schädlichen Pestilenz (Ps. 91,3); vom Schwert (Ps. 22, 21).
79,9	Errette und vergib uns unsere Sünden.
Gal. 1, 4	Jesus errettet von der gegenwärtigen argen Welt; von der Obrigkeit der Finsternis (Kol. 1,13).
Luk. 19, 10	Des Menschen Sohn ist gekommen, zu suchen und selig zu machen (Urtext: retten, ebenso Titus 3, 5), was verloren ist.
Mtth. 1, 21	Er wird sein Volk retten von ihren Sünden.
24, 22	Wenn diese Tage nicht verkürzt würden, würde kein Mensch selig (vom endzeitlichen Verderben).

Joh. 3, 17	Daß die Welt durch ihn selig werde (Joh. 12, 47).
Apgsch. 2, 40	Lasset euch erretten von diesem verkehrten Geschlecht.
16, 33	Was soll ich tun, daß ich selig werde? Glaube an den Herrn Jesum Christum.
4,12	Ist kein anderer Name, darin wir sollen selig werden.

5. Wen rettet Gott?

Ps. 34, 18	Wenn die Gerechten schreien, so hört der Herr.
50, 15	Gott rettet den, der ihn bittet.
Apgsch. 2, 11	Wer den Namen des Herrn anrufen wird, der wird errettet werden.
Mtth. 9, 22	Dein Glaube hat dir geholfen (Mrk. 5, 34; Luk. 8, 48).
Mrk. 16, 16	Wer da glaubt und getauft wird, der wird selig werden.
1 Kor. 1, 21	Durch törichte Predigt seligzumachen, die daran glauben.
Eph. 2, 5	Aus Gnaden seid ihr selig geworden durch den Glauben.
1 Thess. 2, 16	Zu predigen den Heiden, daß sie selig werden.
2 Thess. 2, 10	Die die Liebe zur Wahrheit nicht haben angenommen, auf daß sie selig würden.
1 Tim. 1, 15	Jesus Christus ist gekommen, die Sünder selig zu machen.
2, 4	Welcher will, daß alle Menschen gerettet werden.
2, 25	Sie werden selig werden durch Kindergebären, so sie bleiben im Glauben.
Titus 3, 5	Nach seiner Barmherzigkeit machte er uns selig durch das Bad der Wiedergeburt.
1 Petr. 3, 21	Das Wasser macht uns selig durch die Taufe.
Sacharja 3, 2	Den Brand aus dem Feuer retten.
Ps. 72, 12	Den Armen retten.
Hebr. 10, 39	Die da glauben und die Seele erretten.

6. Wer errettet ist, soll danken.

Ps. 50, 15	So sollst du mich preisen.
32, 7	Daß ich errettet fröhlich rühmen kann!

Erstgeborene, siehe Christus [4. i].

Erwählung, Auswahl zu besonderer Zugehörigkeit zu Gott, eine Betätigung der sich frei ihren Gegenstand auswählenden Liebe. Der Erwählungsglaube ist die tragende Kraft der alttestamentlichen Gottesgemeinde. Er ist nicht begründet in den Vorzügen dieser Gemeinde, sondern in der unbegreiflichen Liebe Gottes. Dieser Erwählungsglaube verbindet sich später mit völkischem Stolz und Sicherheit. Dagegen kämpfen die Propheten leidenschaftlich und halten den Sicheren die sittlichen Forderungen Gottes entgegen. Die Erwählung hat kein politisches Ziel, sondern beruft zum Zeugendienst der Wahrheit (Micha 3, 11; Amos 3, 2; Jerem. 7, 26. 28; Jes. 43, 10; 60, 3).

Im Neuen Testament ist Jesus der Auserwählte Gottes. So bei Luk. 9, 35 und 23, 35. Die Apostel sind durch den Herrn erwählt (Luk. 6, 13). Johannes beschäftigt sich besonders mit der Erwählung des Judas (Joh. 6, 64 und 13, 18). Er ist erwählt, daß die Schrift (Ps. 41,10) erfüllt würde. Das Ziel der Erwählung ist der fruchtbare Dienst (Joh. 15, 16). Nur im Gehorsam verwirklicht sich die Erwählung (Mtth. 22). Nur in anhaltendem Gebet und in beharrlichem Glauben überwindet die auserwählte Gemeinde die letzten Trübsale (Mtth. 24, 13 und Luk. 18, 7). Paulus begründet die Erwählung Israels mit der freien Entscheidung Gottes, der den Jakob dem Esau vor seiner Geburt vorzieht. So läßt jetzt Gott

Israel warten auf die Heilserkenntnis, bis die Fülle der Heiden eingegangen ist (Röm. 11, 25). Die Gemeinde Jesu ist vor Grundlegung der Welt erwählt (Eph. 1, 4), daß sie soll heilig und unsträflich sein in der Liebe. Nach dem ersten Petrusbrief ist mit dem auserwählten Eckstein auch die Gemeinde erwählt, die sich auf ihn gründet. Die Erwählung hat das Ziel, die Tugenden Gottes zu verkündigen (1 Petr. 2, 9), die Erwählung durch Gehorsam festzumachen (2 Petr. 1, 10). Wo das nicht geschieht, wird aus ihr die Verwerfung.

1. Von den Trägern der alttestamentlichen Heilsoffenbarung.

Nehemia 9, 7	Der du Abraham erwählet hast.
2 Mose 2	Gott erwählte Mose, das Volk zu retten.
19, 5	Die Erwählung des Volkes Israel zum Volk des Eigentums.
5 Mose 14, 2	Der Herr hat dich erwählt, daß du sein Eigentum seiest.
7, 7	Nicht hat euch der Herr erwählet, daß euer mehr wäre als alle Völker, sondern darum, daß er euch geliebt hat.
9, 5	Nicht um deiner Gerechtigkeit willen, der Herr vertreibt die Heiden um ihres gottlosen Wesens willen.
Micha 3, 11	Ihre Propheten wahrsagen um Geld, verlassen sich auf den Herrn und sprechen: Ist nicht der Herr unter uns? Es kann kein Unglück über uns kommen. Darum wird Zion um euretwillen wie ein Acker gepflügt werden.
Amos 3, 2	Aus allen Geschlechtern auf Erden habe ich allein euch erkannt, darum will ich auch euch heimsuchen in all eurer Missetat.
Jerem. 7, 26	Aber sie wollten mich nicht hören noch ihre Ohren neigen, sondern waren halsstarrig und machten es ärger als ihre Väter ..., darum es kommt die Zeit, da die Leichname dieses Volks sollen den Vögeln des Himmels und den Tieren auf Erden zur Speise werden (V. 33).
28, 15	Und Jeremia sprach zu dem Propheten Hananja: Der Herr hat dich nicht gesandt, du hast gemacht, daß dies Volk auf Lügen sich verläßt.
Jes. 43, 10	Ihr seid meine Zeugen und mein Knecht, den ich erwählt habe.
60, 3	Die Heiden werden in deinem Licht wandeln.
44, 1	Israel, mein Knecht, den ich erwählt habe. Jes. 41, 8.

Die Heiden stehen im Gegensatz zu Israel als Nichterwählte, aber nicht als Verworfene. Verworfen ist erst der, der die Erwählung nicht annimmt. Mit dem Erwählungsglauben ist dem Volk Israel der Blick auf die Welt, auf alle Völker geöffnet.

Röm. 11, 15	Israels Verwerfung.

2. Von dem Träger der neutestamentlichen Offenbarung, der Gemeinde Jesu, die aus Juden und Heiden besteht. Sie ist in Christus erwählt vor Grundlegung der Welt (Eph. 1, 4).

Luk. 9, 35	Dies ist mein Sohn, der Auserwählte.
23, 35	Er helfe sich selber, ist er Gottes Sohn, der Auserwählte.
6, 13	Er rief seine Jünger und erwählte ihrer zwölf.
Apgsch. 1, 2	Die Apostel, welche er hatte erwählt.
Joh. 6, 70	Habe ich nicht euer zwölf erwählt, und einer ist ein Teufel.
13, 18	Ich weiß, welche ich erwählt habe, aber es muß die Schrift erfüllt werden (Ps. 41, 10). Der mein Brot ißt, tritt mich mit Füßen.
Mtth. 22, 11	Er sah allda einen Menschen, der hatte kein hochzeitliches Kleid an (Juden und Heiden sind eingeladen, aber nur durch den Gehorsam erreicht die Erwählung ihr Ziel).

Luk. 18, 7	Sollte Gott nicht auch retten seine Auserwählten, die Tag und Nacht zu ihm rufen?
Mtth. 24, 22	Um der Auserwählten willen werden die Tage verkürzt.
1 Petr. 2, 4	Der Stein ist bei Gott auserwählt und köstlich.
2, 9	Ihr seid das auserwählte Geschlecht, daß ihr verkündigen sollt die Tugenden des, der euch berufen hat.
Mtth. 25, 34	Ererbet das Reich, das euch bereitet ist von Anbeginn der Welt.

Der Gegensatz hierzu ist nicht eine vorzeitliche Verwerfung der Nichterwählten, sondern die Welt, die im Verlauf ihrer Geschichte dem Gericht verfallen ist. Aus dieser, nicht neben ihr, findet die Erwählung statt.

Eph. 2, 11	Ihr seid vormals Heiden gewesen.
Apgsch. 13, 48	Wie viele ihrer zum ewigen Leben verordnet waren.
Mtth. 22, 14	Viele sind berufen, wenige auserwählt.

3. Die Erwählung läßt bestimmte Grundsätze der Auswahl erkennen.

Jak. 2, 5	Hat nicht Gott die Armen dieser Welt erwählt, die am Glauben reich sind?
1 Kor. 1, 27	Was töricht ist vor der Welt, das hat Gott erwählt; was schwach ist vor der Welt.
1, 28	Das Unedle und Verachtete; Gott hat erwählt, das da nichts ist.

4. Erwählung im besonderen zum Amt des Dienstes.

5 Mose 17, 15	Der Herr erwählt: den König;
18, 5	den Stamm Levi;
Joh. 6, 70	die zwölf Apostel.
15, 16	Ihr habt nicht mich erwählt, sondern ich habe euch erwählt und gesetzt, daß ihr hingehet und Frucht bringet.
Apgsch. 10, 41	Uns, den vorerwählten Zeugen.

5. Das Ziel der Erwählung.

Ps. 33, 12	Erwählt zum Erbe;
5 Mose 7, 6	zum Volk des Eigentums;
2 Thess. 2, 13	zur Seligkeit;
Eph. 1, 4	daß wir sollen heilig sein und unsträflich in der Liebe.
Kol. 3, 12	So zieht nun an, als die Auserwählten Gottes, Heiligen und Geliebten, herzliches Erbarmen, Freundlichkeit, Demut, Sanftmut, Geduld!

6. Die Erwählung kann verloren werden, dann wird aus ihr Verwerfung, darum die Mahnung:

2 Petr. 1, 10	Tut desto mehr Fleiß, eure Berufung und Erwählung festzumachen.

Evangelium. Die frohe Botschaft vom Heil durch Jesus Christus, das Evangelium verkündigen, der Evangelist.

Bei den Griechen nennt man die Siegesbotschaft ein Evangelium. Im römischen Kaiserkult wird das Wort oft angewandt. Die Thronbesteigung, die Kaiserproklamation bringt eine neue Zeit, von der man Glück und Heil erwartet. Im Alten Testament sind nach dem zweiten Jesaja die Boten, die die Rückkehr der Gefangenen ankündigen, Bringer der frohen Botschaft. Die Heilszeit beginnt Jes. 40, 9; 52, 7. An zwei Stellen verkündet Gott selbst das Evangelium (Apgsch. 10, 36; Offenb. 10, 7). In Jesus Christus ist die Botschaft vom kommenden Heil erfüllt. Das Reich

Gottes ist da. Luk. 4, 21: Heute ist diese Schrift erfüllt vor euren Ohren. Mtth. 11, 5: Die Blinden sehen, die Lahmen gehen, die Aussätzigen werden rein, die Toten stehen auf und den Armen wird das Evangelium verkündet. Die Verkündigung des Evangeliums geschieht vollmächtig, Zeichen und Wunder begleiten die Verkündigung. Jesus Christus ist der Inhalt der frohen Botschaft im ganzen Neuen Testament. ThW: »Will man den Inhalt des Evangeliums mit einem Wort zusammenfassen, so lautet er: Jesus, der Christus.« »Zwischen Missions- und Gemeindepredigt wird kein Unterschied gemacht. 2 Tim. 4, 5: Tue das Werk eines Evangelisten! 2 Tim. 4, 2: Predige das Wort.« Der Evangelist im Neuen Testament wird mit diesem Wort mehr in seiner Tätigkeit als mit einem Amtstitel bezeichnet (Apgsch. 8, 40). Philippus evangelisierte (Apgsch. 21, 8), Philippus, der Evangelist (Eph. 4, 11), etliche zu Evangelisten (den Aposteln nachgeordnet).

1. Art und Umfang des Heils.

Mtth. 4, 23	Jesus predigte das Evangelium vom Reich (Mtth. 9, 35, 24, 14; Mrk.1, 14; Luk. 20, 1); ferner:
Gal. 1, 7	Das Evangelium Christi.
Röm. 1, 16	Das Evangelium von Christo.
2 Tim. 2, 8	Der auferstanden ist nach meinem Evangelium.
Eph. 1, 13	Das Evangelium von eurer Seligkeit.
6, 15	Evangelium des Friedens.
2, 17	Christus hat verkündigt im Evangelium den Frieden.
Röm. 1, 16	Das Evangelium eine Gotteskraft.
Apgsch. 20, 24	Das Evangelium von der Gnade Gottes.
Röm. 2, 16	Gott wird das Verborgene richten laut meines Evangeliums.
15, 16	Das Evangelium Gottes.
Offenb. 14, 6	Ein ewiges Evangelium.
Gal. 1, 11	Das Evangelium nicht menschlich.
Eph. 6, 19	Das Geheimnis des Evangeliums.
2 Kor. 4, 4	Das helle Licht des Evangeliums.
Röm. 15, 29	Der volle Segen des Evangeliums.
1 Kor. 15, 3	Daß Christus gestorben sei für unsere Sünden nach der Schrift und daß er auferstanden sei am dritten Tage nach der Schrift (Das Paulinische Evangelium).
Mtth. 24, 14	Es wird gepredigt werden das Evangelium vom Reich in der ganzen Welt.
Offenb. 14, 6	Der Engel mit dem ewigen Evangelium. Vor dem Ende wird das Evangelium verkündigt.

2. Was gilt es dem Evangelium gegenüber zu tun?

Mrk. 1, 15	Glaubet an das Evangelium!
Kol. 1, 23	Unbeweglich von der Hoffnung des Evangeliums.
Phil. 1, 27	Wandelt würdiglich dem Evangelium Christi!
1 Kor. 9, 16	Wehe mir, wenn ich das Evangelium nicht predigte!
Apgsch. 20, 24	Zu bezeugen das Evangelium.
Röm. 1,9	Welchem ich diene am Evangelium.
15, 16	Priesterlich zu warten des Evangeliums.
2 Tim. 1, 8	Leide für das Evangelium!

3. Der Ungehorsam dem Evangelium gegenüber.

Röm. 10, 16	Es sind nicht alle dem Evangelium gehorsam.
2 Kor. 4, 3	Unser Evangelium ist verdeckt den Verlorenen.
Gal. 1, 7	Das Evangelium Christi verkehren.

1 Kor. 9, 18	Die Freiheit mißbrauchen am Evangelium.
9, 12	Dem Evangelium ein Hindernis machen.

Ewigkeit, ewig, ewiglich, ist 1. Gottes und des Göttlichen Eigenschaft in seiner Erhabenheit über die Zeit. Jesus Christus hat teil an Gottes Ewigkeit. Er ist vor Grundlegung der Welt bei Gott. Joh. 17, 24: Du hast mich geliebt, ehe denn die Welt gegründet war. 2. Äon bedeutet auch Weltzeit, ja wird auch mit dem Begriff »Welt« (1. Kor. 3, 19) wiedergegeben. Gal. 1, 4: Auf daß er uns errettete aus dieser gegenwärtigen argen Welt; Mtth. 13, 22: die Sorgen dieser Welt. Die Gläubigen haben die Kräfte der zukünftigen Welt geschmeckt (Hebr. 6, 5). Die zukünftige Welt beginnt mit der Auferstehung Jesu Christi für die Gläubigen. Das Ende dieser Weltzeit ist mit seiner Wiederkunft da (Mtth. 13, 39). Die Sünde wider den Heiligen Geist wird weder in dieser noch in jener Weltzeit vergeben (Mtth. 12, 32).

1. Zeit ohne Ende, soviel wie immerdar.

1 Mose 13, 15	Verheißung Kanaans an Abraham.
2 Mose 12, 24	So halte die Weise ewiglich (Passah).
Ps. 28, 9	Hilf deinem Volk und erhöhe sie ewiglich.

2. Gott ist ewig in seiner Erhabenheit über die Zeit.

1 Mose 21, 33	Abraham predigte von dem Namen des ewigen Gottes.
2 Mose 15, 18	Der Herr wird König sein immer und ewiglich, Ps. 146, 10.
Ps. 90, 2	Ehe die Berge wurden, bist du, Gott, von Ewigkeit zu Ewigkeit.
92, 9	Du bist der Höchste und bleibst ewiglich.
Jes. 57, 15	Der Erhabene, der ewiglich wohnt.
Offenb. 1, 8	Ich bin das A und O, der Anfang und das Ende, der da ist und der da war und der da kommt.

3. Ewiges Lob und Vertrauen ist ihm angemessen.

Ps. 41, 14	Gelobet sei der Herr von nun an bis in Ewigkeit; Ps. 113, 2; Dan. 2, 20; Röm. 1, 25.
Jes. 26, 4	Verlasset euch auf den Herrn ewiglich!

4. Die Heilsgüter sind ewig.

Ps. 135, 13	Dein Name währet ewiglich.
103, 17	Die Gnade des Herrn währet von Ewigkeit zu Ewigkeit.
Jes. 54, 8	In ewiger Gnade will ich mich dein erbarmen.
Ps. 117, 2	Seine Gnade waltet über uns in Ewigkeit.
Hosea 2, 21	Ich will mich mit dir verloben in Ewigkeit.
Jes. 40, 8	Das Wort unseres Gottes bleibt ewiglich.
Hesek. 16, 60	Ich will mit dir einen ewigen Bund aufrichten.
Mtth. 6, 13	Dein ist das Reich ... in Ewigkeit.

5. Im Messias kommt die Ewigkeit in die Zeit.

Micha 5, 1	Welches Ausgang von Ewigkeit her gewesen ist.
Hebr. 1, 8	Gott, dein Stuhl währet von Ewigkeit zu Ewigkeit.
Joh. 8, 35	Der Sohn bleibt ewiglich. Joh. 12, 34.
Röm. 9, 5	Christus, der da ist Gott über alles, gelobet in Ewigkeit!
Hebr. 5, 6	Du bist ein Priester in Ewigkeit.
Offenb. 1, 18	Ich bin lebendig von Ewigkeit zu Ewigkeit.
11, 15	Er wird regieren von Ewigkeit zu Ewigkeit.

6. Sein Werk ist ewig.

Hebr. 10, 14	Mit einem Opfer hat er in Ewigkeit vollendet, die geheiligt werden.
10, 12	Er hat ein Opfer für die Sünden geopfert, das ewiglich bleibt.

7. Er gibt durch sein Heil Ewigkeit in die Zeit.

Joh. 4, 14	Wer von dem Wasser trinkt, das ich ihm gebe, den wird ewiglich nicht dürsten.
3, 36	Wer an den Sohn glaubt, der hat das ewige Leben.
6, 51	Wer von diesem Brot essen wird, der wird leben in Ewigkeit.
2 Thess. 2, 16	Er hat uns gegeben einen ewigen Trost.

8. Mit der Wiederkunft Christi hat die Zeit ein Ende, und alles ist Ewigkeit (siehe Ende).

	a) Ewige Gnade.
Jes. 35, 10	Die Erlösten des Herrn werden wiederkommen, ewige Freude wird über ihrem Haupte sein.
Mtth. 19, 29	Werdet in der Wiedergeburt, da des Menschen Sohn wird sitzen auf dem Stuhl seiner Herrlichkeit ..., das ewige Leben ererben.
Joh. 16, 22	Werdet mich wiedersehen, und eure Freude soll niemand von euch nehmen.
2 Kor. 4, 17	Unsere Trübsal schafft eine ewige Herrlichkeit.
	b) Ewiges Gericht.
Mtth. 3, 12	Ewiges Feuer; Mtth. 25, 41.
Mrk. 3, 29	Keine Vergebung ewiglich.
Offenb. 14, 11	Rauch ihrer Qual von Ewigkeit zu Ewigkeit. Offenb. 20, 10.

Fasten, enthalten. »Fasten« steht entweder in Verbindung mit Beten und ist ein Mittel zur Sammlung des durch das Irdische beschwerten Herzens, oder es ist ein natürlicher Ausdruck der Trauer. »Enthalten« ist eine feine leibliche Zucht, die die leiblichen Begierden zurückdrängt, um dem Leben des Geistes nicht zu schaden. Im Alten Bund war nur am großen Versöhnungstag das Fasten gesetzlich geboten. Doch wurde je länger, je mehr das Fasten eine Frömmigkeitsleistung, auf die man sich etwas zugute tat (Mtth. 6, 16; Luk. 18, 9). Gegen dieses Fasten ohne Herzensumkehr wenden sich die Propheten. Die Stellung Jesu zum Fasten war ganz neu. Er selbst hat vierzig Tage lang gefastet in der Freude an Gott zur Vorbereitung für sein öffentliches Auftreten. Fasten ist Freude, wenn es freiwillig im Verborgenen, im Blick auf Gott geschieht. Er hat seine Jünger, die auffielen durch ihr Nichtfasten, verteidigt. Wie können die Hochzeitsleute fasten, solange der Bräutigam bei ihnen ist! Wenn er von ihnen genommen ist, dann werden sie fasten. Fasten behält seine Bedeutung für die Zwischenzeit bis zur Wiederkunft, aber nicht als gesetzliche Maßnahme, sondern als persönlicher Entschluß der Fastenden, die es aus Traurigkeit oder zur Erleichterung der Sammlung beim Gebet üben. Man soll aber keinen neuen Lappen auf ein altes Kleid flicken und Gesetzesreligion mit dem Evangelium vermischen.

1. Übung im Beten und Fasten.

	Es beten und fasteten:
2 Mose 24, 18	Mose auf dem Sinai vierzig Tage und vierzig Nächte;
Luk. 2, 37	Hanna;

4, 2	Jesus vierzig Tage;
Apgsch. 10, 30	Kornelius;
2 Kor. 11, 27	Paulus.
Apgsch. 13, 2	Die Christen in Antiochien fasteten vor Beginn der Mission in Kleinasien.
14, 23	Die Jünger fasteten vor den Ältestenwahlen.
Mtth. 17, 21	Diese Art fährt nicht aus denn durch Beten und Fasten (im Kampf gegen die Finsternis bedarf es ganz gesammelten Gebets).
1 Kor. 7, 5	Eheliche Enthaltsamkeit empfohlen zum Zweck des Betens und Fastens.

2. Sich enthalten.

1 Petr. 2, 11	Enthaltet euch von fleischlichen Lüsten, welche wider die Seele streiten.
1 Kor. 9, 27	Ich betäube meinen Leib (versetze ihm Faustschläge).

3. Das Fasten hat seine Beziehung auf Gott, nicht auf Menschen, um vor ihnen zu scheinen.

Jerem. 14, 12	Denn wenn sie gleich fasten, so will ich doch ihr Gebet nicht hören (Fasten ohne Herzensumkehrung ist zwecklos).
Jes. 58, 6	Das ist aber ein Fasten, welches ich erwähle: Laß los, welche du mit Unrecht gebunden hast ..., brich dem Hungrigen dein Brot.
Mrk. 2, 19	Wie können die Hochzeitsleute fasten, dieweil der Bräutigam bei ihnen ist? Es wird aber die Zeit kommen, daß der Bräutigam von ihnen genommen wird, dann werden sie fasten. Niemand flickt einen Lappen von neuem Tuch an ein altes Kleid.
Mtth. 6, 16	Wenn ihr fastet, sollt ihr nicht sauer sehen wie die Heuchler, sondern salbe dein Haupt.
1 Tim. 4, 3	Falsches Fasten aus Selbsterlösungsgründen verachtet das Schöpfungsgemäße, das gut ist, wenn es mit Danksagung genossen wird.

4. Fasten, der Ausdruck der Trauer.

Mtth. 9, 15	Wenn der Bräutigam von ihnen genommen ist, dann werden sie fasten.

Feind, siehe Teufel.

Feindesliebe, siehe Liebe.

Finden, siehe suchen.

Finsternis, siehe blind.

Fleisch nennt die Bibel die menschliche Natur: 1. nach ihrer leiblichen Grundlage gesehen, 2. zur Kennzeichnung ihrer Ohnmachtstellung Gott gegenüber und 3. zur Bezeichnung ihres von Gott abgefallenen Wesens. Der neutestamentliche Begriff »Fleisch« baut sich ganz auf dem alttestamentlichen auf.

1. Die leibliche Grundlage unseres und Christi Wesens.

Hiob 10, 11	Du hast mir Haut und Fleisch angezogen.
Kol. 2, 23	Dem Fleisch nicht seine Ehre tun zu seiner Notdurft.
2 Kor. 11, 18	Sich rühmen nach dem Fleisch.
Joh. 1, 14	Das Wort ward Fleisch.
1 Tim. 3, 16	Gott ist offenbart im Fleisch.
1 Joh. 4, 2	Christus ist in das Fleisch gekommen.
Röm. 1, 3	Geboren von dem Samen Davids nach dem Fleisch.
Kol. 1, 22	Er hat uns versöhnt mit dem Leibe seines Fleisches.
1 Petr. 3, 18	Er ist getötet nach dem Fleisch.

Apgsch. 2, 26	Mein Fleisch wird ruhen in der Hoffnung.
Luk. 24, 39	Ein Geist hat nicht Fleisch und Bein, wie ihr sehet, daß ich es habe.

2. Die menschliche Natur in ihrer Ohnmachts- und Blindheitsstellung Gott gegenüber.

	a) Ohnmacht.
Ps. 78, 39	Er gedachte, daß sie Fleisch sind.
56, 5	Auf Gott will ich hoffen, was sollte mir Fleisch tun?
Jes. 31, 3	Ägypten ist Mensch und nicht Gott, und ihre Rosse sind Fleisch und nicht Geist.
Jerem. 17, 5	Verflucht ist der Mann, der sich auf Menschen verläßt und hält Fleisch für seinen Arm.
Jes. 40, 6	Alles Fleisch ist Gras.
	b) Blindheit des Fleisches.
Mtth. 16, 17	Fleisch und Blut hat dir das nicht geoffenbart.
Gal. 1, 16	Ich besprach mich nicht mit Fleisch und Blut.

3. Die menschliche Natur in ihrem Getrenntsein von Gott, Fürsichsein und der Sünde Zugeneigtsein.

1 Mose 6, 3	Die Menschen wollen sich von meinem Geist nicht mehr strafen lassen, denn sie sind Fleisch.
Mtth. 26, 41	Der Geist ist willig, aber das Fleisch ist schwach.
Joh. 3, 6	Was vom Fleisch geboren ist, das ist Fleisch.
6, 63	Der Geist ist's, der lebendig macht, das Fleisch ist nichts nütze.
Gal. 5, 19	Offenbar sind die Werke des Fleisches: Ehebruch.
Eph. 2, 3	Wir haben unseren Wandel gehabt in den Lüsten des Fleisches und taten den Willen des Fleisches.
1 Joh. 2, 16	Des Fleisches Lust.
Gal. 5, 17	Das Fleisch gelüstet wider den Geist.
1 Petr. 2, 11	Fleischliche Lüste, die wider die Seele streiten.
Judä 19	Fleischliche, die da Rotten (Parteiungen) machen.
Röm. 7, 14	Ich bin fleischlich, unter die Sünde verkauft.
7, 18	Ich weiß, daß in mir, das ist in meinem Fleisch, wohnet nichts Gutes.
8, 7	Fleischlich gesinnt sein, ist eine Feindschaft wider Gott.
Eph. 6, 12	Wir haben nicht allein mit Fleisch und Blut zu kämpfen, sondern mit den bösen Geistern (Der dunkle Hintergrund des Fleisches).
	Das Ende des Fleisches.
Röm. 8, 6	Fleischlich gesinnt sein ist der Tod.
Gal. 6, 8	Wer auf sein Fleisch sät, der wird vom Fleisch das Verderben ernten.
Röm. 8, 13	Wo ihr nach dem Fleisch lebt, werdet ihr sterben müssen.
1 Kor. 15, 50	Fleisch und Blut können nicht das Reich Gottes ererben.

4. Die Überwindung des Fleisches.

	a) Nicht durch Gesetz und guten Vorsatz.
Röm. 7, 5	Da wir im Fleisch waren, da waren die sündlichen Lüste, welche durchs Gesetz sich erregten, kräftig in unseren Gliedern, dem Tode Frucht zu bringen.
	b) Durch Christus, der uns den Heiligen Geist gibt, wenn wir an ihn glauben.
Ps. 65, 3	Du erhörest Gebet, darum kommt alles Fleisch zu dir.
Joel 3, 1	Ich will meinen Geist ausgießen über alles Fleisch.
Luk. 3, 6	Alles Fleisch wird den Heiland Gottes sehen.

Röm. 8, 3	Was dem Gesetz unmöglich war (sintemal es durch das Fleisch geschwächt ward), das tat Gott und sandte seinen Sohn in der Gestalt des sündlichen Fleisches und verdammte die Sünde im Fleisch.
8, 10	So Christus in euch ist, so ist der Leib zwar tot um der Sünde willen, der Geist aber ist Leben um der Gerechtigkeit willen (Christus in uns, das heißt, der von uns geglaubte Christus richtet die Abneigung des Fleisches gegen Gott und beschert uns einen neuen Willen).
8, 13	Wo ihr durch den Geist des Fleisches Geschäfte tötet, werdet ihr leben (Der Geist vergegenwärtigt uns die richtende und neuschaffende Wirkung Christi).
Gal. 5, 16	Wandelt im Geist, so werdet ihr die Lüste des Fleisches nicht vollbringen.

Folgen, siehe Nachfolge.

Frau. Die Frau steht im Licht der Urgeschichte als von Gott geschaffene Mutter der Lebendigen, als Gehilfin ihres Mannes. Sie ist im Alten Bund beschattet von der Vielweiberei und dadurch in viel Not. Doch bewegte sie sich frei in der Öffentlichkeit (1 Mose 24, 39); wo Söhne fehlen, erben die Töchter (4 Mose 27, 8); dem tugendsamen Weib wird hohes Lob zuteil (Sprüche 31), und ausgezeichnete Frauen sind hochgeachtet, und Gott spricht durch sie (Sarah, Mirjam, Debora, Hannah, die Prophetin Hulda, Elisabeth, Hanna und Maria, die gewürdigt wird, die Engelsbotschaft zu empfangen und Mutter des Herrn zu sein).

Jesus spricht mit Hochachtung von der Frau im Gegensatz zu dem zeitgenössischen Judentum. Frauen dienen ihm und tun ihm Handreichung aus ihrer Habe. Er ringt um die Seele der Samariterin (Joh. 4). Jesus stellt die Frau als gleichberechtigtes Gotteskind an die Seite des Mannes. Frauen stehen unter dem Kreuze, eine Frau wird die erste Osterbotin.

Die Frauen gehören zur ersten Gemeinde. Eine Frau ist die erste Christin auf europäischem Boden (Apgsch. 16: Lydia). Sie ist Gehilfin des Mannes und ihm untergeordnet, doch ist der Mann verpflichtet zu selbstloser Liebe (Eph. 5, 21. 25). Im Himmel wird sie gleich den Engeln sein (Mtth. 22, 30), und in der Gemeinde Jesu ist weder Mann, noch Weib (Gal. 3, 28). Hat die Frau schon im Alten Bund dienende Funktionen im Tempel, kann sie Richterin und Prophetin sein, so darf sie im Neuen Testament öffentlich vor der Gemeinde beten und weissagen. Nur muß sie sich dabei an die Sitte halten, die verlangt, daß die Frau eine Macht über dem Haupte (eine Kopfbedeckung) habe, zumal beim Gottesdienst die Engel, die himmlischen Geister anwesend sind (1 Kor. 11, 10). Die Stelle 1 Kor. 14, 34 hat den Sinn, daß die Frau sich zurückhalten soll, meint aber nicht nach 1 Kor. 11, 10 ein absolutes Verbot der Rede in der Gemeinde.

Freiheit, frei: im Neuen Testament im Sinne von Unabhängigkeit von jeder dem Menschen wesensfremden Macht, von Sünde und allen ihren Folgen und vom Zwang des Gesetzes. An Stelle der durch das Gesetz abgenötigten Tat tritt die freie Tat aus selbständiger Entschließung. Freiheit ist Gebundenheit an Gott, die sich uns durch Christus als unsere wahre Bestimmung offenbart. Freiheit im Sinne von Willkür ist nur scheinbar Freiheit, in Wirklichkeit Knechtschaft.

Der Grieche versteht unter Freiheit die politische Freiheit. Die philosophische Schule der Stoiker nennt den Menschen frei, der sich selbst in der Hand hat. Das

Neue Testament weiß, daß auch der sich selbst beherrschende Mensch nicht frei ist. Es verkündigt die Freiheit von der Sünde, vom Gesetz und vom Tode in Jesus Christus.

Der Mensch, der in der Gewalt der Sünde ist, will sich durch das Gesetz in die Hand bekommen. Er täuscht sich aber selbst, wenn er meint, nun tue er den Willen Gottes. Er tut nach wie vor seinen eigenen Willen. Zur Freiheit kommt der Mensch durch den Ruf Jesu, auf Grund seiner Erlösungstat die wahre Freiheit zu finden, die der Heilige Geist schenkt, weil der Anspruch des Gesetzes durch Jesus erfüllt ist. So gibt der Mensch sein Leben aus der eigenen Hand in Christi Hand. »Damit eröffnet sich auch seine Freiheit vom Tode als seine in Jesus Christus geschehene Zukunft« (ThW.) Nach diesem Tag der Aufdeckung der Herrlichkeit der Sühne Gottes sehnt sich auch die dem Tode verfallene seufzende Kreatur (Röm. 8, 21).

1. Freiheit von Sünde und ihren Folgen.

3 Mose 25, 28	Die verkaufte Habe soll im Halljahr frei werden.
Jes. 61, 1	Den Gefangenen die Freiheit verkündigen (Das Halljahr Vorbild der Erlösung).
Joh. 8, 32	Die Wahrheit wird euch frei machen.
8, 36	So euch der Sohn frei macht, so seid ihr recht frei.
Röm. 6, 18	Nun ihr frei geworden seid von der Sünde, seid ihr Knechte geworden der Gerechtigkeit.
8, 2	Das Gesetz des Geistes, der da lebendig macht in Christo Jesu, hat mich frei gemacht von dem Gesetz der Sünde und des Todes.
7, 24	Ich elender Mensch! Wer wird mich erlösen von dem Leibe dieses Todes? Ich danke Gott durch Jesum Christum, unsern Herrn.

2. Die Freiheit von den Folgen der Sünde für den Glaubenden im Anbruch vorhanden, für den Gesamtbereich des Geschaffenen zukünftig.

Röm. 8, 21	Auch die Kreatur wird frei werden zu der herrlichen Freiheit der Kinder Gottes.
8, 23	Wir warten auf unseres Leibes Erlösung.
2 Kor. 3, 12	Dieweil wir nun solche Hoffnung haben, sind wir voll großer Freudigkeit.
3, 17	Der Herr ist der Geist, wo aber der Geist des Herrn ist, da ist Freiheit.

3. Freiheit vom Gesetz als fremden Zwang zur Erfüllung des Gesetzes aus innerstem Lebensdrang.

Jak. 1, 25	Wer durchschaut in das vollkommene Gesetz der Freiheit, wird selig in seiner Tat.
2, 12	Also redet, also tut, als die da sollen durchs Gesetz der Freiheit gerichtet werden.
Gal. 3, 18	Gott hat (das Erbe) dem Abraham durch Verheißung frei geschenkt (Der Freien, nicht an menschliche Leistungen gebundenen Gottesgabe entspringt die freie Tat des Menschen).
4, 31	So sind wir nun nicht der Magd Kinder, sondern der Freien.
5, 1	So besteht nun in der Freiheit, damit uns Christus befreit hat, und lasset euch nicht wiederum in das knechtische Joch fangen.
5, 13	Ihr seid zur Freiheit berufen.

4. Die Freiheit darf nicht mit Willkür verwechselt werden.

Gal. 5, 13	Sehet zu, daß ihr durch die Freiheit dem Fleische nicht Raum gebt.
1. Kor. 6, 12	Ich habe es alles Macht, es soll mich aber nichts gefangennehmen.
9, 18	Daß ich nicht meine Freiheit mißbrauche am Evangelium.
1 Petr. 2, 16	Nicht, als hättet ihr die Freiheit zum Deckel der Bosheit, sondern ls die Knechte Gottes.
2 Petr. 2, 19	Verheißen ihnen die Freiheit, obwohl sie selbst Knechte des Verderbens sind.

5. Die Freiheit darf nicht zum Anstoß des Schwachen geraten.

1 Kor. 8, 9	Sehr zu, daß eure Freiheit nicht gerate zu einem Anstoß der Schwachen!

6. Die sozialen Unterschiede sind durchs Evangelium aufgehoben.

Gal. 3, 28	Hier ist kein Knecht, noch Freier ..., denn ihr seid allzumal einer in Christo Jesu.

Freude, sich freuen und fröhlich sein. Echte Freude ist da, wo man Wohlgefallen findet an Gottes Gaben und an Gott selbst, wo Gott uns seine Freude schenken kann.

1. Freude an allem, was nicht von Gott kommt und nicht auf ihn gerichtet ist, vergeht und schlägt um in Traurigkeit.

Hiob 20, 5	Die Freude des Heuchlers währt einen Augenblick.
Luk. 16, 19	Der reiche Mann lebte alle Tage herrlich und in Freuden, als er nun in der Hölle und in der Qual war. . .
1 Joh. 2, 17	Die Welt vergeht mit ihrer Lust.
Jak. 4, 9	Eure Freude verkehre sich in Traurigkeit.

2. Freude an Gottes Gaben.

Sirach 25, 10	Ein Mann, der Freude an seinen Kindern hat.
Sprüche 5, 18	Freue dich des Weibes deiner Jugend.
Pred. Sal. 11, 9	Freue dich, Jüngling, in deiner Jugend.
Ps. 118, 24	Dies ist der Tag, den der Herr macht, lasset uns freuen und fröhlich darinnen sein!
126, 3	Der Herr hat große Dinge an uns getan, des sind wir fröhlich.
118, 15	Man singt mit Freuden vom Sieg.
13, 6	Mein Herz freut sich, daß du so gerne hilfst.
1 Kor. 13, 6	Sie freuet sich aber der Wahrheit.
Jes. 12, 3	Ihr werdet mit Freuden Wasser schöpfen aus den Heilsbrunnen (Freude am Wort).
Ps. 30, 12	Du hast meinen Sack ausgezogen und mich mit Freuden umgürtet.
51, 10	Laß mich hören Freude und Wonne.
Luk. 10, 20	Freuet euch aber, daß eure Namen im Himmel angeschrieben sind.
Apgsch. 8, 39	Er zog seine Straße fröhlich (Freude an der Vergebung).
1 Thess. 2, 20	Ihr seid ja unsere Ehre und Freude.
Phil. 2, 17	Ob ich geopfert werde, so freue ich mich.
Kol. 1, 24	Nun freue ich mich in meinem Leiden, das ich für euch leide (Freude am Dienst).

3. Freude an Gott.

5 Mose 28, 47	Gott muß man dienen mit Freuden und Lust seines Herzens.
Nehemia 8, 10	Die Freude am Herrn ist eure Stärke.

Ps. 5, 12	Fröhlich laß sein in dir, die deinen Namen lieben.
16, 8	Ich habe den Herrn allezeit vor Augen, darum freuet sich mein Herz.
43, 4	Gott, der meine Freude und Wonne ist.
Ps. 63, 6	Das wäre meines Herzens Freude und Wonne, wenn ich dich mit fröhlichem Munde loben sollte.
70, 5	Sich freuen und fröhlich müssen sein an dir, die nach dir fragen.
73, 28	Das ist meine Freude, daß ich mich zu Gott halte.
84, 3	Mein Leib und Seele freuen sich in dem lebendigen Gott.
104, 34	Ich freue mich des Herrn.
Luk. 1, 47	Mein Geist freuet sich Gottes, meines Heilandes.
24, 52	Sie beteten ihn an und kehrten wieder gen Jerusalem mit großer Freude.
Joh. 16, 22	Eure Freude soll niemand von euch nehmen.

4. Freude mitten im Leide.

Apgsch. 5, 41	Sie gingen aber fröhlich von des Rats Angesicht.
2 Kor. 6, 10	Als die Traurigen, aber allezeit fröhlich.
7, 4	Ich bin überschwenglich in Freuden in all unseren Trübsalen.
1 Petr. 4, 13	Freuet euch, die ihr mit Christo leidet!

5. Verheißene Freude leuchtet in Trübsalsnacht.

Ps. 30, 6	Den Abend lang währet das Weinen, aber des Morgens ist Freude.
126, 5	Die mit Tränen säen, werden mit Freuden ernten.
Sprüche 10, 28	Das Warten der Gerechten wird Freude werden.
Jes. 35, 10	Die Erlösten des Herrn werden wiederkommen, ewige Freude wird über ihrem Haupte sein.
Mtth. 25, 21	Gehe ein zu deines Herrn Freude!
Luk. 6, 23	Freuet euch und hüpfet, siehe, euer Lohn ist groß im Himmel.
1 Petr. 1, 8	So werdet ihr euch freuen mit unaussprechlicher und herrlicher Freude.
Offenb. 19, 7	Lasset uns freuen und fröhlich sein ..., denn die Hochzeit des Lammes ist gekommen.

6. Gottes Freude.

Jes. 62, 5	Wie ein Bräutigam sich freuet über die Braut, so wird sich dein Gott über dich freuen.
Luk. 15, 5	Wenn er es gefunden hat, legt er es auf seine Achseln mit Freuden.
15, 7	Es wird Freude sein im Himmel über einen Sünder, der Buße tut.

7. Gott ist aller Freude Quell.

Ps. 4, 8	Du erfreuest mein Herz, ob jene gleich viel Wein und Korn haben.
65, 9	Du machest fröhlich, was da lebet.
71, 23	Meine Lippen und meine Seele, die du erlöst hast, sind fröhlich und lobsingen dir.
92, 5	Herr, du lässest mich fröhlich singen.
103, 5	Der deinen Mund fröhlich machet.
Luk. 2, 10	Siehe, ich verkündige euch große Freude.
Joh. 15, 11	Solches rede ich zu euch, auf daß meine Freude in euch bleibe und eure Freude vollkommen werde. 1 Joh. 1, 4.
17, 13	Ich rede solches in der Welt, auf daß sie in ihnen haben meine Freude vollkommen.
Luk. 10, 21	Jesus freute sich im Heiligen Geist.
Apgsch. 2, 28	Du wirst mich erfüllen mit Freuden.
13, 52	Die Jünger aber wurden voll Freuden und des Heiligen Geistes.
Röm. 14, 17	Das Reich Gottes ist ... Freude in dem Heiligen Geist.
15, 13	Der Gott aber der Hoffnung erfülle euch mit aller Freude im Glauben.

Gal. 5, 22	Die Frucht des Geistes ist Freude.
Eph. 3, 12	Durch welchen wir haben Freudigkeit und Zugang.

8. Die Aufforderung zur Freude will, daß wir schöpfen aus diesem Quell.

Ps. 100, 2	Dienet dem Herrn mit Freuden.
81, 2	Singet fröhlich Gott, der unsere Stärke ist.
Sacharja 9, 9	Du Tochter Zion freue dich sehr!
Röm. 12, 12	Seid fröhlich in Hoffnung.
12, 15	Freuet euch mit den Fröhlichen.
2 Kor. 13, 11	Zuletzt, liebe Brüder, freuet euch!
Phil. 4, 4	Freuet euch in dem Herrn allewege!
1 Thess. 5, 16	Seid allezeit fröhlich!

9. Dieses Schöpfen geschieht im Gebet.

Joh. 16, 24	Bittet, so werdet ihr nehmen, daß eure Freude vollkommen werde.
Röm. 12, 12	Seid fröhlich in Hoffnung, haltet an am Gebet.

Freudigkeit soviel wie Freiheit und Unerschrockenheit, zuversichtlicher Mut des Glaubens zum Verkehr mit Gott und zum Reden und Handeln in der Ausrichtung des Zeugendienstes auf Grund der Vergebung durch Christus.

1. Freudigkeit zu Gott.

Eph. 3, 12	Durch welchen wir haben Freudigkeit und Zugang in aller Zuversicht durch den Glauben an ihn.
Hebr. 4, 16	Darum lasset uns hinzutreten mit Freudigkeit zu dem Gnadenstuhl.
10, 19	So wir denn nun haben die Freudigkeit zum Eingang in das Heilige durch das Blut Jesu.
1 Tim. 3, 13	Große Freudigkeit im Glauben an Christus Jesus.
1 Joh. 3, 21	So uns unser Herz nicht verdammt, so haben wir eine Freudigkeit zu Gott.
4, 17	Freudigkeit am Tage des Gerichts.

2. Freudigkeit zum Reden und Handeln.

Apgsch. 4, 13	Freudigkeit des Petrus und Johannes.
4, 29	Gib deinen Knechten, mit aller Freudigkeit zu reden dein Wort.
28, 31	Paulus predigte das Reich Gottes mit aller Freudigkeit unverboten.
2 Kor. 7, 4	Ich rede mit großer Freudigkeit zu euch.
Phil. 1, 20	Daß mit aller Freudigkeit Christus hoch gepriesen werde an meinem Leibe.

Friede. Friede ist Beseitigung des Widerstreits gegen Gott und Wiederherstellung der Gemeinschaft mit Gott durch die Versöhnungstat Christi. Der Friede wird persönlich angeeignet durch den Glaubensgehorsam. Infolge des Widerspruchs der Welt gegen Gott ist dieser Friede geglaubter Friede und oft mit äußerem Streit verbunden. Der äußere Friede wird erst dann hergestellt sein, wenn in der Endzeit der Widerstreit gegen Gott in der Welt beseitigt ist.

Der Friede ist im Alten Testament ein Friedenszustand äußeren Wohlergehens als eine Gabe Gottes, ein Normalzustand aller Dinge, ein Zustand des Heils, nicht der Seelenfriede des einzelnen. Der Kampf Jeremias geht gegen die falschen Propheten, die Frieden sagen, wo doch die größte Auflehnung gegen Gott herrscht. Den echten Frieden stellt allein Gott her als endzeitliches Heilsgut (Jes. 2, 4; Sacharja 9, 9).

Im Neuen Testament ist der endzeitliche Friede mit Jesus Christus angebrochen als Friede mit Gott (Röm. 5, 1; Eph. 2,14) und als Friede unter den Menschen. Dieser Friede schafft auch Ordnung in der Seele des Menschen (Röm. 15, 13). Er vollendet sich bei der Wiederkunft des Herrn. Davon reden oft die Grußworte am Ende der Briefe (Hebr. 13, 20: Der Gott aber des Friedens, der von den Toten ausgeführt hat den großen Hirten der Schafe, mache euch fertig in allem guten Werk! Röm. 16, 10: Der Gott des Friedens zertrete den Satan unter eure Füße in Kürze).

1. Trügerisch ist äußerer Friede, wenn kein Friede mit Gott da ist.

Jerem. 6, 14	Gehen allesamt mit Lügen um und trösten mein Volk in seinem Unglück und sagen: »Friede, Friede«, und ist doch kein Friede.
1 Thess. 5, 3	Wenn sie sagen: Es ist Friede, es hat keine Gefahr, so wird sie das Verderben schnell überfallen.
Jes. 48, 22	Die Gottlosen haben keinen Frieden.
Röm. 3, 17	Den Weg des Friedens wissen sie nicht.
Ps. 38, 4	Es ist kein Friede in meinen Gebeinen vor meiner Sünde.

2. Der Friede wird hergestellt von Gott durch die Versöhnungstat Christi.

Jes. 53, 5	Die Strafe liegt auf ihm, auf daß wir Frieden hätten.
Joh. 14, 27	Den Frieden lasse ich euch, meinen Frieden gebe ich euch.
16, 33	Solches habe ich mit euch geredet, daß ihr in mir Frieden habt.
Luk. 24, 36	Da trat er selbst mitten unter sie und sprach: Friede sei mit euch!
Eph. 2, 14	Er ist unser Friede.
Kol. 1, 20	Alles durch ihn versöhnt ... zu ihm selbst, damit, daß er Frieden machte durch das Blut an seinem Kreuz, durch sich selbst.
Röm. 1, 7	Gnade sei mit euch und Friede von Gott.
Eph. 6, 15	Zu treiben das Evangelium des Friedens.

3. Der Friede wird persönlich angeeignet durch den Glaubensgehorsam, durch den uns die Lebensverbindung mit Christus geschenkt ist.

Ps. 85, 11	Daß Gerechtigkeit und Friede sich küssen.
Röm. 5, 1	Nun wir sind gerecht geworden durch den Glauben, haben wir Frieden mit Gott durch unseren Herrn Jesum Christum.
Jes. 32, 17	Der Gerechtigkeit Frucht wird Frieden sein.
48, 18	O, daß du auf meine Gebote merktest, so würde dein Friede sein wie ein Wasserstrom und deine Gerechtigkeit wie Meereswellen.
Gal. 5, 22	Die Frucht aber des Geistes ist ... Friede.
Röm. 15, 13	Der Gott aber der Hoffnung erfülle euch mit ... Frieden im Glauben.
8, 6	Geistlich gesinnt sein ist Leben und Friede.
Röm. 14, 17	Das Reich Gottes ist ... Gerechtigkeit und Friede.
Phil. 4, 9	Was ihr gehört habt, das tut, so wird der Gott des Friedens mit euch sein.

4. Christus, der den Frieden mit Gott herstellt, schafft auch den Frieden unter den Menschen, die sich von ihm ergreifen lassen.

Eph. 2, 14	Er hat aus beiden (den vorher einander feindlichen Juden und Heiden) eines gemacht und hat abgebrochen den Zaun, der dazwischen war.

Jak. 3, 18	Die Frucht der Gerechtigkeit wird gesäet in Frieden denen, die den Frieden halten. Röm. 12, 18: Ist es möglich, habt mit allen Frieden.
2 Thess. 3, 15	Haltet ihn nicht als einen Feind ... Er aber, der Herr des Friedens, gebe euch Frieden allenthalben.
Mtth. 5, 9	Selig sind die Friedfertigen, denn sie werden Gottes Kinder heißen.
Röm. 12, 18	Ist es möglich, soviel an euch ist, so habt mit allen Menschen Frieden.
1 Kor. 7, 15	Im Frieden hat uns Gott berufen.

5. Auf Grund des Versöhnungsfriedens sind alle Gotteskräfte zur Bewahrung und Vollendung uns zugänglich.

Phil. 4, 7	Der Friede Gottes ... bewahre eure Herzen!
1 Thess. 5, 23	Der Gott des Friedens heilige euch durch und durch.
Hebr. 13, 20	Der Gott aber des Friedens ... mache euch fertig in allem guten Werk.

6. Bei solchem Frieden oft äußerer Kampf.

Joh. 16, 33	Solches habe ich mit euch geredet, daß ihr in mir Frieden habt. In der Welt habt ihr Angst; aber seid getrost, ich habe die Welt überwunden.
2 Kor. 7, 5	Unser Fleisch hatte keine Ruhe; allenthalben waren wir in Trübsal: Auswendig Streit, inwendig Furcht (Kein Gefühlsfriede).
Luk. 12, 51	Meint ihr, daß ich hergekommen bin, Frieden zu bringen auf Erden? Ich sage: Nein, sondern Zwietracht.

7. Äußerer Frieden erst in der Endzeit.

Jes. 2, 4	Da werden sie ihre Schwerter zu Pflugscharen ... machen.
11, 8	Ein Säugling wird seine Lust haben am Loch der Otter.
Haggai 2, 9	Ich will Frieden geben an diesem Ort.
Offenb. 21, 4	Der Tod wird nicht mehr sein, noch Leid noch Geschrei noch Schmerz wird mehr sein, denn das Erste ist vergangen.

Frucht. Das natürliche, wachstümliche Ergebnis einer Aussaat.

1. Das Gesetz der Fruchtbarkeit herrscht im natürlichen und geistlichen Leben. Fruchtbarkeit ist Gottes Wille.

1 Mose 9, 1	Seid fruchtbar und mehret euch.
Joh. 15, 8	Darin wird mein Vater geehret, daß ihr viel Frucht bringet.
15, 16	Ich habe euch erwählt und gesetzt, daß ihr Frucht bringet.
Luk. 13, 6	Jesus kam und suchte Frucht darauf.
Phil. 1, 11	Daß ihr erfüllet seid mit Früchten der Gerechtigkeit.
Mtth. 13, 23	Der in das gute Land gesät ist, das ist, wenn jemand das Wort höret und versteht es und dann Frucht bringet.
Röm. 7, 4	Daß wir Gott Frucht bringen.

2. Die Art der Frucht hängt von der Saat und der Bodenbeschaffenheit ab.

Röm. 6, 20	Da ihr der Sünde Knechte waret, ... was hattet ihr zu der Zeit für Frucht?
Gal. 6, 7	Was der Mensch säet, das wird er ernten.
6, 8	Wer auf sein Fleisch sät, der wird von dem Fleisch das Verderben ernten, wer aber auf den Geist sät, der wird vom Geist das ewige Leben ernten.
Röm. 6, 21	Frucht, welcher ihr euch jetzt schämt, denn ihr Ende ist der Tod.
6, 22	Nun ihr aber seid von der Sünde frei, habt ihr eure Frucht, daß ihr heilig werdet.

Mtth. 7, 17 Ein jeglicher guter Baum bringt gute Früchte; ein fauler Baum bringt arge Früchte.
13, 23 Etlicher trägt hundertfältig, etlicher sechzigfältig, etlicher dreißigfältig.

3. Gute Frucht kommt vom Schöpfer.

Ps. 104, 14 Du lässest Gras wachsen.
104, 13 Du machest das Land voll Früchte.
Joh. 15, 4 Gleichwie die Rebe kann keine Frucht bringen, sie bleibe denn am Weinstock, also auch ihr nicht, ihr bleibet denn in mir.
Jes. 57, 19 Ich will Frucht der Lippen schaffen.
Joh. 15, 5 Wer in mir bleibt und ich in ihm, der bringt viele Früchte, denn ohne mich könnt ihr nichts tun.
15, 2 Jeglichen Reben, der da Frucht bringet, wird er reinigen, daß er mehr Frucht bringe.
Joh. 12, 24 Das Weizenkorn, wo es erstirbt, so bringt es viel Frucht (Im Ersterben des Eigenen liegt die Möglichkeit des schöpferischen Eingreifens Gottes).

4. Die Art der guten Frucht.

Mtth. 3, 8 Tut rechtschaffene Früchte der Buße!
Jes. 32, 17 Der Gerechtigkeit Frucht wird Friede sein.
Jak. 3, 18 Die Frucht der Gerechtigkeit wird gesäet im Frieden.
Hebr. 12, 11 Friedsame Frucht der Gerechtigkeit.
Eph. 5, 9 Die Frucht des Geistes ist allerlei Gütigkeit.
Gal. 5, 22 Die Frucht des Geistes ist Liebe.

5. Nur bleibende Frucht erhält den ewigen Preis.

Ps. 126, 6 Sie kommen mit Freuden und bringen ihre Garben.
Joh. 15, 16 Daß eure Frucht bleibe.
Luk. 8, 15 Bringen Frucht in Geduld.
1 Kor. 3, 13 Der Tag wird's klarmachen; wird jemandes Werk bleiben, so wird er Lohn empfangen.

Fürsprecher, siehe Priester 3.

Furcht, fürchten.

1. Die Gemüt und Leib erschütternde Furcht vor dem Erhabenen, Schauervollen, Jenseitigen bei Wundern und Gerichten.

2. Die religiös-sittliche Haltung, die hervorgeht aus der Überlegung, daß Gott Gerechtigkeit und Gericht handhabt.

3. Das Kindschaftsbewußtsein des Erlösten läßt die Furcht zurücktreten. Furcht Gottes das beherrschende Wort im Alten Testament, Glaube und Liebe im Neuen Testament.

Zu 1.

1 Mose 3, 10 Ich fürchte mich, denn ich bin nackend.
1 Sam. 11, 7 Da fiel die Furcht des Herrn auf das Volk (Sauls furchtbare Drohung).
Hiob 4, 14 Da kam mich Furcht und Zittern an (Nachtgesichte).
Ps. 55, 5 Des Todes Furcht ist auf mich gefallen.
Hebr. 2, 15 Durch Furcht des Todes Knechte.
Luk. 2, 9 Die Hirten fürchteten sich sehr.

Mtth. 14, 26	Die Jünger schrien vor Furcht (Meerwandel Jesu).
8, 26	Warum seid ihr so furchtsam?
17, 6	Die Jünger erschraken sehr.
Mrk. 10, 32	Jesus ging vor ihnen her, und sie entsetzten sich ... und fürchteten sich.
Mtth. 28, 4	Die Hüter erschraken vor Furcht.
Apgsch. 5, 5	Es kam eine große Furcht über alle.
Luk. 21, 26	Vor Furcht und Warten der Dinge.
Mtth. 10, 28	Fürchtet euch vielmehr vor dem, der Leib und Seele verderben kann in der Hölle.

Zu 2.

Hiob 28, 28	Die Furcht des Herrn, das ist Weisheit.
Ps. 111, 10	Die Furcht des Herrn ist der Weisheit Anfang.
128, 4	Gesegnet wird sein der Mann, der den Herrn fürchtet.
Sprüche 10, 27	Die Furcht des Herrn mehret die Tage.
Sir. 1, 26	Die Furcht des Herrn wehret der Sünde.
Ps. 33, 18	Des Herrn Auge siehet auf die, die ihn fürchten. Jes. 66, 2.
103, 11	So hoch der Himmel, lässet er seine Gnade walten über die, so ihn fürchten.
Jes. 66, 2	Ich sehe an den, der sich fürchtet vor meinem Wort.
Apgsch. 9, 31	Die Gemeinde wandelte in der Furcht.
Ps. 130, 4	Bei dir ist die Vergebung, daß man dich fürchte.
2 Kor. 7, 1	Fortfahren mit der Heiligung in der Furcht.
Phil. 2, 12	Schaffet, daß ihr selig werdet mit Furcht und Zittern.
1 Petr. 1, 17	Führet euren Wandel ... in der Furcht.
3, 16	Mit Sanftmütigkeit und Furcht.
3, 2	Wenn sie ansehen euren (Frau) keuschen Wandel in der Furcht.
Eph. 5, 21	Seid untereinander untertan in der Furcht Gottes.
6, 5	Seid gehorsam euren leiblichen Herren mit Furcht und Zittern.

Zu 3.

1 Mose 26, 24	Fürchte dich nicht, denn ich bin mit dir!
Jes. 54, 4	Fürchte dich nicht, denn du sollst nicht zuschanden werden!
41, 14	Fürchte dich nicht, du Würmlein Jakob!
43, 1	Fürchte dich nicht, ich habe dich erlöset!
Zeph. 3, 17	Fürchte dich nicht, denn der Herr, dein Gott, ist bei dir, ein starker Heiland.
Luk. 2, 10	Fürchtet euch nicht, denn ich verkündige euch große Freude!
Mtth. 14, 27	Seid getrost, ich bin's, fürchtet euch nicht.
Joh. 14, 27	Euer Herz erschrecke nicht und fürchte sich nicht!
Luk. 12, 32	Fürchte dich nicht, du kleine Herde!
Offenb. 1, 17	Fürchte dich nicht, ich bin der Erste und der Letzte!
1 Joh. 4, 18	Furcht ist nicht in der Liebe, sondern die völlige Liebe treibet die Furcht aus.

Gebet, beten. Gebet ist Gemeinschaft mit Gott, um auf seinen Willen zu lauschen, seine Hilfe zu erbitten und zu preisen und seine Kraft zu empfangen.

Die mancherlei Arten des Gebets, des Buß-, Bitt-, Fürbitte-, Dank-, Lobgebets finden ihren Niederschlag in einer Reihe von Vokabeln, die in der Bibel für das Beten gebraucht werden. Das Gebet ist eine Urfunktion der zu Gott hin geschaffenen Menschenseele, die auch die Heiden kennen. Aber das Gebet Israels ist unvergleichlich viel reicher als das Gebet der Griechen, obwohl ihre ganze Literatur von Homer bis Euripides begleitet ist vom Gebet an die Götter. Das hängt damit zusammen, daß das Gebet Israels Antwort ist auf die göttliche

Offenbarung. Die Offenbarung des Gottesnamens als des Allmächtigen und Barmherzigen, als des Bundesgottes erweckt das Gebet des Vertrauens in allen Lebenslagen. Dafür sind die Gebete der Frommen, die die Bibel uns mitteilt, vom Gebet der Erzväter an, vor allem der Psalter, das Gebetbuch der alttestamentlichen Gemeinde, ein überwältigendes Zeugnis. Das Gebet des frommen Israeliten ist getragen vom Gemeindegebet der alttestamentlichen Gemeinde, von ihrem Buß-, Bitt- und Dankgebet, von ihren Lobgesängen. Der Psalter ist das Gebetbuch Israels, Jesu und seiner Jünger und der christlichen Gemeinde bis zum heutigen Tag. Am Kreuz betet Jesus mit den Worten des Psalters. Die ständige Zwiesprache Jesu mit dem Vater vom Lobpreis (Mtth. 11, 25) bis zum Gethsemanegebet, vom Seufzen beim Hephata bis zum Gebet am Grabe des Lazarus war der unvergleichliche Anschauungsunterricht für die Jünger und die erste christliche Gemeinde und bleibt es für alle Zeiten. Jesus betet als der Sohn des Vaters in völliger Erhörungsgewißheit. Seine Gemeinde darf in seinem Namen beten in der durch den Heiligen Geist geschenkten Gotteskindschaft und ist darum der Erhörung gewiß.

1. Gott will, daß wir beten.

Ps. 50, 15	Rufe mich an in der Not, so will ich dich erretten.
Jes. 55, 6	Rufet ihn an, solange er nahe ist.
Joh. 16, 24	Bittet, so werdet ihr nehmen.
Phil. 4, 6	Sorget nichts, sondern in allen Dingen lasset eure Bitten im Gebet und Flehen mit Danksagung vor Gott kundwerden.
1 Tim. 2, 1	So ermahne ich nun, daß man vor allen Dingen zuerst tue Bitte, Gebet, Fürbitte und Danksagung für alle Menschen.
1 Thess. 5, 25	Liebe Brüder, betet für uns!
1 Tim. 2, 8	So will ich nun, daß die Männer beten.
1 Thess. 5, 17	Betet ohne Unterlaß.
Eph. 6, 18	Betet stets in allem Anliegen.

2. Gottesmenschen ist das Gebet Lebensbedürfnis.

1 Mose 18	Abraham als Beter (Fürbitte für Sodom).
2 Mose 32	Mose bittet für das Volk.
Josua 7, 7	Josua betet, als der Sieg vom Volke wich.
Ps. 35, 13	Ich aber (David) tat mir wehe mit Fasten und betete von Herzen stets.
Jak. 5, 17	Elias betete, daß es nicht regnen sollte.
2 Kön. 4, 33	Elisa schloß die Tür zu und betete zu dem Herrn.
19, 15	Hiskia (als er die Drohung der Assyrer erhielt) betete vor dem Herrn.
1 Sam. 1, 12	Hannas Gebet.
Luk. 2, 37	Hanna, die Prophetin, kam nimmer vom Tempel, diente Gott mit Fasten und Beten Tag und Nacht.
Mrk. 1, 35	Jesus ging in eine wüste Stätte und betete daselbst.
Luk. 5, 16	Jesus entwich in die Wüste und betete.
6, 12	Jesus blieb über Nacht im Gebet zu Gott.
Mtth. 14, 23	Jesus stieg auf einen Berg allein, daß er betete.
Luk. 9, 18	Da er allein war und betete.
9, 29	Da er betete, ward die Gestalt seines Angesichts anders.
Mtth. 26, 36	Jesu Gebet in Gethsemane.
Apgsch. 1, 14	Sie waren stets beieinander einmütig mit Beten und Flehen.
2, 42	Sie blieben aber beständig in der Apostel Lehre ... im Gebet.
6, 4	Wir aber wollen anhalten am Gebet und am Amt des Worts.
Eph. 1, 16	Höre nicht auf, zu danken für euch, und gedenke euer in meinem Gebet.

Phil. 1, 4	Welches ich allezeit tue in allem meinem Gebet für euch alle.
Apgsch. 13, 3	Da fasteten sie und beteten (Die Ältesten zu Antiochien vor der Aussendung der ersten Missionare).
Röm. 8, 15	Ihr habt einen kindlichen Geist empfangen, durch welchen wir rufen: Abba, lieber Vater!
Apgsch. 9, 11	Siehe, er betet.

3. Bedingungen und Verheißungen erhörlichen Betens.

	a) Buße, Demut, innere Armut.
Ps. 34, 19	Der Herr ist nahe bei denen, die zerbrochenen Herzens sind.
Josua 7, 6	Josua zerriß seine Kleider ... und sprach (Ps. 35, 13).
Dan. 9, 18	Wir liegen vor dir mit unserem Gebet, und vertrauen nicht auf unsere Gerechtigkeit, sondern auf deine große Barmherzigkeit.
Jak. 5, 16	Bekenne einer dem anderen seine Sünden und betet füreinander.
	b) Man muß vergeben haben.
Mrk. 11, 25	Wenn ihr betet, so vergebet.
Apgsch. 1, 14	Einmütig beten.
Mtth. 18, 19	Wo zwei unter euch eins werden, warum es ist, daß sie bitten wollen, das soll ihnen widerfahren von meinem Vater im Himmel.
	c) Wahrer Glaube.
Mrk. 11, 24	Alles was ihr bittet in eurem Gebet, glaubet nur, daß ihr's empfangen werdet, so wird's euch werden (Mtth. 21, 22).
1 Tim. 2, 8	Betet ohne Zorn und ohne Zweifel.
Jak. 1, 6	Er bitte aber im Glauben und zweifle nicht.
5, 15	Das Gebet des Glaubens wird dem Kranken helfen.
	d) Gehorsam, Mäßigkeit, Nüchternheit.
Joh. 9, 31	Wir wissen aber, daß Gott die Sünder nicht hört, sondern so jemand gottesfürchtig ist und tut seinen Willen, den hört er.
1 Petr. 3, 12	Die Augen des Herrn sehen auf die Gerechten und seine Ohren merken auf ihr Gebet.
Jak. 5, 16	Des Gerechten Gebet vermag viel.
1 Petr. 3, 7	Wohnet bei ihnen mit Vernunft, daß eure Gebete nicht verhindert werden.
4, 8	So seid nun mäßig und nüchtern zum Gebet.
Mtth. 17, 21	Diese Art fährt nicht aus denn durch Beten und Fasten (Ernste Beter haben je und je bei ihren Gebetskämpfen gefastet, um das Übergewicht des Irdischen zu vermindern).
	e) Stille.
Mtth. 6, 6	Wenn du betest, so gehe in dein Kämmerlein.
6, 7	Wenn ihr betet, sollt ihr nicht plappern.
Ps. 145, 18	Der Herr ist nahe allen, die ihn ... mit Ernst anrufen.
Jak. 5, 16	Das Gebet vermag viel, wenn es ernstlich ist (eigentlich: dringlich mit gesammelter Kraft).
1 Kor. 7, 5	Muße zum Fasten und Beten.
Mrk. 1, 35	Jesu Beispiel. Siehe unter 2.
	f) Anhalten.
Luk. 18, 1	Allezeit beten und nicht laß werden.
Röm. 12, 12	Haltet an am Gebet.
1 Thess. 5, 17	Betet ohne Unterlaß.
Eph. 6, 18	Betet stets.
Apgsch. 1, 14	Sie waren stets beieinander einmütig mit Beten und Flehen.
	g) Gebet ist Gabe, Geisteswirkung.
Sacharja 12, 10	Ich will ausgießen den Geist der Gnade und des Gebets.
Röm. 8, 26	Wir wissen nicht, was wir beten sollen, sondern der Geist selbst vertritt uns.

8, 15 Den kindlichen Geist, durch welchen wir rufen: Abba, lieber Vater!

h) Es muß geschehen im Namen Jesu (das heißt im Vertrauen auf seine Gerechtigkeit).

Joh. 14, 13 Was ihr bitten werdet in meinem Namen, das will ich tun.
14, 14 Wiederholung dieser Verheißung.
15, 7 So ihr in mir bleibet und meine Worte in euch bleiben, werdet ihr bitten, was ihr wollt, und es wird euch widerfahren.
16, 23 Wahrlich, wahrlich, ich sage euch: So ihr den Vater etwas bitten werdet in meinem Namen, so wird er's euch geben.
16, 24 Bisher habt ihr nichts gebeten in meinem Namen. Bittet, so werdet ihr nehmen, daß eure Freude vollkommen sei.

4. Der Segen des Gebets.

Offenb. 5, 8 Räuchwerk, welches sind die Gebete der Heiligen.
Apgsch. 10, 4 Deine Gebete und Almosen sind hinaufgekommen ins Gedächtnis vor Gott (Das Gebet verbindet mit Gott).
Ps. 73, 17 Es war mir zu schwer, bis daß ich ging ins Heiligtum und merkte auf ihr Ende.
Eph. 1, 16 Gedenke euer in meinem Gebet, daß Gott euch gebe den Geist der Weisheit und Offenbarung zu seiner selbst Erkenntnis.
Jak. 1, 5 So jemand unter euch Weisheit mangelt, der bitte von Gott (Das Gebet erleuchtet).
Luk. 11, 13 Wievielmehr wird der Vater im Himmel seinen Heiligen Geist geben denen, die ihn darum bitten (Geistliche Güter)!
Jak. 5, 15 Das Gebet des Glaubens wird dem Kranken helfen (Irdische Gaben).
1 Tim. 4, 5 Es wird geheiligt durch das Wort Gottes und Gebet (Weihe des Natürlichen durch Gebet).

Geduld, das gewisse und getroste Warten auf die Erfüllung der Hoffnung, die Ausdauer und Beharrlichkeit im Leiden.

ThW: »Geduld ist das von der Hoffnung auf die Verwirklichung des Reiches Gottes eingegebene Aushalten gegenüber den Widerständen einer feindseligen und ungläubigen Welt und inmitten ihrer Versuchungen.« Im Alten Testament ist das geduldige Warten und Harren auf die Erfüllung der göttlichen Verheißungen besonders ausgeprägt, während im Neuen Testament diese Seite der Geduld zurücktritt, weil man in der Gegenwart reichlich getröstet ist durch Christus und das Kommen des Herrn nahe erwartet.

1. Die wartende Geduld Gottes und der Glaubenden.

2 Petr. 3, 15 Die Geduld unseres Herrn achtet für eure Seligkeit.
Röm. 15, 5 Der Gott der Geduld und des Trostes.
2, 4 Reichtum seiner Güte, Geduld und Langmütigkeit.
9, 22 Hat mit großer Geduld ertragen die Gefäße des Zornes.
Luk. 21, 19 Fasset eure Seelen in Geduld.
2 Kor. 6, 4 Diener Gottes in großer Geduld und Trübsal.
2 Tim. 3, 10 Du bist nachgefolgt meiner Geduld.
1 Thess. 1, 3 Eure Geduld in der Hoffnung.
Kol. 1, 11 Gestärkt werdet in aller Geduld und Langmütigkeit.
Hebr. 6, 15 Also trug er Geduld und erlangte die Verheißung.
6, 12 Nachfolger derer, die durch Glauben und Geduld ererben die Verheißungen.
10, 36 Geduld ist euch not, daß ihr den Willen Gottes tut und die Verheißung empfanget.

12, 1	Laufen durch Geduld in dem Kampf, der uns verordnet ist.
Klagel. 3, 26	Es ist ein köstlich Ding, geduldig zu sein.
Offenb. 1, 9	Johannes, Mitgenosse am Reich und an der Geduld Jesu (Warten auf den wiederkommenden Herrn).
2 Thess. 3, 5	Zurichten zu der Geduld Christi (Warten auf den wiederkommenden Herrn).
Offenb. 13, 10	Hier ist Geduld und der Glaube der Heiligen.
Titus 2, 2	Glaube, Liebe, Geduld. Vgl. 1 Kor. 13, 13 Glaube, Liebe, Hoffnung.

2. Die tragende und im Leiden ausharrende Geduld.

Eph. 4, 2	Wandelt mit Geduld und vertraget einer den anderen in der Liebe.
Kol. 3, 12	Ziehet an herzliches Erbarmen ..., Geduld.
2 Tim. 4, 2	Strafe ... mit aller Geduld und Lehre.
Luk. 8, 15	Frucht bringen in Geduld.
2 Kor. 1, 6	Leiden mit Geduld.
Jak. 5, 11	Die Geduld Hiobs habt ihr gehört.

3. Geduld ist Geistesfrucht, die in der Trübsal reift.

Gal. 5, 22	Die Frucht des Geistes ... Geduld.
Röm. 5, 3	Trübsal bringt Geduld.

Geheimnis, Mysterium: Kunde verborgener Dinge, die nur durch Offenbarung erreicht werden kann, da sie Gedanken und Willen des natürlichen Menschen durchkreuzt.

ThW: »Ein Begriff, der im Neuen Testament selten vorkommt und keinerlei Beziehung zur griechischen Mysterienreligion erkennen läßt.« Bei Daniel taucht er zum ersten Male auf im Sinne eines endzeitlichen Geheimnisses und einer verhüllten Ankündigung zukünftigen Geschehnisses, das Gott allen offenbaren kann, was den heidnischen Göttern unmöglich ist. Im Neuen Testament sind den Jüngern die Augen geöffnet für das Geheimnis des in Jesus hereinbrechenden und sich in der Endzeit vollendenden Reiches Gottes. Bei Paulus geht es um das Christusgeheimnis, das nur durch das Licht des heiligen Geistes geoffenbart werden kann.

1. Vom verborgenen Ratschluß Gottes, den erst die Zukunft offenbaren wird, in den aber die Propheten Einblick haben.

5 Mose 29, 28	Das Geheimnis ist des Herrn unseres Gottes, was aber offenbaret ist, das ist unser, daß wir tun sollen alle Worte dieses Gesetzes.
Hiob 29, 4	Das Geheimnis Gottes über meiner Hütte.
Ps. 25, 14	Das Geheimnis ist unter denen, die ihn fürchten.
Sprüche 3, 32	Das Geheimnis ist bei den Frommen.
Amos 3, 7	Der Herr tut nichts, er offenbare denn sein Geheimnis den Propheten, seinen Knechten.
Dan. 2, 22	Er offenbart, was tief verborgen ist.
2, 47	Ein Gott über alle Götter und ein Herr über alle Könige, der da kann verborgene Dinge offenbaren.
Weisheit 6, 24	Will euch die Geheimnisse nicht verbergen.
Röm. 11, 25	Will euch nicht verhalten dieses Geheimnis.
1 Kor. 13, 2	Und wüßte alle Geheimnisse.
15, 51	Ich sage euch ein Geheimnis.
Offenb. 10, 7	Es soll vollendet werden das Geheimnis Gottes.

2. Geheimnis ist das Wesen der neutestamentlichen Offenbarung, die in verhüllter Gestalt geschieht und nur von denen erkannt wird, welchen es gegeben ist. Das Kundmachen des Geheimnisses ist Aufgabe der Zeugen Jesu.

Mtth. 13, 11	Euch ist's gegeben, daß ihr das Geheimnis des Himmelreichs vernehmet.
Röm. 16, 25	Predigt von Jesu Christ, durch welche das Geheimnis offenbart ist, das von der Welt her verschwiegen gewesen ist.
Eph. 6, 19	Daß ich möge kundmachen das Geheimnis des Evangeliums.
Kol. 4, 3	Eine Tür des Wortes auftun, zu reden das Geheimnis Christi.
1 Kor. 4, 1	Haushalter über Gottes Geheimnis.
1 Tim. 3, 16	Kündlich groß ist das gottselige Geheimnis.

Gehorsam, gehorchen. Das Horchen auf das Wort Gottes und Tun seines Willens. Während die griechische Mysterienreligion großen Wert auf das Schauen der Gottheit legt, entspricht in der Offenbarungsreligion der Bibel der Offenbarung des Wortes Gottes das Hören. Das tägliche Gebet des frommen Israeliten bestand in dem Bekenntnis von 5 Mose 6, 4-9 »Höre Israel!« Die große Sünde besteht im Nichthörenwollen. Amos 7, 16: Höre des Herrn Wort! Jes. 1, 2: Höret ihr Himmel, und Erde nimm zu Ohren! Erst in der Endzeit wird geschaut. Das Neue Testament hat kein Interesse daran, wie Jesus ausgesehen hat, aber um so mehr an den Worten, die er ausgesprochen hat. Die Endzeit, die mit der Auferstehung Jesu beginnt, bringt die Erscheinungen des Auferstandenen. Er wird gesehen. Er wird wiederkommen. Die endtzeitlichen Weissagungen entrollen gewaltige Bilder. »Der Glaube kommt aus der Verkündigung, die den Glauben zum Inhalt und Ziel hat« (ThW).

1. Gehorsam gegenüber dem Gebot Gottes.

	a) Aufforderung zum Gehorsam und Segensverheißung.
5 Mose 11, 27	Siehe, ich lege euch heute vor den Segen oder den Fluch, den Segen, so ihr gehorchet den Geboten des Herrn.
Jes. 1, 19	Wollt ihr mir gehorchen, so sollt ihr des Landes Gut genießen.
Jerem. 26, 13	Gehorchet der Stimme des Herrn, eures Gottes, so wird den Herrn auch gereuen das Übel, das er wider euch geredet hat.
2 Mose 23, 25	Dem Herrn ... sollt ihr dienen, so wird er dein Brot und dein Wasser segnen, und ich will alle Krankheit von dir wenden.
Ps. 81, 14	Wollte mein Volk mir gehorsam sein ..., so wollte ich ihre Feinde bald dämpfen.
1 Sam. 15, 22	Gehorsam ist besser denn Opfer.
Apgsch. 5, 29	Man muß Gott mehr gehorchen als den Menschen.
Sirach 4, 16	Wer der Weisheit gehorcht, kann andere Leute lehren.
5 Mose 18, 15	Einen Propheten wie mich ..., dem sollt ihr gehorchen.
	b) Gehorsam gegenüber den göttlichen Ordnungen in Familie und Volk.
Eph. 6, 1	Ihr Kinder seid gehorsam euren Eltern und dem Herrn (Gottes Gebot hat den Vorzug).
Mtth. 10, 37	Wer Vater oder Mutter mehr liebt.
Hebr. 13, 17	Gehorchet euren Lehrern und folget ihnen.
Eph. 6, 5	Ihr Knechte, seid gehorsam euren leiblichen Herren.
Titus 3, 1	Erinnere sie, daß sie ... der Obrigkeit gehorsam seien.
	c) Menschliche Versprechungen des Gehorsamen.
2 Mose 20, 19	Rede du mit uns, wir wollen gehorchen.
24, 7	Alles, was der Herr gesagt hat, wollen wir tun und gehorchen.

Josua 24, 24	Wir wollen ... seiner Stimme gehorchen.
1 Kön. 3, 9	So wollest du deinem Knechte geben ein gehorsames Herz.
	d) Ungehorsam und Fluch.
Ps. 81, 12	Aber mein Volk gehorcht nicht meiner Stimme.
5 Mose 8, 20	So werdet ihr auch umkommen, darum, daß ihr nicht gehorsam seid der Stimme des Herrn.
Apgsch. 7, 39	Welchem nicht wollten gehorsam werden eure Väter.
Röm. 2, 8	Welche der Wahrheit nicht gehorchen, Ungnade und Zorn!
Gal. 3, 1	Wer hat euch bezaubert, daß ihr der Wahrheit nicht gehorcht?
Titus 1, 16	Gehorchen nicht und sind zu allen guten Werken untüchtig.

2. Der Gehorsam Christi.

Mtth. 11, 26	Ja, Vater!
Joh. 8, 29	Ich tue allezeit, was ihm gefällt.
Röm. 5, 19	Gleich wie durch eines Menschen Ungehorsam viele Sünder geworden sind, also durch eines Gehorsam werden viele Gerechte.
Phil. 2, 8	Er erniedrigte sich selbst und ward gehorsam bis zum Tode.
Hebr. 5, 8	Wiewohl er Gottes Sohn war, hat er doch an dem, was er litt, Gehorsam gelernt.

3. Gehorsam gegenüber dem Evangelium (frohe Botschaft, daß Christi Gehorsam uns zugerechnet wird), Glaubensgehorsam.

Apgsch. 6, 7	Es wurden viele Priester dem Glauben gehorsam.
Röm. 1, 5	Gnade und Apostelamt, unter allen Heiden den Gehorsam des Glaubens aufzurichten.
2 Kor. 10, 5	Nehmen gefangen alle Vernunft unter den Gehorsam Christi.
1 Petr. 1, 2	Zum Gehorsam und zur Besprengung mit dem Blut Christi.
1, 22	Machet keusch eure Seelen im Gehorsam der Wahrheit durch den Geist.
Röm. 6, 17	Gott sei gedankt, daß ihr Knechte der Sünde gewesen seid, aber nun gehorsam geworden von Herzen dem Vorbild der Lehre.
Apgsch. 5, 32	Der Heilige Geist, welchen Gott gegeben hat denen, die ihm gehorchen.
Röm. 4	Abrahams Glaubensgehorsam (Hebr. 11, 8. 17).
10, 16	Sie sind nicht alle dem Evangelium gehorsam.
2 Thess. 1, 8	Der Herr wird offenbart werden vom Himmel ..., Rache zu geben über die, so nicht gehorsam sind dem Evangelium unseres Herrn Jesu Christi.

Geist ist I. die das Leben von innen heraus bestimmende persönliche Macht Gottes, die sich auswirkt in der Schöpfung, in der Offenbarung des prophetischen Worts und des Schriftworts, in der Geburt und Ausrüstung des Messias und in der neutestamentlichen Gemeinde.

II. Der Geist des Menschen ist seine nach dem Bilde Gottes geschaffene Wesensanlage, die die Möglichkeit der Erneuerung durch die Berührung mit dem Heiligen Geist bietet.

III. An manchen Stellen der Schrift ist Geist gebraucht im Sinne von körperlosem Wesen.

IV. Auch das Böse ist eine geistige Macht.

I. Der Geist in Schöpfung und Offenbarung des Alten und des Neuen Bundes.

1. Der Geist in Schöpfung und Altem Bund, er rüstet aus die, die im Dienste Gottes stehen, und gibt ein das Wort der Schrift.

1 Mose 1, 2	Der Geist Gottes schwebte über dem Wasser.
6, 3	Sie wollen sich von meinem Geist nicht mehr strafen lassen, denn sie sind von Fleisch.
41, 38	Wie können wir einen solchen Mann finden, in dem der Geist Gottes sei? (Pharao von Joseph.)
4 Mose 11, 25	Der Herr redete mit Mose und nahm des Geistes, der auf ihm war und legte ihn auf die siebenzig Ältesten.
Richt. 3, 10	Der Geist des Herrn kam auf ihn.
1 Sam. 10, 6	Der Geist des Herrn wird über dich geraten, daß du mit ihnen weissagest und wirst ein anderer Mann werden (Saul).
2 Kön. 2, 9	Elisa sprach, daß mir ein zwiefältig Maß werde von deinem Geist.
Micha 3, 8	Ich bin voll Geist und Kraft des Herrn.
Jes. 61, 1	Der Geist des Herrn ist über mir.
Luk. 2, 25	Ein Mensch war zu Jerusalem, mit Namen Simeon ..., der wartete auf den Trost Israels, und der Heilige Geist war in ihm.
Mtth. 22, 43	Wie nennt ihn denn David im Geist einen Herrn?
Apgsch. 1, 16	Es mußte die Schrift erfüllt werden, welche zuvor gesagt hat der Heilige Geist durch den Mund Davids.
Hebr. 3, 7	Wie der Heilige Geist spricht (folgt Psalmwort, ähnlich Hebr. 9, 8; 10, 15).
2 Petr. 1, 21	Die heiligen Menschen Gottes haben geredet, getrieben vom Heiligen Geist.

2. Der Geist in der Geburt und Ausrüstung des Messias.

Mtth. 1, 18	Maria war schwanger vom Heiligen Geist.
Jes. 11, 2	Auf welchem wird ruhen der Geist des Herrn.
Mtth. 3, 16	Er sah den Geist Gottes über ihn kommen.
Joh. 3, 34	Welchen Gott gesandt hat, der redet Gottes Worte, denn Gott gibt den Geist nicht nach dem Maß.
Mtth. 12, 28	So ich die Teufel durch den Geist Gottes austreibe.
Apgsch. 10, 38	Gott hat Jesus ... gesalbt mit dem Heiligen Geist.
1 Petr. 3, 18	Christus ist lebendig gemacht nach dem Geist.
1 Tim. 3, 16	Gerechtfertigt im Geist.
Hebr. 9, 14	Der sich durch den ewigen Geist Gott geopfert hat.
Mtth. 12, 31	Lästerung gegen den Heiligen Geist (derartige Lästerung Jesu, der den Heiligen Geist besitzt, ist Lästerung des innersten Wesens Gottes).

3. Der Geist in der neutestamentlichen Heilsgemeinde.

a) Seine Verheißung.

4 Mose 11, 17	Ich will deines Geistes, der auf Dir ist, nehmen und auf sie legen.
Jes. 44, 3	Ich will Wasser gießen auf die Durstigen ... ich will meinen Geist auf deinen Samen gießen.
Hesek. 36, 27	Ich will meinen Geist in euch geben und will solche Leute aus euch machen, die in meinen Geboten wandeln.
Joel 3, 1	Nach diesem will ich meinen Geist ausgießen über alles Fleisch; und eure Söhne sollen weissagen.
Sacharja 12, 10	Über die Bürger in Jerusalem will ich ausgießen den Geist der Gnade und des Gebets.
Mtth. 3, 11	Der Herr wird euch mit dem Heiligen Geist und mit Feuer taufen.
Joh. 14, 16	Ich will den Vater bitten und er wird euch einen anderen Tröster geben.
Luk. 24, 49	Ich will auf euch senden die Verheißung meines Vaters. Ihr aber sollt in der Stadt Jerusalem bleiben, bis daß ihr angetan werdet mit Kraft aus der Höhe.
Apgsch. 1, 8	Ihr sollt mit dem Heiligen Geist getauft werden nicht lang nach diesen Tagen.

b) Der Geist kommt als Heilsgabe auf Grund des Erlösungswerkes Christi.

1. Der Anwalt (Luther: Tröster) Christi, der ihn vertritt und verklärt.

Joh. 16, 7 So ich gehe, will ich ihn zu euch senden.
16, 8 Er wird die Welt strafen um die Sünde, um die Gerechtigkeit und um das Gericht.
Joh. 16, 13 Der wird euch in alle Wahrheit leiten, nicht von sich selber reden, sondern was er hören wird.
16, 14 Derselbe wird mich verklären, von dem Meinen wird er's nehmen.

2. Er ist der Geist Gottes und Christi, unterschieden selbständig wirkend und doch von Gott und Christus ungeschieden.

1 Petr. 4, 14 Der Geist Gottes.
Gal. 4, 6 Gott hat gesandt den Geist seines Sohnes in eure Herzen.
Phil. 1, 19 Handreichung des Geistes Jesu Christi.
2 Kor. 3, 17 Der Herr ist der Geist.
Mtth. 28, 19 Im Namen des Vaters und des Sohnes und des Heiligen Geistes.
2 Kor. 13, 13 Die Gnade unseres Herrn Jesu ... und die Liebe Gottes und die Gemeinschaft des Heiligen Geistes.
1 Kor. 12, 4 Es ist ein Geist.
Eph. 4, 4 Ein Leib und ein Geist.
Offenb. 4, 5 Sieben Fackeln, welches sind die sieben Geister Gottes (Göttliche Mannigfaltigkeit).

3. Der Geist wohnt in der neutestamentlichen Gemeinde als in einem Tempel, stellt ihre Einheit her und wirkt auf ihrem Boden.

1 Kor. 3, 16 Daß ihr Gottes Tempel seid und der Geist Gottes in euch wohnt.
Eph. 2, 22 Behausung Gottes im Geist.
1 Petr. 2, 5 Bauet euch zum geistlichen Hause.
Phil. 1, 27 Ihr stehet in einem Geist.
2, 1 Gemeinschaft des Geistes.
Eph. 4, 3 Einigkeit im Geist.
Apgsch. 2, 38 Lasse sich ein jeglicher taufen (zu Christus und seiner Gemeinde hinzutun), so werdet ihr empfangen die Gabe des Heiligen Geistes.
8, 17 Heiliger Geist nach der Taufe durch Handauflegen der Apostel, durch welche die Gemeinde den Zusammenhang herstellt mit den bekehrten Samaritern.
10, 44 Der Geist kommt über Kornelius, den Heiden (Wo der Geist ist, darf auch der Zusammenschluß mit der Gemeinde nicht aberkannt werden).
1 Joh. 4, 1 Prüfet die Geister (Durch den Geistesbesitz ermöglicht).
Apgsch. 5, 3 Daß du dem Heiligen Geist lögest (Geistesbesitz der Gemeinde macht eine Lüge ihr gegenüber frevelhaft).

4. Der Geist befähigt die Jünger, ihre besondere Aufgabe im Dienst der neutestamentlichen Heilsoffenbarung zu erfüllen. Er gibt der Gemeinde die besonderen Geistesgaben, deren Erweckung vom Glaubensverhalten abhängig ist.

Mtth. 10, 20 Ihr seid es nicht, die da reden, sondern eures Vaters Geist.
Joh. 20, 22 Nehmet hin den Heiligen Geist! Welchen ihr die Sünden erlasset, denen sind sie erlassen.
Apgsch. 4, 8 Petrus voll des Heiligen Geistes.
5, 32 Wir sind seine Zeugen ... und der Heilige Geist.
13, 2 Da sie dem Herrn dienten, sprach der Heilige Geist.
20, 28 Unter welche euch der Heilige Geist gesetzt hat zu Bischöfen.
1 Kor. 12, 11 Dies alles wirkt derselbe eine Geist und teilt einem jeglichen seines zu (Vers 7-10 Aufzählung der verschiedenen Gaben des Geistes).
12, 31 Strebet nach den besten Gaben!
2 Tim. 1, 6 Erwecke die Gabe Gottes, die in dir ist (Eine Neuausgießung des Heiligen Geistes, auf die Blumhardt wartete, ist nicht schriftgemäß. Der Geist ist da und wirkt das in der Gemeinde, was zu jeder Zeit erforderlich ist).

5. Die Notwendigkeit des Geistesbesitzes zum Heile für jedes Glied der neutestamentlichen Gemeinde.

Röm. 8, 9 Wer Christi Geist nicht hat, der ist nicht sein.

1 Kor. 12, 3 Niemand kann Jesum einen Herrn heißen, ohne durch den Heiligen Geist.

Joh. 3, 5 Es sei denn, daß ein Mensch geboren werde aus Wasser und Geist, so kann er nicht in das Reich Gottes kommen.

6. Die Bedingungen des Geistesempfangs.

Joh. 16, 7 Es ist euch gut, daß ich hingehe. Denn so ich nicht hingehe, so kommt der Tröster nicht zu euch.

7, 39 Das sagte er von dem Geist, welchen empfangen sollten, die an ihn glaubten.

Gal. 3, 2 Habt ihr den Geist empfangen durch des Gesetzes Werke oder durch die Predigt vom Glauben?

Apgsch. 2, 38 Tut Buße und lasse sich ein jeglicher taufen auf den Namen Jesu Christi zur Vergebung der Sünden, so werdet ihr empfangen die Gabe des Heiligen Geistes.

10, 44 Da Petrus noch diese Worte redete (Vergebung der Sünden für alle, die glauben an den Namen Jesu), fiel der Heilige Geist auf alle, die dem Worte zuhörten.

Gal. 4, 6 Weil ihr denn Kinder seid, hat Gott gesandt den Geist seines Sohnes in eure Herzen (Kinder durch den Glauben).

Luk. 11, 13 Wie vielmehr wird der Vater im Himmel den Heiligen Geist geben denen, die ihn bitten!

Apgsch. 4, 31 Da sie gebetet hatten, bewegte sich die Stätte ..., und wurden alle des Heiligen Geistes voll.

8, 15 Petrus und Johannes, da sie hinabkamen, beteten sie über sie, daß sie den Heiligen Geist empfingen.

2, 1 Da der Tag der Pfingsten erfüllt war, waren sie alle einmütig beieinander.

7. Wirkungen des Heiligen Geistes.

Joh. 14, 17 Geist der Wahrheit (Seine Wirkung Buße).

16, 13 Der wird euch in alle Wahrheit leiten.

Röm. 8, 16 Derselbe Geist gibt Zeugnis unserem Geist, daß wir Gottes Kinder sind.

Gal. 4, 6 Der schreit: Abba, lieber Vater!

Röm. 8, 15 Ihr habt einen kindlichen Geist empfangen, durch welchen wir rufen: Abba, lieber Vater.

Sacharja 12, 10 Geist der Gnade und des Gebets.

Röm. 8, 26 Wir wissen nicht, was wir beten sollen, ... sondern der Geist vertritt uns mit unaussprechlichem Seufzen.

Joh. 6, 63 Der Geist ist's, der lebendig macht, das Fleisch ist nichts nütze (Gegensatz: Geist-Fleisch, siehe Fleisch).

2 Kor. 3, 6 Der Buchstabe tötet, aber der Geist macht lebendig (Die alttestamentliche Offenbarung im Gegensatz zur neutestamentlichen Heilsgabe).

Röm. 5, 5 Die Liebe Gottes ist ausgegossen in unser Herz durch den Geist, der uns gegeben ist.

Gal. 5, 22 Die Frucht des Geistes ist Liebe, Freude, Friede, Geduld, Freundlichkeit, Gütigkeit, Glaube, Sanftmut, Keuschheit.

Eph. 5, 9 Die Frucht des Geistes ist allerlei Gütigkeit, Gerechtigkeit und Wahrheit.

2 Kor. 3, 17 Wo der Geist des Herrn ist, da ist Freiheit (Nicht unter dem Gesetz Gal. 5, 18).

1 Kor. 2, 10 Der Geist erforscht alle Dinge, auch die Tiefen der Gottheit.

Apgsch. 4, 31 Sie wurden alle des Heiligen Geistes voll und redeten das Wort mit Freudigkeit.

Eph. 3, 16 Stark zu werden durch seinen Geist am inwendigen Menschen.

2 Tim. 1, 7 Gott hat uns nicht gegeben den Geist der Furcht, sondern der Kraft und der Liebe und der Zucht.

2 Kor. 1, 22	Gott ist's, der in unsere Herzen das Pfand, den Geist, gegeben hat.
Röm. 8, 23	Des Geistes Erstlinge (Anbruch der zukünftigen Vollendung).

II. Der Geist des Menschen ist der aus Gott stammende Funke ewigen Lebens im Menschen, seine nach dem Bilde Gottes geschaffene Wesensanlage, die durch die Berührung mit dem Heiligen Geist erneuert wird.

1 Mose 1, 27	Gott schuf den Menschen sich zum Bilde.
Eph. 4, 24	Der nach Gott geschaffen ist.
Ps. 51, 12	Schaffe in mir, Gott ... einen neuen gewissen Geist!
Mtth. 5, 3	Selig, die da geistlich arm sind (geistlich = im Geist).
26, 41	Der Geist ist willig, aber das Fleisch ist schwach.
Röm. 1, 9	Welchem ich diene in meinem Geist.
1 Kor. 2, 11	Welcher Mensch weiß, was im Menschen ist, als der Geist des Menschen, der in ihm ist?
Röm. 8, 16	Gottes Geist gibt Zeugnis unserm Geist.
Mrk. 14, 38	Der Geist ist willig, aber das Fleisch ist schwach.
1 Thess. 5, 23	Euer Geist ganz samt Seele und Leib.

III. Der Geist im Sinne eines körperlosen Wesens.

Luk. 24, 37	Sie fürchteten sich, meinten, sie sähen einen Geist.
24, 39	Ein Geist hat nicht Fleisch und Bein.
1 Petr. 3, 19	Er hat gepredigt den Geistern im Gefängnis.
Joh. 4, 24	Gott ist Geist (Darf nicht auf sinnlich, äußerlich beschränkte Weise verehrt werden).

IV. Der Geist des Bösen; denn auch das Böse übt geistige Wirkungen aus.

Eph. 2, 2	Der Geist, der zu dieser Zeit sein Werk hat in den Kindern des Unglaubens.
Luk. 4, 33	Ein Mensch, besessen mit einem unsauberen Geist.

Gemeinde, siehe Kirche.

Gemeinschaft haben, heißt Anteil haben an einer Person oder Sache gemeinsam mit anderen, Gemeinschaft wird im Neuen Testament oft auch im Sinne von Anteil geben (Wohltat) gebraucht, doch nie im Sinne von Versammlung oder Gesellschaft.

Im Alten Testament wird das Wort auf die Gemeinschaft zwischen Mensch und Mensch, zwischen Mensch und Götzen, aber aus tiefem Abstandsbewußtsein nie auf die Gemeinschaft zwischen Mensch und Gott angewandt. Im Neuen Testament (Hebr. 2, 14) bedeutet es: Wie die Menschenkinder teilhaben an Fleisch und Blut, so ist Christus auch Teilhaber an der menschlichen Natur geworden.

Die Erlösung gibt Anteil an der göttlichen Natur (2 Petr. 1, 4). Aber es gibt auch eine Schuld- und Gerichtsgemeinschaft (Mtth. 23, 30). Bei Paulus wird der Begriff »Gemeinschaft haben« für den Anteil an Christus und den geistlichen Gütern sowie für die Gemeinschaft der Gläubigen untereinander gebraucht. Die Gemeinschaft mit dem erhöhten Herrn kommt durch den Lebenszusammenschluß mit dem Herrn zustande und ist gegenwärtiger Besitz, dessen Vollverwirklichung von der endzeitlichen Zukunft erwartet wird. Besonders für das Herrenmahl wird bei Paulus der Begriff Gemeinschaft verwandt. »Es ist die Gemeinschaft mit Leib und Blut Jesu Christi, Anteilschaft an dem himmlischen Christus, der für Paulus mit dem geschichtlichen Christus, der Leib und Blut besaß, identisch ist« (ThW). Die Gläubigen haben Anteil an den »einzelnen Phasen des Christuslebens« (ThW), am Mitleben (Röm. 6, 8; 2 Kor. 7, 3), am Mitleiden (Röm. 8, 17; Kol. 1, 24), am Mitgekreuzigtsein (Röm. 6,6; Gal. 2, 19), am Mitsterben (2 Kor. 7, 3), am Mitbegrabenwerden und Mitauferstehen (Röm. 6, 4; Kol. 2, 12; 3, 1; Eph. 2, 6), am Mitverherrlichtsein und Miterben (Röm. 8, 17) und am Mitregieren (2 Tim. 2, 12). Der Gläubige hat auch Anteil am Heiligen Geist (2 Kor. 13, 13; gemeint ist nicht die Gemeinschaft, die der Heilige Geist wirkt). Die Christen haben untereinander Gemeinschaft (nach Röm. 15, 27 die Heiden an den Gütern der Urgemeinde, wodurch sie dieser verpflichtet sind. Phil. 1, 7 und 4, 14: Sie sind Genossen der Gnade des Apostels und nehmen Anteil an seinen Trübsalen). Im ersten Johannesbrief ist der Ausdruck »Gemeinschaft« gebraucht für die Gottes- und Christus- und Brudergemeinschaft, die auf Erden beginnt und in der endzeitlichen Zukunft ihre Vollendung findet (1 Joh. 3, 2).

1. Anteil haben an einer Person oder Sache gemeinsam mit anderen.

Hebr. 10, 33	Gemeinschaft gehabt (mit den Leidenden).
Apgsch. 2, 42	Sie blieben in der Apostel Lehre und in der Gemeinschaft.
Phil. 1, 5	Gemeinschaft am Evangelium.
1 Joh. 1, 3	Daß auch ihr mit uns Gemeinschaft habt, und unsere Gemeinschaft ist mit dem Vater und mit seinem Sohne Jesus Christus.
1, 6	Gemeinschaft mit ihm.
1, 7	Gemeinschaft untereinander (dadurch, daß sie gemeinsam Anteil an Gott und Christus haben, sind sie auch untereinander verbunden).
Philemon 6	Daß die Gemeinschaft des Glaubens in dir kräftig werde durch die Erkenntnis alles Guten, das in uns auf Christus Jesus hin vorhanden ist.
1 Kor. 10, 16	Der Kelch, den wir segnen, ist er nicht die Gemeinschaft des Blutes Jesu Christi?
2 Kor. 6, 14	Was hat das Licht für Gemeinschaft mit der Finsternis? (Eph. 5, 1).
Eph. 3, 6	Die Heiden Mitgenossen seiner Verheißung.
Offenb. 1, 9	Johannes, euer Bruder und Mitgenosse an der Trübsal.

2. Anteil geben.

1 Kor. 1, 9	Berufen seid zur Gemeinschaft seines Sohnes Jesu Christi (Jesus gewährt Anteil an sich).
Phil. 2, 1	Gemeinschaft des Geistes.
2 Kor. 13, 13	Liebe Gottes und die Gemeinschaft des Heiligen Geistes (Der Heilige Geist gewährt der Gemeinde Anteil an sich und seinen Gaben).
8, 4	Wohltat und Gemeinschaft der Handreichung (2 Kor. 9,12).

Gerechtigkeit, gerecht, Recht, recht, rechtfertigen.

Gerecht ist der, der vor dem Urteil des ewigen Richters bestehen kann.

Gerechtigkeit wird als Heilsgut von Gott hergestellt. Durch göttliches Urteil und Gericht wird sie in Christus offenbar und dem, der sich ihm anvertraut (dem Glaubenden), zuerkannt. Wer sich Christo anvertraut, ist bereits von Gott ergriffen. In ihm wirkt Gott durch Christus Gerechtigkeit und macht dadurch aus ihm eine neue Kreatur.

Rechtfertigung gleich Wiedergeburt. Die Heilung ist nichts anderes als ein Beharren in der Rechtfertigung. Gerecht ist das Handeln Gottes, durch das er den Endsieg der Gerechtigkeit über die Ungerechtigkeit verbürgt.

Das Griechentum versteht unter Gerechtigkeit Tugendhaftigkeit und schreibt diese Tugendhaftigkeit der eigenen Leistung des Gerechten zu. Im Alten Testament ist Gott der, der das Recht setzt und seinem Recht in Urteil und Gericht verbunden bleibt. Gottes Tun ist fehlerlose Gerechtigkeit (5 Mose 32, 4). Das Verhältnis Gottes zum Menschen und des Menschen zu Gott und zu den Menschen wird im Blick auf Gottes Gerechtigkeit und Gericht gesehen. »Daß Gott gerecht ist, ist Glaubensgut und Ausdruck bedingungslosen Vertrauens in den sittlichen Willen Gottes, kraft dessen Gutes besteht und Normwidriges dem vernichtenden Urteil Gottes verfallen muß« (ThW). Gerecht ist der, der vor dem Urteil Gottes bestehen kann. Das Neue Testament lebt ganz im Begriff der Gerechtigkeit des Alten Testaments, aber es überbietet ihn. Gott ist gerecht. Offenb. 16, 5; 16, 7; 19, 2. Er erweist sich als gerecht, indem er die Sühnetat des Opfertodes Jesu Christi vollbringt. »Das Neue erweist sich in der absoluten Bindung an den Sühnetod Christi, in dem sich Gott als den Gerechten erweist« (ThW). Röm. 3, 26; 1 Joh. 1, 9.

Der Messias wird im Neuen Testament als der Gerechte bezeichnet (Apgsch. 3, 13; 7, 52; Mtth. 27, 4; 1 Petr. 3, 18; 1 Joh. 2, 1; 2, 29). Es redet an vielen Stellen in alttesttamentlicher Weise von den Gerechten, die den Willen Gottes tun (1 Joh. 3, 12; Röm. 5, 7; Luk. 18, 9; 14, 14; 1 Petr. 3, 12; 4, 18; Hebr. 12, 23). Wie der Ungerechte gerecht wird, das ist das Thema der Paulinischen Theologie. »Nur der Gerechte kann mit Gott Gemeinschaft haben, aber nicht das Selbsttun des Menschen begründet diese Gemeinschaft, sondern Gottes eigene souveräne und gnädige Setzung, die in Christus entscheidend für die Menschheit eingegriffen hat. Die Gerechtigkeit Gottes ist ausschließlich Gottes, und der Mensch wird in sie hineingenommen und hineingestellt« (ThW) (Röm. 1, 17: Die Gerechtigkeit Gottes wird im Evangelium offenbar). Sie ist ebenso wirksam wie das Zorneshandeln Gottes (Röm. 1, 17 und 18). Das Offenbarungshandeln Gottes geschieht in der Kreuzestat (Röm. 3, 25: Welchen Gott hat vorgestellt zu einem Gnadenstuhl durch den Glauben in seinem Blut). Die Gerechtigkeit Gottes schließt die Gerechtsprechung ein. Sie ist Rechtfertigung des Gottlosen (Röm. 4, 5). Das geht über jede menschliche Rechtsvorstellung hinaus. Die Rechtfertigung ist Vergebung geschenkweise und ohne Verdienst. Und sie ist weit mehr als Vergebung. Sie ist heilspendende Rettung, die Gott dem Glaubenden mitteilt. Dieser ist dann kein einzelner mehr, sondern ein Glied des Leibes Christi. Die Rechtfertigung ist in der Gegenwart wirksam und vollendet sich in der Zukunft des Endgerichts. Sie schließt die Hoffnung in sich ein (Gal. 5, 5: Wir warten im Geist der Gerechtigkeit, der man hoffen muß). Die Bezogenheit der Rechtfertigung auf das Endgericht nach den Werken (2 Kor. 5, 10) erhält den Gerechtfertigten in einer ständigen Bewegung auf das Ende hin (Phil. 3, 14: Ich jage nach dem vorgesteckten Ziel). So entsteht durch die Rechtfertigung das neue Dienstverhältnis, das die empörten Glieder zum Gehorsam führt (Röm. 6, 19: Begebet eure Glieder zum Dienst der Gerechtigkeit). Die Stelle in Jak. 2, 24, daß der Mensch durch die Werke gerecht wird, nicht durch den Glauben allein, ist eine der Lehre des Paulus nicht widersprechende Polemik gegen ein quietistisches (das den Glauben zum Ruhekissen macht) Mißverständnis des Rechtfertigungsglaubens.

Gerechtigkeit im Sinne von Rechtstat steht Röm. 5, 16 und hat die Bedeutung: völlige Verwirklichung der Rechtsforderung Gottes (Offenb. 19, 8: die Rechtstaten der Heiligen).

Rechtfertigung durch freisprechendes Urteil Gottes im Gegensatz zur Verdammnis: Röm. 4, 25 und 5, 18.

1. Gerechtigkeit als Zustand oder Handeln des Menschen wird durch das Urteil Gottes festgestellt.

a) Er sucht gerecht zu sein, aber damit ist Sünde noch nicht ausgeschlossen.

Jak. 1, 20	Des Menschen Zorn tut nicht, was vor Gott recht ist.
5 Mose 6, 25	Es wird unsere Gerechtigkeit sein vor dem Herrn, so wir halten und tun alle diese Gebote.
24, 13	Das wird dir vor dem Herrn, deinem Gott, eine Gerechtigkeit sein.
1 Sam. 26, 23	Der Herr wird einem jeglichen vergelten nach seiner Gerechtigkeit.
Ps. 7, 9	Richte mich, Herr, nach meiner Gerechtigkeit und Frömmigkeit!
132, 9	Deine Priester lassen sich kleiden mit Gerechtigkeit.
Hiob 29, 14	Gerechtigkeit war mein Kleid, das ich anzog wie einen Rock.
Sprüche 14, 34	Gerechtigkeit erhöht ein Volk.
16, 8	Es ist besser, wenig Gerechtigkeit denn viel Einkommen mit Unrecht.
16, 31	Graue Haare sind eine Krone der Ehren, die auf dem Wege der Gerechtigkeit gefunden werden.
Hesek. 18, 22	Er soll leben um der Gerechtigkeit willen, die er tut.
Hosea 10, 12	Darum säet euch Gerechtigkeit und erntet Liebe.
Ps. 119, 5	O daß mein Leben deine Rechte mit ganzem Ernst hielte!
119, 8	Deine Rechte will ich halten; verlaß mich nimmermehr!
119, 83	Deiner Rechte vergesse ich nicht.

b) Der Segen der Gerechtigkeit.

Ps. 34, 16	Die Augen des Herrn merken auf die Gerechten.
34, 18	Wenn die Gerechten schreien, so höret der Herr.
Jak. 5, 16	Des Gerechten Gebet vermag viel, wenn es ernstlich ist.
Ps. 55, 23	Wirf dein Anliegen auf den Herrn, der wird dich versorgen und den Gerechten nicht ewig in Unruhe lassen.
34, 20	Der Gerechte muß viel leiden, aber der Herr hilft ihm aus dem allem.
37, 17	Der Herr erhält die Gerechten.
Sprüche 18, 10	Der Name des Herrn ist ein festes Schloß, der Gerechte läuft dahin und wird beschirmt.
Ps. 97, 11	Dem Gerechten muß das Licht immer wieder aufgehen.
Sprüche 4, 18	Der Gerechten Pfad glänzt wie ein Licht.
Ps. 118, 15	Man singt mit Freuden vom Sieg in den Hütten der Gerechten.
Ps. 37, 25	Ich habe noch nie gesehen den Gerechten verlassen oder seinen Samen nach Brot gehen.
Sprüche 10, 7	Das Gedächtnis des Gerechten bleibet im Segen.
10, 28	Das Warten der Gerechten wird Freude werden.
Jes. 32, 17	Der Gerechten Frucht wird Friede sein, und der Gerechten Nutzen wird ewige Stille und Sicherheit sein.
Mtth. 13, 43	Dann werden die Gerechten leuchten wie die Sonne.

c) Unser Handeln ist ungerecht, das heißt, es kann nicht vor Gott bestehn.

Hiob 15, 14	Was ist ein Mensch, daß er sollte rein sein und gerecht sein?

25, 4	Wie mag ein Mensch gerecht sein vor Gott?
Ps. 143, 2	Vor dir ist kein Lebendiger gerecht.
Jerem. 5, 1	Gehet durch die Gassen und schauet, ob ihr jemand findet, der recht tue.
8, 7	Ein Storch weiß seine Zeit, aber mein Volk will das Recht des Herrn nicht wissen.
Jes. 64, 6	Unsere Gerechtigkeit ist wie ein unflätiges Kleid.
Mtth. 5, 20	Wenn eure Gerechtigkeit nicht besser ist als die der Schriftgelehrten.
Röm. 1, 18	Menschen, die die Wahrheit in Ungerechtigkeit aufhalten.
1, 29	Voll alles Ungerechten.
2, 8	Gehorchen der Ungerechtigkeit.
Jak. 3, 6	Die Zunge ist eine Welt voll Ungerechtigkeit.
Röm. 3, 10	Da ist nicht, der gerecht sei, auch nicht einer.
Röm. 3, 20	Darum, daß kein Fleisch durch des Gesetzes Werke vor ihm gerecht sein mag.
Luk. 10, 29	Er aber wollte sich selbst rechtfertigen.

2. Gerechtigkeit ist ganz von Gott her zu erwarten als Heilswirkung.

	a) Im Alten Bund verheißen und ersehnt.
1 Mose 15, 6	Abraham glaubte dem Herrn, und das ward ihm zur Gerechtigkeit gerechnet.
Hesek. 36, 27	Ich will euch ein neu Herz und einen neuen Geist in euch geben ... und will solche Leute aus euch machen, die meine Rechte halten.
Jes. 42, 1	Siehe mein Knecht ..., er wird das Recht unter die Heiden bringen.
42, 3	Er wird das Recht wahrhaftiglich halten und lehren.
45, 24	Mir sollen alle Zungen schwören und sagen: Im Herrn habe ich Gerechtigkeit und Stärke.
45, 25	Im Herrn wird gerecht aller Same Israels.
48, 18	O daß du auf meine Gebote merktest, so würde dein Friede sein wie ein Wasserstrom und deine Gerechtigkeit wie Meereswellen.
Mtth. 5, 6	Selig sind, die da hungert und dürstet nach der Gerechtigkeit.
	b) In Christus ist die Gerechtigkeit dem, der sich ihm anvertraut, geschenkt.
Luk. 18, 14	Dieser ging hinab gerechtfertigt vor jenem (Zöllner, der Gott um Gnade bittet).
1 Kor. 1, 30	Christus, welcher uns gemacht ist von Gott zur Gerechtigkeit.
Röm. 1, 17	Sintemal darinnen (im Evangelium) offenbaret wird die Gerechtigkeit, die vor Gott gilt (wörtlich: die Gott schenkt).
3, 21	Nun aber ist ohne Zutun des Gesetzes (das heißt ohne menschliches Eigenwirken) die Gerechtigkeit Gottes (die er wirkt und zuspricht) offenbart ..., die da kommt durch den Glauben an Jesum Christ zu allen und auf alle, die da glauben.
3, 25	Gott hat Christus zum Gnadenstuhl gemacht, damit er seine Gerechtigkeit darbiete.
Röm. 4, 5	Dem aber, der nicht Werke tut, dagegen an den glaubt, der den Gottlosen gerecht spricht, wird sein Glaube als Gerechtigkeit angerechnet.
4, 25	Christus ist um unserer Sünden willen dahingegeben und um unserer Gerechtigkeit willen auferweckt.
2 Kor. 5, 21	Er hat den, der von keiner Sünde wußte, für uns zur Sünde gemacht, damit wir in ihm Gottes Gerechtigkeit werden.
Röm. 10, 3	Sie erkennen die Gerechtigkeit Gottes (die er wirkt) nicht und trachten ihre eigene Gerechtigkeit aufzurichten.
Phil. 3, 9	Daß ich nicht habe meine Gerechtigkeit, die aus dem Gesetz, sondern die durch den Glauben an Christus kommt, die Gerechtigkeit aus Gott, die beim Glauben ist.
Gal. 2, 21	So durch das Gesetz (Einwirken des Menschen) die Gerechtigkeit kommt, so ist Christus vergeblich gestorben.

1 Petr. 3, 18 Christus hat für unsere Sünden gelitten, der Gerechte für die Ungerechten.

Offenb. 19, 8 Es ward ihr gegeben, sich anzutun mit köstlicher Leinwand (das ist die Gerechtigkeit der Heiligen).

c) Die Gerechtigkeit, die dem Glaubenden zuteil wird, erneuert ihn.

Röm. 6, 18 Denn nun ihr frei geworden seid von der Sünde, seid ihr Knechte geworden der Gerechtigkeit.

6, 13 Begebet euch selbst Gott, als die da aus den Toten lebendig sind, und eure Glieder Gott zu Waffen der Gerechtigkeit.

6, 11 Rechnet damit, daß ihr der Sünde gestorben seid, und lebet Gott in Jesu Christo.

2 Kor. 5, 17 Ist jemand in Christo (durch den Glauben in Lebensgemeinschaft mit ihm versetzt), so ist er eine neue Schöpfung.

Titus 2, 14 Daß er uns erlösete von aller Ungerechtigkeit und reinigte sich selbst ein Volk zum Eigentum, das fleißig wäre zu guten Werken.

2 Tim. 2, 19 Es trete ab von der Ungerechtigkeit, wer den Namen Christi nennt.

1 Joh. 3, 9 Wer aus Gott geboren ist, der tut nicht Sünde.

Ps. 85, 11 Daß Gerechtigkeit und Frieden sich küssen.

d) Dieser Gerechtigkeit gilt es nachzujagen und darin zu beharren.

1 Tim. 6, 11 Du Gottesmensch ... jage aber nach der Gerechtigkeit!

Mtth. 6, 33 Trachtet am ersten nach dem Reich Gottes und nach seiner Gerechtigkeit!

Joh. 15, 4 Bleibet in mir, und ich in euch!

1 Joh. 3, 6 Wer in ihm bleibt, der sündigt nicht (in ihm bleibt, das heißt dauernd gerichtet und für immer gerettet).

Eph. 6, 14 Angezogen mit dem Panzer der Gerechtigkeit.

3. Gott verbürgt den Sieg der Gerechten.

a) Gottes Endsieg.

Mtth. 24, 12 Die Ungerechtigkeit wird überhandnehmen.

Apgsch. 17, 31 Er hat einen Tag gesetzt, auf welchen er richten will den Kreis des Erdbodens mit Gerechtigkeit.

Joh. 16, 8 Der Heilige Geist wird die Welt strafen um die Gerechtigkeit.

1 Kor. 6, 9 Die Ungerechten werden das Reich Gottes nicht ererben.

1 Petr. 2, 23 Er stellte es dem anheim, der da recht richtet.

1 Tim. 3, 16 Gerechtfertigt im Geist (Pfingsten erweist seine Sache als gerecht).

Röm. 11, 33 Unbegreiflich seine Wege und unerforschlich seine Gerichte (die zu diesem Endsieg führen).

b) Unser Endsieg.

Gal. 5, 5 Wir erwarten durch den Geist aus Glauben die Hoffnung der Gerechtigkeit.

2 Tim. 4, 8 Hinfort ist mir beigelegt (bereitgelegt) die Krone der Gerechtigkeit, welche mir der Herr an jenem Tage, der gerechte Richter, geben wird.

2 Petr. 3, 13 Wir warten aber eines neuen Himmels und einer neuen Erde nach seiner Verheißung, in welchen Gerechtigkeit wohnet.

1 Petr. 3, 14 Und ob ihr leidet um Gerechtigkeit willen, so seid ihr doch selig. Seid bereit zur Verantwortung jedermann, der Grund fordert der Hoffnung, die in euch ist.

Gericht, richten, Richter. Richten ist Handeln Gottes, durch das er Recht verschafft und Strafe verhängt. Alles Gericht ist dem Christus übergeben. Das Ziel seines Gerichts ist Heimsuchung. Bei Verstockung wird es endgültig: Richtet ein Mensch, so tue er es im Blick auf Gottes Gericht über ihn selbst. Im Alten Testament steht das Richten Gott zu als dem Rechtssetzer und Rechtsgenossen im Bund. »Seine Herrschaft wirkt sich im Richten aus, und im Richten wird er als der Herr erkannt« (ThW). In Israel ist daher für ein weltliches Recht kein Raum. Dieses in der eigenen Geschichte erfahrene Richten bekommt seine Gültigkeit im ganzen Weltgeschehen (1 Mose 18, 25: Der du aller Welt Richter bist). Gott schafft den Witwen und Waisen, den Bedrängten Recht. Ihm ist alles unterworfen, was wider ihn und seinen heiligen Willen ist. (Jes. 5, 15: Daß jedermann sich bücken müsse und jedermann gedemütigt werde und die Augen der Hoffärtigen gedemütigt werden, aber der Herr der Heere erhöht werde im Recht und Gott, der Heilige, geheiligt werde in Gerechtigkeit. Hesek. 34, 16: Ich will das Verwundete verbinden und des Schwachen warten, aber, was fett und stark ist, will ich vertilgen und weiden mit Gericht). Der Gerichtstag Gottes, der zuerst im Sieg über die Feinde Israels gesehen und erhofft wurde, wird in der Verkündigung der Propheten, die die Untreue des Bundesvolkes strafen, zum Gerichtstag über Israel (Hosea 4, 6: Du verwirfst Gottes Wort, darum will ich dich auch verwerfen. Jes. 1, 9: Wenn der Herr nicht ließe ein wenig übrigbleiben, so würden wir sein wie Sodom und Gomorrha. Maleachi 3, 2: Wer kann den Tag seiner Zukunft erleiden? Amos 5, 18: Weh denen, die den Tag des Herrn begehren! Was soll er euch? Denn des Herrn Tag ist Finsternis und nicht Licht). Ein Rest wird selig werden (Jes. 6, 13). Aber selbst dieser Rest ist eine »nicht mehr existente Größe« (ThW). Der Herr Himmels und der Erde bietet alle Weltmächte gegen das abtrünnige Bundesvolk auf (Jes. 5, 24 ff.). Das Gericht erweist sich als Heimsuchung und führt zur Rettung der Gedemütigten (Jes. 30, 18). Im messianischen Reich wird Gott selbst einen neuen Eckstein legen (Jes. 28, 16 und 17: Ich will das Recht zur Richtschnur machen) und das Recht in das Herz des Volkes legen. (Hesek. 36, 27: Ich will solche Leute aus euch machen, die in meinen Geboten wandeln und meine Rechte halten, daß sie danach tun). Aber die Kehrseite der Heilstat Gottes ist das Gericht über die Übertreter (Jes. 1, 27: Zion muß durch Recht erlöset werden und ihre Gefangenen durch Gerechtigkeit, daß die Übertreter und Sünder miteinander zerbrochen werden, und die den Herrn verlassen, umkommen). Das Gericht über die Völker (Amos 1 und 2; Jes. 13-17; Jes. 24, 21) gehört zur alttestamentlichen Endzeitlehre. Aber auch da ist das Gericht Heimsuchung. Der Gottesknecht wird das Recht unter die Heiden bringen (Jes. 42, 1).

Bei den Griechen wird das Gericht in dieser Welt erwartet, erst nach Plato wird das Gericht im Jenseits zu einem Gegenstand philosophischer Überlieferung.

Im Judentum gehört die Gerichtserwartung zu den hauptsächlichsten Glaubensartikeln. Man ist aber unsicher und weiß nicht, ob man zu den Gerechten gehört. Die Pharisäer ringen mit strenger Gesetzeserfüllung um das Bestehenkönnen vor dem Gericht.

Im Neuen Testament ist die Verkündigung des Täufers voll glühender Gerichtserwartung. Niemand ist vor dem Endgericht sicher. Es gibt nur eine Rettung – die Umkehr, das demütige Schuldbekenntnis bei der Taufe und das Bringen rechtschaffener Früchte der Umkehr. Nur so wird der nahe Messias zum Erretter (Mtth. 3, 7-12). Auch der Grundton der Botschaft Jesu in den drei ersten Evangelien ist die Ankündigung des Gerichts. Der Ernst des Gerichts wird von ihm immer wieder eingeprägt. »Rettung gibt es nur durch Gottes Vergebung, nicht durch menschliche Leistung« (ThW). Um das Kommen des Endgerichts bitten wir in der zweiten Bitte des Vaterunsers, wir haben täglich um Vergebung zu bitten und verlieren sie, wenn wir nicht selbst bereit sind, dem Bruder zu vergeben, und verfallen wieder dem göttlichen Gericht. Die Juden verstehen das schrankenlose Vergeben Jesu nicht und betrachten es als Gotteslästerung (Mrk. 2,7) und wollen ihn töten. Und er ist bereit, sein Leben zu geben zu einer Erlösung für viele (Mrk. 10, 45).

Auch Paulus wird von dem endzeitlichen Gerichtsgedanken beherrscht (Röm. 2, 1-11). Jetzt aber ist noch Zeit zur Umkehr, zum Ergreifen der Rechtfertigung im Glauben an Christus. Die Gläubigen sind im Endgericht gerechtfertigt, sogar der Blutschänder (1 Kor. 5, 5), wenn er Buße tut. Ihre Zuversicht beruht aber nicht auf den eigenen sittlichen Leistungen oder auf der Lebenserneuerung, der Folge des Geistesbesitzes, sondern allein auf der Gnade Jesu Christi (Röm. 5, 9: Wir werden durch ihn bewahrt werden vor dem Zorn, nachdem wir durch sein Blut gerecht geworden sind). Auch wenn das Lebenswerk eines Menschen nicht besteht im Gericht, kann er selig werden (1 Kor. 3, 15). Das letzte endgültige Urteil über einen Menschen erfolgt beim Endgericht durch Christus (2 Kor. 5, 10). Die Rechtfertigung durch den Glauben an Christus ist eine Vorwegnahme des endzeitlichen Urteils in der Zeit (siehe. Gerechtigkeit).

Auch die Johanneischen Schriften verkünden das Endgericht, so Joh. 5, 28; 1. Joh. 4, 17 (Freudigkeit am Tage des Gerichts). Das Gericht ist dem Sohn Gottes übertragen (Joh. 5, 22). Er ist gekommen, um zu retten und nicht, um zu richten (3, 17; 8, 15). Aber sein Wort wird am Jüngsten Tage richten (12, 48). Die Ungläubigen sind schon jetzt gerichtet, während die Gläubigen nicht ins Gericht kommen (3, 18; 5, 24). Die Zukunft tritt in die Gegenwart. Die Offenbarung schildert das Endgericht in gewaltigen Bildern (20, 11-15). Auch der erste Petrusbrief mahnt, an den zu gedenken, der einen jeglichen richtet ohne Ansehen der Person nach seinen Werken, und weiß, daß das Gericht anfangen muß am Hause Gottes. Der Hebräerbrief nennt das ewige Gericht als Grundelement der christlichen Unterweisung (6, 2) und ist sich bewußt, wie schrecklich es ist, als einer, der den einzigen Versöhner mit Füßen tritt, in die Hände des lebendigen Gottes zu fallen (10, 29).

1. Gott richtet über sein Volk und über alle Völker. Das ist die Botschaft des Alten und Neuen Testaments.

1 Sam. 2, 10	Der Herr wird richten der Welt Enden.
Ps. 9, 20	Laß alle Heiden vor dir gerichtet werden!
76, 10	Wenn Gott sich aufmacht, zu richten, daß er helfe allen Elenden auf Erden.
Jes. 66, 16	Der Herr wird durchs Feuer richten.
Röm. 3, 6	Wie könnte Gott sonst die Welt richten?
1 Kor. 5, 13	Gott aber wird die, die draußen sind, richten.
1 Petr. 1, 17	Sintemal ihr den zum Vater anrufet, der ohne Ansehen der Person richtet.
Offenb. 6, 10	Herr, du Heiliger und Wahrhaftiger, wie lange richtest du und rächst nicht unser Blut?
Hebr. 12, 23	Gott, der Richter über alle.

2. Dem Christus ist alles Gericht übergeben.

Mtth. 25, 31 Wenn aber des Menschen Sohn kommen wird in seiner Herrlichkeit und alle heiligen Engel mit ihm, dann wird er sitzen auf dem Stuhl seiner Herrlichkeit und werden vor ihm alle Völker versammelt werden.
Joh. 5, 27 Und hat ihm Macht gegeben, alles Gericht zu halten, darum, daß er des Menschen Sohn ist.
Röm. 2, 16 Auf den Tag, da Gott das Verborgene der Menschen durch Jesum Christum richten wird.

a) Gericht, das Recht schafft und Lohn zuerkennt; sein Ziel ist das Heilsziel, die Rechtfertigung, darum ist es Heimsuchung.

2 Mose 6, 6 Ich will euch erlösen durch einen ausgereckten Arm und durch große Gerichte.
Ps. 99, 4 Du schaffest Gerechtigkeit und Gericht.
Hosea 2, 21 Ich will mich mit dir vertrauen in Gerechtigkeit und Gericht.
Ps. 119, 75 Herr, ich weiß, daß deine Gerichte recht sind, und hast mich treulich gedemütigt.
Jes. 30, 18 Darum harret der Herr (in seinem Gericht, V. 17), daß er euch gnädig sei, und hat sich aufgemacht, daß er sich euer erbarme.
54, 8 Ich habe mein Angesicht im Augenblick des Zorns ein wenig vor dir verborgen; aber mit ewiger Gnade will ich mich dein erbarmen, spricht der Herr, dein Erlöser.
Mtth. 23, 23 Ihr lasset dahinten das Schwerste im Gesetz, nämlich das Gericht, die Barmherzigkeit.
Jes. 33, 22 Der Herr ist unser Richter, der Herr ist unser Meister, der Herr ist unser König, er hilft uns.
Mtth. 25, 21 Ei, du frommer und getreuer Knecht.
1 Kor. 4, 4 Der ist's, der mich richtet.
2 Tim. 4, 8 Die Krone der Gerechtigkeit, welche mir der Herr, der gerechte Richter, an jenem Tage geben wird.
Joh. 5, 24 Wer mein Wort hört und glaubt, der hat das ewige Leben und kommt nicht ins Gericht (Der Gläubige ist durch die Rechtfertigung dem Strafgericht entronnen, bekommt aber seinen Lohn und seine Stellung durch den Richter zugewiesen; 1 Kor. 15, 41; verschiedene Klarheit).

b) Das Strafgericht; bei Verstockung wird das Gericht endgültig.

Mrk. 9, 47 Werdest in das höllische Feuer geworfen.
Mtth. 25, 30 Den unnützen Knecht aber werfet in die Finsternis hinaus, wo sein wird Heulen und Zähneklappern.
7, 23 Weichet alle von mir, ihr Übeltäter
2 Kor. 5, 10 Wir müssen alle offenbar werden vor dem Richterstuhl Christi, auf daß ein jeglicher empfange, nach dem er gehandelt hat.
Mtth. 5, 22 Wer mit seinem Bruder zürnt, der ist des Gerichts schuldig.
Mrk. 3, 29 Wer aber den Heiligen Geist lästert, ist schuldig des ewigen Gerichts.
1 Kor. 11, 29 Welcher unwürdig isset und trinket, der ißt und trinkt sich selbst zum Gericht.
1 Petr. 4, 17 Es ist Zeit, daß das Gericht anfange am Hause Gottes.
Hebr. 10, 27 Ein schreckliches Warten des Gerichts.
Offenb. 14, 7 Fürchtet Gott und gebet ihm die Ehre, denn die Zeit seines Gerichts ist gekommen.
16, 7 Ja, Herr, allmächtiger Gott, deine Gerichte sind wahrhaftig und gerecht.
21, 8 Der Verzagten aber und aller Lügner Teil wird sein in dem Pfuhl, der mit Feuer und Schwefel brennt.

3. Das Gericht ist gegenwärtig und endzeitlich.

Joh. 12, 31 Jetzt gehet das Gericht über die Welt, nun wird der Fürst dieser Welt ausgestoßen werden.

3, 18	Wer aber nicht glaubt, der ist schon gerichtet.
1 Kor. 11, 31	So wir uns selber richteten, würden wir nicht gerichtet.
11, 32	Wenn wir aber gerichtet werden, so werden wir von dem Herrn gezüchtigt, auf daß wir nicht samt der Welt verdammt werden. (Das zeitliche Gericht kann vor dem ewigen bewahren; vgl. 1 Kor. 5, 5.)
Jak. 5, 9	Der Richter ist vor der Tür (Wiederkunft).
Apgsch. 17, 31	Darum, daß er einen Tag gesetzt hat, auf welchen er richten will, den Kreis des Erdbodens.

4. Die Heiligen werden die Welt richten.

Mtth. 19, 28	Werdet sitzen auf zwölf Stühlen zu richten die zwölf Geschlechter Israels.
1 Kor. 6, 2	Wisset ihr nicht, daß die Heiligen die Welt richten werden?

5. Wenn der Mensch richtet, tue er es im Blick auf Gottes Gericht über ihn selbst.

Mtth. 7, 1	Richtet nicht, auf daß ihr nicht gerichtet werdet!
Röm. 2, 1	Denn worinnen du einen anderen richtest, verdammst du dich selbst, sintemal du ebendasselbe tust, was du richtest.

Gesetz. I. Allgemein: Eine den Menschen bestimmende Gewalt.
II. Der dem Menschen zum Ausdruck gebrachte Wille Gottes.

I. Das Gesetz eine Gewalt, die den Menschen beherrscht.

Röm. 7, 1	Das Gesetz herrscht über den Menschen.
7, 2	Das Gesetz, das den Mann betrifft (Ehegesetz).
Joh. 19, 7	Wir haben ein Gesetz, nach dem muß er sterben.
Röm 7, 23	Gesetz in den Gliedern.
7, 23	Gesetz im Gemüt.
Röm. 8, 2	Gesetz der Sünde und des Todes.
3, 27	Gesetz der Werke.
3, 27	Gesetz des Glaubens.

II. Das Gesetz Gottes.

1. Das ungeschriebene Gesetz der Heiden.

Röm. 2, 14	Die Heiden, die das Gesetz nicht haben, sind sich selbst ein Gesetz,... sintemal ihr Gewissen ihnen zeuget.

2. Das Gesetz Israels.

	a) Als Forderung.
2 Mose 20	Die Zehn Gebote, 5 Mose 5.
Mtth. 22, 37	Die Zusammenfassung Jesu.
	b) Als Heilsgabe (gottesdienstliche Gesetze).
3 Mose 6 u. 7	Die Opfergesetze.
16	Der große Versöhnungstag.

3. Die Wirkung des Gesetzes unter den Sündern, wie sie Paulus erkannt hat

	a) Das Gesetz erregt bei dem durch den Fall geschwächten Menschen die Sünde.
Röm 7, 12	Das Gesetz ist heilig.
8, 3	Was dem Gesetz unmöglich war (sintemal es durch das Fleisch geschwächt ward), das tat Gott.

8, 7 Das Fleisch ist dem Gesetz nicht untertan.
7, 8 Da nahm die Sünde Ursache am Gebot und erregte in mir allerlei Lust, denn ohne Gesetz war die Sünde tot.
7, 5 Die sündlichen Lüste, welche durchs Gesetz sich erregten (Röm. 7, 9).
3, 20 Kein Fleisch durch des Gesetzes Werke gerecht (Gal. 2, 16).
1 Kor. 15, 56 Die Kraft der Sünde ist das Gesetz.

b) Es ist der Richter, der zum Tode verurteilt.
Jak. 2, 10 So jemand das ganze Gesetz hält und sündigt an einem, der ist es ganz schuldig.
Gal. 3, 10 Verflucht sei jedermann, der nicht bleibt in all dem, was geschrieben steht im Buch des Gesetzes.
Röm. 4, 15 Das Gesetz richtet nur Zorn an.
7, 10 Ich aber starb; und es fand sich, daß das Gebot mir zum Tode gereichte.
Gal. 2, 19 Ich bin durchs Gesetz dem Gesetz gestorben.
2 Kor. 3, 6 Der Buchstabe tötet.

c) Es ist der Erzieher auf Christus hin.
Gal. 3, 24 Also ist das Gesetz unser Zuchtmeister gewesen auf Christum.
Röm. 3,20 Durch das Gesetz kommt Erkenntnis der Sünde.
7, 7 Die Sünde erkannte ich nicht, außer durchs Gesetz.
3, 19 Daß alle Welt Gott schuldig sei.
Gal. 3, 23 Wir wurden unter dem Gesetz verwahrt und verschlossen auf den Glauben. (Es gibt nur einen Ausweg aus dem Verhaftetsein unter das Gesetz, nämlich die Erlösung, deren wir durch den Glauben an Christus teilhaftig werden. Das Gesetz kann uns nicht erlösen von unserem bösen Wesen.)

4. Die Unvollkommenheit des gottesdienstlichen Gesetzes, wie sie der Hebräerbrief darstellt.

Hebr. 9, 8 Noch nicht offenbar der Weg zum Heiligen.
9, 9 Opfer, die nicht können vollkommen machen.
10,3 Es geschieht dadurch nur ein Gedächtnis der Sünden.
10, 4 Es ist unmöglich, durch Ochsen- oder Bocksblut Sünden wegzunehmen.
10, 1 Das Gesetz hat den Schatten von den zukünftigen Gütern, nicht das Wesen selbst.
7, 23 Jener sind viel, die Priester wurden, darum, weil der Tod sie nicht bleiben ließ.
7, 27 Dem nicht not wäre wie jenen Hohenpriestern, zuerst für eigene Sünden Opfer zu tun.
(Der alttestamentliche Opferdienst ist unvollkommen, weil der sterbliche und sündige Mensch ihn tut.)

5. Die Erfüllung des Gesetzes durch Christus.

a) Verheißen.
Jerem. 31, 33 Ich will mein Gesetz in ihr Herz geben und in ihren Sinn schreiben.

b) Das Gesetz radikal erfüllt in Christus.
Mtth. 5, 17 Ich bin nicht gekommen aufzulösen, sondern zu erfüllen.
Joh. 13, 34 Ein neu Gebot gebe ich euch, daß ihr euch untereinander liebet.
Röm. 13, 10 Die Liebe ist des Gesetzes Erfüllung.
Eph. 5, 25 Christus hat geliebt die Gemeinde und sich selbst für sie dargegeben (Gal.2, 20).
Mtth. 19, 8 Mose hat euch erlaubt, zu scheiden von euren Weibern um eures Herzens Härtigkeit willen. (Jesus überwindet diesen Tatbestand und stellt die ursprüngliche Schöpfungsordnung wieder her.)

5, 21 Ihr habt gehört, daß zu den Alten gesagt ist: Du sollst nicht töten, ich aber sage euch, wer mit seinem Bruder zürnt, der ist des Gerichts schuldig (Das Gesetz straft die Rachsucht, Jesus erlöst von ihr).

Mrk. 3, 4 Soll man am Sabbat Gutes tun oder Böses, das Leben erhalten oder töten? (Jesus erfüllt das Gesetz radikal, indem er nach dem Willen Gottes fragt, der will, daß wir dem notleidenden Menschen helfen, und entlarvte den, der sich hinter einem Gebot Gottes gegen den Willen Gottes verschanzt).

Mtth. 8, 21 Herr, erlaube mir, daß ich hingehe und meinen Vater begrabe. Jesus: Folge du mir und laß die Toten ihre Toten begraben (Das Vierte Gebot darf nicht abhalten, den Ruf zur Nachfolge Jesu zu befolgen).

c) Das gottesdienstliche Gesetz in Christus erfüllt.

Hebr. 9, 12 Durch sein eigen Blut ist er einmal in das Heilige eingegangen undhat eine ewige Erlösung erfunden.

9, 26 Er ist einmal erschienen, durch sein eigen Opfer die Sünde aufzuheben (Hebr. 9, 28; 10, 10).

10, 20 Der neue und lebendige Weg.

d) Er hat den Fluch des Gesetzes für uns getragen.

Gal. 3, 13 Christus hat uns erlöst vom Fluch des Gesetzes, da er ward ein Fluch für uns.

e) Durch des Gesetz kommen wir nicht zur Verbindung mit Gott, sondern durch die Vergebung der Sünden im Glauben an Jesus Christus.

Mtth. 21, 31 Die Zöllner und Huren mögen wohl eher ins Himmelreich kommen als ihr.

Luk. 15,2 Dieser nimmt die Sünder an und isset mit ihnen (In der Vergebung Jesu, die den Sündern die Tischgemeinschaft schenkt, ist das Verlorene gefunden).

Mtth. 10, 32 Wer mich bekennet vor den Menschen, den will ich auch bekennen vor meinem himmlischen Vater (Mit dem Bekenntnis zu Jesus ist das ewige Schicksal eines Menschen entschieden).

Luk. 18, 14 Er ging hinab gerechtfertigt vor jenem (Durch Vergebung wird der Gesetzesübertreter gerechtfertigt).

6. An dieser Erfüllung hat der, welcher durch den Glauben mit Christus zusammengeschlossen ist, teil.

a) Teilhaben: am Gericht, das er getragen hat;

Gal. 2, 19 Ich bin durchs Gesetz dem Gesetz gestorben, auf daß ich bin mit Christo gekreuzigt.

Röm. 7, 10 Ich aber starb.

8, 10 So aber Christus in euch ist, so ist der Leib zwar tot um der Sünde willen.

b) an der Erfüllung des Gesetzes durch ihn.

Röm. 8, 2 Das Gesetz des Geistes, der da lebendig macht in Christo Jesu, hat mich freigemacht vom Gesetz der Sünde und des Todes.

8, 4 Auf daß die Gerechtigkeit, vom Gesetz erfordert, in uns erfüllt würde.

10, 4 Christus ist das Gesetzes Ende; wer an den glaubt, der ist gerecht.

Gal. 2, 20 Ich lebe, aber doch nun nicht ich, sondern Christus lebet in mir.

3, 25 Nun aber der Glaube gekommen ist, sind wir nicht mehr unter dem Zuchtmeister.

4, 5 Gott sandte seinen Sohn, auf daß er die, die unter dem Gesetz waren, erlöste, daß wir die Kindschaft empfingen.

6, 2 Einer trage des anderen Last, so werdet ihr das Gesetz Christi erfüllen.

Jak. 1, 25 Wer aber durchschaut in das vollkommene Gesetz der Freiheit, der wird selig sein in seiner Tat.

2, 12 Als die da sollen durchs Gesetz der Freiheit gerichtet werden (Gesetz der Freiheit – nicht äußere Satzungen mehr, sondern innere Verpflichtung und Kraft zum Guten als Wirkung des Christus, solange wir durch den Glauben mit ihm verbunden sind).

Joh. 1, 17 Das Gesetz ist durch Mose gegeben, die Gnade und Wahrheit ist durch Jesus Christus geworden (Bei Johannes steht die Offenbarung durch den Sohn über der Offenbarung durch den Knecht Moses).

15, 15 Ich sage hinfort nicht, daß ihr Knechte seid, ein Knecht weiß nicht, was sein Herr tut. Euch aber habe ich gesagt, daß ihr Freunde seid, denn alles, was ich von meinem Vater habe gehört, habe ich euch kundgetan. Joh. 7, 17: Die Willensoffenbarung im Sohn verlangt Gehorsam und bezeugt sich dem Gehorsamen.

7. Die Stellung der Urgemeinde zum Gesetz.

Apgsch. 15, 11 Wir glauben durch die Gnade des Herrn Jesu Christi selig zu werden, gleicherweise wie auch sie.

15, 28 Es gefällt dem Heiligen Geist und uns, euch keine Beschwerung mehr aufzuerlegen als nur diese nötigen Stücke ... Während die Judenchristen das Gesetz halten aus Liebe zu ihren Brüdern nach dem Fleisch (1. Kor. 9, 20: Den Juden bin ich geworden ein Jude ... daß ich die, die unter dem Gesetz sind, gewinne), haben die Heidenchristen eine gewisse Freiheit dem Gesetz gegenüber, oberstes Gebot ist der Glaube, der in der Liebe tätig ist. Röm. 14, 23: Was aber nicht aus dem Glauben geht (es heißt nicht: was nicht aus dem Gesetz geht), das ist Sünde.

Gal. 3, 2 Habt ihr den Geist empfangen durch des Gesetzes Werke oder durch die Predigt vom Glauben? (Fanatische Judenchristen wollen die Heidenchristen zum völligen Halten der Gesetze bringen, aber Paulus widersteht ihnen.)

Gewissen. Das Gewissen ist das als Gesetzgeber und Richter unserer Taten auftretende eigene Bewußtsein des Menschen, es ist das Organ, durch das wir des göttlichen Willens bewußt werden können.

1. Im Alten Testament ist der Begriff Gewissen (dafür Herz; siehe Herz) noch nicht vorhanden, aber die Sache.

1 Mose 3, 8 Adam versteckte sich.

4, 13 Kain: Meine Sünde ist größer, als daß sie mir vergeben werden könnte.

42, 21 Das haben wir (Josephs Brüder) an unserem Bruder verschuldet.

Josua 14, 7 Da ich ihm Bericht gab nach meinem Gewissen.

2 Sam. 24, 10 Das Herz schlug David, nachdem er das Volk gezählt hatte.

Ps. 32, 3 Da ich's wollte verschweigen, verschmachteten meine Gebeine. Ps. 38, 5; 51, 5.

90, 8 Unsere unerkannte Sünde stellst du ins Licht vor deinem Angesicht.

Hiob 27, 6 Mein Gewissen beißt mich nicht.

2. Im Neuen Testament.

a) Das Gewissen: das Zeugnis, das urteilt über unsere Taten.

Mtth. 6, 23 Das Licht in dir.

Röm. 2, 15 Sintemal das Gewissen ihnen zeuget, dazu auch die Gedanken, die sich untereinander verklagen oder entschuldigen.

9, 1 Des mir Zeugnis gibt mein Gewissen.

2 Kor. 1, 12 Das Zeugnis unseres Gewissens.

b) Es ist bestimmt durch unsere Gottesgewißheit.

1 Petr. 2, 19 Um des Gewissens willen zu Gott.

1 Kor. 8, 7	Etliche machen sich noch ein Gewissen über dem Götzen.
	c) Es spiegelt darum unser Urteil wider über unser Verhältnis zu Gott und Gottes Urteil über uns, soweit der Heilige Geist (siehe Ziffer d) es erleuchtet.
Hebr. 9, 9	Opfer, die nicht können vollkommen machen nach dem Gewissen.
10, 2	Wenn die, so am Gottesdienst sind, kein Gewissen mehr hätten von den Sünden.
9, 14	Das Blut Christi wird unser Gewissen reinigen von den toten Werken, zu dienen dem lebendigen Gott.
10, 22	Lasset uns hinzugehen los vom bösen Gewissen!
	d) Das Gewissen, des Menschen Geist und der Heilige Geist.
Röm. 1, 9	Dem ich diene in meinem Geist.
2 Tim. 1, 3	Dem ich diene in reinem Geist (Das Gewissen dasselbe wie der Geist des Menschen, der ein Funke vom göttlichen Geist, seit dem Fall mannigfach gehemmt, aber doch selbständig unseren Taten gegenübersteht. Röm. 2, 15; siehe Ziffer a).
Röm. 9, 1	Zeugnis gibt mir mein Gewissen in dem Heiligen Geist (Durch den Heiligen Geist wird das Gewissen erleuchtet).
	e) Die Art des Gewissens.
Hebr. 9, 14	Das befleckte Gewissen.
10, 22	Das böse Gewissen.
Eph. 4, 18	Die Heiden in der Nichtigkeit ihres Sinnes, deren Verstand verfinstert ist, die entfremdet sind von dem Leben aus Gott, durch die Unwissenheit, durch die Blindheit ihres Herzens, die sittlich abgestumpft sind.
1 Kor. 8, 7	Das schwache Gewissen (Wie der Mensch, so sein Gewissen; siehe Ziffer d).
2. Tim. 1, 3	Das reine Gewissen.
Apgsch. 23, 1	Das gute Gewissen.
24, 16	Das unverletzte Gewissen.
1 Tim. 3, 9	Das Geheimnis des Glaubens in reinem Gewissen.
1, 19	Glauben und gutes Gewissen.
1, 5	Die Hauptsumme des Gebots ist Liebe von reinem Herzen und von gutem Gewissen und von ungefärbtem Glauben (So wird durch Bezugnahme auf das Gewissen die sittliche Bestimmtheit des Glaubens dargestellt).
4, 2	Die Brandmal in ihrem Gewissen haben.
	f) Das Gewissen gibt das sittliche Urteil über andere Menschen.
2 Kor. 4, 2	Wir beweisen uns wohl an aller Menschen Gewissen vor Gott.
5, 11	Ich hoffe, daß wir auch in eurem Gewissen offenbar sind.

Gewißheit, siehe Glaube [II 2. d.]

Glaube, überzeugtes Anerkennen der Heilsoffenbarung, sich hingebende Gemeinschaft, zuversichtliches, hoffnungsvolles Vertrauen auf den Gott des Heils.

Der Glaube im Alten Testament (bei Jesaja und in den Psalmen wird der Begriff immer deutlicher) ist eine Wechselbeziehung zwischen Gott und Mensch, der auf Grund des Handelns Gottes in der Geschichte des Volks Amen sagt zu Gottes Verheißungen, der Treue Gottes vertraut und seinerseits Treue hält und gehorsam darauf seine Hoffnung setzt (Das meistgebrauchte hebräische Wort für Glauben hängt mit Amen zusammen).

Der neutestamentliche Glaube wächst aus dem alttestamentlichen Glauben hervor. Die Heilsverheißungen Gottes sind erfüllt in Jesus Christus. In der Geschichte Jesu Christi, in seinem Kreuze und in seiner Auferstehung hat Gott die Heilstat vollbracht. Der Glaubende nimmt diese Heilstat als für sich geschehen an. »Die endzeitliche Heilstat Gottes in Jesus Christus ermöglicht die endzeitliche Hingabe des Menschen, der an ihn glaubt« (ThW). Während bei Paulus der Heilsweg in der Rechtfertigung des Sünders im Glauben an Christus in der Mitte seiner Botschaft steht und sein Kampf gegen die Eigengerechtigkeit geht, steht bei Johannes der Kampf um das Heil, das das wahre Leben ist, während die Welt ein Scheinleben führt, im Vordergrund. Die Botschaft Jesu scheint der Welt rätselhaft (Joh. 16,25. Ich habe zu euch durch Sprichwörter geredet) und unglaubwürdig. Die Glaubensentscheidung ist als solche Abkehr von der Welt, eine Tat Gottes an den dazu Erwählten. Der Glaube hat eine Möglichkeit, seine Echtheit zu demonstrieren: die Liebe (Joh. 13, 35: Dabei wird jedermann erkennen, daß ihr meine Jünger seid, so ihr Liebe untereinander habt). Der Glaube ist eine Bewegtheit, eine Entscheidung, die immer neu getroffen werden muß. Daher gilt es, im Glauben zu bleiben (Joh. 15, 4; 8, 31).

Der Hebräerbrief betont in seinem Glaubensbegriff die Hoffnung und die beharrende Geduld, die treu an der Treue Gottes festhält (Hebr. 11, 1; 10, 36).

I. Der neutestamentliche Glaube ist die Entscheidung, die Christum ergreift, der endliche Ausdruck der Gegenwart des ewigen Christus im Menschenherzen.

Gal. 2, 20	Ich lebe, doch nun nicht ich, sondern Christus lebet in mir, denn was ich jetzt lebe im Fleisch, das lebe ich im Glauben des Sohnes Gottes.
Eph. 3, 17	Daß Christus wohne durch den Glauben in euren Herzen.

II. 1. Dieses Kommen des Christus zu den Menschen geschieht in erster Linie durch sein Kommen auf Erden.

	a) Menschliche Not, die ihm begegnet, wendet sich an ihn und vertraut darauf, daß er helfen kann.
Mtth. 8, 10	Solchen Glauben habe ich in Israel nicht gefunden (Hauptmann von Kapernaum).
9, 28	Glaubet ihr (die Blinden), daß ich euch solches tun kann?
9, 29	Euch geschehe nach eurem Glauben.
9, 22	Dein Glaube hat dir geholfen (Das blutflüssige Weib).
15, 28	O Weib, dein Glaube ist groß.
	b) Diese Not zugleich eine innere Not.
Mtth. 8, 8	Ich bin nicht wert, daß du unter mein Dach gehest.
9, 2	Sei getrost, mein Sohn, deine Sünden sind dir vergeben.
	c) Nur innere Not.
Luk. 7, 38	Die große Sünderin.
	d) Der Glaube ist zugleich Glaube an die Messianität Jesu.
Mtth. 9, 27	Ach, du Sohn Davids (Schrei des Blinden)!
15, 22	Ach, Herr, du Sohn Davids, erbarme dich meiner (Kanaanäisches Weib)!
Luk. 7, 50	Dein Glaube hat dir geholfen (Glauben an die Vergebung).
18, 39	Du Sohn Davids, erbarme dich meiner (Bartimäus)!
	e) Seine Gegenwart wirkt den Glauben.
Joh. 1, 12	Wie viele ihn aufnahmen, denen gab er Macht, Gottes Kinder zu werden, die an seinen Namen glauben.
2, 11	Seine Jünger glaubten an ihn (Kanawunder).
2, 23	Viele glaubten an seinen Namen, da sie die Zeichen sahen, die er tat.

4, 41 Die Samariter glaubten an ihn.
Luk. 23, 42 Der Schächer: Herr, gedenke an mich, wenn du in dein Reich kommst.
Joh. 20, 20 Zu Thomas: Selig sind, die nicht sehen und doch glauben.
Apgsch. 9, 3 Jesus erscheint Paulus vor Damaskus.

II. 2. Christus kommt zweitens durch sein Wort, das immer frohe Botschaft ist von seiner Gnade.

a) Die Botschaft.

Röm. 10, 17 Es kommt der Glaube aus der Predigt.
Mrk. 1, 15 Glaubet an das Evangelium!
Joh. 3, 16 Also hat Gott die Welt geliebt, ... auf daß alle, die an ihn glauben, nicht verloren werden.
Apgsch. 8, 37 Glaubst du von ganzem Herzen? (Philippus zum Kämmerer.)
15, 11 Wir glauben, durch die Gnade Christi selig zu werden.
16, 31 Glaubet an den Herrn Jesum Christum.
1 Joh. 3, 23 Das ist sein Gebot, daß wir glauben an den Namen seines Sohnes Jesu.

b) Auch hier geht dem Glauben die innere Not voraus: Im Verzweifeln an sich selbst wird das völlige Vertrauen auf Christus geschenkt.

Apgsch. 2, 37 Es ging ihnen durchs Herz.
16, 29 Ward zitternd und fiel Paulus und Silas zu Füßen (Siehe Buße).

c) Glaube ist das Aufleuchten des göttlichen Lichts im Herzen und als solches immer ein Erkennen unserer Sünde und Verlorenheit und unseres Retters.

Eph. 5, 14 Wache auf, der du schläfst.
Joh. 9, 39 Ich bin zum Gericht auf diese Welt gekommen.
12, 36 Glaubet an das Licht, dieweil ihr es habt!
2 Kor. 4, 6 Gott hat einen hellen Schein in unsere Herzen gegeben.
Joh. 6, 69 Wir haben geglaubt und erkannt, daß du bist Christus.
1 Joh. 4, 16 Wir haben erkannt und geglaubt die Liebe (Das Erkennen überhöht den Glauben nicht, sondern bleibt in seinem Rahmen).

d) Glaube ist ein Erkennen, das mehr als bloßes Wissen ist; es ist Gewißheit. Aus dem mittelbaren Wissen wird unmittelbare, im Selbstbewußtsein verankerte Gewißheit. In der Selbstverzweiflung und im völligen Vertrauen auf Christus ergreift Christus das Herz (siehe Zeugnis 3).

Röm. 8, 38 Ich bin gewiß, daß weder Tod noch Leben... mag uns scheiden von der Liebe Gottes.
Hebr. 11, 1 Der Glaube ist eine gewisse Zuversicht.
1 Tim. 1, 15 Das ist gewißlich wahr und ein teuer wertes Wort.
Apgsch. 4, 20 Wir können es ja nicht lassen, daß wir nicht reden sollten, was wir gesehen und gehört haben.
2 Kor. 5, 14 Die Liebe Christi dringet uns also.

III. Der Glaube ist Gottes Werk, das durch den Heiligen Geist im Wort uns Christi Werk so vergegenwärtigt, daß wir vor die Entscheidung gestellt werden.

a) Gottes Werk (siehe Wiedergeburt).

Joh. 6, 29 Das ist Gottes Werk, daß ihr glaubet an den, den er gesandt hat.
Phil. 2, 12 Schaffet, daß ihr selig werdet ..., denn Gott ist's, der in euch wirket beides, das Wollen und das Vollbringen.
Hebr. 12, 2 Den Anfänger des Glaubens.
Apgsch. 16, 14 Dieser (Lydia) tat der Herr das Herz auf.
14, 27 Den Heiden die Tür des Glaubens aufgetan.
Joh. 16, 8 Wenn der Tröster kommt, wird er die Welt überführen.

16, 13	In alle Wahrheit leiten.
16, 14	Mich verklären.
	b) Darum muß der Glaube erbeten werden.
Luk. 11, 13	Wieviel mehr wird der Vater den Heiligen Geist geben denen, die ihn bitten.
22, 32	Ich habe für dich gebeten, daß dein Glaube nicht aufhöre.
Eph. 3, 17	Derhalben beuge ich meine Knie, daß Christus wohne durch den Glauben in euren Herzen.
	c) Der Mensch kann der Gnade Christi widerstehen oder sie annehmen.
2 Thess. 3, 2	Der Glaube ist nicht jedermanns Ding.
Mtth. 23, 37	Wie oft habe ich deine Kinder versammeln wollen, und ihr habt nicht gewollt.
Joh. 16, 9	Die Sünde, daß sie nicht glauben an mich (Der Unglaube ist die Sünde die Entscheidung wider Gott).
Kol. 2, 6	Wie ihr angenommen habt den Herrn Jesum.
Jak. 1, 21	Nehmet das Wort an!
5 Mose 4, 20	Euch hat er angenommen (2 Kor. 6, 17; Gottes Werk).
	d) Der Glaube ist etwas Wachstümliches.
Luk. 17, 5	Herr, stärke uns den Glauben.
17, 6	Wenn ihr Glauben habt wie ein Senfkorn.
Phil. 3, 12	Nicht, daß ich's schon ergriffen habe ...; ich jage ihm aber nach, nachdem ich von Christus Jesus ergriffen bin.

1. Wunderbar zart lockt der Herr den Glauben hervor und vertieft ihn.

Mtth. 15, 23	Kanaanäisches Weib.
Mrk. 9, 23	Wenn du könntest glauben.
Joh. 4	Die Samariterin.
5	Der Kranke von Bethesda.
9	Die Heilung des Blindgeborenen.

2. Aus der Verbundenheit mit Christus (Weinstockgleichnis, Joh. 15) strömt die Kraft zum Vorwärtskommen.

Eph. 4, 13	Hinankommen zum vollkommenen Mannesalter.
4, 15	Wachsen in allen Stücken an dem der das Haupt ist, Christus.
1 Petr. 2, 2	Seid begierig nach der vernünftigen, lauteren Milch als die jetzt geborenen Kindlein, auf daß ihr durch dieselbige zunehmet.

3. Die Treue des Herrn gewährt dieses Ausreifen.

1 Thess. 5, 24	Getreu ist der, der euch ruft, er wird's auch tun.
Phil. 1, 6	Der in euch angefangen hat das gute Werk, der wird's auch vollführen bis an den Tag Jesu Christi.
Hebr. 12, 2	Der Anfänger und Vollender des Glaubens.
Luk. 22, 32	Ich habe für dich gebeten, daß dein Glaube nicht aufhöre.

4. Aber die Untreue des Menschen kann alles verlieren.

1 Tim. 1, 19	Habest den Glauben und gutes Gewissen, welches etliche von sich gestoßen und am Glauben Schiffbruch erlitten haben.

IV. Im Glauben haben wir teil an allem, was Christus hat.

	a) Teilhaben an seiner Gerechtigkeit.
Apgsch. 13, 39	Wer an diesen glaubt, der ist gerecht.

Röm. 3, 28	So halten wir dafür, daß der Mensch gerecht werde ohne des Gesetzes Werke, allein durch den Glauben.
Röm. 10, 4	Christus ist des Gesetzes Ende. Wer an den glaubt, der ist gerecht.
1 Mose 15, 6	Abraham glaubte, und das rechnete er ihm zur Gerechtigkeit.
Joh. 15, 3	Ihr seid rein um des Wortes willen.
1 Kor. 6, 11	Aber ihr seid abgewaschen, ihr seid geheiligt, ihr seid gerecht geworden durch den Namen unseres Herrn Jesu.
	b) Teilhaben an seiner Kraft, zu retten und selig zu machen.
Röm. 1, 16	Ich schäme mich des Evangeliums von Christo nicht, denn es ist eine Kraft Gottes, selig zu machen.
Apgsch. 16, 31	Glaube an den Herrn Jesus Christus, so wirst du ... selig.
Mrk. 16, 16	Wer glaubt und getauft wird, wird selig werden.
Eph. 2, 5	Da wir tot waren in den Sünden, hat er uns samt Christo lebendig gemacht.
	c) Teilhaben an seiner Kraft, seinen Willen zu tun: So, wie wir mit Christus verbunden sind, ist die natürliche sündige Art, die wir, solange wir im Leibe sind, mit uns herumtragen, ohnmächtig; die Verbindung mit ihr ist abgestorben, die mit Christus lebensvoll hergestellt und treibt zu allem guten Werk.
Joh. 14, 12	Wer an mich glaubt, der wird die Werke auch tun, die ich tue, und wird größere als diese tun.
Röm. 6, 8	Sind wir mit Christo gestorben, so glauben wir, daß wir auch mit ihm leben werden.
6, 11	Haltet euch dafür (rechnet damit), daß ihr der Sünde gestorben seid und lebet Gott in Christo Jesu, unserem Herrn.
Kol. 3, 3	Denn ihr seid gestorben, und euer Leben ist verborgen mit Christo in Gott.
Phil. 1, 29	Euch ist es gegeben, um Christi willen zu tun, daß ihr nicht allein an ihn glaubet, sondern auch um seinetwillen leidet.
	d) Wir haben Kraft in den Versuchungen.
1 Petr. 2, 6	Wer an ihn glaubt, soll nicht zuschanden werden.
Jes. 28, 16	Wer da glaubt, flieht nicht.
1 Joh. 5, 4	Unser Glaube ist der Sieg, der die Welt überwunden hat.
Hebr. 10, 39	Wir sind nicht von denen, die da weichen und verdammt werden, sondern von denen, die glauben und die Seele erretten.
	e) Ewiges Leben.
Joh. 3, 16	Also hat Gott ... geliebt, daß ... alle, die an ihn glauben, das ewige Leben haben.
5, 24	Wer mein Wort hört und glaubt dem, der mich gesandt hat, der hat das ewige Leben und kommt nicht ins Gericht.
Joh. 11, 25	Ich bin die Auferstehung und das Leben.
Hebr. 4, 3	Wir, die wir Glauben haben, gehen in die Ruhe.

Gnade, gnädig, in Gnaden erlassen, verzeihen, Gnadengabe, Gnadenstuhl.

Im Alten Testament: Gottes Huld und Geneigtheit zum auserwählten Volk.

Im Neuen Testament: Gottes Geneigtheit zu dem Sünder ohne Verdienst und Würdigkeit ohne jeglichen Rechtsanspruch.

Im profanen Griechisch hat das Wort, das Luther mit Gnade übersetzt, die Bedeutung: 1.) gefälliges Wesen, Anmut einer Person oder Sache (Luk. 4, 22: Holdselige Rede, Kol. 3, 16). 2.) Gunst, Huld, Geneigtheit (Apgsch. 25, 3: Sie baten um Gunst. Luk. 1, 30; 2, 40). In 1 Kor. 16, 3 wird das Wort von der Liebesgabe der Korinther gebraucht. Im Neuen Testament gewinnt das Wort eine neue Bedeutung: Gottes Geneigtheit zum Sünder trotz allem Gegensatz gegen die Sünde, ohne alles Verdienst und Würdigkeit des Sünders, eine Geneigtheit, die Vergebung und Rechtfertigung schenkt. Im christlichen Lebenskreise ist das Wort »Verzeihen, in Gnaden erlassen« (Kol. 2, 13: Er hat uns alle unsere Sünden geschenkt) neugebildet worden, ebenso das Wort Gnadengabe als Resultat der Gnadenerweisung Gottes (Röm. 5, 15; 1, 11), die einem einzelnen widerfahren ist, und als spezielle Gnadengabe des Geistes (1 Kor. 12, 7).

I. Im Alten Bund.

1. Gottes Huld und Erbarmen mit den Elenden.

2 Mose 34, 6	Herr, Herr Gott, barmherzig und gnädig und geduldig und von großer Güte und Treue.
Ps. 130, 7	Bei dem Herrn ist die Gnade und viel Erlösung bei ihm.
62, 13	Du, Herr, bist gnädig und bezahlst einem jeden, wie er's verdient.
2 Mose 33, 19	Wem ich gnädig bin, dem bin ich gnädig.
Ps. 119, 132	Sei mir gnädig, wie du pflegest zu tun denen, die dich fürchten.
Jerem. 16, 5	Ich habe meinen Frieden von diesem Volk weggenommen samt meiner Gnade und Barmherzigkeit.
Ps. 77, 10	Hat Gott vergessen, gnädig zu sein, und seine Barmherzigkeit vor ihnen verschlossen?
103, 8	Barmherzig und gnädig ist der Herr.
Jes. 54, 8	Ich habe mein Angesicht im Augenblick des Zorns ein wenig vor dir verborgen, aber mit ewiger Gnade will ich mich dein erbarmen.
Jona 4, 2	Ich weiß, daß du gnädig, barmherzig bist ..., und läßt dich des Übels reuen.

2. Gottes Huld währt durch die Zeiten, wirkt an allen Orten.

Ps. 100, 5	Seine Gnade währet ewig.
2 Mose 34, 7	Der da Gnade bewahrt in tausend Glieder.
Jes. 54, 10	Es sollen wohl Berge weichen ..., meine Gnade soll nicht von dir weichen.
Ps. 108, 5	Deine Gnade reicht, soweit der Himmel ist.

3. Sie wird erbeten und gepriesen, sie kann verlassen werden.

4 Mose 6, 25	Der Herr sei dir gnädig!
Ps. 90, 14	Fülle uns frühe mit deiner Gnade!
Ps. 51, 3	Gott sei mir gnädig nach deiner Güte.
109, 21	Deine Gnade ist mein Trost, errette mich.
89, 2	Ich will singen von der Gnade des Herrn.
Jona 2, 9	Die da halten an dem Nichtigen, verlassen ihre Gnade.

4. Sie ist verheißen.

Jes. 61, 2	Zu verkündigen ein gnädiges Jahr des Herrn.
Sacharja 12, 10	Über das Haus Davids und über die Bürger Jerusalems will ich ausgießen den Geist der Gnade und des Gebets.

5. Sie ist einzelnen Frommen zugewandt.

1 Mose 6, 8	Noah fand Gnade vor dem Herrn.
2 Mose 33, 12	Mose.
2 Sam. 15, 25	David.

Jes. 55, 3	Die gewissen Gnaden Davids.

II. Im Neuen Bund.

1. Gottes Geneigtheit zu dem Sünder ohne Verdienst und Würdigkeit.

	a) In Jesu geoffenbart.
2 Kor. 8, 9	Ihr wisset die Gnade unseres Herrn Jesu Christi, daß, ob er wohl reich ist, ward er doch arm um euretwillen.
Röm. 3, 25	Welchen Gott hat vorgestellt zu einem Gnadenstuhl durch den Glauben in seinem Blut (Die goldne Platte der Bundeslade, die am Versöhnungstag mit Blut besprengt ward).
5, 15	Gottes Gnade ist vielen reichlich widerfahren durch die Gnade des einen Menschen Jesus Christus.
Eph. 1, 6	Zu Lob seiner herrlichen Gnade, durch welche er uns hat angenehm gemacht in dem Geliebten.
	b) Gnade im Gegensatz zu Verdienst, Werk, Gesetz und Sünde.
Röm. 3, 24	Sie werden ohne Verdienst gerecht aus seiner Gnade.
9, 12	Nicht aus Verdienst der Werke, sondern aus Gnade des Berufers.
11, 6	Ist's aber aus Gnade, so ist's nicht aus Verdienst der Werke.
4, 4	Dem aber, der mit Werken umgeht, wird der Lohn nicht aus Gnade zugerechnet, sondern aus Verdienst.
2 Tim. 1, 9	Nicht nach unseren Werken, sondern nach der Gnade.
Gal. 5, 4	Ihr habt Christum verloren, die ihr durch das Gesetz gerecht werden wollt und seid von der Gnade gefallen.
Röm. 5, 20	Wo die Sünde mächtig geworden ist, da ist doch die Gnade viel mächtiger geworden.
Eph. 2, 5	Da wir tot waren in Sünden (Aus Gnade seid ihr selig geworden).
	c) Die Gnade gilt allen Menschen.
Joh. 3, 16	Auf daß alle, die an ihn glauben, nicht verloren werden.
Röm. 11, 32	Gott hat alle beschlossen unter den Unglauben, auf daß er sich aller erbarme.
Titus 2, 11	Es ist erschienen die heilsame Gnade Gottes allen Menschen (2 Petr. 3, 9).
	d) Die Gnadengabe Gottes.
Eph. 4, 7	Einem jeglichen ist gegeben unter uns die Gnade nach dem Maß der Gabe Christi.
1 Petr. 4, 10	Dienet einander, ein jeglicher mit der Gabe, die er empfangen hat.
2 Petr. 3, 18	Wachset in der Gnade.
Luk. 2, 52	Jesus nahm zu an ... Gnade bei Gott.
1 Kor. 3, 10	Ich nach Gottes Gnade, die mir gegeben ist, habe den Grund gelegt.
15, 10	Von Gottes Gnade bin ich, was ich bin.
2 Kor. 12, 9	Laß dir an meiner Gnade genügen.
Eph. 3, 8	Mir, dem allergeringsten, ... ist gegeben diese Gnade.

2. Wie der Mensch der Gnade teilhaftig wird und ihrer verlustig geht.

Röm. 4, 16	Derhalben muß die Gerechtigkeit durch den Glauben kommen, auf daß sie sei aus Gnade.
1 Petr. 1, 13	Setzet eure Hoffnung ganz auf die Gnade, die euch angeboten wird durch die Offenbarung Jesu Christi.
Hebr. 4, 16	Darum lasset uns hinzutreten mit Freudigkeit zu dem Gnadenstuhl.
Röm. 16, 20	Die Gnade sei mit euch! (Fürbitte) Ebenso 1 Kor. 16, 23; 2 Kor. 13, 13; Kol. 4, 18.
Hebr. 12, 15	Daß nicht jemand Gottes Gnade versäume.
Judä 4	Die ziehen die Gnade Gottes auf Mutwillen.

Gott der Schöpfer, der in der Höhe wohnet, der Gott des Gerichts, der Unerforschliche, der sich herabneigt zu den Sündern und in seinem Sohne sich ihnen hingibt, der sich ihr Gott nennt und ihnen die Fülle seiner Gnade offenbart.

1. Gott in seiner erhabenen Schöpfermajestät, in seinem heiligen Gerichtsernst.

Hiob 38, 4	Wo warst du, als ich die Erde gründete, da mich die Morgensterne ... lobten?
Jes. 40, 12	Wer misset die Wasser mit der hohlen Hand und fasset den Himmel mit der Spanne ...? Siehe, die Heiden sind geachtet wie ein Tropfen am Eimer.
Ps. 104, 2	Licht ist das Kleid, das du anhast.
2 Mose 20, 19	Rede du mit uns, laß Gott nicht mit uns reden, wir möchten sonst sterben.
Jes. 6, 5	Da sprach ich: Weh mir, ich vergehe, denn ich bin unreiner Lippen (Jesaja).
Apgsch. 5, 5	Da Ananias diese Worte hörte, fiel er nieder und gab den Geist auf.
Hebr. 10, 31	Schrecklich ist's, in die Hände des lebendigen Gottes zu fallen.
12, 29	Unser Gott ist ein verzehrendes Feuer.
Röm. 11, 33	Wie gar unbegreiflich sind seine Gerichte und unerforschlich seine Wege.
2 Mose 33, 23	Mose darf Gott hintennach sehen.
1 Kön. 19, 11	Elia sieht Gott auf dem Horeb; nach Sturm, Erdbeben, Feuer naht der Herr im sanften, stillen Sausen.
Offenb. 4, 3	Auf dem Stuhl saß einer; und der da saß, war gleich anzusehen wie der Stein Jaspis und Sarder.

2. Wo Gott wohnt.

Jes. 57, 15	Der ich in der Höhe und im Heiligtum wohne und bei denen, die zerschlagenen und demütigen Geistes sind.
2 Mose 25, 8	Sie sollen mir ein Heiligtum machen, daß ich unter ihnen wohne.
Apgsch. 7, 48	Der Allerhöchste wohnt nicht in Tempeln mit Händen gemacht.
1 Tim. 6, 16	Der da wohnet in einem Lichte, da niemand zukommen kann.
1 Kön. 8, 12	Der Herr hat geredet, er wolle im Dunkel wohnen.
Joh. 1, 14	Das Wort ward Fleisch und wohnte unter uns.
14, 23	Wer mich liebt, der wird mein Wort halten, und wir werden zu ihm kommen und Wohnung bei ihm machen.

3. Gott ist der Gott des Heils, der sich den Sündern offenbart.

2 Mose 3, 15	Der Herr, eurer Väter Gott, der Gott Abrahams, Isaaks und Jakobs.
33, 11	Der Herr redete mit Mose, wie ein Mann mit seinem Freunde redet.
Hebr. 11, 16	Darum schämt sich Gott ihrer nicht, zu heißen ihr Gott.
Röm. 1, 8	Ich danke meinem Gott.
2 Petr. 1, 1	Unser Gott.
Apgsch. 27, 23	Der Engel Gottes, des ich bin und dem ich diene.
Eph 1, 17	Der Gott unseres Herrn Jesu Christi.
Röm. 15, 6	Gott und der Vater unseres Herrn Jesu Christi.
Gal. 1, 4	Gott und unser Vater.
Röm. 1, 7	Gott unser Vater (siehe Vater).
Joh. 20, 17	Ich fahre auf zu meinem Vater und zu eurem Vater, zu meinem Gott und zu eurem Gott.
2 Mose 34, 6	Herr, Herr Gott, barmherzig und gnädig, geduldig und von großer Gnade und Treue.
2 Kor. 13, 11	Gott der Liebe.

1 Petr. 5, 10	Gott aller Gnade.
2 Kor. 1, 3	Gott alles Trostes.
Röm. 15, 5	Gott aller Geduld.
15, 13	Gott der Hoffnung.
16, 20	Gott des Friedens.
Apgsch. 7, 2	Gott der Herrlichkeit.

4. Jesus ist Gott.

Joh. 20, 28	Mein Herr und mein Gott.
1, 1	Gott war das Wort.
Röm. 9, 5	Der da ist Gott über alles.

5. Gott als Beiwort zur Bezeichnung göttlicher Wesensart.

Apgsch. 12, 22	Das ist Gottes Stimme, nicht eines Menschen.
28, 6	Sie sagten, er sei ein Gott (Auf dem Boden heidnischer Vielgötterei).
2 Kor. 4, 4	Der Gott dieser Welt.
Joh. 10, 34	Ihr seid Götter (Von den Richtern, sofern sie ein göttliches Amt haben).

Gottseligkeit, das ehrfürchtige Bewußtsein der Abhängigkeit von Gott.

1 Tim. 2, 2; 2, 10; 3, 16; 4, 7; 4, 8; 6, 3; 6, 6; 6,11; 2 Tim. 3, 12; 2 Petr. 1, 6; 2, 9.

Gut, gütig. Gut ist das, was Gottes Art an sich trägt im Sinne der inneren, harmonischen Vollendung.

Bei den Griechen hat »gut« den Sinn von trefflich, gottwohlgefällig, von Gott gebraucht im Sinn von »gütig«. Im Alten Testament ist Gott der Gute, der in seinem geschichtlichen Walten die Menschen das messianische Heil erfahren läßt. Das Gesetz ist gut, denn es bringt Heil. Aber der Mensch hat nichts Gutes in sich (Röm. 7, 18). Doch der sittliche Unterschied bleibt. Es gibt Böse und Gute (Mtth. 5, 45), Jesus unterscheidet sie (Mtth. 12, 34). Die Obrigkeit ist Gottes Dienerin zum Guten (Röm. 13, 4). Aber jenseits dieser Unterscheidung ist die Erkenntnis aufgebrochen, daß diese Unterschiede vor Gott relativ sind, denn im Menschen wohnet nichts Gutes. Niemand ist gut als der einige Gott (Mrk. 10, 18). Mit Christus wird die neue Lebensmöglichkeit geschenkt (Eph. 2, 10: Geschaffen in Christus Jesus zu guten Werken, welche Gott uns zuvor bereitet hat, daß wir darin wandeln sollen).

1. Gottes Art.

Mtth. 19,17	Niemand ist gut, denn der einige Gott.
1 Mose 1, 31	Gott sah an, was er gemacht hatte, und siehe da, es war sehr gut.
Jes. 39, 8	Das Wort des Herrn ist gut.
Röm. 7,12	Das Gebot ist heilig, recht und gut.
Jak. 1, 17	Alle gute Gabe ... kommt von oben herab.
Röm. 8, 28	Wir wissen aber, daß denen, die Gott lieben, alle Dinge zum Besten (wörtlich: zum Guten) dienen.
Mtth. 20, 15	Siehest du darum scheel, daß ich so gütig bin?

2. Des Menschen Art wird nur durch Erneuerung gut.

1 Mose 3, 5	Ihr werdet sein wie Gott und wissen, was gut und böse ist.
8, 21	Das Dichten des menschlichen Herzens ist böse von Jugend auf.

Joh. 3, 3	Es sei denn, daß jemand von neuem geboren werde, kann er das Reich Gottes nicht sehen.
Röm. 5, 7	Um des Guten willen dürfte vielleicht jemand sterben ..., Christus ist für uns gestorben, da wir noch Sünder waren.
Mtth. 12, 33	Setzet einen guten Baum, so wird die Frucht gut, oder setzet einen faulen Baum, so wird die Frucht faul ..., ein guter Mensch bringt Gutes hervor aus dem guten Schatz seines Herzens, ein böser Mensch bringt Böses hervor.
Luk. 10, 42	Maria hat das gute Teil erwählt.
Apgsch. 9, 36	Tabea, voll guter Werke.
11, 24	Barnabas, ein frommer (guter) Mann, voll Heiligen Geistes und Glaubens.
Jak. 3, 17	Die Weisheit von oben ist voll guter Früchte.
2 Thess. 2, 16	Der Herr, der uns gegeben eine gute Hoffnung, stärke euch in allerlei Lehre und gutem Werk.
2 Tim. 3, 17	Daß ein Mensch Gottes sei vollkommen zu allem guten Werk geschickt.
1 Petr. 3, 13	Wer ist, der euch schaden könnte, so ihr dem Guten nachkommt?
Röm. 12, 21	Überwinde das Böse mit Gutem.
Gal. 6, 10	Lasset uns Gutes tun an jedermann, allermeist aber an des Glaubens Genossen.
1 Thess. 5, 15	Jaget dem Guten nach untereinander und gegen jedermann.
Phil. 1, 6	Der in euch angefangen hat das gute Werk, der wird's auch vollführen.
Hebr. 13, 21	Der mache euch fertig in allem guten Werk.

Güte, Gottes mildes, auf das Wohltun gerichtetes Wesen.

1. Die Größe seiner Güte.

Ps. 86, 13	Deine Güte ist groß über mich.
36, 6	Die reicht, soweit der Himmel ist.
106, 1	Sie währet ewiglich.
Röm. 2, 4	Reichtum seiner Güte.
Klagel. 3, 22	Die Güte des Herrn ist's, daß wir nicht gar aus sind.

2. Das Ziel der Güte Gottes.

Röm. 2, 4	Weißt du nicht, daß dich Gottes Güte zur Buße leitet?
11, 22	Schau die Güte und den Ernst Gottes.
Ps. 52, 10	Ich verlasse mich auf Gottes Güte immer und ewiglich.
Jerem. 31, 3	Ich habe dich zu mir gezogen aus lauter Güte.

3. Wem wird sie zuteil.

Ps. 32, 10	Wer auf den Herrn hofft, den wird die Güte umfangen.
147, 11	Der Herr hat Gefallen an denen, die auf seine Güte hoffen.
Klagel. 3, 32	Er betrübt wohl und erbarmet sich wieder nach seiner großen Güte (Den Bußfertigen wird Güte zuteil).
Röm. 11, 22	Die Güte, sofern du an der Güte bleibest.

4. Die Güte Gottes ermuntert zum Gebet.

Ps. 25, 7	Gedenke mein um deiner Güte willen.
6, 5	Hilf mir um deiner Güte willen.
40, 12	Laß deine Güte allewege mich behüten.
36, 8	Wie teuer ist deine Güte, daß Menschenkinder unter dem Schatten deiner Flügel Zuflucht haben!
51, 3	Gott, sei mir gnädig nach deiner Güte!
86, 5	Du bist von großer Güte allen, die dich anrufen.
59, 17	Ich will ... rühmen deine Güte.

Handauflegung, eine Handlung, durch die ein geistiger Besitz auf einen anderen übertragen wird.

1. Alttestamentliche Handauflegung.

a) Übertragung einer Sündenlast.

3 Mose 24, 14 Die einen Fluch anhörten, legten ihre Hände dem Flucher auf (wohl, um frei auszugehen von der Schuld) und steinigen ihn.

2 Mose 29, 10 Aaron und seine Söhne legen ihre Hände auf des Farren Haupt.

3 Mose 16, 21 Am Versöhnungstag legt Aaron die Hände auf den Sündenbock und bekennt über ihm die Sünden Israels. Der Bock wird in die Wüste gelassen.

1, 4 Dem Brandopfer lege deine Hände auf, so wird es versöhnen.

b) Übertragung des Erbsegens.

1 Mose 48, 14 Jakob segnet Ephraim und Manasse durch Händeauflegen.

c) Übertragung geistiger und geistlicher Fähigkeiten.

4 Mose 27, 18 Mose erhält den Befehl, auf Josua von seiner Herrlichkeit zu legen.

5 Mose 34, 9 Josua wird erfüllt mit dem Geist der Weisheit, denn Mose hatte seine Hände auf ihn gelegt.

2. Neutestamentliche Handauflegung.

a) Übertragung einer Amtsvollmacht.

Apgsch. 6,6 Die Diakone bekommen vor der Gemeinde die Hände unter Gebet aufgelegt.

13, 3 Die Gemeinde zu Antiochien fastet, betet und legt die Hände auf Paulus und Barnabas (Aussendung zur Mission).

1 Tim. 4, 14 Laß nicht außer acht die Gabe, die dir gegeben ist durch die Weissagung mit Handauflegung der Ältesten.

b) Handauflegung zur Segnung.

Mtth. 19, 13 Da wurden Kindlein zu ihm gebracht, daß er die Hände auf sie legte und betete. Er legte die Hände auf sie.

c) Handauflegung zum Geistesempfang.

Apgsch. 8, 17 Die Apostel legten den Getauften die Hände auf, da empfingen sie den Heiligen Geist.

9, 17 Ananias legt die Hände dem Saulus auf, damit er wieder sehend und mit dem Heiligen Geist erfüllt wird.

2 Tim. 1, 6 Paulus legt dem Timotheus (wohl bei seiner Taufe) die Hände auf.

Apgsch. 10, 44 Geistesempfang des Kornelius ohne Handauflegung (Gott gibt den Heiligen Geist souverän mit und ohne Handauflegung).

d) Handauflegung zur Heilung von Kranken.

Mrk. 7, 32 Beim Taubstummen.

8, 23 Beim Blinden von Jesus ausgeübt.

16, 18 Auf die Krankenwerden sie die Hände legen, so wird es besser mit ihnen werden.

Apgsch. 28, 8 Paulus legte dem Vater des Publius auf Malta die Hände auf.

e) Handauflegung soll nicht an Unwürdige und nicht von Unwürdigen gegeben werden.

1 Tim. 5, 22 Die Hände lege niemand zu bald auf, mache dich auch nicht teilhaftig fremder Sünden.

Apgsch. 19, 13 Unberufene nennen den Namen Jesu über Kranken und werden bestraft.

Harren, warten. Festhalten am Glauben trotz allem Widerspruch, in der Gewißheit, daß Gott zum Ziel kommt.

1. Gott wartet.

Jes. 30, 18	Darum harret der Herr, daß er euch gnädig sei.
1 Petr. 3, 20	Die nicht glaubten, daß Gott einst harrte und Geduld hatte zu Zeiten Noahs.
1 Mose 6, 3	Ich will ihnen noch Frist geben 120 Jahre.
Luks. 13, 8	Laß ihn noch dies Jahr.
Hebr. 10,13	Wartet hinfort, daß seine Feinde zum Schemel seiner Füße gelegt werden.

2. Aufforderung zum Harren auf Gott.

Ps. 27, 14	Harre des Herrn, sei getrost und unverzagt!
31, 25	Seid getrost und unverzagt, alle, die ihr des Herrn harret!
37, 7	Sei stille dem Herrn und warte auf ihn!
42, 6	Was betrübst du dich, meine Seele? ... Harre auf Gott!
2 Petr. 3, 12	Wartet und eilet zu der Zukunft des Tages des Herrn!

3. Verheißung des Harrens.

Ps. 25, 3	Keiner wird zuschanden, der deiner harret.
37, 9	Die des Herrn harren, werden das Land erben.
Jes. 40, 31	Die auf den Herrn harren, kriegen neue Kraft.
Habakuk 2, 3	Ob sie (die Weissagung) verzieht, so harret ihrer. Sie wird gewißlich kommen und nicht verziehen.
Sprüche 10, 28	Das Warten der Gerechten wird Freude werden.

4. Worauf wir warten.

1 Mose 49, 18	Herr, ich warte auf dein Heil.
Ps. 130, 6	Meine Seele wartet auf den Herrn von einer Morgenwache zur anderen.
25, 5	Du bist der Gott, der mir hilft, täglich harre ich dein.
Luk. 2, 25	Simeon wartet auf den Trost Israels.
Ps. 104, 27	Es wartet alles auf dich, daß du ihnen Speise gebest.
Röm. 8,23	Auf unseres Leibes Erlösung warten.
Titus 2, 13	Auf die selige Hoffnung warten.
2 Petr. 3, 13	Eines neuen Himmels und einer neuen Erde warten.
Röm. 8, 25	So wir des hoffen, was wir nicht sehen, so warten wir sein in Geduld.
Gal. 5, 5	Wir warten im Geist durch den Glauben der Gerechtigkeit, auf die man hoffen muß.
Hebr. 9, 28	Zum anderen Male wird er ohne Sünde erscheinen denen, die auf ihn warten, zur Seligkeit.

Haupt, siehe Christus. [4. m.]

Heil, Heiland, heilen, heilsam. Heil: vorwiegend ein messianischer Begriff, umfaßt im Alten Testament irdische, aber auch geistliche Wohltaten, im Neuen Testament vor allem geistliche Güter. Die Weltvollendung wird von der Wiederkunft erwartet.

Heiland ist der Heilsbringer, ein Ausdruck, der im Alten Testament von Gott, im Neuen Testament von Christus gebraucht wird. Bei den Griechen wurde das Wort Heiland viel von Zeus, dem obersten Gott, gebraucht und als Ehrentitel verdienten Staatsmännern und Feldherren beigelegt.

I. Im Alten Bund.

1. Verheißung und Erwartung des Heils.

Jes. 12, 3	Ihr werdet mit Freuden Wasser schöpfen aus dem Heilsbrunnen.
Hesek. 11, 16	Ich will bald ihr Heiland sein in den Ländern, dahin sie gekommen sind.
Jes. 62, 11	Siehe, dein Heil kommt!
46, 13	Mein Heil säumt nicht, denn ich will zu Zion das Heil geben.
49, 6	Ich habe dich auch zum Licht der Heiden gemacht, daß du seiest mein Heil bis an der Welt Ende.
53, 5	Durch seine Wunden sind wir geheilt.
Jerem. 3, 22	So kehret nun wieder, ihr abtrünnigen Kinder, so will ich euch heilen von euerem Ungehorsam.
Hosea 14, 5	So will ich ihr Abtreten wieder heilen.
Maleachi 3, 20	Euch, die ihr meinen Namen fürchtet, soll aufgehen die Sonne der Gerechtigkeit und Heil unter ihren Flügeln.
1 Mose 49, 18	Herr, ich warte auf dein Heil.
Micha 7, 7	Ich aber will ... des Gottes meines Heils warten.
. Ps. 119,81	Meine Seele verlangt nach deinem Heil.

2. Der Weg zum Heil.

	a) Gebet.
Ps. 51, 16	Errette mich von den Blutschulden, der du mein Gott und Heiland bist.
85, 5	Tröste uns, Gott, unser Heiland!
88, 2	Herr Gott, mein Heiland, ich schreie Tag und Nacht vor dir!
	b) Gottes Tat.
Jes. 61, 10	Er hat mich angezogen mit den Kleidern des Heils und mit dem Rock der Gerechtigkeit gekleidet.
Hosea 13, 9	Israel, du bringst dich ins Unglück, denn dein Heil steht allein bei mir.
	c) Die Predigt vom Heil.
Ps. 96, 2	Verkündigt von Tag zu Tag sein Heil!
98, 2	Der Herr läßt sein Heil verkündigen.
Jes. 52, 7	Wie lieblich sind auf den Bergen die Füße der Boten, die ... Heil verkündigen!
	d) Der Dank für empfangenes Heil.
Ps. 50, 23	Wer Dank opfert, der preiset mich; und da ist der Weg, daß ich ihm zeige mein Heil.

3. Freude am Heil (das in jeder Hilfe Gottes als im Anbruch befindlich erlebt wird) und Trost des Heils und Heilands.

2 Mose 15, 2	Der Herr ist meine Stärke und mein Lobgesang und ist mein Heil.
1 Sam. 2, 1	Ich freue mich deines Heils (Hanna).
Ps. 27, 1	Der Herr ist mein Licht und mein Heil, vor wem sollte ich mich fürchten?
116, 13	Ich will den Kelch des Heils nehmen.
Jes. 25, 9	Das ist der Herr, auf den wir harren, daß wir uns freuen und fröhlich seien in seinem Heil.
43, 3	Ich bin der Herr, dein Gott, dein Heiland.
43, 11	Außer mir ist kein Heiland.
45, 15	Du bist ein verborgener Gott, du Gott Israels, der Heiland.
Zeph. 3, 17	Der Herr, dein Gott, ist bei dir, ein starker Heiland.
Luk. 1, 17	Mein Geist freut sich Gottes, meines Heilandes.

II. Im Neuen Testament.

1. Jesus der Heiland, der durch sein Kreuz und das heilsame Wort vom Kreuz Israel und Heiden Heil bringt.

Luk. 2, 11	Euch ist heute der Heiland geboren.
2, 30	Meine Augen haben deinen Heiland gesehen.
4, 18	Zu heilen die zerstoßenen Herzen.
4, 21	Heute ist die Botschaft erfüllt.
19, 9	Heute ist diesem Hause Heil widerfahren.
Joh. 4, 22	Das Heil kommt von den Juden.
Apgsch. 4, 12	Es ist in keinem anderen Heil.
5, 31	Den hat Gott erhöht zu einem Heiland, zu geben Israel Buße und Vergebung der Sünden.
13, 23	Aus diesem Samen hat Gott kommen lassen Jesum, dem Volke Israel zum Heiland.
13, 26	Das Wort des Heils.
Röm. 11, 11	Aus ihrem Fall ist den Heiden das Heil widerfahren.
1 Petr. 2, 24	Durch welches Wunden ihr seid heil geworden.
1 Tim. 4, 10	Welches ist der Heiland aller Menschen, sonderlich der Gläubigen.
6, 3	Heilsame Worte unseres Herrn Jesu Christi (2 Tim. 1, 13; Titus 1, 9).
2 Tim. 4, 3	Zeit, da sie die heilsame Lehre nicht leiden werden.

2. Die Vollendung des Heils.

2 Petr. 3, 18	Wachset in der Gnade und Erkenntnis unseres Herrn und Heilandes.
Röm. 13, 11	Sintemal unser Heil jetzt näher ist, denn da wir gläubig wurden (Die Heilsgüter sind im Anbruch gegenwärtig, in der Vollendung zukünftig).
Phil. 3, 20	Unser Wandel (Bürgerrecht) ist im Himmel, von dannen wir auch warten des Heilandes Jesu Christi, des Herrn.
Titus 2, 13	Warten auf die selige Hoffnung und Erscheinung der Herrlichkeit des großen Gottes und unseres Heilandes Jesu Christi.
Offenb. 7, 10	Sie schrien mit großer Stimme und sprachen: Heil sei dem, der auf dem Stuhl sitzt, unserem Gott und dem Lamm!
12, 10	Nun ist das Heil und die Kraft und das Reich unseres Gottes geworden und die Macht seines Christus, weil der Verkläger unserer Brüder verworfen ist.

Heilig, heiligen, Heiligung. Gott ist heilig in seinem Abgesondertsein von der sündigen Welt, in seiner erwählenden Liebe als Gott der Gnade und Erlösung, der die Entsündigung der Erwählten will. Das richtige Verhalten der Menschen dem heiligen Gott gegenüber ist Furcht und Vertrauen, während der Unglaube die Kehrseite der Erwählung, die Verwerfung, das Gericht herbeiführt.

Im Neuen Testament sind die Menschen Heilige, die in die Gemeinschaft des heiligen Gottes durch den vom Vater geheiligten und sich selbst für die Menschheit heiligenden Christus hineingezogen sind und daher an seinem heiligen Wesen teilhaben. Die Heiligung ist also nicht ein Verhalten der Menschen, sondern ein Zustand der Teilhaberschaft am göttlichen Wesen.

Bei den Griechen steht der Begriff in enger Verbindung mit dem Heiligtum. – Im Alten Testament hat er die Bedeutung »abgesondert, geschieden vom Profanen«. Heilig bedeutet einen Zustand, weniger eine Handlung und ist bezogen auf den Gottesdienst. Durch die Propheten und die aus ihrem Geist lebenden Psalmen wird der Begriff »heilig« auf den Namen Gottes angewandt. Gott selbst erweist seinen Namen als heilig in Gericht und Gnade. Das Volk, in dessen Mitte der heilige Gott wohnt, soll heilig sein (2 Mose 19, 6; 3 Mose 19, 2). Während das kanaanäische Heidentum heilige Unzucht duldet, verlangt und schafft der Heilige Israels sittliche Reinheit. Hosea erkennt die Heiligkeit Gottes in seiner übermenschlichen Liebe (Hosea 11, 4). Jesaja erlebt in heiligem Erschrecken über seine eigene Unreinheit den dreimal Heiligen, der als Richter über das unheilige Volk nur einen Rest selig werden läßt. – Das Neue Testament gründet sich ganz auf dem Alten Testament. Jesus Christus ist der Heilige Gottes (Mrk. 1, 24). Das wird begründet mit seiner wunderbaren Geburt und mit dem Empfang des Heiligen Geistes bei seiner Taufe (Luk. 1, 35; Joh. 6, 69; Offenb. 3, 7). Jesus verbindet die gottesdienstliche Heiligkeit Israels mit der sittlichen Heiligkeit, indem er selbst sich zum Opfer hingibt, um dem Volk den Zugang zum Allerheiligsten zu öffnen (Hebr. 9). Priester und Opfer fallen zusammen. Jesus sendet den Heiligen Geist, der in der Taufe über ihn kommt und in großer Stunde aus ihm herausjubelt (Luk. 10, 21), den Jüngern (Joh. 20, 22) nach seiner Auferstehung und macht ihn in den pfingstlichen Ereignissen zum Besitz seiner Gemeinde. – Der vom Heiligen Geist Ergriffene, der ihm widerstrebt, tut die unvergebbare Sünde. Paulus wendet die Bilder des Gottesdienstes auf die geheiligte Gemeinde an. Sie ist der Tempel Gottes, der Heilige Geist wohnt in ihr, sie opfert ihre Leiber, Paulus selbst ist der Liturg und das Trankopfer. Die Versöhnung durch Christus steht im Mittelpunkt (1 Kor. 3, 16; 6, 19; Eph. 2, 20; Röm. 12, 1 ; Phil. 2, 17; 4, 22). Nicht auf dem Grund ihres eigenen Handelns erhebt sich die Heiligkeit der Gemeinde, sondern Christus ist ihre Heiligung (1 Kor. 1, 30). Die Christen sind Geheiligte in Christus Jesus, sie dienen einander in heiliger Liebe, sie grüßen sich mit dem heiligen Kuß (1 Kor. 16, 20). Sie werden die Welt richten (1 Kor. 6, 2). Der Geheiligte wird zum Mittelpunkt seiner nächsten Lebensgemeinschaft. Der gläubige Mann heiligt das ungläubige Weib und umgekehrt, und ihre Kinder sind heilig (1 Kor. 7, 14). Bis in die Offenbarung des Johannes hinein ist der gottesdienstliche Hintergrund des Begriffs spürbar. Die Anbetung Gottes geschieht in der Versöhnung durch das Lamm Gottes und in der Neuschöpfung des Heiligen Geistes (Offenb. 7, 15). »Das Wesen des Christentums ist durch den Begriff des Heiligen im Innersten bestimmt« (ThW). Bei dem Begriff Heiligung und Heiligkeit liegt der Nachdruck auf dem sittlichen Tun des Christen auf Grund seiner Versöhnung mit Gott (1 Thess. 4, 3; 3, 13).

1. Im Alten Testament.

a) Gott ist heilig in seinem Abgesondertsein von der Sünde.

2 Mose 3, 5 — Zieh deine Schuhe aus von den Füßen, denn der Ort, da du stehst, ist ein heilig Land.

1 Sam. 6, 20 — Wer kann stehen vor dem Herrn, solchem heiligen Gott?

Jes. 6, 3 — Heilig, heilig, heilig ist der Herr Zebaoth ... Weh mir, ich vergeh, denn ich bin unreiner Lippen.

b) Gott ist heilig als der Gott, der Israel erwählt und entsündigt.

2 Mose 19, 6 — Ihr sollt mir ein priesterlich Königreich und ein heilig Volk sein.

3 Mose 11, 44 — Darum sollt ihr euch heiligen, daß ihr heilig seid, denn ich bin heilig.

16 — Das große Versöhnungsfest (heilig durch Entsündigung).

19, 2 Ihr sollt heilig sein, denn ich bin heilig, der Herr, euer Gott.
Ps. 71, 22 Der Heilige in Israel. 2 Kön. 19, 22.
Josua 3, 5 Josua sprach zum Volk: Heiligt euch, denn morgen wird der Herr ein Wunder an euch tun.

c) Gott ist heilig, darum ist alles, was mit dem alttestamentlichen Gottesdienst in Beziehung steht, heilig.
2 Mose 28, 2 Aarons heilige Kleider.
Ps. 15, 1 Heiliger Berg.
46, 5 Die heiligen Wohnungen.

d) Gott ist heilig in seiner Führung und Bewahrung.
1 Sam. 2, 9 Er wird behüten die Füße seiner Heiligen.
Ps. 4, 4 Erkennet doch, daß der Herr seine Heiligen wunderbar führt.
77, 14 Gott, dein Weg ist heilig.
145, 17 Der Herr ist gerecht in allen seinen Wegen und heilig in allen seinen Werken.
Sprüche 2, 8 Er bewahrt den Weg seiner Heiligen.
Ps. 97, 10 Der Herr bewahrt die Seelen seiner Heiligen.
116, 15 Der Tod seiner Heiligen ist wert gehalten vor Gott.
5 Mose 33, 3 Wie hat er die Leute so lieb, alle seine Heiligen sind in seiner Hand!

e) Gott ist heilig, darum fürchten, bitten und loben ihn seine Heiligen.
Ps. 34, 10 Fürchtet den Herrn, ihr seine Heiligen!
111, 9 Heilig und hehr ist sein Name. Die Furcht des Herrn ist der Weisheit Anfang.
32, 6 Alle Heiligen werden zu dir beten zur rechten Zeit.
30, 5 Ihr Heiligen, lobsinget dem Herrn, danket und preiset seine Heiligkeit.

f) Gott ist heilig, darum richtet er Unglauben und Ungehorsam.
Ps. 99, 8 Du Gott, vergabst ihnen und straftest ihr Tun ..., betet an zu seinem heiligen Berge; denn der Herr, unser Gott, ist heilig.
4 Mose 14, 20 Ich habe es vergeben, ... alle Männer, die meine Herrlichkeit gesehen haben und mich nun zehnmal versucht und meiner Stimme nicht gehorcht haben, deren soll keiner das Land sehen.
27, 14 Der Unglauben Moses wird gestraft.
Richt. 3, 7 Die Kinder Israels taten übel vor dem Herrn ... Da ergrimmte der Zorn des Herrn über Israel (2 Kön. 24, 20).
Hesek. 20, 32 Gericht und Gnade über dem abtrünnigen Israel in der Babylonischen Gefangenschaft.

2. Im Neuen Testament.

a) Gott ist heilig, indem er den Sohn in die Welt sendet, um das Werk der Entsündigung und des Gerichts zu vollbringen.
Mtth. 1, 20 Das in ihr geboren ist, ist vom Heiligen Geist.
Joh. 10, 36 Den der Vater geheiligt und in die Welt gesandt hat.
Mrk. 1, 24 Der Heilige Gottes (Die Dämonen von Jesus).
Joh. 17, 19 Ich heilige mich selbst für sie, auf daß auch sie geheiligt seien in der Wahrheit.
3, 18 Wer nicht an mich glaubt, der ist schon gerichtet.
Hebr. 2, 11 Sintemal sie alle von einem kommen, beide, der da heiligt und die da geheiligt werden.
1 Kor. 1, 30 Christus, welcher uns gemacht ist von Gott zur Heiligung.

b) Gott ist heilig, darum schafft er durch Christum und den Heiligen Geist die heilige Gemeinde.
Apgsch. 26, 18 Zu empfangen Vergebung der Sünden und das Erbe samt denen, die geheiligt werden durch den Glauben an mich.

Eph. 5, 25 Christus hat geliebt die Gemeinde und hat sich selbst für sie gegeben, auf daß er sie heilige ..., daß sie heilig sei und unsträflich.

1 Kor. 6, 11 Ihr seid abgewaschen, ihr seid geheiligt durch den Namen unseres Herrn Jesu und durch den Geist unseres Gottes.

2 Thess. 2, 13 Gott hat euch von Anfang erwählt zur Seligkeit in der Heiligung des Geistes.

1 Petr. 1, 2 Durch die Heiligung des Geistes zum Gehorsam.

2, 5 Bauet euch auf zum geistlichen Hause und zum heiligen Priestertum.

c) Gott heiligt die, die sich ihm hingeben in Glauben, Gehorsam und Dankbarkeit.

2 Kor. 7, 1 Dieweil wir nun solche Verheißungen haben, so lasset uns von aller Befleckung des Fleisches und des Geistes uns reinigen und fortfahren in der Heiligung in der Furcht Gottes.

Kol. 3, 8 Leget ab von euch den Zorn ..., zieht an den neuen Menschen.

1 Thess. 4, 3 Das ist der Wille Gottes, eure Heiligung, daß ihr meidet die Hurerei und ein jeglicher unter euch wisse sein Gefäß zu behalten in Heiligkeit.

Apgsch. 26, 18 Zu empfangen Vergebung der Sünden ... samt denen, die geheiligt werden durch den Glauben an mich.

Hebr. 12,14 Jaget nach dem Frieden gegen jedermann und der Heiligung, ohne welche wird niemand den Herrn sehen (Nicht als Selbstwirken, sondern als Bleiben in der Nähe des heiligenden Herrn).

1 Tim. 4, 4 Alle Kreatur Gottes ist gut, und nichts ist verwerflich, das mit Danksagung empfangen wird, denn es wird geheiligt durch das Wort Gottes und Gebet (Vom Eheleben und den Speisen, die durch die Beziehung auf Gott geheiligt werden).

Helfen, Hilfe. Während Menschenhilfe oft versagt, kann der Herr helfen denen, die zu ihm rufen.

1. Was nicht hilft.

1 Sam. 2, 9 Viel Vermögen hilft doch niemand.

Mtth. 16, 26 Was hülfe es dem Menschen, wenn er die ganze Welt gewönne und nähme doch Schaden an seiner Seele?

Ps. 33, 17 Rosse helfen auch nicht.

44, 7 Mein Schwert kann mir nicht helfen.

Sprüche 21, 30 Es hilft keine Weisheit ... wider den Herrn.

Ps. 60, 13 Menschenhilfe ist nichts nütze.

Jak. 2, 14 Was hilft es, so jemand sagt, er habe den Glauben, und hat doch die Werke nicht.

Sprüche 11, 4 Gut hilft nicht am Tage des Zorns.

Hiob 12, 14 Wenn er zerbricht, so hilft kein Bauen.

Jes. 31, 1 Weh denen, die hinabziehen nach Ägypten um Hilfe.

2. Gott kann helfen.

a) Die Verheißung der Hilfe.

Ps. 12, 6 Ich will eine Hilfe schaffen.

50, 15 Rufe mich an in der Not, so will ich dich erretten.

91, 14 Er begehret mein, so will ich ihm aushelfen.

Jes. 41, 10 Ich stärke dich, ich helfe dir auch.

63, 1 Ich bin's, ein Meister zu helfen.

Sacharja 9, 9 Siehe, dein König kommt zu dir, ein Gerechter und ein Helfer.

1 Tim. 2, 4 Gott will, daß allen Menschen geholfen werde.

b) Das Bekenntnis der Frommen.

1 Sam. 7, 12 Bis hierher hat uns der Herr geholfen.

14, 6 Es ist dem Herrn nicht schwer, durch viel oder wenig zu helfen.

Ps. 3, 9	Bei dem Herrn findet man Hilfe.
4, 9	Du allein, Herr, hilfst mir.
13, 6	Mein Herz freut sich, daß du so gern hilfst.
33, 20	Er ist unsere Hilfe und Schild.
46, 2	Gott ist ... eine Hilfe in den großen Nöten.
68, 20	Gott legt uns eine Last auf, aber er hilft uns auch.
Jes. 33, 22	Der Herr ist unser König, der hilft uns.
Hebr. 13, 6	Der Herr ist meine Hilfe, was sollte mir ein Mensch tun?
2, 18	Worinnen er gelitten hat und versucht ist, kann er helfen.
	c) Wem hilft Gott?
Ps. 149, 4	Er hilft den Elenden herrlich.
2 Sam. 22, 28	Du hilfst dem elenden Volk, und mit deinen Augen erniedrigst du die Hohen.
2 Chron. 14, 10	Er hilft ..., da keine Kraft ist.
Ps. 34, 19	Gott hilft denen, die ein zerschlagenes Gemüt haben.
118, 21	Gott hilft den Demütigen. Ich danke dir, daß du mich demütigst und hilfst mir.
119, 94	Ich bin dein , Herr hilf mir (Hilfe für die Seinen).
86, 2	Hilf du, mein Gott, deinem Knechte, der sich verläßt auf dich!
Mtth. 9, 22	Sei getrost, meine Tochter, dein Glaube hat dir geholfen.
Jak. 5, 15	Das Gebet des Glaubens wird dem Kranken helfen (Hilfe für den Glaubenden).
145, 19	Er hört ihr Schreien und hilft ihnen (Hilfe den Bittenden).
12, 6	Er hilft dem, der sich danach sehnt.
6, 5	Hilf mir um deiner Güte willen!
31, 3	Eilend hilf mir!
109, 26	Hilf mir nach deiner Gnade!
69, 2	Hilf mir, das Wasser geht mir bis an die Seele!
Joh. 12, 27	Jesu Bitte: Vater, hilf mir!

Herr, Gott, der unumschränkte Herr von unendlicher Majestät. Der Jude sprach den Namen Jahwe nie aus, sondern sagte dafür Herr.

Jesus bekommt den Namen, der über alle Namen ist. Er ist der Herr, womit seine ganze göttliche Erhabenheit ausgesprochen ist. In Jesus hat der Gläubige Zugang zu allen Heilsgütern, und in Lebensverbindung mit ihm vollzieht sich all sein Tun und Lassen. Der Ausdruck Kyrios »Herr« ist bei den Griechen in dem Sinn gebraucht, daß der ein Herr ist, der über seinen Besitz verfügt. Kyrios wurde der absolute Regent im Orient genannt. Kyrios nannte man den römischen Kaiser und umschrieb damit seine göttliche Hoheit. Der Ausdruck »Herr« in der griechischen Übersetzung der Bibel umschreibt den Gottesnamen.

Jesus bezieht den 110. Psalm auf sich, worin David den Messias seinen Herrn nennt. Als der Auferstandene wird Jesus von seinen Jüngern Herr genannt. Der Ausdruck Kyrios als Bezeichnung Jesu kommt in allen neutestamentlichen Schriften vor. Jesus ist der Herr aller Herren (1 Tim. 6, 15). Er ist über alle Herrschaft gesetzt in diesem und im kommenden Äon (Eph. 1, 21; Kol. 1, 16: Durch ihn und zu ihm ist alles geschaffen, es seien Throne oder Herrschaften oder Fürstentümer oder Obrigkeiten).

1. Der wunderbar reiche Herr.

2 Mose 15, 26	Ich bin der Herr, dein Arzt.
15, 6	Herr, deine rechte Hand tut Wunder.
15, 18	Der Herr wird König sein immer und ewiglich.

Ps. 18, 3	Der Herr ist mein Fels.
91, 2	Meine Zuversicht und meine Burg.
2 Mose 15, 3	Der rechte Kriegsmann.
Jes. 33, 22	Unser Richter, der Herr ist unser Meister, der Herr ist unser König, der hilft uns.
Sprüche 3, 12	Wen der Herr liebt, den straft er.
Ps. 16, 5	Der Herr ist mein Gut und mein Teil.
27, 1	Der Herr ist mein Licht.
34, 9	Schmecket und sehet, wie freundlich der Herr ist.
145, 18	Der Herr ist nahe allen, die ihn anrufen.
34, 19	Der Herr ist nahe bei denen, die zerbrochenen Herzens sind.
130, 7	Bei dem Herrn ist die Gnade und viel Erlösung bei ihm.
68, 5	Er heißt Herr, freut euch vor ihm.
Jes. 12, 2	Der Herr ist mein Psalm und ist mein Heil.
Ps. 97, 10	Der Herr bewahret die Seelen seiner Heiligen.
23, 1	Der Herr ist mein Hirte.

2. Jesus der Herr:

	a) in der Weissagung;
Ps. 110, 1	Der Herr sprach zu meinem Herrn.
Luk. 2, 11	Christus, der Herr.
	b) im Selbstzeugnis.
Mtth. 22, 43	Wie nennt David ihn im Geist einen Herrn?
Joh. 13, 13	Ihr heißet mich Meister und Herr und tut recht daran.
	c) Das Zeugnis der Apostel.
Luk. 24, 34	Der Herr ist auferstanden.
Joh. 20, 28	Mein Herr und mein Gott!
Apgsch. 1,21	Der Herr Jesus.
2, 36	So wisse nun das ganze Haus Israel gewiß, daß Gott diesen Jesus, den ihr gekreuzigt habt, zu einem Herrn und Christ gemacht hat.
Röm. 10, 9	So du mit deinem Munde bekennst Jesum, daß er der Herr sei.
Eph. 4, 5	*Ein* Herr, *ein* Glaube, *eine* Taufe.
Phil. 4, 5	Der Herr ist nahe.
2 Tim. 2, 19	Der Herr kennt die Seinen.
2 Kor. 3, 17	Der Herr ist der Geist, wo aber der Geist des Herrn ist, da ist Freiheit.
Offenb. 4, 11	Herr, du bist würdig, zu nehmen Preis und Ehre.
Apgsch. 10, 36	Er ist der Herr über alles.
Joh. 1, 3	Er hat alle Dinge gemacht.
Hebr. 1, 3	Er trägt alle Dinge.
Mtth. 11, 28	Er ruft alle zu sich.
28, 18	Ihm ist alle Gewalt übergeben.
Phil. 2, 9	Sein Name über alle Namen.
2, 10	Vor ihm müssen sich alle Knie beugen.
Röm. 14, 9	Der Herr über Tote und Lebendige.
1 Kor. 15, 22	In Christo werden alle lebendig gemacht.
2, 8	Herr der Herrlichkeit Jak. 2, 1.

3. Sein Wille.

Jes. 55, 6	Suchet den Herrn, solange er zu finden ist.
Mtth. 4, 10	Du sollst anbeten Gott, deinen Herrn, und ihm allein dienen.
Luk. 10, 27	Du sollst lieben Gott, deinen Herrn, von ganzem Herzen.
Sprüche 3, 5	Verlaß dich auf den Herrn von ganzem Herzen.
Mtth. 4, 7	Du sollst Gott, deinen Herrn, nicht versuchen.
7, 21	Du sollst seinen Willen tun.
Luk. 6, 46	Was heißt ihr mich Herr, Herr und tut nicht, was ich euch sage?
Joh. 15, 4	Bleibet in mir.

4. In Lebensgemeinschaft mit ihm geschehe all unser Werk.

Röm. 16, 11	Die da sind in dem Herrn.
1 Kor. 11, 11	Der Mann ist nicht ohne das Weib, noch das Weib ohne den Mann in dem Herrn.
9, 1	Ihr seid mein Werk in dem Herrn.
9, 2	Das Siegel meines Apostelamts in dem Herrn.
Röm. 16, 8	Meinen Lieben in dem Herrn.
16, 13	Der Auserwählte in dem Herrn.
Eph. 4, 1	Ich, der Gefangene in dem Herrn.
Phil. 1, 14	Die Brüder in dem Herrn.
1 Thess. 5, 12	Die wohl vorstehen in dem Herrn.
Eph. 6, 10	Seid stark in dem Herrn.
Phil. 3, 1	Freuet euch in dem Herrn.
1 Kor. 15, 58	Eure Arbeit ist nicht vergeblich in dem Herrn.

5. Denn in ihm ist der Zugang zum Heil.

Röm. 6, 23	Die Gabe des ewigen Lebens in Christus Jesus, unserem Herrn.
8, 1	Nichts Verdammliches an denen, die in Christo Jesu sind.
1 Kor. 1, 4	Die Gnade Gottes in Christo Jesu.
2 Tim. 2, 10	Die Seligkeit erlangen in Christo Jesu.

6. Menschliche Herren.

Mtth. 6, 24	Niemand kann zwei Herren dienen.
2 Kor. 1, 24	Nicht, daß wir Herren seien über euren Glauben, sondern Gehilfen eurer Freude.
Eph. 6, 9	Ihr Herren, lasset das Drohen!
Kol. 4, 1	Ihr Herren, was recht und billig ist, das beweiset euren Knechten.
1 Mose 18, 19	Er wird befehlen seinen Kindern und seinem Hause, daß sie des Herrn Wege halten.
Mtth. 10, 10	Ein Arbeiter ist seiner Speise wert (1 Tim. 5, 18; Ein Arbeiter ist seines Lohnes wert; siehe Luk. 10, 7).
8, 6	Der Hauptmann und sein Knecht.

Herrlichkeit, Klarheit, Verklärung, verklären. 1. Die Enthüllung des göttlichen Wesens zum Heile der Menschen. Die Bibel hat ein eigenes Wort entwickelt, das das Lichtwesen Gottes zum Ausdruck bringt, in hebräischer Sprache das Wort kabod (Lichtglanz). Dieses Wort kabod hat dann das Wort der griechischen Übersetzung, das eigentlich Ansehen bedeutet, mit einem völlig neuen Sinn erfüllt, so daß es die überirdische Klarheit Gottes zum Ausdruck bringt. »Die neutestamentliche Sprache tut einen entscheidenden Schritt, indem sie das Wort, das Träger der Gottesaussage geworden war, zugleich zum Träger der Christusaussage macht« (ThW). Jesus Christus bekommt durch seinen Tod und seine Auferstehung Anteil an Gottes Herrlichkeit. In seiner Verklärung wird sie schon in seinem Erdenwandel transparent. Bei Lukas erscheint die Gottesherrlichkeit schon bei seiner Geburt. Johannes sagt schon für das Erdenleben Jesu diese Herrlichkeit aus. Allerdings ist sie nur dem Glauben sichtbar (Joh. 2, 1; 11, 40). Jesus bittet im Hohenpriesterlichen Gebet um seine Verklärung. 2. Pracht und Glanz vergänglicher Dinge.

1. Die Sehnsucht nach Gottes Offenbarung.

2 Mose 33, 18	Laß mich deine Herrlichkeit sehn!
Jes. 64, 1	Ach, daß du den Himmel zerrissest und führest herab!

1 Kön. 18, 36	Laß heute kundwerden, daß du Gott in Israel bist (Elia auf dem Karmel).
19, 11	Elia auf dem Berge Horeb.
Luk. 10, 24	Viele Propheten wollten sehen, was ihr sehet, und haben es nicht gesehen.
Joh. 17, 5	Verkläre du mich, Vater, mit der Klarheit, die ich bei dir hatte, ehe die Welt war.

2. Die Verheißung der Offenbarung der göttlichen Herrlichkeit.

4 Mose 14, 21	So wahr ich lebe, so soll noch alle Welt der Herrlichkeit des Herrn voll werden.
Jes. 46, 13	Ich will zu Zion mein Heil geben und in Israel meine Herrlichkeit.
40, 5	Denn die Herrlichkeit des Herrn soll offenbar werden.
60, 1	Mache dich auf und werde Licht, denn ... die Herrlichkeit des Herrn geht auf über dir!
Haggai 2, 9	Es soll die Herrlichkeit dieses letzten Hauses größer werden, als die des ersten gewesen ist.
Maleachi 1, 11	Mein Name soll heilig werden unter den Heiden.
Joh. 11, 40	So du glauben würdest, du solltest die Herrlichkeit Gottes sehn!
16, 14	Der Geist wird mich verklären.

3. Die Erscheinung der Herrlichkeit Gottes.

Ps. 104, 1	Herr, mein Gott, du bist sehr herrlich (In der Schöpfung).
29, 4	Die Stimme des Herrn geht herrlich (Im Gewitter).
111, 3	Was er ordnet, ist herrlich.
76, 2	In Israel ist sein Name herrlich (In der Geschichte).
149, 4	Er hilft den Elenden herrlich.
Jes. 12, 5	Er hat sich herrlich bewiesen.
28, 29	Sein Rat ist wunderbar und er führt es herrlich hinaus.
Hesek. 1, 28	Dies war das Ansehen der Herrlichkeit des Herrn.
Apgsch. 7, 2	Gott der Herrlichkeit erschien unserem Vater Abraham.
2 Mose 16, 10	Die Herrlichkeit des Herrn erschien in einer Wolke.
1 Kön. 8, 11	Die Herrlichkeit des Herrn erfüllte das Haus des Herrn (Tempel Salomos).
Joh. 17, 4	Ich habe dich verklärt auf Erden.

4. Die Herrlichkeit Jesu Christi.

Luk. 2, 9	Und die Klarheit des Herrn leuchtete um sie.
Mtth. 17, 2	Er ward verklärt vor ihnen.
Joh. 1, 14	Wir sahen seine Herrlichkeit, eine Herrlichkeit als des eingeborenen Sohnes vom Vater, voller Gnade und Wahrheit (Im Sohne).
Hebr. 1, 3	Er ist der Glanz seiner Herrlichkeit und das Ebenbild seines Wesens.
1 Kor. 2, 8	Der Herr der Herrlichkeit. Jak. 2, 1.
Joh. 17, 24	Die Herrlichkeit, die du mir gegeben hast, denn du hast mich geliebt, ehe die Welt war.
17, 1	Die Stunde ist da, daß du deinen Sohn verklärst.
Apgsch. 3, 13	Der Gott Abrahams hat seinen Knecht Jesus verklärt.
Hebr. 2, 7	Du hast ihn eine kleine Zeit niedriger sein lassen als die Engel.
1 Tim. 3, 16	Gott geoffenbart im Fleisch, aufgenommen in die Herrlichkeit.
Luk. 24, 26	Mußte nicht Christus solches leiden und zu seiner Herrlichkeit eingehen?
Röm. 6, 4	Christus ist auferweckt von den Toten durch die Herrlichkeit des Vaters.
Mtth. 25, 31	Wenn aber des Menschen Sohn kommen wird in seiner Herrlichkeit.
24, 30	Sie werden sehen kommen des Menschen Sohn in den Wolken des Himmels mit großer Kraft und Herrlichkeit.
2 Kor. 3, 9	Die überschwengliche Kraft des Amts, das die Versöhnung predigt.

5. Die Herrlichkeit schon jetzt Besitz der Gerechtfertigten.

Joh. 17, 10	Ich bin in ihnen verklärt.
Röm. 8, 30	Welche er hat gerecht gemacht, die hat er auch herrlich gemacht.
Eph. 1, 12	Daß wir etwas seien zum Lobe seiner Herrlichkeit.
1 Petr. 4, 14	Selig seid ihr, wenn ihr geschmäht werdet über dem Namen Christi, denn der Geist, der ein Geist der Herrlichkeit ist, ruht auf euch.
2 Kor. 3, 18	Nun aber spiegelt sich in uns allen des Herrn Klarheit, und wir werden verklärt in dasselbe Bild von einer Klarheit zur anderen.

6. Die Herrlichkeit ist in ihrem Vollumfang erst für die Ewigkeit verheißen.

Kol. 1, 27	Welcher ist Christus in euch, der da ist die Hoffnung der Herrlichkeit.
Röm. 5, 2	Wir rühmen uns der Hoffnung der zukünftigen Herrlichkeit, die Gott geben soll.
8, 17	So wir anders mitleiden, auf daß wir auch mit zur Herrlichkeit erhoben werden.
8, 18	Ich halte dafür, daß dieser Zeit Leiden der Herrlichkeit nicht wert sind, die an uns soll offenbar werden.
2 Kor. 4, 17	Unsere Trübsal, die zeitlich und leicht ist, schafft eine ewige und über alle Maße wichtige Herrlichkeit.
2 Tim. 2, 10	Die Seligkeit erlangen mit ewiger Herrlichkeit.
1 Kor. 15, 40	Die verschiedenen Stufen der Herrlichkeit.
15, 43	Es wird gesäet in Unehre und wird auferstehn in Herrlichkeit.
Joh. 17, 24	Vater, ich will, daß, wo ich bin, auch die bei mir seien, die du mir gegeben hast, auf daß sie meine Herrlichkeit sehen.
Phil. 3, 21	Wird unseren nichtigen Leib verklären, daß er ähnlich werde seinem verklärten Leibe.

7. Irdische Pracht und Herrlichkeit.

Luk. 16, 19	Der reiche Mann lebte herrlich.
Mtth. 4, 8	Der Teufel zeigte Christo alle Reiche der Welt und ihre Herrlichkeiten.
1 Petr. 1, 24	Alles Fleisch ist wie Gras und alle Herrlichkeit des Menschen wie des Grases Blume.

Herrschaft, herrschen. Die dem Wesen Gottes angemessene Tätigkeit besteht darin, daß er über alle Gewalten herrscht. Jesus vollstreckt die Herrschaft Gottes über alle Gewalten, die noch widerstreben. Die Herrschaft über die Erde gewinnt er durch den Dienst, der seinen Höhepunkt im Tod am Kreuz und seine Fortführung im leidensbereiten Dienst seiner Zeugen findet. Durch die Wiederkunft des Herrn wird seine Herrschaft vollendet.

1. Die Herrschaft Gottes und Christi.

1 Tim. 6, 15	Der König aller Könige und Herr aller Herren.
Dan. 3, 33	Sein Reich ist ein ewiges Reich, und seine Herrschaft währet für und für. Ps. 145, 13.
Jes. 9, 5	Uns ist ein Kind geboren, ein Sohn ist uns gegeben, und die Herrschaft ist auf seiner Schulter.
Kol. 1, 16	Durch ihn (Christus) ist alles geschafffen ..., es seien Throne oder Herrschaften (Engelherrschaften).
Mtth. 20, 25	Die weltlichen Fürsten herrschen. So jemand will gewaltig unter euch sein, der sei euer Diener ...; gleichwie des Menschen Sohn nicht gekommen ist, daß er sich dienen lasse, sondern, daß er diene und gebe sein Leben zu einer Erlösung für viele.

Phil. 2, 9	Darum hat ihn auch Gott erhöht und hat ihm einen Namen gegeben, der über alle Namen ist, daß in dem Namen Jesu sich beugen sollen aller derer Knie, die im Himmel und auf Erden und unter der Erde sind, und alle Zungen bekennen sollen, daß Jesus der Herr sei.
1 Kor. 15, 25	Er muß aber herrschen, bis daß er alle seine Feinde unter seine Füße lege.
Eph. 1, 20	Gesetzt zur Rechten Gottes im Himmel über alle Fürstentümer, Gewalt, Macht, Herrschaft.
Mtth. 28, 18	Mir ist gegeben alle Gewalt im Himmel und auf Erden.
Offenb. 12, 10	Nun ist das Heil und die Kraft und das Reich unseres Gottes worden und die Macht seines Christus.
11, 17	Wir danken dir, Gott, daß du hast angenommen deine große Kraft und herrschest.

2. Die Mitherrschaft der Erlösten.

2 Tim. 2, 12	Dulden wir mit, so werden wir mit herrschen.
1 Mose 4, 7	Du aber herrsche über sie (die Sünde).
Röm. 6, 12	Lasset nun die Sünde nicht herrschen in eurem sterblichen Leibe.
Eph. 6, 12	Wir haben nicht mit Fleisch und Blut zu kämpfen, sondern mit Fürsten und Gewaltigen, nämlich mit den Herren der Welt, die in der Finsternis dieser Welt herrschen.
1 Kor. 6, 3	Wisset ihr nicht, daß wir über die Engel richten werden?
Luk. 19, 17	Du sollst Macht haben über zehn Städte.
Offenb. 20, 4	Diese lebten und regierten mit Christo tausend Jahre.

Herz, Sitz und Herd des menschlichen Personenlebens, Empfangs- und Sendestation des inneren Lebens.

1. Das verkehrte Herz.

1 Mose 8, 21	Das Dichten und Trachten des menschlichen Herzens ist böse von Jugend auf.
Jerem. 17, 9	Es ist das Herz ein trotzig und verzagtes Ding; wer kann es ergründen?
Mtth. 15, 19	Aus dem Herzen kommen arge Gedanken.
Sprüche 6, 18	Herz, das mit bösen Tücken umgehet.
Ps. 95, 10	Es sind Leute, deren Herz immer den Irrweg will.
Hebr. 3, 10	Immerdar irren sie mit ihrem Herzen.
Sprüche 6, 25	Laß dich ihre Schöne nicht gelüsten in deinem Herzen.
Luk. 21, 34	Hütet euch, daß eure Herzen nicht beschwert werden mit Fressen und Saufen.
1 Kön. 15, 3	Sein (Abiams) Herz war nicht rechtschaffen an dem Herrn.
Sprüche 16, 5	Ein stolzes Herz ist dem Herrn ein Greuel!
Ps. 101, 4	Ein verkehrtes Herz muß von mir weichen.
Apgsch. 5, 3	Ananias, warum hat der Satan dein Herz erfüllt?
2 Mose 7, 13	Das Herz Pharaos ward verstockt; das Herz Pharaos ist hart.

2. Das Herz ist Gott offenbar.

Ps. 95, 8	Verstocket euer Herz nicht!
Apgsch. 15, 8	Gott, der Herzenskündiger.
1 Sam. 16, 7	Ein Mensch siehet, was vor Augen ist, Gott aber sieht das Herz an.
1 Kön. 8, 39	Du allein kennest das Herz aller Kinder der Menschen.
Luk. 16, 15	Gott kennt eure Herzen.
Offenb. 2, 23	Ich bin, der Nieren und Herzen erforschet.
Joh. 2, 25	Jesus bedurfte nicht, daß jemand Zeugnis gäbe von einem Menschen, denn er wußte wohl, was im Menschen war.
1 Kor. 4, 5	Er wird den Rat der Herzen offenbaren.

3. Der Herr zeigt dem Menschen sein Herz; das bußfertige Herz.

Apgsch. 2, 37	Es ging ihnen durchs Herz.
16, 14	Der Herr tat der Lydia das Herz auf.
1 Sam. 10, 9	Gott gab dem Saul ein anderes Herz.
Ps. 34, 19	Der Herr ist nahe bei denen, die zerbrochenen Herzens sind.
51, 19	Ein geängstetes und zerschlagenes Herz.
Joel 2, 13	Zerreißet eure Herzen.
1 Joh. 3, 20	Das verdammende Herz.
Ps. 109, 22	Mein Herz ist zerschlagen in mir.

4. Er heilt das Herz, das man ihm gibt; das versöhnte Herz.

Sprüche 23, 26	Gib mir, mein Sohn, dein Herz!
23, 12	Gib dein Herz zur Zucht!
23, 19	Richte dein Herz in den Weg!
Jerem. 29, 13	So ihr mich von ganzem Herzen suchet, will ich mich ... finden lassen.
30, 21	Wer ist der, so mit willigem Herzen zu mir nahet?
24, 7	Ich will ihnen ein Herz geben, daß sie mich kennen sollen.
Hesek. 36, 26	Ich will das steinerne Herz aus eurem Fleisch wegnehmen und euch ein fleischernes Herz geben.
Jerem. 31, 33	Mein Gesetz in ihr Herz geben.
Hesek. 11, 19	Ich will euch ein einträchtiges Herz geben.
Apgsch. 4, 32	Die Menge der Gläubigen war ein Herz und eine Seele.
Ps. 51, 12	Schaffe in mir, Gott, ein reines Herz (Davids Bitte).
1 Kön. 3, 9	Ein gehorsames Herz (Salomos Bitte).
Sirach 50, 25	Er gebe uns ein fröhliches Herz.
Sacharja 10, 7	Ihr Herz soll fröhlich werden am Herrn.
Apgsch. 2, 26	Darum ist mein Herz fröhlich ..., auch mein Fleisch wird ruhen in der Hoffnung.
Jerem. 32, 40	Ich will ihnen meine Furcht ins Herz geben.
Luk. 4, 18	Zu heilen die zerstoßenen Herzen.
Apgsch. 15, 9	Gott reinigte ihre Herzen durch den Glauben.
2 Kor. 4, 6	Gott hat einen hellen Schein in unsere Herzen gegeben.
Mtth. 5, 8	Selig sind, die reines Herzens sind.
2 Thess. 3, 5	Der Herr richte eure Herzen zur Liebe Gottes und zu der Geduld Christi.
1 Tim. 1, 5	Liebe von reinem Herzen.
1 Joh. 3, 21	So uns unser Herz nicht verdammt, so haben wir eine Freudigkeit zu Gott.
Gal. 4, 6	Gott hat gesandt den Geist seines Sohnes in eure Herzen, der schreiet: Abba, lieber Vater!
Hebr. 13, 9	Es ist ein köstlich Ding, daß das Herz fest werde.
Sprüche 4, 23	Behüte dein Herz mit allem Fleiß, denn daraus geht das Leben.
Phil. 4, 7	Der Friede Gottes bewahre eure Herzen in Christo Jesu.

Herwiederbringen, Wiederbringung; siehe Wiedergeburt 4.

Himmel, himmlisch, Himmelreich. 1. Der die Erde umschließende Himmel.
2. Die Wohnung des erhabenen, übergeordneten und unvergänglichen Gottes.
3. Die Stätte der Heilsgüter, der höheren Ordnung der Dinge.

1. Der die Erde umschließende Himmel mit den Gestirnen ist:

	a) geschaffen von Gott;
1 Mose 1, 1	Im Anfang schuf Gott Himmel und Erde.
Ps. 33, 6	Der Himmel ist durchs Wort des Herrn gemacht und all sein Heer durch den Geist seines Mundes.
19, 2	Die Himmel erzählen die Ehre Gottes.

b) wird vergehen auf Gottes Wink am Ende der Tage.

Jes. 51, 6 Der Himmel wird wie ein Rauch vergehen.
Ps. 102, 27 Die Himmel werden vergehen, aber du bleibst.
Mtth. 24, 35 Himmel und Erde werden vergehen, aber meine Worte werden nicht vergehen.
2 Petr. 3, 10 Es wird aber des Herrn Tag kommen wie ein Dieb in der Nacht, an welchem die Himmel zergehen werden mit großem Krachen.

2. Der Himmel ist die Wohnung des erhabenen Gottes.

Ps. 2, 4 Der im Himmel wohnt, lachet ihrer, und der Herr spottet ihrer.
115, 3 Unser Gott ist im Himmel, er kann schaffen, was er will.
Mtth. 5, 34 Ihr sollt nicht schwören bei dem Himmel, denn er ist Gottes Stuhl, noch bei der Erde, denn sie ist seiner Füße Schemel (Gott erfüllt Himmel und Erde).
6, 9 Unser Vater in dem Himmel.
Luk. 15, 18 Ich habe gesündigt gegen den Himmel (Gottes Name).
2 Kor. 12, 2 Ward entzücket bis in den dritten Himmel (Erster Himmel: natürlicher Himmel; zweiter und dritter Himmel: die Sphäre des erhabenen Gottes, innerhalb dieser die Stätte des Christus).

3. Der Himmel ist der Ort der Heilsgüter.

a) Der Ort, woher Christus kam und wohin er ging als Hoherpriester seiner Gemeinde.

Joh. 3, 31 Der vom Himmel kommt, ist über alle (Jesus von sich).
6, 51 Ich bin das lebendige Brot, vom Himmel gekommen.
3, 13 Niemand fährt gen Himmel, denn der vom Himmel herniedergekommen ist, nämlich des Menschen Sohn, der im Himmel ist.
1 Kor. 15, 47 Der erste Mensch ist von der Erde und irdisch, der andere Mensch ist der Herr vom Himmel.
Apgsch. 1, 11 Dieser Jesus, welcher von euch ist aufgenommen gen Himmel, wird kommen, wie ihr ihn gesehen habt gen Himmel fahren.
3, 21 Welcher muß den Himmel einnehmen bis auf die Zeit, da herwiedergebracht werde alles, was Gott geredet hat (Zeit der Vollendung).
Hebr. 4, 14 Wir haben einen großen Hohenpriester, Jesum, den Sohn Gottes, der gen Himmel gefahren ist.
1 Joh. 2, 1 Ob jemand sündigt, so haben wir einen Fürsprecher bei dem Vater, Jesum Christum.
Hebr. 7, 26 Wir haben einen Hohenpriester ..., höher, denn der Himmel ist.

b) Das Geheimnis des Himmelreichs.

1. Wie kommt es?

Mtth. 13, 3 Es kommt durchs Wort und findet verschiedene Aufnahme.
13, 31 Es breitet sich von kleinen Anfängen aus.
13, 44 Es ist mehr wert als alles; und nur wer alles hingibt, kommt hinein.
13, 24 Es ist nie in reiner Gestalt auf Erden, die Scheidung zwischen Gut und Böse ist der Vollendung vorbehalten.

2. Wer kommt hinein?

Mtth. 11, 12 Es wird mit Gewalt errungen.
Joh. 3, 27 Ein Mensch kann nichts nehmen, es werde ihm denn gegeben vom Himmel.
Mtth. 18, 3 Wer nicht umkehrt und wie ein Kind wird, kommt nicht hinein.
Joh. 3, 3 Nur von neuem Geborene sehen es.
Es kommen hinein:
Mtth. 25, 1 Die Bereiten, bei denen das Leben die Form füllt;
25, 14 Die Treuen;
25, 31 Die Liebenden;
21, 31 Eher die Zöllner und Huren als die Selbstgerechten.

3. Wer kommt nicht hinein?

Es kommen nicht hinein:

Mtth. 7, 21	Die nicht den Willen tun des Vaters im Himmel;
18, 23	Die Unversöhnlichen;
22, 11	Die kein hochzeitliches Kleid anhaben (Die Ungeheiligten, siehe Heiligung).

4. Es ist gegenwärtig.

Mtth. 3, 2	Tut Buße, das Himmelreich ist nahe herbeigekommen.
Luk. 10, 20	Namen im Himmel angeschrieben.
17, 21	Das Reich Gottes ist mitten unter euch.
Eph. 1, 3	Der uns gesegnet hat in himmlischen Gütern durch Christum.
Hebr. 3, 1	Die ihr mit berufen seid durch die himmlische Berufung.
Eph. 2, 6	Samt ihm auferweckt und samt ihm in himmlisches Wesen gesetzt in Christo Jesu.
Phil. 3, 20	Unser Wandel (Bürgerrecht) ist im Himmel, von dannen wir auch warten des Heilands.

5. Es ist zugleich zukünftig (das, was Gott uns gibt, weist immer über sich hinaus; Phil. 3, 20).

1 Petr. 1, 4	Das unvergängliche und unbefleckte und unverwelkliche Erbe, das behalten wird im Himmel.
Hebr. 10, 34	Bessere und bleibende Habe im Himmel.
Offenb. 21, 2	Ich sah die heilige Stadt, das neue Jerusalem, von Gott aus dem Himmel herabfahren.

Hirte, Herde, Schafe.

Der Ausdruck Hirte wird von Hirten, von Fürsten und Heerführern und von Gott gebraucht, der seinem Volk Recht und Heil schafft und das messianische Heil verleiht. Die Gemeinde Gottes wird Herde genannt, an der Gott seine heilbringende Macht und Liebe beweist.

1. Menschliche Hirten (Führer und Lehrer) versagen.

1 Kön. 22, 17	Ganz Israel zerstreut auf den Bergen, wie Schafe ohne Hirten.
Hesek. 34, 5	Meine Schafe sind zerstreut, als die keinen Hirten haben.
Sacharja 10, 2	Sie sind verschmachtet, weil kein Hirte da ist.
Jes. 53, 6	Wir gingen alle in der Irre wie Schafe, ein jeglicher sah auf seinen Weg.
1 Petr. 2, 25	Ihr waret wie die irrenden Schafe.
Mtth. 9, 36	Da er das Volk sah, jammerte ihn desselben, denn sie waren verschmachtet und zerstreut wie die Schafe, die keinen Hirten haben.
Ps. 119, 176	Ich bin wie ein verirrt und verloren Schaf; suche deinen Knecht.

2. Gott ist der rechte Hirte. In Christus nimmt er sich seiner Herde an.

Hesek. 34, 11	Ich will mich meiner Herde selbst annehmen.
Jes. 40, 11	Er wird seine Herde weiden wie ein Hirt, er wird die Lämmer in seine Arme sammeln und in seinem Busen tragen und die Schafmütter führen.
Ps. 23, 1	Der Herr ist mein Hirte, mir wird nichts mangeln.
80, 2	Du Hirte Israels, der du Joseph hütest wie die Schafe.
Hesek. 34, 23	Ich will ihnen einen einigen Hirten erwecken, der sie weiden soll, nämlich meinen Knecht David.
Joh. 10, 14	Ich bin der gute Hirte.
Luk. 15, 4	Er sucht sein verlorenes Schaf, bis daß er's findet.
Joh. 10, 14	Er kennt die Seinen.
10, 11	Gibt ihnen Leben und volles Genüge.
10, 12	Läßt sein Leben für die Schafe.

Mtth. 26, 31	Ich werde den Hirten schlagen, und die Schafe der Herde werden sich zerstreuen.
Jes. 53, 7	Da er gestraft und gemartert ward, tat er seinen Mund nicht auf wie ein Lamm, das zur Schlachtbank geführt wird, und wie ein Schaf, das verstummt vor seinem Scherer.
Hebr. 13, 20	Er, der große Hirt der Schafe, ist von den Toten ausgeführt.
Joh. 10, 28	Gibt seinen Schafen das ewige Leben.
10, 29	Bewahrt sie: Niemand kann sie aus meines Vaters Hand reißen.
10, 16	Sammelt sie mit den anderen Schafen (den Heiden) zu einer Herde unter einem Hirten.
21, 16	Jesus (zu Petrus): Weide meine Schafe; setzt eine Herde ein.
1 Petr. 5, 2	Weidet die Herde Christi!
Mtth. 10, 16	Sendet sie wie Schafe mitten unter die Wölfe.
7, 15	Die Wölfe kommen in Schafskleidern.
1 Petr. 5, 4	Lohnt seine Hirten: So werdet ihr, wenn erscheinen wird der Erzhirte, die unverwelkliche Krone der Ehren empfangen.
Mtth. 25, 32	Richtet die Schafe: Er wird sie voneinander scheiden, gleich als ein Hirt die Schafe von den Böcken scheidet.
Offenb. 7, 17	Er gibt ihnen die Seligkeit: Das Lamm mitten im Stuhl wird sie weiden und leiten zu den lebendigen Wasserbrunnen.

Hölle, Totenreich, Paradies.

Hölle. 1. Hades – hebräisch Scheol, altdeutsch hel –, Totenreich, ist der Ort der Toten, der in der Tiefe gedacht wird.

Im Tode kommt die Entfernung von Gott, dem Lebensquell zum Ausdruck. Daher sieht das Neue Testament den Zusammenhang des Totenreiches mit der Sünde deutlich. Deshalb ist das Totenreich besonders der Ort der Gottlosen. Der Ort der Gerechten, wo sie auf die Auferstehung warten, eine Stätte des Friedens, wird von den Rabbinen Paradies genannt und trifft wohl zusammen mit dem Paradies im Neuen Testament.

Hölle. 2. Hebräisch Geenna, der Ort der Verdammten, die im Endgericht durch Feuer vernichtet werden.

1. Totenreich der Ort der Toten.

1 Mose 37, 35	Ich werde mit Leid hinunterfahren in die Grube.
1 Sam. 2, 6	Der Herr führt in die Hölle und wieder heraus.
Ps. 89, 49	Wo ist jemand, der seine Seele rette aus der Hölle Hand (Neu durchgesehene Lutherbibel: aus des Todes Hand)?

2. Hölle der Ort der Gottlosen.

Ps. 49, 15	Die Gottlosen liegen in der Hölle wie Schafe, und der Tod weidet sie.
55, 16	Sie müssen lebendig in die Hölle fahren, denn es ist eitel Bosheit unter ihrem Haufen.
Jes. 14, 9	Einzug des Königs von Babel in dem Totenreich.
Luk. 16, 23	Als er nun in der Hölle und in der Qual war, ... sprach er ..., ich leide Pein in dieser Flamme.
Mtth. 8, 12	In die Finsternis hinaus, wo sein wird Heulen und Zähneklappern (Ausdruck der Angst und Reue).
11, 23	Du, Kapernaum, wirst in die Hölle hinuntergestoßen werden.

3. Geenna der Ort, wo die Verdammten gerichtet werden.

Jes. 66, 24	Ihr Wurm wird nicht sterben und ihr Feuer wird nicht erlöschen.
Mtth. 5, 30	Der ganze Leib werde in die Hölle geworfen.
Mrk. 9, 45	In das ewige Feuer, da ihr Wurm nicht stirbt und ihr Feuer nicht verlischt.
Mtth. 25, 41	Gehet hin in das ewige Feuer, das bereitet ist dem Teufel.
Offenb. 20, 14	Der Tod und das Totenreich (Hölle) wurden geworfen in den Feuersee, das ist der andere Tod.

4. Ort der Gerechten.

Jes. 57, 2	Die richtig vor sich gewandelt haben, kommen zum Frieden und ruhen in ihren Kammern.
Ps. 49, 16	Gott wird meine Seele erlösen aus der Hölle Gewalt, denn er hat mich angenommen.
Luk. 16, 22	Der Arme ward getragen von den Engeln in Abrahams Schoß.
16, 23	Er hob seine Augen auf und sah Abraham.
23, 43	Heute wirst du mit mir im Paradiese sein.
Offenb. 2, 7	Dem will ich zu essen geben von dem Holz des Lebens, das im Paradies Gottes ist.

5. Christus erlöst vom Totenreiche durch seine Auferstehung (siehe Auferstehung) und Wiederkunft.

Offenb. 1, 18	Ich habe die Schlüssel der Hölle und des Todes.
Mtth. 16, 18	Meine Gemeinde, und die Pforten der Hölle sollen sie nicht überwältigen (Ewiger Bestand der Gemeinde).
27, 52	Es standen auf viele Leiber der Heiligen.
1 Petr. 3, 19	(Jesus) hat gepredigt den Geistern im Gefängnis.
1 Kor. 15, 26	Der letzte Feind, der aufgehoben wird, ist der Tod.
15, 55	Dann (wenn Offenb. 20, 14 erfüllt ist) wird erfüllt werden, was geschrieben steht: ... Tod, ... Hölle, wo ist dein Sieg?

Hoffart, siehe Demut.

Hoffnung, hoffen. Hoffnung ist die gewisse Erwartung der zukünftigen Vollendung des Heils, die die Heiden nicht haben, die aus dem Glauben quillt und in allen Anfechtungen Mut gibt.

Während die Hoffnung der Griechen eine Erwartung kommender Güter ist, die der Mensch sich entweder selber schafft oder die ihm zufallen, wobei doch die Enttäuschung in Rechnung gezogen werden muß (»Nur ein Gott geht in seinen Erwartungen nie fehl«, Pindar), betrachtet das Alte Testament jede Hoffnung, die sich nicht auf den Glauben an Gott gründet, als eine unerlaubte Sicherheit. Reichtum (Hiob 31, 24), Gerechtigkeit (Hesek. 33, 13), religiöser Besitz, Menschen (Jerem. 17, 5), Überlegungen und Berechnungen politischer Art sind eitel und ein Hauch (Ps. 94, 11; Jes. 30, 15). Nur die Hoffnung auf den lebendigen Gott, die sich auf seine Heilsoffenbarung gründet, läßt nicht zuschanden werden. Sie ist Hilfe in konkreter Not und wird in irdischer Aussichtslosigkeit immer mehr zu endzeitlicher Erwartung. Da die Rabbinen die Erfüllung der messianischen Hoffnung auf menschliche Leistungen gründen (zum Beispiel pünktliche Erfüllung des Sabbatsgebots im ganzen Israel), geraten sie in große Unsicherheit, denn der Mose, auf den sie hoffen, verklagt sie (Joh. 5, 45).

Die Hoffnung der Urchristenheit beruht auf dem Glauben an Jesus Christus (Hebr. 11, 1), in dem das endzeitliche Heil angebrochen ist und auch vollendet werden wird. Die Bewahrung der Hoffnung unter den Widersprüchen des Lebens, »der Mut, der in den Anfechtungen festbleibt« (Luther), ist gegründet auf dem im Glauben gegenwärtigen Heil in Christus, der geradezu als Inhalt der Hoffnung bezeichnet wird (1 Thess. 1, 2; Eph. 1, 10). Der im Heiligen Geist gegenwärtige Christus erweckt die Hoffnung auf die Vollendung des Heils (Röm. 5, 5: Erfahrung bringt Hoffnung, denn die Liebe Gottes ist ausgegossen in unser Herz durch den Heiligen Geist, der uns gegeben ist; Röm. 15, 13: daß ihr völlige Hoffnung habet durch die Kraft des Heiligen Geistes). Diese Hoffnung, die dem Glauben geschenkt wird, ist kein leerer, abstrakter Begriff. Sie hat einen Inhalt, der die Vollendung des angebrochenen Heils erwartet.

1. Die Heiden haben keine Hoffnung.

Eph. 2, 12	Ihr waret ohne Christum ..., daher ihr keine Hoffnung hattet und waret ohne Gott in der Welt.
1 Thess. 4, 13	Daß ihr nicht traurig seid wie die andern, die keine Hoffnung haben.

2. In Israel, das seinem Gott vertraut, flammt die Hoffnung auf.

	a) Quelle der Hoffnung: Gottesfurcht und Gottvertrauen.
Ps. 115, 11	Die den Herrn fürchten, hoffen auf den Herrn.
Jerem. 14, 22	Du bist ja der Herr, unser Gott, auf den wir hoffen, denn du kannst solches alles tun.
	b) Der Segen der Hoffnung: sie überwindet Furcht und Zagen.
Ps. 33, 18	Des Herrn Auge siehet auf die, so ihn fürchten, die auf seine Güte hoffen, daß er ihre Seele errette.
56, 4	Wenn ich mich fürchte, so hoffe ich auf dich.
112, 7	Wenn eine Plage kommen will, so fürchtet er sich nicht, sein Herz hofft unverzagt auf den Herrn.
26, 1	Ich hoffe auf den Herrn, darum werde ich nicht fallen.
Jes. 30, 15	Durch Stillesein und Hoffen würdet ihr stark sein.
	c) Der Inhalt der alttestamentlichen Hoffnung.
	1. Der Vorläufer.
Jes. 40, 3	Es ist die Stimme eines Predigers in der Wüste.
52, 7	Die Friedensboten.
Maleachi 3, 1	Ich will meinen Engel senden, der vor mir her den Weg bereiten soll.
3, 23	Ich will euch senden den Propheten Elia.
	2. Der Messias, der Davidssohn und König.
1 Mose 3, 15	Der Weibessame, der dem Schlangensamen den Kopf zertritt!
12, 3	In dir (Abraham) sollen gesegnet werden alle Geschlechter auf Erden.
49, 10	Es soll das Zepter von Juda nicht entwendet werden, bis daß der Held komme, demselben werden die Völker anhangen.
4 Mose 24, 17	Es wird ein Stern aus Jakob aufgehen.
2 Sam. 7, 16	Dein Haus und dein Königreich soll beständig sein vor dir, und dein Stuhl soll ewiglich bestehen (zu David).
Amos 9, 11	Ich will die zerfallene Hütte Davids wieder aufrichten.
Jes. 9, 5	Uns ist ein Kind geboren, ein Sohn ..., und er heißt ... Ewigvater, Friedefürst ... auf dem Stuhl Davids.
11, 1	Es wird eine Rute aufgehen von dem Stamm Isais.
Jerem. 33, 17	Es soll einer von David sitzen auf dem Stuhl des Hauses Israel.
Hesek. 34, 24	Mein Knecht David soll der Fürst unter ihnen sein.

Micha 5, 1	Du Bethlehem Ephrata ..., aus dir soll mir der kommen, der in Israel Herr sei.
Sacharja 9, 9	Du Tochter Zion, freue dich sehr ... Siehe, dein König kommt zu dir, ein Gerechter und ein Helfer, arm.
	3. Der Messias, der Gottesknecht, der Erlöser.
Jes. 41, 8	Israel, mein Knecht, ... den ich erwählt habe.
49, 6	Der Gottesknecht das Licht der Heiden.
50, 4	Der leidende Gottesknecht. Der Herr, Herr, hat mir eine gelehrte Zunge gegeben, daß ich wisse mit dem Müden zur rechten Zeit zu reden. Ich hielt meinen Rücken dar denen, die mich schlugen.
53, 3	Der Allerverachtetste.
53, 5	Der stellvertretend Leidende.
59, 20	Der Erlöser.
	4. Der Messias, der Prophet.
5 Mose 18, 15	Einen Propheten wie mich wird der Herr, dein Gott, dir erwecken.
Jes. 61, 1	Er hat mich gesandt, den Elenden zu predigen.
	5. Der Messias, der Gottessohn.
Ps. 2, 7	Der Herr hat zu mir gesagt: Du bist mein Sohn.
	6. Der Messias, der Menschensohn.
Ps. 8, 5	Des Menschen Kind ..., du hast ihn wenig niedriger gemacht denn Gott.
Dan. 7, 13	Es kam einer in des Himmels Wolken wie eines Menschen Sohn.
	7. Der Messias, der Hohepriester.
Ps. 110, 4	Du bist ein Priester ewiglich nach der Weise Melchisedeks.
	8. Der messianische Bund und die Erneuerung durch den Geist.
Jerem. 31, 31	Ich will einen neuen Bund machen ... Ich will mein Gesetz in ihr Herz geben und in ihren Sinn schreiben.
Hesek. 36, 26	Ich will euch ein neues Herz und einen neuen Geist in euch geben.
Joel 3, 1	Ich will meinen Geist ausgießen über alles Fleisch.
	9. Die Endzeit.
Jes. 2, 2	Es wird zur letzten Zeit der Berg, da des Herrn Haus ist, fest stehen, höher denn alle Berge ..., und werden alle Heiden herzulaufen. Micha 4, 1-3.
Haggai 2, 9	Es soll die Herrlichkeit des letzten Hauses größer werden, denn des ersten gewesen ist.
Jes. 40, 5	Die Herrlichkeit des Herrn soll offenbart werden.
Joel 4, 18	Es wird eine Quelle vom Hauses des Herrn herausgehen.
Hesek. 47, 1	Wasser floß heraus unter der Schwelle des Tempels.
Jes. 2, 4	Die Friedenszeit: Schwerter werden zu Pflugscharen.
47, 12	Die unverwelklichen Bäume am Ufer dieses Stroms.
11, 6	Die Wölfe werden bei den Lämmern wohnen.
65, 25	Der Löwe wird Stroh essen wie ein Rind.
26, 19	Deine Toten werden leben.
Hesek. 37, 1	Auferstehung der Toten.
Dan. 12, 2	Viele, die unter der Erde schlafen liegen, werden aufwachen.
Amos 5, 18	Weh denen, die den Tag des Herrn begehren; denn des Herrn Tag ist eine Finsternis.
Hesek. 30, 3	Des Herrn Tag ist nahe, ein finstrer Tag.
Joel 2, 11	Der Tag des Herrn ist groß und sehr erschrecklich.
2, 10	Sonne und Mond werden finster.
Jes. 65, 17	Ich will einen neuen Himmel und eine neue Erde schaffen.
66, 16	Das Endgericht.

3. Die Hoffnung im Neuen Testament.

a) Die Quelle der Hoffnung ist Christus, der Auferstandene.

Mtth. 12, 21	Die Heiden werden auf seinen Namen hoffen.
Luk. 24, 21	Wir aber hofften, er sollte Israel erlösen.
1 Thess. 1, 3	Hoffnung, welche ist unser Herr Jesus Christus.
1 Tim. 1, 1	Unser Herr Jesus ..., welcher unsere Hoffnung ist.
Eph. 1, 12	Die wir auf Christum hoffen.
1 Tim. 4, 10	Hoffet auf den lebendigen Gott.
1 Petr. 1, 13	Hoffet auf die Gnade, die euch angeboten ist durch die Offenbarung Jesu Christi.
Eph. 1, 18	Hoffnung der Berufung (Anbietung durch den Ruf).
2 Thess. 2, 16	Unser Herr Jesus Christus hat uns gegeben ... eine gute Hoffnung durch Gnade.
1 Petr. 1, 3	Der Vater Jesu Christi, der uns wiedergeboren hat zu einer lebendigen Hoffnung durch die Auferstehung Jesu Christi von den Toten.
1, 21	Gott, der ihn auferweckt hat von den Toten, auf daß ihr Glauben und Hoffnung zu Gott haben möchtet.
Gal. 5, 5	Wir warten im Geist durch den Glauben der Gerechtigkeit, auf welche man hoffen muß.
Hebr. 7, 19	Bessere Hoffnung (weil gewisser als im Alten Bund).

b) Die Art der Hoffnung.

1. Die Hoffnung der Wiederkunft Christi.

Mtth. 26, 64	Ihr werdet sehen des Menschen Sohn sitzen zur Rechten der Kraft und kommen in den Wolken des Himmels.
Luk. 21, 27	Alsdann werden sie sehen des Menschen Sohn kommen in der Wolke mit großer Kraft und Herrlichkeit. Mtth. 24, 30.
Mtth. 24, 27	Wie der Blitz ausgeht ..., also wird auch sein die Zukunft des Menschensohnes.
Joh. 14, 3	Wenn ich hingehe, euch die Stätte zu bereiten, so will ich wiederkommen und euch zu mir nehmen, daß ihr seid, wo ich bin.
Apgsch. 1, 11	Jesus wird kommen, wie ihr ihn gesehen habt gen Himmel fahren.
1 Thess. 4, 16	Er selbst, der Herr, wird mit einem Feldgeschrei ... herniederkommen vom Himmel.
Hebr. 9, 28	Zum anderenmal wird er ohne Sünde erscheinen denen, die auf ihn warten, zur Seligkeit.
Offenb. 19, 11	Ich sah den Himmel aufgetan; und siehe, ein weißes Pferd, und der darauf saß, hieß Treu und Wahrhaftig, und er richtet und streitet mit Gerechtigkeit.
22, 20	Ich komme bald.
Mtth. 24, 36	Von dem Tage aber und der Stunde weiß niemand, auch die Engel nicht im Himmel, sondern allein mein Vater.

2. Die Hoffnung der Herrlichkeit, der Auferstehung und Vollendung.

1 Kor. 13, 13	Glaube, Hoffnung, Liebe (Schwester des Glaubens und der Liebe, nie ohne sie).
Röm. 8, 24	Wir sind gerettet, doch in der Hoffnung.
Kol. 1, 5	Hoffnung, beigelegt im Himmel (Ihre Erfüllung ist dort aufbehalten).
1, 27	Christus in euch, der da ist die Hoffnung der Herrlichkeit.
Röm. 5, 2	Wir rühmen uns der Hoffnung der zukünftigen Herrlichkeit.
Apgsch. 24, 15	Hoffnung zu Gott, daß zukünftig sei die Auferstehung der Toten.
23, 6	Angeklagt um der Hoffnung und Auferstehung willen der Toten (siehe Auferstehung).
Titus 3, 7	Erben des ewigen Lebens nach der Hoffnung.
2 Kor. 3, 12	Dieweil wir nun solche Hoffnung haben, sind wir voll großer Freudigkeit.

1 Joh. 3, 2	Wir wissen, wenn es erscheinen wird, daß wir ihm gleich sein werden, denn wir werden ihn sehen, wie er ist.
Röm. 8, 20	Die Hoffnung der Kreatur auf Erlösung (siehe Wiedergeburt, Schluß).
	3. Die Vollendung der Gemeinde.
Joh. 12, 32	Wenn ich erhöht werde von der Erde, will ich sie alle zu mir ziehen.
Röm. 11, 25	Blindheit ist Israel zum Teil widerfahren, bis daß die Fülle der Heiden eingehe ..., und also das ganze Israel selig werde.
Eph. 4, 13	Bis daß wir alle hinankommen zu einerlei Glauben.
5, 27	Auf daß er sie sich selbst darstellte als eine Gemeinde, die herrlich sein, die nicht habe einen Flecken oder Runzel.
1 Petr. 4, 17	Es ist Zeit, daß das Gericht anfange an dem Hause Gottes.
Joh. 10, 16	Es wird eine Herde und ein Hirte werden.
	c) Der Segen der Hoffnung.
Apgsch. 2, 26	Darum ist mein Herz fröhlich ..., denn auch mein Fleisch wird ruhen in der Hoffnung.
Röm. 12, 12	Seid fröhlich in Hoffnung.
2 Kor. 3, 12	Dieweil wir nun solche Hoffnung haben, sind wir voll Freudigkeit.
1 Petr. 4, 7	Es ist aber nahegekommen das Ende aller Dinge, so seid nun mäßig und nüchtern zum Gebet.
1 Joh. 3, 3	Wer solche Hoffnung hat, der reinigt sich.

Hohepriester, siehe Priester.

Hungern, siehe Durst.

Kampf, kämpfen. Die Lebensaufgabe des Christen, seinen Glauben unter allen Schwierigkeiten zu bewahren, fordert die Anspannung bis zum Äußersten, wie sie der Kampf mit sich bringt. Die Anschauung der Wettkämpfe im Stadion wird schon in der griechisch-jüdischen Literatur benützt, um den Kampf des Frommen, des Tugendhelden zu schildern. Das vierte Makkabäerbuch beschreibt den Leidenskampf der Märtyrer mit diesem Bildmaterial. Der Gegner, der den Kämpfer niederschlagen will, ist der Teufel selbst. Die Urchristenheit gebraucht unter dem Zeichen des Kreuzes das Bild vom Kampf mit großem Ernst. Jesus sagt Luk. 13, 24: Ringet darnach, daß ihr durch die enge Pforte eingehet. Er selbst kämpfte im Garten Gethsemane mit dem Tode (Agonia, Luk. 22, 44). Die Missionsarbeit des Apostel Paulus ist ein einziger Kampf in leidenschaftlichem, zähem Ringen, wobei er wie ein Faustkämpfer alles einsetzt, sich selbst Faustschläge versetzt, um den Siegespreis zu erlangen (Kol. 1, 29; 1 Thess. 2, 2: Zu sagen das Evangelium Gottes mit den Kämpfen; 2 Kor. 7, 5: Auswendig Schlachten (Streit), inwendig Furcht; 1 Tim. 4, 7: Er hat einen guten Kampf gekämpft. Der Kampf geschieht mit dem Widersacher, mit dem Widersprechen der Sünder (Luk. 2, 34; Hebr. 12, 3; Eph. 6, 12). Es ist ein Leidenskampf, ein Martyrium, bei dem er selbst geopfert wird (2 Tim. 4, 6). Er ermahnt seine Mitarbeiter, das Böse zu erdulden (2 Tim. 2, 24). Die Hebräerchristen haben einen großen Kampf des Leidens erduldet (Hebr. 10, 32, die Bilder vom Stadion werden immer eindringlicher, letzte Anspannung ist nötig, daß sie bis aufs Blut widerstehen im Kampf wider die Sünde, Hebr. 12, 4). Dieser Kampf ist ein Kampf des Gebets, ein Gebetsringen um die Seelen. Die Gemeinde wird aufgefordert, mitzukämpfen im Gebet (Kol. 4, 2; Röm. 15, 30). Die Einmütigkeit, die erkämpft werden muß, ist die Voraussetzung des Siegers (Phil. 2, 2).

1. Kampf ist eine von Gott gestellte Aufgabe.

Hebr. 12, 1	Laufen durch Geduld in dem Kampf, der uns verordnet ist.
Mtth. 10, 34	Ihr sollt nicht wähnen, daß ich gekommen sei, Frieden zu senden auf die Erde (Luk. 12, 51).
Hebr. 10, 52	Erduldet habt einen großen Kampf des Leidens.
1 Thess. 2, 2	Zu sagen das Evangelium mit großen Kämpfen.
Kol. 2, 1	Welchen Kampf ich habe um euch (Der Bote Jesu kämpft um die Seelen).
Judä 3	Ermahnung, für den Glauben zu kämpfen.

2. Der Widersacher im Kampf.

Eph. 6, 12	Wir haben nicht mit Fleisch und Blut zu kämpfen, sondern mit Fürsten und Gewaltigen.
Hebr. 12, 4	Kämpfe wider die Sünde.
2 Kor. 10, 5	Anschläge und alle Höhe, die sich erhebt wider die Erkenntnis Gottes.

3. Die Waffen des Kampfes.

Röm. 13, 12	Anlegen die Waffen des Lichts.
2 Kor. 10, 4	Die Waffen unserer Ritterschaft sind nicht fleischlich, sondern mächtig vor Gott, zu zerstören Befestigungen.
Eph. 6, 10	Die geistliche Waffenrüstung: Buße und Vergebung, Bereitschaft zum Zeugnis, Glauben, Heilsgewißheit, Wort Gottes, Gebet.
1 Tim. 6, 12	Kämpfe den guten Kampf des Glaubens (Hauptwaffe der Glaube, der die Stärke Gottes anzieht, Eph. 6, 16).
1 Joh. 5, 4	Unser Glaube ist der Sieg, der überwunden hat.
Hebr. 12, 1	Laufen durch Geduld (Die Anspannung darf nicht nachlassen).
12, 4	Ihr habt noch nicht bis aufs Blut widerstanden.
1 Kor. 9, 25	Ein jeglicher, der da kämpft, enthält sich alles Dinges.
2 Tim. 2, 5	So jemand auch kämpft, wird er doch nicht gekrönt, er kämpfe denn recht (nach der Kampfregel).
Mtth. 26, 41	Wachet und betet.

4. Der Siegespreis. Siehe Krone.

Keuschheit, keusch, rein, Reinigung.

Keusch im Griechischen zwei Worte: 1. geschlechtlich rein, lauter in der Gesinnung, 2. beherrscht.
Rein, nicht von geschlechtlicher, sondern von ritueller Reinheit, soviel wie entsündigt.

1. Die Keuschheit.

a) Keuschheit ist eine Frucht des Heiligen Geistes, der das Gedankenleben reinigt.

Gal. 5, 22	Die Frucht des Geistes ist Keuschheit.
Jak. 3, 17	Die Weisheit von oben ist aufs erste keusch.
1 Petr. 1, 22	Machet keusch eure Seelen im Gehorsam der Wahrheit durch den Geist.
Phil. 4, 8	Was gerecht, was keusch, dem denket nach.
Jak. 4, 8	Machet eure Herzen keusch, ihr Wankelmütigen (Soviel wie lauter).
2 Kor. 11, 3	Reine Jungfrau (Deren Gedanken nicht verrückt sind von der Einfältigkeit in Christo).
6, 6	Wir beweisen uns als die Diener Gottes in Keuschheit.
1 Tim. 5, 22	Halte dich selber keusch!
4, 12	Sei ein Vorbild in der Keuschheit!

b) Keuschheit ist Beherrschtheit des Triebhaften.

Apgsch. 24, 25	Da Paulus redete von der Keuschheit.
Titus 1, 8	Ein Bischof soll sein keusch.

2. Rein sein heißt entsündigt sein, im Alten Testament ersehnt, im Neuen Testament geschenkt.

Ps. 51, 12	Schaffe in mir Gott, ein reines Herz!
73, 1	Israel hat dennoch Gott zum Trost, wer nur reines Herzens ist.
1 Joh. 1, 7	Das Blut Jesu Christi, des Sohnes Gottes, macht uns rein von aller Sünde.
Hebr. 9, 14	Reinigt das Gewissen von den toten Werken.
Apgsch. 15, 9	Gott reinigte ihre Herzen durch den Glauben (Titus 2, 14).
Titus 2, 14	Reinigte ihm selbst ein Volk zum Eigentum.
1 Joh. 3, 3	Der solche Hoffnung zu ihm hat, reinigt sich.
Mtth. 5, 8	Selig sind, die reines Herzens sind!
1 Tim. 3, 9	Das Geheimnis des Glaubens im reinen Gewissen.
1, 5	Liebe von reinem Herzen.
Titus 1, 15	Dem Reinen ist alles rein (Für den, der Vergebung der Sünden hat, gibt es keine rituelle Unreinheit mehr).

Kind, Kindschaft spricht ein Zugehörigkeitsverhältnis aus. Das Kind empfängt seine Wesensart vom Vater. Der Begriff Kindschaft wird im Sinne von Adoption gebraucht. Die Einsetzung in das Kindschaftsverhältnis bezeichnet die Erwählung durch Gott zur Gemeinschaft mit ihm. Sie geschieht um Jesu willen durch den Schöpferakt des Geistes.

1. Kinder im natürlichen Sinn.

a) Kinder sind ein Segen.

Ps. 127, 3	Siehe, Kinder sind eine Gabe Gottes.
128, 3	Deine Kinder wie Ölzweige um deinen Tisch her.

b) Die Erziehung der Kinder.

Sirach 30, 1	Wer sein Kind liebhat, hält es stets unter der Rute.
30, 9	Zärtle mit deinem Kind, so mußt du dich hernach vor ihm fürchten.
Kol. 3, 21	Ihr Väter, erbittert eure Kinder nicht,auf daß sie nicht scheu werden.

c) Pflichten der Kinder.

2 Mose 20, 12	Du sollst deinen Vater und deine Mutter ehren!
Kol. 3, 20	Ihr Kinder, seid gehorsam den Eltern in allen Dingen.

d) Kinder sind vorbildlich durch Demut und Einfalt.

Luk. 18, 17	Wer nicht das Reich Gottes annimmt wie ein Kind, wird nicht hineinkommen.

2. Kinder im geistigen Sinn.

a) Kinder der Bösen.

5 Mose 13, 14	Kind Belials (Neu durchgesehene Lutherbibel: heillose Leute).
Apgsch. 13, 10	Kind des Teufels. 1 Joh. 3, 10.
Joh. 8, 44	Ihr seid von eurem Vater, dem Teufel.
Jes. 57, 4	Kind der Übertretung.
Luk. 16, 8	Kind der Welt.
Mtth. 13, 38	Kind der Bosheit.
Eph. 5, 6	Zorn Gottes über die Kinder des Unglaubens.
2 Thess. 2, 3	Das Kind des Verderbens.

b) Gottes Kinder werden geboren aus Geist, aus Licht durch den Glauben an Christus.

Ps. 110, 3 Deine Kinder werden dir geboren wie der Tau aus der Morgenröte.
Joh. 3, 5 Es sei denn, daß jemand geboren werde aus Wasser und Geist.
Röm. 8, 14 Welche der Geist Gottes treibt, die sind Gottes Kinder.
8, 15 Ihr habt einen kindlichen Geist empfangen, durch welchen wir rufen: Abba, lieber Vater (Gal. 4, 6).
8, 16 Gottes Geist gibt Zeugnis unserem Geist, daß wir Gottes Kinder sind.
Eph. 3, 15 Der rechte Vater über alles, was da Kinder heißt.
1 Joh. 3, 1 Sehet, welch eine Liebe hat uns der Vater erzeigt, daß wir sollen Gottes Kinder heißen.
Jak. 1, 18 Er hat uns gezeugt nach seinem Willen durch das Wort der Wahrheit.
Joh. 12, 36 Glaubet an das Licht ..., auf daß ihr des Lichtes Kinder seid.
Eph. 5, 9 Wandelt wie die Kinder des Lichts (Luk. 16, 8).
Joh. 1, 12 Wie viele ihn aber aufnahmen, denen gab er Macht, Gottes Kinder zu werden, die an seinen Namen glauben.
Gal. 3, 26 Ihr seid alle Gottes Kinder durch den Glauben an Christus Jesus.

c) Gottes Kinder gehorchen, lieben, erben.

1 Petr. 1, 14 Als gehorsame Kinder.
Eph. 5, 1 So seid nun Gottes Nachfolger als die lieben Kinder.
Luk. 9, 55 Wisset ihr nicht, welches Geistes Kinder ihr seid?
Mtth. 5, 9 Selig sind die Friedfertigen, denn sie werden Gottes Kinder heißen!
Luk. 6, 35 Liebet eure Feinde ..., so wird euer Lohn groß sein und ihr werdet Kinder des Allerhöchsten sein!
1 Joh. 3, 10 Daran wird's offenbar, welche die Kinder Gottes und die Kinder des Teufels sind. Wer nicht recht tut, ist nicht von Gott, und wer nicht seinen Bruder liebhat.
3, 2 Wir sind nun Gottes Kinder; und es ist noch nicht erschienen, was wir sein werden, wir wissen aber, wenn es erscheinen wird, daß wir ihm gleich sein werden, denn wir werden ihn sehen, wie er ist.
Röm. 8, 17 Sind wir denn Kinder, so sind wir auch Erben, nämlich Gottes Erben und Miterben Christi, so wie anders mit leiden (Gal. 4, 7).
Offenb. 21, 7 Wer überwindet, der wird es alles ererben, und ich werde sein Gott sein, und er wird mein Sohn sein.
Hiob 38, 7 Die Engel werden Kinder Gottes genannt!
Luk. 20, 36 Den Engeln gleich und Gottes Kinder, weil sie Kinder sind der Auferstehung.

d) Die Kindschaft soviel wie Adoption.

Eph. 1, 5 Gott hat uns verordnet zur Kindschaft gegen ihn selbst durch Jesum Christum.
Gal. 4, 5 Daß wir die Kindschaft empfingen.
Röm. 8, 23 Sehnen uns auch nach der Kindschaft und warten auf unseres Leibes Erlösung.
8, 21 Auch die Kreatur frei werden wird zu der herrlichen Freiheit der Kinder Gottes (In der jenseitigen Vollendung).

e) Kindsein bezeichnet das Unvollkommene, die Anfangsstufe des Wachstums.

1 Petr. 2, 2 Als die jetzt geborenen Kinder.
Eph. 4, 14 Daß wir nicht mehr Kinder seien und uns wägen und wiegen lassen.
1 Kor. 3, 1 Ich konnte nicht mit euch reden als mit Geistlichen, sondern ... wie mit jungen Kindern (Hebr. 5, 13).

Kirche, Gemeinde. 1. Die Heilsgemeinde schon im Alten Testament in diesem Sinne, die Gesamtheit des israelitischen Volkes als Heilsvolk. 2. Die Heilsgemeinde im Neuen Testament. Die Gesamtheit aller von und zu Christus Berufenen (siehe Berufung). 3. Die neutestamentliche Heilsgemeinde in lokaler Begrenzung. 4. Die Versammlung der Gemeinde.

Das richtunggebende Wort ist das alttestamentliche kahal, Versammlung, das in der griechischen Übersetzung des Alten Testaments mit ekklesia wiedergegeben und mit diesem Ausdruck in das Neue Testament eingegangen ist. Es gibt nur ein Wort im Neuen Testament für Kirche und Gemeinde, zwei Ausdrücke, die wir unterschiedlich für ein und dieselbe Sache gebrauchen, nämlich das Wort ekklesia, die Versammlung. Dieses Wort betont an keiner Stelle des Neuen Testaments das »Herausgerufen werden«, sondern bedeutet einfach die Versammlung der Heilsgemeinde, der alttestamentlichen wie der neutestamentlichen. Diese Heilsgemeinde ist in jeder lokalen Gemeinde vorhanden (1 Kor. 1, 2: Die Versammlung Gottes, die in Korinth ist). Man hat auf dem Boden der Urchristenheit denselben Ausdruck gewählt, wie ihn das Alte Testament von der Heilsgemeinde hat, weil man eben diese Heilsgemeinde sein wollte und keine Sekte. Entscheidend ist der Sprachgebrauch Jesu, der in Mtth. 16 und 18 den im Aramäischen, der Sprache des Herrn und der Apostel, gebräuchlichen Ausdruck für kahal, für ekklesia benützt hat. »Es dürfte sich als Übersetzung das Wort Versammlung in erster Linie empfehlen« (ThW), da das Wort »Kirche« mehr die ganze Christenheit meint als die örtliche Gemeinde und vom Katholizismus her als hierarchische und sakrale Institution belastet ist. Das ThW schlägt dann schließlich »Kirchengemeinde« vor, aber dieser Ausdruck betont dann wieder die lokale Gemeinde einseitig. Wir werden wohl nicht ohne die beiden Worte Gemeinde und Kirche auskommen, aber wir müssen deutlicher betonen, um das Neue Testament nicht zu verfälschen, daß die eine Kirche Gottes in der lokalen Gemeinde gegenwärtig ist (1 Kor. 1,2).

I. Sprachgebrauch der Schrift.

1. Heilsgemeinde im alttestamentlichen Sinne.

3 Mose 4, 21	Das Sündopfer der Gemeinde.
4 Mose 15, 25	Der Priester soll die ganze Gemeinde versöhnen.
Ps. 1, 5	Die Sünder bleiben nicht in der Gemeinde der Gerechten.
89, 6	Die Wahrheit in der Gemeinde der Heiligen.
35, 18	Ich will dir danken in der großen Gemeinde.
149, 1	Die Gemeinde der Heiligen soll ihn loben.

2. Die Heilsgemeinde im neutestamentlichen Sinne.

Mtth. 16, 18	Auf diesen Felsen will ich bauen meine Gemeinde.
18, 17	Sage es der Gemeinde!
Apgsch. 2, 47	Der Herr tat hinzu täglich, die da selig wurden, zu der Gemeinde.
1 Kor. 1, 2	Der Gemeinde Gottes zu Korinth, den Geheiligten in Christo Jesu, den berufenen Heiligen samt all denen, die anrufen den Namen unseres Herrn Jesu Christi an allen ihren und unseren Orten (Ein Brief an eine örtliche Gemeinde, der doch der ganzen Heilsgemeinde gilt).
Eph. 5, 23	Gleichwie auch Christus ist das Haupt der Gemeinde (1, 22; Kol. 1, 18).
5, 32	Sage von Christo und der Gemeinde.
Kol. 1, 24	Leib, welcher ist die Gemeinde.
Eph. 5, 27	Gemeinde, die herrlich sei.
Hebr. 12, 23	Gemeinde der Erstgeborenen.
1 Kor. 12, 28	Gott hat gesetzt in der Gemeinde Apostel.
Apgsch. 20, 28	Zu weiden die Gemeinde Gottes.
1 Tim. 3, 5	Wie wird er die Gemeinde Gottes versorgen?
Gal. 3, 28	Hier ist kein Jude noch Grieche.

3. Die Heilsgemeinde im lokalen Sinne.

Apgsch. 14, 23	Ordneten Älteste den Gemeinden.
2 Kor. 11, 28	Trage Sorge für alle Gemeinden.
Offenb. 2, 7	Was der Geist den Gemeinden sagt.
1, 20	Engel der sieben Gemeinden.
Röm. 16, 4	Alle Gemeinden aus den Heiden.
16, 5	Grüßet die Gemeinde in ihrem Hause.

4. Versammlung.

Apgsch. 19, 39	Ausrichten in einer ordentlichen Gemeinde.
1 Kor. 11, 18	Wenn ihr zusammenkommt in der Gemeinde.
14, 28	So schweige er in der Gemeinde.

II. Das Wesen der Kirche.

1. Die Kirche ist Gottes Werk in Christus.

Kirche ist kyriake, das heißt: dem Herrn Gehörige. Ohne ständige, lebensvolle Verbindung mit Christus ist Kirche nicht mehr Kirche, sondern Welt. Die Schrift bringt diese Verbindung zum Ausdruck in sieben Bildern: Christus ist der Grundstein - die Christen die Bausteine, Christus das Weizenkorn – die Christen das Ackerwerk, Christus der Weinstock – die Christen die Reben, Christus das Haupt – die Christen die Glieder. Christus der Hirte – die Christen die Herde, Christus der Bräutigam – die Kirche die Braut, Christus der König – die Kirche das Bundesvolk.

Mtth. 16, 18	Ich will bauen meine Gemeinde.
1 Kor. 3, 11	Einen andern Grund kann niemand legen außer dem, der gelegt ist, welcher ist Jesus Christus.
1 Petr. 2,5	Auch ihr, als die lebendigen Steine, bauet euch zum geistlichen Hause.
Eph. 2, 20	Erbaut auf den Grund der Apostel und Propheten, da Jesus Christus der Eckstein ist (Jes. 28, 16; Mtth. 21, 42).
Joh. 12, 24	Es sei denn, daß das Weizenkorn in die Erde falle und ersterbe ..., so bringt es viele Früchte.
1 Kor. 3, 9	Ihr seid Gottes Ackerwerk und Gottes Bau (Mtth. 13, 3-23).
Joh. 15, 5	Ich bin der Weinstock, ihr seid die Reben.
Eph. 1, 22	Gott hat ihn gesetzt zum Haupt der Gemeinde über alles, welche da ist sein Leib.
4, 15	Lasset uns wachsen in allen Stücken an dem, der das Haupt ist, Christus, von welchem aus der ganze Leib zusammengefügt ist und ein Glied am andern hanget.
1 Kor. 12, 12	Gleichwie ein Leib ist und hat doch viele Glieder, alle Glieder ... doch ein Leib sind: also auch Christus.

2. Der Auftrag der Kirche.

Sie stellt die Verbindung zwischen Christus und seiner Gemeinde her durch das rein und lauter verkündigte Wort und die nach Christi Einsetzung verwalteten Sakramente. Weltliche Mittel (Macht und Gewalt, Weltklugheit, List und Lüge) sind ihr verboten, denn diese bauen nicht die Kirche, sondern zerstören sie.

Mtth. 28, 19	Gehet hin und lehret alle Völker und taufet sie.
Luk. 22, 19	Das ist mein Leib, der für euch gegeben wird, das tut zu meinem Gedächtnis.
Mtth. 24, 35	Himmel und Erde werden vergehen, aber meine Worte werden nicht vergehen.

Röm. 10, 17	So kommt der Glaube aus der Predigt, das Predigen aber durch das Wort Gottes.
Joh. 10, 27	Meine Schafe hören meine Stimme, und ich kenne sie, und sie folgen mir.
18, 36	Mein Reich ist nicht von dieser Welt. Wäre mein Reich von dieser Welt, meine Diener würden kämpfen.
Mrk. 10, 42	Die weltlichen Fürsten herrschen, und die Mächtigen unter ihnen haben Gewalt. Aber also soll es unter euch nicht sein, sondern welcher will groß werden unter euch, der soll euer Diener sein.
Luk. 17, 20	Das Reich kommt nicht mit äußerlichen Gebärden.
Mtth. 26, 52	Stecke dein Schwert an seinen Ort, denn wer das Schwert nimmt, der soll durchs Schwert umkommen.
1 Kor. 1, 18	Das Wort vom Kreuz ist eine Torheit denen, die verlorengehen.
2, 1	Ich (Paulus) kam nicht mit hohen Worten oder hoher Weisheit.
2 Kor. 6, 14	Ziehet nicht am fremden Hoch mit den Ungläubigen. Was hat die Gerechtigkeit zu schaffen mit der Ungerechtigkeit?
13, 8	Wir können nicht wider die Wahrheit, sondern für die Wahrheit.

3. Die Not der Kirche.

	a) Die Sünde der Gläubigen.
1 Petr. 5, 8	Seid nüchtern und wachet, denn euer Widersacher, der Teufel, ... sucht, welchen er verschlinge.
1 Joh. 1, 8	So wir sagen, wir haben keine Sünde, verführen wir uns selbst, und die Wahrheit ist nicht in uns.
	b) Falsche Christen und Heuchler.
Mtth. 13, 24	Unkraut unter dem Weizen.
7, 15	Sehet euch vor vor den falschen Propheten, die in Schafskleidern zu euch kommen, inwendig aber sind sie reißende Wölfe. An ihren Früchten sollt ihr sie erkennen.
7, 21	Es werden nicht alle, die zu mir sagen: Herr, Herr, in das Himmelreich kommen, sondern die den Willen tun meines Vaters im Himmel.
	c) Irrlehre.
Mtth. 24, 24	Es werden falsche Christi und falsche Propheten aufstehen und große Zeichen und Wunder tun, daß verführt werden in den Irrtum, wo es möglich wäre, auch die Auserwählten.
Apgsch. 20, 29	Das weiß ich, daß nach meinem Abschied werden unter euch kommen greuliche Wölfe, die die Herde nicht verschonen werden. Auch aus euch selbst werden aufstehen Männer, die da verkehrte Lehren reden, die Jünger an sich zu ziehen.
2 Tim. 4, 3	Es wird eine Zeit sein, da sie die heilsame Lehre nicht leiden werden, sondern nach ihren eigenen Lüsten werden sie sich selbst Lehrer aufladen, nach dem ihnen die Ohren jücken, und werden die Ohren von der Wahrheit wenden und sich zu den Fabeln (Urtext: Mythen) kehren.
	d) Verfolgung.
Mtth. 10, 17	Hütet euch vor den Menschen, denn sie werden euch überantworten vor ihre Rathäuser.
10, 16	Ich sende euch wie Schafe mitten unter die Wölfe.
2 Kor. 11, 23	Die Leiden des Apostels Paulus.
Apgsch. 14, 22	Wir müssen durch viel Trübsale in das Reich Gottes gehen.
Mtth. 10, 25	Haben sie den Hausvater Beelzebub geheißen, wieviel mehr werden sie seine Hausgenossen also heißen!
Joh. 15, 19	Weil ihr nicht von der Welt seid, haßt euch die Welt (Das Leiden für Christus bestätigt unsere Gotteskindschaft).

1 Petr. 1, 6 Die ihr eine kleine Zeit, wo es sein soll, traurig seid in mancherlei Anfechtungen, auf daß euer Glaube ... durchs Feuer bewährt wird (Läuterung unseres Glaubens).

Offenb. 2, 10 Der Teufel wird etliche von euch ins Gefängnis werfen, auf daß ihr versucht werdet, und werdet Trübsal haben zehn Tage (Die Zeit unseres Leidens ist von Gott bestimmt).
Sei getreu bis an den Tod, so will ich dir die Krone des Lebens geben.

Mtth. 5, 11 Selig seid ihr, wenn euch die Menschen um meinetwillen schmähen und verfolgen und reden allerlei Übles wider euch, so sie daran lügen, ..., es wird euch im Himmel wohl belohnt werden (Es endet in Herrlichkeit).

4. Das Bekenntnis der Kirche

ist der Schutzwall der Wahrheit gegen die Irrlehre.

Joh. 16, 13 Der Geist der Wahrheit wird euch in alle Wahrheit leiten.

Mtth. 28, 19 Die Kirche bekennt sich zur Dreieinigkeit (Das apostolische Glaubensbekenntnis).

2 Tim. 3, 15 Weil du von Kind auf die heilige Schrift weißt, kann dich dieselbe unterweisen zur Seligkeit durch den Glauben an Christus Jesus (Die Heilige Schrift ist die einzige Quelle und Richtschnur des christlichen Glaubens und Lebens).

Röm. 3, 24 Es ist hier kein Unterschied, sie sind allzumal Sünder ... und werden ohne Verdienst gerecht aus seiner Gnade durch die Erlösung, die durch Christum Jesum geschehen ist (Rechtfertigung allein durch den Glauben. Schrift- und Rechtfertigungsgrundsatz ist das Bekenntnis der Reformation. Vom Bekenntnis aus muß und kann die Kirche gereinigt, geschützt und gestaltet werden).

5. Das Amt der Kirche

ist der Dienst im Auftrag Christi, durch Wort und Sakrament die Menschen zu Gott zu führen.

Mtth. 4, 19 Ich will euch zu Menschenfischern machen.

Joh. 21, 16 Hast du mich lieb? Weide meine Schafe (Voraussetzung und Wesen des Amts)!

Eph. 4, 11 Er hat etliche zu Aposteln gesetzt, etliche zu Propheten, etliche zu Evangelisten, etliche zu Hirten und Lehrern.

2 Kor. 1, 24 Nicht daß wir Herren seien über euren Glauben, sondern wir sind Gehilfen eurer Freude (In der Kirche gibt es keine Hierarchie, keine gottgewollten Herrschaftsstufen).

Apgsch. 20, 17 Die Ältesten der Gemeinde sind zugleich ihre Bischöfe (Aufseher, Apgsch. 20, 28).

Jak. 3, 1 Unterwinde sich nicht jedermann, Lehrer zu sein.

Joh. 15, 16 Ihr habt nicht mich erwählt, sondern ich habe euch erwählt.

Apgsch. 13, 2 Da sie dem Herrn dienten und fasteten, sprach der Heilige Geist: Sondert mir aus Barnabas und Saulus zu dem Werk, dazu ich sie berufen habe (Die Berufung zum Amt empfängt man durch die Gemeinde und damit von Christus selbst, dem Herrn der Kirche).

6. Die Einheit der Kirche

entspricht dem Willen Jesu, beruht auf seiner alleinigen Meisterschaft und wird geschenkt durch die Gabe des Heiligen Geistes. Sie beruht nicht auf menschlicher Organisation und wird nicht gestört durch Mannigfaltigkeit der äußeren Ordnung.

Joh. 17, 20 Ich bitte für sie, auf daß sie alle eins seien.

Mtth. 23, 8 Ihr sollt euch nicht Meister nennen lassen, denn einer ist euer Meister, Christus, ihr aber seid alle Brüder.

Joh. 10, 16 Ich habe noch andere Schafe, die sind nicht aus diesem Stall, dieselben muß ich herführen, und sie werden meine Stimme hören und wird eine Herde und ein Hirte werden.
Apgsch. 4, 32 Die Menge der Gläubigen aber war ein Herz und eine Seele.
Eph. 4, 3 Seid fleißig zu halten die Einigkeit im Geist durch das Band des Friedens.
1 Kor. 3, 22 Es sei Paulus oder Apollos, Kephas oder die Welt ..., alles ist euer, ihr aber seid Christi.
12, 4 Es sind mancherlei Gaben, aber es sist ein Geist (Die Mannigfaltigkeit schließt die Einheit nicht aus. »Änderung der äußeren Ordnungen schadet nichts, die Einigkeit der christlichen Kirche zu erhalten.« Augsburgisches Bekenntnis, 28. Artikel).

7. Der Trost der Kirche.

Mtth. 16, 18 Die Pforten der Hölle sollen sie nicht überwältigen.
28, 20 Siehe, ich bin bei euch alle Tage bis an der Welt Ende.

Klarheit, siehe Herrlichkeit.

Kleid, kleiden.

1. Im natürlichen Sinne.

Mtth. 6, 30 So denn Gott das Gras auf dem Felde also kleidet, ... sollte er das nicht viel mehr euch tun?
1 Tim. 6, 8 Wenn wir aber Nahrung und Kleider haben, so lasset uns genügen.
Jak. 2, 2 Man soll nicht die Kleider ansehen.
Mtth. 3, 4 Johannes hatte ein Kleid von Kamelhaaren.

2. Im übertragenen Sinne.

a) Das unflätige Kleid.

Jes. 64, 5 Unsere Gerechtigkeit ist wie ein unflätig Kleid.
Sacharja 3, 4 Tut die unreinen Kleider von ihm!
Mtth. 26, 65 Da zerriß der Hohepriester seine Kleider.
2 Sam. 1, 11 Da zerriß David seine Kleider (Man will keine Schuld an einem Frevel haben und tut gewissermaßen nur für Anhören und Sehen das Zeichen der Buße).
Joel 2, 13 Zerreißet eure Herzen und nicht eure Kleider.

b) Das reine Kleid.

1. Das Kleid der Himmlischen.

Ps. 104, 2 Licht ist dein Kleid, das du anhast.
Mtth. 17, 2 Seine Kleider wurden weiß wie ein Licht.
Mrk. 16, 5 Der hatte ein langes, weißes Kleid an.
Luk. 24, 4 Zwei Männer mit glänzenden Kleidern.

2. Das Kleid der Gerechtfertigten.

Jes. 61, 10 Angezogen mit Kleidern des Heils.
Gal. 3, 27 Sie haben Christum angezogen.
2 Mose 28, 2 Du sollst Aaron heilige Kleider machen.
Mtth. 9, 16 Niemand flicket ein altes Kleid mit einem Lappen.
Offenb. 7, 14 Haben ihre Kleider gewaschen ... im Blut des Lammes.
2 Mose 19, 14 Sie wuschen ihre Kleider.
Jes. 1, 18 Wenn eure Sünde gleich blutrot ist, soll sie doch schneeweiß werden.

3. Das Kleid des Überwinders.

Offenb. 6, 11 Es wurde gegeben einem jeglichen ein weißes Kleid.
3, 5 Wer überwindet, der soll mit weißen Kleidern angetan werden.

3, 4	Die Überwinder sind solche, die ihre Kleider nicht besudelt haben.
Mtth. 22, 12	Hast kein hochzeitlich Kleid an.

Klugheit, klug, siehe Erkenntnis.

Knecht, Knechtschaft. Knecht ist der, dessen Willen und Vermögen einem anderen zur Verfügung steht.

1. Der Knecht der Sünde.

Joh. 8, 34	Wer Sünde tut, der ist der Sünde Knecht.
Röm. 6, 16	Wisset ihr nicht, welchem ihr euch begebet zu Knechten in Gehorsam, des Knechte seid ihr, dem ihr gehorsam seid, es sei der Sünde zum Tode.
7, 15	Ich weiß nicht, was ich tue; denn ich tue nicht, das ich will, sondern das ich hasse, tue ich.
2 Petr. 2, 19	Von welchem jemand überwunden ist, des Knecht ist er geworden.

2. Der Knecht Gottes ist der Messias.

Jes. 42, 1	Siehe, das ist mein Knecht, ich erhalte ihn, und mein Auserwählter, an welchem meine Seele Wohlgefallen hat.
42, 3	Das zerstoßene Rohr wird er nicht zerbrechen.
49, 6	Ich habe dich zum Licht der Heiden gemacht, daß du seist mein Heil bis an der Welt Ende.
50, 4	Er hat eine gelehrte Zunge, mit den Müden zur rechten Zeit zu reden.
50, 6	Er hält seinen Rücken dar denen, die ihn schlugen.
53, 4	Er trug unsere Krankheit.
Phil. 2, 7	Er entäußerte sich selbst und nahm Knechtsgestalt an.

3. Jesus macht frei von der Knechtschaft der Sünde zum Dienst Gottes.

Röm. 6, 18	Nun ihr frei geworden seid von der Sünde, seid ihr Knechte geworden der Gerechtigkeit.
6, 17	Gott sei gedankt, daß ihr Knechte der Sünde gewesen seid, aber nun gehorsam geworden von Herzen dem Vorbild der Lehre.
8, 15	Ihr habt nicht einen knechtischen Geist empfangen.
Gal. 4, 7	Es ist nun hier kein Knecht mehr, sondern es sind eitel Kinder.
1 Kor. 7, 23	Werdet nicht der Menschen Knechte!
Gal. 5, 1	Lasset euch nicht wiederum in das knechtische Joch fangen.
Röm. 6, 13	Begebet euch selbst Gott, als die da als den Toten lebendig sind.

4. Knechte Gottes und Jesu Christi sind ihm wohlgefällig und zur Verfügung, darum von anderen unterschieden.

2 Mose 4, 10	Mose.
Hebr. 3, 5	Mose treu in seinem ganzen Hause als ein Knecht.
5 Mose 9, 27	Gedenke an deine Knechte Abraham, Isaak und Jakob.
1 Kön. 11, 34	David.
Apgsch. 16, 17	Diese Menschen sind Knechte Gottes (Magd zu Philippi).
Röm. 1, 1	Paulus, ein Knecht Jesu Christi.
Kol. 4, 12	Epaphras, ein Knecht Jesu Christi.
2 Petr. 1, 1	Simon Petrus, ein Knecht und Apostel Jesu Christi.
Jak. 1, 1	Jakobus, ein Knecht Gottes und des Herrn Jesu Christi.
Gal. 1, 10	Wenn ich den Menschen noch gefällig wäre, wäre ich Christi Knecht nicht.
2 Tim. 2, 24	Ein Knecht des Herrn soll nicht zänkisch sein, sondern freundlich gegen jedermann.

5. Menschliches Dienstverhältnis ist für den Christo Gehörigen Gottesdienst.

Eph. 6, 5	Ihr Knechte, seid gehorsam euren Herren mit Furcht und Zittern, in Einfalt eures Herzens als Christo.
6, 6	Als Knechte Christi. Lasset euch dünken, daß ihr dem Herrn dienet und nicht den Menschen.
1 Petr. 2, 18	Ihr Knechte, seid untertan mit aller Furcht den Herren, nicht allein den gütigen und gelinden.

6. Der Lohn.

Röm. 6, 21	Was hattet ihr zu der Zeit für Frucht? Welcher ihr euch jetzt schämt, denn das Ende derselbigen ist der Tod.
6, 22	Nun ihr aber seid von der Sünde frei und Gottes Knechte geworden, habt ihr eure Frucht, daß ihr heilig werdet, das Ende aber ist das ewige Leben, denn der Tod ist der Sünde Sold.

Kraft, kräftig, stark, Stärke. Kraft ist das Vermögen auf Grund einer Fähigkeit. Die Griechen sehen in der Gottheit personifizierte Naturkräfte, ihre Philosophie eine überhöhte Naturkraft. – Das Alte Testament erkennt die Macht des persönlichen Gottes, der seine Kraft in der Geschichte der Völker erweist. Unvergeßlich war dem Volk Israel die Machterweisung Gottes beim Auszug aus Ägypten und beim Durchgang durch das Rote Meer. Der Schöpfungsglaube überwindet die Anschauung Gottes als einer Naturkraft. An Stelle des heidnischen Zaubers und der Zauberkraft tritt Gebet, Gehorsam und Opfer. – Die messianischen Weissagungen künden die Siegeskraft (Jes. 9, 5) und die prophetische Kraft des Messias (Micha 3, 8). – Im Neuen Testament betonen besonders die Lukanischen Schriften die prophetische Kraft des Herrn (Luk. 24, 19: ein Prophet, mächtig von Taten und Worten; Luk. 5, 17; Luk. 8, 46; Apgsch. 10, 38: Gott hat Jesum von Nazareth gesalbt mit dem Heiligen Geist und mit Kraft). Aber auch die Synoptiker, Johannes und alle Schriften des Neuen Testaments verkünden die Kraft Jesu (Joh. 3, 2; Hebr. 7, 16). Die Wunder Jesu geschehen durch sein vollmächtiges Heilandswort. Sie sind ein Stück der hereinbrechenden Gottesherrschaft und sind ein endzeitliches Geschehen, das den satanischen Machtbereich zurückdrängt. Die Wunder Jesu verlangen Glauben (Mrk. 9, 23: Alle Dinge sind möglich dem, der da glaubt). Die Kraft Christi führt den neuen Äon herauf (Apgsch. 2, 24: Der Tod konnte ihn nicht festhalten; Röm. 1, 4: Kräftiglich erwiesen als ein Sohn Gottes durch den Geist; 1 Kor. 6, 14: Gott hat den Herrn auferweckt durch seine Kraft; Phil. 3, 21: Nach der Wirkung, damit er kann auch alle Dinge sich untertänig machen; Mtth. 22, 29: Ihr irret und wisset die Schrift nicht, noch die Kraft Gottes; Kol. 1, 13: Er hat uns errettet aus der Obrigkeit der Finsternis und hat uns versetzt in das Reich seines lieben Sohnes). – Die Jünger bekommen Anteil an der Kraft des Herrn (Luk. 9, 1: Er gab ihnen Gewalt und Macht über alle Teufel; Luk. 24, 49: Bis daß ihr angetan werdet mit Kraft aus der Höhe; Apgsch. 4, 33: Mit großer Kraft gaben die Apostel Zeugnis von der Auferstehung des Herrn Jesu; Röm 15, 19: Christus wirkt durch mich, die Heiden zum Gehorsam zu bringen; 1 Kor. 2, 4: In Beweisung des Geistes und der Kraft). – Auch die Gemeinde soll diese Kraft bekommen (die Fürbitte des Apostels, siehe 3 c; 1 Kor. 12). Siehe Schwachheit.

1. Kraft ist das Kennzeichen aller Gotteswirkungen:

	a) der Schöpfung;
Jerem. 10, 12	Er hat die Erde durch seine Kraft gemacht.
Röm. 1, 20	Seine ewige Kraft und Gottheit wird ersehen an den Werken.
Hebr. 1, 3	Trägt alle Dinge mit seinem kräftigen Wort.
1 Kor. 12, 6	Es sind mancherlei Kräfte, aber ein Gott, der da wirket alles in allen.
2 Chron. 25, 8	Bei Gott steht die Kraft zu helfen und fallen zu lassen.
	b) der Erlösung nach Beginn und Vollendung;
Luk. 1, 35	Die Kraft des Höchsten wird dich überschatten.
5, 17	Die Kraft des Herrn ging von ihm, und er half jedermann.
Apgsch. 10, 38	Gott hat Jesus von Nazareth gesalbt mit dem Heiligen Geist und Kraft.
1 Kor. 6, 14	Gott aber hat den Herrn auferweckt und wird auch uns auferwecken durch seine Kraft.
Mtth. 26, 64	Des Menschen Sohn sitzen zur Rechten der Kraft.
22, 29	Ihr irret und wisset die Schrift nicht, noch die Kraft Gottes (Von der Auferstehung).
Hebr. 6, 5	Die Kräfte der zukünftigen Welt.
	c) die Wirkungen des Heiligen Geistes.
Apgsch. 1, 8	Ihr werdet die Kraft des Heiligen Geistes empfangen und meine Zeugen sein.
Luk. 24, 49	Bis ihr angetan werdet mit Kraft aus der Höhe.
Röm. 15, 13	Völlige Hoffnung durch die Kraft des Heiligen Geistes.
2 Tim. 1,7	Gott hat uns nicht gegeben den Geist der Furcht, sondern der Kraft.
	d) Menschen ohne Kraft.
2 Tim. 3, 5	Sie haben den Schein eines gottseligen Wesens, aber seine Kraft verleugnen sie.

2. Daher hebt Anrede und Lobpreis Gottes seine Kraft hervor.

Ps. 18, 2	Herzlich lieb hab' ich dich, Herr, meine Stärke (Jes. 12, 2).
46, 2	Gott ist unsere Zuversicht und Stärke.
Jes. 45, 24	Im Herrn habe ich Gerechtigkeit und Stärke.
Zeph. 3, 17	Der Herr, dein Gott, ist bei dir, ein starker Heiland.
Mtth. 6, 13	Dein ist das Reich und die Kraft.
Offenb. 19, 1	Ehre und Kraft sei Gott, unserem Herrn!

3. Die Kraft Gottes ist in den Menschen wirksam:

	a) durch das Wort;
Röm. 1, 16	Das Evangelium eine Kraft Gottes, die da Rettung bringt.
1 Kor. 1, 18	Wort vom Kreuz – eine Gotteskraft.
2 Kor. 6, 7	In dem Wort der Wahrheit, in der Kraft Gottes.
1 Kor. 1, 6	Die Predigt von Christo in euch kräftig.
2, 4	Mein Wort – in der Beweisung des Geistes und der Kraft.
Hebr. 4, 12	Das Wort Gottes ist lebendig und kräftig.
1 Kor. 4, 20	Das Reich Gottes steht nicht in Worten, sondern in Kraft (Wort und Gottes Kraft durch Sünde getrennt).
	b) durch den Glauben (wenn der Mensch am Ende seiner Möglichkeiten anfängt, mit Gott zu rechnen);
1 Kor. 2, 5	Auf daß euer Glaube bestehe auf Gottes Kraft.
Jes. 40, 29	Er gibt dem Müden Kraft.
49, 31	Die auf den Herrn harren, kriegen neue Kraft.
Ps. 27, 1	Der Herr meines Lebens Kraft. Harre des Herrn!
2 Kor. 12, 9	Meine Kraft ist in den Schwachen mächtig (siehe Schwachheit).

13, 4 Ob wir auch schwach sind in ihm, so leben wir doch mit ihm in der Kraft Gottes.
4, 7 Wir haben solchen Schatz in irdenen Gefäßen, auf daß die überschwengliche Kraft sei Gottes und nicht von uns selbst.
Röm. 4, 20 Abraham wird stark im Glauben.
Eph. 1, 19 Die wir glauben nach der Wirkung seiner mächtigen Stärke.
1 Kor. 16, 13 Steht im Glauben ..., seid stark!
Ps. 84, 6 Die dich für ihre Stärke halten.
Eph. 6, 10 Seid stark in dem Herrn und in der Macht seiner Stärke.
2 Tim. 1, 8 Leide für das Evangelium nach Maßgabe der Kraft Gottes.
1 Petr. 1, 5 Aus Gottes Macht durch den Glauben bewahrt werden zur Seligkeit.

c) durch die Fürbitte.
Eph. 3, 16 Beuge meine Knie, ... daß er euch Kraft gebe, stark zu werden.
Kol. 1, 9 Hören nicht auf, zu bitten, daß ... ihr gestärkt werdet mit aller Kraft.

Kreuzigen, Kreuz: Schand-, Marter- und Hinrichtungspfahl in einem. Kreuzigung die entehrendste Todesstrafe der Alten Welt.

1. Die Welt hat Christus das Kreuz bereitet und damit ihre Stellung zu Gott geoffenbart.

Mtth. 27, 22 Laß ihn kreuzigen (so fordert das Volk).
27, 26 Pilatus überantwortete ihn, daß er gekreuzigt würde.

2. Christus hat das Kreuz freiwillig auf sich genommen:

a) zur Vollendung seines Gehorsams;
Phil. 2, 8 Er erniedrigte sich selbst und wurde gehorsam bis zum Tode, ja bis zum Tod am Kreuz.
Hebr. 5,8 Er hat an dem, was er litt, Gehorsam gelernt.
Röm. 5, 19 Durch eines Gehorsam sind viele Gerechte.

b) zur Vollstreckung des Gerichts an der Welt an sich selbst, als an dem Vertreter der Menschheit;
Hebr. 2, 11 Er schämt sich nicht, sie Brüder zu heißen.
2, 9 Er hat aus Gottes Gnade für alle den Tod geschmeckt.
Röm. 5, 15 Christus, der zweite Adam.
1 Petr. 2, 24 Er hat unsere Sünden an seinem Leibe hinaufgetragen auf das Holz.
Eph. 2, 16 Er hat die Feindschaft getötet durch sich selbst (Die Feindschaft zwischen dem Gesetzestreuen und dem Gesetzlosen).

c) Zum Erweis der Treue Gottes, der als der Beleidigte selbst die Sühne darbringt, um die Versöhnung wiederherzustellen.
Ps. 49,8 Kann doch einen Bruder niemand erlösen noch ihn Gott versöhnen.
Kol. 1, 20 Daß alles durch ihn versöhnt würde zu ihm selbst, es sei auf Erden oder im Himmel, damit, daß er Frieden machte durch das Blut an seinem Kreuz durch sich selbst (3 Mose 16,11).
2 Kor. 5, 19 Gott war in Christo und versöhnte die Welt mit ihm selber.
Röm. 5, 11 Durch welchen wir die Versöhnung empfangen haben.
1 Joh. 2, 2 Derselbige ist die Versöhnung für unsere Sünde, ... für die der ganzen Welt.
Eph. 2, 16 Daß er beide versöhnte mit Gott in einem Leibe durch das Kreuz (Den Gesetzesmenschen mit dem Gesetzlosen, indem er durch das Totalgericht über beide den Unterschied zwischen beiden aufhebt. Röm. 3, 23).

3. Er verlangt von seinem Jünger Aufnahme des Kreuzes zur Bejahung des Gottesgerichts, zur Duldung des Hasses der Welt.

Mrk. 10, 21 (Zum reichen Jüngling): Folge mir nach und nimm dein Kreuz auf dich!

Mtth. 16, 24 Will mir jemand nachfolgen, der verleugne sich selbst und nehme sein Kreuz auf sich und folge mir!

10, 38 Wer nicht sein Kreuz auf sich nimmt und folget mir nach, der ist mein nicht wert.

4. Wer sich ihm anschließt durch den Glaubensgehorsam, der ist mitgekreuzigt. Sünde und Gesetzesstolz ist für ihn abgetan.

Röm. 6, 6 Wir wissen, daß unser alter Mensch samt ihm gekreuzigt ist, auf daß der sündliche Leib aufhöre, daß wir hinfort der Sünde nicht dienen.

Gal. 5, 24 Alle, die Christo angehören, die haben ihr Fleisch gekreuzigt samt den Lüsten und Begierden.

2, 19 Ich bin mit Christo gekreuzigt.

6, 14 Rühmen allein von dem Kreuz unseres Herrn Jesu Christi, durch welchen mir die Welt gekreuzigt ist und ich der Welt.

1 Kor. 1,18 Das Wort vom Kreuz ist eine Torheit denen, die verlorengehn, uns aber, die wir selig werden, ist's eine Gotteskraft.

5. Jesum verwerfen heißt ihn kreuzigen.

Hebr. 6, 6 Es ist unmöglich, ... die, die abfallen, zu erneuern zur Buße, als die für ihre Person den Sohn Gottes von neuem kreuzigen.

Krone.

1. Der Siegespreis, das Ehrenzeichen des Überwinders, das ihm am Tag der Erscheinung Christi gegeben wird.

1 Kor. 9, 25 Ein jeglicher, der da kämpft, enthält sich alles Dinges; jene also, daß sie eine vergängliche Krone empfangen, wir aber eine unvergängliche.

1 Petr. 5, 4 Die unverwelkliche Krone der Ehren.

2 Tim. 4, 8 Hinfort ist mir beigelegt die Krone der Gerechtigkeit, welche mir der Herr an jenem Tage geben wird.

Offenb. 2, 10 Sei getreu bis an den Tod, so will ich dir die Krone des Lebens geben.

Jak. 1, 12 Selig ist der Mann ..., denn nachdem er bewährt ist, wird er die Krone des Lebens empfangen.

Offenb. 3, 11 Halte, was du hast, daß niemand deine Krone nehme.

2 Tim. 2, 5 So jemand auch kämpfet, wird er doch nicht gekrönet, er kämpfe denn recht.

Joh. 19, 2 Die Dornenkrone.

Offenb. 4, 10 Die vierundzwanzig Ältesten warfen ihre Kronen vor den Stuhl.

19, 12 Auf seinem (Des erhöhten Herrn) Haupt sind viele Kronen.

2. Im übertragenen Sinn das Ehrenzeichen überhaupt.

Phil. 4, 1 Meine Freude und meine Krone (Von der Gemeinde).

1 Thess. 2, 19 Wer ist unsere Hoffnung ... oder Krone des Ruhms.

Lamm. Im Alten Testament der Begriff vorbereitet als das Opferlamm beim Passah und als das ohnmächtig duldende Lamm, vollendet in Christus, der duldend sich selbst aufgeopfert hat und dadurch der Sieger wurde.

Im Aramäischen, der Sprache Jesu und seiner Jünger, heißt dasselbe Wort Knabe, Knecht und Lamm.

Das Lämmlein, ein Wort, das in der Offenbarung des Johannes achtundzwanzigmal vorkommt, ist das Opferlamm, denn es ist mit der Todeswunde gezeichnet (Offenb. 5, 6). Die Hoheitsaussagen, die über das Lämmlein gemacht werden, kontrastieren mit seiner Niedrigkeit (Phil. 2, 5 ff). Es ist der Todesüberwinder, der Weltenherrscher, es richtet die Friedensherrschaft auf, es besiegt den Satan, es hält das Gericht. Es empfängt die Anbetung der Schar, die niemand zählen kann (Offenb. 7, 10; 14, 1; 17, 14; 19, 7).

1. Das geopferte Lamm.

2 Mose 12	Stellvertretend für die Erstgeburt stirbt das Lamm.
Joh. 1, 29	Siehe, das ist Gottes Lamm, welches der Welt Sünde trägt.
1 Kor. 5, 7	Wir haben auch ein Passahlamm, das ist Christus, für uns geopfert.
1 Petr. 1, 18	Wisset, daß ihr ... erlöst seid ... mit dem teuren Blut Christi als eines unschuldigen und unbefleckten Lammes.

2. Das duldende Lamm, das durch Selbstaufopferung gesiegt hat.

Jes. 53,7	Da er gestraft und gemartert ward, tat er seinen Mund nicht auf, wie ein Lamm, das zur Schlachtbank geführt wird.
Apgsch. 8, 32	Diese Jesajastelle von Philippus auf Jesus bezogen.
Offenb. 5, 6	Ich sah ein Lamm, wie wenn es erwürget wäre.
5, 12	Das Lamm, das erwürget ist, ist würdig zu nehmen Kraft und Reichtum.
7, 14	Sie haben ihre Kleider helle gemacht im Blut des Lammes.
7, 17	Das Lamm wird sie weiden und leiten.
12, 11	Sie haben überwunden durch des Lammes Blut.
14, 4	Sie folgen dem Lamm nach, wo es hingeht.
17, 14	Das Lamm wird sie überwinden; denn es ist ein Herr aller Herren.
19, 7	Die Hochzeit des Lammes ist gekommen.
19, 9	Selig sind, die zum Abendmahl des Lammes berufen sind.
21, 23	Ihre Leuchte ist das Lamm.

Läutern, siehe Leiden.

Leben, ewiges Leben: Seiner selbst mächtiges Dasein, welches Gott in seiner Existenz ist und der Mensch von Gott empfängt.

Der Grieche versteht unter Leben die Lebendigkeit der organischen Wesen. Dabei ist bei den Philosophen zu beobachten, daß sie in dem Verstand und in der Schau die Erhabenheit des Menschen über das tierische Leben, das eigentliche Leben sehen. – Bei den Gnostikern ist die Erkenntnis das göttliche Leben, ein Fluidum, von dem etwas im Menschen ist. – Im Alten Testament ist das Leben das physische, organische Leben, für das ein Mensch alles gibt (Hiob 2, 4). Salomos Bitte um Weisheit wird so erhört, daß er langes Leben noch dazu bekommt. In der Literatur des fünften Buches Mose entscheidet die Stellung zum Wort Gottes über Leben und Tod (32, 47). In Amos 8, 11 ist der Hunger nach dem Wort verheißen. Bei Hesekiel beruht das Leben auf dem Gehorsam gegen das Wort Gottes (3, 19; 18, 21). – Der Tod ist ein Schattendasein, ein Wohnen in der Grube, im Totenreich, voller Verzicht. Doch erhebt sich die vom Wort angesprochene Menschenseele zur sehnlichen Erwartung der Vollendung, der begonnenen Verbindung mit Gott in einem höheren Leben (Ps. 16, 10: Du wirst nicht zugeben, daß dein Heiliger verwese; Hiob 19, 25: Ich weiß, daß mein Erlöser lebt; Ps. 73, 24: Du nimmst mich endlich in deine Herrlichkeit auf). Man erwartet von der messianischen Zeit den Sieg über den Tod (Jes. 25, 8; Hosea 13, 14; Dan. 12, 2). Die Märtyrer der Makkabäerzeit überwinden den Tod durch die Hoffnung auf die Auferstehung. Die Frage: »Was soll ich tun, daß ich das ewige Leben ererbe«, bewegt die Menschen der Zeit Jesu (Mrk. 10, 17). – Im Neuen Testament beginnt mit der Auferstehung des Herrn die messianische Heilszeit. Die Toten stehen auf (Mtth. 27, 53: Nach seiner Auferstehung). Im Glauben an Jesus ist das ewige Leben gegenwärtig. Die Tabeageschichte zeigt uns den Kampf gegen den Tod (Apgsch. 9). Die Thessalonicherbriefe bekunden das Befremden der Urgemeinde, als die ersten Christen sterben, und ihre Fragen, was wird aus ihnen bei der Wiederkunft des Herrn und was wird dann aus den lebenden Gläubigen, werden da beantwortet. Das ewige Leben ist in Jesus Christus angebrochen und wird bei seiner Wiederkunft vollendet.

I. Das natürliche Leben im Sinne der irdischen Existenz.

1. Gott gibt es.

Ps. 36, 10	Bei dir ist die Quelle des Lebens.
1 Mose 2, 7	Gott blies dem Menschen den lebendigen Odem in die Nase.
Hiob 10, 12	Leben und Wohltat hast du an mir getan.

2. Gott erhält es.

Hiob 10, 12	Dein Aufsehen bewahrt meinen Odem.
Ps. 31, 16	Meine Zeit steht in deinen Händen.
Mtth. 10, 30	Es sind auch eure Haare auf dem Haupte alle gezählt.
Apgsch. 17, 28	In ihm leben, weben und sind wir.
Mtth. 6, 25	Ist nicht das Leben mehr denn die Speise?

3. Gott nimmt es.

1 Mose 3, 19	Du bist Erde und sollst zu Erde werden.
Luk. 12, 20	Diese Nacht wird man dein Leben von dir fordern.
Ps. 102, 25	Mein Gott, nimm mich nicht weg in der Hälfte meiner Tage.
90, 10	Unser Leben währet siebzig Jahre.
Jak. 4, 14	Was ist euer Leben? Ein Dampf ist's, der eine kleine Zeit währt ... So der Herr will und wir leben.

II. Das wahre Leben, das bleibende Gegenteil des Todes.

1. Im Alten Bund ersehnt und verheißen.

Sprüche 12, 28	Auf dem Wege der Gerechtigkeit ist Leben.
Ps. 34, 13	Wer ist, der Leben begehrt und gerne gute Tage hätte?
27, 13	Ich glaube aber doch, daß ich sehen werde das Gute im Lande der Lebendigen.
5 Mose 30, 19	Ich habe euch Leben und Tod, Segen und Fluch vorgelegt, daß du das Leben erwählest.
Ps. 16, 10	Du wirst meine Seele nicht dem Tode lassen und nicht zugeben, daß dein Heiliger verwese. Du tust mir kund den Weg zum Leben.
Hiob 19, 25	Ich weiß, daß mein Erlöser lebt.
Ps. 73, 24	Du nimmst mich endlich in deine Herrlichkeit auf.

2. Im Neuen Bund geschenkt.

a) Geschenkt in Christus.

Joh. 1, 4	In ihm war das Leben, und das Leben war das Licht der Menschen.
10, 11	Ich bin gekommen, daß sie das Leben und volle Genüge haben sollen.
11, 25	Ich bin die Auferstehung und das Leben.
5, 26	Wie der Vater hat das Leben in ihm selber, also hat er dem Sohn gegeben,das Leben zu haben in ihm selber.
14,6	Ich bin der Weg, die Wahrheit und das Leben.
17, 2	Auf daß er das ewige Leben gebe allen, die du ihm gegeben hast.
Phil. 1, 21	Christus ist mein Leben.
Kol. 3, 4	Christus euer Leben.
Röm. 6, 23	Die Gabe Gottes ist das ewige Leben in Christo Jesu, unserem Herrn.
2 Kor. 4, 10	Daß das Leben des Herrn Jesu an unserem Leibe offenbar werde.

b) Der Welt vermittelt durch seinen Tod.

Joh. 6, 51	Ich bin das lebendige Brot ... Das Brot, das ich geben werde, ist mein Fleisch, welches ich geben werde für das Leben der Welt.
3, 14	Des Menschen Sohn muß erhöht werden, auf daß alle, die an ihn glauben, nicht verloren werden, sondern das ewige Leben haben.
10, 12	Der gute Hirte läßt sein Leben für seine Schafe.

c) Der an ihn Glaubende ergreift das ewige Leben.

1. Er traut dem Wort.

Joh. 6, 63	Die Worte, die ich rede, sind Geist und sind Leben.
Apgsch. 5, 20	Redet alle Worte dieses Lebens.
Phil. 2, 16	Haltet an dem Wort des Lebens.
1 Joh. 1, 1	Vom Wort des Lebens.
2 Kor. 2, 15	(Der Bote) ist ein Geruch des Lebens zum Leben.
Joh. 17, 3	Das ist das ewige Leben, daß sie dich, und den du gesandt hast, Jesum Christum, erkennen.
Joh. 8, 51	So jemand mein Wort wird halten, der wird den Tod nicht sehen ewiglich.
1 Tim. 6, 12	Kämpfe den guten Kampf des Glaubens, ergreife das ewige Leben!

2. Er ißt das Brot (Abendmahl) und trinkt das Wasser des Lebens.

Joh. 6, 51	Ich bin das lebendige Brot ..., wer von diesem Brot essen wird, der wird leben in Ewigkeit.
6, 54	Wer mein Fleisch isset und trinket mein Blut, der hat das ewige Leben.
4, 14	Wer das Wasser trinkt, das ich ihm gebe, den wird ewiglich nicht dürsten ... Das Wasser, das ich ihm gebe, wird ein Brunnen des Wassers werden, das in das ewige Leben quillt.
Offenb. 22, 17	Wen dürstet, der komme, und wer da will, der nehme das Wasser des Lebens umsonst.

3. Er folgt Christus nach durch Teilnahme an seinem Sterben und Leben.

Joh. 8, 12	Wer mir nachfolgt, wird ... das Licht des Lebens haben.
Röm. 6, 8	Sind wir mit Christo gestorben, so glauben wir auch, daß wir mit ihm leben werden.
2 Tim. 2, 11	Sterben wir mit, so werden wir mit leben.
2 Kor. 4, 10	(Wir) tragen allezeit das Sterben des Herrn Jesu an unserem Leibe, auf daß auch das Leben des Herrn Jesu an unserem Leibe offenbar werde.
Gal. 2, 20	Ich lebe, doch nun nicht ich, sondern Christus lebt in mir.
1 Joh. 3, 14	Wir wissen, daß wir aus dem Tode in das Leben gekommen sind.
Röm. 6, 11	Rechnet damit, daß ihr der Sünde gestorben seid, und lebt Gott in Christo Jesu!
2 Kor. 5, 15	Er ist darum für alle gestorben, auf daß die, so da leben, hinfort nicht sich selbst leben, sondern dem, der für sie gestorben und auferstanden ist.
Mtth. 7, 14	Die Pforte ist eng und der Weg ist schmal, der zum Leben führt.
Offenb. 2, 10	Sei getreu bis an den Tod, so will ich dir die Krone des Lebens geben.

d) Das ewige Leben ist im Anbruch gegenwärtig und in der Vollendung zukünftig.

Joh. 4, 14 (Das Wasser ... wird ein) Brunnen des Wassers werden, das in das ewige Leben quillt.

Kol. 3, 3 Euer Leben ist verborgen mit Christo in Gott.

1 Thess. 5, 10 Der für uns gestorben ist, auf daß, wir wachen oder schlafen, wir zugleich mit ihm leben sollen.

Joh. 5, 24 Wer mein Wort hört und glaubt dem, der mich gesandt hat, der hat das ewige Leben und kommt nicht in das Gericht, sondern er ist vom Tode zum Leben hindurchgedrungen.

5, 29 Werden hervorgehen, die da Gutes getan haben, zur Auferstehung des Lebens.

6, 54 Wer mein Fleisch isset ..., der hat das ewige Leben, und ich werde ihn am Jüngsten Tage auferwecken.

1 Tim. 4, 8 Die Gottseligkeit hat die Verheißung dieses und des zukünftigen Lebens.

Joh. 12, 26 Wo ich bin, da soll mein Diener auch sein.

14, 19 Ich lebe, und ihr sollt auch leben.

Mtth. 19, 29 Wer verläßt Häuser oder Brüder ... um meines Namens willen, der wird es hundertfältig nehmen und das ewige Leben ererben.

Titus 3, 7 Auf daß wir durch desselbigen Gnade gerecht und Erben seien des ewigen Lebens, nach der Hoffnung.

Gal. 6, 8 Wer auf sein Fleisch sät, der wird vom Fleisch das Verderben ernten; wer aber auf den Geist sät, der wird von dem Geist das ewige Leben ernten.

Röm. 6, 22 Habt eure Frucht, daß ihr heilig werdet, das Ende aber das ewige Leben.

1 Kor. 15, 53 Dies Verwesliche muß anziehen die Unverweslichkeit.

2 Kor. 5, 4 Daß das Sterbliche verschlungen würde von dem Leben.

e) Das Buch des Lebens.

Phil. 4, 3 Welcher Namen sind in dem Buch des Lebens.

Offenb. 3, 5 Ich werde seinen Namen nicht austilgen aus dem Buch des Lebens.

20, 15 So jemand nicht ward gefunden geschrieben in dem Buch des Lebens, der ward geworfen in den Feuersee.

f) Die Krone des Lebens.

Jak. 1, 12 Selig ist der Mann, der die Anfechtung erduldet, ... er wird die Krone des Lebens empfangen.

Offenb. 2, 10 Sei getreu..., so will ich dir die Krone des Lebens geben.

g) Das Holz des Lebens.

Offenb. 2,7 Zu essen geben von dem Holz des Lebens.

22, 2 Mitten auf der Straße ... stand Holz des Lebens, das trug zwölfmal Früchte.

Lehre, Lehrer, lehren, Irrlehrer. Lehre ist Mitteilung des göttlichen Heilsratschlusses und der Heilserkenntnis.

Das Lehren in der Schrift hat keine einseitige intellektuelle Zielsetzung, sondern es beansprucht den ganzen Menschen. Im Alten Testament und im Spätjudentum wird das Wort gebraucht im Sinn der Auslegung des Gesetzes zur praktischen Willensbildung des Menschen, um sein Verhalten zu Gott und Menschen zu ordnen. – Jesus lehrt wie die Rabbinen seiner Zeit. Nur lehrt er vollmächtig und nicht wie die Schriftgelehrten (Mtth. 7, 29) als der Sohn, der den Willen des Vaters weiß (Joh. 8, 40), dem er aus der höheren Welt offenbart ist. – Bei Paulus tritt der Begriff »Lehre« zurück. Er selbst legt den Grund in der Lehre der Gemeinde und offenbart ihr den Heilsratschluß Gottes. In der Gemeinde stehen Lehrer neben den Hirten (Eph. 4, 11), die aus der Schrift Anweisung für das Leben geben. In den Pastoralbriefen sind es Christen, die geeignet sind, zu lehren (2 Tim. 2, 2), es wird von der gesunden Lehre gesprochen (1 Tim. 1, 10; 2 Tim. 4, 3; Titus 1, 9; 2, 1) im Gegensatz zur Irrlehre (1 Tim. 4, 1).

1. Das jüdische Amt des Schriftgelehrten.

Sirach 51, 36	Nehmet die Lehre an wie einen großen Schatz Silber.
Dan. 12, 3	Die Lehrer werden leuchten wie des Himmels Glanz, und die, so viele zur Gerechtigkeit weisen.

2. Jesus als Lehrer.

Mtth. 7, 28	Das Volk entsetzte sich über seine Lehre.
10, 24	Der Jünger ist nicht über seinen Meister (Lehrer).
Joh. 3, 2	Wir wissen, daß du bist ein Lehrer, von Gott gekommen.
7, 16	Meine Lehre ist nicht mein.

3. Das Lehramt in der neutestamentlichen Gemeinde.

Apgsch. 13, 12	Er verwunderte sich der Lehre des Herrn.
2, 42	Sie blieben beständig in der Apostel Lehre.
Röm. 6, 17	Seid gehorsam geworden von Herzen dem Vorbilde der Lehre.
2 Tim. 3, 10	Du bist meiner Lehre nachgefolgt.
1 Tim. 6, 1	Die Knechte sollen ihre Herren ehren, daß die Lehre nicht verlästert werde.
Apgsch. 13, 1	Es waren zu Antiochien Propheten und Lehrer.
1 Kor. 12, 28	Gott hat gesetzt Apostel, Propheten, Lehrer.
Eph. 4, 11	Etliche zu Hirten und Lehrern.
Jak. 3, 1	Es unterwinde sich nicht jedermann, Lehrer zu sein.
Titus 1, 9	Der Bischof sei lehrhaft, daß er mächtig sei zu ermahnen durch die heilsame Lehre.
1 Tim. 5, 17	Die Ältesten halte zwiefacher Ehre wert, die da arbeiten im Wort und in der Lehre.
Hebr. 13, 7	Gedenket an eure Lehrer, die euch das Wort Gottes gesagt haben.
13, 17	Gehorchet euren Lehrern und folget ihnen, denn sie wachen über eure Seelen!

4. Die Gefahr der Irrlehre.

Kol. 2, 22	Es sind der Menschen Gebote und Lehren.
Mtth. 15, 9	Vergeblich dienen sie mir, weil sie lehren solche Lehren, die nichts denn Menschengebote sind.
Eph. 4, 14	Allerlei Wind der Lehre durch Schalkheit der Menschen, womit sie uns erschleichen.
1 Tim. 4, 1	In den letzten Zeiten werden etliche anhangen den Lehren der Teufel.
6, 5	Die Seuche der Fragen und Wortkriege, Schulgezänke solcher, die meinen, Gottseligkeit sei ein Gewerbe.
2 Petr. 2, 1	Es werden unter euch sein falsche Lehrer, die werden einführen verderbliche Sekten.

5. Abwehr der Irrlehre. Die Lehre muß übereinstimmen mit der Schrift und mit dem Wandel.

Gal. 1, 8	So ein Engel vom Himmel euch würde das Evangelium anders predigen als wir, der sei verflucht.
1, 12	Ich habe es von keinem Menschen empfangen noch gelernt.
1 Tim. 4, 16	Habe acht auf dich selbst und auf die Lehre!
Titus 2, 10	Die Lehre unseres Heilandes.
Röm. 15, 4	Was zuvor geschrieben ist, das ist uns zur Lehre geschrieben.
2 Tim. 3, 16	Alle Schrift von Gott eingegeben, ist nütze zur Lehre (Die Lehre muß mit der Schrift stimmen).
1 Tim. 6, 3	Die Lehre, die gemäß ist der Gottseligkeit (mit dem Wandel stimmt).

Titus 3, 8	Ich will, daß du fest lehrest, auf daß die, so an Gott gläubig sind geworden, in einem Stand guter Werke gefunden werden.
2 Joh. 10	So jemand kommt und bringt diese Lehre (Christus ins Fleisch gekommen) nicht, den nehmt nicht ins Haus.

Leib. Die äußere Erscheinung des Menschen, das Mittel für Empfang, Besitz und Erscheinung des Lebens. Darauf beruht:

1. Die Würde des Leibes.

1 Mose 1, 27	Gott schuf den Menschen.
Röm. 4, 19	Abraham sah nicht an seinen erstorbenen Leib.
Kol. 2, 23	Selbstgewählte Geistlichkeit dadurch, daß sie des Leibes nicht schonen und dem Fleisch nicht seine Ehre tun zu seiner Notdurft.
Röm. 13, 14	Wartet des Leibes, doch also, daß er nicht geil werde.
Mrk. 5, 29	Sie fühlte es am Leibe, daß sie gesund geworden war (Die Heilungen Jesu).

2. Seine Verbundenheit mit der Seele.

Mtth. 10, 28	Fürchtet euch vielmehr vor dem, der Leib und Seele verderben kann in der Hölle.
2 Kor. 4, 7	Wir haben solchen Schatz in irdenen Gefäßen.
5, 6	Dieweil wir im Leibe wohnen, so wallen wir ferne vom Herrn.
5, 4	Dieweil wir in der Hütte sind, sehnen wir uns.

3. Der Sündenleib. Durch ihn ist die sündliche Beschaffenheit vermittelt, er steht unter dem Gesetz des Todes.

Röm. 6, 6	Der sündliche Leib.
6, 12	So lasset nun die Sünde nicht herrschen in eurem sterblichen Leib, ihr Gehorsam zu leisen in seinen Lüsten.
6, 13	Begebet nicht der Sünde eure Glieder zu Waffen der Ungerechtigkeit.
1 Kor. 6, 18	Alle Sünden, die der Mensch tut, sind außer seinem Leib; wer aber hurt, der sündigt an seinem eigenen Leib.
Röm. 7, 24	Leib dieses Todes.
8, 10	Leib ist tot wegen der Sünde.

4. Der Leib Jesu Christi wird durch seinen Tod, durch das Tragen des Gerichts für die Menschen, das Mittel zum Empfang des Lebens.

Joh. 1, 14	Das Wort ward Fleisch.
Kol. 2, 9	In ihm wohnt die ganze Fülle der Gottheit leibhaftig.
Phil. 2, 7	An Gebärden als ein Mensch erfunden.
Mtth. 26, 26	Nehmet, esset, das ist mein Leib.
Joh. 6, 54	Wer mein Fleisch isset ..., der hat das ewige Leben.
Röm. 8, 3	Gott sandte seinen Sohn in der Gestalt des sündlichen Fleisches und verdammte die Sünde im Fleisch.
8, 10	So aber Christus in euch ist, so ist der Leib zwar tot um der Sünde willen, der Geist aber ist Leben um der Gerechtigkeit willen.
2 Kor. 4, 10	Wir tragen allezeit das Sterben des Herrn Jesu an unserem Leib, auf daß auch das Leben des Herrn Jesu an unserem Leib offenbar werde.
Hebr. 10, 10	Wir sind geheiligt auf einmal durch das Opfer des Leibes Jesu.
1 Petr. 2, 24	Welcher unsere Sünden selbst hinaufgetragen hat an seinem Leib auf das Holz, auf daß wir, der Sünde gestorben, der Gerechtigkeit leben.
Röm. 7, 4	Ihr seid getötet dem Gesetz durch den Leib Christi.
Eph. 2, 16	Er versöhnte beide (Gesetzesmenschen [Jude] und Widergesetzlichen [Heide]) in einem Leib durch das Kreuz.

5. Der Leib des Wiedergeborenen bekommt durch das Opfer Christi das Lebensprinzip des Geistes.

Röm. 8, 13	Wo ihr durch den Geist des Fleisches Geschäfte tötet, werdet ihr leben.
1 Kor. 6, 19	Wisset ihr nicht, daß euer Leib ein Tempel des Heiligen Geistes ist?
6, 20	Darum preiset Gott an eurem Leib und in eurem Geiste, welche sind Gottes.
7, 34	Die nicht freit, sorgt, was dem Herrn angehört, daß sie heilig sei am Leib und auch am Geist.

6. Deshalb bekommt der Leib die Anwartschaft auf seine Wiederherstellung durch die Auferstehung.

Röm. 8, 11	So nun der Geist, der Jesum von den Toten auferweckt hat, in euch wohnt, so wird auch derselbe eure sterblichen Leiber lebendig machen um deswillen, daß sein Geist in euch wohnt.
1 Kor. 15, 40	Es sind himmlische und irdische Körper.
15, 44	Natürlicher Leib und geistlicher Leib.

7. Die Gemeinde wird der Leib Christi genannt im übertragenen Sinne zum Ausdruck der in Christus, ihrem Lebensprinzip, begründeten Einheit.

Eph. 4, 4	Ein Leib und ein Geist.
4, 15	Wachsen am Haupt, von welchem der ganze Leib zusammengefügt ist.
1 Kor. 12, 13	Wir sind durch einen Geist alle zu einem Leib getauft.
10, 16	Gemeinschaft des Leibes Christi. Denn ein Brot ist's, so sind wir viele ein Leib.
Eph. 5, 30	Wir sind Glieder seines Leibes.
Kol. 1, 18	Er ist das Haupt des Leibes, nämlich der Gemeinde.
1 Kor. 12, 27	Ihr seid der Leib Christi und Glieder.

Leid (Leiden), leiden, Trübsal, Züchtigung, läutern. Leiden ist ein wunderbares Erziehungsmittel in der Hand Gottes, der seine größte Liebe bewies dadurch, daß er in seinem Sohne für uns litt. Niemand kann größere Liebe zu Gott beweisen als dadurch, daß er für ihn leidet. Die Leiden der Gerechten, von denen die Psalmen so viel sprechen, sind Züchtigungen und Heimsuchungen, während es den Gottlosen scheinbar wohlgeht (Ps. 73, 12). Sie sind beispielhaft für die Bedrängnisse und Trübsale des Volkes Israel, das in Ägypten, in der Babylonischen Gefangenschaft und unter Antiochus Epiphanes viel erlitten hat. Diese Heimsuchungsleiden sind ausgerichtet auf die endzeitlichen Trübsale (Die Rabbinen: Wehen des Messias, Dan. 12, 1 ff.). In der neutestamentlichen Gemeinde erfahren die Glieder der Kirche und unter ihnen in beispielhafter Weise die Apostel diese Bedrängnisse. Sie sind notwendig als Leiden Christi, die noch nicht in ihrem ganzen Ausmaße erfüllt sind. In ihnen wirkt die Macht des Todes, die bei dem Apostel so gesteigert ist, daß er das Sterben Jesu an seinem Leibe empfindet, 2 Kor. 4, 10. Diese Trübsale tragen endzeitlichen Charakter und gehen der Wiederkunft Christi voraus.

I. Wir sind leidensscheu.

Ps. 50, 17	So du doch Zucht hassest.
Zeph. 3, 2	Sie will nicht gehorchen noch sich züchtigen lassen.
Mtth. 16, 22	Herr, schone deiner selbst.

II. Leiden sind nötig.

1. Sie lehren uns beten.

Jes. 26, 16	Herr, wenn Trübsal da ist, so suchet man dich.
Jona 2, 2	Jona betete zu dem Herrn.
Röm. 12, 12	Geduldig in Trübsal, haltet an am Gebet.

2. Wir bedürfen ihrer zu unserer Erziehung (Züchtigung).

Ps. 3, 2	Wie sind meiner Feinde so viel!
34, 20	Der Gerechte muß viel leiden, aber der Herr hilft ihm aus dem allem.
39, 11	Wende deine Plage von mir, denn ich bin verschmachtet von der Strafe deiner Hand.
73, 12	Siehe, das sind die Gottlosen; die sind glückselig in der Welt und werden reich. Soll es denn umsonst sein, daß mein Herz unsträflich lebt und bin geplagt täglich?
Jerem. 29, 11	Ich weiß wohl, was ich für Gedanken über euch habe, ... Gedanken des Friedens und nicht des Leides.
Ps. 118, 18	Der Herr züchtigt mich wohl, aber er gibt mich dem Tode nicht.
1 Kor. 11, 32	Von dem Herrn gezüchtigt, auf daß wir nicht samt der Welt verdammt werden.
Hebr. 12, 6	Welchen der Herr liebhat, den züchtigt er (Offenb. 3, 19).
12, 11	Alle Züchtigung, wenn sie da ist, dünkt uns nicht Freude, sondern Traurigkeit zu sein ..., aber danach wird sie geben eine friedsame Frucht der Gerechtigkeit.
5, 8	Er hat an dem, was er litt, Gehorsam gelernt.
2, 10	Er hat den Herzog ihrer Seligkeit durch Leiden vollkommen gemacht.
Ps. 16, 7	Auch züchtigen mich meine Nieren des Nachts (Leid infolge der Mahnung des Gewissens).
Titus 2, 12	Die Gnade züchtigt uns.
Röm. 5, 3	Wir wissen, daß Trübsal Geduld bringt.
2 Kor. 4, 17	Unsere Trübsal schafft eine ewige ... Herrlichkeit.

3. Zu unserer Läuterung und Bewährung.

Ps. 26, 2	Läutere meine Nieren und mein Herz!
139, 23	Prüfe mich und erfahre, wie ich's meine!
17, 3	Du läuterst mich.
Jerem. 9, 6	Ich will sie schmelzen und prüfen.
Ps. 66, 10	Du, Gott, hast uns geläutert, wie das Silber geläutert wird.
1 Petr. 1, 6	Die ihr jetzt eine kleine Zeit traurig seid in mancherlei Anfechtungen, auf daß euer Glaube rechtschaffen und viel köstlicher erfunden werde als das ... Gold, das durchs Feuer bewährt wird.
Jak. 1, 12	Selig der Mann, der die Anfechtung erduldet, denn nachdem er bewährt ist, wird er die Krone des Lebens empfangen.

4. Zur Bereitung für das Kommen des Messias.

Dan. 12, 1	Denn es wird solche trübselige Zeit sein, wie sie nicht gewesen ist. Zur selben Zeit wird dein Volk errettet werden.
12, 10	Viele werden gereinigt, geläutert und bewährt werden.
Maleachi 3, 3	Er wird sitzen und schmelzen und das Silber reinigen, ... dann werden sie dem Herrn Speisopfer bringen in Gerechtigkeit.

III. Das freiwillige Leiden Jesu.

1. In Gottes Rat beschlossen.

Luk. 24, 26	Mußte nicht Christus solches leiden und zu seiner Herrlichkeit eingehen?
Mtth. 16, 21	Jesus zeigte, wie er müßte ... viel leiden (Mtth. 17, 12).
Hebr. 2, 17	Er mußte seinen Brüdern gleich werden.
2, 9	Daß er aus Gottes Gnade für alle den Tod schmeckte.
1 Mose 3, 15	Du wirst ihn in die Ferse stechen.

2. Freiwillig von ihm getragen:

Joh. 10, 18	Ich lasse es (mein Leben) von mir selber.
	a) zur Vollendung seines Gehorsams und seiner helfenden Liebe:
Hebr. 2, 10	Es ziemte Gott, daß er den Herzog (Mitteldarreicher, Spender) ihrer Seligkeit durch Leiden vollkommen machte.
5, 8	Er hat an dem, was er litt, Gehorsam gelernt.
Phil. 2, 8	Er ward gehorsam bis zum Tod..., darum hat ihn auch Gott erhöht.
Hebr. 2, 18	Worinnen er gelitten hat ..., kann er helfen denen, die versucht werden:
Joh. 14, 30	Es kommt der Fürst dieser Welt und hat nichts an mir.
	b) zur Vollendung des Gerichts an der Welt, die durch den Haß gegen Christus der Gottesfeindschaft überführt wird;
Joh. 12, 31	Jetzt geht das Gericht über die Welt ..., und ich, wenn ich erhöht werde (Tod am Kreuz) ..., will ich sie alle zu mir ziehn.
Apgsch. 2, 23	Den habt ihr ... erwürgt.
2, 37	Da sie aber das hörten, ging's ihnen durchs Herz.
	c) als stellvertretendes Leiden zur Sühne.
Jes. 53, 4	Fürwahr, er trug unsere Krankheit.
53, 7	Wie ein Lamm.
Joh. 1, 37	Siehe, das ist Gottes Lamm (siehe Lamm)!

IV. Das Leiden um Jesu willen (Trübsal).

1 Petr. 2, 20	Um Wohltat willen leiden, das ist Gnade.
4, 19	Leiden nach Gottes Willen.
Mtth. 5, 10	Selig sind, die um Gerechtigkeit willen verfolgt werden.
1 Petr. 4, 13	Freuet euch, daß ihr mit Christo leidet!
Apgsch. 9, 16	Wieviel er leiden muß um meines Namens willen.
2 Tim. 1, 8	Leide mit für das Evangelium.
Mtth. 13, 21	Trübsal und Verfolgung um des Worts willen erleiden.
24, 9	Sie werden euch überantworten in Trübsal (Mrk. 13, 19).
Apgsch. 14, 22	Wir müssen durch viel Trübsale in das Reich Gottes gehn.
2 Kor. 4, 10	Wir tragen allezeit das Sterben Jesu an unserem Leibe.
2 Kor. 6, 4	Diener Gottes in ... Trübsalen.
1 Thess. 1, 6	Ihr habt das Wort aufgenommen unter vielen Trübsalen.
Offenb. 2, 9	Ich weiß deine Trübsal.
7, 14	Diese sind gekommen aus großer Trübsal.
Kol. 1, 24	Nun freue ich mich in meinem Leid, das ich für euch leide, und erstatte an meinem Fleisch, was noch mangelt an Trübsalen in Christo, für seinen Leib, welcher ist die Gemeinde (Das Leiden Christo muß der Gemeinde vorgelebt werden).

Licht. Das Wesen Gottes ist Licht in seinem Gegensatz zum Wesen der Menschheit, das Finsternis ist. In Christus kommt das Licht in die Welt und wird nicht erkannt.

Durch einen Schöpfungsakt des Heiligen Geistes wird das erleuchtete Auge geschaffen, das Christus wahrnimmt. Das Licht Gottes straft, erweckt Glauben, einigt, reinigt und verklärt. Es muß weitergegeben werden, damit die Finsternis der Welt weiche.

1. Gott ist lauter Licht im Gegensatz zur Welt.

1 Joh. 1, 5	Gott ist Licht, und in ihm ist keine Finsternis.
Jak. 1, 17	Von dem Vater des Lichts, bei welchem ist keine Veränderung noch Wechsel des Lichts und der Finsternis.
1 Tim. 6, 16	Der da wohnt in einem Licht, da niemand zukommen kann.
2 Kor. 6, 14	Was hat das Licht für Gemeinschaft mit der Finsternis?

2. In Christus kommt das Licht in die Welt.

Joh. 1, 9	Das wahrhaftige Licht, welches alle Menschen erleuchtet.
8, 12	Ich bin das Licht der Welt.

3. Die Menschheit ist Finsternis und steht in so völligem Gegensatz zu Gott, daß sie sein Licht nicht wahrnehmen kann.

Joh. 1, 5	Das Licht scheint in der Finsternis, und die Finsternis hat's nicht begriffen.
Eph. 4, 18	Deren Verstand verfinstert ist.
2 Kor. 4, 4	Der Gott dieser Welt hat der Ungläubigen Sinn verblendet, daß sie nicht sehen das helle Licht des Evangeliums (Mtth. 6, 23).
Eph. 5, 8	Ihr waret weiland Finsternis.
Joh. 3, 20	Wer Arges tut, der haßt das Licht.
3, 19	Die Menschen liebten die Finsternis mehr als das Licht.

4. Gott schafft durch den Heiligen Geist in seinem Wort das erleuchtete Auge, das Christum wahrnimmt.

2 Kor. 4, 6	Gott, der da hieß das Licht aus der Finsternis hervorleuchten, hat einen hellen Schein in unsere Herzen gegeben.
Eph. 1, 18	Gott gebe euch den Geist der Weisheit und der Offenbarung zu seiner selbst Erkenntnis und erleuchtete Augen eures Verständnisses (1 Kor. 2, 11.14).
Ps. 36, 10	In deinem Licht sehen wir das Licht.
119, 105	Dein Wort ... ist ein Licht auf meinem Wege.
2 Petr. 1, 19	Das prophetische Wort, ... ein Licht, das da scheint an einem dunkeln Ort.

5. Die Wirkungen des Lichts.

Ps. 90, 8	Unsere unerkannte Sünde (stellst du) ins Licht vor deinem Angesicht (Joh. 3, 20).
Eph. 5, 13	Alles wird offenbar, wenn es vom Licht gestraft wird.
Joh. 3, 21	Wer die Wahrheit tut, der kommt an das Licht, daß seine Werke offenbar werden.
12, 36	Glaubet an das Licht, ... auf daß ihr des Lichtes Kinder seid!
Eph. 5, 8	Nun seid ihr ein Licht in dem Herrn.
1 Joh. 1, 7	So wir im Licht wandeln, ... so haben wir Gemeinschaft untereinander, und das Blut Jesu Christi ... macht uns rein von aller Sünde.
2, 10	Wer seinen Bruder liebt, der bleibet im Licht.
2 Kor. 3, 18	Wir werden verklärt in dasselbe Bild von einer Klarheit zu der anderen.

1 Joh. 3, 2	Wir wissen, ... daß wir ihm gleich sein werden, denn wir werden ihn sehen, wie er ist (1 Tim. 6, 16).
Kol. 1, 12	Der uns tüchtig gemacht hat zu dem Erbteil der Heiligen im Licht.
Mtth. 13, 43	Dann werden die Gerechten leuchten wie die Sonne.

6. Unser Verhalten zum Licht.

Apgsch. 26, 18	Sich bekehren von der Finsternis zum Licht.
Joh. 12, 36	Glaubet an das Licht, dieweil ihr's habt.
Eph. 5, 9	Wandelt wie die Kinder des Lichts.
Mtth. 5, 14	Ihr seid das Licht der Welt.
5, 16	Lasset euer Licht leuchten vor den Leuten!
1 Petr. 2, 9	Daß ihr verkündigen sollt die Tugenden des, der euch berufen hat von der Finsternis zu seinem wunderbaren Licht.
Röm. 13, 12	Laßt uns anlegen die Waffen des Lichts.

Liebe, lieben. Willentliche, sich selbst verleugnende, erbarmungsvolle Hingabe ohne Rücksicht auf natürliche Neigung oder Abneigung. Liebe ist im Alten Testament gemeint im Sinn selbstloser Hingabe, die auf Personen, nicht auf Sachen gerichtet ist. Auf erotischer Basis beruhend, wird sie zum Bild auch der Freundesliebe (Jonathan und David). Sie wird als Grundlage der Sozialbeziehung gesetzlich angeordnet (3 Mose 19, 18: Du sollst deinen Nächsten lieben wie dich selbst). Weil Gott in seiner Bundestreue das Volk Israel liebt, soll das Volk ihn wieder lieben von ganzem Herzen (5 Mose 6, 5). Die Liebe Gottes zu seinem treulosen Volk schildert Hosea in einzigartiger Weise. Wie der Prophet sein minderwertiges, treuloses Weib liebt, so liebt der Herr sein Volk und leidet unter dessen Treulosigkeit (Hosea 11, 4). Auch Jeremia weiß von dieser Liebe Gottes zu Israel (Jerem. 31, 3: Ich habe dich je und je geliebt), und Jesaja vergleicht sie mit der Mutterliebe (Jes. 49, 15; 66, 13; 43, 4).

In der griechischen Übersetzung des Alten Testaments wird zur Übersetzung des hebräischen Worts für Liebe das etwas blasse agapan gewählt, das die herablassende, schenkende Liebe bedeutet, aber nichts von dem Feuer der geschlechtlichen Liebe des Eros in sich hat, der den eigenen heißen Lebenshunger stillen will. Aber das hebräische Wort haucht dem griechischen Übersetzungsbegriff seine Glut ein. Nur das Triebhafte des Eros wird im Gegensatz zur griechischen Welt, die auch im Religiösen den sinnlichen Rausch sucht, völlig ausgeschieden. Das griechische Judentum bevorzugt die Nächstenliebe. Die Rabbinen beweisen die Liebe Gottes aus dem Geschenk des Gesetzes. Sie schildern sie mit dem Ausdruck des Hohenliedes, daß sie stark ist wie der Tod. Das Vierte Buch Esra appelliert von dem richtenden Gott an den liebenden Gott in starken Worten. Jesus verlangt radikale Liebe zu Gott (Mtth. 6, 24: Niemand kann zwei Herren dienen). Er wendet das Liebesgebot im Gegensatz zu den Rabbinen positiv (Mtth. 7, 12: Was ihr wollt, daß euch die Leute tun, das tut ihr ihnen auch). Der Nächste ist nicht der Volksgenosse, sondern der, der meiner Hilfe bedarf (Luk. 10). Er fordert die Feindesliebe. Das ist mehr, als die Sünder auch sonst tun, es ist die Handlungsweise der Söhne des Gottesreichs. Hier liegt eine neue Weltlage vor. Gott schenkt die Vergebung der Sünden. Wer sie empfangen hat, kann lieben. Die bevorzugende Liebe Gottes gilt allein dem Sohn (Mrk. 12, 6: Er hatte einen einzigen Sohn, den er liebhatte). Lieblosigkeit ist nichts als Verachtung des

Menschensohns (Mtth. 10, 40; 25, 31). Seine Fürbitte am Kreuz für seine Feinde ist der höchste Ausdruck seiner Liebe (Luk. 23, 34).

Paulus preist Röm. 8 die Liebe Gottes, die des eigenen Sohns nicht hat verschont (die Liebestat Gottes und Christi schildert er immer in der Zeitform der Tatsache und Ereignis gewordenen Vergangenheit). Diese Liebe gilt den Auserwählten. Wer ihn liebt, der ist von ihm erkannt (1 Kor. 8, 3). Sie ist Frucht des Heiligen Geistes (Gal. 5, 22: Die Frucht des Geistes ist Liebe). Die erfahrene Gottes- und Heilandsliebe dringt zur Bruderliebe (2 Kor. 5, 14: Die Liebe Christi dringet uns also). Das Ziel der Liebe ist der Dienst (Gal. 5, 14: Alle Gesetze werden in einem Wort erfüllt: Du sollst deinen Nächsten lieben wie dich selbst). Die Liebe baut das Werk der Zukunft auf, denn sie höret nimmer auf (1 Kor. 13). Die Liebe bei Johannes ist ganz die herabsteigende Gottesliebe, die dem Sohn gilt und im Sohn alle umfaßt, die an ihn glauben. In der Offenbarung ist das Verständnis dessen, was Liebe heißt, ganz bestimmt vom Blick auf das Martyrium. Die Quelle: Er hat uns geliebt und gewaschen von unseren Sünden mit seinem Blut (Offenb. 1, 5). Sie haben ihr Leben nicht liebgehabt bis in den Tod (Offenb. 12, 11). In der Endzeit wird die erste Liebe verlassen (Offenb. 2,4; Mtth. 24, 12: Die Liebe wird in vielen erkalten). Neben dem düsteren Feuer des Eros, der durch sein Begehren die Welt ruiniert, leuchtet die Klarheit der neutestamentlichen Agape (»die nicht begehrt, sondern gibt« (ThW).

1. Die Liebe Gottes ist der Quell aller Liebe.

	a) Die Liebe zum Sohn.
Joh. 3, 35	Der Vater hat den Sohn lieb.
15, 9	Gleichwie mich mein Vater liebt, also liebe ich euch.
Mtth. 3, 17	Dies ist mein lieber Sohn.
	b) Die Liebe zum Heilsvolk.
5 Mose 33, 3	Wie hat er die Leute so lieb!
Ps. 146, 8	Der Herr liebt die Gerechten.
Hosea 11, 4	Ich ließ sie in Seilen der Liebe gehen.
Jes. 43, 4	Ich habe dich lieb.
Jerem. 31, 3	Ich habe dich je und je geliebet.
	c) Die Liebe zur Welt.
Joh. 3, 16	Also hat Gott die Welt geliebt, daß er seinen eingeborenen Sohn gab.
Röm. 5, 8	Darum preiset Gott seine Liebe gegen uns, daß Christus für uns gestorben ist, da wir noch Sünder waren.
8, 32	Er hat ihn für uns alle dahingegeben.
1 Joh. 3, 1	Sehet, welch eine Liebe hat uns der Vater erzeiget, daß wir Gottes Kinder sollen heißen!
4, 9	Daran ist erschienen die Liebe Gottes gegen uns, daß Gott seinen eingeborenen Sohn gesandt hat.
4, 10	Darin steht die Liebe: nicht, daß wir Gott geliebet haben, sondern daß er uns geliebet hat.
4, 16	Gott ist Liebe.

2. In Jesus strömt sie in die Welt.

Mtth. 4, 23	Er predigte das Evangelium vom Reich und heilte.
8, 3	Jesus rührte ihn an (den Aussätzigen).
Luk. 15, 2	Dieser nimmt die Sünder an und isset mit ihnen.

Mrk. 10, 21	Er sah ihn an und liebte ihn.
Joh. 13, 1	Wie er geliebt hatte die Seinen, so liebte er sie bis ans Ende.
15, 13	Niemand hat größere Liebe denn die, daß er sein Leben läßt für seine Freunde.
1 Joh. 3, 16	Daran haben wir erkannt die Liebe, daß er sein Leben für uns gelassen hat.
Luk. 23, 34	Vater, vergib ihnen!
Röm. 13, 10	Die Liebe ist des Gesetzes Erfüllung (siehe Gesetz).

3. Sie wird ausgegossen über die, die Jesum als Heiland annehmen.

Röm. 5, 5	Die Liebe Gottes ist ausgegossen in unser Herz durch den Heiligen Geist.
1 Joh. 4, 7	Die Liebe ist von Gott, und wer liebhat, der ist von Gott geboren.
Offenb. 2, 4	Die erste Liebe.
1 Joh. 4, 19	Lasset uns ihn lieben, denn er hat uns zuerst geliebet.
Ps. 18, 2	Herzlich lieb hab ich dich, Herr, meine Stärke.
1 Petr. 1, 8	Welchen ihr nicht gesehen und doch liebhabt.
Eph. 3, 19	Daß Christum liebhaben viel besser ist denn alles Wissen.
2 Kor. 5, 14	Die Liebe Christi dringet uns also.
Gal. 5, 6	Der Glaube, der in der Liebe tätig ist.
5, 22	Die Frucht des Geistes ist Liebe.
Luk. 7, 42	Wer wird ihn am meisten lieben? Dem er am meisten geschenkt hat.

4. Die Glaubenden sind Kanäle, die die Heilandsliebe weiterleiten.

1 Thess. 4, 9	Ihr seid selbst von Gott gelehrt, euch untereinander zu lieben.
2 Thess. 1, 3	Die Liebe eines jeglichen unter euch allen nimmt zu gegeneinander.
1 Joh. 3, 14	Wir wissen, daß wir aus dem Tode ins Leben gekommen sind, denn wir lieben die Brüder.

5. Die Liebe ist einerseits Geschenk des Geistes, andererseits liegt sie im Bereich des menschlichen Willens, da Gottes Gaben nie unseren Willen beiseitesetzen, sondern ihn begründen, daher Aufforderung zur Liebe.

5 Mose 6, 5	Du sollst den Herrn, deinen Gott, liebhaben von ganzem Herzen.
Josua 23, 11	Behütet aufs fleißigste eure Seelen, daß ihr den Herrn, euern Gott, liebhabt.
2 Thess. 3, 5	Der Herr richte eure Herzen zu der Liebe Gottes.
Judä 21	Erhaltet euch in der Liebe Gottes.
Mtth. 10, 37	Wer Vater oder Mutter mehr liebt als mich, ist mein nicht wert.
Joh. 15, 9	Bleibet in meiner Liebe!
21, 15	Hast Du mich lieb?
3 Mose 19, 18	Du sollst deinen Nächsten lieben wie dich selbst.
Joh. 13, 34	Ein neu Gebot gebe ich euch, daß ihr euch untereinander liebet.
15, 17	Das gebiete ich euch, daß ihr euch untereinander liebet.
Röm. 12, 10	Die brüderliche Liebe untereinander sei herzlich.
13, 8	Seid niemand nichts schuldig, als daß ihr euch untereinander liebet.
1 Kor. 14, 1	Strebet nach der Liebe.
16, 14	Alle eure Dinge lasset in der Liebe geschehen.
Gal. 5, 13	Durch die Liebe diene einer dem anderen.
Eph. 4, 15	Lasset uns wahrhaftig sein in der Liebe.
5, 2	Wandelt in der Liebe.
Kol. 3, 14	Über alles ziehet an die Liebe.
1 Tim. 4, 12	Sei ein Vorbild in der Liebe.
6, 11	Jage nach der Liebe.
1 Petr. 1, 22	Machet keusch eure Seelen zu ungefärbter Bruderliebe.

2, 17	Habt die Brüder lieb!
4, 8	Habt untereinander eine inbrünstige Liebe.
2 Petr. 1, 7	Reichet dar in der Gottseligkeit brüderliche Liebe und in der brüderlichen Liebe allgemeine Liebe.
1 Joh. 3, 11	Das ist die Botschaft, daß wir uns untereinander lieben sollen.
3, 18	Lasset uns nicht lieben mit Worten noch mit der Zunge, sondern mit der Tat.
4, 7	Lasset uns untereinander liebhaben.
Hebr. 10, 24	Lasset uns untereinander unser selbst wahrnehmen mit Reizen der Liebe.
13, 1	Bleibet fest in der brüderlichen Liebe!

6. Das Wesen der Liebe.

Ps. 97, 10	Die ihr den Herrn liebt, hasset das Arge.
Joh. 14, 23	Wer mich liebt, der wird mein Wort halten.
1 Joh. 2, 5	Wer sein Wort hält, in solchem ist die Liebe Gottes vollkommen.
5, 3	Das ist die Liebe zu Gott, daß wir seine Gebote halten.
Joh. 14, 15	Liebet ihr mich, so haltet meine Gebote.
15, 10	So ihr meine Gebote haltet, bleibet ihr in meiner Liebe.
Hohel. 8, 6	Die Liebe ist stark wie der Tod.
1 Kor. 13, 4	Die Liebe ist langmütig und freundlich.
13, 8	Die Liebe höret nimmer auf.
13, 13	Die Liebe ist die größte unter ihnen (neben Glaube, Hoffnung).
8, 1	Die Liebe bessert.
1 Petr. 4, 8	Sie deckt der Sünden Menge.
Mtth. 5, 46	So ihr liebet, die euch lieben, was werdet ihr für Lohn haben?
5, 44	Liebet eure Feinde.
Röm. 12, 21	Laß dich nicht das Böse überwinden, sondern überwinde das Böse mit Gutem.

7. Der Segen der Liebe.

2 Mose 20, 6	Ich tue Barmherzigkeit an vielen Tausenden, die mich liebhaben.
Richt. 5, 31	Die ihn liebhaben, müssen sein, wie die Sonne aufgehet in ihrer Macht.
Ps. 145, 20	Der Herr behütet alle, die ihn lieben.
Sirach 1, 10	Gott gibt Weisheit denen, die ihn lieben.
34, 19	Die Augen des Herrn sehen auf die, so ihn liebhaben.
Joh. 14, 21	Wer mich liebt, der wird von meinem Vater geliebt werden, und ich werde ihn lieben und mich ihm offenbaren.
Eph. 6, 24	Gnade sei mit allen, die liebhaben unseren Herrn Jesum Christum unverrückt.
Röm. 8, 28	Wir wissen, daß denen, die Gott lieben, alle Dinge zum Besten dienen.
1 Joh. 4, 18	Furcht ist nicht in der Liebe, sondern die völlige Liebe treibet die Furcht aus.
4, 17	Darin ist die Liebe völlig bei uns, daß wir eine Freudigkeit haben am Tage des Gerichts.
1 Kor. 2, 9	Was kein Auge gesehen ..., das hat Gott bereitet denen, die ihn lieben.
Mtth. 25, 40	Was ihr getan habt einem unter diesen meinen geringsten Brüdern, das habt ihr mir getan.

8. Wo keine Liebe ist, da ist der Fluch.

1 Kor. 16, 22	So jemand den Herrn Jesum Christum nicht liebhat, der sei verflucht.
Hosea 4, 1	Es ist keine Liebe im Lande.
Mtth. 24, 12	Dieweil die Ungerechtigkeit wird überhandnehmen, wird die Liebe in vielen erkalten.
1 Joh. 2, 15	So jemand die Welt liebhat, in dem ist nicht die Liebe des Vaters, und die Welt vergeht mit ihrer Lust.

Loben, siehe danken.

Lohn. 1. Der Arbeitslohn. 2. Die Vergeltung der ausgleichenden Gerechtigkeit Gottes, die geglaubt werden darf, ein Lohn, der ohne jegliche Verpflichtung Gottes aus Gnaden gewährt wird. 3. Der Lohn des Gerichts.

Die Griechen erwarten den Lohn des sittlichen Handelns im Diesseits. In der römischen Religion gilt der Gedanke des Rechtsgeschäfts mit den Göttern. Der Fromme opfert und erwartet als Gegengabe der Götter die Hilfe. – Im Alten Testament wird ganz unbefangen von Lohn und Strafe gesprochen. Segen und Fluch für den, der die Gebote hält oder bricht, wird im Fünften Buch Mose proklamiert. Im Richterbuch wird eine genaue Entsprechung zwischen Gehorsam und Ungehorsam des Volkes und seinem Ergehen festgestellt. Bei Hesekiel wird die Strafe auf den, der sündigt, beschränkt. Im Buch Hiob wirft der Satan die Frage auf: Meinst du, daß Hiob umsonst Gott fürchtet (Hiob 1, 9)? Im 73. Psalm hat der Fromme an Gott genug, auch wenn ihm Leib und Seele verschmachten. Der Psalmsänger hat jetzt schon auf Erden an Gott seinen Trost und wartet auf die endzeitliche Herrlichkeit. (Ps. 73, 24: Du nimmst mich endlich in deine Herrlichkeit auf). Das Neue Testament verwendet den Lohngedanken vielfach, aber hebt ihn aus der Rechtssphäre völlig heraus. Im Gleichnis Jesu von den Arbeitern im Weinberg wird der völlig unverdiente Gnadenlohn an den Arbeitern verdeutlicht, die den ganzen Tag gearbeitet haben. Sie sind eine Parallele zum älteren Bruder aus Luk. 15. Nach Luk. 17, 10 sind wir unnütze Knechte, wenn wir alles getan haben, was uns befohlen war. Bei Paulus wird der Gerichts- und Gnadengedanke kräftig gebraucht. Er ist ein Regulativ gegen schwärmerischen, sittlich laxen Enthusiasmus. Aber das ohne Verdienst Erwähltsein hebt jedes Rechnen mit dem Lohn völlig auf (Röm. 4, 4: Gnadenlohn). Auch in den Timotheus- und Titusbriefen, den sogenannten Pastoralbriefen, ist die Heilsgrundlage in Christus ohne Verdienst und Würdigkeit ganz deutlich (1 Tim. 1, 15) und die Krone der Gerechtigkeit ist jetzt schon bereit und wird zukünftig gegeben (2 Tim. 4, 8). Im Hebräerbrief gibt das Blut Jesu Christi Freudigkeit zum Eingang in das Heilige (Hebr. 10, 19) und nicht das Wissen um vollbrachte gute Werke, wenn sie auch mit der Heiligung unentbehrlich sind. Ebenso deutlich ist die Heilsgrundlage in den übrigen Schriften des Neuen Testaments, auch im Jakobusbrief (Jak. 2, 5).

1. Der für Arbeit ausbedungene Lohn, Pflichtlohn.

3 Mose 19, 13	Es soll des Arbeiters Lohn nicht bei dir bleiben bis an den Morgen.
5 Mose 24, 14	Du sollst dem Armen und Dürftigen seinen Lohn nicht vorenthalten.
Jerem. 22, 13	Wehe dem, der seinen Nächsten umsonst arbeiten läßt und gibt ihm seinen Lohn nicht!
Luk. 10, 7	Der Arbeiter ist seines Lohnes wert.
Jak. 5, 4	Der Arbeiter Lohn, der von euch abgebrochen ist, der schreiet zu mir.

2. Der Gnadenlohn.

	a) Der Gnadenlohn für alles, was aus Liebe zu Gott geschieht, und sei es noch so gering.
1 Mose 15, 1	Ich bin dein Schild und sehr großer Lohn.

Ruth 2, 12 Der Herr vergelte dir deine Tat, und müsse dein Lohn vollkommen sein.
Jes. 40, 10 Sein Lohn ist bei ihm und seine Vergeltung vor ihm (62, 11).
Röm. 4, 4 Pflichtlohn und Gnadenlohn.
Mtth. 10, 41 Wer einen Gerechten aufnimmt in eines Gerechten Namen, wird eines Gerechten Lohn empfangen, ... ein Becher kalten Wassers (Jesu zuliebe gegeben) wird nicht unbelohnt bleiben.

b) Der Lohn ist zukünftig und muß geglaubt werden.

Offenb. 11, 18 Es ist Zeit, zu richten und zu geben deinen Knechten den Lohn.
Hebr. 11, 6 Glauben, daß Gott denen, die ihn suchen, ein Vergelter sein werde.
10, 35 Werfet euer Vertrauen nicht weg, welches eine große Belohnung hat.
Luk. 6, 23 Siehe, euer Lohn ist groß im Himmel.
6, 35 Liebet eure Feinde, so wird euer Lohn groß sein im Himmel.
Mtth. 20, 7 Was recht ist, soll euch werden (Die Letzten bekommen den Gnadenlohn, die Ersten verscherzen sich durch ihr Murren die Freude an ihrem Lohn).

c) Durch Murren, durch Trachten nach Menschenlohn, durch Zerfall einer geistlichen Arbeit bringt man sich um den Lohn.

1 Kor. 9, 17 Tue ich's gern, so wird mir gelohnet.
2 Joh. 8 Sehet zu, daß wir nicht verlieren, was wir gearbeitet haben, sondern vollen Lohn empfangen.
1 Kor. 3, 14 Wird jemandes Werk bleiben, so wird er Lohn empfangen.
Mtth. 6, 5 Sie haben ihren Lohn dahin.

3. Die Vergeltung des Gerichts.

Mtth. 24, 51 Der Herr des Knechts wird ihn zerscheitern und wird ihm seinen Lohn geben mit den Heuchlern.
Ps. 11, 6 Den Gottlosen ein Wetter zum Lohn.
Hebr. 2, 2 Jede Übertretung wird ihren verdienten Lohn empfangen.
Hiob 20, 29 Der Lohn der Gottlosen.
Offenb. 22, 12 Siehe, ich komme bald und mein Lohn mit mir, zu geben einem jeglichen, wie seine Werke sein werden.

Lüge. Die Verleumdung der Wahrheit, ein Hauptmerkmal des Widergöttlichen.

1. Ursprung und Ausbreitung der Lüge.

Joh. 8, 44 Der Satan ist nicht bestanden in der Wahrheit; der Vater der Lüge.
1 Mose 3, 1 Satans Lüge.
Ps. 116, 11 Alle Menschen sind Lügner.
Röm. 3, 4 Gott ist wahrhaftig und alle Menschen Lügner.
1, 25 Sie haben verwandelt die Wahrheit Gottes in die Lüge.
Ps. 119, 69 Die Stolzen erdichten Lügen.
4, 3 Wie habt ihr das Eitle so lieb und die Lüge so gern!
2 Thess. 2, 11 Sie glauben der Lüge.
1 Joh. 1, 6 So wir sagen, daß wir Gemeinschaft mit ihm haben und wandeln in der Finsternis, so lügen wir.
2, 21 Wisset, daß keine Lüge aus der Wahrheit kommt.

2. Gott haßt die Lüge.

Maleachi 3, 6 Ich bin der Herr, der nicht lügt (in der neu durchgesehenen Lutherbibel: und wandle mich nicht).
4 Mose 23, 19 Gott ist nicht ein Mensch, daß er lüge.
1 Sam. 15, 29 Auch lügt der Held in Israel nicht.
Hebr. 6, 18 Es ist unmöglich, daß Gott lügt.
Titus 1, 2 In der Hoffnung des ewigen Lebens, welches verheißen hat, der nicht lügt.

Sprüche 19, 5	Ein falscher Zeuge bleibt nicht ungestraft, und wer Lüge frech redet, wird nicht entrinnen (Sprüche 6, 19: eins der sechs Stücke, die der Herr haßt).
2 Kön. 5, 27	Gehasi wegen seiner Lüge gestraft.
Apgsch. 5, 5	Ananias gestraft, weil er den Heiligen Geist belog (siehe Geist 3 b 3).
Offenb. 21, 27	Es wird nicht hineingehen irgend etwas Gemeines und das da Greuel tut und Lügen.
22, 15	Draußen sind ... alle, die liebhaben und tun die Lüge.
Eph. 4, 25	Darum leget die Lüge ab und redet die Wahrheit.

Lust, gelüsten, Wollüste begehren. Das Begehren unseres Herzens ist verkehrt, wenn es auf Gottwidriges, – recht, wenn es auf Gott und Gottgefälliges gerichtet ist.

Der Begriff ist an sich neutral. Jesus nach Luk. 22, 15: Mich hat herzlich verlangt). Schon früh wurde erkannt, daß das Begehren die Wurzel der Sünde ist (Zehntes Gebot: Du sollst nicht begehren). Die Begierde wird durch ihren Gegenstand bestimmt, so Mtth. 5, 28, das Weib; 1 Kor. 10, 6, das Böse; durch die Richtung, so Gal. 5, 7 gegen den Geist; nach dem Träger, so dem Herzen, dem Leib, den Gliedern, den Augen (Jak. 4, 1; Joh. 2, 16), dem Teufel Joh. 8, 44, der Welt 1 Joh. 2, 17, dem Menschen 1 Petr. 4, 2. Es sind weltliche Begierden Titus 2, 12; fleischliche Lüste 1 Petr. 2, 11. »Die Begierde, die Wollust ist eine Kraft, die in das Gebiet der ungeheiligten Leiblichkeit gehört« (ThW). Schon bei den Griechen wird der an sich neutrale Begriff ethisch entwertet. Die Philosophenschulen fragen: ist die Lust etwas Gutes oder etwas Böses? – Im Neuen Testament wird die Vergnügungssucht, die Lust als eine Kraft verstanden, die wider die Seele streitet. Diese Lüste stehen im erbitterten Kampf gegen Gott (Mrk. 4, 19: Sie ersticken das Wort Gottes), sie streiten wider die Seele (1 Petr. 2, 11), sie wirken den Tod (Jak. 1, 15; Röm. 7, 10). Sie führen in Sklaverei (Röm. 7, 23), sie machen die Seele zwiespältig (Jak. 1,8; 4, 2). Die Irrlehrer lieben die Lüste mehr als Gott (2 Tim. 3, 4). Die neutestamentliche Freude bekommt einen Inhalt, der dem gewöhnlichen Menschenverstand widerspricht: Leiden und Martyrium bringt dem Jünger große Seligkeit, ja ist der Weg zur ewigen Freude (Jak. 1, 2; 1, 12).

1. Die verkehrte Lust bringt das, was den Tod bringt, und haßt das, was allein Leben und volles Genüge gibt.

Joh. 8, 44	Ihr seid von dem Vater, dem Teufel, und nach eures Vaters Lust wollt ihr tun (Ursprung der verkehrten Lust).
1 Mose 3, 6	Das Weib schaute an.
Jak. 1, 14	Ein jeglicher wird versucht, wenn er von seiner eigenen Lust gereizt und gelockt wird.
Röm. 7, 5	Da wir im Fleisch waren, da waren die sündlichen Lüste, welche durchs Gesetz sich erregten, kräftig in unseren Gliedern, dem Tode Frucht zu bringen (Im Fleisch bedeutet: im von Gott losgetrennten Ichleben. In diesem Zustand wirkt das Gebot nicht Befreiung, sondern nur höchste Aufstachelung der Sünde).
Eph. 2, 3	Wir alle haben weiland unseren Wandel gehabt in der Lust des Fleisches.
1 Joh. 2, 16	Alles, was in der Welt ist, des Fleisches Lust und der Augen Lust ..., ist nicht vom Vater, sondern von der Welt, und die Welt vergeht mit ihrer Lust.
1 Tim. 5, 6	Die (Witwe, welche) in Wollüsten lebt, ist lebendig tot.

Röm. 1, 24	Darum hat sie Gott dahingegeben in ihres Herzens Gelüste.
Judä 16	Die murren und klagen immer, die nach ihren Lüsten wandeln.
1 Kor. 10, 5	Sie wurden niedergeschlagen in der Wüste. Das ist aber uns zum Vorbild geschehen, daß wir uns nicht gelüsten lassen des Bösen.
Sprüche 1, 32	Was die Unverständigen gelüstet, das tötet sie.

2. Los von der verkehrten Lust!

2 Mose 20, 17	Laß dich nicht gelüsten!
2 Tim. 2, 22	Fliehe die Lüste der Jugend!
1 Petr. 2, 11	Enthaltet euch von fleischlichen Lüsten, welche wider die Seele streiten!
Titus 2, 12	Verleugnet die weltlichen Lüste.
Gal. 5, 24	Welche aber Christo angehören, die haben ihr Fleisch gekreuzigt samt den Lüsten und Begierden (Der zu Christo Gehörige kommt nur zu ihm durch die Anerkennung des am Kreuz vollzogenen Gerichts).
5, 16	Wandelt im Geist, so werdet ihr die Lüste des Fleisches nicht vollbringen (In der Stellung von Gal. 5, 24 bleiben).

3. Die rechte Lust.

Ps. 37, 4	Habe deine Lust an dem Herrn, der wird dir geben, was dein Herz wünscht!
1, 2	Wohl dem, der Lust hat zum Gesetz des Herrn!
119, 16	Ich habe Lust zu deinen Rechten.
Röm. 7, 22	Ich habe Lust an Gottes Gesetz nach dem inwendigen Menschen.
Sprüche 14, 9	Die Frommen haben Lust an den Frommen.
	So haben wir denn nun die Freudigkeit zum Eingang in das Heilige durch das Blut Jesu.
Phil. 1, 23	Ich habe Lust abzuscheiden und bei Christo zu sein.
1 Kor. 3, 22	Alles ist euer, ihr aber seid Christi.

4. Die rechte Lust erst dann möglich, wenn Gott Lust an uns hat.

Weish. 1, 13	Gott hat nicht Lust am Verderben der Lebendigen (Hesek. 18, 23).
Hosea 6, 6	Ich habe Lust an der Liebe und nicht am Opfer.
Ps. 18, 20	Er riß mich heraus, denn er hatte Lust zu mir.
Jerem. 32, 41	Es soll meine Lust sein, daß ich ihnen Gutes tue.
Eph. 1, 6	Durch die (Gnade), welche er uns angenehm gemacht hat in dem Geliebten.

Macht, siehe Vollmacht.

Mensch der Sünde, siehe Widerchrist.

Menschensohn, eine messianische Hoheitsbezeichnung im Alten Testament; Selbstbezeichnung Jesu, die seine Hoheit und Niedrigkeit zum Ausdruck bringt; nur einmal von seinem Jünger gebraucht in sichtlicher Anlehnung an ein Herrnwort (Apgsch. 7, 55).

1. Die messianisch verstandenen Stellen im Alten Testament.

Ps. 8, 5	Was ist des Menschen Kind, daß du dich seiner annimmst? Du hast ihn wenig niedriger gemacht denn Gott, und mit Ehe und Schmuck hast du ihn gekrönt. Du hast ihn zum Herrn gemacht über deiner Hände Werk; alles hast du unter seine Füße getan: die Vögel unter dem Himmel und die Fische im Meer.
Dan. 7, 13	Es kam einer in des Himmels Wolken wie eines Menschen Sohn.

2. Jesu Selbstbezeichnung in deutlicher Anlehnung an den achten Psalm. Er ist als der Menschensohn (auch: des Menschen Sohn) der einzige unter seinesgleichen. Auf ihn zielt das Menschengeschlecht. Er ist der verheißene Weibessame.

Joh. 1, 51	Ihr werdet sehen die Engel Gottes herauf und hinab fahren auf den Menschensohn.
Mrk. 1, 13	Er war bei den Tieren, und die Engel dienten ihm.
Luk. 5, 9	Wunderbarer Fischzug (Macht über die Tiere).
Mtth. 9, 6	Des Menschen Sohn hat Macht, die Sünden zu vergeben.
12, 8	Des Menschen Sohn ist ein Herr auch über den Sabbat.
18, 11	Des Menschen Sohn ist gekommen, selig zu machen, was verloren ist.
Joh. 5, 27	Der Vater hat ihm Macht gegeben, das Gericht zu halten, darum, daß er des Menschen Sohn ist.
Mtth. 24, 30	Das Zeichen des Menschensohnes am Himmel.
16, 27	Daß des Menschen Sohn komme in der Herrlichkeit des Vaters.
26, 64	Werdet sehen des Menschen Sohn sitzen zur Rechten der Kraft.
Apgsch. 7, 55	Ich sehe des Menschen Sohn zur Rechten Gottes stehn (Stephanus).
Luk. 17, 26	In den Tagen des Menschensohnes.
21, 36	Stehen vor des Menschen Sohn.
12, 8	Den wird auch des Menschen Sohn bekennen vor den Engeln.

3. Im Gegensatz zu seiner Hoheit steht seine Niedrigkeit.

Ps. 8, 6	Du hast ihn wenig niedriger gemacht denn Gott.
Hebr. 2, 9	Der eine kleine Zeit niedriger gewesen ist denn die Engel.
Mtth. 8, 20	Die Füchse haben Gruben ..., des Menschen Sohn hat nicht, da er sein Haupt hinlege.
20, 28	Des Menschen Sohn ist nicht gekommen, daß er sich dienen lasse, sondern daß er diene.
Joh. 12, 34	Des Menschen Sohn muß erhöht werden.
Mrk. 8, 31	Des Menschen Sohn muß viel leiden.
Mtth. 12, 40	Des Menschen Sohn wird drei Tage und drei Nächte unter der Erde sein.
26, 2	Des Menschen Sohn wird überantwortet werden.
Luk. 22, 48	Verrätst du des Menschen Sohn mit einem Kuß?
Mtth. 16, 13	Wer sagen die Leute, daß des Menschen Sohn sei?
Phil. 2, 8	Er erniedrigte sich selbst ..., darum hat ihn auch Gott erhöht und ihm einen Namen gegeben, der über alle Namen ist, daß in dem Namen Jesu sich beugen sollen aller derer Knie, die im Himmel, auf Erden und unter der Erde sind.

Mittler, siehe Christus [4I].

Müdigkeit, müde. Die menschliche Müdigkeit kann durch Gottes Kraft überwunden werden.

1. Menschen werden müde durch die Mühe und machen Gott Mühe durch ihr Wesen.

1 Mose 5, 29	Mühe und Arbeit auf der Erde, die der Herr verflucht hat.
Pred. Sal. 1, 8	Es sind alle Dinge so voll Mühe.
Ps. 6, 7	Ich bin so müde vom Seufzen.
1 Mose 31, 42	Gott hat mein Elend und Mühe angesehen.
Ps. 95, 10	Vierzig Jahre hatte ich Mühe mit diesem Volk.
Jes. 43, 24	Du hast mir Mühe gemacht mit deinen Missetaten.

2. Gott wird nicht müde, zu retten.

Jes. 40, 28	Der Herr ... wird nicht müde.
Ps. 121, 4	Der Hüter Israels schläft noch schlummert nicht.
Jerem. 31, 25	Ich will die müden Seelen erquicken.
Mtth. 11, 28	Kommet her zu mir, alle, die ihr mühselig seid.
Jes. 50, 4	Der Herr hat mir eine gelehrte Zunge gegeben, daß ich wisse mit dem Müden zur rechten Zeit zu reden (Der Gottesknecht hilft durchs Wort).
40, 31	Die auf den Herrn harren, kriegen neue Kraft, daß ... sie nicht müde werden.

3. Menschen, zu denen das Wort der Barmherzigkeit gegangen ist, werden nicht müde.

2 Kor. 4, 1	Nachdem uns Barmherzigkeit widerfahren ist, werden wir nicht müde.

Daher die Aufforderung:

Eph. 3, 13	Daß ihr nicht müde werdet um meiner Trübsale willen.
Gal. 6, 9	Lasset uns Gutes tun und nicht müde werden.
Hebr. 12, 12	Darum richtet wieder auf die lässigen Hände und die müden Knie (Jes. 35, 3).

Nachfolge, nachfolgen: Mit Jesus den Kreuzes- und Auferstehungsweg gehen.

Der Begriff Nachfolge wird im Alten Testament nie in bezug auf Gott gebraucht. Dazu ist das Distanzgefühl zu groß (5 Mose 4, 24: Gott ist ein verzehrendes Feuer). Eher reden die Rabbinen von der Nachahmung Gottes. Doch im Lehrer-Schüler-Verhältnis wird der Ausdruck »Nachfolge« von ihnen benützt. – Im Neuen Testament ist die Nachfolge streng beschränkt auf die Nachfolge Jesu Christi. Ihm nachzufolgen ist Gabe und Aufgabe zugleich, weil er seinen Nachfolgern Anteil gibt am messianischen Heil, aber auch von ihnen einen ganzen Einsatz erwartet. Es handelt sich dabei nicht um Nachahmung, sondern um Lebens- und Leidensgemeinschaft. Diese Nachfolge ist beschränkt auf den geschichtlichen Jesus. 1 Petr. 2, 21 versteht unter Fußstapfen die Fußspuren des geschichtlichen Jesus. Es wird nur das Tätigkeitswort benützt, nicht das Hauptwort, weil das Nachfolgen eine Tätigkeit zum Ausdruck bringt. – In den Briefen des Apostels Paulus und im Hebräerbrief wird nicht das Wort »nachfolgen«, sondern nachahmen gebraucht (1 Kor. 4, 16; 1 Thess. 1, 6; 2, 14; Hebr. 6, 12).

1. Der Entschluß zur Nachfolge fordert den Entschluß zum Verlassen dessen, woran man bisher hing.

Mtth. 4, 19	Folget mir nach! ... und alsbald verließen sie alles und folgten ihm nach.
19, 21	Verkaufe, was du hast, und komm und folge mir nach!
Luk. 9, 57	Ich will dir nachfolgen ... Des Menschen Sohn hat nicht, da er sein Haupt hinlege.
9, 59	Folge mir nach! Laß die Toten ihre Toten begraben!
9, 62	Wer die Hand an den Pflug legt und sieht zurück, der ist nicht geschickt zum Reiche Gottes.
14, 33	Wer nicht absagt allem, was er hat, kann nicht mein Jünger sein.

2. Jesus nachfolgen heißt, das Kreuz, das Gerichtsholz auf sich nehmen.

Mtth. 10, 38	Wer nicht sein Kreuz auf sich nimmt und folget mir nach, der ist mein nicht wert.

16, 24	Will mir jemand nachfolgen, der verleugne sich selbst (sage sich selbst ab) und nehme sein Kreuz auf sich und folge mir.
1 Petr. 2, 21	Christus hat gelitten für uns und uns ein Vorbild gelassen, daß ihr sollt nachfolgen seinen Fußstapfen.
1 Joh. 2, 6	Wer da sagt, daß er in ihm bleibt, der soll auch wandeln, gleichwie er gewandelt hat.

3. Der Segen der Nachfolge Jesu Christi.

Luk. 14, 27	Wir werden seine Jünger.
Joh. 8, 12	Wir wandeln im Licht.
10, 12	Wir sind seine Schafe.
12, 26	Wer mir dienen will, der folge mir nach; und wo ich bin, da soll mein Diener auch sein.
Offenb. 14, 4	Sie sind Jungfrauen und folgen dem Lamme nach, wo es hingeht (Nicht aus Pflicht, sondern aus Gunst).
Mtth. 19, 27	Wir haben alles verlassen und sind dir nachgefolgt, was wird uns dafür? ... Wer verlässet Häuser oder Brüder oder Schwestern oder Vater oder Mutter oder Weib oder Äcker um meines Namens willen, der wird's hundertfältig nehmen und das ewige Leben ererben.
1 Kor. 4, 16	Seid meine Nachfolger (Nachahmer) (Paulus zu den Korinthern).
1 Thess. 1, 6	Ihr seid unsere Nachfolger (Nachahmer) geworden und des Herrn und habt das Wort aufgenommen unter viel Trübsalen mit Freuden im Heiligen Geist.
2, 14	Ihr seid Nachfolger (Nachahmer) geworden der Gemeinden Gottes ..., weil ihr ebendasselbe erlitten habt.
Hebr. 6, 12	Daß ihr nicht träge werdet, sondern Nachfolger (Nachahmer) derer, die durch Glauben und Geduld ererben die Verheißungen.

Name ist Stellvertretung der Person durch das Wort. Wo der Name ist, ist auch die Person. Der Name Gottes ist zu ehren wie Gott selbst. Mit dem Anrufen seines Namens ist er selbst beansprucht und angerufen. Etwas in seinem Namen tun, heißt etwas in Verbindung mit ihm, unter Berufung auf ihn tun.

Oft wird der Name Gottes gebraucht als Ruhm, Ehre Jahwes, als Wechselbegriff Gottes im Parallelismus der Psalmen, ja vielleicht als selbständige Offenbarungsform. Jesus bekommt seinen Namen von Gott (Mtth. 1, 21), er bekommt den höheren Namen (des Sohnes, Hebr. 1, 4), ja den Namen, der über alle Namen ist (Phil. 2, 9: Kyrios, Herr, mit dem Jahwe genannt wurde, während man Jahwe nicht auszusprechen wagte). Jesus verherrlicht den Namen des Vaters Joh. 12, 28), er offenbart ihn den Menschen (Joh. 17, 26). Jesus wird der Herr aller Herren genannt (Offenb. 19, 16). Nur er selbst weiß seinen Namen (Offenb. 19, 12; Mtth. 11, 27). In seinem Namen handeln seine Jünger in Vollmacht (Luk. 10, 17: Die Teufel sind ihnen untertan in seinem Namen; Apgsch. 3, 6: In seinem Namen heilt Petrus den Lahmen; Apgsch. 4, 30 bittet die Gemeinde, daß Zeichen und Wunder geschehen durch den Namen deines heiligen Knechtes Jesu). Im Namen Jesu vergeben sie die Sünden (Joh. 20, 23; Apgsch. 10, 43: Durch seinen Namen Vergebung der Sünden). In seinem Namen taufen sie (Mtth. 28, 19) und erweisen Liebe (Mtth. 18, 5). Seinen Namen bezeugen sie Apgsch. 9, 15: Paulus soll seinen Namen tragen vor die Heiden, vor den Königen und den Kindern Israel und Luk. 24, 47: predigen lassen in seinem Namen Buße und Vergebung der Sünden unter allen Völkern und anheben zu Jerusalem. Apgsch. 4, 12: Und ist in keinem andern Heil, ist auch kein anderer Name unter dem

Himmel den Menschen gegeben; Hebr. 13, 15: Frucht der Lippen, die seinen Namen bekennen. In seinem Namen beten und danken sie. Eph. 5, 20; Phil. 2, 10: Im Namen Jesu sollen sich beugen alle Knie; Joh. 14, 13: Bitten in seinem Namen (Joh. 16, 23. 24). Apgsch. 7, 50: Stephanus rief an und sprach: Herr Jesu, nimm meinen Geist auf!; Offenb. 22, 20: Ja, komm, Herr Jesu! In seinem Namen leiden sie. Mtth. 10, 22: Ihr müsset gehaßt werden um meines Namens willen; Joh. 15, 21: Sie werden euch antun um meines Namens willen; Apgsch. 9, 16: Wieviel er leiden muß um meines Namens willen; 1 Petr. 4, 14: Selig seid ihr, wenn ihr geschmäht werdet um meines Namens willen; Apgsch. 21, 13: Ich bin bereit zu sterben um des Namens willen des Herrn Jesu; Offenb. 2, 13: Du hältst fest an meinem Namen; Offenb. 3,8: Du hast meinen Namen nicht verleugnet; Apgsch. 5, 41: Gewürdigt um des Herrn Namens willen zu leiden. Die Feinde lästern den Namen des Herrn (Röm. 2, 24: Eurethalben wird Gottes Name gelästert unter den Heiden).

1. Der Name Gottes und Jesu Christi.

2 Mose 3, 13	Wie heißt sein Name? Ich werde sein, der ich sein werde.
Richt. 13, 18	Was fragst du mich nach meinem Namen, der doch wundersam ist.
2 Mose 34, 5	Der Herr rief aus des Herrn Namen: Herr, Herr Gott, barmherzig und gnädig und geduldig und von großer Gnade und Treue!
Jes. 9, 5	Er heißt Wunderbar, Rat.
Jerem. 23, 6	Dies wird sein Name sein: Der Herr ist unsere Gerechtigkeit.
Offenb. 19, 11	Er hieß Treu und Wahrhaftig.
19, 13	Sein Name heißt: das Wort Gottes.
Ps. 7, 18	Ich will loben den Namen des Herrn.
Mtth. 6, 9	Dein Name werde geheiligt!
Ps. 124, 8	Unsere Hilfe steht im Namen des Herrn.
Joel 3, 5	Wer den Namen des Herrn anrufen wird, der soll errettet werden.
Sprüche 18, 10	Der Name des Herrn ist ein festes Schloß.
Ps. 23, 3	Führet mich auf rechter Straße um seines Namens willen (Damit sein Name nicht zuschanden, sondern geehrt werde, Ps. 25, 11).
Apgsch. 19, 17	Der Name des Herrn Jesu ward hochgelobt! 2 Thess. 1, 12.
1 Mose 4, 26	Zu der Zeit fing man an, zu predigen von des Herrn Namen.
Hebr. 13, 15	Seinen Namen bekennen.
Offenb. 3, 8	Du hast meinen Namen nicht verleugnet.
Phil. 2, 9	Gott hat ihm einen Namen gegeben, der über alle Namen ist (Der Jahwename für Christus).
Joh. 3, 18	Der ist schon gerichtet; denn er glaubt nicht an den Namen des eingeborenen Sohnes Gottes.
1 Joh. 3, 23	Das ist sein Gebot, daß wir glauben an den Namen seines Sohnes Jesu Christi.
Joh. 20, 31	Durch den Glauben das Leben haben in seinem Namen.
Apgsch. 4, 12	Es ist kein anderer Name den Menschen gegeben, darin wir sollen selig werden.

2. Was wir tun in Gottes und Jesu Namen.

Mtth. 18, 5	Wer ein solches Kind aufnimmt in meinem Namen.
28, 19	Taufet sie im Namen des Vaters und des Sohnes und des Heiligen Geistes.
Mrk. 16, 17	In meinem Namen werden sie Teufel austreiben (Apgsch. 3,16).
Joh. 16, 23	So ihr den Vater etwas bitten werdet in meinem Namen, so wird er es euch geben (siehe Gebet 3 h).

Apgsch. 9, 16	Leiden um meines Namens willen.
Mtth. 19, 29	Wer verläßt ... um meines Namens willen.
10, 22	Ihr müsset gehaßt werden um meines Namens willen.

neu, erneuern, siehe Wiedergeburt.

nüchtern, siehe Schlaf [3].

Obrigkeit.

1. Alle Gewalt nimmt ihren Ausgang von Gott.

Joh. 19, 11	Du hättest keine Macht über mich, wenn sie dir nicht wäre von oben herab gegeben.
Röm. 13, 1	Es ist keine Obrigkeit ohne von Gott.
13, 2	Sie ist Gottes Ordnung (Paulus von der römischen Obrigkeit, der Verfolgerin der Christen).
Mtth. 22, 21	Gebet dem Kaiser, was des Kaisers ist, und Gott, was Gottes ist.

2. Die Eigenschaften rechter Obrigkeit nach Gottes Willen.

2 Mose 18, 21	Siehe dich um unter allem Volk nach redlichen Leuten, die Gott fürchten, wahrhaftig und dem Geiz feind sind; die setze über sie.
Josua 1, 7	Daß du haltest und tust allerdinge nach dem Gesetz. Weiche nicht davon weder zur Rechten noch zur Linken!
Röm. 13, 4	Gottes Dienerin, eine Rächerin zur Strafe über den, der Böses tut.
13, 6	Gottes Diener, die solchen Schutz sollen handhaben.
1 Petr. 2, 14	Zur Rache über die Übeltäter und zu Lobe den Frommen.

3. Christen sind der Obrigkeit untertan und beten für sie.

Röm. 13, 1	Jedermann sei untertan der Obrigkeit.
Titus 3, 1	Daß sie den Fürsten und der Obrigkeit untertan seien.
1 Petr. 2, 17	Ehret den König.
1 Tim. 2, 1	Daß man tue Bitte, Gebet, Fürbitte ... für die Könige und für alle Obrigkeit.

4. Gott allein ist König, darum muß man ihm mehr gehorchen als den Menschen.

1 Tim. 6, 15	Der allein Gewaltige, der König aller Könige und Herr aller Herren.
Apgsch. 5, 29	Man muß Gott mehr gehorchen als den Menschen.
Mtth. 5, 39	Ihr sollt nicht widerstreben dem Übel.
Mtth. 10, 17	Sie werden euch überantworten vor ihre Rathäuser und werden euch geißeln (Bei einem Zwiespalt zwischen Obrigkeit und Gottes Willen heißt es für den Christen, willig zu leiden und zu sterben).
20, 25	Die Oberherren haben Gewalt. So jemand unter euch will gewaltig sein, der sei euer Diener (Christen wachsen in eine andere Ordnung der Dinge hinein).
1 Kor. 15, 24	Wenn er aufheben wird alle Herrschaft und alle Obrigkeit und Gewalt.

Offenbarung, offenbar. Offenbarung, der Blick ins Verborgene, ist nur Gott möglich und dem, welchem er die Augen öffnet.

1. Wir sind Gott offenbar.

Sirach 17, 16	Alle ihre Werke sind vor ihm offenbar wie die Sonne.
Mtth. 10, 26	Es ist nichts verborgen, das nicht offenbar werde.
Luk. 2, 35	Daß vieler Herzen Gedanken offenbar werden.

2 Tim. 5, 24	Etlicher Menschen Sünde sind offenbar, daß man sie richten kann, bei etlichen werden sie hernach offenbar.
2 Kor. 5, 10	Wir müssen alle offenbar werden vor dem Richtstuhl Christi.

2. Der verborgene Gott offenbart sich und seinen Rat durch Christus und den Heiligen Geist, wem er will (den Unmündigen und denen, die ihn lieben).

1 Tim. 3, 16	Gott geoffenbart im Fleisch.
Mtth. 11, 27	Niemand kennet den Vater denn der Sohn, und wem der Sohn es will offenbaren.
11, 25	Den Weisen verborgen, den Unmündigen geoffenbart.
16, 17	Fleisch und Blut haben dir es nicht geoffenbart, sondern mein Vater in dem Himmel.
Joh. 17, 6	Ich habe deinen Namen geoffenbart den Menschen.
Mrk. 16, 14	Zuletzt, da die Elf zu Tische saßen, offenbarte er sich.
Joh. 14, 21	Wer mich liebet, der wird von meinem Vater geliebt werden, und ich ... werde mich ihm offenbaren.
1 Kor. 2, 10	Uns hat es Gott geoffenbart durch seinen Geist.
Gal. 1, 16	Daß er seinen Sohn offenbare in mir.
Phil. 3, 15	Solltet ihr sonst etwas halten, das lasset euch Gott offenbaren.
2 Petr. 1, 21	Die heiligen Menschen Gottes haben geschrieben, getrieben durch den Heiligen Geist.
Mtth. 1, 20	Der Traum des Joseph.
2 Kor. 12, 7	Die hohen Offenbarungen des Paulus durch Gesicht.
Eph. 3, 3	Kundgeworden durch Offenbarung.
Gal. 2, 2	(Paulus) zog hinauf aus einer Offenbarung.
Offenb. 1, 1	Dieses ist die Offenbarung Jesu Christi.
Eph. 1, 17	Daß Gott euch gebe den Geist der Offenbarung.
1 Kor. 14, 26	Wenn ihr zusammenkommt, so hat ein jeglicher Psalmen ..., er hat Offenbarung.

3. Die verborgene Herrlichkeit des Gekreuzigten und seiner Nachfolger wird am Ende offenbar.

1 Petr. 4, 13	Auf daß ihr zur Zeit der Offenbarung seiner Herrlichkeit Freude und Wonne haben möget.
Röm. 8, 19	Das ängstliche Harren der Kreatur wartet auf die Offenbarung der Kinder Gottes.

Opfer, opfern ist eine Gabe des Menschen an Gott zur Sühne, Reinigung, zum Dank und zur Besiegelung eines Bundes. Gott hat im Gesetz Moses die Opfer ausdrücklich angeordnet, damit sie hinweisen auf die Sühnebedürftigkeit der Menschen und das große Sühneopfer Christi. Im Opfer Christi, das Gott selbst darbringt, ist der alttestamentliche Opferkult erfüllt. Sein Opfer reinigt das Gewissen derer, die an ihn glauben. Das äußerliche Dankopfer ist erfüllt durch die Opferung des Lebens, die der Glaubende Gott darbringt; das Bundesopfer am Sinai durch das Neue Testament im Blut Jesu, auf das das Heilige Abendmahl hinweist (siehe Abendmahl).

1. Die Opfergesetze im Alten Bund.

3 Mose 1-7	Opfergesetze. Brand-, Speis-, Dank-, Sünd-, Schuldopfer.
2 Mose 24	Bundesopfer am Sinai.

2. Die Unvollkommenheit dieser Opfer wird bewiesen:

a) durch ihre Wiederholung;
Hebr. 9, 9 Sie können nicht vollkommen machen nach dem Gewissen (10, 1).

b) durch die Mahnungen der Propheten zum Opfer des Herzens.
1 Sam. 15, 22 Meinst du, der Herr habe Lust am Opfer gleich wie am Gehorsam?
Ps. 40, 7 Opfer und Speisopfer gefallen dir nicht, aber die Ohren hast du mir aufgetan.
Jes. 1, 11 Was soll mir die Menge eurer Opfer?
Hosea 6, 6 Ich habe Lust an der Liebe und nicht am Opfer.

3. Das einmalige Opfer Jesu Christi, von Gott selbst veranstaltet, vollendet die Sühne, die Reinigung und reißt hinein in den Gehorsam alle, die an ihn glauben.

Röm. 3, 25 Welchen Gott hat vorgestellet zu einem Gnadenstuhl.
8, 32 Welcher auch seines eigenen Sohnes nicht hat verschont (Vorgebildet in der Opferung Isaaks).
Hebr. 10, 14 Mit einem Opfer hat er in Ewigkeit vollendet, die geheiligt werden.
9, 14 Wieviel mehr wird das Blut Christi, der sich selbst ohne allen Fehl durch den ewigen Geist Gott geopfert hat, unser Gewissen reinigen von den toten Werken, zu dienen dem lebendigen Gott!
9, 28 Christus ist einmal geopfert, wegzunehmen vieler Sünden.
Röm. 12, 1 Ich ermahne euch durch die Barmherzigkeit Gottes, daß ihr eure Leiber begebet zum Opfer.

Paradies, siehe Hölle.

Predigt, predigen. Predigt der Heroldsruf, der öffentlich den Willen und Rat Gottes zum Gericht und zur Erlösung kundmacht.

1. Gott hat zu allen Zeiten den Menschen predigen lassen.

1 Mose 4, 26 Zu derselben Zeit fing man an zu predigen von des Herrn Namen.
1 Mose 12, 8 Abraham predigte von dem Namen des Herrn.
Jes. 40, 2 Predige ihr, daß ihre Dienstbarkeit ein Ende hat.
40, 3 Es ist eine Stimme eines Predigers in der Wüste.
Jerem. 35, 14 Ich habe stets euch predigen lassen, doch gehorchtet ihr mir nicht.
Mtth. 24, 14 Es wird gepredigt werden das Evangelium vom Reich in der ganzen Welt.
Luk. 24, 47 Predigen lassen unter allen Völkern.
2 Tim. 4, 2 Predige das Wort, halte an, es sei zur rechten Zeit oder zur Unzeit.
1 Petr. 3, 19 Christus hat gepredigt den Geistern im Gefängnis.

2. Das Predigtamt ist ein verantwortungsschweres Amt.

a) Es bedarf einer Berufung dazu.
Jes. 41, 27 Ich gebe Jerusalem Prediger.
61, 1 Er hat mich gesandt, den Elenden zu predigen.
Röm. 10, 15 Wie sollen sie predigen, wo sie nicht gesandt werden?
2 Tim. 1, 11 Für welches ich gesetzt bin, ein Prediger.
Jerem. 1, 6 Ich tauge nicht zu predigen, ich bin zu jung (Einwände).
20, 9 Wohlan, ich will ... nicht mehr in seinem Namen predigen ...Aber es ward in meinem Herzen wie ein brennendes Feuer.

b) Die hohe Verantwortung der Predigt.
Hesek. 3, 18 Du warnest ihn nicht (den Gottlosen), so will ich sein Blut von deiner Hand fordern.

1 Kor. 9, 27	Daß ich nicht anderen predige und selbst verwerflich werde.
	c) Der Inhalt der Predigt.
Ps. 116, 13	Des Herrn Namen predigen.
87, 3	Herrliche Dinge werden in dir gepredigt.
Luk. 4, 19	Predige das angenehme Jahr des Herrn.
24, 47	Predigen lassen in seinem Namen Buße und Vergebung der Sünden.
2 Kor. 3, 9	So das Amt, das die Verdammnis predigt, Klarheit hat, wieviel mehr hat das Amt, das die Gerechtigkeit predigt, überschwengliche Klarheit!
4, 5	Wir predigen nicht uns selbst, sondern Jesum Christum, daß er sei der Herr.
Apgsch. 10, 36	Verkündigen lassen den Frieden durch Christum.
Gal. 3, 2	Predigt vom Glauben.
1 Kor. 15, 14	Ist Christus nicht auferstanden, so ist unsere Predigt vergeblich.
Mtth. 24, 14	Es wird gepredigt das Evangelium.
	d) Die Art der Predigt.
1 Kor. 1, 21	Törichte Predigt.
2, 1	Nicht mit hohen Worten.
Mtth. 7, 29	Gewaltig predigen (mit Vollmacht).
Jes. 40, 2	Redet mit Jerusalem freundlich!
Zeph. 3, 9	Mit freundlichen Lippen (Neu durchgesehene Lutherbibel: Ich will den Völkern reine Lippen geben).
Apgsch. 4, 29	Gib deinen Knechten mit aller Freudigkeit zu reden dein Wort (Gebete der Gemeinde).
	e) Die Wirkung der Predigt.
Jes. 42, 20	Man predigt wohl viel, aber sie halten's nicht; man sagt ihnen genug, aber sie wollen's nicht hören.
53, 1	Aber wer glaubt unserer Predigt?
Röm. 10, 17	Es kommt der Glaube aus der Predigt.
1 Kor. 1, 6	Wie denn die Predigt von Christo ist kräftig in euch geworden.
Gal. 3, 2	Habt ihr den Geist empfangen durch des Gesetzes Werke oder durch die Predigt vom Glauben?
1 Kor. 1, 21	Durch törichte Predigt selig zu machen.

Priester, Hoherpriester, Priestertum, Fürsprecher. Das von Gott bestellte Amt zur Ausrichtung des Opfers und Gottesdienstes. Durch das Gesetz Moses beschränkt auf die Nachkommen Aarons, die noch einer besonderen Weihe bedürfen, um Gott nahen zu können. Sie dienen Gott durch Darbringung des Opfers und vertreten das Volk vor Gott und Gott vor dem Volk als Segensträger und Gesetzesbewahrer. Der Hohepriester hat diese Aufgaben in besonderer Weise zu erfüllen. Jesus ist der Vollender des Priestertums, weil er der ewige Gottessohn ist (Hebr. 1, 2). Aus Barmherzigkeit hat er unser Fleisch und Blut angenommen (Hebr. 2, 14). Er schämt sich nicht, uns Brüder zu heißen (Hebr. 2, 11). Im Gehorsam und im Leiden bewährt er seine Gottessohnschaft und prägt dadurch dem zeitlichen Geschehen seines Erdenlebens den Charakter der Ewigkeit auf. Was er für uns tat, hat er ein für allemal getan und damit eine ewige Erlösung erfunden (Hebr. 9, 12; 10,10. 14). Er ist für uns der Weg zum himmlischen Heiligtum, indem er uns vorausging als Bahnbereiter (Hebr. 6, 20). Wir haben einen Hohenpriester (Hebr. 10, 21), der Heilsstand ist unser Besitz. Wir haben einen Altar, der weit hinausgeht über den alttestamentlichen (Hebr. 13, 10). Wir haben den rechten Gottesdienst, der in Ewigkeit gilt, zu dienen dem lebendigen Gott. Wir haben die realen, zukünftigen Güter, von denen das Gesetz nur ein Schatten ist: eine endgültige, vollkommene Erlösung (Hebr. 9, 12), die Vergebung (Hebr. 10, 18), die Reinigung vom Schuldbewußtsein (Hebr. 9, 14), das Geheiligtsein (Hebr. 10, 10): Wir haben einen starken Trost (Hebr. 6, 18) und die Hoffnung, in das himmlische Heiligtum zu gelangen (Hebr. 6, 19). Wir haben den freien Zugang, uns zu Gott zu nahen. In Christus ist die Vollendung und das Ende des Priestertums. Durch ihn wird das Volk der Glaubenden ein priesterliches Volk. Seitdem gibt es keinen besonderen priesterlichen Stand mehr. Doch bleibt priesterliches Handeln eine hohe Geistesgabe, die bei manchem Gläubigen besonders hervortritt und bei keinem Prediger fehlen sollte.

1. Aussonderung und Weihe der Priester.

1 Mose 14, 18	Melchisedek, ein Priester Gottes des Höchsten.
2 Mose 28, 1	Du sollst Aaron und seine Söhne zu dir nehmen aus den Kindern Israel, daß er mein Priester sei.
28, 36	Stirnblatt: Heilig dem Herrn.
29, 21	Du sollst von dem Blut nehmen, so wird er und seine Kleider und seine Söhne und ihre Kleider geweiht.

2. Der Auftrag des Priesters und des Hohenpriesters.

2 Mose 28, 29	Also soll Aaron den Namen der Kinder Israel tragen in dem Amtsschildlein ... zum Gedächtnis vor Gott.
2 Mose 28, 38	Daß er sie versöhne vor dem Herrn (3 Mose 16: Versöhnungstag).
4 Mose 18, 7	Daß ihr dienet in allerlei Geschäft des Altars. Wenn sich ein Fremder herzutut, der soll sterben.
6, 23	Also sollt ihr sagen zu den Kindern Israel, wenn ihr sie segnet.
2 Mose 28, 30	Du sollst in das Amtsschildlein tun Licht und Recht (Die heiligen Lose zur Erfragung des göttlichen Willens).
Maleachi 2, 7	Der Priester Lippen sollen die Lehre bewahren.

3. Die Vollendung des Priestertums.

Hebr. 4, 15	Der große Hohepriester hat Mitleid, ist versucht, doch ohne Sünde.
7, 24	Dieser hat ein unvergängliches Priestertum (von Jesus).
7, 25	Er bittet für sie.
1 Joh. 2, 1	Einen Fürsprecher beim Vater, Jesum.
Röm. 8, 26	Der Geist selbst vertritt uns mit unaussprechlichem Seufzen.
Hebr. 9, 12	Durch sein eigen Blut ist er einmal in das Heilige eingegangen und hat eine ewige Erlösung erfunden.
9, 28	Zum anderen Mal wird er ohne Sünde erscheinen denen, die auf ihn warten zur Seligkeit.
7, 26	Heilig, unschuldig, höher, denn der Himmel ist.

4. Das priesterliche Volk.

2 Mose 19, 6	Ihr sollt mir ein priesterlich Königreich und ein heiliges Volk sein.
Jes. 61, 6	Ihr sollt Priester des Herrn heißen.
1 Petr. 2, 9	Ihr seid das auserwählte Geschlecht, das königliche Priestertum.
Offenb. 1, 6	Christus hat uns zu Königen und Priestern gemacht. 5, 10.

5. Das priesterliche Handeln im Neuen Bund.

Joh. 20, 23	Welchen ihr die Sünden erlasset, denen sind sie erlassen (Der Auferstandene zu den Aposteln).
Apgsch. 8, 17	Da legten sie die Hände auf sie (die Apostel), und sie empfingen den Heiligen Geist.

13, 3	Da fasteten sie und beteten und legten die Hände auf sie und ließen sie gehen (die Ältesten zu Antiochien).
Eph. 1, 16	Ich gedenke euer in meinem Gebet.
Kol. 1, 24	Das Leiden, das ich für euch leide.
Röm. 9, 3	Ich habe gewünscht, verbannet zu sein von Christo für meine Brüder (2 Mose 32, 32).
Gal. 6, 2	Einer trage des andern Last.
Offenb. 3, 2	Stärke das andere, das sterben will.

Prophet. Das prophetische Amt ist nicht an die Familie oder eine gesetzliche Ordnung gebunden, wie das der Priester und Leviten, sondern frei und unmittelbar von Gott selbst als Auftrag auferlegt. Der Prophet wurzelt mit seinen Erkenntnissen im Überzeitlichen, daher auch sein Durchblick durch Vergangenes und Zukünftiges. Der Prophet sieht mit Gottes Augen und ist Gottes Mund. Die Reihe der Propheten gipfelt in Christus. Auch in der Gemeinde Jesu ist das prophetische Amt lebendig bis zur Gegenwart.

1. Der Prophet ist von Gott gesandt.

Jerem. 25, 4	So hat der Herr zu euch gesandt alle seine Knechte, die Propheten.
Luk. 11, 49	Ich will Propheten und Apostel zu ihnen senden.

2. Der Prophet sieht mit Gottes Augen und ist Gottes Mund.

1 Sam. 9, 9	Die man jetzt Propheten nennt, die hieß man vor Zeiten Seher.
1 Mose 20, 7	Er ist ein Prophet (Abraham).
5 Mose 34, 10	Hinfort kein Prophet, den der Herr erkannt hätte von Angesicht zu Angesicht, wie Mose.
4 Mose 12, 6	Ist jemand unter euch ein Prophet des Herrn, dem will ich mich kundmachen in einem Gesicht oder will mit ihm reden im Traum.
1 Sam. 10, 5	Ein Haufe Propheten von der Höhe herabkommend, und vor ihnen her Psalter und Pauke und Flöte und Harfe, und sie werden weissagen, und der Geist des Herrn wird über dich kommen, daß du mit ihnen weissagest; da wirst du ein anderer Mann werden (Durch die mit dem Weissagen verbundene Sinnesänderung abgegrenzt von Schwärmerei und der auch bei den Heiden vorkommenden Ekstase).
Amos 3, 7	Der Herr tut nichts, er offenbare denn sein Geheimnis den Propheten, seinen Knechten.
Offenb. 22, 6	Der Herr, der Gott der Geister der Propheten, hat seinen Engel gesandt, zu zeigen seinen Knechten, was bald geschehen muß.
2 Mose 7, 1	Aaron soll dein Prophet (Mund) sein.
Jes. 6, 7	Gott rührte meinen Mund an (mit der glühenden Kohle).
Jerem. 1, 9	Ich lege meine Worte in deinen Mund.
23, 28	Ein Prophet, der Träume hat, der erzähle Träume; wer aber mein Wort hat, der predige mein Wort recht.

3. Die Lügenpropheten haben einen falschen Geist.

1 Kön. 22, 22	Falscher Geist in aller Propheten Mund.
Jes. 9, 14	Propheten, die falsch lehren.
Jerem. 14, 14	Die Propheten weissagen falsch in meinem Namen. Ich habe sie nicht gesandt und ihnen nichts befohlen und habe nichts mit ihnen geredet.
Hesek. 13, 3	Wehe den tollen Propheten, die ihrem eigenen Geist folgen und haben keine Gesichte.
14, 9	Wo aber ein Prophet sich betören läßt, etwas zu reden.

Mtth. 7, 15	Sehet euch vor vor den falschen Propheten, die in Schafskleidern zu euch kommen, inwendig aber sind sie reißende Wölfe (siehe Widerchristus).

4. Jesus ist der Prophet.

5 Mose 18, 18	Ich will ihnen einen Propheten, wie du bist, erwecken aus ihren Brüdern (Apgsch. 3, 22 Anspielung darauf).
Luk. 7, 16	Es ist ein großer Prophet unter uns aufgestanden.
Joh. 6, 14	Das ist wahrlich der Prophet, der in die Welt kommen soll.
Luk. 4, 21	Heute ist diese Schrift erfüllt vor euren Ohren (nämlich Jes. 61, 1, 2: Er hat mich gesandt zu verkündigen – auf den Propheten gedeutet).
Apgsch. 10, 43	Von diesem zeugen alle Propheten, daß durch seinen Namen alle, die an ihn glauben, Vergebung der Sünden empfangen sollen.

5. Die Prophetie im Neuen Testament.

Apgsch. 15, 32	Judas und Silas, die auch Propheten waren.
Mtth. 23, 34	Ich sende zu euch Propheten und Weise und Schriftgelehrte.
10, 41	Wer einen Propheten aufnimmt in eines Propheten Namen, soll eines Propheten Lohn empfangen.
1 Kor. 12, 28	Gott hat gesetzt in der Gemeinde aufs erste die Apostel, aufs andere die Propheten.
Apgsch. 21, 10	Es reiste herab ein Prophet aus Judäa, mit Namen Agabus, und kam zu uns.
1 Kor. 14, 37	So jemand sich läßt dünken, er sei ein Prophet.
Apgsch. 2, 18	Ich will von meinem Geist ausgießen, und sie sollen weissagen (Joelweissagung an Pfingsten erfüllt; mit der Geistesgabe an die Gläubigen ist auch die prophetische Gabe verknüpft, die je nach der Geistesfülle mehr oder weniger hervortritt).

Recht, Rechtfertigung, siehe Gerechtigkeit.

Rede, reden, siehe Wort [II].

Reich Gottes. Himmelreich, ist die Herrschaft Gottes, in welcher sein Heilsratschluß zur Verwirklichung kommt. Die irdischen Reiche stehen fast immer im Gegensatz gegen Gott und sind dem Teufel verfallen, besonders die römische Weltmacht (Offenb. 13). Darum verspricht der Fürst dieser Welt die Reiche dieser Welt zu vergeben, wem er will (Mtth. 4, 8). Das Reich des Königs David ist die Herrschaft der Auserwählten und des auserwählten Volkes und als solche die Herrschaft des Messias, der der wahre König Israels ist. Sein Reich hat kein Ende (Luk. 1, 33; 23, 42; 2 Petr. 1, 11: Es wird euch reichlich dargereicht werden der Eingang zu dem ewigen Reich unseres Herrn und Heilandes Jesu Christi; 2 Tim. 4, 18: Der Herr wird mich erlösen ... und mir aushelfen zu seinem himmlischen Reich; Offenb. 11, 15: Es sind die Reiche der Welt unseres Herrn und seines Christus geworden, und er wird regieren von Ewigkeit zu Ewigkeit). Matthäus spricht vom Himmelreich, um die Andersartigkeit, den Unterschied von einem irdischen Reich, stark zu betonen. Man bekommt den Anteil am Reich Christi geschenkweise ohne Verdienst (Mtth. 21, 31: Zöllner und Huren kommen eher hinein als die Hohenpriester und Ältesten: Luk. 22, 29: Ich will euch das Reich bescheiden; Hebr. 12, 28: Dieweil wir empfangen ein unbeweglich Reich; die Armen bekommen es, Mtth. 5, 3). Und doch kostet es den höchsten Einsatz (Mtth. 6,33: Trachtet am ersten; Luk. 16, 16: Mit Gewalt dringt man hinein, die um Gerechtigkeit willen Verfolgten, Mtth. 5, 10; die alles daransetzen, Mtth. 13, 44-46;die der Verführungsmacht radikal widerstehen, Mtth. 5, 29; die auf den Fels bauen, hören und tun, Mtth. 7, 24-27; wenige sind auserwählt, Mtth. 20, 16; Mtth. 25, 10 die klugen Jungfrauen; die treuen Knechte, die Barmherzigen, Mtth. 25). Hingabe an Jesus wird verlangt bis zum Haß gegen das eigene Leben, gegen die eigene Familie (Mtth. 10, 37). Die Herr-Herr-Sager kommen nicht hinein (Mtth. 7, 21). Das Reich Gottes ist Jesus selbst (Mtth. 21, 9 verglichen mit Mrk. 11, 10). Es geht um seinen Namen (Mtth. 19, 29), um ihn selbst (Mrk. 9, 1; Mtth. 16, 28). Darum tritt der Ausdruck »Reich Gottes« in den Briefen des Neuen Testaments zurück, wenn er auch nicht ganz fehlt. Dafür wird der Glaube an Jesus Christus verkündigt. Nie werden die Christen selbst mit dem Reich Gottes identifiziert. Sie werden Könige genannt, sie werden mitherrschen, aber nur durch ihre Verbundenheit mit Christus (Offenb. 1, 6; 2 Tim. 2, 12).

Erst bei den apostolischen Vätern wird Reich Gottes und Kirche einander angenähert. Bei Augustin wird Reich Gottes und Kirche identifiziert. Aber Kirche und Gemeinde haben das Reich Gottes als Hoffnung, Besitz und Kraft, sind aber nicht seine Erscheinungsform.

1. Die frohe Botschaft vom Reich.

a) Als Heilsoffenbarung Gottes wird das Reich Gottes sehnsüchtig erwartet.

Jes. 2, 11	Der Herr wird allein hoch sein zu dieser Zeit.
52, 7	Dein Gott ist König.
Jerem. 23, 5	Es soll ein König sein, der Recht und Gerechtigkeit anrichtet auf Erden.
Dan. 7, 14	Seine (des Menschensohn) Gewalt ist ewig, die nicht vergeht, und sein Königreich hat kein Ende.
Luk. 16, 16	Das Gesetz und die Propheten weissagen bis auf Johannes, und von der Zeit wird das Reich Gottes durchs Evangelium gepredigt.
Mrk. 15, 43	Joseph von Arimathia, welcher auch aufs Reich Gottes wartete.
Luk. 17, 20	Wann kommt das Reich Gottes?
Mtth. 3, 2	Tut Buße, das Himmelreich ist nahe herbeigekommen!
6, 10	Dein Reich komme!

b) Es wird verkündigt als frohe Botschaft und durch die Heilungen veranschaulicht.

Mrk. 1, 15	Die Zeit ist erfüllt, und das Reich Gottes ist herbeigekommen.
Mtth. 10, 7	Gehet aber und predigt, das Himmelreich ist nahe herbeigekommen!
Luk. 4, 43	Ich muß das Evangelium verkündigen vom Reich Gottes.
8, 1	Er reiste durch die Städte und Märkte und verkündigte das Evangelium vom Reich Gottes.
9, 2	Sandte aus, zu predigen das Reich Gottes und zu heilen die Kranken.
Apgsch. 1, 3	Er redete mit ihnen vom Reich Gottes.
19, 8	Er lehrte ... vom Reich Gottes.

2. Es steht im Gegensatz zur herrschenden Weltordnung (siehe Himmel 3 b).

Mtth. 10, 7	Das Himmelreich ist nahe herbeigekommen.
Joh. 18, 36	Mein Reich ist nicht von dieser Welt.
3, 3	Es sei denn, daß ein Mensch von neuem geboren werde, so kann er das Reich Gottes nicht sehen.

Luk. 17, 20	Das Reich Gottes kommt nicht mit äußeren Gebärden.
Mtth. 18, 3	Es sei denn, daß ihr umkehret und werdet wie die Kinder, so werdet ihr nicht ins Himmelreich kommen.
1 Kor. 15, 50	Fleisch und Blut können das Reich Gottes nicht ererben.
6, 9	Wisset ihr nicht, daß die Ungerechten werden das Reich Gottes nicht ererben?
Gal. 5, 21	Die solches tun, werden das Reich Gottes nicht ererben.
Apgsch. 14, 22	Daß wir durch viele Trübsale müssen in das Reich Gottes gehen.
Mtth. 13, 11	Euch ist's gegeben, daß ihr das Geheimnis des Himmelreichs versteht.
Mtth. 6, 33	Trachtet am ersten nach dem Reich Gottes und nach seiner Gerechtigkeit, so wird euch solches alles zufallen.
Luk. 13, 29	Es werden kommen vom Morgen ..., die zu Tische sitzen werden im Reich Gottes (Das Reich Gottes ist übernational).

3. Das Reich Gottes ist gegenwärtiger Heilsbesitz, mit Jesus ist es gekommen.

Mtth. 12, 28	So ich aber die Teufel durch den Geist austreibe, so ist ja das Reich Gottes zu euch gekommen.
21, 43	Das Reich Gottes wird von euch genommen und einem Volk gegeben werden, das seine Früchte bringt.
Luk. 17, 21	Das Reich Gottes ist unter euch.
Röm. 14, 17	Das Reich Gottes ist nicht Essen und Trinken, sondern Gerechtigkeit und Friede in dem Heiligen Geist.
Kol. 1, 13	Welcher uns errettet hat ... und hat uns versetzt in das Reich seines lieben Sohnes.
4, 11	Gehilfen am Reich Gottes.
Hebr. 12, 28	Dieweil wir empfangen ein unbeweglich Reich.

4. Es ist da als Anbruch, aber in seiner Vollendung ist es zukünftig.

Mtth. 25, 34	Ererbet das Reich, das euch bereitet ist von Anbeginn der Welt.
Luk. 21, 31	Wenn ihr dies alles sehet angehen, so wisset, daß das Reich Gottes nahe ist (Wiederkunft).
2 Tim. 4, 18	Der Herr wird mir aushelfen zu seinem himmlischen Reich (vom Tode).
Hebr. 6, 5	Geschmeckt haben ... der zukünftigen Welt.

5. Die Kirche und die Gemeinde haben das Reich Gottes als Hoffnung, Besitz und Kraft, sind aber nicht seine Erscheinungsform.

Luk. 12, 32	Fürchte dich nicht, du kleine Herde, es ist eures Vaters Wohlgefallen, euch das Reich zugeben (Hoffnung).
Hebr. 12, 28	Wir empfangen ein unbeweglich Reich (Besitz).
1 Kor. 4, 20	Das Reich Gottes stehet nicht in Worten, sondern in Kraft.
Mtth. 13, 27	Unkraut im Weizen (Das Reich Gottes deckt sich mit keiner irdischen Organisation).

Reichtum, reich. Reichtum kann zum Segen oder zum Fluch werden, je nach Ursprung und Verwendung. Wahrer Reichtum ist allein in Gott.

1. Reichtum ein Segen, wenn er Gott verdankt und zum Dienst der Liebe verwandt wird.

	a) Reichtum Gott verdankt.
1 Kön. 3, 13	Was du nicht gebeten hast, habe ich dir auch gegeben, nämlich Reichtum und Ehre.
Pred. Sal. 5, 18	Welchem Menschen Gott Reichtum und Güter gibt.

5 Mose 28, 3	Gesegnet wirst du sein in der Stadt, gesegnet auf dem Acker.
Sprüche 10, 22	Der Segen des Herrn macht reich ohne Mühe.
Sirach 11, 22	Es ist dem Herrn gar leicht, einen Armen reich zu machen.
Ps. 127, 2	Seinen Freunden gibt er's schlafend.

b) Im Liebesdienst verwandt.

2 Kor. 8, 9	Ob er wohl reich ist, ward er doch arm um euretwillen.
1 Joh. 3, 17	Wenn aber jemand dieser Welt Güter hat und siehet seinen Bruder darben, wie bleibet die Liebe Gottes bei ihm?
Luk. 12, 33	Verkaufet, was ihr habt, und gebet Almosen.
18, 22	Verkaufe alles, was du hast, und gib es den Armen, so wirst du einen Schatz im Himmel haben.
Apgsch. 4, 32	Keiner sagte von seinen Gütern, daß sie sein wären, sondern es war ihnen alles gemein.
20, 35	Geben ist seliger denn nehmen.
Mtth. 5, 42	Gib dem, der dich bittet.
Luk. 6, 38	Gebet, so wird euch gegeben.
Röm. 12, 8	Gibt jemand, so gebe er einfältiglich.
Eph. 4, 28	Arbeite, daß er habe zu geben dem Dürftigen (Die radikale Stellung Jesu und der Jerusalemer Christen dem Besitz gegenüber ergab sich aus ihrer Berufsauffassung – sie wollten völlig frei zum Dienst sein; doch war es nie wie beim Kommunismus ein Verlangen an andere zur Selbstbereicherung, sondern freiwillige Selbstentäußerung anderen zulieb).

2. Reichtum ein Fluch.

a) Reichtum durch Sünde erworben.

Ps. 73, 12	Die Gottlosen ... werden reich.
Sprüche 28, 20	Wer eilet, reich zu werden, wird nicht unschuldig bleiben.
1 Tim. 6, 9	Die da reich werden wollen, fallen in Versuchung und Stricke.

b) Reichtum im Selbstsuchtsdienst verwandt.

Ps. 52, 9	Der Mann, der Gott nicht für seinen Trost hielt, sondern verließ sich auf seinen großen Reichtum und war mächtig, Schaden zu tun.
Jerem. 9, 22	Ein Reicher rühme sich nicht seines Reichtums.
1 Tim. 6, 17	Den Reichen dieser Welt gebiete, daß sie nicht stolz seien.
6, 10	Geiz ist eine Wurzel alles Übels; des hat etliche gelüstet und sind vom Glauben irregegangen.

c) Reichtum ein Fluch.

Mrk. 4, 19	Der betrügliche Reichtum.
Mtth. 6, 24	Ihr könnt nicht Gott dienen und dem Mammon.
13, 22	Der Betrug des Reichtums erstickt das Wort.
Mrk. 10, 24	Wie schwer ist's, daß die, so ihr Vertrauen auf Reichtum setzen, ins Reich Gottes kommen!
Luk. 12, 20	Du Narr! ... also geht es, wer sich Schätze sammelt und ist nicht reich in Gott.
6, 24	Wehe euch Reichen, denn ihr habt euren Trost dahin!
Jak. 5, 1	Wohlan, ihr Reichen, heulet und weinet über euer Elend!
5, 2	Euer Reichtum ist verfaulet, eure Kleider sind mottenfräßig geworden.

3. Gott allein ist reich.

1 Chron. 29, 12	Reichtum und Ehre ist vor dir.
Röm. 2, 4	Reichtum seiner Güte.
9, 23	Reichtum seiner Herrlichkeit.
11, 33	O, welch eine Tiefe des Reichtums, beides, der Weisheit und Erkenntnis Gottes!
Eph. 2, 4	Der da reich ist an Barmherzigkeit.
Offenb. 5, 12	Das Lamm, das erwürget ist, ist würdig zu nehmen Kraft und Reichtum.

4. Wahrer Reichtum ist Reichtum in Gott.

Luk. 12, 21	Reich in Gott.
1 Kor. 1, 5	Durch ihn in allen Stücken reich gemacht.
1 Tim. 6, 18	Reich werden an guten Werken.
2 Kor. 6, 10	Als die Armen, die doch viele reich machen.
Eph. 1,18	Reichtum seines herrlichen Erbes.
Hebr. 11, 26	Und achtete die Schmach Christi für größeren Reichtum als die Schätze Ägyptens.

Rein, Reinheit, siehe Keuschheit.

Rettung, siehe Seligkeit.

Reue, siehe Buße.

Richten, Richter, siehe Gericht.

Ruf, rufen, siehe Berufung.

Ruhe, siehe Stille.

Saat, siehe Frucht.

Sabbat, Sonntag, Tag des Herrn. Der Ruhetag im Alten Bund als strenge Form durchs Gesetz geboten, im Neuen Bund durch Christus mit Inhalt erfüllt, daher Tag des Herrn.

1. Das Sabbatgesetz.

1 Mose 2, 3	Gott segnete den siebenten Tag und heiligte ihn.
2 Mose 20, 8	Gedenke des Sabbattages, daß du ihn heiligest (5 Mose 5, 12).
4 Mose 15, 32	Ein Mann las Holz am Sabbat und wurde gesteinigt.

2. Das Unvollkommene des Sabbatgesetzes.

Ps. 95, 11	Sie sollen zu meiner Ruhe nicht kommen (Wohl äußere Ruhe, aber keine Ruhe der Seele).
Kol. 2, 17	Welches ist der Schatten von dem, das zukünftig ist, der Körper aber ist in Christo.

3. Christus der Erfüller des Sabbatgebotes.

Mtth. 11, 29	Lernet von mir, so werdet ihr Ruhe finden für eure Seelen.
5, 17	Ich bin nicht gekommen, aufzulösen, sondern zu erfüllen.
12, 12	Darum mag man wohl am Sabbat Gutes tun (Erfüllung des Sabbats durch Menschenliebe).
Mrk. 2, 27	Der Sabbat ist um des Menschen willen gemacht, nicht der Mensch um des Sabbats willen.
Joh. 9, 16	Der Mensch ist nicht von Gott, weil er den Sabbat nicht hält (Jesu Konflikt mit den Juden).
Mtth. 15, 8	Dies Volk naht sich zu mir mit seinem Munde, aber ihr Herz ist ferne von mir (Äußerlicher Gottesdienst).
Mtth. 23, 23	Ihr lasset dahinten das Schwerste im Gesetz, nämlich das Gericht, die Barmherzigkeit und den Glauben (Erfüllung des Sabbat durch wahrhaftigen Glauben an Gott).
12, 8	Des Menschen Sohn ist ein Herr auch über den Sabbat.

4. Die Apostel gaben diesem Tatbestand Ausdruck durch Feier des Sonntags, des Tages der Auferstehung und der Geistesausgießung.

Apgsch. 20, 7	Am ersten Tag der Woche, da die Jünger zusammenkamen, das Brot zu brechen.
1 Kor. 16, 2	Auf jeglichen ersten Tag der Woche lege bei sich selbst ein jeglicher unter euch und sammle.
Offenb. 1, 10	Ich war im Geist an des Herrn Tag.
Kol. 2, 16	So lasset nun niemand euch Gewissen machen über Sabbate.

Sanftmut, sanftmütig. Sanftmut ist die grenzenlose Bereitschaft, zu vergeben. Sie ist Geistesgabe und fließt aus der Demut und Liebe, die das Böse mit Gutem überwindet.

1. Jesus ist sanftmütig.

Sacharja 9, 9	Dein König kommt zu dir, sanftmütig.
Mtth. 11, 29	Lernet von mir; denn ich bin sanftmütig und von Herzen demütig.
1 Petr. 2, 23	Der nicht drohte, da er litt.

2. Sanftmut ist Geistesfrucht; wir werden zur Sanftmut ermahnt, weil uns nur das geschenkt werden kann, was wir ergreifen.

Gal. 5, 22	Die Frucht des Geistes ist ... Sanftmut.
Kol. 3, 12	Ziehet an als die Auserwählten Gottes ... die Sanftmut.
1 Tim. 6, 11	Du, Gottesmensch, jage nach ... der Sanftmut.
Jak. 1, 21	Nehmet das Wort an mit Sanftmut.
Röm. 12, 21	Überwinde das Böse mit Gutem.

Satan, siehe Teufel.

Schafe, siehe Hirte.

Schauen, siehe sehen.

Schlaf, schlafen. Der Zustand der Empfindungslosigkeit im natürlichen Schlaf, im Tode, im Sündenschlaf. Der Sündenschlaf ist ein Zustand der Verstocktheit (geistlicher Tod) oder der Sicherheit (die Gnade wird zum Ruhekissen) oder der geistlichen Trägheit (Nachlassen des Missionseifers, Offenb. 3, 2, und der Wiederkunftserwartung). Wachen heißt, sich dieses Schlafes enthalten.

1. Der natürliche Schlaf.

Mtth. 26, 43	Ihre Augen waren voll Schlafes.
Ps. 121, 4	Der Hüter Israels schläft noch schlummert nicht.
4, 9	Ich liege und schlafe ganz im Frieden; denn du, Herr, hilfst mir, daß ich sicher wohne.

2. Der Todesschlummer.

Dan. 12, 2	Viele, so unter der Erde schlafend liegen.
Mtth. 27, 52	Es standen auf viele Leiber der Heiligen, die da schliefen.
1 Kor. 15, 20	Christus, der Erstling ... unter denen, die da schlafen.

3. Der Sündenschlaf.

Jes. 29, 10	Der Herr hat euch einen Geist des harten Schlafes eingeschenkt.
Eph. 5, 14	Wache auf, der du schläfst, stehe auf von den Toten!
1 Thess. 5, 6	So lasset uns nun nicht schlafen wie die anderen, sondern lasset uns wachen und nüchtern sein.

1 Kor. 11, 30	Darum sind auch viele Schwache und Kranke unter euch, und ein gut Teil schlafen.
Offenb. 3, 1	Du hast den Namen, daß du lebest, und bist tot. Werde wach und stärke das andere, das sterben will.
Mtth. 25, 5	Als nun der Bräutigam verzog, wurden alle schläfrig und schliefen ein.
Röm. 13, 11	Die Stunde ist da, aufzustehen vom Schlafe, sintemal unser Heil jetzt näher ist.
Mtth. 26, 41	Wachet und betet, daß ihr nicht in Anfechtung fallet.
1 Kor. 16, 13	Wachet, stehet im Glauben, seid männlich und seid stark.
2 Tim. 4, 5	Du aber sei nüchtern allenthalben.

4. Die Gefahren des Schlafes.

Mtth. 13, 25	Da aber die Leute schliefen, kam sein Feind und säte Unkraut zwischen den Weizen.
1 Petr. 5, 8	Seid nüchtern und wachet, denn euer Widersacher, der Teufel, schleicht umher und sucht, welchen er verschlinge.
Offenb. 3, 2	Es sterben andere in ihren Sünden, denen man hätte helfen können.
Mtth. 25, 8	Das Geistesöl geht aus, ohne daß man es merkt, und man verpaßt das Heil.

Schöpfer, siehe Gott.

Schrift, Buchstabe, die Heilige Schrift (im Munde Jesu und seiner Jünger das Alte Testament) hat eine einzigartige Stellung im Sinne göttlicher Autorität (»Es steht geschrieben«, siehe Wort). »Buchstabe« bringt zum Ausdruck die Äußerlichkeit des Gesetzes, das aufs Papier, aber nicht ins Herz geschrieben ist (im Gegensatz zu dem Geist, der neutestamentlichen Heilsgabe).

1. Die Schrift ist von Gott eingegeben, daher Autorität.

Jerem. 8, 8	Die »heilige« Schrift.
Joh. 10, 35	Die Schrift kann doch nicht gebrochen werden.
Mtth. 4, 4	Es steht geschrieben (Jesu Waffe gegenüber dem Versucher).
2 Tim. 3, 16	Alle Schrift von Gott eingegeben.

2. Sie weist auf Jesum hin, in dem sie erfüllt ist.

Luk. 4, 21	Heute ist diese Schrift erfüllt vor euren Ohren.
24, 27	Er legte ihnen alle Schriften aus, die von ihm gesagt waren.
Joh. 5, 39	Suchet in der Schrift, denn ihr meinet, ihr habt das ewige Leben drinnen; und sie ist es, die von mir zeuget.
Apgsch. 18, 28	Er erwies öffentlich durch die Schrift, daß Jesus der Christus sei.
1 Kor. 15, 3	Christus gestorben für unsere Sünden nach der Schrift.
15, 4	Auferstanden am dritten Tage nach der Schrift.
Gal. 3, 22	Die Schrift hat alles beschlossen unter die Sünde, auf daß die Verheißung käme durch den Glauben an Jesum Christum.

3. Sie muß erforscht, gelernt und geglaubt werden.

2 Tim. 3, 15	Weil du von Kind auf die Heilige Schrift weißt.
Joh. 5, 39	Suchet in der Schrift.
Apgsch. 17, 11	(Die zu Beröa) forschten täglich in der Schrift.
Joh. 2, 22	Sie glaubten der Schrift und der Rede, die Jesus gesagt hatte.

4. Der Segen der Schrift.

Röm. 15, 4	Was zuvor geschrieben ist, das ist uns zur Lehre geschrieben, auf daß wir durch Geduld und Trost der Schrift Hoffnung haben.

2 Tim. 3, 16	Alle Schrift ist nütze zur Lehre, zur Strafe, zur Besserung, zur Züchtigung in der Gerechtigkeit.

5. Der Buchstabe des äußerlichen Gesetzes.

Röm. 2, 29	Eine Beschneidung, die im Geist, nicht im Buchstaben geschieht.
2 Kor. 3, 6	Das Amt des Neuen Testaments, nicht des Buchstabens, sondern des Geistes. Denn der Buchstabe tötet, aber der Geist macht lebendig.

Schuld, Schuldner, schuldig, schuldigen. Schuld eine Verpflichtung sittlicher Art, eine Verpflichtung, Genugtuung, Sühne zu leisten (Dem griechischen Wort für [Geld-]schuld aus dem Hebräischen dieser Sinn beigelegt. Siehe Sünde).

1. Schuld im Sinne sittlicher Verpflichtung.

Gal. 5, 3	Der sich beschneiden läßt, ist schuldig, das ganze Gesetz zu tun.
Röm. 13, 8	Seid niemand nichts schuldig, denn daß ihr euch untereinander liebet.
15, 27	Sie sind auch ihre Schuldner (Die Heidenchristen die Schuldner der Judenchristen).
8, 12	So sind wir nun Schuldner nicht dem Fleisch.
Philemon 19	Ich schweige, daß du dich selbst mir schuldig bist.
Luk. 17, 10	Wir sind unnütze Knechte, wir haben getan, was wir zu tun schuldig waren.

2. Schuld eine Verpflichtung zur Sühne.

4 Mose 5, 6	Wenn ein Mann oder Weib irgendeine Sünde wider einen Menschen tut und sich an dem Herrn damit versündigt, so hat die Seele eine Schuld auf sich. Sie sollen ihre Sünde bekennen, die sie getan haben, und sollen ihre Schuld versöhnen.
Esra 9, 6	Unsere Schuld ist groß bis in den Himmel.
Jerem. 2, 19	Es ist deiner Bosheit Schuld, daß du so gestäupt wirst.
Hosea 10, 2	Nun wird sie ihre Schuld finden.
Mtth. 5, 21	Wer tötet, der soll des Gerichts schuldig sein.
Mrk. 3, 29	Wer den Heiligen Geist lästert, der ist schuldig des ewigen Gerichts.
1 Kor. 11, 27	Welcher ... unwürdig ... isset, ist schuldig an dem Leib und Blut des Herrn.
Jak. 2, 10	So jemand das ganze Gesetz hält und sündigt an einem, der ist es ganz schuldig.

3. Bekenntnis der Schuld und Bitte um Vergebung.

Hiob 42, 6	Darum spreche ich mich schuldig und tue Buße.
Mtth. 6, 12 Luk. 11, 4	Vergib uns unsere Schulden, wie auch wir vergeben unseren Schuldigern.

4. Jesus, das unschuldige Lamm, gibt sich zum Schuldopfer.

Joh. 18, 38	Ich finde keine Schuld an ihm.
Ps. 69, 5	Ich muß bezahlen, was ich nicht geraubt habe.
Jes. 53, 10	Wenn er sein Leben zum Schuldopfer gegeben hat.

Schwachheit, schwach. Der Zustand des durch die Sünde ausgehöhlten fleischlichen Daseins (siehe auch Allmacht 4).

1. Die Schwachheit.

Mtth. 26, 41	Der Geist ist willig, aber das Fleisch ist schwach.

1 Kor. 15, 43	Es wird gesäet in Schwachheit.
Röm. 6, 19	Ich muß menschlich davon reden um der Schwachheit eures Fleisches willen.

2. Das Gesetz hilft nicht.

Gal. 4, 9	Die schwachen und dürftigen Satzungen.
Hebr. 7, 18	Das Gesetz zu schwach und nichts nütze.
Röm. 8, 3	Was dem Gesetz unmöglich war, weil es durch das Fleisch geschwächt ward.

3. Christus nahm die Schwachheit auf sich.

Mtth. 8,17	Er hat unsere Schwachheit auf sich genommen.
Hesek. 34, 16	Ich ... will des Schwachen warten.
Röm. 5, 6	Christus ist, da wir noch schuldig waren nach der Zeit, für uns Gottlose gestorben.
Hebr. 4, 15	Wir haben nicht einen Hohenpriester, der nicht könnte Mitleid haben mit unserer Schwachheit.

4. Die ihre Schwachheit zu Jesus treibt, haben teil an seiner Kraft.

Röm. 8, 26	Der Geist hilft unserer Schwachheit auf.
1 Kor. 1, 27	Was schwach ist vor der Welt, das hat Gott erwählt, daß er zuschanden mache, was stark ist.
2 Kor. 12, 9	Meine Kraft ist in dem Schwachen mächtig..., wenn ich schwach bin, so bin ich stark.
Jes. 33, 24	Kein Einwohner wird sagen, ich bin schwach, denn das Volk wird Vergebung der Sünde haben.
2 Kor. 12, 9	Darum will ich mich am allerliebsten meiner Schwachheit rühmen, auf daß die Kraft Christi bei mir wohne.
Offenb. 3, 8	Ich habe dir gegeben eine offene Tür, denn du hast eine kleine Kraft.

5. Sie können die Schwachen tragen.

Röm. 14, 1	Den Schwachen im Glauben nehmet auf.
15, 1	Wir, die wir stark sind, sollen der Schwachen Gebrechlichkeit tragen.
1 Kor. 9, 22	Den Schwachen bin ich geworden wie ein Schwacher, auf daß ich die Schwachen gewinne.

Seele, das individuelle Leben, das Einzelleben, der Träger und die Erscheinungsform des Geistes, die Einzelpersönlichkeit. Seele und Leib können getrennt werden, Seele und Geist aber nur begrifflich unterschieden werden.

Der seelische (Luther: natürliche) Mensch so bezeichnet nicht, weil er keinen Geist hat (den hat jeder Mensch), sondern weil er den Heiligen Geist der Erlösung nicht besitzt.

Die Seele, das individuelle Leben.

1. Geschieden vom Leibe im Tode.

1 Mose 35, 18	Da ihr aber die Seele ausging, daß sie sterben mußte (Rahel).
1 Kön. 19, 4	Es ist genug, so nimm nun, Herr, meine Seele.
Mtth. 10, 28	Die Seele nicht können töten.
Offenb. 20, 4	Die Seelen derer, die enthauptet sind.

2. Träger von Sehnsucht, Freude und Leid.

Ps. 73, 26	Die verschmachtende Seele.
42, 2	Die nach Gott schreiende Seele.
Jerem. 31, 25	Die müde und bekümmerte Seele.
Ps. 116, 7	Die zufriedene Seele.
103, 1	Die lobende Seele.
Mtth. 26, 38	Die Seele Jesu: betrübt bis in den Tod.
Jes. 53, 11	Seine Seele hat gearbeitet.

3. Bedroht von der Sünde.

1 Petr. 2, 11	Fleischliche Lüste, welche wider die Seele streiten.
Luk. 17, 33	Wer da sucht seine Seele zu erhalten, der wird sie verlieren.
Ps. 119, 109	Ich trage meine Seele immer in meinen Händen.

4. Erlöst durch Christus.

Ps. 49, 9	Es kostet zuviel, ihre Seele zu erlösen.
Jes. 38, 17	Du hast dich meiner Seele herzlich angenommen, daß sie nicht verdürbe.
Luk. 9, 56	Des Menschen Sohn ist nicht gekommen, der Menschen Seelen zu verderben, sondern zu erhalten!
Mtth. 11, 29	Bei Jesu Ruhe für die Seelen.

5. Bewacht und geliebt von den Lehrern.

Hebr. 13, 17	Sie wachen über eure Seelen.
2 Kor. 12, 15	Ich will gerne hingegeben werden für eure Seelen.

6. Unterschieden vom Geiste.

1 Thess. 5, 23	Geist ganz samt Seele und Leib.
Hebr. 4, 12	Es (das Wort Gottes) scheidet Seele und Geist.
1 Kor. 2, 14	Der natürliche (seelische) Mensch vernimmt nichts vom Geist Gottes (siehe oben zweiten Absatz der Einführung zu Seele).
Jak. 3, 15	Irdisch, menschlich, teuflisch (dämonisch). (Die Seele entweder das Organ der Weisheit von oben her oder der von unten her).

Segen, segnen. Segen, das Heil Gottes in irdischer und geistlicher Beziehung. Segnen in Beziehung auf Gott: Anbetend preisen (1 Kor. 10, 16); segnen in Beziehung auf Menschen: das Heil Gottes zusagen. Gottes Segenszusage ist ein Handeln.

1. Gott segnet.

1 Mose 12, 3	Ich will dich (Abraham) segnen, die dich segnen.
12, 2	Ich will dich segnen, und du sollst ein Segen sein.
32, 26	Ich (Jakob) lasse dich nicht, du segnest mich denn.
1 Chron. 17, 27	Was du, Herr, segnest, das ist gesegnet ewiglich.
Mrk. 10, 16	Christus segnete die Kinder, er herzte sie und legte die Hände auf sie und segnete sie.
Luk. 24, 50	Christus segnete die Jünger.
1 Mose 2, 3	Gott segnete den siebenten Tag und heiligte ihn.
Eph. 1, 3	Gelobet sei Gott, der uns gesegnet hat mit allerlei geistlichem Segen in himmlischen Gütern durch Christum.

2. Menschen als Segensträger.

1 Mose 30, 27	Ich spüre, daß der Herr mich segnet um deinetwillen (Laban zu Jakob).
14, 19	Melchisedek segnete Abraham.

3 Mose 9, 23	Mose und Aaron gingen in die Hütte des Stifts, und als sie wieder herausgingen, segneten sie das Volk.
4 Mose 6, 24	Der Segen Aarons.
Ps. 109, 28	Fluchen sie, so segnest du.
Luk. 6, 28	Segnet, die euch verfluchen.
Röm. 12, 14	Segnet, die euch verfolgen.
1 Petr. 3, 9	Vergeltet nicht Scheltwort mit Scheltwort, sondern segnet und wisset, daß ihr dazu berufen seid, daß ihr den Segen erbet.
1 Kor. 10, 16	Den Kelch segnen.

3. Bedingungen des Segens.

Ps. 128, 4	Siehe, also wird gesegnet der Mann, der den Herrn fürchtet.
112, 2	Das Geschlecht der Frommen wird gesegnet sein.
Sprüche 3, 33	Das Haus der Gerechten wird gesegnet.
28, 20	Ein treuer Mann wird viel gesegnet.
Jerem. 17, 7	Gesegnet ist der Mann, der sich auf den Herrn verläßt.
Sirach 7, 36	Reiche dem Armen deine Hand, daß du reichlich gesegnet werdest.
Maleachi 3, 10	Bringet den Zehnten voll in mein Kornhaus ... und prüfet mich hierin, ob ich euch nicht des Himmels Fenster auftun werde und Segen herabschütten die Fülle.

4. Die Art des Segens.

5 Mose 28, 3	Gesegnet wirst du sein in der Stadt, gesegnet wirst du sein auf dem Acker (Irdischer Segen).
Sirach 3, 11	Des Vaters Segen baut den Kindern Häuser.
Sprüche 10, 22	Der Segen des Herrn macht reich ohne Mühe.
Eph. 1, 3	Geistlicher Segen.
Ps. 29, 11	Der Herr wird sein Volk segnen mit Frieden.
3 Mose 9, 23	Da erschien die Herrlichkeit des Herrn allem Volk (Als Mose sie segnete).

Sehen, schauen. Gott allein sieht die Wirklichkeit, wie sie ist. Der Mensch ist blind für Gott, daher auch für die Wirklichkeit, bis ihm durch den Geist die Augen geöffnet werden, Christus im Glauben zu schauen. Einst werden wir ihn sehen, wie er ist.

1. Das Sehen Gottes.

Ps. 94, 9	Der das Auge gemacht hat, sollte der nicht sehen?
Sirach 15, 19	Gott sieht alles.
1 Mose 6, 12	Da sah Gott auf die Erde, und siehe, sie war verderbt (Gerichtsblick).
Hiob 34, 21	Seine Augen sehen auf eines jeglichen Weg.
1 Mose 16, 13	Du, Gott, siehest mich (Gnadenblick).
Ps. 101, 6	Meine Augen sehen nach den Treuen im Lande, daß sie bei mir wohnen.
33, 18	Des Herrn Auge siehet auf die, so ihn fürchten.
Jes. 66, 2	Ich sehe an den Elenden, der sich fürchtet vor meinem Wort.
Ps. 34, 16	Auf die Gerechten sehen.
139, 3	Du siehst alle meine Wege.
1 Sam. 16, 7	Der Herr siehet das Herz an.
Jes. 59, 16	Er siehet, daß niemand da ist, und wundert sich, daß niemand ins Mittel tritt (Gott sucht priesterliche Leute, die die Not ihrer Brüder vor Gott bringen).
Joh. 5, 6 Mrk. 10, 21	{ Das Sehen Jesu.

2. Das Sehen Gottes wird dem Blinden durch den Heiligen Geist und durch Geistesträger geschenkt in Jesus Christus.

Joh. 1, 18	Niemand hat Gott je gesehen, der eingeborene Sohn, der in des Vaters Schoß sitzt, hat es uns verkündet.
14, 9	Wer mich siehet, der siehet den Vater.
Mrk. 8, 18	Ihr habet Augen und sehet nicht.
Joh. 9, 39	Ich bin zum Gericht auf diese Welt gekommen, auf daß, die da nicht sehen, sehend werden, und die da sehen, blind werden.
Mtth. 13, 15	Ihre Augen schlummern.
Luk. 19, 3	Zachäus begehrte Jesum zu sehen.
Joh. 12, 21	Herr, wir wollten Jesum gerne sehen.
3, 3	Es sei denn, daß jemand von neuem geboren werde, so kann er das Reich Gottes nicht sehen.
2 Kor. 4, 6	Gott hat einen hellen Schein in unsere Herzen gegeben, daß durch uns entstünde die Erleuchtung von der Erkenntnis der Klarheit Gottes im Angesichte Jesu Christi (Eph. 1, 18: erleuchtete Augen eures Verständnisses).
1 Mose 21, 19	Gott tat ihr die Augen auf, daß sie einen Wasserbrunnen sah (Hagar, ein Gleichnis für das Glaubensschauen).
Joh. 20, 29	Selig sind, die nicht sehen und doch glauben (1 Petr. 1, 8: Welchen ihr nicht gesehen und doch liebhabt und nun an ihn glaubet).
1 Kor. 2, 9	Was kein Auge gesehen hat ..., das hat Gott bereitet denen, die ihn lieben.

3. So entsteht auch der Blick für die Not der Brüder.

2 Mose 2, 11	Mose sah seiner Brüder Last.
Apgsch. 3, 4	Petrus sah ihn an (den Lahmen).

4. Darum die ernste Aufforderung zum Sehen.

Ps. 34, 9	Schmecket und sehet, wie freundlich der Herr ist!
Sacharja 9, 9	Siehe, dein König kommt zu dir!
Joh. 1, 29	Siehe, das ist Gottes Lamm!
Hebr. 3, 1	Nehmet wahr des Apostels und Hohenpriesters.
12, 2	Lasset uns aufsehen auf Jesum.
Phil. 2, 4	Ein jeglicher sehe nicht auf das Seine, sondern auch auf das, was des anderen ist.

5. Einst werden wir Gott sehen, wie er ist.

Ps. 42, 3	Wann werde ich dahin kommen, daß ich Gottes Angesicht schaue?
Hiob 19, 27	Meine Augen werden ihn sehen.
2 Kor. 5, 7	Wandeln im Glauben und nicht im Schauen.
1 Joh. 3, 2	Wir wissen, daß wir ihm gleich sein werden; denn wir werden ihn sehen, wie er ist.
Offenb. 1, 7	Er kommt in den Wolken, und es werden ihn sehen alle Augen.

Seligkeit, selig (Im Urtext zwei verschiedene Wörter, in der Lutherbibel ein Ausdruck für beide Begriffe).

I. Rettung; der Besitz des Heils, der Erlösung.

II. Glückseligkeit, oft im Gegensatz zu äußeren Leiden durch die Heilserfahrung geschenkt.

I. Die Rettung.

1. Sie ist gegenwärtiger Besitz.

1 Thess. 5, 9	Gott hat uns nicht gesetzt zum Zorn, sondern die Seligkeit zu besitzen durch unseren Herrn Jesum Christum.
2 Thess. 2, 13	Daß euch Gott von Anfang erwählt hat zur Seligkeit.
2 Tim. 3, 15	Weil du von Kind auf die Heilige Schrift weißt, kann dich dieselbe unterweisen zur Seligkeit.
2 Petr. 3, 15	Die Geduld unseres Herrn achtet für eure Seligkeit.

2. Sie wird erworben durch den Glauben an die Gnade Jesu Christi.

Apgsch. 2, 21	Wer den Namen des Herrn anrufen wird, der soll selig werden.
16, 31	Glaube an den Herrn Jesum Christum, so wirst du und dein Haus selig (gerettet).
Mrk. 16, 16	Wer da glaubt und getauft wird, der wird selig werden.
Joh. 10, 9	So jemand durch mich eingehet, der wird selig werden.
Röm. 5, 10	Vielmehr werden wir selig werden durch sein Leben, so wir nun versöhnt sind.
Eph. 2, 5	Denn aus Gnaden seid ihr selig geworden.
Apgsch. 15, 11	Wir glauben, durch die Gnade des Herrn Jesu Christi selig zu werden.

3. Die Seligkeit entfaltet sich in ihrem Vollinhalt erst künftig.

1 Petr. 1, 9	Und das Ende eures Glaubens davonbringet, nämlich der Seelen Seligkeit.
Röm. 13, 11	Sintemal unser Heil jetzt näher ist, denn da wir gläubig wurden.
Hebr. 5, 9	Da er vollendet war, ist er geworden allen, die ihm gehorsam sind, eine Ursache zur ewigen Seligkeit.
9, 28	Zum andernmal wird er erscheinen denen, die auf ihn warten, zur Seligkeit.
1, 14	Dienstbare Geister, ausgesandt zum Dienst um derer willen, die ererben sollen die Seligkeit.
	a) Darum erweckt sie die Hoffnung;
Röm. 8, 24	Wir sind wohl selig, doch in der Hoffnung.
	b) spornt den Eifer an;
Hebr. 2, 3	Wie wollen wir entfliehen, die wir eine solche Seligkeit nicht achten?
Phil. 2, 12	Schaffet, daß ihr selig werdet mit Furcht und Zitttern.
	c) bedarf der Bewahrung.
1 Petr. 1, 5	Euch, die ihr aus Gottes Macht durch den Glauben bewahrt werdet zur Seligkeit.

II. Glückseligkeit als Folge des Heilsbesitzes.

1. Glückseligkeit Gottes Zustand.

1 Tim. 1, 11	Von Gott. 6, 15.

2. Glückselig ist der Bußfertige.

Hiob 5, 17	Selig ist der Mensch, den Gott straft.
Mtth. 5, 3	Selig sind, die geistlich arm sind, denn das Himmelreich ist ihr (Die Seligpreisungen der Bergpredigt, Mtth. 5, 3-10).
11, 6	Selig ist, der sich nicht an mir ärgert.

3. Glückselig ist der Glaubende.

Mtth. 13, 16	Selig sind eure Augen, daß sie sehen.
Luk. 1, 45	Selig bist du, die du geglaubt hast.
Joh. 20, 29	Selig sind, die nicht sehen und doch glauben.
Jak. 1, 12	Selig ist der Mann, der die Anfechtung erduldet.
Luk. 11, 28	Selig sind, die Gottes Wort hören und bewahren.

4. Glückselig ist der nach Gottes Gebot Handelnde.

Offenb. 22, 14	Selig sind, die seine Gebote halten.
Joh. 13, 17	So ihr solches wisset, selig seid ihr, so ihr's tut.
Jak. 1, 25	Selig sein in seiner Tat.

5. Glückselig ist der Wachende, den das Ende nicht unvorbereitet überrascht.

Offenb. 16, 15	Selig ist, der da wacht. Mtth. 24, 46.

6. Glückselig sind die Vollendeten.

Offenb. 14, 13	Selig sind die Toten, die in dem Herrn sterben.
19, 9	Selig sind, die zum Abendmahl des Lammes berufen sind.
20, 6	Selig ist der und heilig, der teilhat an der ersten Auferstehung.

Sieg, siegen, überwinden. Gott hat einen Feind, der zugleich der Feind der Menschheit ist (siehe Kampf [2] und Teufel). In Christus ist er besiegt. Im Endkampf bei der Wiederkunft Christi wird der Sieg vollendet werden.

1. Menschlicher Sieg kommt von Gott.

Judith 9, 13	Herr, du kannst wohl Sieg geben ohne alle Menge.
1 Makk. 3, 19	Der Sieg kommt vom Himmel und wird nicht durch große Menge erlangt.
2 Mose 17, 11	Wenn Mose seine Hände emporhielt, siegte Israel.
1 Sam. 17, 50	Davids Sieg über Goliath.

2. Gottes Sieg.

	a) Gott hat gesiegt über den Bösen in Christus.
Ps. 118, 15	Die Rechte des Herrn behält den Sieg.
Mtth. 12, 20	Den glimmenden Docht wird er nicht auslöschen, bis daß er ausführe das Gericht zum Sieg (Weissagung).
Joh. 16, 33	Ich habe die Welt überwunden.
Kol. 2, 15	Er hat ausgezogen die Fürstentümer und einen Triumph aus ihnen gemacht.
Offenb. 5, 5	Es hat überwunden der Löwe aus Juda.
1 Kor. 15, 57	Gott aber sei Dank, der uns den Sieg gegeben hat durch unseren Herrn Jesum Christum.
	b) Die Vollendung des Sieges.
1 Kor. 15, 25	Er muß aber herrschen, bis daß er alle seine Feinde unter seine Füße lege.
15, 26	Der letzte Feind, der aufgehoben wird, ist der Tod.
15, 54	Dann wird erfüllt werden das Wort, das geschrieben steht: der Tod ist verschlungen in den Sieg, Tod, wo ist dein Stachel, Hölle, wo ist dein Sieg?
Offenb. 12, 8	Der Drache mit seinen Engeln siegte nicht.

	c) Der Sieg wird uns zuteil durch den Glauben.
1 Joh. 5, 4	Unser Glaube ist der Sieg, der die Welt überwunden hat (durch den Anschluß an Christus ist sein Sieg unser Sieg).
Ps. 84, 8	Sie erhalten einen Sieg nach dem anderen.
Röm. 8, 37	In dem allem überwinden wir weit um des willen, der uns geliebet hat.
12, 21	Überwinde das Böse mit Gutem.
1 Joh. 2, 14	Das Wort Gottes bleibt bei euch, und ihr habt den Bösewicht überwunden.
Offenb. 12, 11	Sie haben ihn überwunden durch des Lammes Blut und durch das Wort ihres Zeugnisses und haben ihr Leben nicht liebgehabt bis in den Tod.
	d) Die Verheißungen, die dem Überwinder gelten.
Offenb. 2, 7	Wer überwindet, dem will ich zu essen geben vom Holz des Lebens.
2, 11	Wer überwindet, dem soll kein Leid geschehen von dem anderen Tode.
2, 26	Wer überwindet, dem will ich Macht geben über die Heiden.
3, 5	Wer überwindet, der soll mit weißen Kleidern angetan werden.
3, 12	Wer überwindet, den will ich machen zum Pfeiler in dem Tempel meines Gottes.
3, 21	Wer überwindet, dem will ich geben, mit mir auf meinem Stuhl zu sitzen.

Siegel, versiegelt. Siegel das Zeichen des Eigentums, die Bestätigung.

1. Die Bestätigung der Wahrhaftigkeit Gottes.

Joh. 3, 33	Wer das Zeugnis Jesu annimmt, der besiegelt's, daß Gott wahrhaftig sei.

2. Bestätigung des Gottessohnes und der Gotteskinder durch Gott.

Joh. 6, 27	Den (Jesum) hat der Vater versiegelt.
2 Kor. 1, 22	Gott ist's, der uns versiegelt und in unsere Herzen das Pfand, den Heiligen Geist, gegeben hat.
Eph. 1, 13	Durch welchen ihr auch, da ihr gläubig wurdet, versiegelt worden seid mit dem Heiligen Geist.
4, 30	Betrübet nicht den Heiligen Geist, mit dem ihr versiegelt seid auf den Tag der Erlösung.

3. Kennzeichen der Erlösten zum Schutz vor dem Gericht.

Offenb. 7, 3	Daß wir versiegeln die Knechte unseres Gottes an ihren Stirnen.

Sohn Gottes. Es wird damit die Zugehörigkeit zu Gott auf Grund göttlicher Erwählung ausgedrückt. Jesus Christus ist der eingeborene Gottessohn, vom Vater in Ewigkeit geboren.

1. Das Volk Israel als Heilsvolk Gottessohn.

2 Mose 4, 22	Israel ist mein erstgeborener Sohn.
Hosea 11, 1	Aus Ägypten habe ich meinen Sohn gerufen. Mtth. 2, 15.
5 Mose 14, 1	Ihr seid Kinder des Herrn, eures Gottes.
32, 6	Ist er nicht dein Vater und dein Herr?
Maleachi 2, 10	Haben wir nicht alle einen Vater?
Ps. 82, 6	Ihr seid Götter und allzumal Kinder des Höchsten.

2. Der davidische König wird Gottessohn im Ausblick auf den Messias genannt (doch im Alten Testament nie als menschliche Anrede an einen Menschen, sondern nur im Munde Gottes).

2 Sam. 7, 14	Ich will sein Vater sein, und er soll mein Sohn sein.
Ps. 89, 28	Ich will ihn zum ersten Sohn machen.
2, 7	Du bist mein Sohn, heute habe ich dich gezeuget.

3. Jesus der Gottessohn:

a) im allgemeinen Sinn: »Gottessohn«;

Mtth. 27, 40	Bist du Gottes Sohn, so steige herab.
27, 43	Er hat gesagt, ich bin Gottes Sohn.
27, 54	Dieser ist Gottes Sohn gewesen.Mrk 15, 39.
Luk. 1, 32	Der wird groß sein und ein Sohn des Höchsten genannt werden.
Röm. 1, 4	Kräftiglich erwiesen ein Sohn Gottes nach dem Geist.

b) in einzigartiger Weise: der Gottessohn als der Messias.

Mtth. 3, 17	Das ist mein lieber Sohn, Mtth. 17, 5; Mrk. 1, 11; 9, 7; Luk. 3, 22; 9, 35; 2 Petr. 1, 17.
26, 63	Ich beschwöre dich bei dem lebendigen Gott, daß du uns sagest, ob du seiest Christus, der Sohn Gottes Mrk. 14, 61.
Joh. 6, 69	Wir haben geglaubt und erkannt, daß du bist Christus, der Sohn des lebendigen Gottes.
10, 36	Der, den der Vater geheiligt und in die Welt gesandt hat, ist Gottes Sohn.
1, 34	Ich sah es und bezeugte, daß dieser ist der Sohn Gottes.

c) Jesus ist der Gottessohn nicht nur als erwählter Messias, sondern auf Grund des jenseits seiner Menschheit bestehenden Sohnesverhältnisses zu Gott.

Röm. 8, 3	Gott sandte seinen Sohn in der Gestalt des sündlichen Fleisches.
Joh. 3, 16	Daß er seinen eingeborenen Sohn gab.
Gal. 4, 4	Sandte Gott seinen Sohn, geboren von einem Weibe.
Joh. 16, 28	Ich bin vom Vater ausgegangen und komme in die Welt.
8, 58	Ehe denn Abraham ward, bin ich.
17, 5	Verkläre mich bei dir selbst mit der Klarheit, die ich bei dir hatte, ehe die Welt war.
Mtth. 11, 27	Niemand kennet den Sohn denn nur der Vater.
28, 19	Taufet sie im Namen des Vaters und des Sohnes und des Heiligen Geistes.
Joh. 10, 30	Ich und der Vater sind eins.
14, 9	Wer mich siehet, siehet den Vater.
Kol. 2, 9	In ihm wohnet die ganze Fülle der Gottheit leibhaftig.

d) Die übernatürliche Geburt Jesu Christi ist der Ausdruck der Erwählung des Weibessamens.

Luk. 1, 35	Das Heilige, das von dir geboren wird, wird Gottes Sohn genannt werden.
Joh. 1, 14	Das Wort ward Fleisch.
1, 13	Welcher nicht aus dem Geblüt noch aus dem Willen des Fleisches noch aus dem Willen des Mannes, sondern aus Gott geboren ist (Nicht sichere, aber wahrscheinlichere Lesart).

Sorge, sorgen.

1. Sündhaft sind die Sorgen, wenn sie aus dem Mißtrauen gegenüber Gottes Führung hervorwachsen.

Sirach 40, 2	Da ist immer Sorge, Furcht, Hoffnung und zuletzt der Tod.
Luk. 10, 41	Martha, du hast viel Sorge und Mühe.
Mrk. 4, 19	Die Sorge der Welt und der betrügliche Reichtum.

2. Sorgen sind umsonst.

Ps. 127, 2	Es ist umsonst, daß ihr früh aufstehet ... und esset euer Brot mit Sorgen.

Mtth. 6, 27	Wer ist unter euch, der seiner Länge eine Elle zusetzen möge, ob er gleich darum sorget?

3. Sorgen schaden dem inneren Menschen.

Mrk. 4, 19	Die Sorgen dieser Welt und der betrügliche Reichtum ... ersticken das Wort.
Luk. 21, 34	Hütet euch aber, daß eure Herzen nicht beschweret werden ... mit Sorgen der Nahrung.

4. Wir brauchen uns nicht zu sorgen, weil Gott für uns sorgt.

Ps. 40, 18	Der Herr aber sorget für mich.
Weish. 5, 16	Die Gerechten werden ewiglich leben, der Herr ist ihr Lohn und der Höchste sorget für sie.
Mtth. 6, 25	Sorget nicht für euer Leben.
6, 34	Sorget nicht für den anderen Morgen.
Phil. 4, 6	Sorget nichts, sondern in allen Dingen lasset eure Bitten im Gebet und Flehen ... vor Gott kundwerden.
1 Petr. 5, 7	Alle eure Sorgen werfet auf ihn, denn er sorget für euch!

Speise, das Lebensmittel für Leib und Seele.

1. Gott gibt die Speise.

Ps. 145, 15	Aller Augen warten auf dich, und du gibst ihnen ihre Speise zu seiner Zeit.
Mtth. 10, 10	Ein Arbeiter ist seiner Speise wert.
2 Mose 16, 13	Speise für die Kinder Israels. 1 Kön. 19, 6 für Elia; Mtth. 14, 15 für die fünftausend Mann.
Ps. 111, 5	Er gibt Speise denen, die ihn fürchten.

2. Die Speise fördert weder noch hindert sie uns, Gott wohlzugefallen.

1 Kor. 8, 8	Die Speise fördert uns nicht vor Gott.
8, 13	Darum, so die Speise meinen Bruder ärgert, wollte ich nimmermehr Fleisch essen; Röm. 14, 15.
Kol. 2, 16	Lasset euch niemand ein Gewissen machen über Speise und Trank.
1 Tim. 4, 3	Gebieten, nicht ehelich zu werden und zu meiden die Speise, die Gott geschaffen hat.

3. Die Seelenspeise.

5 Mose 8, 3	Daß der Mensch nicht lebt von Brot allein, sondern von allem, das aus dem Mund des Herrn gehet.
Joh. 6, 27	Wirket Speise, die nicht vergänglich ist, sondern die da bleibet ins ewige Leben.
6, 55	Mein Fleisch ist die rechte Speise.
4, 34	Meine Speise ist die, daß ich tue den Willen des, der mich gesandt hat, und vollende sein Werk.
1 Kor. 3, 2	Milch und starke Speise. Hebr. 5,14.

Stärke, stark, siehe Kraft.

Sterben, siehe Tod.

Stille, stillesein.

1. Am Ende des eigenen Vollbringens angelangt in abwartendem Vertrauen Gott Raum zu lassen, daß er es schafft.

2 Mose 14, 14	Der Herr wird für euch streiten, und ihr werdet stille sein.
Ps. 46, 14	Seid stille und erkennet, daß ich Gott bin.
Habakuk 2, 20	Es sei stille vor ihm alle Welt.
Ps. 37, 7	Sei stille dem Herrn und warte auf ihn.
1 Thess. 4, 11	Ringet danach, daß ihr stille seid und das Eure schaffet (Die Unruhe geht an der nächstliegenden Pflicht vorbei).

2. Gott selbst ist stille und schafft Stille.

1 Kön. 19, 12	Ein stilles, sanftes Sausen.
Mtth. 8, 26	Jesus stand auf und bedräuete den Wind und das Meer; da ward es ganz stille.
11, 28	Ruhe für die Seelen (für den, der das sanfte Joch auf sich nimmt).
1 Tim. 2, 2	Ein ruhiges und stilles Leben (eine Frucht der Fürbitte für die Obrigkeit).
Jes. 32, 17	Der Gerechtigkeit Nutzen wird ewige Stille sein.

3. Stillesein vor Gott bringt Hilfe.

Ps. 62, 1	Meine Seele ist stille zu Gott, der mir hilft.
Jes. 30, 15	Wenn ihr umkehrtet und stille bliebet, so würde euch geholfen, durch Stillesein und Hoffen würdet ihr stark sein, aber ihr wollt nicht.
1 Petr. 3, 4	Ein sanfter und stiller Geist, das ist köstlich vor Gott.

Strafe, strafen. 1. Zurechtweisen, der Sünde überführen, mit dem Ziel, dadurch zur Besserung zu führen. 2. Die Strafe des Gerichts, die erfolgt, wenn die Zurechtweisung vergeblich war.

1. Gott straft, um zu bessern.

Habakuk 1, 12	Laß sie (die Feinde) uns, o Herr, nur eine Strafe sein, laß uns nicht sterben.
Klagel. 1, 14	Meine schweren Sünden sind durch seine Strafe erwacht.
Jerem. 2, 19	Es ist deines Ungehorsams Schuld, daß du so gestraft wirst.
Ps. 6, 2	Strafe mich nicht in deinem Zorn.
39, 11	Ich bin verschmachtet von der Strafe deiner Hand.
1 Mose 6, 3	Die Menschen wollen sich von meinem Geist nicht mehr strafen lassen (Vor der Sintflut).
Joh. 3, 20	Wer Arges tut, der kommt nicht an das Licht, auf daß seine Werke nicht gestraft werden.
16, 8	Der Heilige Geist ... wird die Welt strafen um die Sünde, um die Gerechtigkeit und das Gericht.
2 Tim. 3, 16	Alle Schrift von Gott eingegeben ist nütze zur Lehre, zur Strafe, zur Beserung.
Hebr. 12, 5	Verzage nicht, wenn du von ihm gestraft wirst.
Sprüche 3, 11	Sei nicht ungeduldig über seiner Strafe.
Hiob 5, 17	Selig ist der Mensch, den Gott straft.
Offenb. 3, 19 Sprüche 3, 12	{Welche ich liebhabe, die strafe und züchtige ich, so sei nun fleißig und tue Buße.

2. Die Strafe des Gerichts (siehe Sünde).

Jerem. 51, 9	Ihre Strafe reicht bis an den Himmel (Gericht über Babel).
Jes. 53, 5	Die Strafe lag auf ihm, auf daß wir Frieden hätten.

Hebr. 10, 29	Wieviel ärgere Strafe wird der verdienen, der den Sohn Gottes mit Füßentritt und das Blut des Testaments unrein achtet!

3. Menschen strafen in göttlichem Auftrage.

Sprüche 13, 24	Wer seine Rute schonet, der hasset seinen Sohn.
Mtth. 18, 15	Strafe deinen Bruder zwischen dir und ihm alleine.
Luk. 23, 40	Der andere strafte ihn und sprach (Übeltäter).
1 Tim. 5, 20	Die da sündigen, die strafe vor allem.
2 Tim. 2, 25	Zu strafen die Widerspenstigen.}
Titus 1, 9	Zu strafen die Widersprecher.} (Vom gleichen Amt)
2 Tim. 4, 2	Strafe mit aller Geduld!
Titus 2,15	Strafe mit ganzem Ernst!
Sirach 18, 21	Strafe dich selbst zuvor, ehe du andere richtest.

4. Menschen strafen im Sinne des Gerichts.

Röm. 13, 4	Sie ist Gottes Dienerin, eine Rächerin zur Strafe über den, der Böses tut (Obrigkeit).
1 Kor. 5, 3	Ich habe beschlossen über den, der solches getan hat (Blutschänder), ihn zu übergeben dem Satan zum Verderben des Fleisches.

Stunde, siehe Zeit [2 a und c.]

Suchen und finden.

1. Menschen suchen irdische, selbstische Werte, nämlich:

Sprüche 14, 6	Weisheit.
Luk. 17, 33	seine Seele zu erhalten;
Joh. 5, 44	nicht die Ehre bei Gott;
Mtth. 12, 39	ein Zeichen.
Phil. 2, 21	Sie suchen alle das Ihre;
Offenb. 9, 6	Die Menschen werden den Tod suchen.

2. Die Menschen werden ermahnt und durch Verheißungen ermuntert, ewige Werte zu suchen.

5 Mose 4, 29	Wenn du ... den Herrn, deinen Gott, suchen wirst, so wirst du ihn finden.
Ps. 34, 11	Die den Herrn suchen, haben keinen Mangel.
69, 33	Die Gott suchen, denen wird das Herz leben.
2 Chron. 15, 4	Wenn sie sich bekehren, wird er sich gnädig finden lassen.
Jes. 45, 19	Suchet mich, denn ich bin der Herr!
55, 6	Suchet den Herrn, solange er zu finden ist!
1 Petr. 3, 11	Suche Frieden und jage ihm nach.
Jes. 26, 16	Herr, wenn Trübsal da ist, so sucht man dich.
Kol. 3, 1	Suchet, was droben ist!

3. Bedingungen des Findens.

Mtth. 7, 7	Suchet, so werdet ihr finden!
Joh. 5, 39	Suchet ihn in der Schrift!
Hebr. 11, 6	Wer zu Gott kommen will, der muß glauben, daß er sei und denen, die ihn suchen, ein Vergelter sein werde.
Jerem. 29, 13	So ihr mich von ganzem Herzen suchen werdet, will ich mich von euch finden lassen. 5 Mose 4, 29.

4. Gott sucht uns.

Ps. 119, 176	Ich bin wie ein verirrtes Schaf, suche deinen Knecht.
Hesek. 34, 11	Ich will mich meiner Herde selbst annehmen und sie suchen.
Luk. 15, 4	Verlorenes Schaf, verlorener Groschen. Freude des Findens.
19, 10	Des Menschen Sohn ist gekommen, zu suchen und selig zu machen.
Joh. 5, 30	(Er kann retten, denn): ich suche nicht meinen Willen (Joh. 8, 50: nicht meine Ehre), sondern des Vaters Willen.

5. Der von Gott Gefundene wird frei vom Ich.

1 Kor. 13, 5	Die Liebe sucht nicht das Ihre.
10, 24	Niemand suche, was sein ist, sondern ein jeglicher, was des anderen ist.

Sünde, sündigen, Sünder. Sünde ist das Abirren vom gottgewollten Ziel, das gottwidrige Handeln. »Vergebung der Sünde ist Gottes Tat im Heilsereignis, sie erneuert als ein endzeitliches Ereignis den ganzen Menschen, an welchem die Sünde nicht etwas Einzelnes und Gelegentliches, sondern die sein ganzes Sein bestimmende Macht war« (ThW).

I. Ihr Wesen.

1. Ihre Entstehung.

Sirach 10, 15	Hoffart treibet zu allen Sünden.
Jak. 1, 15	Wenn die Lust empfangen hat (nämlich die Zustimmung des Willens), gebiert sie die Sünde.
1 Mose 3, 6	Das Weib schaute an, daß von dem Baume gut zu essen wäre und lieblich anzusehen, daß es ein lustiger Baum wäre, weil er klug machte, und nahm von der Frucht und aß.

2. Die Sünde liegt nicht in der Tat an sich, sondern in der verkehrten, gegensätzlichen Einstellung zu Gott.

Röm. 14, 23	Was nicht aus dem Glauben gehet, das ist Sünde (Dieselbe Tat kann Sünde oder Gerechtigkeit sein je nach der Einstellung zu Gott).

3. Sünde ist nicht eine isolierte Einzeltat, sondern ein Machtbereich der Auflehnung wider Gott voll Anmaßung und scheinbarer Größe, voll Lüge und Selbstsucht.

1 Joh. 3, 8	Der Teufel sündigt von Anfang.
1 Mose 4, 7	So ruht die Sünde vor der Tür, und nach dir hat sie Verlangen.
Joh. 8, 44	Ihr seid von dem Vater, dem Teufel, und nach eures Vaters Lust wollt ihr tun. Derselbige ist ein Mörder von Anfang und ist nicht bestanden in der Wahrheit.
1 Joh. 3, 8	Wer Sünde tut, der ist vom Teufel.
Joh. 8, 34	Wer Sünde tut, der ist der Sünde Knecht.
Röm. 6, 13	Begebet nicht der Sünde eure Glieder.
6, 20	Ihr waret der Sünde Knechte.
6, 2	In der Sünde leben.
Joh. 9, 34	Ganz in Sünden geboren.
Ps. 51, 7	Ich bin in sündlichem Wesen geboren.
Röm. 7, 14	Unter die Sünde verkauft.
Jes. 50, 1	Ihr seid um eurer Sünde willen verkauft.
Röm. 7, 20	Die Sünde, die in mir wohnet.

4. In diesen Machtbereich sind alle Menschen hineingezogen.

2 Mose 34, 7	Vor welchem niemand unschuldig ist.
Röm. 3, 23	Es ist hier kein Unterschied, sie sind allzumal Sünder.
5, 12	Der Tod ist zu allen Menschen durchgedrungen, dieweil sie alle gesündigt haben.

5. Darum kann auch das Gesetz, das ein Damm ist gegen die wilden Ausbrüche der Sünde, die abgerissene Beziehung zu Gott nicht herstellen, sondern die Sünde nur zum Bewußtsein, zum Anschwellen und zur Verurteilung bringen.

Röm. 7, 12	Das Gesetz ist ja heilig und das Gebot ist heilig, recht und gut.
3, 20	Durch das Gesetz kommt Erkenntnis der Sünde.
7, 7	Die Sünde erkannte ich nicht, ohne durch das Gesetz.
7, 13	Die Sünde, auf daß sie als Sünde offenbar werde, hat sie mir durch das Gute (das Gebot) den Tod (das Verdammungsurteil) gewirkt.
1 Kor. 15, 56	Die Kraft der Sünde ist das Gesetz.
Röm. 7, 9	Da aber das Gebot kam, lebte die Sünde auf, ich aber starb.

6. Der Versuch des Menschen, die Sünde zu leugnen oder von sich abzuwälzen, mißlingt.

Ps. 32, 3	Als ich's wollte verschweigen, verschmachteten meine Gebeine.
1 Joh. 1, 8	So wir sagen, wir haben keine Sünde, so verführen wir uns selbst.
Mtth. 16, 26	Was kann der Mensch geben, damit er seine Seele wieder löse?

7. Es gibt Grade der Sünde hinsichtlich ihrer Wirkung auf die Beziehung des Sünders zu Gott.

1 Mose 4, 13	Meine Sünde ist größer, denn daß sie mir vergeben werden möge.
1 Joh. 5, 16	Es ist eine Sünde zum Tode (Der Sünder ist dadurch für immer geschieden von Gott).
Mtth. 12, 31	Die Lästerung wider den Geist wird den Menschen nicht vergeben, weder in dieser noch in jener Welt (Die Sünde gereicht zur Verstockung, der Sünder will nicht mehr Buße tun; wer Buße tun will, hat diese Sünde nicht getan. Siehe Geist [I 2].
Hebr. 6, 4	Es ist unmöglich, die, so einmal erleuchtet sind und teilhaftig worden sind des Heiligen Geistes, wo sie abfallen, wiederum zu erneuern zur Buße.
Hebr. 10, 26	So wir mutwillig sündigen, haben wir fürder kein anderes Opfer.
Offenb. 18, 5	Ihre Sünden reichen bis an den Himmel.
2 Thess. 2, 3	Der Mensch der Sünde (Antichrist).
1 Joh. 5, 17	Es ist etliche Sünde nicht zum Tode.
Jes. 1, 18	Wenn eure Sünde gleich blutrot ist, soll sie doch schneeweiß werden.

II. Gott und die Sünde.

1. Gott kennt unsere Sünde.

Ps. 90, 8	Unsere unerkannten Sünden stellst du ins Licht vor deinem Angesicht.
Sirach 17, 17	Alle ihre Sünden sind vor ihm offenbar.
Ps. 139, 1	Herr, du erforschest mich und kennst mich.
Amos 5, 12	Ich weiß eure Sünden, die stark sind.
Offenb. 3, 15	Ich weiß deine Werke, daß du weder kalt noch warm bist.

2. Gott richtet und straft die Sünde.

1 Mose 3, 17	Verflucht sei der Acker um deinetwillen.
3, 16	Du sollst mit Schmerzen Kinder gebären.
3, 19	Du bist Erde und sollst zu Erde werden.
4, 11	Verflucht seist du auf der Erde ... Unstet und flüchtig sollst du sein auf Erden.
2 Mose 20, 5	Ich, der Herr, dein Gott, bin ein eifriger Gott, der da heimsucht der Väter Missetat an den Kindern bis ins dritte und vierte Glied.
Sprüche 14, 34	Die Sünde ist der Leute Verderben.
Hosea 10, 10	Wenn ich sie strafen werde um ihre Sünde.
Klagel. 1, 14	Meine schweren Sünden sind durch seine Strafe erwacht.
5 Mose 24, 16	Ein jeglicher soll für seine Sünde sterben.
Röm. 6, 23	Der Tod ist der Sünde Sold.
5, 18	Wie durch eines Sünde die Verdammnis gekommen ist.
Offenb. 21, 27	Es wird nicht hineingehen irgendein Gemeines und das da Greuel tut und Lüge (Der Sünder ewig ausgeschlossen aus der Gottesgemeinschaft).
Röm. 8, 3	Gott sandte seinen Sohn in der Gestalt des sündlichen Fleisches und verdammte die Sünde im Fleisch.
Jes. 53, 5	Er ist um unserer Sünde willen zerschlagen, die Strafe lag auf ihm ..., er warf unser aller Sünde auf ihn.
2 Kor. 5, 21	Gott hat den, der von keiner Sünde wußte, für uns zur Sünde gemacht.
1 Kor. 15, 3	Daß Christus gestorben sei für unsere Sünde.
Joh. 1, 29	Das ist Gottes Lamm, welches der Welt Sünde trägt.
Gal. 3, 13	Er ward ein Fluch für uns (denn es steht geschrieben, verflucht ist jedermann, der am Holz hänget).
3 Mose 16	Das blutige Opfer – die am Tier, dem zuvor Sünde des Volkes auferlegt war, vollzogene Strafe – ist der Schatten, der vom großen Gericht auf Golgatha vorausfiel.

3. Die Vergebung der Sünde als der souveräne Gnadenwille Gottes auf Grund des Gerichts auf Golgatha.

2 Mose 33, 19	Wem ich gnädig bin, dem bin ich gnädig; und wes ich mich erbarme, des erbarme ich mich.
34, 6	Gott, barmherzig und gnädig, geduldig und von großer Gnade und Treue! Der da bewahret Gnade in tausend Glieder und vergibt Missetat, Übertretung und Sünde.
Ps. 32, 5	Da vergabst du mir die Missetat meiner Sünde.
Jes. 44, 22	Ich vertilge deine Sünde wie den Nebel.
38, 17	Du wirfst alle meine Sünde hinter dich zurück.
Micha 7, 18	Der die Sünde vergibt.
Ps. 103, 3	Der dir alle deine Sünde vergibt.
Micha 7, 19	Er wird all unsere Sünden in die Tiefe des Meeres werfen.
Sacharja 13, 1	Zu der Zeit wird das Haus Davids und die Bürger Jerusalems einen freien, offenen Born haben wider die Sünde.
Ps. 130, 8	Er wird Israel erlösen aus allen seinen Sünden.
Mrk. 1, 4	Johannes ... predigte von der Taufe der Buße zur Vergebung der Sünden.
Mtth. 9, 2	Dir sind deine Sünden vergeben. Mrk. 2, 5; Luk. 5, 20.
Luk. 23, 34	Vater, vergib ihnen; denn sie wissen nicht, was sie tun!
Apgsch. 2, 38	Lasse sich ein jeglicher taufen zur Vergebung der Sünden.
Eph. 1, 7	An welchem wir haben die Vergebung der Sünden. Kol. 1, 14.
1 Joh. 1, 7	Das Blut Jesu Christi, des Sohnes Gottes, macht uns rein von aller Sünde.
Mtth. 26, 28	Welches vergossen wird zur Vergebung der Sünden.
Hebr. 10, 17	Ihrer Sünden will ich nicht mehr gedenken.

Röm. 3, 25 Welchen Gott hat dargestellet zu einem Gnadenstuhl, in dem, daß er Sünden vergibt.

4. Die Bedingungen der Vergebung.

a) Buße als Beugung unter das göttliche Gericht (siehe Buße).

Ps. 32, 4 Deine Hand lag schwer auf mir.

38, 4 Es ist kein Friede in meinen Gebeinen vor meiner Sünde, meine Sünden gehen über mein Haupt, wie eine schwere Last sind sie mir zu schwer geworden.

Apgsch. 2, 37 Es ging ihnen durchs Herz.

2, 38 Tut Buße!

Röm. 6, 8 Sind wir mit Christo gestorben, so glauben wir, daß wir auch mit ihm leben werden.

b) Bekennen der Sünde als Beginn des Bruchs mit ihr.

Ps. 32, 5 Darum bekannte ich dir meine Sünde.

Nehemia 1, 6 Ich bekenne die Sünde der Kinder Israel, die wir an dir getan haben.

Mtth. 3, 6 Ließen sich taufen von ihm im Jordan und bekannten ihre Sünden.

1 Joh. 1, 9 So wir unsre Sünden bekennen, ist er treu und gerecht, daß er uns die Sünde vergibt.

c) Bereitschaft, zu vergeben.

Mtth. 18, 35 Also wird euch mein himmlischer Vater auch tun, so ihr nicht vergebet von eurem Herzen, ein jeglicher seinem Bruder seine Fehler.

d) Die Aneignung der Vergebung durch den Glauben, der die Gerechtigkeit Christi für sich nimmt (siehe Glaube).

Apgsch. 16, 31 Glaube an den Herrn Jesum Christum.

Luk. 7, 50 Dein Glaube hat dir geholfen, gehe hin in Frieden!

Eph. 2, 8 Aus Gnaden gerettet durch den Glauben.

1 Joh. 2, 12 Die Sünden sind euch vergeben durch seinen Namen.

5. Wo Vergebung ist, da ist die Verbindung mit Gott hergestellt und damit ein neues Leben geschenkt.

Luk. 15, 24 Dieser mein Sohn war tot und ist wieder lebendig geworden.

7, 47 Ihr sind viele Sünden vergeben, denn sie hat viel geliebt (Die Liebe quillt aus der Vergebung).

Röm. 6, 6 Daß der sündliche Leib aufhöre, daß wir hinfort der Sünde nicht dienen.

1 Joh. 3, 9 Wer aus Gott geboren ist, ... der kann nicht sündigen (Er hält es in der Sünde nicht aus).

6. Das neue Leben ist das durch den Glauben ergriffene Christusleben, das sich wachstümlich im sündlichen Leib auswirkt. Der Mensch bleibt bis zum Tode ein Sünder, dessen einzige Hoffnung Christus ist.

1 Joh. 2, 1 Ob jemand sündigt, so haben wir einen Fürsprecher bei dem Vater.

1 Tim. 1, 15 Jesus ist gekommen in die Welt, die Sünder selig zu machen, unter welchen ich der vornehmste (größte) bin.

1 Joh. 1, 8 So wir sagen, wir haben keine Sünde, so verführen wir uns selbst.

Tag des Herrn, siehe Sabbat und Zeit [2 c.]

Tat, siehe Tun.

Taufe. Im Alten Testament Waschung zur Reinigung von Verunreinigung durch Tote, ansteckende Krankheiten, Entsühnung, deren Unterlassung die Todesstrafe folgte (4 Mose 19, 13).

Diese rituelle Reinigung hat nichts zu tun mit den heidnischen Wasserbräuchen, die dinglich magisch gemeint sind und eine naturhafte Lebenserneuerung versprechen. Die Johannestaufe ist eine Taufe auf das kommende messianische Reich zur Buße und Vergebung der Sünden. Sie will eine sittlich-religiöse Reinigung. Jesus tritt in die Reihe dieser Täufergemeinde, die den Messias erwartet, und empfängt dabei Berufung und Ausrüstung zum messianischen Amt. Die für das messianische Reich entscheidende Taufe ist sein Sühnetod. Zu der Aussendung der Apostel gehört auch der Taufbefehl. Die Taufe ist bei Paulus und den anderen Aposteln auf den Namen Jesu, auf das Heilsereignis bezogen. Sie zieht ihre Kraft aus dem Sühnetod Jesu. Der eigentlich Handelnde dabei ist Christus selbst (Eph. 5, 26: Er hat sie gereinigt durch das Wasserbad im Wort). Die Taufe ist heilsgeschichtlich und endzeitlich ausgerichtet. Die Gabe der Taufe in einem taufgemäßen Wandel ins Leben zu übersetzen, ist Aufgabe der Getauften. Es findet sich auf dem Boden des Neuen Testaments keine Spur eines magisch-naturalistischen Mißverständnisses der Taufe. Auch die Taufe über den Toten (1 Kor. 15, 29) ist vielleicht eine Anspielung des Apostels auf heidnische Bräuche, vielleicht auch auf den Brauch, sich über ungetauft Verstorbenen taufen zu lassen, der ja dann schlecht passen würde zur Leugnung der Auferstehungshoffnung.

1 Kor. 10, 2	Sie wurden auf Mose getauft.

1. Johannes der Täufer taufte zur Vergebung der Sünden. Das Aneignungsmittel war die Buße.

Mrk. 1, 4	Johannes taufte und predigte von der Taufe der Buße zur Vergebung der Sünden.
Luk. 3, 3	Taufe der Buße. Die Taufe Johannes des Täufers eine unvollendete Stufe, Apgsch. 13, 24; 19, 4.
Mtth. 3, 11	Ich taufe euch mit Wasser zur Buße, der aber nach mir kommt, ist stärker denn ich, der wird euch mit dem Heiligen Geist und mit Feuer taufen.
Apgsch. 19, 3	Die Johannestaufe. Es fehlt der Heilige Geist.

2. Die Taufe Jesu: Mtth. 3, 3; Mrk. 1, 9-11; Luk. 3, 21 ff. Jesus der Sündlose stellt sich aus hohepriesterlicher Liebe in die Reihe der sündigen, reumütigen Menschen, das Lamm, das der Welt Sünde trägt.

Luk. 12, 50	Ich muß mich zuvor taufen lassen mit einer Taufe (Das Ende seines Amtswirkens, die Reinigung von den Sünden der Welt, die er trug, durch sein eigen Blut).

3. Die Taufe auf den Namen Jesu (Joh. 4, 2: Jesus tauft nicht selbst).

Mtth. 28, 19	Darum gehet hin und lehret alle Völker, und taufet sie im Namen des Vaters und des Sohnes und des Heiligen Geistes.
Apgsch. 19, 5	Ließen sich taufen auf den Namen des Herrn.
8, 16	Waren allein getauft auf den Namen des Herrn.
2, 38	Lasset euch taufen auf den Namen Jesu Christi.

4. Taufe ist Todesgemeinschaft mit Christus.

Röm. 6, 3	Sind auf seinen Tod getauft, mit ihm begraben durch die Taufe in den Tod.

Kol. 2, 12	Mit ihm begraben durch die Taufe.
1 Joh. 1, 7	Das Blut Jesu Christi macht uns rein von aller Sünde.
1 Petr. 1, 2	Zur Besprengung mit dem Blut Jesu Christi.
Röm. 6, 5	Zusammengewachsen mit ihm durch das Abbild seines Todes.
Hebr. 10, 22	Besprengt in unserem Herzen und los von dem bösen Gewissen und gewaschen am Leibe mit reinem Wasser.

5. Daher ist Taufe die Rettung aus der Sünde.

Mrk. 16, 16	Wer glaubt und getauft wird, wird selig (errettet) werden.
Titus 3, 5	Nach seiner Barmherzigkeit machte er uns selig (errettet er uns) durch das Bad der Wiedergeburt.
1 Petr. 3, 21	Durchs Wasser, welches nun auch uns rettet in der Taufe ..., nicht das Abtun des Unflats am Fleisch (mosaische Taufe), sondern der Bund (Anspruch) eines guten Gewissens mit Gott (auf Grund der Taufe).
Hebr. 10, 22	Los vom bösen Gewissen.

6. Taufe ist Lebensgemeinschaft mit Christus.

Röm. 6, 4	Gleichwie Christus ist auferweckt von den Toten durch die Herrlichkeit des Vaters, also sollen auch wir in einem neuen Leben wandeln.
Kol. 2, 12	In welchem ihr auch auferstanden seid durch den Glauben, den Gott wirkt.
Gal. 3, 27	Wie viele euer auf Christum getauft sind, die haben Christum angezogen.
Titus 3, 5	Bad der Wiedergeburt und Erneuerung des Heiligen Geistes.
1 Kor. 12, 13	Wir sind durch einen Geist alle zu einem Leib getauft.

7. Das Aneignungsmittel der Rettung in der Taufe ist der Glaube.

Mrk. 16, 16	Wer da glaubt und getauft wird, wird selig werden. (Der Glaube hält sich an das Wasser wie beim Abendmahl an Wein und Brot. Mit dem Wasser ist das Wort Jesu verbunden, und durch das Wasser wird das Wort Jesu der Person des Getauften zugeeignet. Luther tröstet sich in schweren Anfechtungen mit seiner Taufe. Das Wort, das uns die Taufe zu einer teueren Gabe macht, ist Mtth. 28, 19: Gehet hin in alle Welt und taufet sie auf den Namen des Vaters, des Sohnes und des Heiligen Geistes, und Mrk. 16, 16: Wer da glaubt und getauft wird, wird selig [errettet] werden).

8. Der Glaube an Christus ist die Gabe des Heiligen Geistes, die zeitlich nicht mit der Taufe zusammenzufallen braucht.

Gott gibt den Geist souverän vor oder nach der Taufe, wenn der Mensch den Widerstand gegen Christus aufgibt und glaubt.

Die Taufe ist also kein Heilsmittel in Menschenhand, sondern das Heil liegt allein in Gottes Hand. Er allein gibt, der Glaubende allein nimmt.

Apgsch. 19, 1	Taufe des Johannes ohne den Heiligen Geist.
8, 15	Taufe auf den Namen Jesu ohne den Heiligen Geist.
11, 15	Heiliger Geist ohne Taufe.
1 Kor. 1, 14	Paulus taufte nicht, um nicht dem Mißverständnis Raum zu geben, seine Taufe sei besser als die anderer. Die Taufe hat es nur mit dem Gekreuzigten zu tun.

9. Ist die Kindertaufe berechtigt? Nach Mtth. 19, 14 (Lasset die Kindlein zu mir kommen, Handauflegung Jesu auf die Kinder, schon früh geübt) entspricht sie der Art der Gnade, die uns zuvorkommt, und der israelitischen Auffassung von der Zusammengehörigkeit der Familie (Apgsch. 16, 31: du und dein Haus).

1 Joh. 4, 19	Er hat uns zuerst geliebet.
Apgsch. 16, 33	Ließ sich taufen und die Seinen alsobald (Kerkermeister, wohl auch Kinder dabei).
1 Kor. 7, 14	Kinder einer gläubigen Mutter und eines gläubigen Vaters sind heilig. – Allerdings dann Erziehungspflicht:
Eph. 6, 4	Ziehet sie auf in der Zucht und Vermahnung des Herrn. (Kindertaufe setzt gläubige Eltern oder Paten voraus.)

10. Die Schrift weiß nichts von einer Wiederholung der Taufe auf den Namen Jesu.

Eph. 4,5	Ein Herr, ein Glaube, eine Taufe.

Testament, siehe Bund.

Teufel, Satan. Der Diabolos (griechische Übersetzung des hebräischen Satan), der Widersacher Gottes und der Menschen, ist der öffentliche Ankläger vor Gott, der das Recht gegen die Menschen geltend macht. So wird er im Alten Testament zuerst erkannt. Dann erscheint er als Versucher, der das Verhältnis der Menschen zu Gott und das Verhältnis Gottes zu Israel und der Welt zu stören versucht, um den Menschen zu verderben. Er tritt als Versucher in Tätigkeit beim Sündenfall, beim Auszug, beim goldenen Kalb, bei David und in der Geschichte Israels. Der, der dem Versucher nachgibt, kommt in seine Gewalt. – Im Neuen Testament ist der Gegensatz zwischen Gott und dem Satan verschärft durch das in Christus gegenwärtige Gottesreich. Er ist der Fürst dieser Welt. Die Menschen sind versklavt unter seine Herrschaft. Die Zauberei gehört zu seinem Machtbereich. Die Dämonen und die Götzen der Heiden stehen in seinem Dienst. Christus aber besiegte ihn. Er wird auf die Erde gestürzt, verliert also seine Stellung als Ankläger vor Gott und hat nur noch wenig Zeit. Er kämpft gegen die Herrschaft Gottes, versucht Jesus und verführt den Judas zum Verrat. Die Gemeinde Jesu ist seinem Machtbereich entnommen, darum kann sie und soll sie siegreich gegen ihn kämpfen. In den letzten Tagen ist er der Antichrist, dem eine große Machtfülle von Gott gegeben ist (Offenb. 13, 7; 13, 15: Es ward ihm gegeben).

1. Sein Ursprung.

Judas 6	Engel, die ihr Fürstentum nicht bewahrten, sondern verließen.
Weish. 2, 24	Durch des Teufels Neid ist der Tod in die Welt gekommen.
Joh. 8, 44	Derselbe ist ein Mörder von Anfang und nicht bestanden in der Wahrheit, ein Lügner und Vater derselbigen.
1 Joh. 3, 8	Der Teufel sündigt von Anfang an.

2. Sein Werk.

	a) Er versucht und reizt zum Bösen, verführt zur Feindschaft wider Gott.
1 Mose 3, 1	Die Schlange war listiger denn alle Tiere.
1 Chron. 21, 1	Satan stand wider Israel und reizte David, daß er Israel zählen ließe.
Mtth. 4, 1	Jesus in die Wüste geführt, daß er vom Teufel versucht würde.
13, 28	Das hat der Feind getan.
Röm. 5, 10	Als wir noch Feinde waren (Der Teufel reißt uns in die Feindschaft gegen Gott hinein).
Luk. 22, 31	Satan hat euer begehrt, euch zu sichten.
1 Kor. 7, 5	Daß euch der Satan nicht versuche.
2 Kor. 2, 11	Auf daß wir nicht übervorteilt würden vom Satan.
Eph. 6, 11	Die listigen Anläufe des Teufels.
2 Tim. 2, 26	Des Teufels Strick.
Mtth. 16, 23	Hebe dich, Satan, von mir.
2 Sam. 19, 23	Wollt ihr mir zum Satan werden (Kinder der Zeruja)?
	b) Er verstellt sich.
2 Kor. 11, 14	Der Satan zum Engel des Lichts.
	c) Er gibt die bösen Gedanken ins Herz.
Joh. 13, 2	Da schon der Teufel hatte Judas ins Herz gegeben.
13, 27	Es fuhr der Satan in ihn.
Apgsch. 5, 3	Warum hat der Satan dein Herz erfüllt?
1 Joh. 3, 8	Wer Sünde tut, der ist vom Teufel.
Apgsch. 13,10	Kind des Teufels.
1 Kor. 10, 20	Opfern sie den Teufeln (Die heidnischen Religionen haben es mit dem Teufel zu tun).
	d) Er ist wider die Gläubigen.
1 Petr. 5, 8	Euer Widersacher, der Teufel, geht umher wie ein brüllender Löwe.
1 Thess. 2, 18	Satan hat uns (Paulus) verhindert, (die Gemeinde zu besuchen).
1 Tim. 5, 15	Es sind schon etliche umgewandt dem Satan nach (er bringt Gläubige zum Abfall).
Offenb. 2, 10	Der Teufel wird etliche von euch ins Gefängnis werfen.
	e) Er bindet die Menschen mit Krankheit.
Mtth. 15, 22	Meine Tochter wird vom Teufel übel geplagt.
Luk. 13, 16	Sie ist vom Satan gebunden nun wohl achtzehn Jahre.
9, 42	Riß ihn der Teufel und zerrte ihn.
2 Kor. 12, 7	Des Satans Engel, der mich mit Fäusten schlage.
1 Kor. 5, 5	Ihn zu übergeben dem Satan zum Verderben des Fleisches.
	f) Er verklagt.
Hiob 2, 1	Der Satan trat vor den Herrn.
Sacharja 3, 1	Der Satan stand zu seiner Rechten.
Ps. 109, 6	Der Satan müsse stehen zu seiner Rechten.
Offenb. 12, 10	Der Verkläger unserer Brüder, der sie verklagte Tag und Nacht vor Gott.
	g) Er hat auf Erden bestimmte Wohnsitze.
Offenb. 2, 13	Da des Satans Stuhl ist.
Joh. 12, 31	Fürst dieser Welt.

3. Seine Zukunft.

2 Thess. 2, 9	Die Zukunft des Antichrists geschieht nach der Wirkung Satans.
Offenb. 12, 12	Er wird ausgeworfen und kommt auf die Erde, weiß, daß er wenig Zeit hat.
20, 2	Gebunden auf tausend Jahre.
20, 7	Wenn tausend Jahre um sind, wird er los werden.

4. Seine Besiegung durch Christus und die Seinen.

Mtth. 4, 10	Hebe dich weg von mir!
Luk. 10, 18	Sah den Satan vom Himmel fallen.
1 Joh. 3, 8	Dazu ist erschienen der Sohn Gottes, daß er die Werke des Teufels zerstöre.
Hebr. 2, 14	Daß er durch den Tod die Macht nehme dem Teufel.
Mtth. 12, 28	Die Teufel durch den Geist Gottes austreiben.
Luk. 11, 20	Die Teufel austreiben durch Gottes Finger.
Apgsch. 26, 18	Daß sie sich bekehren aus des Satans Gewalt.
Röm. 16, 20	Der Gott des Friedens zertrete den Satan unter eure Füße.
Eph. 6, 11	Ziehet an den Harnisch Gottes, daß ihr bestehen könnet.
Jak. 4, 7	Widersteht dem Teufel, so fliehet er von euch.
2 Tim. 2, 26	Ob sie nüchtern würden aus des Teufels Strick.
Luk. 9, 1	Jesus gab ihnen Macht über alle Teufel.
Mrk. 16, 17	In meinem Namen werden sie Teufel austreiben.
Offenb. 20, 10	Der Teufel, der sie verführte, ward geworfen in den feurigen Pfuhl.
Mtth. 25, 41	Gehet hin in das ewige Feuer, welches bereitet ist dem Teufel und seinen Engeln.

Tod, sterben. 1. Vom natürlichen Lebensende. 2. Den Tod als das mit der Sünde verbundene Gerichtsverhängnis erleiden.

1. Das natürliche Lebensende.

	a) Die ernste Mahnung.
Ps. 90, 12	Lehre uns bedenken, daß wir sterben müssen, auf daß wir klug werden.
2 Kön. 20, 1	Beschicke dein Haus, denn du wirst sterben. Jes. 38, 1.
Luk. 12, 20	Du Narr, diese Nacht wird man deine Seele von dir fordern, und wes wird's sein, das du bereitet hast?
	b) Furcht vor dem Sterben.
Hebr. 2, 15	Durch Furcht des Todes im ganzen Leben Knechte.
	c) Die Sehnsucht nach dem Tod.
1 Mose 25, 8	Abraham starb alt und lebenssatt.
1 Kön. 19, 4	Elia bat, daß seine Seele stürbe. Es ist genug, so nimm nun, Herr, meine Seele.
Phil. 1, 23	Ich habe Lust abzuscheiden.
	d) Sterben im Frieden.
Luk. 2, 29	Herr, nun lässest du deinen Diener (Simeon) im Frieden fahren.
16, 22	Der Arme starb und ward getragen von den Engeln in Abrahams Schoß.
Offenb. 14, 13	Selig sind die Toten, die in dem Herrn sterben.
Apgsch. 7, 58	Stephanus, der anrief und sprach: Herr Jesu, nimm meinen Geist auf!

2. Den Tod als das mit der Sünde verbundene Gerichtsverhängnis erleiden.

	a) Der Tod ist das Gericht über die Sünde, das über alle Menschen gekommen ist.
1 Mose 2, 17	Welches Tages du davon issest, wirst du des Todes sterben.
Hesek. 18, 4	Welche Seele sündigt, die soll sterben.
4 Mose 15, 35	Todesstrafe für einen Sabbatschänder.
5 Mose 17, 6	Todesstrafe auf Abgötterei.
Hebr. 10, 28	Wenn jemand das Gesetz Mose bricht, der muß sterben.
Joh. 8, 24	So ihr nicht glaubet, daß ich es sei, werdet ihr sterben in euren Sünden (Jesus zu den Juden).
Röm. 6, 23	Der Tod ist der Sünde Sold.

Jak. 1, 15	Nachdem die Sünde vollendet ist, gebiert sie den Tod.
1 Kor. 15, 56	Der Stachel des Todes ist die Sünde.
Hebr. 9, 27	Den Menschen ist gesetzt, einmal zu sterben, danach das Gericht.
Röm. 5, 12	Wie durch einen Menschen die Sünde gekommen ist in die Welt und der Tod durch die Sünde, und ist also der Tod zu allen Menschen durchgedrungen, dieweil sie alle gesündigt haben.
	b) Der Tod ein Machtmittel in der Hand des Satans.
Weish. 2, 24	Durch des Teufels Neid ist der Tod in die Welt gekommen.
Ps. 116, 3	Stricke des Todes hatten mich umfangen, und Ängste der Hölle hatten mich getroffen.
49, 15	Sie liegen in der Hölle wie Schafe, und der Tod weidet sie.
Hebr. 2, 14	Daß er ... die Macht nehme dem, der des Todes Gewalt hatte, dem Teufel.
2, 15	Durch Furcht des Todes im ganzen Leben Knechte.
	c) Der Tod ist nicht nur ein einmaliges Geschehen, sondern ein Zustand des unter dem Gericht Gottes Stehens.
Eph. 2, 1	Da ihr tot waret durch Übertretungen.
Kol. 2, 13	Tot waret in den Sünden.
1 Tim. 5, 6	Witwe, die in Wollüsten lebt, ist lebendig tot.
Luk. 15, 24	Dieser mein Sohn war tot.
Offenb. 3, 1	Du hast den Namen, daß du lebest, und bist tot.
Röm. 7, 10	Ich aber starb (Paulus unter der Fluchwirkung des Gesetzes).
8, 10	Wenn Christus in euch lebet, ist der Leib zwar tot um der Sünde willen.
7, 24	Ich elender Mensch, wer wird mich erlösen von dem Leibe dieses Todes?
1 Joh. 3, 14	Wer den Bruder nicht liebt, der bleibt im Tod.
	d) Der Tod, der Hinrichtung als Vollzug des Gerichtes sühnt.
Josua 7, 26	Nach der Hinrichtung Achans kehrte sich der Herr von dem Grimm seines Zorns.
1 Kor. 5, 5	Ihn (den Blutschänder) zu übergeben dem Satan zum Verderben des Fleisches, auf daß der Geist selig werde am Tage des Herrn Jesu.
Röm. 6, 7	Wer gestorben ist, der ist gerechtfertigt von der Sünde.
	e) Christus, der Gerechte, starb für uns, die Ungerechten. Sein Sterben sühnt die Sünden aller, die ihn als ihren Stellvertreter annehmen.
Mtth. 20, 28	Des Menschen Sohn ... gibt sein Leben zu einem Lösegeld für viele.
Joh. 12, 24	Wo das Weizenkorn erstirbt, bringt es viele Früchte.
Luk. 22, 44	Und es kam, daß er mit dem Tod rang.
Mtth. 27, 50	Jesus schrie laut und verschied. Mrk. 15, 37.
Luk. 23, 46	Jesus rief laut: Vater, in deine Hände befehle ich meinen Geist. Und als er das gesagt, verschied er.
Joh. 19, 30	Als er den Essig genommen hatte, sprach er: Es ist vollbracht; und neigte das Haupt und verschied.
Gal. 3, 13	Christus aber hat uns erlöset von dem Fluch des Gesetzes, da er ward ein Fluch für uns.
Röm. 5, 18	Durch eines Gerechtigkeit ist die Rechtfertigung des Lebens über alle Menschen gekommen.
5, 8	Christus ist für uns gestorben, da wir noch Sünder waren.
5, 6	Christus starb für uns Gottlose.
5, 10	Wir sind Gott versöhnt durch den Tod seines Sohnes.
Phil. 2, 8	Er erniedrigte sich selbst und ward gehorsam bis zum Tod, ja zum Tod am Kreuz.
Hebr. 2, 9	Jesus durchs Leiden des Todes gekrönt, auf daß er durch Gottes Gnade für alle den Tod schmeckte.
	f) Wer den Gekreuzigten als seinen Herrn annimmt, ist mit ihm ins Gericht gekommen, der Sünde abgestorben und versöhnt mit Gott.
Röm. 6, 5	Mit ihm gepflanzt zu gleichem Tod.

6, 6 Wir wissen, daß unser alter Mensch samt ihm gekreuzigt ist, auf daß der sündliche Leib aufhöre, daß wir hinfort der Sünde nicht dienen.
6, 11 Ihr rechnet damit, (ihr) haltet euch dafür, daß ihr der Sünde gestorben seid.
Kol. 3, 3 Ihr seid gestorben, und euer Leben ist verborgen mit Christo in Gott.
2 Kor. 5, 14 So einer für alle gestorben ist, so sind sie alle gestorben.
5, 15 Auf daß die, die da leben, hinfort nicht sich selbst leben, sondern dem, der für sie gestorben und auferstanden ist.
Röm. 14, 7 Unser keiner lebt sich selber.
Gal. 2, 19 Gestorben dem Gesetz durchs Gesetz.
Joh. 5, 24 Wer mein Wort hört und glaubet dem, der mich gesandt hat, der hat das ewige Leben und kommt nicht in das Gericht, sondern er ist vom Tode zum Leben hindurchgedrungen.
Röm. 6, 3 Wisset ihr nicht, daß alle, die in Jesum getauft sind, die sind in seinen Tod getauft?
Röm. 6,4 So sind wir ja mit ihm begraben durch die Taufe in den Tod, auf daß, gleichwie Christus ist auferweckt von den Toten durch die Herrlichkeit des Vaters, also sollen auch wir in einem neuen Leben wandeln.

g) Dieses Sterben wird vertieft durch die Gemeinschaft der Leiden Christi.

1 Kor. 15, 31 Ich sterbe täglich.
2 Kor. 6, 9 Als die Sterbenden, und siehe, wir leben.
4, 10 Wir tragen allezeit das Sterben unseres Herrn Jesu an unserem Leibe.
Gal. 6, 17 Hinfort mache mir niemand weiter Mühe, denn ich trage die Malzeichen des Herrn Jesu an meinem Leibe.
Kol. 1, 24 Ich freue mich in meinem Leiden, das ich für euch leide, und erstatte an meinem Fleisch, was noch mangelt an Trübsalen in Christo.
Phil. 3, 10 Erkennen ihn ... und die Gemeinschaft seiner Leiden, daß ich seinem Tode ähnlich werde.

h) Der Tod ist verschlungen in den Sieg (Sieg über Sünde und Todesangst)!

2 Tim. 2, 11 Sterben wir mit, so werden wir mit ihm leben!
Joh. 11, 25 Wer an mich glaubet, der wird leben, ob er gleich stürbe.
1 Joh. 3, 14 Wir sind aus dem Tod ins Leben gekommen, denn wir lieben die Brüder.
2 Tim. 1, 10 Der dem Tod die Macht genommen und Leben und unvergängliches Wesen ans Licht gebracht hat.
1 Kor. 15, 55 Der Tod ist verschlungen in den Sieg.
Offenb. 21, 4 Der Tod wird nicht mehr sein.

i) Wer an dem Sieg Christi durch seinen Unglauben nicht teilnimmt, der kommt in den anderen Tod, das abschließende Gericht über alles Widergöttliche.

Offenb. 20, 14 Der Tod und die Hölle (Totenreich) wurden geworfen in den feurigen Pfuhl, das ist der andere Tod.
20, 10 Der Teufel ward geworfen in den feurigen Pfuhl.
21, 8 Der Verzagten aber und Ungläubigen und Greulichen und Totschläger und Hurer und Zauberer und Abgöttischen ..., deren Teil wird sein in dem Feuersee, das ist der andere Tod.

Traurigkeit, siehe Leid und Buße [5.]

Treu, Treue. Treu ist der, dem man trauen kann, weil er sich selbst treu bleibt. Treu ist Gott in allen Beziehungen und unter allen Umständen.

1. Gottes Treue.

2 Mose 34, 6 Herr, Herr ... geduldig und von großer Gnade und Treue!
5 Mose 32, 4 Treu ist Gott und kein Böses an ihm.

Ps. 31, 6 In deine Hände befehle ich meinen Geist. Du ... treuer Gott.
78, 72 Er weidete sie auch mit aller Treue.
Klagel. 3, 23 Deine Treue ist groß.
Micha 7, 20 Du wirst dem Jakob die Treue halten.
1 Kor. 1, 9 Gott ist treu, durch welchen ihr berufen seid.
10, 13 Gott ist getreu, der euch nicht läßt versuchen über euer Vermögen.
1 Thess. 5, 24 Getreu ist er, der euch ruft, er wird's auch tun.
2 Thess. 3, 3 Der Herr ist treu, der wird euch stärken und bewahren vor dem Argen.
2 Tim. 2, 13 Glauben wir nicht, so bleibt er treu, er kann sich selbst nicht verleugnen.
Hebr. 2, 17 Ein treuer Hoherpriester.
11, 11 Denn sie achtete ihn treu, der es verheißen hatte.
Offenb. 19, 11 Treu und wahrhaftig.

2. Gott sucht beim Menschen die Treue, stellt sie in seinen Dienst und belohnt sie.

Ps. 101, 6 Meine Augen sehen nach den Treuen im Lande.
Hosea 4, 1 Es ist keine Treue im Lande (Klage).
Ps. 85, 11 Daß Güte und Treue einander begegnen (Verheißung).
Dan. 6, 5 Denn er war treu.
Luk. 12, 42 Wie ein groß Ding ist's um einen treuen und klugen Haushalter.
16, 10 Wer im Geringsten treu ist, der ist auch im Großen treu.
1 Tim. 1, 12 Ich danke unserem Herrn Christo ..., der mich treu geachtet hat und gesetzt in das Amt.
3, 11 Ihre Frauen sollen treu sein in allen Dingen.
Mtth. 25, 21 Ei du frommer und getreuer Knecht!
Offenb. 2, 10 Sei getreu bis an den Tod, so will ich dir die Krone des Lebens geben.

Trösten, Tröster, Trost, getrost. Trost ist die göttliche Ausfüllung einer menschlichen Leere, eines Hohlraums, den Leid und Gericht geschaffen haben.

1. Der Trost wirkt nur im Elend.

Ps. 119, 50 Das ist mein Trost in meinem Elend.
118, 5 In der Angst rief ich den Herrn an, ... und er tröstete mich.
73, 26 Wenn mir gleich Leib und Seele verschmachtet, so bist du, Gott, allezeit meines Herzens Trost.
23, 4 Ob ich schon wanderte im finstern Tal, ... dein Stecken und Stab trösten mich.
Jes. 12, 1 Dein Zorn sich gewendet hat und tröstet mich.
Mtth. 5, 4 Selig sind, die da Leid tragen; denn sie sollen getröstet werden.
2 Kor. 1, 4 Der uns tröstet in all unserer Trübsal.
7, 6 Gott, der die Geringen tröstet.
Luk. 6, 24 Wehe euch Reichen, ihr habt euren Trost dahin!
16, 25 Lazarus wird getröstet, aber du wirst gepeinigt.

2. Der Trost naht sich dem Elenden:

a) im Wort Gottes;
Ps. 119, 50 Das ist mein Trost, dein Wort erquickt mich.
119, 92 Wo dein Gesetz nicht mein Trost gewesen wäre.
Jerem. 15, 16 Dein Wort ist meines Herzens Freude und Trost.
Josua 1, 7 Sei nur getrost und sehr freudig (Der Herr zu Josua).
1 Kön. 2, 2 Sei getrost und sei ein Mann (Der sterbende David zu seinem Sohn).
Jes. 35, 4 Saget den verzagten Herzen: Seid getrost.
51, 12 Ich, ich bin euer Trost.
Dan. 10, 19 Friede sei mit dir, und sei getrost, sei getrost!
Jes. 66, 13 Ich will euch trösten, wie einen seine Mutter tröstet.

b) im fleischgewordenen Wort:

Luk. 2, 25 Simeon wartete auf den Trost Israels.
Mtth. 9, 2 Sei getrost mein Sohn, deine Sünden sind dir vergeben!
14, 27 Seid getrost, ich bin's.
Joh. 16, 33 In der Welt habt ihr Angst, aber seid getrost, ich habe die Welt überwunden.

c) im geistlebendigen Wort (über die besondere Bedeutung von Trost siehe Heiliger Geist: I, 3 b 1).

Joh. 14, 26 Der Tröster, der Heilige Geist ... wird euch alles lehren und erinnern alles des, das ich euch gesagt habe.
14, 16 Ich will den Vater bitten, und er soll euch einen anderen Tröster geben.
16, 7 So ich nicht hingehe, so kommt der Tröster nicht zu euch.
2 Kor. 5, 5 Der uns das Pfand, den Geist, gegeben hat. So sind wir denn getrost allezeit. 2 Thess. 2, 16: Hat uns gegeben einen ewigen Tröster.

d) So ist Gott ein Gott des Trostes.

Jerem. 14, 8 Du bist der Trost Israels.
Röm. 15, 5 Der Gott aber der Geduld und des Trostes.
2 Kor. 1, 3 Der Gott alles Trostes.

3. Des Trostes wird man durch Glauben und Bitten teilhaftig.

Ps. 27, 14 Harre des Herrn! Sei getrost und unverzagt.
Mtth. 9, 22 Sei getrost, meine Tochter, dein Glaube hat dir geholfen.
Ps. 80, 4 Gott tröste uns, laß uns leuchten dein Antlitz.
4, 2 Der du mich tröstest in Angst, sei mir gnädig und erhöre mein Gebet.

4. Der Getröstete soll den Trost weitergeben.

1 Thess. 5, 14 Tröstet die Kleinmütigen!
2 Kor. 1, 4 Der uns tröstet in aller unserer Trübsal, daß wir auch trösten können, die da sind in allerlei Trübsal.

Trübsal, siehe Leiden.

Tun, Tat, Täter, tätig. Wie bei Gott Wort und Tat zusammen stimmen, so sollen dies auch des Menschen Tat mit Gottes Wort.

1. Gottes Tun.

a) Bei Gott ist Wort und Tun beisammen.

4 Mose 23, 19 Sollte er etwas sagen und nicht tun?
5 Mose 32, 4 Alles, was er tut, ist recht.
Jes. 46, 11 Was ich denke, das tue ich auch.
Röm. 4, 21 Was Gott verheißt, das kann er auch tun.
1 Thess. 5, 24 Getreu ist er, der euch ruft, er wird's auch tun.

b) Die Art des göttlichen Tuns.

Ps. 135, 6 Alles, was er will, das tut er.
145, 19 Er tut, was die Gottesfürchtigen begehren.
Pred.Sal. 3, 11 Er tut alles fein zu seiner Zeit.
Eph. 3, 20 Dem aber, der überschwenglich tun kann.

c) Beugung unter Gottes Tun.

1 Sam. 3, 18 Es ist der Herr, er tue, was ihm wohlgefällt.

2. Des Menschen Tat.

a) Sie soll mit dem Wort Gottes übereinstimmen.

1 Mose 6, 22 Noah tat alles, was ihm Gott gebot.
Joh. 2, 5 Was er euch sagt, das tut.

13, 15	Ein Beispiel habe ich euch gegeben, daß ihr tut, wie ich euch getan habe.
1 Joh. 3, 18	Lasset uns nicht lieben mit Worten noch mit der Zunge, sondern mit der Tat und mit der Wahrheit.
Jak. 1, 22	Seid aber Täter des Worts, und nicht Hörer allein.
Gal. 5, 6	In Christo gilt nur der Glaube, der in der Liebe tätig ist.
	b) Die Art des menschlichen Tuns.
Sirach 32, 24	Tue nichts ohne Rat.
Tobias 4, 16	Was du nicht willst, daß man dir tue, das tue einem anderen auch nicht.
Mtth. 7, 12	Alles nun, das ihr wollt, daß euch die Leute tun sollen, das tut ihr ihnen auch (Das Gebot).
Röm. 7, 15	Ich tue nicht, das ich will (Die Not).
Ps. 60, 14	Mit Gott wollen wir Taten tun (Die Kraft).
Joh. 15, 5	Ohne mich könnt ihr nichts tun.
Kol. 3, 23	Alles, was ihr tut, das tut von Herzen als dem Herrn und nicht den Menschen (Das Ziel).
1 Kor. 10, 31	Was ihr tut, so tut es alles zu Gottes Ehre.
Luk. 17, 10	Wir sind unnütze Knechte, wir haben getan, das wir zu tun schuldig waren (Die Demut).
	c) Der Segen des gehorsamen Tuns.
3 Mose 18, 5	Welcher Mensch dieselben tut, der wird dadurch leben.
Luk. 10, 28	Tue das, so wirst du leben.
Mtth. 25, 40	Was ihr getan habt ..., das habt ihr mir getan.
Jak. 1, 25	Nicht ein vergeßlicher Hörer, sondern ein Täter, derselbige wird selig sein in seiner Tat.
	d) Das Gericht über unser Tun.
Jerem. 17, 10	Ich gebe einem jeglichen nach seinem Tun.
Luk. 23, 41	Wir empfangen, was unsere Taten wert sind.
Mtth. 7, 21	Es werden nicht alle, die zu mir sagen: Herr, Herr! in das Himmelreich kommen, sondern die den Willen tun meines Vaters im Himmel.
Offenb. 20, 12	Gericht nach den Werken.

Übel, 1. Im Sinn von Unglück. 2. Unglück, welches die Bösen, die Sünder verursachen, 3. das Böse.

1. Übel im Sinn von Unglück.

Ps. 91, 10	Es wird dir kein Übel begegnen.
121, 7	Der Herr behüte dich vor allem Übel!
2 Mose 32, 14	Also gereute den Herrn das Übel.

2. Übel im Sinn des Bösen, Sündigen.

Mtth. 5, 11	Wenn die Menschen reden allerlei Übles.
5, 39	Ich sage euch, daß ihr nicht widerstreben sollt dem Übel.
Joh. 17, 15	Ich bitte, daß du sie bewahrest vor dem Übel.
1 Petr. 2, 19	Das ist Gnade, so jemand das Übel verträgt und leidet das Unrecht.
1 Tim. 6, 10	Geiz ist eine Wurzel alles Übels.
2 Tim. 4, 18	Der Herr wird mich erlösen von allem Übel und mir aushelfen zu seinem himmlischen Reich.

3. Übel als das Böse.

1 Mose 39, 9	Wie sollte ich ein so großes Übel tun und wider meinen Gott sündigen!
Mtth. 27, 4	Ich habe übel getan (Judas).
Ps. 51, 6	An dir allein habe ich gesündigt und übel vor dir getan.
Joh. 5, 29	Die aber Übles getan haben, zur Auferstehung des Gerichts.
Mtth. 6, 13	Erlöse uns von dem Übel.

Überwinden, siehe Sieg.

Unglaube (siehe Glaube), ungläubig. Der Unglaube zweifelt und verzagt an Gott, rechnet nicht mit ihm, versperrt sich gegen ihn, fällt ab von ihm.

1. Der Unglaube hindert Gottes Wirken, doch hebt er Gottes Treue nicht auf.

Mtth. 13, 58	Er tat daselbst nicht viel Zeichen um ihres Unglaubens willen.
17, 19	Warum konnten wir ihn nicht austreiben? Jesus antwortete ...: Um eures Unglaubens willen.
17, 17	O du ungläubige und verkehrte Art!
Röm. 3, 3	Daß etliche nicht glauben, was liegt daran? Sollte ihr Unglauben Gottes Glauben (Treue) aufheben?

2. Der Unglaube liefert der Finsternis und dem Gericht Gottes aus.

2 Kor. 4, 4	Bei welchen der Gott dieser Welt der Ungläubigen Sinn verblendet hat.
Eph. 2, 2	Der Geist (der Finsternis), der zu dieser Zeit sein Werk hat in den Kindern des Unglaubens.
Titus 1, 15	Den Ungläubigen ist nichts rein.
Röm. 11, 20	Sie sind ausgebrochen um ihres Unglaubens willen.
Eph. 5, 6	Um dieser Dinge willen kommt der Zorn Gottes über die Kinder des Unglaubens.
Joh. 8, 24	So ihr nicht glaubet, daß ich's sei, so werdet ihr sterben in euren Sünden.
Hebr. 4, 6	Etliche sind nicht zur Ruhe gekommen um ihres Unglaubens willen.
Luk. 12, 46	Er wird ihm seinen Lohn geben mit den Ungläubigen.
Mrk. 16, 16	Wer aber nicht glaubet, der wird verdammt werden.
Offenb. 21, 8	Der Verzagten und Ungläubigen Teil wird sein in dem Feuersee, das ist der andere Tod.

3. Daher darf man sich vom Ungläubigen nicht die Richtlinien seines Handelns geben lassen, es sollte umgekehrt sein.

2 Kor. 6, 14	Ziehet nicht am fremden Joch mit den Ungläubigen.
1 Kor. 7, 14	Der ungläubige Mann ist geheiligt durch das Weib.

Ungerechtigkeit, siehe Gerechtigkeit.

Vater. Der Name für Gott im Alten Testament selten. Gott wird der Vater des Volkes Israel in seiner Gesamtheit und der Vater des davidischen Königshauses genannt.

Im Neuen Testament der Vater Jesu Christi und der Wiedergeborenen.

Von Menschen im natürlichen Sinne und im geistlichen Sinne gebraucht.

Vom Teufel.

1. Von Gott.

	a) Der Vater des Volkes Israel.
2 Mose 4, 22	Israel ist mein erstgeborener Sohn.
5 Mose 32, 6	Dankest du also dem Herrn, du toll und töricht Volk? Ist er nicht dein Vater?
Jes. 63, 16	Bist du doch unser Vater; von alters her ist das dein Name.
Maleachi 1, 6	Bin ich nun Vater, wo ist meine Ehre?
2, 10	Haben wir nicht alle einen Vater, hat uns nicht ein Gott geschaffen?

Ps. 68, 6	Der ein Vater ist der Waisen.
	b) Der Vater des Königs.
2 Sam. 7, 14	Ich will sein Vater sein und er soll mein Sohn sein.
Ps. 89, 27	Du bist mein Vater.
2, 7	Du bist mein Sohn, heute habe ich dich gezeuget.
Jes. 9, 5	Er heißet ... Ewigvater (auf den Messias übertragen).
	c) Der Vater Jesu Christi (Christus hat eine Sonderstellung zum Vater als der eingeborene Sohn, daher: mein Vater).
Mtth. 11, 27	Alle Dinge sind mir übergeben von meinem Vater.
15, 13	Alle Pflanzen, die mein himmlischer Vater nicht gepflanzt hat.
18, 35	Also wird euch mein himmlischer Vater auch tun.
26, 29	Bis daß ich's neu trinken werde in meines Vaters Reich.
26, 39	Mein Vater, ist's möglich, so gehe dieser Kelch von mir.
Mrk. 14, 36	Abba, mein Vater.
Luk. 2, 49	Daß ich sein muß in dem, was meines Vaters ist.
22, 29	Mein Vater.
23, 34	Vater, vergib ihnen!
23, 46	Vater, ich befehle meinen Geist in deine Hände.
24, 49	Die Verheißung meines Vaters.
Joh. 5, 26	Wie der Vater hat das Leben in ihm selber, also hat er dem Sohn gegeben.
8, 29	Der Vater läßt mich nicht allein.
8, 16	Ich bin nicht allein, sondern ich und der Vater.
10, 15	Wie mich mein Vater kennet und ich kenne den Vater.
10, 30	Ich und der Vater sind eins.
14, 28	Der Vater ist größer denn ich.
14, 2	In meines Vaters Hause sind viele Wohnungen.
14, 23	Mein Vater wird ihn lieben.
11, 41	Vater, ich danke dir, daß du mich erhört hast.
12, 27	Vater, hilf mir aus dieser Stunde!
14, 9	Wer mich siehet, der siehet den Vater.
16, 15	Was der Vater hat, das ist mein.
Röm. 6, 4	Christus auferweckt durch die Herrlichkeit des Vaters.
	d) Der Vater der Wiedergeborenen.
Mtth. 28, 19	Taufet sie im Namen des Vaters!
6, 9	Unser Vater im Himmel.
5, 48	Wie euer Vater im Himmel vollkommen ist.
5, 16	Euren Vater im Himmel preisen.
18, 14	Also ist's vor eurem Vater im Himmel nicht der Wille.
6, 8	Euer Vater weiß, was ihr bedürfet.
6, 14	So wird euch euer himmlischer Vater auch vergeben.
7, 11	Wieviel mehr wird euer Vater im Himmel Gutes geben denen, die ihn bitten!
Joh. 16, 23	So ihr den Vater etwas bitten werdet in meinem Namen.
Röm. 8, 15	Der kindliche Geist, durch welchen wir rufen: Abba, lieber Vater!
Eph. 3, 14	Der der rechte Vater ist über alles, was da Kinder heißt im Himmel und auf Erden.
1 Petr. 1, 17	Sintemal ihr den zum Vater anrufet.
1 Joh. 3, 1	Welch eine Liebe hat uns der Vater erzeiget, daß wir sollen Gottes Kinder heißen.
Eph. 2, 18	Durch ihn (Christus) haben wir den Zugang alle beide in einem Geiste zum Vater.
2 Kor. 6, 17	Darum, gehet aus von ihnen ..., so will ich euch annehmen und euer Vater sein und ihr sollt meine Söhne und Töchter sein.
Eph. 1, 17	Der Vater der Herrlichkeit.
2 Kor. 1, 3	Der Vater der Barmherzigkeit.

2. Menschenväter:

a) in natürlicher Beziehung;

Joh. 8, 56 Abraham, euer Vater.
Mtth. 15, 4 Du sollst Vater und Mutter ehren. 2 Mose 20, 12; 5 Mose 5, 16.
Maleachi 1, 6 Ein soll soll seinen Vater ehren.
Mtth. 10, 37 Wer Vater oder Mutter mehr liebt denn mich, ist mein nicht wert.

b) in geistlicher Beziehung.

2 Kön. 2, 12 Mein Vater, mein Vater, Wagen Israels (Elisa).
Mtth. 23, 9 Ihr sollt niemand Vater heißen auf Erden.
1 Joh. 2, 13 Ich schreibe euch Vätern.
2 Kor. 6, 13 Ich rede mit euch als mit meinen Kindern.
1 Kor. 4, 15 Ob ihr gleich zehntausend Zuchtmeister hättet in Christo, so habt ihr doch nicht viel Väter, denn ich habe euch gezeuget in Christo Jesu durchs Evangelium.

3. Vom Teufel.

Joh. 8, 44 Er ist ein Lügner und Vater derselbigen; ihr seid von dem Vater, dem Teufel.
8, 41 Ihr tut eures Vaters Werke.
8, 44 Nach eures Vaters Lust wollt ihr tun.
8, 38 Tut, was ihr von eurem Vater gesehen habt.
Jerem. 2, 27 Die zum Holz (Götze) sagen: Du bist mein Vater!

Verdammnis, verdammen. Verdammnis der durch die Verurteilung des Sünders von seiten Gottes herbeigeführte Zustand, an dem alle, die nicht an Jesus glauben, beteiligt sind.

1. Verdammt werden:

Mtth. 7, 13 Die auf dem breiten Weg;
1 Tim. 6, 9 die da reich werden wollen;
Phil. 3, 19 denen der Bauch ihr Gott ist;
Mtth. 25, 41 die Unbarmherzigen;
25, 30 die Untreuen;
23, 33 die heuchlerischen Frommen;
10, 33 die Jesum verleugnen;
Röm. 3, 8 die auf die Gnade hin mutwilig Sündigenden, Hebr. 10, 26;
5, 18 infolge der Sünde Adams alles Menschen;
Mtth. 25, 41 der Teufel mit seinen Engeln.

2. Die Stufen der Verdammnis (Siehe Sünde I, 7).

Joh. 3, 18 Über alle, die nicht glauben, das Gericht.
Mtth. 25, 30 Äußerste Finsternis.
Mrk. 9, 46 Wurm, der nicht stirbt, Feuer, das nicht erlischt.
Offenb. 20, 14 Der andere Tod (Vollendung der Verdammnis nach dem Jüngsten Gericht).

3. Jesus ist die einzige Rettung vor der Verdammnis.

Röm. 8, 1 So ist nun nichts Verdammliches an denen, die in Christo Jesu sind.

Vergebung, siehe Sünde [II 3 ff.]

Verheißung, siehe Hoffnung.

Verklärung, siehe Herrlichkeit.

Versöhnung, siehe Kreuz [2.3.4.]

Verstockung, verstocken. Infolge des Widerstandes gegen Gottes Heilswirkung wird der Mensch unempfänglich dafür. Das ist eine gerichtliche Zulassung Gottes, der den, welcher sich verhärten will, verhärtet, unnachgiebig und unbußfertig macht dadurch, daß er ihn seiner Sünde überläßt.

2 Mose 4, 21	Ich will sein (Pharaos) Herz verstocken.
1 Sam. 6, 6	Warum verstockt ihr euer Herz wie die Ägypter?
Ps. 95, 8	So verstockt euer Herz nicht.
Jes. 6, 10	Verstocke das Herz dieses Volkes.
Hesek. 2, 4	Sie haben harte Köpfe und verstockte Herzen.
Mtth. 13, 15	Das Herz dieses Volkes ist verstockt.
Mrk. 3, 5	Er ward betrübt über ihr verstocktes Herz.
Joh. 12, 40	Er hat ihr Herz verstockt.
Apgsch. 19, 9	Da aber etliche verstockt waren und nicht glaubten.
Röm. 2, 5	Du nach deinem verstockten und unbußfertigen Herzen.
9, 18	Er verstockt, wen er will.
Hebr. 3, 13	Daß nicht jemand unter euch verstockt werde durch Betrug der Sünde.
Hosea 13, 8	Ich will ihr verstocktes Herz zerreißen (Gericht).

Versucher Versuchung, versuchen, Anfechtung. 1. Auf die Probe stellen zur Bewährung. 2. Reizen zum Bösen, Anfechtung.

1. Mißtrauen, das sich gegen Gott kehrt und seine Macht auf die Probe stellt.

5 Mose 6, 16	Ihr sollt den Herrn, euern Gott, nicht versuchen.
Hebr. 3, 9	Da mich eure Väter versuchten.
Ps. 78, 41	Sie versuchen Gott immer wieder.
1 Kor. 10, 9	Lasset uns Christum nicht versuchen!
Apgsch. 5, 9	Zu versuchen den Geist des Herrn.

2. Gott stellt die Menschen auf die Probe zur Bewährung.

5 Mose 13, 4	Der Herr, euer Gott, versucht euch, daß er erfahre, ob ihr ihn von ganzem Herzen liebhabt.
1 Kor. 10, 13	Gott ist getreu, der euch nicht läßt versuchen über euer Vermögen.
Mtth. 6, 13	Führe uns nicht in Versuchung!

3. Versuchung zum Bösen durch Satan und die eigene böse Lust unter gerichtlicher Zulassung Gottes.

1 Mose 3, 1	Versuchung der ersten Menschen.
Luk. 8, 13	Zur Zeit der Anfechtung fallen sie ab.
22, 28	Ihr habt ... bei mir beharret in meinen Anfechtungen.
22, 31	Satan hat euer begehrt, daß er euch sichte wie den Weizen.
Joh. 13, 2	Satan hatte es dem Judas ins Herz gegeben.
Apgsch. 5, 3	Warum hat Satan dein Herz erfüllt?
20, 19	Gedient mit Anfechtungen.
Jak. 1, 13	Niemand sage ..., daß er von Gott versucht werde.
Gal. 4, 14	Habt meine Anfechtungen nicht verachtet.
1 Tim. 6, 9	Die da reich werden wollen, fallen in Versuchung.
1 Thess. 3, 5	Auf daß euch nicht versucht hätte der Versucher.
1 Petr. 1, 6	Traurig in mancherlei Anfechtungen.
Jak. 1, 2	Achtet es für eitel Freude, wenn ihr in mancherlei Anfechtung fallet.
1, 12	Selig ist der Mann, der die Anfechtung erduldet (besteht).

4. Der Helfer in den Versuchungen.

Hebr. 2, 18	Darinnen er gelitten hat und versucht ist, kann er helfen.
4, 15	Versucht allenthalben gleich wie wir, doch ohne Sünde.
2 Petr. 2, 9	Der Herr weiß die Gottseligen aus der Versuchung zu erlösen (Offenb. 3, 10).
Röm. 16, 20	Der Gott des Friedens zertrete den Satan unter eure Füße in kurzem.
Offenb. 3, 10	Ich will dich bewahren vor der Stunde der Versuchung, die kommen wird über den ganzen Weltkreis.

5. Wie wir uns die Hilfe aneignen.

Mtth. 26, 41	Wachet und betet, daß ihr nicht in Anfechtung fallet!
Eph. 6, 16	Ergreifet den Schild des Glaubens!
6, 13	Ergreifet den Harnisch Gottes.
Röm. 13, 14	Ziehet an den Herrn Christus!
Jak. 4, 7	Widerstehet dem Teufel, so fliehet er von euch!
Eph. 6, 17	Nehmet das Schwert des Geistes, welches ist das Wort Gottes! Mtth. 4, 4.
Jes. 28, 19	Anfechtung lehrt aufs Wort merken.

Vertrauen. Ein Begriff, der mehr im Alten Testament als im Neuen Testament vorkommt, im Sinne von Hilfe von Gott erwarten, sich jemand hingeben, anvertrauen. Im Neuen Testament wird der Begriff durch Glauben ersetzt. Der Glaube schließt den Heilsbesitz in sich.

1. Das Vertrauen auf Gott läßt nicht zuschanden werden, wenn es bis ans Ende festgehalten wird.

2 Sam. 22, 31	Er ist ein Schild allen, die ihm vertrauen.
2 Kön. 18, 5	Hiskia vertraute dem Herrn.
1 Chron. 5, 20	Er ließ sich erbitten, denn sie vertrauten ihm.
Ps. 17, 7	Du Heiland derer, die dir vertrauen.
118, 8	Es ist gut, auf den Herrn vertrauen.
Jerem. 39, 18	Darum, daß du mir vertraut hast.
Dan. 6, 24	Denn er hat seinem Gott vertraut.
Weish. 3, 9	Die ihm vertrauen, erfahren, daß er Treue hält.
Sirach 2, 6	Vertraue Gott, so wird er dir aushelfen.
32, 28	Wer dem Herrn vertraut, dem wird nichts mangeln.
Mtth. 27, 43	Er hat Gott vertraut, der erlöse ihn nun!
Phil. 2, 24	Ich vertraue in dem Herrn, daß ich bald kommen werde.
2 Kor. 3, 4	Solch Vertrauen haben wir durch Christum zu Gott.
Hebr. 2, 13	Ich will mein Vertrauen auf ihn setzen.
3, 6	So wir das Vertrauen bis ans Ende festhalten.
10, 35	Werfet euer Vertrauen nicht weg.

2. Das Vertrauen auf Menschen und Dinge enttäuscht.

	a) Vom Vertrauen auf Menschen.
Rich. 9, 15	(Der Dornstrauch.) Vertraut euch unter meinen Schatten.
Ps. 118, 8	Sich nicht verlassen auf Menschen.
Jerem. 12, 6	Vertraue du ihnen nicht, wenn sie gleich freundlich mit dir reden.
Sirach 6, 7	Vertraue keinem Freund, du habest ihn denn erkannt in der Not.
Joh. 2, 24	Jesus vertraute sich ihnen nicht.
2 Kor. 1, 9	Unser Vertrauen nicht auf uns selbst stellen.
	b) Vertrauen auf Dinge.
Jes. 59, 4	Man vertraut aufs Eitle.

Jerem. 29, 31	Macht, daß ihr auf Lügen vertraut.
Weish. 14, 5	Ihr Leben so geringem Holz vertrauen.
Mrk. 10, 24	Die, so ihr Vertrauen auf Reichtum setzen.

3. Gott will sich und das Seine uns anvertrauen.

Hosea 2, 21	Ich will mich dir vertrauen.
Jerem. 3, 14	Ich will euch mir vertrauen.
2 Kor. 11, 2	Ich habe euch vertraut einem Manne.
1 Thess. 2, 4	Daß uns das Evangelium vertraut ist (1 Tim. 1, 11).
Luk. 16, 11	Wer will euch das Wahrhaftige vertrauen?
1 Tim. 6, 20	Bewahre, was dir vertraut ist (2 Tim. 3, 14).
Mtth. 1, 18	Als Maria dem Joseph vertraut war.

Verzagtheit ist Folge des Unglaubens. Der Ungläubige verliert in der Not Mut und Hoffnung, weil ihm der Zugang zu Gott, der allein helfen kann, verschüttet ist. Verzagtheit ist Gerichtswirkung Gottes.

1. Verzagtheit infolge von Sünde als Gerichtswirkung Gottes.

Josua 7, 5	Da ward dem Volk das Herz verzagt (Niederlage zu Ai infolge der Sünde Achans).
1 Sam. 28, 5	Sauls Herz verzagte sehr (Der Herr antwortete ihm nicht).
Jerem. 17, 9	Es ist das Herz ein trotzig und verzagt Ding.
50, 36	Schwert soll kommen über ihre Starken, daß sie verzagen.
Judith 9, 6	Da du sie ansahest, wurden sie verzagt.
Weish. 17, 10	Daß einer so verzagt ist, macht seine eigene Bosheit.
17, 13	Wo wenig Trost im Herzen ist, da macht die Verzagtheit bänger denn die Plage selbst.
Sirach 2, 14	Weh denen, die an Gott verzagen und nicht festhalten.
Offenb. 21, 8	Der Verzagten und Ungläubigen, deren Teil wird sein in dem Feuersee.

2. Nur der Glaube, der Gottes Hilfe ergreift, rettet aus der Verzagtheit.

5 Mose 20, 3	Euer Herz verzage nicht, denn der Herr, euer Gott, geht mit euch.
2 Kor. 4, 8	Uns ist bange, aber wir verzagen nicht.
Hebr. 12, 5	Verzage nicht, wenn du von ihm gestraft wirst.

Volk ist Schöpfung Gottes und wird als solche von der Schrift bejaht. Jedes Volk ist gefallene Schöpfung und steht daher unter dem Gericht Gottes. Es steht aber auch unter der Gnade und ist durch Christus in die höhere Einheit des Reiches Gottes berufen. Das Reich Gottes hebt die völkische Eigenart nicht auf, sondern heiligt sie.

1. Die Völker sind Schöpfung Gottes und werden in ihrer Verschiedenheit bejaht. Sie sind in ihrer Eigenart Gedanken Gottes und sollen Werkzeuge sein, die er lenken und gebrauchen will. Sie sind gleichwertig vor Gott.

1 Mose 10	Die Völkertafel gehört zur Schöpfungsgeschichte.
2 Mose 19, 6	Ihr sollt mir ein priesterlich Königreich und ein heiliges Volk sein (Das ganze Alte Testament: Gottes Geschichte mit dem Volk Israel. Die einzelnen sind immer als Glieder ihres Volkes angesprochen).
Jes. 7, 20	Assyrien das gemietete Schermesser (Das feindliche Volk Gottes Werkzeug).

Amos 9, 7	Seid ihr Kinder Israel mir nicht wie die Mohren? (Vor Gott sind alle Völker gleichwertig.)
Mtth. 15	Das kanaanäische Weib. Luk. 17, 11 die Samariter (Das Neue Testament achtet die Verschiedenheit).
Apgsch. 17, 26	Gott hat gemacht, daß von einem Blut aller Menschen Geschlechter auf dem ganzen Erdboden wohnen.

2. Alle Völker sind gefallene Schöpfung. Sie überheben sich selbst, lehnen deshalb Gott und seinen Messias ab, sie mißverstehen sich und kämpfen gegeneinander.

1 Mose 11	Turmbau zu Babel (Mißverstehen infolge Selbstüberhebung).
Jes. 5, 7	Gegen die Selbstüberhebung Israels (Ähnliche Stellen bei allen Propheten).
Jes. 14	Gegen die Selbstüberhebung Babels.
Mtth. 3, 9	Saget nicht, wir haben Abraham zum Vater. Gott vermag dem Abraham aus diesen Steinen Kinder zu erwecken.
Joh. 8, 33	Wir sind Abrahams Samen, sind nie jemandes Knechte gewesen.
19, 21	Schreibe nicht, der Juden König, sondern, daß er gesagt habe, er sei der Juden König (Es ärgert sie das Bußwort wie die geringe Gestalt des Messias).

3. Alle Völker stehen unter dem Gericht Gottes.

Jes. 10, 5	Assur, meines Zornes Rute.
15	Weissagungen gegen die Völker (Jes. 16-21).
Apgsch. 17, 31	Er hat einen Tag gesetzt, an welchem er richten will den Kreis des Erdbodens durch einen Mann.

4. Jedes Volk ist durch Christus zur höheren Einheit des Reiches Gottes berufen. Seine Eigenart soll geheiligt werden zum Dienst an anderen Völkern.

Mtth. 8, 11	Viele werden kommen vom Morgen und vom Abend und mit Abraham im Himmelreich sitzen.
28, 19	Lehret alle Völker!
Apgsch. 2, 9	Sprachengabe an Pfingsten (Das große Verstehen der Völker im Reich Gottes).
10	Die Berufung des Heiden Kornelius.
Gal. 3, 26	Ihr seid alle Gottes Kinder durch den Glauben an Christus Jesus.
3, 28	Hier ist kein Jude noch Grieche.
1 Kor. 12, 13	Wir sind durch einen Geist alle zu einem Leib getauft, wir seien Juden oder Griechen.
Eph. 2, 14	Christus hat abgebrochen den Zaun, der dazwischen war.
Röm. 11, 17	Einpfropfen der wilden Ölzweige.
1 Kor. 7, 20	Ein jeglicher bleibe in dem Beruf, darinnen er berufen ist (Der Jude Jude, der Heide Heide, V. 18).

Vollkommen, Vollkommenheit.

1. Gott ist vollkommen.

Mtth. 5, 48	Gleichwie euer Vater im Himmel vollkommen ist.
1 Kor. 13, 10	Wenn aber kommen wird das Vollkommene, wird das Stückwerk aufhören (Der Einbruch der göttlichen Welt in der Wiederkunft).

2. Wir sollen ihm ähnlich sein. Das ist unser Ziel.

Mtth. 5, 48	Darum sollt ihr vollkommen sein.
1 Kor. 14, 20	Am Verständnis seid vollkommen.
Hebr. 6, 1	Lehre vom Anfang und von der Vollkommenheit des christlichen Lebens.
Eph. 4, 13	Daß wir ein vollkommener Mann werden, der da sei im Maße des vollkommenen Alters Christi.

3. Das Mittel, vollkommen zu werden:

a) Gehorsam gegen das Wort Gottes.

1 Joh. 2, 5	Wer sein Wort hält, in dem ist die Liebe Gottes vollkommen.
2 Tim. 3, 16	Alle Schrift ... ist nütze zur Lehre ..., daß ein Mensch Gottes sei vollkommen.
Jak. 3, 2	Wer in keinem Wort fehlt, das ist ein vollkommener Mann.

b) Gebet;

Joh. 16, 24	Bittet, so werdet ihr nehmen, auf daß eure Freude vollkommen sei.

c) die Lebensverbindung mit Christus im Glauben.

Joh. 17, 23	Ich in ihnen und du in mir, auf daß sie vollkommen seien in eins.
Kol. 2, 10	Ihr seid vollkommen in ihm.

Vollmacht, Macht. Gott ist der Ursprung aller Macht. Vollmacht ist übertragbare Macht. Der Vater hat dem Sohn Macht gegeben. Der Sohn gibt die Macht weiter an alle, die an ihn glauben, in welchem Maß und Umfang er will. Es gibt angemaßte Macht, hinter der der Satan steht, der Fürst dieser Welt. Jeder Mißbrauch von Gott verliehener Macht im Dienst der Eigenliebe überliefert uns den Dämonen.

1. Gott ist der allein Mächtige.

5 Mose 10, 17	Der Herr, euer Gott, ist ein Gott aller Götter und Herr über alle Herren.
1 Tim. 6, 15	Der allein Gewaltige, der König aller Könige und Herr aller Herren.
Offenb. 17, 14	(Vom Lamm Gottes:) Es ist der Herr aller Herren und der König aller Könige.

2. Der Vater hat dem Sohn alle Gewalt gegeben.

Mtth. 11, 27	Alle Dinge sind mir übergeben von meinem Vater.
28, 18	Mir ist gegeben alle Gewalt im Himmel und auf Erden.
Joh. 17, 2	Gleichwie du ihm Macht hast gegeben über alles Fleisch, auf daß er das ewige Leben gebe allen, die du ihm gegeben hast.
Mtth. 21, 23	Aus was für Macht tust du das, und wer hat dir die Macht gegeben? (Frage der Hohenpriester an Jesus.)
9, 6	Des Menschen Sohn hat Macht auf Erden, die Sünden zu vergeben.
Luk. 4, 36	Er gebietet mit Macht den unsauberen Geistern.
Mtth. 7, 29	Er predigt mit Vollmacht und nicht wie die Schriftgelehrten.
2 Tim. 1, 10	Der dem Tode die Macht genommen hat.
Eph. 1, 21	Über alle Fürstentümer Gewalt, Macht, Herrschaft, und alles, was genannt mag werden, nicht allein in dieser Welt, sondern auch in der zukünftigen.

3. Vollmacht ist übertragene Macht.

a) Die Macht der Obrigkeit.

Joh. 19, 11	Du hättest keine Macht über mich, wenn sie dir nicht wäre von oben gegeben.
Röm. 13, 1	Die Obrigkeit, die Gewalt über ihn hat.

b) Die an die Gläubigen übertragene Macht.

Joh. 1, 12	Wie viele ihn aber aufnahmen, denen gab er Macht, Gottes Kinder zu werden, die an seinen Namen glauben.
Mtth. 10, 1	Er gab seinen zwölf Jüngern Macht über die unsauberen Geister.
Apgsch. 4, 7	Aus welcher Gewalt oder in welchem Namen habt ihr das (Heilung der Lahmen) getan?
Joh. 15, 7	So ihr in mir bleibet und meine Worte in euch bleiben, werdet ihr bitten, was ihr wollt, und es wird euch widerfahren.
Mtth. 18, 19	Wo zwei unter euch eins werden auf Erden, was es ist, was sie bitten wollen, das soll ihnen widerfahren von meinem Vater im Himmel.
Joh. 16, 23	So ihr den Vater etwas bitten werdet in meinem Namen, so wird er es euch geben (Macht durch das Gebet).
Mtth. 16, 19	Alles, was du auf Erden binden wirst, soll auch im Himmel gebunden sein. Alles, was du auf Erden lösen wirst, soll auch im Himmel los sein.
Joh. 20, 22. 23	Nehmet hin den heiligen Geist. Welchen ihr die Sünden erlasset, denen sind sie erlassen (Macht der Schlüssel).
Mrk. 16, 17	Die Zeichen aber, die da folgen werden denen, die da glauben: In meinem Namen werden sie Teufel austreiben, mit neuen Zungen reden, Schlangen vertreiben, und so sie etwas Tödliches trinken, wird es ihnen nichts schaden; auf die Kranken werden sie die Hände legen, so wirds besser mit ihnen werden.
Apgsch. 1, 8	Ihr werdet die Kraft des heiligen Geistes empfangen und werdet meine Zeugen sein (Vollmacht der Zeugen Jesu).
Mtth. 26, 26	So jemand unter euch will gewaltig sein, der sei euer Diener (der rechte Gebrauch der Macht).

4. Beispiele der Macht.

2 Mose 7, 1	Zu Mose: Siehe ich habe dich zum Gott gesetzt über Pharao (die Macht wird ihm übertragen, nachdem er vierzig Jahre gedemütigt war und seine eigene Unzulänglichkeit erkannt hatte 6, 30).
7, 2	Du sollst reden alles, was ich dir gebieten werde (Grenzen solcher Macht).
Jerem. 1, 10	Zu Jeremia: Siehe, ich setze dich heute dieses Tages über Völker und Königreiche.
2 Kor. 10, 8	Von unserer Gewalt, welche uns der Herr gegeben hat, euch zu bessern und nicht zu verderben.
1 Kor. 5, 3	Beispiel vollmächtiger Kirchenzucht.
Apgsch. 13, 11	Der Zauberer Elymas wird mit Blindheit geschlagen.
Philemon 19	Ich schweige, daß du dich selbst mir schuldig bist (Paulus verlangt nichts, sondern bittet in demütiger Zurückhaltung im Gebrauch der Macht).

5. Falsche Wege der Macht.

1 Mose 3, 5	Ihr werdet sein wie Gott.
Apgsch. 12, 21-23	Herodes ließ sich göttlich verehren und ward gefressen von den Würmern.
2 Thess. 2, 3. 4	Er (der Antichrist) überhebt sich über alles, was Gott und Gottesdienst heißt.
Apgsch. 19, 11-15	Die Skevassöhne wirken in eigener Macht und werden zuschanden.
4 Mose 16	Korah maßt sich die Machtfülle Moses an und wird gerichtet.
2 Sam. 15	Absalom greift nach der Machtstellung seines Vaters und sein Ende.
3 Joh. 9	Diotrephes, der unter ihnen will hochgehalten sein, nimmt uns nicht an (Hinter diesem Machtstreben steht der Satan, dessen verlogenen Anspruch Jesus entlarvt – Mtth. 4, 10 – und durch seine Selbsterniedrigung besiegt hat).
Luk. 22, 53	Die Macht der Finsternis.

Offenb. 12, 12	Der Teufel kommt zu euch hinab und hat einen großen Zorn und weiß, daß er wenig Zeit hat (Die Macht der Finsternis zeitlich begrenzt).
12, 10	Nun ist die Macht seines Christus geworden.

Vorsehung. Der vorausschauende Rat Gottes in bezug auf das Heilsgeschehen und in bezug auf die Führung des einzelnen zu Christus.

Apgsch. 2, 23	Aus bedachtem Rat und Vorsehung Gottes.
1 Petr. 1, 2	Nach der Vorsehung Gottes des Vaters.

Wachen, siehe Schlaf, schlafen.

Wachstum, wachsen. Im Reiche Gottes geht alles wachstümlich zu.

1. Die Verheißung des Wachstums.

1 Mose 48, 4	Siehe, ich will dich wachsen lassen und mehren.
Sacharja 6, 12	Siehe, es wird ein Mann kommen, der heißt Zemach, denn unter ihm wird es wachsen.
Mrk. 4, 27	Der Same geht auf und wächst, daß er (der Sämann) es nicht weiß (vom Wort Gottes).
Mtth. 13, 31	Das Himmelreich ist gleich einem Senfkorn, welches ist das kleinste unter den Samenkörnern, wenn es aber erwächst, so ist es das größte unter dem Kohl.

2. Die Bedingungen des Wachstums.

Jerem. 12, 2	Du pflanzest sie, daß sie wurzeln und wachsen und bringen Frucht.
Mtth. 15, 13	Alle Pflanzen, die mein himmlischer Vater nicht pflanzte, werden ausgereutet.
Joh. 3, 30	Er muß wachsen, ich aber muß abnehmen (Das Gericht geht zuvor bis zum Sterben des Ichs, Röm. 7, 10: Ich aber starb).
Ps. 92, 13	Der Gerechte wird wachsen wie eine Zeder auf dem Libanon (Gerecht durch den Freispruch über den mit Jesu Gekreuzigten).
Eph. 4, 15	Wachset in allen Stücken an dem, der das Haupt ist.
Kol. 2, 19	Das Haupt, aus welchem der ganze Leib durch Gelenke und Fugen Handreichung empfängt und also wachsen zur göttlichen Größe.
Eph. 2, 21	Auf welchem der ganze Bau ineinandergefüget wächst zu einem heiligen Tempel in dem Herrn (Das Wachsen bedingt Jesusverbindung mit der Gemeinde; Joh. 15, 5: Wer in mir bleibt und ich in ihm, der bringt viel Frucht).
Apgsch. 5, 14	Außerordentliches Wachsen des Worts und der Gemeinde (nach dem Gericht über Ananias und Saphira).
12, 24	Nach dem Gericht über Agrippa.
19, 20	Nach Verbrennung der Zauberbücher.

3. Das Ziel des Wachstums.

Eph. 2, 21	Wachsen zu einem heiligen Tempel in dem Herrn.
Luk. 2, 52	Jesus nahm zu an Alter, Weisheit und Gnade bei Gott und den Menschen. Luk. 1, 80.
Eph. 4, 13	Ein vollkommener Mann, der da sei im Maße des vollkommenen Mannesalters Christi.
4, 15	Wachsen in allen Stücken.
4, 13	Hinankommen zu einerlei Glauben und Erkenntnis des Sohnes Gottes.
2 Petr. 3, 18	Wachsen in der Gnade und Erkenntnis unseres Herrn und Heilandes.
Eph. 4, 15	Wahrhaftig sein in der Liebe.
2 Thess. 1, 3	Euer Glaube wächset sehr, und die Liebe eines jeglichen nimmt zu gegeneinander.

1 Kor. 15, 58	Seid fest und unbeweglich und nehmet immer zu in dem Werk des Herrn.
Kol. 1, 11	Wachsen in der Erkenntnis Gottes ... zu aller Geduld und Langmütigkeit mit Freuden.
1 Tim. 4, 15	Daß dein Zunehmen in allen Dingen offenbar sei.

Wahrheit, wahr, wahrhaftig. Wahrheit 1. im Sinn von Zuverlässigkeit und Treue, nicht nur im Reden, sondern auch im Handeln (im Alten Testament von Gott). 2. Wahrheit im Sinn von letzter, hinter den Dingen stehender Wirklichkeit (in den Apokryphen und im Neuen Testament).

1. Gott ist wahrhaftig.

1 Mose 24, 27	Gelobet sei der Herr, der seine Barmherzigkeit und Wahrheit nicht verlassen hat an meinem Herrn (Eliesers Gebet).
Ps. 25, 10	Die Wege des Herrn sind eitel Güte und Wahrheit.
33, 4	Des Herrn Wort ist wahrhaftig.
36, 6	Herr, deine Wahrheit reicht, soweit die Wolken gehn.
91, 4	Seine Wahrheit ist Schirm und Schild.
119, 90	Deine Wahrheit für und für.
Joh. 3, 33	Wer es annimmt, der besiegelt es, daß Gott wahrhaftig sei.
Röm. 3, 4	Gott ist wahrhaftig, alle Menschen Lügner.

2. Christus ist die Wahrheit.

Joh. 1, 14	Voller Gnade und Wahrheit.
1, 9	Das war das wahrhaftige Licht.
1, 17	Die Gnade und Wahrheit ist durch Jesum Christum geworden.
14, 6	Ich bin der Weg, die Wahrheit.
18, 37	Ich bin dazu geboren ..., daß ich für die Wahrheit zeugen soll (Eph. 4, 21).
Offenb. 19, 11	Der treue und wahrhaftige Zeuge. 3, 14.
Eph. 4, 21	Gelehrt, wie in Jesu ein rechtschaffenes Wesen (wörtlich Wahrheit) sei.

3. Der Geist ist Wahrheit. Diese Wahrheit ist nicht zu ergrübeln, sondern wird im Wort geoffenbart und verlangt Gehorsam.

Joh. 16, 13	Wenn aber jener, der Geist der Wahrheit, kommen wird, der wird euch in alle Wahrheit leiten (Überführen und führen).
1 Joh. 5, 20	Hat uns einen Sinn gegeben, daß wir erkennen den Wahrhaftigen.
Eph. 5, 9	Die Frucht des Geistes ist allerlei ... Wahrheit.
4, 15	Wahrhaftig in der Liebe.
4, 25	Darum redet die Wahrheit.
6, 14	Umgürtet mit Wahrheit.
Joh. 3, 21	Wer die Wahrheit tut, der kommt an das Licht.
1 Joh. 3, 18	Lieben mit der Tat und der Wahrheit.
3 Joh. 4	In der Wahrheit wandeln.
Joh. 4, 24	Anbeten im Geist und in der Wahrheit.

4. Gott offenbart die Wahrheit durch sein Wort.

Joh. 17, 17	Dein Wort ist die Wahrheit.
2 Kor. 6, 7	Diener Gottes im Wort der Wahrheit.
Röm. 2, 8	Der Wahrheit nicht gehorsam sein (Gal. 3,1).
1 Petr. 1, 22	Gehorsam der Wahrheit.
Jak. 1, 18	Er hat uns gezeugt durch das Wort der Wahrheit.
Joh. 18, 37	Wer aus der Wahrheit ist, der höret meine Stimme.

Warten, siehe harren.

Weg, das Mittel, durch das man zum Ziele kommt.

1. Der Weg Gottes zur Vollendung seines Ratschlusses ist Christus.

Ps. 77, 14	Gott, dein Weg ist heilig. Jes. 35,8: Der heilige Weg.
Hebr. 9, 8	Weg zum Heiligen.
Luk. 1, 79	Richte unsere Füße auf den Weg des Friedens!
Ps. 16, 11	Du tust mir kund den Weg zum Leben.
Apgsch. 16, 17	Weg der Seligkeit.
Ps. 145, 17	Der Herr ist gerecht in allen seinen Wegen.
Dan. 4, 34	Seine Wege sind recht.
Ps. 23, 3	Er führt mich auf rechter Straße.
Offenb. 15, 3	Gerecht und wahrhaftig sind deine Wege.
Röm. 11, 33	Unerforschlich seine Wege.
Joh. 14, 6	Ich bin der Weg.
Hebr. 10, 20	Welchen er uns bereitet hat zum neuen und lebendigen Weg.

2. Der Mensch steht vor der Entscheidung, ob er den Weg Gottes gehen will oder nicht.

Jerem. 21, 8	Ich lege euch vor den Weg zum Leben und den Weg zum Tode.
Ps. 1, 6	Der Herr kennt den Weg der Gerechten, aber der Gottlosen Weg vergeht.
Mtth. 7, 13	Der Weg ist breit, der zur Verdammnis abführt, und viele sind, die darauf wandeln, und die Pforte ist eng, und der Weg ist schmal, der zum Leben führt.
Jes. 59, 8	Sie kennen den Weg des Friedens nicht.
53, 6	Wir gingen alle in der Irre, ein jeglicher sah auf seinen Weg.
Judä 11	Der Weg Kains. 2 Petr. 2, 15 Weg Bileams.
Jak. 1, 8	Ein Zweifler ist unbeständig in allen seinen Wegen (Er will sich nicht entscheiden).
Ps. 37, 5	Befiehl dem Herrn deine Wege!
Mtth. 8, 22	Folge du mir (siehe Nachfolge)!
Offenb. 14, 4	Folgen dem Lamme nach, wo es hingeht.
Sprüche 16, 7	Wenn jemandes Wege dem Herrn wohlgefallen, so macht er auch seine Feinde mit ihm zufrieden.

Weisheit, weise, siehe Erkenntnis.

Welt. 1. Die Schöpfung, das All. 2. Die Gesamtheit der Menschen. 3. Die von Gott abgewandte Ordnung der Dinge.

1. Die Schöpfung.

	a) Der Rat der Erlösung früher als die Schöpfung.
Joh. 17, 24	Du hast mich geliebt, ehe die Welt gegründet ward.
Eph. 1, 4	Wie er uns erwählt hat durch denselbigen, ehe der Welt Grund gelegt ward. 1 Petr. 1, 20.
	b) Die Welt der Schöpfung Gottes Werk.
Hebr. 11, 3	Die Welt durch Gottes Wort fertig.
Jos. 3, 11	Der Herrscher über alle Welt.
1 Tim. 6, 7	Wir haben nichts in die Welt gebracht.
Mrk. 16, 15	Gehet hin in alle Welt.
Apgsch. 17, 24	Gott, der die Welt gemacht hat.

c) Die zukünftige Welt, die Gott ganz untertan ist, den Glaubenden schon jetzt gegenwärtig.

Hebr. 6, 5 Geschmeckt haben das gütige Wort Gottes und die Kräfte der zukünftigen Welt.

2. Die Menschheit.

Joh. 3, 16 Also hat Gott die Welt geliebet.
12, 19 Alle Welt läuft ihm nach.

3. Die von Gott abgewandte Welt.

a) Die Welt wider Gott.

Joh. 1, 10 Die Welt kannte es nicht.
15, 18 So euch die Welt haßt, so wisset, daß sie mich vor euch gehasset hat.
18, 36 Mein Reich ist nicht von dieser Welt.
12, 31 Der Fürst dieser Welt.
14, 17 Der Geist der Wahrheit, welchen die Welt nicht kann empfangen.
1 Joh. 3, 1 Die Welt kennt euch nicht, denn sie kennet ihn nicht.
5, 19 Die ganze Welt liegt im Argen.
Jak. 4, 4 Der Welt Freundschaft ist Gottes Feindschaft.

b) Die Welt unter dem Gericht.

1 Kor. 11, 32 Daß wir nicht samt der Welt verdammt werden.
Mtth. 18, 7 Wehe der Welt der Ärgernisse halben!
Röm. 3, 19 Daß alle Welt Gott schuldig sei.
1 Kor. 1, 20 Weisheit dieser Welt zur Torheit gemacht.
1 Joh. 2, 17 Die Welt vergeht mit ihrer Lust.

c) Die Welt wird durch Christus gerettet.

Joh. 4, 42 Christus der Welt Heiland.
8, 12 Ich bin das Licht der Welt.
6, 33 Brot Gottes gibt der Welt das Leben.
12, 47 Der Sohn nicht gekommen, daß er die Welt richte, sondern daß die Welt durch ihn selig werde.
1, 29 Das Lamm Gottes, das der Welt Sünde trägt.
2 Kor. 5, 19 Gott war in Christo und versöhnte die Welt mit ihm selber.
1 Joh. 2, 2 Die Versöhnung für unsere Sünden, nicht allein für die unseren, sondern auch für die der ganzen Welt.
Joh. 16, 33 Seid getrost, ich habe die Welt überwunden.
Gal. 1, 4 Daß er uns rettete von dieser gegenwärtigen argen Welt.

d) Die rechte Stellung des Glaubenden zur Welt.

1 Kor. 7, 31 Die diese Welt gebrauchen, daß sie sie nicht mißbrauchen, denn das Wesen dieser Welt vergeht.
Gal. 6, 14 Die Welt ist mir gekreuzigt und ich der Welt.
2 Petr. 1, 4 So ihr fliehet die vergängliche Lust der Welt.
Jak. 1, 27 Sich von der Welt unbefleckt erhalten.
2 Tim. 4, 10 Demas hat mich verlassen und die Welt liebgewonnen.
1 Joh. 2, 15 Habt nicht lieb die Welt noch was in der Welt ist!
Titus 2, 12 Züchtig, gerecht und gottselig leben in der Welt.
Phil. 2, 15 Ihr scheinet als Lichter in der Welt.
Mtth. 5, 14 Ihr seid das Licht der Welt.
Hebr. 11, 38 Deren die Welt nicht wert war.

Werk. Gott ist der Anfänger jedes guten Werks. Er hat sein Werk in Christus, Christus hat es in den Glaubenden. Was ein Mensch tut ohne Verbindung mit Gott, kann nicht bestehen vor ihm. Der Mensch tut entweder Gottes oder des Satans Werk. Das gute Werk ist nicht die Ursache unserer Gemeinschaft mit

Gott, sondern die Folge. Das gute Werk soll Zeugnis von Gott sein. Gott richtet nach unseren Werken.

1. Gottes Werk.

Ps. 111, 2	Gottes Werk ist groß. Ps. 104, 24.
145, 17	Er ist heilig in all seinen Werken.
Offenb. 15, 3	Seine Werke sind wundersam.
5 Mose 32, 4	Sie sind unsträflich.
Ps. 111, 7	Gottes Werke sind Wahrheit und Recht.
92, 5	Du lässest mich fröhlich singen von deinen Werken.
106, 13	Sie vergaßen bald seine Werke.
Joh. 6, 29	Das ist Gottes Werk, daß ihr glaubet an mich.
Habakuk 3, 2	Herr, mache dein Werk lebendig, mitten in den Jahren.

2. Christi Werk.

Joh. 5, 36	Christi Werk ist vom Vater gegeben.
14, 10	Der Vater, der in mir wohnet, der tut die Werke.
5, 36	Die Werke zeugen von mir.
4, 34	Meine Speise ist die, daß ich ... vollende sein Werk.

3. Satans Werke.

Eph. 2, 2	Er hat sein Werk in den Kindern des Unglaubens.
1 Joh. 3, 8	Dazu ist der Sohn Gottes erschienen, daß er die Werke des Teufels zerstöre.

4. Des Menschen Werke.

Offenb. 3, 2	Ich habe deine Werke nicht völlig erfunden vor Gott (Es fehlt die ganze Gottes- und die ganze Nächstenliebe).
Mtth. 23, 5	Sie tun sie, daß sie von den Leuten gesehen werden.
Jerem. 1, 16	Sie beten an ihrer Hände Werke.
Gal. 5, 19	Offenbar sind die Werke des Fleisches.
Joh. 7, 7	Ich zeuge, daß ihre Werke böse sind (Joh. 3, 19).
8, 41	Ihr tut eures Vaters Werke.
Röm. 13, 12	Die Werke der Finsternis.
2 Chron. 20, 37	Darum hat der Herr deine Werke zerrissen.
Eph. 5, 11	Unfruchtbare Werke der Finsternis.

5. Kein Mensch wird gerecht vor Gott durch sein eigen Werk.

Gal. 3, 10	Die mit des Gesetzes Werken umgehen, sind unter dem Fluch.
Röm. 3, 20	Kein Fleisch durch des Gesetzes Werke vor ihm gerecht.
3, 28	Der Mensch gerecht ohne des Gesetzes Werke, allein durch den Glauben.
2 Tim. 1, 9	Der uns selig gemacht hat ... nicht nach unseren Werken, sondern nach seinem Vorsatz und Gnade.
Eph. 2, 8	Aus Gnaden seid ihr selig worden durch den Glauben – nicht aus euch, Gottes Gabe ist es –, nicht aus den Werken, auf daß sich nicht jemand rühme.

6. Auf Grund von Christi Werk können wir vor Gott bestehn und werden fähig zu guten Werken.

Röm. 3, 24	Wir werden ohne Verdienst gerecht durch die Erlösung, die durch Christum Jesum geschehen ist.
4, 5	Dem aber, der nicht mit Werken umgeht, glaubt aber an den, der die Gottlosen gerecht macht, wird sein Glaube gerechnet zur Gerechtigkeit.
Hebr. 9, 14	Wieviel mehr wird das Blut Christi ... unser Gewissen reinigen von den toten Werken, zu dienen dem lebendigen Gott!
Apgsch. 26, 20	Rechtschaffene Werke der Buße.
2 Tim. 3, 17	Daß ein Mensch Gottes sei vollkommen, zu allem guten Werk geschickt.
Titus 2, 14	Der sich selbst für uns gegeben hat, auf daß er reinigte sich selbst ein Volk zum Eigentum, das fleißig wäre zu guten Werken.
Röm. 2, 7	Preis und Ehre denen, die mit Geduld in guten Werken trachten nach dem ewigen Leben.
Titus 3, 8	Auf daß die, die an Gott gläubig geworden sind, in einem Stand guter Werke erfunden werden.
Hebr. 13, 21	Der mache euch fertig in allem guten Werk.
Jak. 2, 17	Der Glaube, der nicht Werke hat, ist tot.

7. Die Werke sollen Zeugnis sein.

Nehemia 6, 16	Es fürchteten sich alle Heiden, denn sie merkten, daß das Werk von Gott war.
Mtth. 5, 16	Lasset euer Licht leuchten vor den Leuten, daß sie eure guten Werke sehen und euren Vater im Himmel preisen (1 Petr. 2, 12).
Röm. 15, 18	Die Heiden zum Gehorsam zu bringen durch Wort und Werk.

8. Gericht nach den Werken.

Mtth. 16, 27	Alsdann wird er einem jeglichen vergelten nach seinem Werk.
1 Kor. 3, 13	Es wird eines jeglichen Werk offenbar werden.
3, 14	Wird jemandes Werk bleiben, so wird er Lohn empfangen.
2 Kor. 11, 15	Welcher Ende sein wird nach ihren Werken.
Offenb. 14, 13	Ihre Werke folgen ihnen nach.
20, 13	Sie wurden gerichtet, ein jeglicher nach seinem Werk.

Widerchrist, Antichrist, Mensch der Sünde, Kind des Verderbens. Widerchrist, der wider Christus ist und sich an seine Stelle setzen will. Der Name Widerchrist nur bei Johannes, bei Paulus wird der Widerchrist Mensch der Sünde, Kind des Verderbens genannt.

1. Der Widerchrist im Buche Daniel.

Dan. 7, 7	Das vierte Tier hatte zehn Hörner ... Das Horn hatte ein Maul, das redete große Dinge.

2. Der Widerchrist ist eine Persönlichkeit, nicht eine Gruppe von geschichtlichen Erscheinungen, wenn er auch seine Vorläufer hat.

1 Joh. 2, 18	Es ist die letzte Stunde..., der Widerchrist kommt.
4, 3	Das ist der Geist des Widerchristen, von welchem ihr gehört habt, daß er kommen werde.
2 Thess. 2, 3	Offenbart werde der Mensch der Sünde, das Kind des Verderbens.
2, 7	Es regt sich schon das Geheimnis der Bosheit.

3. Der Widerchrist in der Endzeit unmittelbar vor der Wiederkunft Christi.

1 Joh. 2, 18	Es ist die letzte Stunde ..., der Widerchrist kommt.
2 Thess. 2, 3	Der Tag Christi kommt nicht, es sei denn, daß zuvor der Abfall komme.
2, 6	Was es noch aufhält, wisset ihr (Was das ist, diese Frage muß offengelassen werden).

4. Der Widerchrist kommt aus der Christenheit.

1 Joh. 2, 19	Sie sind von uns ausgegangen (Der Widerchrist ist kein Jude).

5. Der Widerchrist wirkt politisch und religiös und sucht durch seine Erfolge Christus zu überbieten.

	a) Politische Wirksamkeit des Widerchristen.
Dan. 7, 7	Zehn Hörner, und auf seinen Hörnern zehn Kronen (Internationale Weltmacht), Offenb. 13, 1.
Offenb. 13, 2	Der Drache gab ihm seine Kraft und seinen Stuhl und große Macht (Drache = Satan).
13, 17	Niemand kann kaufen und verkaufen, er habe denn das Malzeichen, nämlich den Namen des Tieres (des Widerchristen; Boykott der Christen).
13, 15	Daß alle, welche nicht des Tiers Bild anbeteten, getötet würden.
17, 6	Trunken vom Blut der Heiligen.
	b) Religiöse Wirksamkeit des Widerchristen.
Dan. 11, 36	Er wird sich aufwerfen wider alles, was Gott ist.
2 Thess. 2, 4	Daß er sich setzt in den Tempel Gottes als ein Gott.
1 Joh. 2, 22	Leugnet, daß Jesus der Christus ist.
4, 3	Nicht bekennt, daß Jesus Christus ist in das Fleisch gekommen.
2 Thess. 2, 9	Nach der Wirkung des Satans mit allerlei lügenhaften Kräften und Wundern.
Offenb. 13, 6	Er tat seinen Mund auf zur Lästerung gegen Gott, zu lästern seinen Namen und seine Hütte (Gemeinde Jesu).
13, 11	Ein anderes Tier gleichwie ein Lamm und redete wie ein Drache, es macht, daß die auf Erden anbeten das erste Tier, und tut große Zeichen (Wunder sind nicht immer die Zeichen göttlicher Beglaubigung).
19, 20	Der falsche Prophet (Mtth. 7,15: Falsche Propheten Wölfe in Schafskleidung).
13, 18	Seine Zahl ist 666 (Die Zahl der Menschen ist 6; 666 bedeutet vielleicht die ungeheure Steigerung menschlicher Leistungen).

6. Das Ende des Widerchristen.

Offenb. 13, 5	Es ward ihm gegeben, daß es mit ihm währte zweiundvierzig Monate lang (Eine kurze, von Gott bestimmte Zeit).
19, 20	Besiegung des Widerchristen und seiner Propheten durch den wiederkommenden Christus.
2 Thess. 2, 8	Der Herr wird ihn umbringen mit dem Geist seines Mundes und durch die Erscheinung seiner Zukunft ihm ein Ende machen.

Wiederbringung, siehe Wiedergeburt [4].

Wiedergeburt, (wiedergeboren, Erneuerung, neuer Mensch, neue Kreatur) ist derselbe Vorgang wie die Rechtfertigung, nur in einem Bilde gesehen, das das schöpferische Eingreifen Gottes und die Erneuerung des Menschen besonders deutlich macht. Die Wiedergeburt ist als Beginn der Erneuerung ein einmaliges Geschehen. Die Erneuerung selbst dauert ein ganzes Christenleben lang. Dafür gebraucht die Schrift die Ausdrücke: verklären, erneuern, umgestalten.

1. Die Wiedergeburt als einmalige Schöpfungstat Gottes.

a) Im Alten Bund angedeutet als Bitte und Verheißung.

Ps. 51, 12 Schaffe in mir Gott, ein reines Herz und gib mir einen neuen gewissen Geist.

Hesek. 11, 19 Ich will einen neuen Geist in euch geben und will das steinerne Herz wegnehmen aus eurem Leibe und ein fleischern Herz geben. 36, 26.

Jerem. 24, 7 Ich will ihnen ein Herz geben, daß sie mich kennen sollen, daß ich der Herr sei.

b) Im Neuen Bund gefordert und geschenkt.

Joh. 3, 6 Was vom Fleisch geboren wird, das ist Fleisch.

3, 5 Es sei denn, daß jemand geboren werde aus Wasser und Geist, so kann er nicht in das Reich Gottes kommen.

3, 3 Es sei denn, daß jemand von neuem (oben her) geboren werde, kann er das Reich Gottes nicht sehen.

1 Kor. 15, 50 Daß Fleisch und Blut nicht können das Reich Gottes ererben.

Joh. 1, 12 Macht, Gottes Kinder zu werden, die nicht von dem Geblüt noch von dem Willen des Fleisches, sondern von Gott geboren sind.

2 Kor. 5, 17 Ist jemand in Christo, so ist er eine neue Schöpfung, das Alte ist vergangen, siehe, Neues ist geworden.

Eph. 2, 5 Da wir tot waren in den Sünden, hat er uns samt Christo lebendig gemacht und hat uns samt ihm auferweckt und samt ihm in das himmlische Wesen (Himmelswelt) versetzt.

4, 23 Ihr werdet jetzt erneuert im Geist eurer Denkungsart und habt den neuen Menschen angezogen, der nach Gott geschaffen ist.

Gal. 6, 15 In Christo ist weder Beschneidung noch unbeschnitten sein etwas, sondern eine neue Kreatur (Schöpfung).

Eph. 2, 15 Auf daß er aus zweien einen neuen Menschen in ihm selber schüfe (Jude und Heide wird in Christo zu einem neuen Menschen umgeschaffen).

Titus 3, 5 Nach seiner Barmherzigkeit rettete er uns durch das Bad der Wiedergeburt und Erneuerung des (durch den) Heiligen Geistes.

Röm. 8, 15 Ihr habt den Geist der Kindschaft empfangen.

1 Petr. 1, 3 Gelobet sei Gott, der uns ... wiedergeboren hat zu einer lebendigen Hoffnung durch die Auferstehung Jesu Christi von den Toten.

c) Die schöpferischen Kräfte der Wiedergeburt.

Joh. 3, 5 Wasser (im Sinn der Abwaschung, Taufe zur Vergebung vgl. Apgsch. 2, 38: Lasse sich ein jeder taufen auf den Namen Jesu Christi zur Vergebung der Sünden, so werdet ihr empfangen die Gabe des Heiligen Geistes) und Geist.

Titus 3, 5 Bad der Wiedergeburt.

Gal. 3, 2 Geistesempfang nicht durch des Gesetzes Werke, sondern durch die Predigt vom Glauben.

1 Petr. 1, 23 Wiedergeboren nicht aus vergänglichem, sondern aus unvergänglichem Samen, nämlich aus dem lebendigen Wort Gottes.

Jak. 1, 18 Er hat uns gezeugt nach seinem Willen durch das Wort der Wahrheit, auf daß wir wären Erstlinge seiner Kreaturen (Taufe, Geist und Wort sind nicht zu trennen von dem gekreuzigten und auferstandenen Christus, daher Eph. 2, 5: Samt Christo lebendig gemacht).

1 Petr. 1, 3 Wiedergeboren durch die Auferstehung Christi.

2. Die dauernde Erneuerung.

Eph. 4, 23 »Werdet jetzt erneuert und habt angezogen« faßt einmalige und dauernde Erneuerung zusammen.

2 Kor. 3, 18 Wir werden verklärt (genau: verwandelt) in dasselbige Bild von einer Klarheit zur anderen.

Kol. 3, 10 Ziehet den neuen Menschen an, der da erneuert wird zu der Erkenntnis (Gottes) nach dem Bilde seines Schöpfers.

Gal. 2, 20 Nicht ich, sondern Christus lebet in mir; was ich jetzt lebe im Fleisch, das lebe ich im Glauben an den Sohn Gottes (Der Glaube ist das ständige Festhalten an Christus, das einen Kampf notwendig macht. Diesem Kampf, in dem wir leider manchmal lässig sind, ist unbedingter Sieg verheißen. 1 Tim. 6, 12; 1 Joh. 5, 4).

2 Petr. 1, 4 Teilhaftig werden der göttlichen Natur, nachdem uns allerlei seiner göttlichen Kraft geschenkt ist.

3. Kennzeichen des Wiedergeborenen.

1 Joh. 2, 29 Wer recht tut, der ist von ihm geboren.

3, 9 Wer aus Gott geboren ist, der tut nicht Sünde, denn sein Same bleibt bei ihm und kann nicht sündigen (Sünde ist unmöglich, solange wir mit Jesu verbunden sind. Leider fallen wir oft aus der Gemeinschaft mit ihm heraus, aber nie ohne tiefe Reue und Umkehr, da wir als seine Kinder nicht ohne ihn sein können. 1 Joh. 2, 1: Ob jemand sündigt, so haben wir einen Fürsprecher bei dem Vater).

4, 7 Wer liebhat, der ist von Gott geboren.

5, 4 Alles, was von Gott geboren ist, überwindet die Welt.

5, 1 Wer da glaubt, Jesus sei der Christ, der ist von Gott geboren.

4. Die Wiedergeburt der Welt.

Joh. 3, 3 Die Wiedergeburt versetzt den Menschen in ein neues Lebensgebiet, in das Reich Gottes. Dieser Neuanfang steht im Zusammenhang mit einer künftigen Erneuerung des Menschenleibes, ja der ganzen Natur (Eph. 2, 6).

Röm. 8, 11 So nun der Geist in euch wohnet, wird der, der Christum von den Toten auferweckt hat, eure sterblichen Leiber lebendig machen.

1 Kor. 15, 22 Gleichwie sie in Adam alle sterben, also werden sie in Christo alle lebendig werden.

Röm. 8, 21 Denn auch die Kreatur frei werden wird von dem Dienst des vergänglichen Wesens zu der herrlichen Freiheit der Kinder Gottes.

Mtth. 19, 28 In der Wiedergeburt, da des Menschen Sohn wird sitzen auf dem Stuhl seiner Herrlichkeit.

Apgsch. 3, 21 Welcher muß den Himmel einnehmen bis auf die Zeit, da herwiedergebracht werde alles (Bis die Verheißungen der Propheten erfüllt sind).

Jes. 65, 17 Ich will einen neuen Himmel und eine neue Erde schaffen (Offenb. 21, 1).

Offenb. 21, 5 Siehe, ich mache alles neu.

Wiederkunft, siehe Hoffnung [3b 1].

Wort, reden, sagen. I. Durch das Wort hat sich Gott uns geoffenbart. II. Durch das Wort offenbart der Mensch sein Inneres.

I. Durch das Wort hat sich Gott uns geoffenbart.

1. Das Wort Gottes Offenbarung.

Hebr. 1, 1 Nachdem vor Zeiten Gott manchmal und auf mancherlei Weise geredet hat zu den Vätern, hat er am letzten in diesen Tagen zu uns geredet durch den Sohn.

Ps. 33, 6 Der Himmel ist durchs Wort des Herrn gemacht und all sein Heer durch den Geist seines Mundes.

Jerem. 1, 9 Siehe, ich lege meine Worte in deinen Mund.

5, 14	Ich will mein Wort in deinem Mund zu Feuer machen.
Joh. 1, 1	Im Anfang war das Wort, und das Wort war bei Gott, und Gott war das Wort.
1, 14	Das Wort ward Fleisch und wohnte unter uns.
Offenb. 19, 13	Sein Name heißt: das Wort Gottes.
Hebr. 1, 3	Er trägt alle Dinge mit seinem kräftigen Wort.
Joh. 14, 26	Der Tröster, der Heilige Geist, wird euch alles lehren.

2. Das Wort Gottes ist Gesetz und fordert Gehorsam.

5 Mose 6, 6	Die Worte, die ich dir heute gebiete, sollst du zu Herzen nehmen und sollst sie deinen Kindern einschärfen.
27, 26	Verflucht sei, wer nicht alle Worte dieses Gesetzes erfüllt.
Ps. 119, 9	Wie wird ein Jüngling seinen Weg unsträflich gehen? Wenn er sich hält nach deinem Wort.
Micha 6, 8	Es ist dir gesagt, Mensch, was gut ist und was der Herr von dir fordert, nämlich Gottes Wort halten.
Jerem. 22, 29	O Land, Land, Land, höre des Herrn Wort!
1 Joh. 2, 5	Wer sein Wort hält, in dem ist wahrlich die Liebe Gottes vollkommen.
Jak. 1, 22	Seid Täter des Wortes, nicht Hörer allein!

3. Das Wort Gottes ist Gericht und wirkt Buße.

Jerem. 23, 29	Ist mein Wort nicht wie ein Feuer, spricht der Herr, und wie ein Hammer, der Felsen zerschmeißt?
Jes. 66, 2	Ich sehe aber an den Elenden, der zerbrochenen Geistes ist und der sich fürchtet vor meinem Wort.
Hebr. 4, 12	Das Wort Gottes ist lebendig und kräftig und schärfer denn kein zweischneidig Schwert ..., es ist ein Richter der Gedanken und Sinnen des Herzens.
Eph. 6, 17	Nehmet das Schwert des Geistes, welches ist das Wort Gottes.
Joh. 12, 48	Das Wort, das ich geredet habe, wird ihn richten am Jüngsten Tage.
Hosea 4, 6	Du verwirfst Gottes Wort, darum will ich dich auch verwerfen.

4. Das Wort Gottes ist ewige Wahrheit und fordert Glauben.

1 Kön. 17, 24	Des Herrn Wort in deinem Munde ist Wahrheit.
Ps. 33, 4	Des Herrn Wort ist wahrhaftig, und was er zusagt, das hält er gewiß.
Joh. 17, 17	Dein Wort ist Wahrheit.
Ps. 93, 5	Dein Wort ist eine rechte Lehre.
1 Tim. 1, 15	Das ist gewißlich wahr und ein teuer wertes Wort.
Ps. 119, 89	Es bleibt ewiglich; macht klug die Einfältigen (Vers 130); ist nichts denn Wahrheit (Vers 160).
Jes. 40, 8	Das Gras verdorret, die Blume verwelket, aber das Wort unseres Gottes bleibt ewiglich. Luk. 21, 33: Himmel und Erde vergehen.
Mtth. 24, 35	Himmel und Erde werden vergehen, aber mein Wort wird nicht vergehen.
Röm. 10, 17	So kommt der Glaube aus der Predigt, das Predigen aber aus dem Wort Gottes.
1 Thess. 2, 13	Nahmen es auf nicht als Menschenwort, sondern als Gottes Wort.
2 Petr. 1, 19	Wir haben ein festes prophetisches Wort, und ihr tut wohl daran, daß ihr darauf achtet.
Jak. 1, 21	Nehmet das Wort an mit Sanftmut.

5. Das Wort ist Heilmittel, Erquickung und Leben.

Weish. 16, 12	Es heilte sie weder Kraut noch Pflaster, sondern dein Wort, welches alles heilet.

Ps. 119, 25	Meine Seele liegt im Staube, erquicke mich nach deinem Wort.
119, 50	Das ist mein Trost in meinem Elend, denn dein Wort erquickt mich.
Jerem. 15, 16	Dein Wort ist meines Herzens Freude und Trost.
Luk. 11, 28	Selig sind, die Gottes Wort hören und bewahren.
Mtth. 4, 4	Der Mensch lebt nicht vom Brot allein, sondern von einem jeglichen Wort, das durch den Mund Gottes geht.
Luk. 8, 11	Der Same ist das Wort Gottes.
Joh. 6, 63	Die Worte, die ich rede, sind Geist und sind Leben.
1 Petr. 1, 23	Als die da wiedergeboren sind aus dem lebendigen Wort.
Jak. 1, 18	Er hat uns gezeuget nach seinem Willen durch das Wort der Wahrheit.

6. Das Wort Gottes ist Kraft und bewahrt.

1 Kor. 1, 18	Das Wort vom Kreuz ist eine Gotteskraft.
Sprüche 30, 5	Die Worte Gottes sind durchläutert; er ist ein Schild denen, die auf ihn trauen.
Weish. 16, 26	Dein Wort erhält die, so an dich glauben.

7. Das Wort Gottes hat eine Verheißung und fordert Hoffnung.

Ps. 130, 5	Meine Seele harret, und ich hoffe auf sein Wort.
Joh. 8, 51	So jemand mein Wort wird halten, der wird den Tod nicht sehen ewiglich.
Jes. 55, 11	Mein Wort soll nicht leer wieder zu mir kommen.

8. Das Wort Gottes wird gepredigt.

Hesek. 2, 7	Du sollst ihnen mein Wort sagen, sie gehorchen oder lassen es.
Jerem. 5, 14	Ich will mein Wort in deinem Mund zu Feuer machen.
Röm. 10, 17	Es kommt der Glaube aus der Predigt, das Predigen aus dem Wort Gottes.
1 Petr. 4, 11	So jemand redet, daß er es rede als Gottes Wort.

9. Um Gottes Wort nutzbar zu machen, ist Hunger, inneres Licht und Fleiß, nötig.

Jes. 28, 19	Allein die Anfechtung lehrt aufs Wort merken.
Amos 8, 11	Es kommt die Zeit, daß ich einen Hunger ins Land schicken werde nach dem Wort des Herrn.
Mtth. 19, 11	Das Wort fasset nicht jedermann, sondern denen es gegeben ist.
Joh. 8, 47	Wer von Gott ist, der höret Gottes Wort.
Kol. 3, 16	Lasset das Wort Christi reichlich unter euch wohnen.

10. Das Wort Gottes wächst, siehe Wachstum.

II. Das Wort des Menschen offenbart sein Inneres.

Mtth. 15, 19	Aus dem Herzen kommen arge Gedanken.
12, 36	Die Menschen müssen Rechenschaft geben von einem jeglichen unnützen Wort, das sie geredet haben. Aus deinen Worten wirst du gerechtfertigt, aus deinen Worten wirst du verdammt werden.
Ps. 139, 4	Siehe, es ist kein Wort auf meiner Zunge, das du, Herr, nicht alles wissest.
2 Mose 20, 16	Du sollst kein falsches Zeugnis reden!
Sprüche 10, 19	Wo viele Worte sind, geht es ohne Sünde nicht ab.
Pred. Sal. 5, 1	Laß deiner Worte wenig sein.
Eph. 5, 4	Laßt nicht von euch gesagt werden schandbare Worte.

Kol. 3, 17	Alles, was ihr tut mit Worten oder Werken, das tut alles in dem Namen des Herrn Jesu.
Sprüche 25, 11	Ein Wort, geredet zur rechten Zeit, ist wie goldene Äpfel auf silbernen Schalen.
1 Kor. 4, 20	Das Reich Gottes besteht nicht in Worten, sondern in Kraft.
1 Joh. 3, 18	Lasset uns nicht lieben mit Worten noch mit der Zunge, sondern mit der Tat und mit der Wahrheit.
1, 6	So wir sagen, daß wir Gemeinschaft mit ihm haben und wandeln in der Finsternis, so lügen wir und tun nicht die Wahrheit.
1, 8	So wir sagen, wir haben keine Sünde, so betrügen wir uns selbst, und die Wahrheit ist nicht in uns (1, 10; 2, 4 u. 6).

Zeit, Zeitraum, Tag, Stunde, Zukunft. Der Schöpfer hat die Zeit geschaffen und bestimmt ihr Ende. Er ist erhaben über ihre Vergänglichkeit (siehe Ewigkeit). Gott bestimmt ihre Maße, die Dauer der Zeiträume sowohl wie das Eintreten des Augenblicks, das Jetzt. Die Zeit wird in ihren drei Beziehungen nach Vergangenheit, Gegenwart und Zukunft von dem überzeitlichen Gott durchwaltet, begrenzt und bestimmt.

1. Gott hat die Zeit geschaffen, ist über sie erhaben und bestimmt ihr Ende.

1 Mose 1, 14	Es werden Lichter ... und geben Zeichen, Zeiten, Tage und Jahre.
Ps. 90, 1	Herr Gott, du bist unsere Zuflucht für und für. Ehe denn die Berge wurden, bist du, Gott, von Ewigkeit zu Ewigkeit.
2 Mose 3, 14	Ich werde sein, der ich sein werde.
Jes. 43, 13	Auch bin ich, ehe denn ein Tag war.
44, 6	Ich bin der Erste und ich bin der Letzte, und außer mir ist kein Gott.
Offenb. 1, 8	Der Herr, der da ist, und der da war, und der da kommt.
10, 6	Daß hinfort keine Zeit mehr sein soll.

2. Gott bestimmt die Maße der Zeiträume sowohl wie das Eintreten jedes Augenblicks und seines Geschehens.

2 Mose 32, 34	Ich werde ihre Sünde wohl heimsuchen, wenn meine Zeit kommt.
Mrk. 1, 15	Die Zeit ist erfüllt, und das Reich Gottes ist nahe herbeigekommen.
Gal. 4, 4	Da aber die Zeit erfüllt war, sandte Gott seinen Sohn (Die Zeit wird ein Maß, das voll gelaufen ist).
Offenb. 2, 10	Ihr werdet Trübsal haben zehn Tage.
12, 14	Eine Zeit und zwei Zeiten und eine halbe Zeit (Es ist tröstlich, daß Gott das Maß der Leiden bestimmt und daß es kurz ist. Mtth. 24, 22: Tage verkürzt).
2 Kor. 4, 17	Unsere Trübsal, die zeitlich und leicht ist.
Ps. 31, 16	Meine Zeit steht in deinen Händen.
Sirach 17, 3	Er bestimmte ihnen die Zeit ihres Lebens.
Dan. 2, 21	Er ändert Zeit und Stunde.

a) Jesus läßt sich in vollkommenem Gehorsam von seinem Vater den Zeitpunkt seines Handelns bestimmen. Solcher Gehorsam ist auch uns befohlen.

Joh. 2, 4	Meine Stunde ist noch nicht gekommen.
7, 6	Meine Zeit ist noch nicht hier.
7, 8	Meine Zeit ist noch nicht erfüllt.
17, 1	Die Stunde ist da, daß du deinen Sohn verklärest.
Mtth. 26, 45	Die Stunde ist hier, daß des Menschen Sohn in der Sünder Hände überantwortet wird. Luk. 22, 53.
24, 36	Von dem Tag aber und von der Stunde weiß niemand, sondern allein mein Vater.

Offenb. 14, 15	Die Zeit zu ernten ist gekommen.
Röm. 12, 11	Schicket euch in die Zeit (wörtlich: Dienet dem von Gott gesetzten Zeitpunkt).
Eph. 5, 16	Kaufet die Zeit aus!
	b) Die Zeit der Entscheidung für Gott ist immer jetzt, in dem Augenblick, wo die Botschaft von Christus verkündet wird. Ein Beharren in der Unentschiedenheit verschärft das Gericht.
Hebr. 4, 7	Heute, so ihr seine Stimme hören werdet, verstocket eure Herzen nicht!
2 Kor. 6, 2	Jetzt ist die angenehme Zeit, jetzt ist der Tag des Heils.
2 Tim. 4, 2	Predige das Wort, halte an, es sei zur rechten Zeit oder zur Unzeit (nach menschlichem Ermessen).
Luk. 19, 42	Wenn doch auch du erkenntest zu dieser deiner Zeit, was zu deinem Frieden dient! Aber nun ist's vor deinen Augen verborgen!
19, 44	Darum, daß du nicht erkannt hast die Zeit, darinnen du heimgesucht bist.
Apgsch. 24, 25	Wenn ich gelegene Zeit habe, will ich dich herrufen lassen (Felix).
Mtth. 11, 23	Gericht über Kapernaum.
	c) Die Schrift erwartet die letzte Zeit, den Tag des Herrn, die letzte Stunde (siehe Ende 8 u. 4), die Zukunft des Herrn.
Amos 5, 18	Weh denen, die den Tag des Herrn begehren! Des Herrn Tag ist Finsternis und nicht Licht.
Jes. 2, 12	Der Tag des Herrn wird gehen über alles Hoffärtige.
61, 2	Tag der Rache unseres Gottes, zu trösten alle Traurigen.
Maleachi 3, 19	Es kommt ein Tag, der brennen soll wie ein Ofen.
3, 23	Der große und schreckliche Tag des Herrn. Apgsch. 2, 20.
Röm. 13, 12	Der Tag ist nahe herbeigekommen.
Mtth. 7, 22	Jener Tag. 2 Tim. 4,8; Luk. 10, 12.
Röm. 2, 5	Tag des Zorns.
1 Joh. 4, 17	Tag des Gerichts. 2 Petr. 2, 9.
Apgsch. 17, 31	Darum, daß er einen Tag gesetzt hat, auf welchen er richten will den Kreis des Erdbodens durch einen Mann,... nachdem er ihn hat von den Toten auferweckt. Röm. 2, 16.
1 Thess. 5, 2	Der Tag des Herrn wird kommen wie ein Dieb in der Nacht.
1 Kor. 1, 8	Daß ihr unsträflich seid auf den Tag unseres Herrn Jesu Christi.
5, 5	Am Tage des Herrn Jesu. 2 Kor. 1, 14; Phil. 1, 6.10; 2, 16.
Judä 6	Zum Gericht des großen Tages.
1 Joh. 2, 18	Kinder, es ist die letzte Stunde.
Maleachi 3, 2	Wer wird den Tag seiner Zukunft erleiden können?
Mtth. 24, 3	Das Zeichen seiner Zeit.
24, 27	Die Zeit des Menschensohnes.
1 Thess. 3, 13	Unsträflich auf die Zeit Jesu Christi.
4, 15	Wir, die wir überbleiben auf die Zeit des Herrn.
2 Thess. 2, 8	Wird durch die Erscheinung seiner Zeit ein Ende machen.
2 Petr. 3, 12	Wartet und eilet zu der Zeit des Tages des Herrn.
1 Joh. 2, 28	Wir nicht zuschanden werden vor ihm bei seiner Zeit.
Jak. 5, 7	Seid geduldig bis auf die Zeit des Herrn.
5, 8	Die Zeit des Herrn ist nahe.

Zeugnis, Zeuge, bezeugen. Zeuge ist der, der um eine Tatsache weiß, sie bekundet und bestätigt.

1. Das Zeugnis des Bundes, den Gott mit Israel machte (2 Mose 24, 8), sind die Gesetztafeln, im weiteren Sinn die Rechte, die Worte Gottes, die Schrift.

1 Mose 31, 44	Jakob und Laban machen einen Bund. Ein Stein ist Zeugnis.
2 Mose 34, 28	Die Tafeln, die Worte des Bundes, die zwei Tafeln des Zeugnisses.

25, 21	In die Lade das Zeugnis legen.
25, 22	Die Lade des Zeugnisses.
4 Mose 1, 50	Wohnung des Zeugnisses. Offenb. 15, 5.
5 Mose 4, 45	Das sind die Zeugnisse und Gebote und Rechte.
Ps. 19, 8	Das Zeugnis des Herrn ist gewiß und macht weise.
119, 99	Deine Zeugnisse sind meine Rede, Vers. 111 mein ewiges Erbe, meines Herzens Wonne. 129 sind wunderbar, 144 die Gerechtigkeit deiner Zeugnisse.

2. Das Zeugnis des Neuen Bundes bezieht sich auf die Messianität Jesu.

Mtth. 8, 4	Opfere die Gabe zu einem Zeugnis über sie.
Joh. 5, 34	Ich nehme nicht Zeugnis von Menschen.
5, 32	Ein anderer ist's, der von mir zeuget.
5, 36	Die Werke, die mir der Vater gegeben hat, zeugen von mir.
5, 39	Suchet in der Schrift, sie ist's, die von mir zeuget.
8, 17	Zweier Menschen Zeugnis ist wahr. Ich bin's, der ich von mir selbst zeuge, und der Vater zeuget auch von mir.
Mtth. 26, 65	(Auf Jesu Selbstzeugnis:) Was bedürfen wir weiteren Zeugnisses?
1 Joh. 5, 7	Drei sind, die da zeugen: der Geist, das Wasser und das Blut.
5, 10	Das Zeugnis, das Gott zeuget von seinem Sohn.
5, 11	Das ist das Zeugnis, daß Gott das ewige Leben hat gegeben, und das Leben ist in seinem Sohn (Gottes Zeugnis).
Apgsch. 1, 22	Zeuge seiner Auferstehung.
4, 33	Mit großer Kraft geben die Apostel Zeugnis von der Auferstehung des Herrn Jesu Christi.
Mtth. 10, 18	Man wird euch vor die Könige führen zum Zeugnis.
Offenb. 6, 9	Die erwürget waren um des Zeugnisses willen.
12, 11	Sie haben überwunden durch das Wort ihres Zeugnisses (Der Apostel und Jünger Zeugnis).

3. Die Bestätigung der Gotteskindschaft im Herzen der Gläubigen durch den Heiligen Geist (siehe Glaube II, 2 d).

Röm. 8, 16	Derselbe Geist gibt Zeugnis unserem Geist, daß wir Gottes Kinder sind.
Offenb. 12, 17	Die da haben das Zeugnis Jesu Christi.
19, 10	Das Zeugnis Jesu aber ist der Geist der Weissagung (Prophetie).

4. Jegliches Bezeugen irgendeiner Tatsache geschehe in Wahrhaftigkeit.

2 Mose 20, 16	Du sollst kein falsches Zeugnis reden wider deinen Nächsten.
Röm. 9, 1	Zeugnis gibt mir mein Gewissen (siehe Gewissen).
1 Tim. 3, 7	Er muß auch ein gutes Zeugnis haben von denen, die draußen sind.

Zorn Gottes ist die göttliche Gegenwirkung gegen die Sünde im Gericht, das Gegenteil von Heilsmitteilung und Wohlgefallen. Im Alten Testament wirkt der Zorn Gottes sich in der Geschichte in einzelnen Strafgerichten aus, im Neuen Testament mehr in der Endgeschichte als Ausschluß vom Heil.

1. Das Gerichtswirken Gottes, das sich innerhalb des Geschehens in Strafgerichten zeigt und im Endgericht sich vollendet!

2 Mose 32, 10	Laß mich, daß mein Zorn über sie ergrimme und sie vertilge.
4 Mose 32, 10	Des Herrn Zorn ergrimmte zur selbigen Zeit.
2 Kön. 24, 20	Es geschah also mit Jerusalem und Juda aus dem Zorn des Herrn.
Hiob 9, 13	Er ist Gott; seinen Zorn kann niemand stillen.
Ps. 6, 2	Ach Herr, strafe mich nicht in deinem Zorn.

90, 7	Das macht dein Zorn, daß wir so vergehen.
95, 11	Daß ich schwur in meinem Zorn, sie sollen nicht zu meiner Ruhe kommen.

2. Der Zorn Gottes kann abgewandt werden durch Fürbitte und Sühne.

Ps. 78, 38	Er aber war barmherzig und vergab die Missetat und vertilgte sie nicht und wandte oft seinen Zorn ab und ließ nicht seinen ganzen Zorn gehen.
2 Mose 32, 30	Moses Fürbitte.
4 Mose 25, 11	Die Eifertat des Pinehas wendet Gottes Zorn ab.
3 Mose 16	Der große Versöhnungstag.
Ps. 103, 9	Er wird nicht immer hadern noch ewiglich Zorn halten.
Micha 7, 18	Wo ist solch ein Gott, der seinen Zorn nicht ewiglich behält, denn er ist barmherzig.

3. Der Zorn Gottes in der Endgeschichte (schon jetzt im Anbruch).

Hesek. 7, 19	Der Tag des Zornes. Jes. 13, 13; Zeph. 2, 2.
Mtth. 3, 7	Ihr Otterngezüchte, wer hat denn euch gewiesen, daß ihr dem künftigen Zorn entrinnen werdet?
Joh. 3, 36	Wer dem Sohn nicht glaubt, der wird das Leben nicht sehen, sondern der Zorn Gottes bleibt über ihm.
Röm. 1, 18	Gottes Zorn vom Himmel wird offenbart über alles gottlose Wesen.
2, 5	Häufest dir selbst den Zorn auf den Tag des Zornes.
1 Thess. 2, 16	Der Zorn Gottes ist schon über sie gekommen zum Ende hin.
Eph. 2, 3	Kinder des Zornes.
5, 6	Um dieser Dinge willen kommt der Zorn Gottes über die Kinder des Unglaubens.
Offenb. 6, 16	Verberget uns vor dem Zorn des Lammes; denn es ist gekommen der große Tag seines Zornes und wer kann bestehen?

4. Die Rettung vor dem Zorn.

Röm. 5, 9	So werden wir ja vielmehr durch ihn bewahrt werden vor dem Zorn, nachdem wir durch sein Blut gerecht geworden sind.
1 Thess. 5, 9	Gott hat uns nicht gesetzt zum Zorn, sondern die Seligkeit zu besitzen durch unseren Herrn Jesum Christum, der für uns gestorben ist.

Zucht ist Erziehung, das Gegenteil von sich gehn lassen; Erziehung Gottes zum Ebenbild seines lieben Sohnes.

Hiob 36, 10	Öffnet ihnen das Ohr zur Zucht.
Ps. 50, 17	So du doch Zucht hassest.
Sprüche 1, 8	Gehorche der Zucht deines Vaters.
11, 22	Ein schönes Weib ohne Zucht.
1 Tim. 2, 9	Daß die Weiber mit Scham und Zucht sich schmücken.
2 Tim. 1, 7	Gott hat uns gegeben den Geist der Zucht.
Hebr. 12, 28	Gnade, durch die wir Gott dienen mit Zucht.

Züchtigung, siehe Leiden.

Zukunft, siehe Zeit [2 c].

Zweifel, zweifeln ist ein zwischen zwei Möglichkeiten Nichtwählen-Können, der religiöse Zweifel ist ein Mangel an Vertrauen gegenüber Gott, daher Sünde.

Sirach 7, 10	Wenn du betest, so zweifle nicht.
Jak. 1, 6	Er bitte im Glauben und zweifle nicht.
1 Tim. 2, 8	Ich will, daß die Männer beten und aufheben heilige Hände ohne Zorn und Zweifel.

Mtth. 21, 21	So ihr Glauben habt und nicht zweifelt (Alles, was ihr bittet imGebet, werdet ihr empfangen).

1. Wer erhörlich beten will, muß den Zweifel lassen.

Mtth. 14, 31	O du Kleingläubiger, warum zweifelst du?
Jak. 1, 6	Wer da zweifelt, der ist gleich wie die Meereswoge, die vom Winde getrieben und bewegt wird.
1, 8	Ein Zweifler ist unbeständig in allen seinen Wegen.

2. Zweifel nimmt uns die Festigkeit und den Halt in der Not.

Röm. 4, 20	Abraham zweifelte nicht an der Verheißung Gottes durch Unglauben, sondern ward stark im Glauben und gab Gott die Ehre.

3. Überwindung des Zweifels durch Vertrauen und Gehorsam.

Mtth. 11, 1	Jesus überwand den Zweifel des Täufers durch die Botschaft von dem, was geschah, und forderte ihn auf, an seiner geringen Gestalt nicht Anstoß zu nehmen (siehe Ärgernis).
Hebr. 11, 1	Der Glaube ist eine gewisse Zuversicht des, das man hofft, und ein Nichtzweifeln an dem, was man nicht sieht.

2. BUCH

Biblische Gestalten

1. Teil:

DIE GESTALTEN DES ALTEN TESTAMENTS

1. Gestalten der Urzeit

Adam ist das Urbild des Menschen. Er ist geschaffen aus Erde und göttlichem Lebensodem zum Bilde Gottes. Er übertritt den Bund Gottes und kommt unter den Fluch. Gott schenkt ihm eine Verheißung.

1. Adam (Mensch) ist geschaffen zum Bilde Gottes,

1 M 1,27	Gott schuf den Menschen sich zum Bilde.
2,7	Gott machte den Menschen aus einem Erdenkloß, und er blies ihm ein den lebendigen Odem.

zum Mann seines Weibes,

1 M 2,18	es ist nicht gut, daß der Mensch allein sei. Ich will ihm eine Gehilfin machen...
2,23	Fleisch von meinem Fleisch..., darum wird ein Mann seinen Vater und seine Mutter verlassen und an seinem Weib hangen, und werden die zwei ein Fleisch sein. (Die Sehnsucht nach Einheit ist schöpfungsgemäß.)

zum Vater des Menschengeschlechts,

1 M 1,28	seid fruchtbar und mehret euch und füllet die Erde.

zum Herrn über die Kreatur,

1 M 1,28	macht sie euch untertan und herrschet über Fische und alles Tier.

zum Gehorsam gegen Gott,

2,16	du sollst essen von allerlei Bäumen, von dem Baum der Erkenntnis des Guten und Bösen sollst du nicht essen.

zur Einfalt (nur das Gute, nicht das Böse soll er kennen).

1 M 2,25	sie waren beide nackt und schämten sich nicht.

So ist er der Sohn Gottes.

Lk 3,38	Adam, der war Gottes.

2. Er übertritt den Bund,

Hos 6,7	sie übertreten den Bund wie Adam.

verführt durch sein Weib,

1 M 3,6	sie gab ihrem Mann auch davon, und er aß.

er fällt aus der Einfalt,

1 M 3,7	da wurden ihrer beiden Augen aufgetan, und sie wurden gewahr, daß sie nackt waren.
3,22	er weiß, was gut und böse ist.

er sucht sich zu decken und zu verstecken vor Gott (der Versuch der Selbsterlösung, die Wurzel aller Religion als einer menschlichen Angelegenheit),

1 M 3,7	sie flochten Feigenblätter zusammen und machten sich Schürzen.
3,8	Adam versteckt sich mit seinem Weibe unter die Bäume im Garten.

zu entschuldigen.

1 M 3,12	das Weib, das du mir zugesellt hast, gab mir von dem Baum, und ich aß.

3. Der gefallene Mensch ist unter dem Fluch.

1 M 3,17	verflucht sei der Acker um deinetwillen, mit Kummer sollst du dich drauf nähren..., Dornen und Disteln soll er dir tragen. (Fluch über alle Kulturarbeit, die noch keinen Anteil hat an der Erlösung.)
3,19	du bist Erde und sollst zur Erde werden. (Durch den Tod wird der Mensch in seine Schranken gewiesen.)
Rö 5,14	der Tod herrschte von Adam an...
5,12	durch einen Menschen ist die Sünde in die Welt gekommen und der Tod durch die Sünde.
1 Kr 15,22	in Adam sterben sie alle...
1 M 3,24	Vertreibung aus dem Paradies. (Alle Bemühungen des Menschen, mit eigener Kraft das Paradies zu schaffen, scheitern. Die Dornen und Disteln wachsen immer wieder.)

4. Er bekommt eine Verheißung.

1 M 3,15	derselbe soll dir den Kopf zertreten...
3,21	Gott machte Adam und seinem Weib Röcke von Fellen und kleidete sie. (Das Tier stirbt stellvertretend für den Menschen, um ihn zu decken, ein Hinweis auf das Tieropfer.)
Rö und 1 Kr 15,22	Gegenüberstellung von Adam und Christus. Christus ist der zweite Adam.

Eva ist vom Manne genommen, daß sie als seine Gehilfin um ihn sei. Sie ist das Urbild des Weibes, dessen Leben erst durch den Mann seinen vollen Inhalt bekommt. Viel empfänglicher für neue Eindrücke als Adam, unterliegt sie der Verführung durch den Versucher und verführt ihrerseits wieder den Mann. Sie versteckt sich mit ihm vor Gott, sucht sich wie er vor Gott zu decken und entschuldigt sich wie er. Sie kommt unter den Fluch, Weh und Angst bei der Geburt des Kindes tragen zu müssen. Doch kommt ihr Sehnen vom Manne nicht los, und sie muß ihm untertan sein. Aber ihr wird auch die Verheißung, daß durch ihr Kindergebären einmal der Sieger über den Versucher der Menschheit geschenkt werden wird. Allerdings wird er nur durch sein eigenes Sterben hindurch siegen. Ihr Mann gibt ihr den stolzen Namen Lebensspenderin. Sie selbst nennt voll Hochgefühl eigener Kraft ihren ersten Sohn Kain, d.h. ich habe einen Mann gewonnen mit Gott, während sie ihren zweiten Sohn Habel, d.h. Hauch, Nichtigkeit nennt, da sie ein Bangen um das liebe Kindesleben überkommt. So offenbart sich bei ihr Trotz und Verzagtheit des gefallenen Menschen. Durch das tiefe Weh, das ihr Kain antat, lernt Eva von ihrer Kraft absehen und auf Gott vertrauen, daß er einen neuen entwicklungsfähigen Anfang (Samen) setzt.

1 M 2,22	Gott der Herr baute ein Weib aus der Rippe, die er von dem Menschen nahm.
3,1	Versuchung des Weibes durch die Schlange und Verführung des Mannes zur Sünde. 2 Kr 11,3 wie die Schlange Eva verführte.
1 Ti 2,14	das Weib ward verführt und hat die Übertretung eingeführt.
1 M 3,8	Adam versteckte sich mit seinem Weibe.
3,15	ich will Feindschaft setzen zwischen dir und dem Weibe.
1 M 3,16	mit Schmerzen sollst du Kinder gebären; und dein Sehnen soll nach deinem Manne sein, und er soll dein Herr sein.
1 Ti 2,13	Adam ist am ersten gemacht, danach Eva. (Begründung der Unterordnung des Weibes unter den Mann und des Lehrverbots für das Weib innerhalb der Gemeinde.)
1 M 3,15	derselbe soll dir den Kopf zertreten, und du wirst ihn in die Ferse stechen. 1 Ti 2,15 sie wird selig werden durch Kindergebären.
3,20	Adam hieß sein Weib Eva (Lebensspenderin).
4,1	Eva gebar den Kain und sprach: ich habe einen Mann gewonnen mit dem Herrn.
4,2	sie gebar Habel.
4,25	sie gebar Seth (Stütze); denn Gott hat mir, sprach sie, einen anderen Samen gesetzt für Habel, den Kain erwürgt hat.

Kain, der Erstgeborene des ersten Menschenpaares, ist das Urbild des Menschen, der die Abkehr von Gott bewußt vollzieht. Er ist der Mensch der Selbstbehauptung, der mit Gott auch seinen Bruder verliert. Er sucht in Kulturarbeit für das Verlorene Ersatz, ohne ihn zu finden. (Kain = Besitz, Erwerb.)

1. Kain bringt als Erstgeborener für die Familie das Huldigungsopfer für Gott. Sein Gottesdienst ist nur äußerlich, sein Herz opfert er nicht. Darum hat Gott an seinem Opfer kein Wohlgefallen.

1 M 4,3	es begab sich, daß Kain dem Herrn Opfer brachte von den Früchten des Feldes.
4,5	Kain und sein Opfer sah Gott nicht gnädiglich an.

2. Die Antwort Gottes an Kain warnt ihn und zeigt ihm die Ursache des göttlichen Mißfallens. Kain wird vom Sinnlichen, Sichtbaren beherrscht, statt darüber zu herrschen.

1 M 4,7	wenn du fromm bist, so bist du angenehm, bist du aber nicht fromm, so ruht die Sünde (ursprünglich das Sinnliche, Sichtbare) vor deiner Tür, und nach dir hat sie Verlangen, du aber herrsche über sie.
1 Joh 3,12	nicht wie Kain, der von dem Argen war.
Heb 11,4	durch den Glauben brachte Abel ein größeres Opfer als Kain. (Bei Kain fehlte der Glaube, die Herzensübergabe an Gott.)

3. Kains Empörung und Niedergeschlagenheit. Er fühlt sich von Gott durchschaut und vor seinem Bruder gedemütigt.

1 M 4,5	da ergrimmte Kain sehr, und seine Gebärde verstellte sich. (Wörtlich: er senkte den Blick.)

4. Statt sich unter Gottes Urteil zu beugen, schlägt er, um sich selbst zu behaupten, seinen Bruder tot. Äußerliche Frömmigkeit vernichtet lieber

den Vertreter innerlicher Frömmigkeit, als daß sie sich beugt. (Ein typischer Vorgang der Weltgeschichte.)

1 M 4,8 da redete Kain mit seinem Bruder Abel. Er erhub sich Kain wider seinen Bruder Abel und schlug ihn tot.
1 Joh 3,12 warum erwürgte er ihn? Daß seine Werke böse waren und die seines Bruders gerecht.

5. Weder Gott noch der Bruder kann durch einen Gewaltakt zum Schweigen gebracht werden. Gott fragt Kain nach seinem Bruder. Kains fadenscheinige Entschuldigung gilt nicht vor Gott.

1 M 4,9 da sprach der Herr zu Kain: Wo ist dein Bruder Habel?
4,10 was hast du getan? Die Stimme des Bluts deines Bruders schreit zu mir von der Erde.
4,9 er sprach: Ich weiß nicht; soll ich meines Bruders Hüter sein?

6. Über Kain wird der Fluch ausgesprochen, daß ihn das Sichtbare, das er Gott vorgezogen hat, enttäuschen und unbefriedigt lassen soll. Der Gewalttätige bekommt Angst vor der Menschen Gewalttätigkeit. Gott schützt sein Leben, damit er Raum habe zur Buße. So ist im Gericht Gnade.

1 M 4,11 verflucht seist du auf der Erde. Wenn du deinen Acker bauen wirst, soll er dir hinfort sein Vermögen nicht geben. Unstet und flüchtig sollst du sein auf Erden.
4,15 wer Kain totschlägt, soll siebenfältig gerochen werden. Der Herr machte ein Zeichen an Kain, daß ihn niemand erschlüge, der ihn fände.

7. Kain bereut nicht seine Schuld, sondern fürchtet nur ihre Folgen. Er wendet sich noch weiter ab von Gott, um nicht mehr an seine Sünden erinnert zu werden. Aus seiner Angst und seinem unbefriedigten Sehnen heraus schafft er die Kultur der Stadt, die ihn umschirmen und befriedigen soll. Aber die rein diesseitige Kultur ist kein Ersatz für Gott, sondern sie versklavt.

1 M 4,16 Kain ging von dem Angesichte des Herrn. Und er baute eine Stadt.
Judas 11 weh ihnen, sie gehen den Weg Kains. (Es gibt Kainsmenschen und Kainsgesinnung.)

Abel, der zweite Sohn der ersten Eltern, erhält von seiner Mutter in Vorahnung seines Endes den Namen »Hauch, Nichtigkeit«.

1. Abel ist eine zarte, innerliche Natur, wie sie zu dem beschaulichen Geschäft des Schäfers sich eignet. Als Kain, der Erstgeborene, für die Familie Gott ein Opfer darbringt, fühlt sich auch Abel getrieben, Gott durch ein Opfer der Erstgeburt seiner Herde seine Hingabe zu erweisen. Sein Opfer findet Gottes Wohlgefallen, weil sein Herz dabei ist.

1 M 4,2 sie gebar Abel. Und Abel ward ein Schäfer.
4,4 der Herr sah gnädig an Abel und sein Opfer.
Heb 11,4 durch den Glauben hat Abel Gott ein größer Opfer getan denn Kain.

2. Abel wird von seinem Bruder erschlagen, weil Kain seine Gerechtigkeit als Anklage empfindet. Abel ist der erste, der um Gerechtigkeit willen verfolgt ward.

Mt 23,35	von dem Blut des gerechten Abel an.
1 M 4,8	es erhub sich Kain wider seinen Bruder Abel und schlug ihn tot.
1 Joh 3,12	weil seine Werke böse waren und seines Bruders waren gerecht.

3. Abel läßt sich töten, aber nicht zum Schweigen bringen. Sein Blut schreit zu Gott und fordert das Gericht heraus. Gott zieht Kain zur Rechenschaft. Abel läßt sich nicht beseitigen. Er wird von Gott ersetzt durch den frommen Seth. So schreit auch Jesu Blut zu Gott, aber nicht nach dem Gericht, sondern nach Barmherzigkeit, weil Jesus das Gericht trug für uns.

1 M 4,10	Die Stimme des Bluts deines Bruders schreit zu mir von der Erde.
4,9	da sprach der Herr zu Kain: Wo ist dein Bruder Abel?
Heb 12,24	das Blut, das besser redet denn Abels.
1 M 4,25	sie gebar einen Sohn, den hieß sie Seth; denn Gott hat mir, sprach sie, einen anderen Samen gesetzt für Abel.

Lamech und das Kainsgeschlecht. Die Vorfahren Lamechs waren Chanoch (Rüsten, Üben), der Sohn Kains, Irad (Flüchtiger, Ungebundener), Mahujael (einer, in dem das Göttliche erloschen ist). Die Namen der Kainslinie kennzeichnen das Wesen der kainitischen Kulturentwicklung aus eigener Kraft, der sich Gott entziehenden Ungebundenheit und der bewußt atheistischen Einstellung. So sind auch die Namen der Söhne Lamechs bezeichnend für das Streben des kainitischen Menschen, sich das Leben ohne Gott erträglich zu machen. Jabal ist der Werte Schaffende, der Ahnherr der Verdiener, Jubal ist der Erfinder der Musik, er bietet dem im Kampf ums Dasein stehenden Menschen die Entspannung durch die Kunst und damit einen Ersatz für den Verlust Gottes. Thubal-Kain ist der Erfinder von allerlei Erz- und Eisenwerkzeug, der Vater der Industrie. Er produziert die Werkzeuge, die für den Ertrag des Ackers sich austauschen lassen und so das Leben in der Stadt ermöglichen. Naema (das sinnlich Schöne) ist seine Schwester. Man verstand Anmut und Schönheit in das Leben fern vom Paradies hineinzutragen und so ohne Gott sich selbst zu genügen. Doch konnte diese mannigfaltige Kultur die Gewissen nicht beruhigen, wenn anders das Lamechlied der Aufschrei eines im Gewissen erwachten Menschen ist, der das Gericht über sich kommen sieht. Lamech ist der Mann der rücksichtslosen Selbstsucht. Er sieht im Mord ein Mittel zur Selbstbehauptung. Ob mit dem Mann, den er erschlug, Kain, und mit dem Kind der eigene Sohn gemeint ist, kann nicht bestimmt gesagt werden. Jedenfalls vergilt Lamech eine kleine Verletzung mit dem Mord. Es könnte das Lamechlied auch aus wildem Trotz heraus gesungen sein. Ein Despot rühmt sich seiner Bluttaten, droht mit seiner Rücksichtslosigkeit und spottet des göttlichen Gerichts.

1 M 4,18	Henoch zeugte Irad, Irad zeugte Mahujael, Mahujael zeugte Methusael, Methusael zeugte Lamech.

4,19 Lamech nahm zwei Weiber. Die eine hieß Ada, die andere Zilla. Und Ada gebar Jabal; von dem sind hergekommen, die in Hütten wohnten und Vieh zogen.
4,21 Und sein Bruder hieß Jubal; von dem sind hergekommen die Geiger und Pfeifer.
4,22 Die Zilla gebar auch, nämlich den Thubal-Kain, den Meister in allerlei Erz- und Eisenwerk. Und die Schwester des Thubal-Kain war Naema.
4,23 Und Lamech sprach zu seinen Weibern: Ihr Weiber Lamechs, höret meine Rede und merkt, was ich euch sage: Ich habe einen Mann erschlagen für meine Wunde und einen Jüngling für meine Beule.
4,24 Kain soll siebenmal gerochen werden, Lamech aber siebenundsiebenzigmal.

Henoch (Rüsten, Üben, vgl. auch Weihe). Sein Ahne ist Seth, der Sohn Adams. Seth ist die große Hoffnung seiner Mutter, der Ersatz für Abel. Er ist, wie ausdrücklich hervorgehoben wird, seines Vaters Ebenbild, der seinerseits nach dem Bild Gottes geschaffen ist. Es ist in ihm der Zug zu Gott hin, doch läßt sich der durch den Sündenfall in die Menschheit hineingekommene Zug zum Sichtbaren nicht verleugnen. Darum ist eine Erlösung aus eigener Kraft auch in der Sethlinie unmöglich. So weist die Sethlinie ein merkwürdiges Schwanken der Gesinnung in den Namen ihrer Glieder auf. Enos, der Sohn Seths, ist der Krankmachende, in den Todeszustand Hineinziehende. Vielleicht leuchtet hinter diesen Namen die Erkenntnis auf, daß der Mensch aus eigener Kraft nicht die Genesung der Welt erringen kann, daß die Erlösung von Gott her kommen muß. Im inneren Zusammenhang mit dieser Erkenntnis steht der Beginn der Jahreverkündigung. Der Sohn Enos' ist Kenan, einer, der dem Besitz hingegeben ist, dessen Sohn ist Mahalaleel (Gottespreis). In seinen Tagen findet ein Erwachen für den Geber aller guten Gaben statt, das zum Lob Gottes bewegt. Aber schon der Name seines Sohnes Jared (Niedergang) weist darauf hin, daß der Niedergang der Menschheit nicht aufzuhalten ist. So wird Henoch geboren, der nach seines Sohnes Methusalahs (Schwertgewaltiger) Geburt eine Wende erlebt und fortan den Sinn des Lebens nicht in der Selbstbehauptung und im Kulturfortschritt, sondern im Umgang mit Gott sieht. Henoch bleibt in der Gemeinschaft mit Gott und hat den Mut, in seiner Zeit ein Einsamer zu sein. Er hält Schritt mit Gott und wird deshalb, weil er an dem Unsichtbaren unwandelbar festhält (glaubt), dem herannahenden Gericht entnommen, ohne daß seine Zeitgenossen viel Notiz davon nehmen.

1 M 5,3 Adam zeugte einen Sohn, der seinem Bilde ähnlich war, und hieß ihn Seth.
5,6 Seth zeugte Enos; V. 9 Enos zeugte Kenan; V. 12 Kenan zeugte Mahalaleel; V. 15 Mahalaleel zeugte Jared; V. 18 Jared zeugte Henoch; V. 21 Henoch zeugte Methusalah.
4,25 Gott, sprach sie, hat mir einen anderen Samen gesetzt für Abel. V. 26 Seth zeugte auch einen Sohn und hieß ihn Enos. Zu der Zeit fing man an, zu predigen von des Herrn Namen.
5,22 nachdem er Methusalah gezeugt hatte, wandelte er mit Gott dreihundert Jahre und zeugte Söhne und Töchter. V. 24. Und, weil er mit Gott wandelte, nahm ihn Gott hinweg, und er ward nicht mehr gesehen (wörtlich: er war nicht mehr, denn Gott hatte ihn weggenommen).
Heb 11,5 durch den Glauben ward Henoch weggenommen, daß er den Tod nicht sähe, und ward nicht gefunden, darum, daß ihn Gott wegnahm; denn

vor seinem Wegnehmen hat er Zeugnis gehabt, daß er Gott gefallen habe. Aber ohne Glauben ist's unmöglich, Gott zu gefallen.

Noah und das Geschlecht der Flut. Noahs Söhne. Noah (der zur Ruhe bringt, Tröstung), der Sohn Lamechs aus der Sethlinie. Lamech hat einen klaren Blick für die Not der Erde, die unter dem Fluch steht. Das beweist der Name, den er seinem Sohn gibt. Er hält sich mit allen, die so dachten, fern von den Kindern Kains, um nicht in ihr Wesen hineingezogen zu werden.

1. Noahs Vater

1 M 5,29 Lamech hieß ihn Noah und sprach: Der wird uns trösten in unserer Mühe und Arbeit auf der Erde, die der Herr verflucht hat.

2. Das Geschlecht der Flut. Es kommt zu dämonischen Verbindungen; hieraus gehen große Männer hervor, die, je mehr sie durch Steigerung ihrer Fähigkeiten eine glänzende Kultur schaffen, um so hartnäckiger sich dem Geiste Gottes widersetzen. Sie werden geschildert als verderbt (in sittlicher Beziehung), gewalttätig (in sozialer Beziehung) und immerdar zum Bösen hingezogen. Gott entschließt sich mit Bekümmernis, diese Menschen zu vertilgen, um die Gesamtheit der Menschen zu retten.

1 M 6,2 es sahen die Kinder Gottes nach den Töchtern der Menschen, wie sie schön waren, und nahmen zu Weibern, welche sie wollten.
6,4 wurden daraus Gewaltige in der Welt und berühmte Männer.
6,3 da sprach der Herr: Die Menschen wollen sich von meinem Geist nicht mehr strafen lassen, denn sie sind Fleisch (genau: Mein Geist wird nicht immer Richter bleiben).
6,5 da er sah, daß der Menschen Bosheit groß war und alles Dichten und Trachten ihres Herzens nur böse war immerdar, reute es ihn, daß er die Menschen gemacht hatte, und es bekümmerte ihn.
6,11 die Erde war verderbt vor Gott und voll Gewalttaten.

3. *Noahs Gerechtigkeit.* Noah geht in den Bahnen seines Vaters und findet nach ernstem Suchen das Wohlwollen Gottes, das ihn zur Gemeinschaft mit Gott befähigt. Er findet die richtige Einstellung zu Gott, sein Gericht und die Verheißung seiner Rettung ernst zu nehmen und zu glauben. Darum ist er auch in seinem Verhältnis zu den Menschen tadellos. So werden ihm die Augen erleuchtet, die kommende Katastrophe durch den Glanz der Kultur hindurch zu schauen.

1 M 6,8 Noah fand Gnade vor dem Herrn.
6,9 er war ein frommer Mann und ohne Tadel und führte ein göttliches Leben (wandelte mit Gott).
7,1 der Herr sprach zu Noah: Ich habe dich gerecht ersehen vor mir zu dieser Zeit.

4. *Noahs Gehorsam.* Weil Noah die richtige Stellung zu Gott hat, kann Gott zu ihm reden. Noah gehorcht in allem und hört nicht auf die Menschen, die sein Tun verlachen, sondern vertraut dem Herrn. Er baut auf Gottes Befehl die Arche, die die Möglichkeit der Rettung bietet, und

bekommt von Gott die gewisse Zusage der Erhaltung seiner Familie. Er geht mit den Tieren auf des Herrn Wort in die Arche, die Gott verschließt. Noah kann warten, bis das Gericht vorüber ist, und verläßt erst auf Gottes Geheiß die Arche. Seine erste Tat ist das Brandopfer zum Ausdruck seiner dankbaren Hingabe an den Erhalter seines Lebens. So wird es ihm möglich, Gottes Gedanken vom künftigen, unaufhörlichen Wechsel der Tages- und Jahreszeiten zu erlauschen. Durch diesen Wechsel der Tages- und Jahreszeiten und das von Gott angeordnete Strafrecht, das zum Strafamt der Obrigkeit führt, wird die Bosheit der Menschen so eingedämmt, daß eine Gesamtvernichtung nicht mehr nötig ist. Der Gehorsame erhält den Segen Gottes und die Verheißung der Erhaltung des Menschengeschlechts. Gott schließt einen Bund mit ihm und gibt im Regenbogen das Zeichen des Bundes.

1 M 6,14 da sprach Gott zu Noah: Mache dir einen Kasten.
7,1 der Herr sprach zu Noah: Gehe in den Kasten.
8,15 da redete Gott mit Noah: Gehe aus dem Kasten.
1 M 6,22 Noah tat alles, was ihm Gott gebot.
7,5 Noah tat alles, was ihm der Herr gebot.
8,20 Noah aber baute dem Herrn einen Altar und opferte Brandopfer.
8,21 der Herr sprach in seinem Herzen: Ich will hinfort nicht mehr die Erde verfluchen um der Menschen willen. Solange die Erde steht, soll nicht aufhören Samen und Ernte, Frost und Hitze, Sommer und Winter, Tag und Nacht (wörtlich: soll nie feiern, vor der Flut andere einheitliche klimatische Verhältnisse).
9,1 Gott segnete Noah und seine Söhne und sprach: Seid fruchtbar und mehret euch.
9,6 wer Menschenblut vergießt, des Blut soll wieder durch Menschen vergossen werden.
9,11 ich richte meinen Bund also mit euch auf, daß hinfort nicht mehr alles Fleisch verderbt werden soll.

5. *Noahs Söhne und Noahs Fall.* Der eben vom Gericht Gerettete unterliegt der Versuchung und berauscht sich am Wein, der Gabe der aus dem Gericht hervorgegangenen Erde, zu seinem tiefen Leidwesen. Sein Sohn Ham (Ham = die aufgeregte sinnliche Bewegung) hat Freude an seines Vaters Fall und sagt seinen Brüdern davon, die die Schmach ihres Vaters nicht ansehen wollen und ihn decken. Sem (Name), einer, der den Dingen den rechten Namen gibt, den rechten Begriff von ihnen hat, Japhet (offenstehen), der Empfängliche, und Ham, sind die Stammväter großer Völker geworden. Die Semiten gewannen die geistigste Gottesauffassung. Hams Sohn Kanaan kommt unter den Fluch Noahs. Seine Nachkommen entarten und verlieren dadurch ihre Selbständigkeit. Die Japhetiten sind aufgeschlossen für das Schöne und fähig zur Eroberung der Welt, weil sie andere beeinflussen können. Noah, der, von seiner Sünde ernüchtert, einen bewunderungswürdig klaren prophetischen Blick hat, weissagt das Geschick seiner Söhne und ihrer Nachkommen.

1 M 9,20	Noah fing an und ward ein Ackermann und pflanzte Weinberge, und da er von dem Wein trank, ward er trunken und lag in der Hütte aufgedeckt.
9,22	da nun Ham sah seines Vaters Blöße, sagte er's seinen Brüdern draußen.
9,23	sie gingen rücklings zu und deckten ihres Vaters Blöße zu.
9,25	Verflucht sei Kanaan und sei ein Knecht.
9,26	Gelobt sei der Herr, der Gott Sems, und Kanaan sei sein Knecht.
9,27	Gott breite Japhet aus und lasse ihn wohnen in den Hütten Sems, und Kanaan sei sein Knecht (wörtlich: Gott gebe Japhet weiten Raum).

Nimrod (Widerstreiter, Empörer) und die Turmbauer zu Babel.

I. Nimrod, aus dem Geschlechte Hams, ist ein Gewaltiger, ein Held mit Hinterlist, um andere damit zu fangen. Er benützt seine Gaben, um seine Mitmenschen sich mit List zu unterwerfen. Das gelingt ihm um so besser, als er den frommen Schein zu wahren versteht, er tue, was er tut, vor dem Herrn. Er ist der erste, der Religion als Mittel zum politischen Zweck benützt.

1 M 10,8	Ehus (aus dem Geschlechte Hams) zeugte den Nimrod. Der fing an, ein gewaltiger Herr zu sein auf Erden, und war ein gewaltiger Jäger (einer, der mit List fängt, in diesem listigen Fangen bestand sein Heldentum) vor dem Herrn. Daher spricht man, das ist ein gewaltiger Jäger vor dem Herrn wie Nimrod.

II. Nimrod und die Turmbauer zu Babel. Nimrod wird wie die Kainiten ein Städtebauer (1 M 10,10.11) und inspiriert das Volk zum Bau Babels. Die Gedanken, wodurch die Nimrodsgewaltigen die Massen sich dienstbar machen, sind:

1. Einheit;

1 M 11,4	Laßt uns eine Stadt und einen Turm bauen, wir werden sonst zerstreut in alle Länder.

2. Selbsterlösung;

1 M 11,4	laßt uns einen Turm bauen, dessen Spitze bis an den Himmel reiche (zur Rettung vor einer kommenden Flut, ohne die sündigen Grundsätze, die das Gericht verursachen, abzulegen).

3. Selbstverherrlichung.

1 M 11,4	daß wir uns einen Namen machen.

III. Das Gericht Gottes über diesen Versuch. Die Menschen wollen hinan, und Gott fährt hernieder, um den Hochmut des Turmbauers, der dem Gericht Gottes durch die zusammengeschlossene Macht der Massen zu trotzen gedenkt, zu richten. Der Zweck der Selbstverherrlichung eines einzelnen vermag die Massen nicht auf die Dauer in seinen Dienst zu zwingen. Die Einheit zerbricht, weil jeder sich selber leben will. Die

Menge versteht sich nicht mehr und wird zerstreut. Gott schwächt durch seine Gerichte das Böse, um dadurch die Menschen zu retten.

1 M 11,5 ff. Da fuhr der Herr hernieder, und der Herr sprach: Siehe, es ist einerlei Volk und einerlei Sprache unter ihnen allen, und haben das angefangen zu tun; sie werden nicht ablassen von allem, was sie sich vorgenommen haben, zu tun. Wohlauf, lasset uns herniederfahren und ihre Sprache daselbst verwirren, daß einer des anderen Sprache nicht verstehe! Also zerstreute sie der Herr von dort in alle Länder.

2. Die Erzväter

Abraham wird von Gott erwählt und berufen zum Vater des Volkes Israel und zum Vater der Glaubenden durch die Verheißungen einer gesegneten Zukunft. Er lernt in jahrelanger Erziehung nach allerlei Irrungen, den Glauben an Gottes Zusage festzuhalten und von aller Selbsthilfe abzusehen. Er bewahrt seinen Glauben, als er auf die Probe gestellt wird.

So ist er in der richtigen Stellung zu Gott, in der ihm Erleuchtung über Gottes Wesen und Rat zuteil wird, und in der rechten Stellung zu den Menschen. (Abrahams Name siehe 1 e.)

1. Gott erzieht Abraham zum Glauben.

a) Gott erwählt ihn, löst ihn heraus aus seinen natürlichen verwandtschaftlichen Zusammenhängen und aus seinem Heimatboden zur alleinigen Abhängigkeit von ihm.

1 M 11,31 Da nahm Tharah seinen Sohn Abraham... und führte sie aus Ur in Chaldäa, daß er ins Land Kanaan zöge, und sie kamen gen Haran und wohnten daselbst. (Schon sein Vater verläßt die Nähe des hamitischen Kulturzentrums wohl im Bewußtsein seines Abstands.)

12,1 der Herr sprach zu Abraham: Gehe aus deinem Vaterland und von deiner Freundschaft und aus deines Vaters Hause in ein Land, das ich dir zeigen will.

b) Gott gibt ihm die Verheißung, Vater eines gesegneten Volkes zu werden. Diese Verheißung wird nach jedem Schritt im Glaubensgehorsam, den Abraham tut, erneuert und bekräftigt.

1 M 12,2 ich will dich zu einem großen Volk machen und will dich segnen und dir einen großen Namen machen, und sollst ein Segen sein... in dir sollen gesegnet werden alle Geschlechter auf Erden.

12,7 da (nach gehorsamen Auszug) erschien der Herr dem Abraham und sprach: Deinem Samen will ich dies Land geben.

13,16 ich will deinen Samen machen wie den Staub auf Erden (nach Trennung von Lot).

14,19 Melchisedek segnete ihn und sprach: Gesegnet seist du, Abraham (nach Verzicht auf die Beute und nach der Befreiung Lots).

15,5 Siehe gen Himmel und zähle die Sterne, kannst du sie zählen? Also soll dein Same werden.

15,18 an dem Tage machte der Herr einen Bund mit Abraham und sprach: Deinem Samen will ich dies Land geben, vom Wasser Ägyptens an bis an das große Wasser Euphrat.

c) Abraham glaubt Gottes Verheißungen und bewährt diesen Glauben durch seinen Gehorsam. Da ihm die Erfüllung der Verheißung noch nicht gegeben ist, ja, seine Kinderlosigkeit ihr geradezu widerspricht, ist er ganz auf Gottes Tun angewiesen, von dem er alles zu erwarten hat.

1 M 12,4 Abraham zog aus.

15,6 Abraham glaubte dem Herrn.

d) Abraham hält den Glauben nicht fest und sucht sich selbst zu helfen. Aus dieser Selbsthilfe ergeben sich Schwierigkeiten. Gott zieht sich zurück und schweigt 13 Jahre.

1 M 12,11-13	Sarai gibt sich in Ägypten als seine Schwester aus. (Diese Selbsthilfe hätte ihn beinahe um die Verheißung gebracht, wenn Gott nicht seinen Fehler korrigiert hätte.)
16,2	Sarai sprach zu Abraham: Siehe, der Herr hat mich verschlossen. Gehe doch zu meiner Magd, ob ich vielleicht aus ihr mich aufbauen möge. Da nahm Sarai, Abrahams Weib, ihre ägyptische Magd, Hagar, und gab sie Abraham, ihrem Manne, zum Weibe. (Abraham läßt sich vom Unglauben seiner Frau anstecken.)
16,4	Hagar achtete ihre Frau gering gegen sich.
17,1	Als Abraham neunundneunzig Jahre alt war, erschien ihm der Herr.
17,25	Ismael aber, sein Sohn, war 13 Jahre alt.

e) Gottes Treue knüpft aufs neue die abgerissene Verbindung an durch neue Verheißung und neue Forderung. Abraham und Sarai bekommen neue Namen.

1 M 17,1	Ich bin der allmächtige Gott, wandle vor mir und sei fromm. Ich will einen Bund zwischen dir und mir machen und will dich gar sehr mehren.
17,5	Darum sollst du nicht mehr Abram (erhabener Vater) heißen, sondern Abraham soll dein Name sein, denn ich habe dich gemacht zum Vater vieler Völker. Ich will aufrichten meinen Bund zwischen mir und dir und deinem Samen nach dir, bei ihren Nachkommen, daß es ein ewiger Bund sei, also, daß ich dein Gott sei und deines Samens nach dir, und ich will dir und deinem Samen nach dir geben das Land, darin du ein Fremdling bist, das ganze Land Kanaan, zu ewiger Besitzung.
17,15	Und Gott sprach abermals zu Abraham: Du sollst dein Weib Sarai nicht mehr Sarai (Fürstin, ältere Sprachform) heißen, sondern Sara (Fürstin) soll ihr Name sein. Denn ich will sie segnen, und auch von ihr will ich dir einen Sohn geben.
17,11	Ihr sollt aber die Vorhaut an eurem Fleisch beschneiden. Das soll ein Zeichen sein des Bundes zwischen mir und euch. Ein jegliches Knäblein, wenn's acht Tage alt ist...

f) Gott überwindet den Unglauben Abrahams und Sarais und erfüllt die Verheißung.

1 M 17,23	Da nahm Abraham seinen Sohn Ismael... und beschnitt sie ebendesselbigen Tages, wie ihm Gott gesagt hatte. (Abraham gehorcht sofort, ist also zum Glauben durchgedrungen.)
1 M 17,17	Da fiel Abraham auf sein Angesicht und lachte und sprach in seinem Herzen: Soll mir, hundert Jahre alt, ein Kind geboren werden?
18,2	Gott erscheint Abraham und hat Tischgemeinschaft mit ihm.
18,12	Darum lachte sie bei sich selbst und sprach: Nun ich alt bin, soll ich noch der Liebe pflegen, und mein Herr ist auch alt.
1 M 18,13	Da sprach der Herr zu Abraham: Warum lacht Sara und spricht: Meinst du, daß es wahr sei, daß ich noch gebären werde, so ich doch alt bin? Sollte dem Herrn etwas unmöglich sein? Über ein Jahr soll Sara einen Sohn haben.
18,15	da leugnete Sara und sprach: Ich habe nicht gelacht, denn sie fürchtete sich. Aber er sprach: Es ist nicht also, du hast gelacht.

1 M 21,1 und der Herr suchte heim Sara, wie er geredet hatte, und tat mit ihr, wie er geredet hatte; und Sara ward schwanger und gebar Abraham einen Sohn in seinem Alter um die Zeit, von der ihm Gott geredet hatte.

g) Gott stellt Abrahams Glauben auf die Probe. Abraham verschont seinen einzigen Sohnes nicht, um Gott gehorsam zu sein.

1 M 22,1 Nach diesen Geschichten versuchte Gott Abraham und sprach zu ihm: Abraham! Und er antwortete: Hier bin ich. Und er sprach: Nimm Isaak, deinen einzigen Sohn, den du liebhast, und gehe hin in das Land Morija und opfere ihn daselbst zum Brandopfer. Da stand Abraham des Morgens früh auf und nahm mit sich seinen Sohn Isaak.

22,9 und band seinen Sohn Isaak, legte ihn auf den Altar oben auf das Holz und reckte seine Hand aus und faßte das Messer, daß er seinen Sohn schlachtete.

22,11 da rief ihm der Engel des Herrn vom Himmel und sprach: Abraham! Abraham! Er antwortete: Hier bin ich.

22,12 nun weiß ich, daß du Gott fürchtest und hast deines einzigen Sohnes nicht verschont um meinetwillen. (Ein wunderbarer Hinweis auf die Liebe Gottes, der seines eigenen Sohnes nicht verschont hat, um ihn sogar für seine Feinde in den Tod zu geben. Röm 8,32.)

22,16 Ich habe bei mir selbst geschworen, weil du deines einzigen Sohnes nicht verschont hast, daß ich deinen Samen segnen will, und durch deinen Samen sollen alle Völker auf Erden gesegnet werden.

2. Abraham kommt durch den Glauben in die richtige Stellung zu Gott.

1 M 15,6 Abraham glaubte dem Herrn, und das rechnete er ihm zur Gerechtigkeit.

a) So kann ihm Gott sein Wesen mehr und mehr offenbaren.

1 M 12,1 er ist der Gott, der den Weg zeigt.

12,2 der segnen will und segnen kann.

14,22 der höchste Gott, der Himmel und Erde geschaffen hat.

15,1 dein Schild und sehr großer Lohn (als Schutz erfuhr ihn Abraham im Krieg mit den Königen, als Lohn glaubte Abraham an ihn, als er auf die Beute verzichtete und Melchisedek den Zehnten gab).

17,1 Ich bin der allmächtige Gott, wandle vor mir und sei fromm.

18,2 Gott besucht Abraham und hält Gemeinschaft mit ihm.

18,14 sollte dem Herrn etwas unmöglich sein?

18,19 des Herrn Weg halten, heißt, tun, was recht und gut ist, damit der Herr auf Abraham kommen lasse, was er ihm verheißen hat.

15,13 Gott offenbart ihm die Zeit der Knechtschaft Israels in Ägypten.

18,20 Gott offenbart ihm sein Vorhaben mit Sodom.

18,25 der du aller Welt Richter bist, von dir sei ferne, daß du tötest den Gerechten mit dem Gottlosen!

21,33 er predigte den Namen des Herrn, des ewigen Gottes.

22,14 die Stätte auf dem Berg Morija hieß Abraham: Der Herr siehet (weil er erlebte, daß Gott alles weiß und sieht auch dann, wenn wir meinen, er habe uns verlassen).

b) Abraham antwortet auf Gottes Offenbarung mit Gebet, Opfer und Verkündigung seines Namens.

1 M 12,7 er baute daselbst einen Altar dem Herrn, der ihm erschienen war.

13,18 baute daselbst dem Herrn einen Altar.

18,22 Abraham blieb stehen vor dem Herrn (betet anhaltend).

18,27	ach, siehe, ich habe mich unterwunden zu reden mit dem Herrn, wiewohl ich Staub und Asche bin (betet in Demut).
15,9	Abraham opfert.
1 M 22,13	nahm den Widder und opferte ihn zum Brandopfer an seines Sohnes Statt.
12,8	baute daselbst dem Herrn einen Altar und predigte von dem Namen des Herrn.
13,4	und er predigte allda den Namen des Herrn.
21,33	predigte daselbst von dem Namen des Herrn.

3. Abraham kommt durch den Glauben in die richtige Stellung zu den Menschen.

1 M 13,9	Willst du zur Linken, so gehe ich zur Rechten. (Abraham kann um des Friedens willen verzichten, weil er auf die Verheißung, den Lohn Gottes, traut.)
14,14	Abraham wagt im Vertrauen auf Gottes Schutz, seinen Neffen Lot zu befreien.
14,20	demselben (Melchisedek) gab Abraham den Zehnten von allem (er erkennt Autorität an).
14,23	von allem, was dein ist, nicht einen Faden, daß du nicht sagest, du habest Abraham reich gemacht (er verzichtet großmütig auf die Beute, weil er auf den Lohn Gottes traut).
18,22	Abraham blieb stehen vor dem Herrn (tut Fürbitte für Sodom um Lots willen).
21,34	er war ein Fremdling in der Philister Land.
23,4	ich bin ein Fremder und Einwohner bei euch (er hielt den Abstand zwischen sich und den benachbarten Heiden aufrecht).
24,3	schwöre mir, daß du meinem Sohn kein Weib nehmest von den Töchtern der Kanaaniter, unter welchen ich wohne (Abraham zu Elieser).
21,33	Abraham pflanzte Bäume zu Beer-Seba und predigte (er treibt echte Kulturarbeit zu Gottes und nicht zur eigenen Ehre).

4. Was die Heilige Schrift von Abraham sagt:

1 M 20,7	er ist ein Prophet, laß ihn für dich bitten, so wirst du lebendig bleiben (Gott zu Abimelech).
23,6	du bist ein Fürst Gottes unter uns (die Kinder Heth).
Jes 41,8	Abraham, meines geliebten.
51,2	Abraham, euer Vater.
Mt 3,9	wir haben Abraham zum Vater, Gott vermag dem Abraham aus diesen Steinen Kinder zu erwecken (Johannes der Täufer).
8,11	mit Abraham im Himmelreich sitzen.
Lk 16,22	er ward getragen von den Engeln in Abrahams Schoß.
Joh 8,56	Abraham ward froh, daß er meinen Tag sehen sollte, und er sah ihn und freute sich.
8,58	ehe denn Abraham ward, bin ich.
Rö 4,11	Abraham war ein Vater aller, die da glauben (Paulus über Abraham).
Heb 11,8	durch den Glauben ward gehorsam Abraham, da er berufen ward.
11,9	durch den Glauben ist er ein Fremdling gewesen in dem verheißenen Land.
11,17	durch den Glauben opferte Abraham den Isaak, da er versucht ward, und gab hin den Eingeborenen.
11,19	und dachte, Gott kann auch wohl von den Toten erwecken, daher er auch zum Vorbild ihn wiederbekam.
Jak 2,23	Abraham ist ein Freund Gottes geheißen (2 Chr 20,7; Jes 41,8).

Sara (Sarai ist die alte Sprachform, auf deutsch Fürstin) ist die Halbschwester Abrahams und wird sein Weib, das ihm untertan ist. Statt an die Verheißung Gottes zu glauben, nimmt sie in scheinbarer Frömmigkeit ihre Kinderlosigkeit als unabwendbares Schicksal hin und sucht sich selbst zu helfen. Dieser eigene Weg bringt ihr viel Herzeleid. Gott überwindet ihren Unglauben, so daß sie im Glauben an Gottes Kraft Mutter Isaaks wird. Abraham beklagt sie, als sie stirbt, und begräbt sie in Ehren.

1. Sara war ihrem Manne gehorsam und hieß ihn Herr. 1 Pe 3,6.

1 M 12,5 also nahm Abraham sein Weib Sara (sie zog mit aus).
18,12 mein Herr ist alt.
12,13 sage doch, du seiest meine Schwester. (Sie gehorcht auch, als Abraham Unrechtes von ihr verlangt. In den Schwierigkeiten, die sich aus dieser Verheimlichung ergeben, schützt sie Gott, damit die Verheißung erfüllt würde.)

2. Sara war schön, aber unfruchtbar. Sie sucht sich selber zu helfen, statt auf die Verheißung Gottes zu vertrauen, und macht sich selbst dadurch viel Schmerzen.

1 M 16,2 sie sprach zu Abraham: Siehe, der Herr hat mich verschlossen, daß ich nicht gebären kann. Gehe doch zu meiner Magd, ob ich vielleicht aus ihr mich aufbauen möge. Und Abraham gehorchte ihrer Stimme.
16,4 Hagar achtete ihre Frau gering gegen sich.
16,5 Sara sprach zu Abraham: Du tust Unrecht an mir (die Eifersucht erwacht, sie schiebt das Unrecht, dessen Ursache doch sie selbst ist, auf Abraham).
16,12 Ismael wird ein wilder Mensch sein, seine Hand wider jedermann und jedermanns Hand wider ihn.
21,9 und Sara sah den Sohn Hagars, der Ägyptischen, daß er ein Spötter war.
21,10 Sara sprach zu Abraham: Treibe diese Magd aus mit ihrem Sohn.

3. Ihr Unglaube wird von Gott überwunden.

1 M 17,15 Gott sprach: Du sollst dein Weib nicht mehr Sarai, sondern Sara heißen.
18,12 sie hört Gottes Verheißung. Darum lachte sie bei sich selbst.
18,13 da sprach der Herr: Warum lacht Sara?
18,15 da leugnete Sara und sprach: Ich habe nicht gelacht; denn sie fürchtete sich. Aber er sprach: Es ist also, du hast gelacht (sie wird von Gott überführt und läßt ihm das letzte Wort).
Heb 11,11 Durch den Glauben empfing Sara Kraft, daß sie schwanger ward.

4. Sara stirbt, wird von Abraham beklagt und in Ehren begraben.

1 M 23,1 Sara ward 127 Jahre alt und starb. Da kam Abraham, daß er sie beklagte und beweinte.
23,4 Abraham sprach zu den Kindern Heth: Gebt mir ein Erbbegräbnis unter euch, daß ich meinen Toten begrabe.

Hagar (die Flüchtige) ist die ägyptische Leibmagd Sarais, die sie dem Abraham zur Frau gibt, damit sie den Sohn der Verheißung gebäre. Als sie Mutter Ismaels wird, erhebt sie sich über ihre Frau, entzieht sich der Demütigung durch die Flucht und wird von Gott, den sie als den Lebendigen und Sehenden erlebt, zurechtgewiesen. Als Isaak geboren wird, wird sie vertrieben und weint halb verschmachtet in der Wüste zu Gott, der ihr hilft und um Abrahams willen eine Verheißung für ihren Sohn gibt.

1. Hagars Erhöhung, Demütigung und Gotteserlebnis.

1 M 16,2 Gehe doch zu meiner Magd, ob ich vielleicht aus ihr mich aufbauen möge.
16,4 sie achtete ihre Frau gering gegen sich.
16,6 da sie nun Sarai wollte demütigen, floh sie vor ihr.
16,9 der Engel des Herrn sprach zu ihr: Kehre wieder um und demütige dich unter ihre Hand.
16,13 Und sie hieß den Namen des Herrn, der mit ihr redete: Du, Gott siehest mich.
16,14 der Brunnen des Lebendigen, der mich ansieht.

2. Hagar wird verstoßen und doch gesegnet.

1 M 20,10 Sara sprach zu Abraham: Treibe diese Magd aus mit ihrem Sohn; denn dieser Magd Sohn soll nicht erben mit meinem Sohn Isaak.
21,16 ich kann nicht sehen des Knaben Sterben (ihre Mutterliebe).
21,17 da erhörte Gott die Stimme des Knaben. Und der Engel Gottes rief der Hagar und sprach: Was ist dir, Hagar? Fürchte dich nicht! Steh auf, nimm den Knaben und führe ihn an deiner Hand; denn ich will ihn zum großen Volk machen. Und Gott tat ihr die Augen auf, daß sie einen Wasserbrunnen sah.
21,13 ich will der Magd Sohn zum Volk machen, darum, daß er deines Samens ist (Gott zu Abraham).
Ga 4,23 der von der Magd ist nach dem Fleisch geboren.
4,24 das Testament, das zur Knechtschaft gebiert, ist die Hagar (Paulus vergleicht Hagar mit dem Gesetz, Sara mit dem Evangelium).

Ismael (Gott hat erhört, 1 M 16,11), der Sohn Abrahams und der Magd Hagar, zu dem er sich auf Sarais Aufforderung selbst verhalf, um den Sohn der Verheißung zu bekommen. Ismael kann so nur enttäuschen, da er die Erwartungen, die in ihn gesetzt sind, nicht erfüllt. Als Sohn der Selbsthilfe ist er ein wilder, ungezügelter Mensch. Er empfängt zwar das Bundeszeichen der Beschneidung, wird vom Verschmachten in der Wüste errettet und bekommt die Verheißung, Vater eines großen Volkes zu werden, weil er Abrahams Sohn ist. Aber er wird vertrieben, und sein Stamm wird geschieden vom Volk der Verheißung.

1 M 16,2 Sarai sprach zu Abraham: Gehe doch zu meiner Magd, und Abraham gehorchte.
16,11 du wirst einen Sohn gebären, des Namen sollst du Ismael heißen, darum daß der Herr dein Elend erhört hat. Er wird ein wilder Mensch sein, seine Hand wider jedermann und jedermanns Hand wider ihn, - und wird gegen alle seine Brüder wohnen.
1 M 17,25 Ismael, sein Sohn, war dreizehn Jahre alt, da er beschnitten ward.
21,9 Sara sah den Sohn Hagars, der Ägyptischen, daß er ein Spötter war (ausgelassener Mensch, andere: daß er mit Isaak scherzte, spielte), und sprach zu Abraham: Treibe diese Magd aus mit ihrem Sohn; denn dieser Magd Sohn soll nicht erben mit meinem Sohn Isaak.
21,17 da erhörte Gott die Stimme des Knaben.
21,18 ich will ihn zum großen Volk machen.

21,20	und Gott war mit dem Knaben; der wuchs und wohnte in der Wüste und ward ein guter Schütze, und seine Mutter nahm ihm ein Weib aus Ägyptenland.

Lot und sein Weib. Lot ist Abrahams Neffe, seines Bruders Haran Sohn. Er zieht mit Abraham aus, angetan von dessen Frömmigkeit, siedelt sich aber, vom Eigennutz getrieben, bei dem gottlosen Sodom an, und kommt dadurch in die Gerichte, die Sodom treffen, hinein. Abrahams Tatkraft und Fürbitte retten ihn. (Lot = Schleier.)

1. Der gerechte Lot (welchem die schändlichen Leute alles Leid antaten mit ihrem unzüchtigen Wandel, sie quälten die gerechte Seele von Tag zu Tag mit ihren ungerechten Werken, 2 Pe 2,7).

1 M 12,4	zieht aus mit Abraham auf Gottes Geheiß.
19,2	übt Gastfreundschaft.
19,7	schützt seine Gäste.
19,14	glaubt an die Gerichtsankündigung und warnt seine Schwiegersöhne.

2. Lot ist eigennützig und begibt sich dadurch in Gefahr.

1 M 13,7	seine Hirten zanken mit den Hirten Abrahams.
13,10	er wählt die fruchtbare, wasserreiche Gegend von Sodom zum Wohnsitz, obwohl er von der bösen Art der Sodomiten wußte.
1 M 13,13	aber die Leute zu Sodom waren böse und sündigten wider den Herrn.
19,1	er sitzt zu Sodom unter dem Tor.
19,16	er verzieht mit der Rettung und muß zur Flucht aus Sodom genötigt werden.
19,19	er kann sich nicht von der wasserreichen Gegend trennen und will nicht auf den Berg fliehen.

3. Sein Weib und seine Kinder haben Sodoms Art angenommen, auch seine Schwiegersöhne sind nicht besser.

1 M 19,26	Lots Weib kommt um, weil sie nicht gehorchte und sich umsieht nach dem brennenden Sodom.
19,31	seine Töchter sündigen.

4. So kommt er unter das Gericht mit den Sodomiten.

1 M 14,12	Sodom wird geschlagen und geplündert, Lot gefangen weggeführt.
18,20	Sodoms Sünden sind gar schwer.
19,13	wir werden diese Stätte verderben, darum, daß ihr Geschrei groß ist vor dem Herrn (trotz der Warnung durch den Krieg blieb Lot zu Sodom wohnen).

5. Lot wird gerettet durch Abrahams Tatkraft und Fürbitte.

1 M 14,14	da nun Abraham hörte, daß sein Bruder gefangen war, wappnete er seine Knechte und jagte ihnen nach bis Dan.
18,22	Abraham blieb stehen vor dem Herrn und trat zu ihm und sprach: Willst du den Gerechten mit dem Gottlosen umbringen?

Elieser (Gotthilf) von Damaskus ist Abrahams ältester Knecht und Haushalter. Er schwört Abraham einen Eid, eine Tochter aus der mesopotamischen Verwandtschaft als Weib für Isaak zu nehmen. Elieser reist zur Stadt Nahors, erbittet sich zu seiner Aufgabe Weisheit von Gott und läßt sich von ihm führen. Sein Charakter ist ein Spiegelbild Abrahams, seines Herrn.

1. Eliesers Demut.

1 M 24,12	er erbittet sich Weisheit von Gott und läßt sich führen: er schwieg stille, bis daß er erkennete, ob der Herr zu seiner Reise Gnade gegeben hätte oder nicht.

2. Seine Weisheit.

1 M 24,14	er prüft das Mädchen, ob es gern dient und fleißig ist.
24,23	ob es aus guter Familie ist.
24,35	er lobt den Reichtum seines Herrn.
24,42	er berichtet von seinem Brunnenerlebnis, das ihm Gottes Führung offenbarte, um die Angehörigen des Mädchens willig zu machen, sie herzugeben.

3. Seine Treue.

1 M 24,33	er ißt nicht, ehe er seinen Auftrag ausgerichtet hat.
24,56	er läßt sich nicht aufhalten: Haltet mich nicht auf, denn der Herr hat Gnade zu meiner Reise gegeben. Laßt mich, daß ich zu meinem Herrn ziehe!

4. Seine Ehrfurcht und Dankbarkeit gegen Gott.

1 M 24,26	da neigte sich der Mann und betete den Herrn an (als sich Rebekka zu erkennen gibt).
24,35	der Herr hat meinen Herrn reichlich gesegnet.
24,52	da diese Worte (Zusage, Bethuels, Rebekka mitzugeben) hörte Abrahams Knecht, bückte er sich vor Gott dem Herrn zur Erde.
24,56	der Herr hat Gnade zu meiner Reise gegeben.

Melchisedek (König der Gerechtigkeit), König von Salem, Priester des höchsten Gottes, dankt Abraham für die Befreiung des Landes von seinen Feinden, indem er ihm den Segen des höchsten Gottes gibt. Als Priesterkönig von Salem (wohl Jerusalem) pflegte er uralte monotheistische Tradition. Er erkennt Gott an als den Lenker der Geschichte und gibt ihm die Ehre des Siegs. So hat er ein feines Gemerke für die Sonderstellung Abrahams zu Gott und hält mit ihm gottesdienstliche Gemeinschaft. Abraham erkennt diesen ehrwürdigen Priesterkönig an, indem er sich von ihm segnen läßt und ihm freiwillig den Zehnten von seiner Beute gibt. Die Gestalt Melchisedeks regt die Weissagung mächtig an. Melchisedek wird im 110. Psalm ein Vorbild des messianischen Priesterkönigs, und der Hebräerbrief macht die Einzigartigkeit des Priesterkönigtums Jesu an Melchisedek deutlich.

1. Priesterkönig Melchisedek hat ein Gemerke für die Bedeutung Abrahams als Segensträger Gottes und gewährt ihm gottesdienstliche Gemeinschaft und Segen.

1 M 14,18	Melchisedek, der König von Salem, trug Brot und Wein hervor. Und er war ein Priester Gottes des Höchsten. Und segnete ihn.

2. Melchisedek wird von Abraham als Priesterkönig erkannt.

1 M 14,20	Demselben gab Abraham den Zehnten von allem.

3. Diese Gestalt regt die Weissagung an und verdeutlicht das hohepriesterliche Amt Jesu.

Ps 110,4	Der Herr hat geschworen ...: du bist ein Priester ewiglich, nach der Weise Melchisedeks.
Heb 5,6 5,10 6,20 7,1	Christus ist ein ewiger Hoherpriester ohne priesterlichen Stammbaum, sein Priestertum ist höherer Ordnung als das Aarons, weil sich Abraham, der Stammvater Aarons, vor dem Vorläufer dieses königlichen Priestertums, Melchisedek, gebeugt hat.

Isaak (Lachsohn) ist als Sohn der Verheißung geliebt von seinen Eltern, bevorzugt vor Ismael und wird dennoch Gott zum Opfer gebracht. So lernt er von Jugend auf Gott ernst nehmen, ihn fürchten und ihm vertrauen.

1. Isaaks Stellung zu seinen Eltern:

a) geliebt, bevorzugt und dennoch Gott zum Opfer gebracht.

1 M 21,10	Sara sprach: Dieser Magd Sohn soll nicht erben mit meinem Sohn Isaak.
24,67	Also ward Isaak getröstet über seine Mutter (die Mutterliebe der Sara umfängt diesen Einzigen mit ganzer Innigkeit).

b) Isaak begräbt seinen Vater mit Ismael zusammen in brüderlicher Eintracht.

1 M 25,9	es begruben ihn seine Söhne Isaak und Ismael.

2. Isaaks Stellung zu Gott.

a) Seine Opferung muß den gewaltigsten Eindruck auf den Knaben gemacht haben. 1 M 22.

22,16	du hast deines einzigen Sohnes nicht verschont. (Isaak fragt nach dem Brandopfer, fügt sich in widerspruchslosem Gehorsam, als er hört, daß Gott ihn zum Opfer ersehen hat.)

b) Isaak ist ein Beter, der auf Gott vertraut.

1 M 24,63	war ausgegangen zu beten auf dem Felde (so begegnet er Rebekka).
25,21	Isaak bat den Herrn für sein Weib.
26,12	er schreibt seinen Reichtum Gott zu: er erntete desselbigen Jahres hundertfältig, denn der Herr segnete ihn.
26,22	friedliebend überläßt er zwei Brunnen zankenden Hirten und gräbt einen dritten. Seine Friedensliebe überwindet seine Feinde. Abimelech schwört ihm Freundschaft bei Beerseba (1 M 26,28).
1 M 31,42	die Furcht Isaaks (mit diesem Ausdruck wird der Gott Isaaks benannt).

c) So kann sich ihm Gott offenbaren und die Verheißung erneuern.

1 M 26,24	der Herr erschien ihm in derselben Nacht und sprach: Ich bin deines Vaters Abraham Gott. Fürchte dich nicht, denn ich bin mit dir und will dich segnen.

26,25 da baute er einen Altar daselbst und predigte den Namen des Herrn.

d) Die Sünde Abrahams wiederholt sich.

26,6 u.7 Die Sünde Abrahams wiederholt sich.
1 M 26,6 also wohnte Isaak zu Gerar. Und wenn die Leute fragten nach seinem Weibe, so sprach er: Sie ist meine Schwester.

3. Isaak und seine Söhne.

1 M 25,28 Isaak hatte Esau lieb und aß gern von seinem Weidwerk, Rebekka aber hatte Jakob lieb.
27,4 Isaak will Esau segnen (er betrachtet nicht das Wort des Herrn bei der Geburt seiner Söhne).
27,29 er gibt seinem vermeintlichen Lieblingssohn alles in seinem Segen, so daß für Esau nichts mehr übrigbleibt.
27,41 Esau: Dann will ich meinen Bruder Jakob erwürgen.
27,46 Isaak wird enttäuscht durch Esaus Unversöhnlichkeit und Heirat. Rebekka: Mich verdrießt zu leben vor den Töchtern Heth.
26,35 die machten beide Isaak und Rebekka eitel Herzeleid.
28,1 so segnet er mit freiem Willen Jakob zum zweiten Male und fertigt ihn ab nach Mesopotamien, daß er von dort ein Weib nehme.
35,29 Isaak ward 180 Jahre alt und nahm ab und starb und ward versammelt zu seinem Volke, alt und lebenssatt. Und seine Söhne Esau und Jakob begruben ihn.

Rebekka, die Tochter Bethuels, durch Elieser für Isaak gefreit, ist schön, demütig, dienstbereit und der göttlichen Führung gehorsam. Sie wird Mutter Esaus und Jakobs und sucht im festen Glauben an die Verheißung durch List trotz dem Unglauben Isaaks den heiligen Zweck zu erreichen, erlebt Leid dadurch, stirbt und wird in der Höhle zu Mamre begraben, ohne die Erfüllung der Verheißung gesehen zu haben.

1 M 49,31. (Rebekka = männerfesselnd.)

1. Rebekka ist schön. Ihre Schönheit aber macht sie nicht stolz, so ist sie dem alten Elieser gegenüber dienstbereit. Darum gewinnt sie auch bald das Herz ihres Mannes.

1 M 24,18 sie schöpft Elieser Wasser.
24,67 er gewann sie lieb.

2. Rebekka erkennt Gottes Führung in Eliesers Werbung und gehorcht ohne Zögern. Sie erfragt Gottes Willen und vertraut auf seine Verheißungen.

1 M 24,58 Willst du mit diesem Manne ziehen? Sie antwortete: Ja, ich will mit ihm.
25,22 sie ging hin, den Herrn zu fragen.
25,28 sie liebt Jakob, weil er der Sohn der Verheißung ist, während Isaak nach dem äußeren Erstgeburtsrecht sich richtet.
25,27 Jakob blieb in den Hütten (wird von Rebekka erzogen).

3. Um das Ziel der Verheißung zu erreichen, hilft sie mit einer List nach, muß aber ihren Betrug infolge der Feindschaft Esaus gegen Jakob und

der Trennung von ihrem Lieblingssohn bitter büßen. Ihr Alter ist einsam, um so mehr, als Esaus Weiber ihr lauter Herzeleid bereiten.

1 M 27,9	Rebekka betrügt Isaak.
27,42	dein Bruder Esau droht dir, daß er dich erwürgen will.
26,35	die machten beide Isaak und Rebekka eitel Herzeleid (Esaus Weiber).

Esau (Edom, der Rötliche) ist ein robuster, sinnlicher Kraftmensch (Vorfahre des Herodes). Er hat Freude an der Jagd, verkauft seine Erstgeburt um ein Linsengericht und verliert auch tatsächlich den Erstgeburtssegen. Er zürnt seinem Bruder und wird durch Geschenke wieder versöhnt. Er heiratet wider den Willen der Eltern einheimische Weiber.

1. Esau ist ein auf das Sinnliche eingestellter Mensch.

1 M 25,32	Esau antwortete: Siehe, ich muß doch sterben, was soll mir die Erstgeburt?
26,34	heiratet wider den Willen seiner Eltern.
Heb 12,16	daß nicht jemand sei ein Hurer oder ein Gottloser wie Esau, der um einer Speise willen seine Erstgeburt verkaufte.

2. Er gibt seinen Segen, den er als Erstgeborener erben sollte, preis und kann ihn nachher nicht mehr finden.

1 M 27,38	hast du denn nur einen Segen, mein Vater? Segne mich auch, mein Vater! und hob auf seine Stimme und weinte.
Heb 12,17	wisset aber, daß er hernach, als er den Segen erben wollte, verworfen ward, denn er fand keinen Raum zur Buße, wiewohl er sie mit Tränen suchte.

3. Statt sich selbst zu zürnen, zürnt er seinem Bruder.

1 M 27,41	ich will meinen Bruder erwürgen.
32,7	Esau zieht ihm entgegen mit vierhundert Mann.
33,11	Esau wird durch Geschenke versöhnt.

Jakob (Gott lohnt), der zweite Sohn Isaaks, der durch einen Gottesspruch vor seiner Geburt als Segenserbe bestimmt wird. Die Mutter glaubt der Verheißung, während der Vater sich durch seine Vorliebe für Esau fehlleiten läßt. Jakob wird durch sein Ringen um den Segen schuldig und durch das Leid geläutert, so daß sein Ringen um Gott ihm den neuen Namen Israel (Gottesstreiter) einträgt. Gott kommt trotz menschlicher Sünde dennoch zum Ziel.

1. Jakob ringt um den Segen. Er sucht ihn durch sündige Mittel zu ergreifen und bringt dadurch Gericht und Leid in sein Leben.

1 M 25,31	Jakob sprach: Verkaufe mir heute deine Erstgeburt (will den Segen erhandeln).
27,19	Jakob sprach zu seinem Vater: Ich bin Esau (er betrügt).
27,43	muß vor dem Zorn seines Bruders fliehen.
29,25	er sprach zu Laban: Warum hast du mir das getan? Habe ich dir nicht um Rahel gedient, warum hast du mich betrogen? (der Betrüger wird wieder betrogen).
31,7	er hat mich getäuscht und zehnmal meinen Lohn verändert.

32,7 Esau zieht dir entgegen mit vierhundert Mann. Da fürchtete sich Jakob sehr und ihm ward bange.

34,30 Jakob sprach zu Simeon und Levi: Ihr habt mir Unglück zugerichtet und mich stinkend gemacht vor den Einwohnern des Landes (Gewalttat seiner Söhne).

37,4 da nun seine Brüder sahen, daß ihn (Joseph) ihr Vater lieber hatte als alle seine Brüder, waren sie ihm feind (der Bruderzwist wiederholt sich).

37,34 Jakobs Leid um Joseph.

2. In diesen Gerichten wird Jakob zur Buße geführt, so kann Gott ihn dennoch segnen.

1 M 28,1 Da rief Isaak seinen Sohn Jakob und segnete ihn, und gebot ihm: Nimm nicht ein Weib von den Töchtern Kanaans, sondern mache dich auf und ziehe nach Mesopotamien (als er bereit ist, nach Mesopotamien zu ziehen, segnet ihn sein Vater mit Wissen und bestätigt so den ersten Segen).

28,13 der Herr stand oben darauf und sprach: Ich bin der Herr, Abrahams, deines Vaters, Gott, und Isaaks Gott; das Land, darauf du liegst, will ich dir und deinem Samen geben...durch dich und deinen Samen sollen alle Geschlechter auf Erden gesegnet werden (Gott erneuert den Segen Abrahams und Isaaks an dem einsamen Wanderer).

32,11 ich bin zu gering aller Barmherzigkeit und Treue, die du an deinem Knechte getan hast, errette mich von der Hand meines Bruders!

32,27 er antwortete: Ich lasse dich nicht, du segnest mich denn! Er sprach: Du sollst nicht mehr Jakob heißen, sondern Israel, denn du hast mit Gott und Menschen gekämpft und bist obgelegen. Und er segnete ihn daselbst (in der Furcht vor Esau sieht Jakob ein, daß er mit menschlichen Mitteln der List den Segen nicht erringen kann, sondern daß der Segen erbeten sein muß. Darum bekommt er nun den neuen Namen Gottesstreiter).

3. Jakob ringt darum, den Segen weiterzugeben an seine Söhne.

1 M 35,2 da sprach Jakob zu seinem Hause: Tut von euch die fremden Götter, die unter euch sind, reinigt euch und ändert eure Kleider (Bußwort an seine Söhne).

49,8 Juda, du bist's, dich werden deine Brüder loben. Es wird das Zepter von Juda nicht entwendet werden, noch der Stab des Herrschers von seinen Füßen, bis daß der Held komme, und demselben werden die Völker anhangen.

49,22 Joseph wird wachsen...von deines Vaters Gott ist dir geholfen und von dem Allmächtigen bist du gesegnet (Jakob segnet nicht nach der natürlichen Reihenfolge der Geburt, sondern nach sittlichem Urteil; (siehe Juda).

4. Die Gotteserkenntnis Jakobs.

1 M 32,31 Ich habe Gott von Angesicht gesehen und meine Seele ist genesen.

48,15 der Gott, der mein Hirte gewesen ist mein Leben lang.

48,16 der Engel, der mich erlöset hat von allem Übel.

49,18 Herr, ich warte auf dein Heil! (Der nach Segen verlangende Jakob merkt, daß das volle Heil, die Erlösung von der Sünde, in der Zukunft von Gott hergestellt werden wird, und wartet darauf. So bricht bei ihm die messianische Erwartung, deren Vorhandensein die Namensgebungen der Urväter schon erkennen lassen, gewaltig durch).

Laban (der Weiße), Sohn Bethuels, Enkel Nahors, Bruder Rebekkas, hat eine fromme Überlieferung in äußerlicher Liebenswürdigkeit und frommen Redensarten aufbewahrt, ist aber ein Götzendiener, der seinen Vorteil mit List, Lüge und Wortbruch sucht.

1. Laban ist ein Götzendiener.

1 M 31,30	Warum hast du mir meine Götter gestohlen?

2. Er ist eigennützig und daher wortbrüchig.

1 M 29,23	Er betrügt Jakob um Rahel und gibt ihm Lea.
31,7	Er hat mich getäuscht und nun zehnmal meinen Lohn verändert.
31,15	Da antworteten Rahel und Lea: Wir haben doch kein Teil und Erbe mehr in unseres Vaters Hause. Hat er uns doch gehalten wie die Fremden; denn er hat uns verkauft und unseren Lohn verzehrt.

3. Er ist äußerlich liebenswürdig und gebraucht gern fromme Redensarten.

1 M 24,31	Er sprach: Komm herein, du Gesegneter des Herrn! Warum stehst du draußen? Ich habe das Haus geräumt und für die Kamele auch Raum gemacht.
1 M 29,13	Da Laban hörte von Jakob, lief er ihm entgegen, und herzte und küßte ihn...
30,27	Laban: Laß mich Gnade vor deinen Augen finden. Ich spüre, daß mich der Herr segnet um deinetwillen.

Lea, die weniger hübsche Tochter Labans, wird durch seinen Betrug dem Jakob statt Rahel zur Frau gegeben. Weil Jakob sie zurücksetzt, nimmt sie in ihrer Not ihre Zuflucht zu Gott. Die bei den Menschen Unwerte ist bei Gott wert geachtet. Gott gibt ihr Kindersegen. Sie wird die Stammutter des Heilands.

1 M 29,31	Da aber der Herr sah, daß Lea unwert war, machte er sie fruchtbar, Rahel aber war unfruchtbar.
29,32	Lea sprach (bei der Geburt ihres ersten Sohnes): Der Herr hat angesehen mein Elend.

Rahel (Mutterschaft) ist zärtlich geliebt von Jakob, der ihr am Brunnen begegnet und sieben Jahre um sie dient, sonnt sich in seiner Gunst und verachtet ihre Schwester. Sie wird von Gott gedemütigt und bekommt lange Jahre keine Kinder. Sie sucht sich trotzig selbst zu helfen, indem sie ihrem Mann zuerst Vorwürfe macht und dann ihre Magd Bilha zur Frau gibt (ähnlich wie Sara), betet dann endlich zu Gott um Kindersegen und wird nach langer Zeit erhört. Trotzdem setzt sie auf die Götzen ihres Vaters ihr Vertrauen, stiehlt sie und schleppt sie ein nach Kanaan. Sie stirbt bei der Geburt ihres zweiten Sohnes Benjamin und wird in Bethlehem begraben.

1 M 29,20	Jakob diente um Rahel sieben Jahre, und sie deuchten ihn, als wären es einzelne Tage, so lieb hatte er sie.
30,1	Da Rahel sah, daß sie dem Jakob kein Kind gebar, beneidete sie ihre Schwester und sprach zu Jakob: Schaffe mir Kinder, wo nicht, so sterbe

ich. Jakob aber ward sehr zornig auf Rahel und sprach: Bin ich doch nicht Gott, der dir deines Leibes Frucht nicht geben will.

30,4 Sie gab ihm Bilha, ihre Magd, zum Weibe.

30,22 Gott gedachte an Rahel und erhörte sie und machte sie fruchtbar. Sie gebar einen Sohn und sprach: Gott hat meine Schmach von mir genommen.

31,19 Und Rahel stahl ihres Vaters Götzen.

35,19 Also starb Rahel und ward begraben an dem Weg gen Ephrath, das nun heißt Bethlehem. Und Jakob richtete ein Mal auf über ihrem Grabe.

Joseph (Gott mehrt), der Sohn Jakobs von der Rahel, von seinem Vater vorgezogen, hat ehrgeizige Träume, wird von seinen Brüdern beneidet und nach Ägypten verkauft. In dieser Demütigung stellt er sich unter Gott und bleibt Gott gehorsam. So wird er aus dem Staub der Erniedrigung erhoben, zum Herrn in Ägypten eingesetzt und das Werkzeug der Rettung für seine Familie. Manche Züge im Leben Josephs weisen auf Christus hin.

1. Joseph vorgezogen und ehrgeizig.

1 M 37,3 Israel hatte Joseph lieber denn alle seine Kinder...und machte ihm einen bunten Rock.

1 M 37,7 mich deuchte, wir banden Garben auf dem Felde, und meine Garbe richtete sich auf und stund, und eure Garben umher neigten sich vor meiner Garbe.

37,9 mich deuchte, die Sonne und der Mond und elf Sterne neigten sich vor mir.

37,11 und seine Brüder beneideten ihn.

2. Gedemütigt und unter Gott gestellt.

1 M 37,19 sehet, da kommt der Träumer her.

37,23 sie zogen ihm seinen bunten Rock aus, den er anhatte.

37,24 warfen ihn in die Grube.

37,28 verkauften ihn den Ismaeliten um zwanzig Silberlinge; die brachten ihn nach Ägypten.

37,31 tauchten den Rock ins Blut und schickten den bunten Rock hin und ließen ihn ihrem Vater bringen.

39,1 Potiphar, ein ägyptischer Mann und des Pharao Kämmerer, kaufte ihn.

39,20 da nahm ihn sein Herr und legte ihn ins Gefängnis (er leidet um seiner Gerechtigkeit willen).

50,19 ich bin unter Gott.

39,9 wie sollte ich ein so groß Übel tun und wider Gott sündigen? (er gehorcht, auch, als er dafür leiden muß).

3. So wird er gesegnet und zum Segen.

1 M 39,2 und der Herr war mit ihm, daß er ein glücklicher Mann ward.

39,3 und sein Herr sah, daß der Herr mit ihm war; denn alles, was er tat, dazu gab der Herr Glück durch ihn, also, daß er Gnade fand vor seinem Herrn. Und alles, was er hatte, tat er unter seine Hände.

39,5 von der Zeit an segnete der Herr des Ägypters Haus um Josephs willen.

39,21 aber der Herr war mit ihm und neigte seine Huld zu ihm und ließ ihn Gnade finden vor dem Amtmann über das Gefängnis, daß er ihm unter seine Hand befahl alle Gefangenen, denn der Herr war mit Joseph.

1 M 41,40	(nach der Traumdeutung Pharao zu Joseph): Du sollst über mein Haus sein und deinem Wort soll all mein Volk gehorsam sein; allein um den königlichen Stuhl will ich höher sein als du.
42,24	Joseph erzieht seine Brüder zur Buße über ihren Frevel. Er behält Simeon zum Bürgen, erprobt ihre Ehrlichkeit (Geld oben in den Sack. V. 25), verlangt, daß sie Benjamin bringen,
42,34,	und bewegt Juda, sich freiwillig zum Bürgen für Benjamin zu stellen, dann gibt er sich zu erkennen, 45,1. Er läßt seinen Vater nach Ägypten kommen, der ihn und seine Söhne segnet, 48,14; 49,22.
1 M 50,20	ihr gedachtet es böse mit mir zu machen, aber Gott gedachte es gut zu machen, zu erhalten viel Volks. Und er tröstete sie.
50,26	Joseph stirbt, nachdem er vorher noch den Wunsch geäußert hat, im Lande seiner Väter begraben zu werden.

Juda, der Stammvater Davids und Jesu, wird mit der unbestechlichen Wahrhaftigkeit der Bibel geschildert. Er versagt seiner Schwiegertochter Thamar die nach Sitte und Gesetz nötige Heirat mit seinem Sohne Sela aus Angst um das Leben seines Sohnes. Er selber aber läßt sich mit ihr, die als Dirne verkleidet unbekannt am Wege sitzt, ein und will sie in doppelter Moral als Ehebrecherin verbrennen lassen, als er von ihrer Unzucht hört, während er selbst frei ausgeht. Als er die Zusammenhänge durchschaut, bekennt er sein Unrecht. Er mildert das Verbrechen, das seine Brüder gegen das Leben Josephs planen, in Verkauf zur Sklaverei, wird Bürge für Benjamin und stellt sich freiwillig zum Knecht in Ägypten an Benjamins Statt. So kann sein Vater ihm einen Segen geben, der den Vorblick auf den Messias enthält. (Juda = Gepriesener).

1 M 38, 26	Juda erkannte es und sprach: Sie ist gerechter als ich.
37,26	da sprach Juda zu seinen Brüdern: Was hilft's uns, daß wir unseren Bruder erwürgen und sein Blut verbergen? Kommt, laßt uns ihn den Ismaeliten verkaufen!
43,8	Juda sprach zu seinem Vater: Laß den Knaben mit mir ziehen, ich will Bürge für ihn sein. Wenn ich dir ihn nicht wiederbringe, so will ich mein Leben lang die Schuld tragen.
44,32	ich, dein Knecht, bin Bürge worden für den Knaben.
49,10	es wird das Zepter von Juda nicht entwendet werden, noch der Stab des Herrschers von seinen Füßen, bis daß der Held komme, demselben werden die Völker anhangen! (wörtlich: bis der kommt, dem es gehört).

3. Mose und sein Kreis

Mose (aus dem Wasser gezogen), einer der ganz Großen des Alten Bundes, Prophet, Führer und Gesetzgeber zugleich, gibt das, was die Patriarchen an Gotteserkenntnis, Erwählungsgewißheit und Verpflichtung zu Gehorsam und Vertrauen hatten, dem Volke Israel weiter. Durch Mose wird Israel von Gott her zum Volk aufgerufen und durch Verheißung zum Vertrauen, durch Gebot und Gericht zum Gehorsam geleitet. Mose lebt um 1350.

1. Mose, der große Führer seines Volkes.

a) Seine Vorbereitung zum Führertum:

Erziehung und Entscheidung.

2 M 6,20	Jochebed gebar dem Amram Mose und Aaron.
Heb 11,23	Durch den Glauben ward Mose verborgen von seinen Eltern, darum, daß sie sahen wie er ein schön Kind war, und sie fürchteten sich nicht vor des Königs Gebot (seine Eltern leben im Gottvertrauen und in der Gottesfurcht der Erzväter).
2 M 2,5	seine wunderbare Rettung ist die Antwort Gottes auf ihren Glauben.
2,10	in zarter Kindheit legen diese Eltern den Grund zu Gottvertrauen, Gottesfurcht und heißer Liebe zu seinem Volk.
Ap 7,22	Mose ward gelehrt in aller Weisheit der Ägypter.
2 M 2,11	er ging aus zu seinen Brüdern und sah ihre Last.
Heb 11,25	er wählte es lieber, mit dem Volke Gottes Ungemach zu leiden, denn die zeitliche Ergötzung der Sünde zu haben, und achtete die Schmach Christi für größeren Reichtum denn die Schätze Ägyptens (Erziehung in der Kindheit und Entscheidung im Jünglingsalter bereiten sein Führertum vor).

Der Versuch, in eigener Kraft zu helfen, scheitert. Gott zerbricht den, welchen er als Werkzeug benützen will, um ihn ganz in die Hand zu bekommen.

2 M 2,11	in seinem Kraftbewußtsein greift er zur Selbsthilfe, versucht mit Gewalt einen Ägypter niederzuschlagen und durch sein Wort seine Brüder zu einen. Er wird zuschanden und muß fliehen. Mit fleischlichen Machtmitteln läßt sich keine Erlösung schaffen.
3,1	Mose aber hütete die Schafe Jethros, seines Schwähers, des Priesters in Midian. (Bei der bescheidenen Arbeit des Schafehütens wird der vulkanische Geist Moses zur Ruhe gebracht. Er läßt ab vom eigenen Planen und wartet auf Gottes Stunde. Bei seiner Arbeit lernt er Treue im Kleinen, Geduld und das Lauschen auf Gottes Stimme.)

Mose wird von Gott durch die Verheißung der göttlichen Errettung, die er als Botschaft seinem Volk zu bringen hat, zum Führer berufen.

2 M 3,7	der Herr sprach: Ich habe gesehen das Elend meines Volks in Ägypten, ich bin herniedergefahren, daß ich sie rette und sie ausführe aus diesem Land in ein gutes, weites Land, in ein Land, darinnen Milch und Honig fließt, so gehe nun hin, ich will dich zu Pharao senden, daß du mein Volk aus Ägypten führest.

Mose widerstrebt dem Auftrag, weil er an seiner eigenen Kraft verzagt. Gott überwindet seine Verzagtheit durch die Offenbarung seines Namens, durch die Vollmacht, die er ihm gibt, und dadurch, daß er Aaron ihm zur Seite stellt.

2 M 3,14	Gott sprach zu Mose: Ich werde sein, der ich sein will (Gott ist souveräner Herr der Zukunft).
4,3	Stab wird zur Schlange.
4,27	der Herr sprach zu Aaron: Gehe Mose entgegen in die Wüste.

b) Moses Festigkeit (in Gott verankert, ist er Menschen gegenüber fest).

2 M 7,1	der Herr sprach zu Mose (2 M 7, 14; 26; 8,1 usw.)
7,16	Mose ist fest gegenüber Pharao.
5,21	Mose ist fest seinem Volk gegenüber.
14,13	Mose sprach zum Volk: Fürchtet euch nicht, stehet fest und sehet zu, was für ein Heil der Herr heute an euch tun wird.
15,24	das Murren des Volks beim Bitterwasser; 16,2 vor Hunger; 17,2 vor Durst; 4 M 11,4 vor Lüsternheit nach Fleisch; 4 M 14,1 vor Angst vor den Riesen Kanaans; 4 M 21,4 vor Überdruß.
14,15	der Herr sprach zu Mose (Mose hört nicht auf das Geschrei des Volks, sondern er lauscht auf Gottes Stimme).
17,4	da schrie Mose zum Herrn (er schreit nicht das Volk an, sondern schreit zu Gott).
4 M 16	Korah, Dathan und Abiram empören sich gegen Mose (siehe Korah). V. 4 Mose stellt seine Rechtfertigung Gott anheim (fiel auf sein Angesicht). Gott legitimiert ihn durch das Gericht über Korah.
2 M 32,4	Aaron macht das Goldene Kalb.
4 M 12,1	Aaron und Mirjam empören sich wider ihn. Mose ist fest gegenüber seinen Freunden.
12,3	Mose war ein sehr geplagter Mensch über alle Menschen auf Erden.

c) Mose läßt sich sagen.

2 M 18,24	Mose nimmt Jethros Rat, Älteste einzusetzen, an.
3 M 10,20	da ließ er sich's gefallen (Aarons Entschuldigung).

d) Mose opfert sich auf für sein Volk.

2 M 32,32	nun vergib ihnen ihre Sünde, wo nicht, so tilge mich aus deinem Buch (nach dem Tanz ums Goldene Kalb).
4 M 14,12	als Gott das Volk vertilgen und Mose zum großen Volk machen will, geht Mose um der Ehre Gottes willen nicht darauf ein.

2. *Mose, der Beter und Glaubensmann,* im Umgang mit Gott. Seine Führerschaft besteht darin, daß er durch Gebet und Lauschen sich von Gott führen läßt.

2 M 14,15	der Herr sprach zu Mose: Was schreist du zu mir?
15,24	da murrte das Volk wider Mose. Er schrie zu dem Herrn.
17,2	sie zankten mit Mose. Mose schrie zum Herrn und sprach: Wie soll ich mit dem Volk tun?
2 M 17,11	dieweil Mose seine Hand emporhielt, siegte Israel.
18,19	pflege du des Volks vor Gott und bringe die Geschäfte vor Gott.
32,11	Mose aber flehte vor dem Herrn, seinem Gott.

33,15 er aber sprach zu ihm: Wo nicht dein Angesicht vorangeht, so führe uns nicht von dannen hinauf.
4 M 14,13 Mose sprach zu dem Herrn (Mose betet das Ja aber doch und wendet durch den Appell an Gottes Ehre und Barmherzigkeit das Vertilgungsgericht von seinem Volk ab).

Sein Umgang mit Gott.

2 M 19,3 Mose stieg hinauf zu Gott.
24,18 Mose ging mitten in die Wolke und stieg auf den Berg und blieb auf dem Berg 40 Tage und Nächte.
4 M 12,7 Er ist mit meinem ganzen Hause vertraut (durch den dauernden Umgang mit Gott).
12,8 Mündlich rede ich mit ihm, und er sieht den Herrn in seiner Gestalt (im Zank seiner Geschwister tritt Gott rechtfertigend für ihn ein).
2 M 19,3 Der Herr rief ihm vom Berge und sprach.
19,21 da sprach der Herr zu ihm. 3 M 1,1; 3 M4,1 usw.
19,24 Und der Herr sprach zu ihm: Du und Aaron mit dir sollt heraufsteigen; aber die Priester und das Volk sollen nicht durchbrechen.
33,11 Der Herr redete mit Mose von Angesicht zu Angesicht, wie ein Mann mit seinem Freunde redet.
34,29 Mose wußte nicht, daß die Haut seines Angesichts glänzte, davon, daß er mit ihm geredet hatte (34, 30 und 35 das Volk kann seinen Anblick nicht ertragen, darum bedeckt er sein Angesicht 2 Kr 3,7).

3. Moses neue Gotteserkenntnis.

2 M 3,14 Gott sprach zu Mose: Ich werde sein, der ich sein werde. Laß mich
33,18 deine Herrlichkeit sehen! Wem ich gnädig bin, dem bin ich gnädig und wes ich mich erbarme, des erbarme ich mich. Kein Mensch wird leben, der mich siehet. Du wirst mir hintennach sehen. (Gott ist souveräner Herr des Geschehens, er ist heilig und unendlich erhaben über den sündigen Menschen, es besteht eine unendliche Distanz zwischen Gott und Mensch.)
34,6 Herr, Herr, Gott, barmherzig und gnädig, geduldig und von großer Gnade und Treue, der da bewahrt Gnade in tausend Glieder und vergibt Missetat, Übertretung und Sünde, und vor welchem niemand unschuldig ist; der die Missetat der Väter heimsucht auf Kinder und Kindeskinder und vor welchem niemand unschuldig ist.
3 M 10,3 Da sprach Mose: Das ist's, was der Herr gesagt hat: Ich erweise mich heilig an denen, die mir nahe sind, und vor allem Volk erweise ich mich herrlich.
4 M 14,21 so wahr, als ich lebe, soll alle Welt der Herrlichkeit des Herrn voll werden.
15,35 Blutgericht über den Gesetzübertreter. (Die Heiligkeit Gottes offenbart sich in Gerichten über die Sünder und wird durch die Strafen der Obrigkeit bezeugt.)
20,12 der Herr sprach zu Mose und Aaron: Darum, daß ihr nicht an mich geglaubt habt, mich zu heiligen vor den Kindern Israel, sollt ihr diese Gemeinde nicht in das Land bringen, das ich ihnen geben werde.
2 M 25,11 Strafgericht durch Pinehas vollzogen, wird von Mose gelobt um des Eifers um Gottes Ehre willen. (Gott widersteht der Sünde durch strenge Gerichte ohne Ansehen der Person.)
2 M 19,4 ihr habt gesehen, wie ich euch getragen habe auf Adlersflügeln, und habe euch zu mir gebracht. Werdet ihr nun meiner Stimme gehorchen und meinen Bund halten, so sollt ihr mein Eigentum sein vor allen Völkern, denn die ganze Erde ist mein. Und ihr sollt mir ein priesterlich Königreich und ein heiliges Volk sein.

5 M 33,29 Wohl dir, Israel, wer ist dir gleich? O Volk, das du durch den Herrn selig wirst, der deiner Hilfe Schild und das Schwert deines Siegs ist!
2 M 15,2 der Herr ist meine Stärke und Lobgesang und ist mein Heil; der rechte Kriegsmann, Herr ist sein Name.
15,26 ich bin der Herr, dein Arzt.
5 M 33,27 Zuflucht ist bei dem alten Gott und unter den ewigen Armen.
Ps 90 Gebet Moses: Herr Gott, du bist unsere Zuflucht für und für. (Gott waltet in der Geschichte, Israel ist sein Werk (5 M 32,6 ist er nicht dein Vater und dein Herr?). Er richtet nicht nur, sondern er erbarmt sich und vergibt, 2 M 34, 6 (siehe oben), er segnet und rettet die, die ihm gehorchen.)

4. Mose, der Gesetzgeber. Mose hört und gehorcht, darum gibt er Gottes Wort als Gesetz und Gehorsam an das Volk weiter.

Das Gesetz ist von Gott:

2 M 20,1 Und Gott redete alle die Worte.
3 M 4,1 Und der Herr redete mit Mose und sprach: 6,1; 8,1; 11,1 usw.
2 M 18,20 stelle ihnen Rechte und Gesetze, daß du sie lehrest den Weg, darin sie wandeln (Jethros Rat).
das Zehntgebot verlangt in gleicher Weise ganze Gottes- und ganze Nächstenliebe.

a) ganze Gottesliebe: darum Monotheismus, Anerkennung der Schöpfungsordnung und Verbot der Zauberei;

2 M 20,3 du sollst keine anderen Götter neben mir haben.
22,17 die Zauberinnen sollst du nicht leben lassen.
2 M 18,20 Verbot widernatürlicher geschlechtlicher Sünden.
22,30; 3 M 11 Speise- und Reinigungsgesetze nicht hygienisch, sondern durch die Heiligkeit Gottes begründet.
3 M 9,2 Sündopfer.
16 großer Versöhnungstag. (Aus dem sittlichen Charakter Gottes und dem sündigen Wesen der Menschen ergibt sich die Notwendigkeit der Versöhnung, um Strafe abzuwenden. Die Versöhnung geschieht durch den von Gott angeordneten Opferkult, bei dem das Tier stellvertretend stirbt für den Menschen. Dieses Sterben hat versöhnende Bedeutung nur dadurch, daß es Gott anerkennt und anordnet.)

b) ganze Nächstenliebe (Gott hat das Recht auf unsere Hingabe, wie der Nächste das Recht auf unsere Liebe hat. Gott will durch den Nächsten hindurch geliebt werden).

3 M 19,18 du sollst deinen Nächsten lieben wie dich selbst, denn ich bin der Herr.
2 M 22,20 Gesetze, die den Fremden, die Witwen und Waisen und den Armen schützen. Verbot des Zinsnehmens 22,24.
3 M 25,4 das siebente Jahr ein Feierjahr.
25,23 ihr sollt das Land nicht verkaufen für immer, denn das Land ist mein (Halljahr im 50. Jahr).

5. Mose, der Organisator, Bauherr und Geschichtsschreiber.

2 M 18,25 Mose erwählte redliche Leute aus ganz Israel und machte sie zu Häuptern über das Volk, etliche über tausend, über hundert, über zehn, daß sie das Volk allezeit richteten.

28	die Ordnung des Priestertums.
2 M 35	der Baubeschrieb der Stiftshütte.
17,14	der Herr sprach zu Mose: Schreibe das zum Gedächtnis in ein Buch.
24,4	da schrieb Mose alle Worte des Herrn.
24,7	Buch des Bundes.
4 M 33,2	Mose beschrieb ihren Auszug, wie sie zogen.

6. Mose, der Prophet.

2 M 19,5	so sollt ihr mein Eigentum sein vor allen Völkern, denn die ganze Erde ist mein. Ihr sollt mir ein priesterlich Königreich und ein heiliges Volk sein. (Israel hat die weltgeschichtliche Aufgabe, allen Völkern den heiligen Gott zu verkünden und vorzuleben.)
5 M 33,5	Mose sieht in seinem letzten Lied Abfall, Gericht Israels und die Treue Gottes voraus.
4 M 14,21	so wahr, als ich lebe, soll alle Welt der Herrlichkeit des Herrn voll werden.
5 M 18,15	einen Propheten wie mich wird der Herr, dein Gott, dir erwecken aus dir und aus deinen Brüdern, dem sollt ihr gehorchen.

7. Moses Tod.

5 M 32,50	stirbt auf dem Berg, darum, daß ihr euch an mir versündigt habt. (Der Tod wird als Gericht gewertet.)
34,1	der Herr zeigte ihm das ganze Land (es ist Gnade im Gericht).
34,6	Gott begrub ihn und hat niemand sein Grab erfahren. (Wie Mose im Leben Gott ganz die Ehre gab, so sollte auch nach seinem Tode kein Kultus mit seiner Person getrieben werden. Sein Sterben ist wie das des Henoch und des Elia geheimnisvoll. Er wird auf dem Verklärungsberg mit Elia von den Jüngern gesehen, Mt 17,3.)
34,7	Mose war 120 Jahre alt, da er starb. Seine Augen waren nicht dunkel geworden, und seine Kraft war nicht verfallen.
34,10	es stund hinfort kein Prophet in Israel auf wie Mose, den der Herr erkannt hätte von Angesicht zu Angesicht.

Pharao verhärtet sich dem mit göttlicher Vollmacht vorgetragenen Wort. Seine Verstockung ist seine Schuld und dennoch Gottes Werk, das zur Ehre Gottes dienen muß. Seine Verstockung führt zu seinem Untergang.

1. Pharao kämpft wider Gott, weil er niemand über sich anerkennen will.

2 M 7,13	Also ward das Herz Pharaos verstockt, und er hörte sie nicht, wie denn der Herr geredet hatte (als die Zauberer dasselbe tun wie Mose).
2 M 7,14	das Herz Pharaos ist hart.
8,15	die Zauberer sprachen, das ist Gottes Finger. Aber das Herz Pharaos ward verstockt.

2. Im Gericht verspricht er, das Volk ziehen zu lassen, wenn die Plage von ihm genommen werde. Sobald das Gericht aufhört, ist er der alte.

2 M 8,4	da forderte Pharao Mose und Aaron und sprach: Bittet den Herrn für mich, daß er die Frösche von mir und meinem Volk nehme, so will ich das Volk lassen, daß es dem Herrn opfere.
8,11	da aber Pharao sah, daß er Luft gekriegt hatte, verhärtete er sein Herz.

9,20	wer unter den Knechten Pharaos den Herrn fürchtete, ließ seine Knechte in die Häuser fliehen (bei der Ankündigung des Hagels).
9,27	Pharao: ich habe diesmal mich versündigt; der Herr ist gerecht, ich aber und mein Volk sind Gottlose.
9,34	da aber Pharao sah, daß der Regen und Hagel aufhörte, versündigte er sich weiter und verhärtete sein Herz; 10,16 u. 20.
10,28	Pharao bedroht Mose mit dem Tode.
2 M 12,31	da sprach Pharao: Macht euch auf und ziehet aus von meinem Volk (als die Erstgeburt erschlagen war).
14,5	da es ihm ward angesagt, daß das Volk entflohen war, ward sein Herz verwandelt und sie sprachen: Warum haben wir das getan, daß wir Israel haben gelassen? Und er spannte seinen Wagen an.

3. Pharao meint, wider Gott zu kämpfen und damit zum Ziele zu kommen. Aber in Wirklichkeit kämpft Gott wider ihn und verstockt ihn, um durch das Gericht an ihm Ehre einzulegen.

2 M 10,20	der Herr verstockte Pharaos Herz, daß er die Kinder Israel nicht ließ.
14,8	der Herr verstockte das Herz Pharaos, daß er den Kindern Israel nachjagte.
14,17	ich will das Herz der Ägypter verstocken, daß sie euch nachfolgen. So will ich Ehre einlegen an Pharao.
14,25	da sprachen die Ägypter: Der Herr streitet für sie wider die Ägypter (zu späte Erkenntnis).
14,30	sie sahen die Ägypter tot am Ufer und die große Hand, die der Herr an den Ägyptern erzeigt hatte. Und das Volk fürchtete den Herrn, und sie glaubten ihm und seinem Knecht Mose.
Rö 9,17.18	So erbarmt er sich nun, welches er will, und verstockt, welchen er will (dieser Satz wird an Pharao bewiesen).

Aaron, der Sohn Amrams und Jochebeds, genießt dieselben Kindheitseindrücke von gläubigen Eltern wie Mose. Gott vermag zu ihm zu reden und ihn zu senden. Er wird der Mund Moses und steht zu ihm in allen Anfechtungen. Er kann sich unter Gottes Gerichte und unter die Führung seines Bruders beugen. Doch ist er weicher und zuverlässiger als Mose. Er gibt dem Volk nach und gießt das Goldene Kalb. Er läßt sich durch seine Schwester Mirjam zur Eifersucht auf Mose hinreißen. Dennoch macht ihn Gott zum Hohenpriester, der, nachdem er selber versöhnt ist, die Versöhnung des Volkes ausrichten darf.

1. Aaron, der treue Helfer Moses.

a) Von Gott angeredet und gesandt, daß er Mose beistehe.

Heb 5,4	berufen von Gott gleichwie Aaron.
2 M 4,27	der Herr sprach zu Aaron: Gehe hin Mose entgegen in die Wüste, und er ging hin.
6,13	also redete der Herr mit Mose und Aaron.
7,1	Aaron, dein Bruder, soll dein Prophet sein.
7,9	der Herr sprach zu Aaron: Nimm deinen Stab und wirf ihn vor Pharao, und Aaron warf seinen Stab.
8,1	der Herr sprach zu Mose: Sage Aaron: Recke deine Hand aus mit deinem Stab über die Bäche und Ströme.

b) Aaron unterstützt als Hoherpriester Mose im Umgang mit Gott und im Verkehr mit dem Volk.

2 M 17,12 Aaron und Hur stützten Moses Hände.

28,29 also soll Aaron die Namen der Kinder Israel tragen in dem Amtsschildlein auf seinem Herzen, wenn er in das Heilige gehet, zum Gedächtnis vor dem Herrn allewege.

28,36 Stirnblatt: Heilig dem Herrn!

3 M 8,12 von Mose zum Hohenpriester gesalbt.

8,14 ließ herzuführen einen Farren zum Sündopfer. Und Aaron und seine Söhne legten die Hände auf sein Haupt (V. 23 Aarons Priesterweihe durch Versöhnung).

9,7 Mose sprach zu Aaron: Versöhne dich und das Volk.

9,22 Aaron hob seine Hand auf zum Volk und segnete sie.

4 M 14,2 Israel murrte wider Mose und Aaron.

17,12 Aaron lief mitten unter die Gemeinde und versöhnte das Volk und stund zwischen den Lebendigen und den Toten (Aaron bietet durch diese Versöhnung einem göttlichen Strafgericht Halt).

16,2 Aarons Hohepriestertum gegenüber der geistlichen Revolution Korahs (siehe Korah) von Gott legitimiert durch das Grünen seines Stabes (17,23).

2. Aaron beugt sich unter Gottes Gerichte.

3 M 10,3 Da sprach Mose zu Aaron: Das ist's, was der Herr gesagt hat, ich erzeige mich heilig an denen, die mir nahe sind. Und Aaron schwieg stille (als seine Söhne Nadab und Abihu, die fremdes Feuer vor Gott brachten, wegen ihrer Frivolität erschlagen werden).

10,9 Aaron und seinen Nachkommen wird der Alkoholgenuß verboten, daß sie das Heilige vom Unheiligen unterscheiden können.

3. Aarons Schwäche und Beeinflußbarkeit zum Bösen.

2 M 32,4 Aaron gibt dem Verlangen des Volkes nach Sichtbarkeit seines Gottes nach und macht das Goldene Kalb.

32,24 Aarons Entschuldigung: das böse Volk. Ich warf das Gold ins Feuer, daraus ist das Kalb geworden.

32,25 Aaron hatte sie zuchtlos gemacht (durch seine falsche Nachgiebigkeit).

4 M 12,1 Mirjam und Aaron redeten wider Mose um seines Weibes willen, der Mohrin (Kuschitin), und sprachen: Redet denn der Herr allein durch Mose, redet er nicht auch durch uns? Und der Herr hörte es (Aaron wird von seiner Schwester zur Eifersucht auf Mose hingerissen).

5 M 9,20 der Herr war sehr zornig über Aaron, aber ich bat auch für Aaron (Mose).

4. Aarons Tod.

4 M 20,28 Aaron stirbt auf dem Berge Hor. Sein Sohn Eleasar wird Priester an seiner Statt. Mose begräbt ihn. Er war 83 Jahre alt, als er vor Pharao trat, 123 Jahre bei seinem Tode.

Mirjam, die Prophetin, ist die Schwester Moses. Sie ist für Gott offen wie ihre Geschwister, so daß Gott durch sie reden kann. Sie fällt in die Sünde der Eifersucht und reißt Aaron mit hinein. Durch schweres Gericht hindurch kommt sie zur Buße und Begnadigung. (Mirjam = Bitterkeit, Betrübnis.)

1. Mirjam, die Prophetin, deutet dem Volk seine Rettung am Roten Meere als Gottes Tat und reißt es durch ihr Lied zum Lobgesang Gottes fort.

2 M 15,20 Mirjam, die Prophetin, Aarons Schwester, nahm eine Pauke, und alle Weiber folgten ihr nach hinaus mit Pauken im Reigen. Und Mirjam sang ihnen vor: Laßt uns dem Herrn singen, denn er hat eine herrliche Tat getan; Roß und Mann hat er ins Meer gestürzt.

2. Sie wird eifersüchtig auf Mose, weil ihn das Volk mehr ehrt als sie. Sie wendet den Buchstaben, der die Heirat fremder Weiber verbot, an, um das geistige Übergewicht Moses dadurch in Frage zu stellen, und reißt Aaron in ihre Sünde hinein.

4 M 12,1 Mirjam und Aaron redeten wider Mose um des Weibes willen, der Kuschitin, die er genommen hatte, und sprachen: Redet der Herr allein durch Mose, redet er nicht auch durch uns? Und der Herr hörte es. (Eifersucht findet immer einen Grund, um mit einem Schein des Rechts den Nächsten herunterzusetzen.)

3. Im schweren Gericht beugt sie sich und findet auf Fürbitte ihres geschmähten Bruders hin Gnade. Fortan schweigt die Erzählung von ihr bis zu ihrem Tode. Sie stirbt mit dem murrenden Volk in der Wüste und sieht nicht das Gelobte Land.

4 M 12,9 Der Zorn des Herrn ergrimmte über sie, und er wandte sich weg. Dazu die Wolke wich auch von der Hütte. Und siehe, Mirjam war aussätzig wie der Schnee. Mose aber schrie zu dem Herrn und sprach: Ach Gott, heile sie!

12,15 also ward Mirjam sieben Tage verschlossen außerhalb des Lagers. Und das Volk zog nicht weiter, bis Mirjam aufgenommen ward.

20,1 Mirjam starb daselbst (zu Kades) und ward daselbst begraben.

Korah, ein Levit, Dathan und Abiram aus dem Geschlechte Rubens, empören sich gegen Mose und Aaron wegen deren Sonderstellung als Prophet und Hoherpriester. Sie berufen sich zwar auf die Heiligkeit der ganzen Gemeinde, hinter ihrer religiösen Idee steckt aber Eifersucht und ehrgeiziges Streben, bei Korah nach dem Priestertum, bei Dathan und Abiram nach der politischen Führung. Gott bestätigt die Stellung Moses und Aarons durch das Strafgericht über die Empörer.

1. Die Empörung Korahs und Dathans und Abirams gegen die religiöse Sonderstellung Moses und Aarons unter Berufung auf die Heiligkeit der ganzen Gemeinde.

4 M 16,3 sie versammelten sich wider Mose und Aaron und sprachen zu ihnen: Ihr macht's zuviel. Denn die ganze Gemeinde ist überall heilig, und der Herr ist unter ihnen, warum erhebt ihr euch über die Gemeinde des Herrn?

16,13 Dathan und Abiram zu Mose: Ist's zu wenig, daß du uns aus dem Land geführt hast, darin Milch und Honig fließt, daß du uns tötest in der Wüste? Du mußt auch noch über uns herrschen!

2. Mose stellt seine Rechtfertigung Gott anheim.

4 M 16,4 da das Mose hörte, fiel er auf sein Angesicht.
16,15 da ergrimmte Mose sehr und sprach zu dem Herrn.
16,22 sie fielen aber auf ihr Angesicht und sprachen: Ach Gott, du bist ein Gott der Geister alles Fleisches, wenn ein Mann gesündigt hat, willst du darum über die ganze Gemeinde wüten? (Mose und Aaron treten für die verführte Gemeinde ein, als Gott das Gericht ankündigt.)

3. Gott bestätigt Mose und Aaron, deren Sonderstellung um der Sündhaftigkeit der Gemeinde willen notwendig ist, durch das Gericht über die Empörer. Diese haben mit ihrem Angriff gegen die von Gott gesandten Männer Gott selber angegriffen (4 M 16,30: den Herrn gelästert).

4 M 16,31 es zerriß die Erde unter ihnen und tat ihren Mund auf und verschlang sie, dazu fuhr das Feuer aus vom Herrn und fraß die zweihundertundfünfzig Mann, die das Räucherwerk opferten.

Balak, der König von Moab, fürchtet sich vor Israel und will in heidnischer Weise sich Gottes bemächtigen, um ihn für seine Zwecke wider Israel zu benützen. Er wird bei diesem Versuch zuschanden.

4 M 22,2 Balak sah alles, was Israel getan hatte den Amoritern, und die Moabiter fürchteten sich sehr.
22,5 und er sandte Boten aus zu Bileam: So komm nun und verfluche mir das Volk.
22,41 des Morgens nahm Balak Bileam und führte ihn hin.
23,13 kommt doch mit mir an einen anderen Ort und fluche mir ihm daselbst (23,27 Balak versucht auf alle Weise, seinen eigenen Willen Gott aufzudrängen).

Bileam, eine Gestalt außerhalb des Offenbarungsbereichs des israelitischen Volkes, zu der Gott redet. Er weiß den Weg, göttliche Offenbarungen zu empfangen, und ist aufrichtig genug, diese Offenbarungen wahrheitsgetreu weiterzugeben seinem eigenen Vorteil zuwider. Er mag als einer, der am Strom beheimatet ist, Erinnerungen haben an die Uroffenbarungen der Väter. Doch versucht er in heidnischer Weise, gelockt vom Golde Balaks, Gott durch Opfer zu überreden, daß er ihm zu Willen sei. So wird er der Weisung Gottes ungehorsam. Als er nicht mit Gott Israel verderben kann, versucht er es wider Gott dadurch, daß er Israel zur Unzucht verleitet. Bileam (= Volksverderber) wird zusammen mit den Midianiterfürsten durch Israel mit dem Schwert erwürgt (4 M 31,8).

1. Bileam hat höhere Gotteserkenntnis. Gott kann sich ihm offenbaren.

4 M 24,4 der Hörer göttlicher Rede, der des Allmächtigen Offenbarung sieht, dem die Augen geöffnet sind, wenn er niederkniet.
23,19 Gott ist nicht ein Mensch, daß er lüge. Er segnet, und ich kann's nicht wenden.

2. Seine Sehersprüche geben die Eigenart Israels klar zu erkennen und sehen in messianische Fernen.

4 M 23,9 das Volk wird besonders wohnen und nicht unter die Heiden gerechnet werden. (Diese einzigartige Isolierung und Zerstreutheit Israels hat sich bis zum heutigen Tag erhalten.)

23,23 es ist kein Zauberer in Jakob, zu seiner Zeit wird Jakob gesagt, was Gott tut.
4 M 24,17 es wird ein Stern aus Jakob aufgehen und ein Zepter aus Israel aufkommen (ein Stern, der in die Finsternis Licht bringt, und das Zepter der Gottesherrschaft, die zum Sieg kommt).

3. Bileams Zwiespältigkeit.

4 M 22,19 obwohl er den göttlichen Willen kennt, daß er nicht mitziehen soll, fragt er Gott zum zweitenmal, um nicht gehorchen zu müssen. Sein Eigenwille wird ihm zugelassen, damit er auf seinen Gehorsam erprobt werde.
22,23 Bileams Ungeduld, die immer mit dem eigenwilligen Weg zusammenhängt, ergrimmt über die Eselin, die mehr sieht von der göttlichen Welt als der ungehorsame Seher. Bileam läßt sich nicht von seinem eigenen Weg abbringen, obwohl er so redet, als wäre er bereit dazu.
23,1 Bileam sprach zu Balak: Baue mir sieben Altäre und schaffe mir her sieben Farren (Versuch, Gott durch Opfer sich gefügig zu machen, den er trotz Mißlingen dreimal unternimmt, immer an einem anderen Ort).
31,16 die Weiber der Moabiter haben die Kinder Israel durch Bileams Rat abwendig gemacht (zu einem mit Unzucht verbundenen Kult des Baal Peor).
2 Pe 2,15 folgen nach dem Weg Bileams. (Judas 11: fallen in den Irrtum Bileams.)
Off 2,14 die an der Lehre Bileams halten (von mit Unzucht verbundenem Kult).

Pinehas, Sohn Eleasars, Enkel Aarons, ist ein Mensch, in dem Moses Feuergeist lodert. Sein Leben steht im Feuerschein des Sinai. Er eifert um die Ehre des eifrigen Gottes zu einer Zeit, als die sittliche Laxheit verdorbener kanaanitischer Völker in Israel einreißen will.

1. Er eifert gegen heidnische Unzucht.

4 M 25,7 tötet einen israelitischen Fürsten und seine midianitische Buhlerin.
25,11 Pinehas hat meinen Grimm von den Kindern Israels gewendet durch seinen Eifer um mich, daß ich nicht in meinem Eifer die Kinder Israels vertilgte. Ich gebe ihm meinen Bund des Friedens, und er soll haben den Bund eines ewigen Priestertums, darum, daß er um seinen Gott geeifert hat.

2. Er eifert im Krieg und vollstreckt den Blutbann an den Midianitern.

4 M 31,6 Sie führten das Heer wider die Midianiter und erwürgten alles, was männlich war.

3. Er eifert um die gottesdienstliche Treue seiner Brüder.

Jos 22,13 Da die Kinder Israel hörten, daß die Kinder Ruben... einen Altar gebaut... am Jordan, sandten sie zu ihnen Pinehas. (Sorge um das Einreißen von Götzendienst.)

4. Er ist ein treuer Sohn.

Jos 24,33 Sie begruben Eleasar zu Gibea, der Stadt seines Sohnes Pinehas.

Kaleb, der Sohn des Jephunnes, des Kenisiters, aus edomitischem Stamm (1 M 36,11), ist ein Kundschafter, den Mose ins Land Kanaan sendet. Er hat den Mut, einem verzagten und verdrossenen Volk als ein einzelner entgegenzutreten, um es zu einer großen, von Gott gewollten Aufgabe mitzureißen. Er hat diesen Mut, weil er Gott vertraut und ihm treulich nachfolgt. Er ist mit Josua der einzige, der in das verheißene Land kommt. Gott sieht nicht auf die Abstammung, sondern auf die Treue.

1. Sein Mut.

4 M 13,30	Kaleb aber stillte das Volk gegen Mose und sprach: Laßt uns hinaufziehen und das Land einnehmen; denn wir können es überwältigen.

2. Die Begründung dieses Muts und Gottes Urteil über ihn.

4 M 14,24	Als die Israeliten Kaleb steinigen wollten, tritt Gott dazwischen: Keiner soll das Land sehen, der mich verlästert hat, aber meinen Knecht Kaleb, darum daß ein anderer Geist mit ihm ist und er mir treulich nachgefolgt ist, den will ich in das Land bringen.

3. Seine Belohnung.

Jos 14,7	Ich war vierzig Jahre alt, da mich Mose aussandte, das Land zu erkunden, und ich ihm Bericht gab nach meinem Gewissen. Meine Brüder, die mit mir hinaufgekommen waren, machten dem Volk das Herz verzagt, ich aber folgte dem Herrn; meinem Gott, treulich, nun siehe, der Herr hat mich leben lassen. Ich bin noch heutigen Tages so stark wie damals. Da segnete ihn Josua und gab also Hebron Kaleb zum Erbteil.

Rahab, die Buhlerin in Jericho, nimmt die Kundschafter auf, verbirgt sie und läßt sie fliehen. Sie hat von den Taten Gottes gehört und glaubt an den Sieg Israels, als das Volk noch verzagt ist. Sie tritt damit ein in die Gemeinde der Glaubenden, ebenso wie der Edomiter Kaleb, und wird im Stammbaum Jesu ausdrücklich erwähnt.

Jos 2,9	Sie hat von den Taten Gottes in Ägypten gehört, fürchtet Gott und glaubt an ihn.
6,17	Allein Rahab soll leben bleiben und alle, die mit ihr im Hause sind. Denn sie hat die Boten verborgen, die wir aussandten.
Heb 11,31	Durch den Glauben ward Rahab nicht verloren mit den Ungläubigen, da sie die Kundschafter freundlich aufnahm.
Jak 2,25	Desgleichen die Hure Rahab, ist sie nicht durch die Werke gerecht geworden, da sie die Boten aufnahm?
Mt 1,5	Boas, der Sohn der Rahab.

Josua (Jahve hilft), ursprünglich (4 M 13,8) Hosea, d.h. Rettung, wird von Mose zunächst zu seinem Diener, dann zum Nachfolger berufen, von Gott bestätigt, angeredet und vom Volk als Führer anerkannt. Ihm fällt die Aufgabe zu, das Volk Israel in Kanaan anzusiedeln und zur Ruhe zu bringen. Er wird von Gott ermutigt und ermahnt zu Glauben und Gehorsam, die die Bedingung des Erfolges sind. Josua glaubt und gehorcht, kann so das Volk mitreißen zu Vertrauen und Gehorsam und seine Aufgabe vollbringen.

1. Seine Berufung durch Mose.

zum Diener:

4 M 11,28	Josua, Moses Diener, den er erwählt hatte.
2 M 24,13	da machte sich Mose auf mit seinem Diener Josua und stieg auf den Berg Gottes.
32,17	hört das Geschrei des Volks im Lager »wie im Streit«.
4 M 14,7	Josua und Kaleb machen dem Volk Mut, das Land einzunehmen.

zum Heerführer:

2 M 17,9	Mose sprach zu Josua: Erwähle uns Männer, zieh aus, und streite wider Amalek. Und Josua tat, wie Mose sagte.

zum Hüter der Tradition:

2 M 17,14	schreibe das zum Gedächtnis in ein Buch und befiehl's in die Ohren Josuas.

zum Nachfolger:

5 M 31,14	der Herr sprach zu Mose: Deine Zeit ist herbeigekommen, daß du sterbest. Rufe Josua und tretet in die Hütte des Stifts, daß ich ihm Befehl tue.
31,23	Mose befahl Josua: Sei getrost und unverzagt, denn du sollst die Kinder Israel in das Land führen, das ich ihnen geschworen habe.
34,9	Josua aber, der Sohn Nuns, ward erfüllt mit dem Geist der Weisheit, denn Mose hatte seine Hände auf ihn gelegt.

2. Gott bestätigt die Berufung.

Gott ermutigt ihn durch Verheißungen:

Jos 1,6	sei getrost und unverzagt, denn du sollst diesem Volk das Land austeilen, das ich seinen Vätern geschworen habe.
1,7	sei getrost und sehr freudig.
1,9	siehe, ich habe dir geboten, daß du getrost und sehr freudig seist. Laß dir nicht grauen, denn der Herr, dein Gott, ist mit dir in allem, was du tun wirst.

ermahnt ihn zum Gehorsam:

Jos 1,7	daß du haltest und tuest allerdinge nach dem Gesetz, das dir Mose, mein Knecht, gegeben hat, auf daß du weise handeln mögest.

Gott kann zu ihm reden, weil er glaubt, gehorcht und für das Volk Buße tut.

Jos 3,7	der Herr sprach zu Josua: Heute will ich anfangen, dich groß zu machen.
7,10	da sprach der Herr zu Josua: Stehe auf, was liegst du auf deinem Angesicht?
8,1	der Herr sprach zu Josua: Fürchte dich nicht und zage nicht!
11,6	der Herr sprach zu Josua: Fürchte dich nicht.
24,29	Josua, der Knecht des Herrn.

3. So kann Josua das Volk mit sich fortreißen zu Gehorsamstaten. Das Geheimnis des Führertums.

a) Von Gott angeredet, kann er vollmächtig reden:

Jos 1,10	da gebot Josua den Hauptleuten und sprach.
1,12	und zu den Rubenitern sprach Josua.
1,16	und sie antworteten und sprachen: Alles, was du uns geboten hast, das wollen wir tun!

b) vollmächtig ermahnen:

Jos 22,5	Haltet aber nur an mit Fleiß, daß ihr tut nach dem Gebot und Gesetz, das euch Mose, der Knecht des Herrn, geboten hat.
23,6	so seid nun sehr getrost, daß ihr haltet und tut alles.
23,11	darum so behütet aufs fleißigste eure Seelen, daß ihr den Herrn, euren Gott, liebhabt.
24,14	gefällt es euch nicht, daß ihr dem Herrn dienet, so erwählt euch heute, wem ihr dienen wollt.
24,21	das Volk sprach: Nicht also, sondern wir wollen dem Herrn dienen.
24,25	also machte Josua desselben Tages einen Bund mit dem Volk und nahm einen großen Stein und richtete ihn auf (um die Erinnerung festzuhalten). (Jos 4,5 Denksteine des Jordandurchzugs.)

c) glaubensmächtig handeln:

Jos 3 u. 4	Übergang über den Jordan auf des Herrn Wort.
4,15	an dem Tage machte der Herr den Josua groß vor dem ganzen Israel, und sie fürchteten ihn, wie sie Mose fürchteten sein Leben lang.
6	Eroberung Jerichos im Vertrauen auf des Herrn Wort.
23,3	ihr habt gesehen alles, was der Herr, euer Gott, getan hat, euer Gott hat selbst für euch gestritten.
23,14	es hat nicht ein Wort gefehlt an all dem Guten, das der Herr, euer Gott, euch verheißen hat.

d) bei Mißerfolgen demütig die Schuld bei sich suchen, Buße tun und rücksichtslos den Bann beseitigen:

Jos 7,5	da ward dem Volk das Herz verzagt, Josua aber zerriß seine Kleider und fiel auf sein Angesicht zur Erde vor der Lade des Herrn (Buße für das Volk, rücksichtslose Beseitigung des Bannes).
9,14	sie fragten den Mund des Herrn nicht (als die Gibeoniten um einen Bund baten. Josua hält den Eid, den er ihnen schwor, und läßt nicht andere seine Fehler büßen).

4. Sein Bekenntnis vor dem Volk:

Jos 24,15	ich aber und mein Haus wollen dem Herrn dienen.

5. Sein Eindruck auf das Volk:

Jos 6,27	also war der Herr mit Josua, daß man von ihm sagte in allen Landen.
24,31	Israel diente dem Herrn, solange Josua lebte und die Ältesten, welche noch lange Zeit lebten nach Josua.

Achan, vom Stamm Juda, nimmt etwas vom Verbannten bei der Eroberung Jerichos, weil ihn danach gelüstet. Die Gesamtheit des Volkes trifft das Gericht Gottes für diesen Frevel, daß sie nicht mehr stehen können vor ihren Feinden. Durchs Los ausfindig gemacht, bekennt er seine Sünde und gibt damit Gott die Ehre. Er sühnt seine Schuld, indem er mit seinem ganzen Hause gesteinigt wird.

Jos 7,20	Da antwortete Achan Josua und sprach: Wahrlich, ich habe mich versündigt an dem Herrn, dem Gott Israels. Ich sah unter dem Raub einen köstlichen babylonischen Mantel... es gelüstete mich, und ich nahm ihn... Siehe, es ist verscharrt in die Erde in meiner Hütte und das Silber darunter. Josua sprach: Weil du uns betrübt hast, so betrübe dich der Herr an diesem Tage. Das ganze Israel steinigte ihn... also kehrte sich der Herr von dem Grimm seines Zorns.

4. Gestalten der Richterzeit (1300-1050)

Adoni-Besek (Herr von Besek), besiegter Kanaaniterkönig, der seine Verstümmelung als gerechte Vergeltung für seine Untaten ansieht.

Ri 1,7 wie ich nun getan habe, so hat mir Gott wieder vergolten.

Othniel (Meine Kraft ist Gott), der jüngste Bruder Kalebs, der erste Richter. Er ist auf des Volkes Gebet von Gott erweckt, mit seinem Geist erfüllt, vom Volk anerkannt, zieht aus zum Streit und erhält den Sieg aus Gottes Hand.

Ri 3,9 da schrien die Kinder Israel zum Herrn, und der Herr erweckte ihnen einen Retter, der sie erlöste. Und der Geist des Herrn kam auf ihn, und er zog aus zum Streit. Und der Herr gab den König von Mesopotamien, Kusan-Risathaim, in seine Hand.

Ehud aus dem Stamm Benjamin, von Gott erweckt auf das Gebet des Volks, das infolge seines Abfalls von Gott durch den Moabiterkönig Eglon bedrängt wurde (V. 12). Er wagt es, den feisten Bedränger in seinem Palast als Gerichtsvollstrekker Gottes zu töten. Es gelingt ihm, die Kinder Israel zum Kampf fortzureißen und die Moabiter gründlich zu schlagen. Die Befreiung des Volks, das eine einzigartige Verheißung und Aufgabe hatte, aus heidnischer Knechtschaft, in die es um seiner Sünde willen hingegeben war, geschah nach Gottes Willen.

Ri 3,15 da schrien sie zum Herrn, und der Herr erweckte ihnen einen Retter.
3,20 Ehud sprach: Ich habe Gottes Wort an dich.
3,27 da er hineinkam, blies er die Posaune. Und die Kinder Israel zogen mit ihm und er vor ihnen her.

Debora (Biene) gewinnt in einer führerlosen Zeit Einfluß in Israel, nicht durch ihre eigenen Bemühungen, sondern weil Gott zu ihr redet. Sie wird eine Mutter in Israel, wie sie sich selbst nennt. Ihre Mütterlichkeit erschöpft sich nicht im Dienst ihrer eigenen Familie, sondern umfaßt das Volk. So holt man in schwierigen Rechtssachen ihren Rat und läßt sie entscheiden. Als das Volk bedrückt ist durch seine Feinde und zu Gott schreit, schaut diese Mutter in Israel nach einem Mann aus, der fähig und bereit ist zum Führertum. So erinnert sie Barak an seine Berufung zum Führertum und sagt ihm, was er zu tun hat. Es gelingt ihr, dem Volk Mut zu machen zum Kampf gegen seine Feinde und es zu einigen. Debora besingt wie Mirjam den Sieg des Volkes und gibt in Demut die Ehre des Sieges Gott dem Herrn, der einer schwachen Frau Jael den Mut gab, den gewaltigen Feldherrn Sisera in ihrer Hütte zu töten.

1. Die Prophetin und Richterin:

Ri 4,2 und der Herr verkaufte sie in die Hand Jabins, des Königs der Kanaaniter... und die Kinder Israel schrien zum Herrn. Zu derselbigen Zeit war Richterin in Israel die Prophetin Debora, das Weib Lapidoths. Und die Kinder Israel kamen zu ihr hinauf vor Gericht.
5,7 an Regiment gebrach's in Israel, bis ich, Debora, aufkam, eine Mutter in Israel.
4,6 sie sandte hin und ließ rufen Barak (Blitz) und ließ ihm sagen: Hat dir nicht der Herr, der Gott Israels, geboten: Gehe hin, ziehe auf den Berg Thabor und nimm 10 000 Mann mit dir, denn ich will Sisera, den Feldhauptmann Jabins, zu dir ziehen und will ihn in deine Hände geben.

4,8 auf seine Bitte zieht sie mit ihm.
4,14 gibt dem, der nicht die Verantwortungsfreudigkeit zum Entschluß hat, die Aufforderung zum Angriff.

2. Ihr Siegesgesang:

preist die, die willig mitzogen zum Kampf:

Ri 5,9 mein Herz ist mit denen, die willig waren unter dem Volk.
5,18 Sebulons Volk wagte seine Seele in den Tod, Naphthali auch.

tadelt die, die nicht mitkämpften:

Ri 5,15 Ruben hielt hoch von sich und sonderte sich von uns.

gibt Gott die Ehre:

Ri 5,2 lobet den Herrn, daß Israel wieder frei geworden ist und das Volk willig dazu gewesen ist.

Auf die Stellung zu Gott kommt alles an. Sie ist entscheidend für Gelingen und Mißlingen:

Ri 5,31 also müssen umkommen, Herr, alle deine Feinde! Die ihn aber liebhaben, müssen sein, wie die Sonne aufgeht in ihrer Macht.

Gideon-Jerubbaal (Fäller-Baal rechte oder streite) wird in Gerichtszeiten, da das Volk hingegeben ist in die Hand räuberischer Beduinen (Midianiter), von Gott berufen, um sein Volk zu erlösen. Er wagt das Befreiungswerk im Vertrauen auf Gott, und es gelingt ihm. Er einigt die Stämme, lehnt die Königswürde ab, verführt aber in seinem Alter das Volk zum Götzendienst und fällt selbst in schlimme Vielweiberei, die seine Familie zerrüttet.

1. Gideon der Held mit Gott.

a) von Gott berufen und überwunden.

Ri 6,12 da erschien ihm der Engel des Herrn und sprach: Der Herr sei mit dir, du streitbarer Held! Gideon aber sprach: Mein Herr, ist der Herr mit uns, warum ist uns solches alles widerfahren? Der Herr aber wandte sich zu ihm und sprach: Gehe hin in dieser deiner Kraft; du sollst Israel erlösen aus der Midianiter Händen. Siehe, ich habe dich gesandt. Er aber sprach: Womit soll ich Israel erlösen? Meine Freundschaft ist die geringste, und ich bin der Kleinste in meines Vaters Haus. Der Herr aber sprach zu ihm: Ich will mit dir sein. (Gideon fordert zur Überwindung dreimal ein Zeichen dafür, daß er es wirklich mit Gott zu tun habe. Gott läßt sich jedesmal zu seiner eigenwilligen Forderung herab und gewährt sie ihm. V. 31, 37, 39.)

b) Gideon wagt es, für Gott einzutreten und die falschen Götzen in seines Vaters Hause zu Spott zu machen.

Ri 6,28 da nun die Leute in der Stadt frühe aufstanden, siehe, da war der Altar Baals zerbrochen und das Ascherabild dabei abgehauen (die Befreiung des Volkes fängt mit der Vernichtung der eigenen Götzen und mit der Aufrichtung echten Gottesdienstes an).

c) Er wagt es, im blinden Vertrauen auf Gottes Verheißung mit der kleinen Schar der Abiesriter den Midianitern zu trotzen. Er ruft die nördlichen Stämme zur Heeresfolge auf, unternimmt es aber doch, mit einer Minderheit von 300 Mann auf Gottes Geheiß das feindliche Lager anzugreifen, damit Gott die Ehre des Sieges werde. So gewinnt er den Sieg.

Ri 6,34 der Geist des Herrn erfüllte Gideon; und er ließ die Posaune blasen und rief die Abiesriter, daß sie ihm folgten, und sandte Botschaft zu ganz Manasse, daß sie ihm auch nachfolgten. Er sandte auch Botschaft zu Asser und Sebulon und Naphthali, die kamen herauf, ihm entgegen.

7,2 der Herr aber sprach zu Gideon: Des Volks ist zu viel, das mit dir ist, Israel möchte sich rühmen und sagen: Meine Hand hat mich erlöst.

2. Gideon, der strenge Regent. Er erzwingt die Einheit der Stämme, lehnt aber das erbliche Fürstentum ab.

Ri 8,16 ließ es die Leute zu Sukkoth fühlen. Den Turm Pnuels zerbrach er und tötete die Leute der Stadt (diese Städte hatten sich geweigert, ihn mit Lebensmitteln zu unterstützen).

8,22 da sprachen zu Gideon etliche in Israel: Sei Herr über uns, du und deines Sohnes Sohn..., aber Gideon sprach: Ich will nicht Herr über euch sein ..., sondern der Herr soll Herr über euch sein!

3. Gideons Fall: Sein Gottesdienst wandelt sich in Götzendienst, weil er am äußeren, goldstrotzenden Prunkkleid hängt. Das Volk, das keinen Götzen hat, betet nun den Rock an.

Ri 8,27 Gideon machte einen Leibrock (priesterliches Gewand) daraus und setzte ihn in seine Stadt zu Ophra. Und ganz Israel trieb Abgötterei daselbst, und er geriet Gideon und seinem Hause zum Fall.

Seine Vielweiberei, die das Geschlecht durch viele Söhne garantieren soll, bringt seiner Familie den Untergang. (Was man durch den Abfall von Gott verliert, kann durch keine irdische Garantie ersetzt werden.)

Ri 8,30 Gideon hatte 70 Söhne, denn er hatte viele Weiber. Und sein Kebsweib, das er zu Sichem hatte, gebar ihm auch einen Sohn, den nannte er Abimelech.

Abimelech (mein Vater ist König), der Sohn Gideons und eines Kebsweibes, gewinnt die Macht durch Ermordung seiner Brüder. Er, der Aufruhr angerichtet hat, kommt im Aufruhr ums Leben.

1. Seine Sünde und ihre Entstehung.

Ri 9,1-5 Abimelech geht aus Vielweiberei, die durch Eifersucht, Neid und Hinterlist den Familiensinn zerstört, hervor. Er stachelt den Ehrgeiz seiner Sippe auf, ihm durch einen verbrecherischen Anschlag auf das Leben seiner Brüder zur Macht zu verhelfen. Mit aus dem Heiligtum geraubtem Geld dingt er leichtsinnige Männer und vollbringt Mord und Staatsstreich.

2. Seine Sünde wird gestraft.

Ri 9,22-49 Abimelech und die Stadt Sichem, die ihn begünstigt hat, kommt diese Freveltat teuer zu stehen. Abimelech, der Sichem zum Abfall vom Hause Gideons verleitet hat, muß Sichems Untreue erfahren. Er vernichtet die Stadt.

9,50-56 Abimelech stirbt bei der Belagerung von Thebez durch die Hand eines Weibes, das ihm einen Mühlstein auf den Kopf wirft. Also bezahlte Gott Abimelech das Übel, das er an seinem Vater getan hatte.

Thola aus dem Stamm Isaschar wird 23 Jahre hindurch von Israel als Richter anerkannt, weil er den Mut hatte, in der Not seinem Volk zu helfen.

Ri 10,1 er machte sich auf, zu helfen.

Jephta, ein Gileaditer, stammt aus unrechtmäßiger Verbindung. Er wird deshalb verstoßen. So lernt er sich der Elenden annehmen und seine Zuversicht auf Gott setzen. Er überwindet angetane Kränkung und hilft seinem Volke im Kampf gegen die Ammoniter. Kraftvoll führt er den Kampf seines Volks und ringt um seine Einheit. Doch scheint sein Einflußgebiet sich nicht viel über das Ostjordanland hinaus ausgedehnt zu haben. In seinem Erfolg wird er gedemütigt durch die Folgen seines unbedachten Gelübdes, die er in zur letzten Hingabe bereitem Gehorsam auf sich nimmt.

1. Verstoßen sammelt er Verstoßene um sich.

Ri 11,1 Jephta war aus unrechtmäßiger Verbindung.

11,2 sie stießen Jephta aus und sprachen zu ihm: Du sollst nicht erben in deines Vaters Haus, denn du bist eines anderen Weibes Sohn.

Ri 11,3 da floh er vor seinen Brüdern. Und es sammelten sich um ihn lose Leute (Leute, die nichts zu verlieren hatten,) und zogen aus mit ihm (sie führten eine Art Bandenkrieg).

2. Er überwindet sich, dem Volk, das ihn verstoßen hat, zu dienen, weil er Gott fürchtet.

Ri 11,7 nun kommt ihr zu mir, weil ihr in Trübsal seid?

11,11 das Volk setzte ihn zum Haupt und Obersten über sich... Jephta redete solches alles vor dem Herrn zu Mizpa. (Er verpflichtet das Volk und sich vor Gott zur Treue. Der wurzellos gewordene, mißtrauische Mann erkennt Gott als unbedingten Halt an.)

3. Seine in der Bedrängnis geübte Klugheit wendet er dem Feind gegenüber an.

Ri 11,12 da sandte Jephta Boten zum König der Kinder Ammon. (Er weist auf Grund der genauen Kenntnis der Geschichte seines Volkes den Anspruch der Ammoniter zurück und stellt fest, daß das Land Israel von Gott gegeben ist. Aus der eigenen Gottesfurcht heraus appelliert er an die Gottesfurcht der Feinde, doch ohne Erfolg. So nimmt er dem Feind das gute Gewissen und gibt es seinem Volke.)

4. Kraftvoll erkämpft er den Sieg und ringt um die Einheit des Volkes.

Ri 11,29	da kam der Geist des Herrn auf Jephta, und er zog durch Gilead gegen die Kinder Ammon. Der Herr gab sie in seine Hände. (Sein Mut wurzelt in seinem Gottvertrauen. Er wagt den Kampf im Blick auf Gott.)
12,3	ich stellte meine Seele in meine Hand.
12,3	der Herr gab sie in meine Hand (er gibt Gott die Ehre).
12,4	er stritt wider Ephraim (das die Einheit sprengen will).

5. Seine Treue und Bereitschaft zur letzten Hingabe an Gott.

Ri 11,35	ich habe meinen Mund aufgetan gegen den Herrn und kann es nicht widerrufen. Meine Tochter, wie beugst du mich und betrübst du mich! Und er tat ihr, wie er gelobt hatte. (So wird Jephta durch schwerstes Leid geübt in seiner Jugend und auf der Höhe seines Lebens. Er überwindet sich selbst und wird dem Ruf Gottes gehorsam, sowohl, da die Ältesten ihn riefen, als auch beim Halten seines Gelübdes.)

Jephtas Tochter, das einzige, heißgeliebte Kind des einsamen Mannes, bangt um ihn im Krieg und jubelt ihm entgegen nach dem Sieg. Sie tröstet den über sein Gelübde entsetzten Vater, indem sie sich gehorsam ihm und Gott unterordnet. In zweimonatiger Bergesstille rüstet sie sich zum Opfergang, inmitten ihrer Gespielinnen weinend, wie sie vorher mit ihnen im Reigen jauchzte. Ob sie geopfert wurde oder ob sie in lebenslänglicher Jungfrauschaft im Heiligtum diente, muß offengelassen werden (Ri 11,29-40).

Simson (Sonnenmann) aus dem Geschlechte Dan, das zuallererst mit den aus dem Norden auf dem Landweg kommenden Philistern zusammenstieß, ist ein Gottgeweihter von Mutterleibe an. Seine Geburt wird durch einen Engel verkündet, der Wunderbar heißt wie Jes 9,5 der Messias. Seine Kraft wird auf Gott zurückgeführt und kann durch Bruch des Gelübdes verlorengehen, während Herakles, der griechische, und Siegfried, der germanische Kraftheld, ihre Kraft aus sich selbst schöpfen. Simson verliert seine Kraft durch eigene Schuld, weil er sich, durch Sinnlichkeit verleitet, zur Preisgabe seines Geheimnisses hinreißen läßt. Sterbend rächt er sich an seinen Feinden.

1. Seine Kraft kommt von Gott her.

Ri 13,7	ein Geweihter Gottes von Mutterleib an (kein Alkohol und kein Schermesser darf an ihn).
13,24	der Herr segnete ihn.
13,25	der Geist des Herrn fing an, ihn zu treiben im Lager Dan.
14,4	von Gott geführt, sucht er eine Frau aus den Philistern.
14,6	der Geist des Herrn kam über ihn (zerreißt einen Löwen).
14,19	der Geist des Herrn geriet über ihn (erschlägt die Philister).
15,14	der Geist des Herrn kam über ihn (zerreißt die Stricke).

2. Simson ist schwach der Frau gegenüber.

Ri 14,16	da weinte sein Weib... er sagte ihr das Rätsel.
16,4	danach gewann er ein Weib lieb, die hieß Delila.
16,17	er sagte ihr sein ganzes Geheimnis.
16,19	nachdem die sieben Locken abgeschoren waren, fing sie an, ihn zu zwingen.

16,20 er wußte nicht, daß der Herr von ihm gewichen war. (Wenn Gott von uns gewichen ist um unseres Ungehorsams willen, unterliegen wir dem geringsten Kraftaufwand des Widersachers.)

3. Er gibt sein Leben hin, um auch in Ketten seinem Beruf als Sieger über seine Feinde treu zu bleiben, und erbittet sich Kraft zur gewaltigen Tat von Gott.

Ri 16,28 Simson aber rief den Herrn an: Herr, Herr, gedenke mein und stärke mich doch,... und sprach: Meine Seele sterbe mit den Philistern!

Naemi (Holde) zieht mit ihrem Mann Elimelech (Mein Gott ist König) und ihren Söhnen ins Moabiterland, weil sie in einer Teuerung das Vertrauen verlieren, daß Gott sie auch in der Heimat ernähren kann. Sie sind im reichen Moab in Gefahr, den Grundsatz anzunehmen: Wo mein Brot ist, da ist mein Vaterland. Gott läßt den Mann und die beiden Söhne sterben. Da erkennt Naemi in ihrem Leid Gottes Hand. Sie wollte dem Leid entfliehen, und es holt sie ein. So erwacht in ihr der Entschluß, zurückzuwandern in die Heimat, ins Land der Verheißung. Vorher teilt sie ihr durch die Gerichte vertieftes Gotteserleben ihren beiden Schwiegertöchtern mit. So gewinnt die einsame Witwe, die ihre Familienhoffnung ins Grab gelegt hat, eine Tochter in Ruth, die ihr treu bleibt, auch, als sie ihr die Rückkehr freistellt. Durch Ruth geschieht das Unmögliche: Der abgehauene Stumpf ihrer Familie gewinnt ein neues Reis. Und dieses Reis ist der Stamm der messianischen Verheißung.

1. Naemi, die Holde, die Anmutige, der es wohlergeht und die wert gehalten wird, ist auf die heitere Daseinsfreude eingestellt, verläßt deshalb in der Teuerung ihr Vaterland, um in der Ferne ihr Glück zu suchen.

Ru 1,1 es ward eine Teuerung im Lande, und ein Mann von Bethlehem zog aus, und da sie kamen ins Land der Moabiter, blieben sie daselbst.

2. Im fremden Land trifft sie Leid, das schwerer ist als Teuerung. Sie erkennt darin die Hand Gottes, deren richtendem Walten man nicht entfliehen kann.

Ru 1,13 mich jammert euer sehr, denn des Herrn Hand ist über mich ausgegangen.

1,20 Heißet mich nicht Naemi, sondern Mara (Unglückliche, vgl. Ungehorsame), denn der Allmächtige hat mich sehr betrübt. Voll zog ich aus, aber leer hat mich der Herr wieder heimgebracht... der Herr hat mich gedemütigt.

3. Weil sie sich demütigen läßt, kann sie Gott wider alles menschliche Erwarten wieder erhöhen.

Ru 1,16 durch ihre Demütigung unter Gott gewinnt sie Ruth (dein Gott ist mein Gott).

1,12 die menschliche Möglichkeit, die Leviratsehe, ist ausgeschlossen, da Naemi keine Kinder mehr bekommt.

4,10 Boas übernimmt das Erbe und Ruth zum Weibe.

4,13 es gab ihr der Herr, daß sie einen Sohn gebar.
4,17 die Nachbarinnen gaben ihm einen Namen und hießen ihn Obed (der zum Dienst angehalten wird: der wird dich erquicken und dein Alter versorgen, V. 15).

Ruth, die moabitische Schwiegertochter Naemis, wird durch das Gotterleben ihrer Schwiegermutter, die im Leid Gottes richtende Hand erkennt, für den Gott Israels gewonnen. So wird sie der einsamen Naemi eine treue Tochter. Arbeitsam, bescheiden, still und gehorsam, gewinnt sie die Achtung der Stadt und die Liebe des Boas. Die Fremde wird von Gott erwählt, Stammutter Davids und des Heilands zu werden. (1 Kr 1,27: was schwach ist vor der Welt, hat Gott erwählt, und das da nichts ist.)

1. Ruth ist Gott treu.

Ru 1,16 dein Gott ist mein Gott.
2,12 dein Lohn müsse vollkommen sein bei dem Herrn, dem Gott Israels, zu welchem du gekommen bist, daß du unter seinen Flügeln Zuversicht hättest.
2,11 du hast verlassen deinen Vater und deine Mutter und dein Vaterland und bist zu einem Volk gezogen, das du zuvor nicht kanntest (Boas gibt ihr das Zeugnis, daß sie um Gottes willen irdische Garantien aufgab, weil sie Gott vertraute, er werde ihr geben, was sie um seinetwillen verließ).

2. Darum ist sie auch ihrer Schwiegermutter treu.

Ru 1,17 der Tod muß mich und dich scheiden.
Ru 2,11 es ist mir angesagt alles, was du an deiner Schwiegermutter getan hast nach deines Mannes Tod.

sie ist arbeitsam:

Ru 2,2 laß mich aufs Feld gehen und Ähren auflesen.
2,7 sie ist dagestanden vom Morgen an bis her und bleibt wenig daheim.

sie ist bescheiden:

Ru 2,10 da fiel sie auf ihr Angesicht, und beugte sich nieder zur Erde und sprach: Womit habe ich Gnade gefunden vor deinen Augen, daß du mich ansiehst, da ich doch fremd bin?

sie ist gehorsam:

Ru 3,5 sie sprach zu ihr: Alles, was du mir sagst, das will ich tun.
3,6 sie tat alles, wie es ihr ihre Schwiegermutter befohlen hatte.
3,18 sie aber sprach: Sei still, meine Tochter (Ruth kann schweigen).

Ihr Ruf:

Ru 3,11 die ganze Stadt weiß, daß du ein tugendsam Weib bist.
4,15 deine Schwiegertochter, die dich geliebt hat, hat ihn geboren, welche dir besser ist als sieben Söhne.

3. Gott segnet sie.

Ru 4,13 also nahm Boas die Ruth, daß sie sein Weib ward, und sie gebar einen Sohn. Den hießen sie Obed, der ist der Vater Isais, welcher ist Davids Vater.

Boas, ein edeldenkender, rechtschaffener, zu den Geringen freundlicher Mann, dessen Güte in seiner Frömmigkeit wurzelt.

1. Boas traut auf Gott und hält ihn für das höchste Gut. Das macht ihn freundlich zu den Geringen.

Ru 2,4 sein Gruß an die Schnitter: Der Herr sei mit euch!
2,11 seine Freundlichkeit zur fremden Ruth in der Achtung begründet, die er vor ihrer selbstlosen Liebe zu ihrer Schwiegermutter empfindet. Er läßt sie Ähren lesen und weiß ihr nichts Größeres zu geben als den frommen Segenswunsch: Der Herr vergelte dir deine Tat, und dein Lohn müsse vollkommen sein vor dem Herrn, dem Gott Israels, zu welchem du gekommen bist, daß du unter seinen Flügeln Zuversicht hättest.

2. Seine Rechtlichkeit.

Ru 3,14 er ist besorgt um den Ruf der Ruth.
4,5 er stellt die Leviratsehe dem näher Verwandten anheim, überläßt also die Entscheidung über Ruth, die er gerne zum Weib nähme, dem, der mehr Recht auf das Erbe hat als er. Das kann er, weil er von Gott sich führen läßt.

Eli ist einer der letzten Richter und Hohenpriester. In seiner Zeit tritt ein schlimmer Zerfall der Frömmigkeit und der Sitten in Israel ein, weil er durch die schlechte Erziehung seiner Söhne den Glauben verächtlich macht. Er hat kein Ohr für die Stimme Gottes, darum ist Weissagung selten im Lande. Ein Volk ist selten besser als seine Führer. Er hat auch kein Verständnis für die Beurteilung echter Frömmigkeit und hält Hanna, die Beterin, für eine Trunkene. Gott demütigt ihn tief dadurch, daß er ihm den jüngeren Samuel das Gericht ankündigen läßt. Er findet nicht die Kraft zur rechten Buße, nimmt aber das Gericht in Demut an.

1. Seine falsche Nachgiebigkeit in der Erziehung.

1 Sa 2,29 du ehrst deine Söhne mehr denn mich.
3,13 er wußte, wie seine Söhne sich schändlich hielten, und hat ihnen nicht gewehrt.

2. Das Gericht über ihn.

1 Sa 2,34 Zeichen über deine zwei Söhne: Auf einen Tag werden sie sterben.
3,18 es ist der Herr. Er tue, was ihm wohlgefällt.
4,18 da er aber der Lade Gottes gedachte, fiel er zurück vom Stuhl am Tor und brach seinen Hals entzwei.

Elkanah, nach 1 Sa 1,1 ein Ephraimiter, nach 1 Ch 6,11 ein Levite, ist ein frommer Mann, der im religiösen Zerfall am Ausgang der Richterzeit Gott die Treue hält und alljährlich zur Stiftshütte nach Silo wandert, auch dann noch, als die sittenlosen Söhne Elis das Heiligtum in Verruf bringen. Er ist freundlich zur betrübten Hanna und zur Hingabe Samuels an den Tempeldienst bereit.

1 Sa 1,3 er ging jährlich hinauf von seiner Stadt, daß er anbetete und opferte dem Herrn zu Silo. Daselbst waren aber Priester Hophni und Pinehas, die zwei Söhne Elis.

1,8 Elkanah aber, ihr Mann, sprach zu ihr: Hanna, warum weinst du und issest du nichts, und warum ist dein Herz so traurig? Bin ich dir nicht besser denn zehn Söhne?

1,23 Elkanah, ihr Mann, sprach zu ihr: So tue, wie dir's gefällt: Bleib, bis du ihn entwöhnst; der Herr bestätigte aber, was er geredet hat.

Hanna (Huld), das Weib Elkanahs, bringt das tiefe Leid ihrer Kinderlosigkeit vor Gott. Sie ringt sich los von aller Selbstsucht und will das erbetene Kind nicht für sich, sondern für den Dienst des Herrn. Was Gott ihr geben wird, will sie bereitwilligst ihm wieder schenken. Und so handelt sie auch. So wird sie bereit zu echter Anbetung.

1. Ihre Demut und Betrübnis.

1 Sa 1,15 ich bin ein betrübtes Weib, ich habe aus meinem großen Kummer und Traurigkeit geredet (so antwortet sie demütig, als Eli sie für betrunken hält).

2,7 Der Herr macht arm... er erniedrigt... er tötet... (sie sieht ihre Kinderlosigkeit als ein göttliches Gericht an, unter das sie sich beugt).

2. Ihr Gebet und ihre Hingabe.

1 Sa 1,12 sie betete lange vor dem Herrn, redete in ihrem Herzen, ihre Lippen regten sich, und ihre Stimme hörte man nicht. Ich habe mein Herz vor dem Herrn ausgeschüttet.

1,11 wirst du deiner Magd einen Sohn geben, so will ich ihn dem Herrn geben sein Leben lang.

1,24 sie brachte den Knaben in das Haus des Herrn zu Silo.

3. Ihr Glaubensgehorsam und ihre Anbetung.

1 Sa 1,18 sie aß und sah nicht mehr so traurig (nach ihrem Gebet glaubt sie der Verheißung Elis).

2,1 Mein Herz ist fröhlich in dem Herrn. Der Herr tötet und macht lebendig, er führt in die Hölle und wieder heraus (aus dem Lobgesang der Hanna).

Samuel (Gott erhört) ist von Gott bestimmt, in einer Zeit tiefster nationaler Erniedrigung und Zerfalls, sein Volk im Geiste Moses zu neuer Gottesfurcht wachzurufen und zur nationalen Einigung zu führen.

1. Das religiöse Werden Samuels.

1 Sa 1,11 Er ist von Gott erbeten und vor seiner Geburt schon Gott geweiht.

2,26 in schlimmer Umgebung bleibt er Gott treu.

3,4 Gott kann zu ihm reden.

3,11 er erlebt das Gericht über das Haus Elis und lernt so den unerbittlichen Ernst Gottes kennen.

2,26 er nahm zu und war angenehm bei dem Herrn und den Menschen.

3,21 und der Herr erschien hinfort zu Silo. Und Samuel fing an zu predigen dem ganzen Israel.

3,20 Ganz Israel erkannte, daß Samuel ein treuer Prophet des Herrn war.

7,3 So ihr euch mit ganzem Herzen bekehrt zu dem Herrn, so wird er euch erretten aus der Philister Hand (Samuel erhofft von der inneren Erhebung des Volkes seine äußere Rettung).

9,9 Samuel gibt dem Seherberuf durch die Offenbarung des göttlichen Willens einen neuen Inhalt.

2. Aus der Verbundenheit mit Gott ergibt sich sein Handeln.

Er ist gehorsam und verlangt Gehorsam.

1 Sa 3,4	er aber antwortete: Siehe, hier bin ich.
9,16 und 10,17	Königswahl unter Gottes Leitung.
15,22	Gehorsam ist besser denn Opfer (zu Saul).
15,32	vollstreckt selbst den Bann an Agag.

Er kann warten und nützt die Stunde.

1 Sa 7,2	zwanzig Jahre blieb die Lade fern von der Stiftshütte (1 Ch 13,6 erst David holt sie ein).
7,6	als das Volk Buße tut, ist die Zeit der Hilfe Gottes gegen die Philister gekommen.

Er ist ein Beter und gibt Gott die Ehre.

1 Sa 7,9	er schrie zum Herrn für Israel; und der Herr erhörte ihn.
7,12	Stein der Hilfe.
12,23	es sei ferne, daß ich sollte ablassen, für euch zu beten und euch zu lehren den guten und richtigen Weg.
15,11	Samuel ward zornig und schrie zum Herrn die ganze Nacht (nach Sauls Ungehorsam).

Er richtet im Bewußtsein des unerbittlichen Ernstes Gottes.

1 Sa 7,15	Samuel richtete Israel sein Leben lang.
12,3	er richtet uneigennützig.
12,25	werdet ihr übel handeln, so werdet ihr und euer König verloren sein.
15,23	du hast des Herrn Wort verworfen, so hat er dich auch verworfen, daß du nicht König seiest.
15,35	aber doch trug Samuel Leid um Saul.

5. Die Gestalten der Königszeit

A. Saul und das Haus Davids bis zur Vermischung mit dem Geschlecht Isebels

Saul, der Sohn des Kis, aus dem Stamm Benjamin, ist ein schöner, ritterlicher Mann. Er wird von Gott durch Samuel zum König Israels berufen, um 1050. Er ist religiös bewegt, kampffroh und sieghaft; ruhig und großmütig, aber er ist nicht völlig gehorsam, darum wird er je länger, je mehr ungeduldig, zaudernd, verzagt, unruhig, jähzornig, gehässig, dämonisch. (Saul = der Erbetene.)

1. Saul, der ritterliche Held, ist am Anfang seiner Laufbahn religiös bewegt.

1 Sa 10,23 und 9,2	er ist eines Hauptes länger als alles Volk.
9,3	ein treuer Sohn, der des Vaters Auftrag, die Eselinnen zu suchen, mit großer Hingabe ausführt.
9,16	vom Volk erbeten und von Gott angekündigt.
9,22	Samuel nahm Saul und setzte ihn obenan.
10,1	Samuel küßte ihn und sprach: Siehst du, daß dich der Herr zum Fürsten über sein Erbteil gesalbt hat?
10,6	der Geist Gottes wird über dich kommen, und du wirst ein anderer Mann werden.
10,7	tue, was dir unter die Hand kommt, denn Gott ist mit dir!
10,9	Gott gab ihm ein anderes Herz. Der Geist Gottes kam über ihn, daß er unter den Propheten weissagte.
28,3	Saul hatte aus dem Lande vertrieben die Wahrsager und Zeichendeuter.

Darum kann er:

a) still warten auf Gottes Stunde und tun, was ihm vor die Hand kommt, auch der Menschen Lästerung ertragen;

1 Sa 11,5	er tut ruhig seine Arbeit weiter.
10,22	bei der Entscheidung, als das Los geworfen wird, versteckt er sich bei den Geräten, und man muß ihn holen.
10,26	es ging mit ihm ein Teil des Heeres, welcher Herz Gott rührte (die Menschen fallen ihm zu).
10,27	Saul tat, als hörte er es nicht, als etliche lose Leute sprachen: Was kann uns dieser helfen? (Saul ist großmütig, weil seine Berufsgewißheit nicht von Menschen, sondern von Gott abhängt.)

b) kampffroh und sieghaft gegen den Feind ziehen;

1 Sa 11,6	da geriet der Geist Gottes über Saul, und sein Zorn ergrimmte sehr. Da fiel die Furcht des Herrn über das Volk, daß sie auszogen wie ein Mann (Sieg über die Ammoniter bei Jabes).

c) großmütig sein gegen seine Verächter.

1 Sa 11,12	Da sprach das Volk zu Samuel: Wer sind die, die da sagten: Sollte Saul über uns herrschen? Gebt sie her, die Männer, daß wir sie töten! Saul aber sprach: Es soll auf diesen Tag niemand sterben, denn der Herr hat heute Heil gegeben in Israel.

2. Saul ist Gott gegenüber nicht radikal gehorsam, darum gewinnt das Böse mehr und mehr Macht über ihn.

1 Ch 9,39	er nennt einen seiner Söhne nach Baal (Esbaal).
15,12	er hatte sich ein Siegeszeichen aufgerichtet (sein Hochmut).
1 Sa 15,22	Gehorsam ist besser denn Opfer und Aufmerken besser als das Fett von Widdern (er bricht die Jahvesatzung des Blutbanns aus Geiz und Ehrgeiz). Darum

a) kann er nicht warten,

1 Sa 13,13	Er kann nicht warten, bis Samuel kommt, und opfert selbst. Samuel sprach: Du hast töricht getan und nicht gehalten des Herrn, deines Gottes, Gebot; denn er hätte dein Reich bestätigt für und für.

b) zaudert er, seinem Volk in Mizpa oder Sichem einen Mittelpunkt zu geben,

c) gibt er unüberlegte Befehle, weil er nicht auf Gott horcht,

1 Sa 14,19	Saul sprach zum Priester: Zieh deine Hand ab! (Er wartet den Spruch Gottes nicht ab und stürzt in den Kampf.)
14,24	verflucht sei jedermann, der etwas ißt bis zum Abend, daß ich mich an meinen Feinden räche. (Dieses Wort kostet beinahe Jonathan, den Held des Tages, das Leben, weil er etwas Honig aß.)

d) verzagt er, wird schwermütig und dämonisch, als Samuel ihm das Gerichtswort verkündigt,

1 Sa 15,23	weil du des Herrn Wort verworfen hast, hat er dich auch verworfen, daß du nicht König seist.
16,14	der Geist des Herrn wich von Saul, und ein böser Geist vom Herrn machte ihn sehr unruhig.
18,8	als die Weiber David loben, packen ihn Minderwertigkeitsgefühle.
18,9	Saul sah David sauer an von dem Tage und hinfort.

e) wird er jähzornig,

1 Sa 18,11	er schoß David und gedachte: Ich will ihn an die Wand spießen.
18,12	er fürchtete sich vor David, denn der Herr war mit ihm, und von ihm war er gewichen.

f) gehässig,

1 Sa 22,18	er läßt 85 Priester töten, weil sie David auf seiner Flucht behilflich waren.

g) verharrt in seinem Haß, obwohl er Lichtblicke hat.

1 Sa 24,18	sprach zu David, der sein Leben verschont hat: Du bist gerechter als ich, du hast mir Gutes bewiesen, ich aber habe dir Böses bewiesen. Ich weiß, daß du König werden wirst.
26,2	Saul macht sich auf mit 3000 Mann und sucht David.

h) Er verliert den Mut vor der Entscheidungsschlacht; bekommt von Gott keine Antwort mehr und geht zur Wahrsagerin. Dort wird ihm der tote Samuel zum Gerichtsboten wie einst der lebende. Er stirbt durch eigene Hand.

1 Sa 28,5 da Saul der Philister Heer sah, fürchtete er sich, und er fragte den Herrn, aber der Herr antwortete ihm nicht, weder durch Träume noch durchs Licht, noch durch die Propheten.

28,18 Samuel sprach: Darum, daß du der Stimme des Herrn nicht gehorcht, darum hat dir der Herr solches getan. Morgen wirst du und deine Söhne mit mir sein.

31,4 Sauls Ende durch Selbstmord. Der Schwerverwundete stürzt sich in sein Schwert. Die Jabesiten retten seinen Leichnam zu ehrlichem Begräbnis.

Jonathan (von Gott gegeben), der ritterliche Sohn Sauls, ist ein tapferer Held und ein selbstloser, treuer Freund.

Jonathan, der tapfere Held.

1 Sa 14,6 es ist dem Herrn nicht schwer, durch viel oder wenig zu helfen (vor einem Handstreich auf die Philisterwache).

14,45 Das Volk sprach zu Saul: Sollte Jonathan sterben, der ein so großes Heil in Israel getan hat? So wahr der Herr lebt, es soll kein Haar von seinem Haupte auf die Erde fallen, denn Gott hat's heute durch ihn getan. (Das Volk liebt Jonathan um seiner Tapferkeit willen und bittet ihn von Saul los.)

2 Sa 1,23 Saul und Jonathan, holdselig und lieblich in ihrem Leben, sind auch im Tode nicht geschieden, schneller waren sie als die Adler, stärker als die Löwen! (David über Jonathan.)

1,27 Wie sind die Helden gefallen und die Streitbaren umgekommen!

Jonathan, der selbstlose Freund.

1 Sa 18,1 es verband sich das Herz Jonathans mit David, und Jonathan gewann ihn lieb wie sein eigenes Herz. Und sie machten einen Bund miteinander (die Heldentat Davids an Goliath gewann ihm die Achtung und die Liebe Jonathans).

20,17 Jonathan schwur David, denn er hatte ihn so lieb wie seine Seele.

20,42 der Herr sei zwischen mir und dir! (die Freundschaft ist in Gott begründet).

23,16 da machte sich Jonathan auf, ging hin zu David in die Heide und stärkte seine Hand in Gott, und sie machten beide einen Bund miteinander vor dem Herrn.

20,34 war bekümmert um David, daß ihn sein Vater also verdammte.

19,4 Jonathan redete das Beste von David mit seinem Vater Saul.

20,30 da ergrimmte der Zorn Sauls wider Jonathan: Ich weiß, daß du den Sohn Isais auserkoren hast, dir und deiner Mutter zur Schande! Solange der Sohn Isais lebt auf Erden, wirst du, dazu auch dein Königreich, nicht bestehen!

2 Sa 1,26 es ist mir leid um dich, mein Bruder Jonathan. Ich habe große Freude und Wonne an dir gehabt; deine Liebe ist mir sonderlicher gewesen, denn Frauenliebe ist.

David (Geliebter), Sohn Isais, wird von Gott von den Hürden weg an den Königshof berufen. Er vertraut Gott, dem Helfer, und bekommt so Mut zu großen Taten. Er läßt sich führen und ist weise in seinem Tun. Er erwartet allen

Segen von Gott und hofft auf die Verheißung. Er wird üppig und fällt in Sünde. Er tut Buße und beugt sich unter die Gerichte. Alles, was er mit Gott erlebt hat, singt er in seinen Psalmen.

Er ist der größte König Israels, dem die Einigung des Volks, der Sieg über die Nachbarvölker, die Gründung der Hauptstadt, die Verbindung zwischen Thron und Altar gelingt. Regiert ums Jahr 1000.

1. Davids religiöses Werden vor seinem Fall. David weiß von göttlicher Führung, Bewahrung und Errettung, aber noch wenig von seiner eigenen Sündhaftigkeit.

1 Sa 16,13	Da nahm Samuel sein Ölhorn und salbte ihn. Und der Geist des Herrn geriet über David von dem Tage an. (David, der jüngste Sohn Isais, ist von den Schafen weg von Gott zum König gewählt. Sein Berufungsbewußtsein bewegt ihn zum Vertrauen zur göttlichen Führung und zum Gehorsam.)
16,18	er ist des Saitenspiels kundig, ein rüstiger Mann und streitbar und verständig in seinen Reden und schön (16,12 er war bräunlich, von schönen Augen und guter Gestalt), und der Herr ist mit ihm. (Ein Knecht Sauls über David.)
Ps 23	Der Herr ist mein Hirte. (Das Erlebnis der göttlichen Führung bestärkt Vertrauen, Mut und Gehorsam Davids. Bei der Ausübung seines Hirtenberufs sind ihm Einblicke in das Wesen Gottes geschenkt worden. Der im Kleinen treue Hirte der Schafe wird zum Hirten seines Volkes berufen.)
18	Herzlich lieb habe ich dich, Herr, meine Stärke, Herr, mein Fels, meine Burg, mein Erretter, mein Gott, mein Hort, auf den ich traue.
18,24	ich bin ohne Tadel und hüte mich vor Sünden.

2. David vertraut Gott, dem Helfer, und bekommt so Mut zu großen Taten.

1 Sa 17,32	David sprach zu Saul: Es entfalle keinem Menschen das Herz, dein Knecht soll hingehen und mit dem Philister streiten.
17,37	der Herr, der mich von dem Löwen und Bären errettet hat, der wird mich auch erretten von diesem Philister.
17,45	ich komme zu dir im Namen des Herrn Zebaoth. Heutigestags wird dich der Herr in meine Hand überantworten, daß diese Gemeinde innewerde, daß der Herr nicht durch Schwert oder Spieß hilft; denn der Streit ist des Herrn.
30,6	David war sehr geängstigt, denn das Volk wollte ihn steinigen (unwillig über den Einfall der Amalekiter in Ziklag, das David schutzlos verlassen hatte). David aber stärkte sich in dem Herrn, seinem Gott.
2 Sa 8,1	David schlug die Philister und nahm den Dienstzaum von der Philister Hand.
5,7	David gewann die Burg Zion, das ist Davids Stadt.
8,2	schlug die Moabiter.
8,5	schlug die Syrer, 22 000 Mann.
8,14	Ganz Edom war David unterworfen; denn der Herr half David, wo er hinzog.

3. David läßt sich von Gott führen und ist weise in seinem Tun.

1 Sa 18,14	David hielt sich klüglich in allem seinem Tun, denn der Herr war mit ihm.
18,28	Saul sah und merkte, daß der Herr mit David war. Da der Philister Fürsten auszogen, handelte David klüglicher denn alle Knechte Sauls, wenn sie auszogen, daß sein Name hoch gepriesen ward.
1 Sa 21,14	David stellt sich wahnsinnig, um der Rache des Philisterkönigs Achis zu entrinnen, zu welchem er vor Saul geflohen war.
23,2; 23,4; 23,10	David fragte den Herrn.
27,8	als Vasall der Philister hütet sich David, gegen sein eigenes Volk zu streiten, sondern er kämpft gegen die Amalekiter und die Beduinen, die südlich von Juda wohnen.
24 und 26	David schont das Leben Sauls. Er ist kein Revolutionär, der sich selbst hilft, sondern er wartet auf Gottes Stunde.
2 Sa 1,21	er beklagt den Tod Sauls.
2,5	er lobt die Jabesiten, die Saul begraben haben und gewinnt so ihre Freundschaft.
3,33	er klagt um Abner, den Feldhauptmann des Sohnes Sauls, den Joab aus Blutrache ermordet hat.
3,37	und alles Volk und ganz Israel merkte, daß es nicht vom König war, daß Abner getötet ward.
4,12	er läßt die Mörder des Gegenkönigs Isch-Boseth, des Sohnes Sauls, töten. Damit gewinnt er dessen Freunde im Norden.
2,1	David fragte den Herrn und sprach: Soll ich hinaufziehen in der Städte Judas eine? David sprach: Wohin? Er sprach: Gen Hebron! (David zieht in die Hauptstadt Judas, wird dort von seinem Stamm zum König gesalbt und wartet siebeneinhalb Jahre als König von Juda, bis die Dinge für ihn in Israel reif sind.)
23,2; 4,10	David fragte den Herrn.
5,7	er erobert Jerusalem und macht es zur Hauptstadt.
6,17	er holt die Bundeslade in die Hauptstadt und verbindet so Thron und Altar. (Die Pflege des Ephods tritt zurück [Abjathar], die des Zeltes tritt hervor [Zadok]. David kehrt zu den Traditionen Moses und Samuels zurück.)
1 Sa 18,23	ich bin ein armer geringer Mann.
2 Sa 6,22	ich will noch geringer werden in meinen Augen (David auf der Demutsleiter).

4. David hofft auf die Verheißungen Gottes.

Ps 18,3	Der Herr ist mein Hort, auf den ich traue.
37,5	Befiehl dem Herrn deine Wege und hoffe auf ihn, er wird's wohl machen. (In den Kämpfen mit Saul, in der siebenjährigen Wartezeit als Stammeskönig Judas hätte David ohne seine lebendige Hoffnung versagt und nicht durchgehalten. Er aber hielt fest an der Verheißung, die ihm durch seine Berufung geworden war.)
2 Sa 7,12	ich will deinen Samen nach dir erwecken, der soll meinem Namen ein Haus bauen, und ich will den Stuhl seines Königreiches bestätigen ewiglich. (Nathan zu David. Nahes und Fernes werden wie oft bei der Weissagung in eines gesehen.)
Ps 16,10	du wirst meine Seele nicht dem Tode lassen und nicht zugeben, daß dein Heiliger verwese.

5. David wird üppig und fällt in Sünde.

2 Sa 11,1	David sandte Joab und seine Knechte mit ihm, daß sie die Kinder Ammon verderbten. David aber blieb zu Jerusalem.
11,2	es begab sich, daß David um den Abend aufstand von seinem Lager und ging auf das Dach des Königshauses und sah vom Dach ein Weib sich waschen, und das Weib war sehr schöner Gestalt.

11,4 und David sandte Boten hin, sie zu holen. Und das Weib ward schwanger von ihm.
11,6 David läßt Uria kommen. Der aber geht nicht nach Hause in soldatischem Pflichtgefühl.
11,14 David schreibt den Uriabrief an seinen Feldhauptmann. Uria fällt.
11,27 aber die Tat gefiel dem Herrn übel. (Die Berichterstattung der Bibel ist selbst dem Nationalhelden gegenüber unerbittlich wahrhaftig.)
12,7 Nathan sprach zu David: Du bist der Mann. So spricht der Herr, der Gott Israels: Ich habe dich zum König gesalbt und habe dich errettet aus der Hand Sauls, warum hast du denn das Wort des Herrn verachtet, daß du solches Übel vor seinen Augen tatest?

6. David beugt sich unter das Gerichtswort und tut Buße.

2 Sa 12,10 so soll von deinem Hause das Schwert nicht lassen ewiglich.
12,11 ich will Unglück erwecken über dich aus deinem eigenen Hause.
12,13 David sprach zu Nathan: Ich habe gesündigt wider den Herrn. Nathan sprach zu David: So hat auch der Herr deine Sünde weggenommen, du wirst nicht sterben, aber weil du die Feinde des Herrn durch diese Geschichte hast lästern gemacht, wird der Sohn, der dir geboren ist, des Todes sterben.
Ps 51,3 Gott, sei mir gnädig nach deiner Güte und tilge meine Sünden nach deiner großen Barmherzigkeit. An dir allein hab' ich gesündigt und Unrecht vor dir getan.
34,19 der Herr ist nahe bei denen, die zerbrochenen Herzens sind (Davids Demut).

7. Die Gerichte über David gehen ihren Gang und vertiefen seine Buße. Er erkennt demütig seine Sündhaftigkeit und glaubensvoll Gottes Barmherzigkeit.

2 Sa 12,19 sein Kind stirbt.
13 Amnon sündigt an seiner Schwester Thamar. (Die eigene Sünde hatte David unfähig gemacht, die Sünden seiner Kinder zu strafen. Dieser Mangel in der Erziehung rächt sich bitter.)
2 Sa 13,28 Absalom rächt seine Schwester Thamar durch den Mord an Amnon. (Das ganze Elend der Vielweiberei offenbart sich in den Gehässigkeiten der Königskinder.)
14,33 Der König ist Absalom gegenüber schwach und nimmt ihn wieder in Gnaden an. Zum Dank dafür unternimmt Absalom einen Aufruhr gegen David.
15,25 Der König sprach zu Zadok: Werde ich Gnade finden vor dem Herrn, so wird er mich wieder holen. Spricht er aber also: Ich habe nicht Lust zu dir: Siehe, hier bin ich. Er mache mit mir, wie es ihm wohlgefällt.
16,11 als Simei ihm flucht: Laßt ihn, der Herr hat's ihn geheißen.
24,14 als nach der Volkszählung, zu der ihn sein Hochmut trieb, der Prophet Gad das Gericht ankündigt, sagt David: Es ist mir sehr angst, aber laß mich in die Hand des Herrn fallen, denn seine Barmherzigkeit ist groß; ich will nicht in die Hand der Menschen fallen.

8. Alles, was David erlebt, singt er in seinen Psalmen. Die Psalmen sind seine Lebensbeichte und sein Glaubensbekenntnis. Sie sind seine Gebete. Als Sänger der Psalmen hat David der Gemeinde Gottes viel gegeben.

Ps 23,1 Der Herr ist mein Hirte, mir wird nichts mangeln.
4,9 ich liege und schlafe ganz mit Frieden, denn allein du, Herr, hilfst mir, daß ich sicher wohne.

18,30	mit dir kann ich Kriegsvolk zerschlagen und mit meinem Gott über die Mauer springen.
6,2	Ach, Herr, strafe mich nicht in deinem Zorn. Sei mir gnädig, denn ich bin schwach. Weichet von mir, alle Übeltäter, denn der Herr hört mein Weinen.
51,6	An dir allein hab' ich gesündigt und übel vor dir getan, daß du recht behaltest in deinen Worten und rein bleibest, wenn du gerichtet wirst.
18,28	du hilfst dem elenden Volk, und die hohen Augen demütigst du.
2 Sa 23,1	Der Gesalbte des Gottes Jakobs, lieblich mit Psalmen Israels.

Goliath aus Gad, der größte im Heer der Philister, 2,9 Meter lang, ist ein großmäuliger Held, der auf Schwert, Spieß, Schild und seine Körpergröße sein Vertrauen setzt. Er verachtet seinen Gegner, weil er kleiner ist, und verhöhnt dessen Gott. Er unterliegt dem, der ihn im Namen des Herrn Zebaoth anzugreifen wagt.

1 Sa 17,42	Da nun der Philister David sah, verachtete er ihn ... und fluchte ihm bei seinem Gott. David aber sprach: Du kommst zu mir mit Schwert, Spieß und Schild, ich aber komme zu dir im Namen des Herrn Zebaoth ...

Michal, die Tochter Sauls, hatte David lieb, rettet sein Leben, als ihn Saul verfolgt, lügt sich heraus, wird einem anderen zum Weib gegeben, der, als sie David wieder holen läßt, hinter ihr her weint. Sie spottet über den Tanz des Königs beim Einholen der Bundeslade und verachtet ihn aus Hochmut. Sie bleibt kinderlos.

1 Sa 18,20	Michal hatte David lieb.
19,12	da ließ ihn Michal durchs Fenster hernieder, daß er entfloh.
19,17	sprach zu Saul: Er sprach zu mir: Laß mich gehen, oder ich töte dich.
25,44	Saul hatte Michal Phalti gegeben.
2 Sa 3,16	als David sie holen ließ nach Sauls Tod, weinte ihr Mann hinter ihr her.
6,16	es guckte Michal durchs Fenster und sah den König David springen und tanzen vor dem Herrn, und verachtete ihn in ihrem Herzen. David sprach: Ich will noch geringer werden in meinen Augen.
6,23	aber Michal hatte kein Kind bis an den Tag ihres Todes.

Abigail, die kluge Frau eines törichten Mannes, macht gut, was er im Unmut und Geiz fehlgemacht hat, und besänftigt den aufgebrachten David. Sie wird nach Nabals Tod sein Weib.

1 Sa 25,27	hier ist der Segen, den deine Magd meinem Herrn hergebracht hat. Vergib deiner Magd die Übertretung. Du führst des Herrn Kriege, die Seele meines Herrn wird eingebunden sein ins Bündlein der Lebendigen bei dem Herrn. Wenn du Herzog bist über Israel, so wirst du an deine Magd gedenken.

Bathseba, Frau des Uria, wird durch Ehebruch Davids Gemahlin. Vom Gericht Gottes durch den Tod ihres Kindes getroffen, wird sie getröstet durch die Geburt ihres Sohnes Salomo, den sie durch den Gerichtsboten Gottes, durch Nathan, erziehen läßt. (Ein Beweis ihrer Beugung unter das Bußwort Nathans.) Als David alt ist, beeinflußt Nathan im Einverständnis mit Bathseba David, daß er Salomo zum König macht. Salomo ehrt seine Mutter und läßt sie zu seiner Rechten sitzen.

2 Sa 12,15	Der Herr schlug das Kind, das Urias Weib David geboren hatte, daß es todkrank ward.

12,24 Sie gebar einen Sohn, den hieß er Salomo. Und der Herr liebte ihn. Und er tat ihn unter die Hand Nathans, des Propheten.
1 Kö 2,19 Salomo ehrt seine Mutter.

Absalom (Vater des Friedens), der Sohn Davids und der Königstochter von Gessur, ist der Sproß einer politischen Heirat im Rahmen der Vielweiberei. Rassisch und religiös ein Mischling, kein Jude und kein Heide, hat er äußerlich bestechende Vorzüge schöner Gestalt, prächtigen Haares, liebenswürdigen Wesens. Er ist aber innerlich hohl, hochmütig, herrschsüchtig, rachsüchtig und prachtliebend. Er ist jeder Gewissensregung bar und schreitet zur Erreichung ehrgeiziger Ziele über Leichen und schont nicht sein eigenes Blut. Die unverständliche Schwäche seines Vaters läßt das Böse in ihm ausreifen. Er läßt seinen Halbbruder töten und stürzt seinen Vater vom Thron. Er findet seinen Richter in Joab, der den an seinem stolzen Haar hängenden tötet.

2 Sa 13,28 Mord Amnons aus Rache für die Schändung seiner Schwester Thamar.
13,38 Absalom flieht drei Jahre lang nach Gessur.
14,23 Joab spricht für Absalom und erhält von David die Erlaubnis, ihn von Gessur an den Königshof zu holen.
14,25 in ganz Israel kein Mann so schön wie Absalom, sein Haupthaar.
14,33 er tut einen Fußfall vor dem König, der ihn zwei Jahre nicht angesehen hat. David küßt ihn.
15,6 er stahl das Herz des Volkes.
15,13 der Aufruhr Absaloms.
18,14 Absaloms Tod (das, worauf er stolz ist, bringt ihm das Verderben).

Abjathar, Ur-Urenkel Elis, flieht, als sein Vater der Rache Sauls zum Opfer fällt, zu David und fragt für ihn den Herrn. Als die Lade nach Jerusalem kommt, wird er dort Oberpriester. Er hält bei Absaloms Empörung treu zu David. Später wird er wegen seiner Anhänglichkeit an Adonia nach Anathoth verbannt. Vielleicht ist er der Stammvater des Propheten Jeremia. Sein Amt kommt an Zadok, den Sohn Ahitobs aus der älteren Linie des Hauses Aaron, der auf Salomos Seite steht. Abjathar pflegt den Ephod (heilige Lose), Zadok das heilige Zelt, das nun mehr hervortritt (siehe David 3.).

1 Sa 22,20 Es entrann aber ein Sohn Ahimelechs, der hieß Abjathar, und floh David nach.
2 Sa 8,17 Zadok und Ahimelech, der Sohn Abjathars, waren Priester.
15,24 Abjathars Treue.
1 Kö 2,27 Also verstieß Salomo den Abjathar, daß er nicht durfte Priester des Herrn sein. Und sprach zu ihm: Gehe hin gen Anathoth.

Salomo, der Sohn Davids und der Bathseba, vereinigt ein Segens- und ein Flucherbe in seiner Person. Das Flucherbe tritt mehr hervor. Er fragt nach Gott und schätzt Weisheit und Gehorsam. Er baut auf seines Vaters Befehl den Tempel. Er ist der aufgeklärte Despot, scheut sich nicht, durch Mord sich seiner Gegner zu entledigen. Er eröffnet dem Handel neue Wege, aber überspannt auch um seiner üppigen Hofhaltung willen die Steuerschraube. Daran zerbricht unter seinem Sohn die Einheit des Reiches. Im Alter werden seine guten Grundsätze mehr und mehr ein Opfer seiner ausländischen Weiber. Salomo regierte um 975.

Salomos Segenserbe:

1. Er fragt nach Gott.

1 Kö 3,3 Salomo hatte den Herrn lieb und wandelte nach den Sitten seines Vaters. Und er ging hin nach Gibeon, daselbst zu opfern. Und der Herr erschien Salomo nachts im Traum, und Gott sprach: Bitte, was ich dir geben soll. Salomo sprach: Ich bin ein junger Knabe, weiß weder Ausgang noch Eingang. So wollest du deinem Knechte geben ein gehorsames Herz, daß er dein Volk richten möge und verstehen, was gut und böse ist.

3,12 ich habe getan nach deinen Worten. Ich habe dir ein weises und verständiges Herz gegeben. (Die Wertung von Gehorsam und Weisheit eine Frucht der Erziehung Davids.)

9,2 Gott erschien ihm abermals und verheißt ihm bei Gehorsam ewige Bestätigung seines Reiches.

2. Er baut den Tempel und erkennt das Wesen Gottes.

1 Kö 6 Tempelbau.

8,27 Salomo sprach: Siehe, der Himmel und aller Himmel Himmel können dich nicht fassen; wie sollte es denn dieses Haus tun, das ich gebaut habe?

3. Gott schenkt ihm Weisheit.

1 Kö 5,11 er war weiser als alle Menschen, er redete 3000 Sprüche. Es kamen aus allen Völkern, zu hören die Weisheit Salomos.

10,7 die Königin von Saba: Du hast mehr Weisheit und Gut, denn das Gerücht ist, das ich gehört habe.

3,23 sein Urteil über die beiden Mütter.

Salomos Flucherbe:

Aufgewachsen als Sohn der Bathseba erbt er die Sinnlichkeit und die Neigung zu Haremsintrigen. So entledigt er sich seiner Mitbewerber um den Thron und seiner Gegner durch Mord. Seine Neigung zu Üppigkeit veranlaßt ihn zu verschwenderischer Hofhaltung. Im Alter wird er zum Götzendienst verleitet.

1. Grausamkeit.

1 Kö 2,25 tötet seinen Bruder Adonia.

2,26 verbannt Abjathar, den Priester.

2,29 tötet Joab, den Feldhauptmann Davids, an heiliger Stätte.

2,46 tötet Simei, den sein Vater verschont hatte.

2. Salomos Üppigkeit.

1 Kö 5,2 er mußte täglich zur Speisung haben 30 Kor (je 364 Liter) Semmelmehl und 60 Kor anderes Mehl. Er überspannt die Steuerschraube und legt so den Grund zum Abfall der Nordstämme.

3. Seine Vielweiberei.

1 Kö 11,1 Salomo liebte viele ausländische Weiber: die Tochter Pharaos und moabitische, edomitische, sidonische und hethitische, von solchen Völkern,

davon der Herr zu Israel gesagt hatte: Gehe nicht zu ihnen. An diesen hing Salomo mit Liebe.

11,4 als er alt war, neigten seine Weiber sein Herz fremden Göttern nach, und Salomo tat, was dem Herrn übel gefiel.

4. Das Gericht Gottes über Salomo.

1 Kö 9,6 Salomo wird von Gott gewarnt: Werdet ihr abfallen zu anderen Göttern, so will ich Israel ausrotten.

11,9 der Herr ward zornig über Salomo, daß sein Herz von dem Gott Israels abgewandt war, der ihm zweimal erschienen war. Darum sprach der Herr zu Salomo: Weil solches bei dir geschehen ist, und hast meinen Bund und meine Gebote nicht gehalten, so will ich auch das Königreich von dir reißen und deinem Knecht geben.

11,14 der Herr erweckte Salomo einen Widersacher, Hadad, den Edomiter, und Reson, den Syrer (V. 23), dazu (V. 26) Jerobeam, den Fronmeister über Ephraim, der von ihm abfiel. Salomo erwehrt sich dieser Widersacher, die er ermorden lassen will, vergeblich.

Rehabeam, Sohn der Naema, einer Ammonitin, verläßt noch mehr als sein Vater Salomo die Traditionen Davids und hört auf die radikalen Jungen, die ihm den nackten Despotismus anraten. So verliert er die zehn Nordstämme. Er läßt sich durch schwere Demütigungen erschüttern, Gott zu gehorchen. Aber sein Gehorsam ist nicht von Dauer. Doch war noch immerhin etwas Gutes in ihm, so daß sein Haus Bestand hatte. Rehabeam regiert um 935.

1. Statt auf Gottes Weisung, wie noch sein Vater Salomo in Gibeon tat, zu hören, fragt er die Menschen und hört auf den falschen Rat, weil er ihm am energischsten aufgedrängt wurde.

2 Ch 13,7 Rehabeam war jung und eines blöden Herzens, da gewannen böse Buben Macht über ihn.

1 Kö 12,14 redete mit ihnen nach dem Rat der Jungen... ich will euch mit Skorpionen züchtigen.

2. Ohne den Herrn zu fragen, rüstet er ein Heer, um Israel zu züchtigen, da ergeht des Herrn Wort durch den Propheten Semaja an ihn und verbietet ihm Gewaltmaßnahmen. Der gedemütigte Rehabeam gehorcht.

1 Kö 12,24 ihr sollt nicht hinaufziehen... und sie gehorchten dem Wort des Herrn und kehrten um.

2 Ch 11,12 er machte die Städte sehr stark.

11,13 die Priester und Leviten, die ihr Herz gaben, daß sie nach dem Herrn fragten, kamen gen Jerusalem und stärkten das Königreich Juda und befestigten Rehabeam.

3. Erneutem Abfall folgt neue Demütigung. Auch beugt sich jetzt Rehabeam vor Gott, ohne auf die Dauer sein Herz in den Weg Gottes zu schicken.

2 Ch 12,1 da aber das Königreich Rehabeams befestigt und gekräftigt ward, verließ er das Gesetz des Herrn und ganz Israel mit ihm.

12,2 da zog herauf Sisak, der König in Ägypten.

12,5 da kam Semaja, der Prophet, zu Rehabeam und sprach: So spricht der Herr: Ihr habt mich verlassen, darum habe ich euch auch verlassen in Sisaks Hand. Da demütigten sich die Obersten mit dem König und sprachen: Der Herr ist gerecht. Da kam das Wort des Herrn zu Semaja und sprach: Sie haben sich gedemütigt, darum will ich sie nicht verderben, sondern ich will ihnen ein wenig Errettung geben.

12,12 weil er sich demütigte, wandte sich des Herrn Zorn von ihm, daß nicht alles verderbt ward, denn es war in Juda noch etwas Gutes.

12,14 er handelte übel und schickte sein Herz nicht, daß er den Herrn suchte.

11,21 er liebte Maacha, die Tochter Absaloms, und machte ihren Sohn zu seinem Nachfolger. (Vielleicht war diese Frau mit schuld an seiner Schwäche und Wankelmütigkeit.)

Semaja, der Prophet (siehe Rehabeam 2. und 3.).

Abiam, Sohn Rehabeams und der Maacha, schwankt wie sein Vater zwischen Gehorsam und Ungehorsam. Im Vertrauen auf Gottes Beistand siegt er über Jerobeam. Abiam regiert um 915.

1 Kö 15,3 Er wandelte in allen Sünden seines Vaters, die er vor ihm getan hatte, und sein Herz war nicht rechtschaffen an dem Herrn.

2 Ch 13,10 mit uns ist der Herr, unser Gott, den wir nicht verlassen (Abiam zu Israel). Da schrien sie zum Herrn, und Gott schlug Jerobeam und das ganze Israel vor Abiam und Juda.

Asa, der Sohn Abiams, macht einen guten Anfang, tut die Götzen ab. Er hat deshalb Lust und Vertrauen zu Gott. In seinem Alter vertraut er mehr auf menschliche Klugheit, beginnt eine falsche Bündnispolitik und kommt mehr und mehr von Gott ab.

1. Asa macht einen guten Anfang.

2 Ch 15,1 Asarja, der Prophet, empfängt den Spruch Gottes an den König Asa. Asa gehorcht.

1 Kö 15,13 verbrannte das Greuelbild seiner Mutter.

15,12 tat die Hurer aus dem Lande.

2 Ch 14,1 Asa tat, was recht war und dem Herrn, seinem Gott, wohlgefiel, und tat weg die fremden Altäre und die Höhen und zerbrach die Säulen und hieb die Ascherabilder ab und ließ Juda sagen, daß sie den Herrn, den Gott ihrer Väter, suchten.

14,10 Asa rief den Herrn an, seinen Gott, und sprach: Herr, es ist bei dir kein Unterschied, zu helfen unter vielen oder da keine Kraft ist. Herr, unser Gott, wider dich vermag kein Mensch etwas. Und der Herr schlug die Mohren vor Asa.

2. Er will den Feind Israel durch Bündnisschluß mit einer götzendienerischen Macht niederzwingen. Das erweist sich als Abfall von Gott. Auch durch Krankheit kommt er nicht zur Besinnung, sondern tröstet sich menschlicher Hilfe.

1 Kö 15,18 nahm das Silber und Gold aus dem Hause des Herrn und sandte es zu Benhadad, dem König von Syrien, und ließ ihm sagen: Es ist ein Bund zwischen dir und mir, daß du fahren lassest den Bund, den du mit Baesa, dem König Israels, hast.

2 Ch 16,10 Als Hanani, der Prophet, seinen Bund mit den Syrern tadelt, wird er zornig und legt ihn ins Gefängnis.

16,12 er ward krank an den Füßen. Seine Krankheit nahm sehr zu. Er suchte auch in seiner Krankheit den Herrn nicht, sondern die Ärzte.

Josaphat (Jahve richtet) regiert im Sinn seines Vaters Asa 874 - 850. Er ist besorgt um eine innere Erneuerung seines Volks. Er sehnt sich nach Vereinigung mit Israel, übersieht aber, daß Vereinigung mit dem Gottlosen unter das Gericht bringt, das jener verdient hat.

1. Josaphat ist fromm, wandelt in den Wegen seines Vaters und Davids.

2 Ch 17,6 da sein Herz mutig ward in den Wegen des Herrn, tat er fürder ab die Höhen und Ascherabilder in Juda.

17,7 Er veranstaltet eine Art Volksmission und läßt durch eine reisende Kommission von Fürsten, Priestern und Leviten das Volk aus dem Gesetzbuch des Herrn unterweisen.

19,8 er bestellte aus den Leviten, Priestern und Sippenältesten Richter und gebot ihnen: Tut also in der Furcht des Herrn, treulich und mit rechten Herzen.

2. Josaphat hat Gottes Segen.

2 Ch 17,10 es kam die Furcht des Herrn über alle Königreiche, daß sie nicht stritten wider Josaphat.

17,12 also nahm Josaphat zu und ward immer größer.

3. Sein Fall und sein Gericht.

2 Ch 18,1 Josaphat hatte große Reichtümer und Ehre und verschwägerte sich mit Ahab.

18,3 Ahab beredete ihn, daß er hinaufzöge nach Ramoth.

18,4 Josaphat sucht ihn zum Guten zu beeinflussen, daß er des Herrn Wort erfrage.

18,7 Josaphat spricht für den Propheten Micha, den Sohn Jemlas, den Ahab nicht hören will, weil er gewöhnlich Unglück weissagt. Auch dieses Mal weissagt Micha Schlimmes.

19,2 es ging Josaphat hinaus entgegen Jehu, der Sohn Hananis, und sprach: Sollst du so dem Gottlosen helfen und lieben, die den Herrn hassen? Um deswillen ist über dir der Zorn vom Herrn.

20,35 danach vereinigt sich Josaphat mit Ahasja, dem König Israels, welcher war gottlos in seinem Tun, Schiffe zu machen.

20,37 aber Elieser von Maresa weissagte wider Josaphat und sprach: Darum, daß du dich mit Ahasja vereinigt hast, hat der Herr deine Werke zerrissen. Und die Schiffe wurden zerbrochen.

21,4 da aber Joram aufkam über das Königreich seines Vaters und mächtig ward, erwürgte er seine Brüder alle mit dem Schwert, ... denn Ahabs Tochter war sein Weib.

4. In der Not sucht Josaphat den Herrn.

2 Ch 20,3 Josaphat fürchtete sich und stellte sein Angesicht, zu suchen den Herrn, und ließ ein Fasten ausrufen (beim Angriff Moabs und Ammons).

20,18 Als ihm gute Botschaft durch den Propheten zuteil wurde, beugte sich Josaphat mit seinem Antlitz zur Erde, und ganz Juda und die Einwohner zu Jerusalem fielen vor dem Herrn nieder und beteten ihn an.

2 Ch 20,20 Glaubet an den Herrn, euren Gott, so werdet ihr sicher sein, und glaubet seinen Propheten, so werdet ihr Glück haben (vor der Schlacht).

20,21 Er läßt danken vor dem Sieg.

20,26 am vierten Tage nach dem Sieg kamen sie zusammen im Lobetal, denn daselbst lobten sie den Herrn.

ELIESER VON MARESA - MICHA, SOHN JEMLAS, die Propheten (siehe Josaphat 3. und 4.).

JEHU, SOHN DES PROPHETEN HANANIS, der Asa den Spruch des Herrn brachte (siehe Asa), kündet Baesa von Israel das Gericht über sein Haus an, später tadelt er Josaphats Bündnispolitik, hinterläßt nach

2 Ch 20,34 ein Buch über Josaphats Regierungstaten.

B. Das Haus Jerobeams, Omris und Jehus

Jerobeam, der Sohn Nebats und der Zeruga, ein streitbarer, tüchtiger Mann, arbeitsam und willenskräftig, wird durch Salomo zum Fronvogt über Ephraim berufen und durch Ahia, den Propheten, im Auftrag Gottes zum König bestimmt über das Zehnstämmereich. Er macht die Religion zur Magd der Politik. Um sein Königreich nach menschlichem Ermessen zu sichern durch Fernhalten seiner Leute von Jerusalem, erfindet er selbst einen Gottesdienst und kommt der Volksneigung durch Aufstellung von zwei Stierbildern zu Dan und Bethel entgegen. Das, was sein Königreich retten soll, verdirbt es, denn Gott straft seine Sünde, aber nicht ohne ihn vorher zweimal durch Propheten zu warnen. Jerobeam regiert um 935.

1. Jerobeams Berufung.

1 Kö 11,28 Jerobeam war ein streitbarer Mann. Und als Salomo sah, daß der Jüngling tüchtig war, setzte er ihn über alle Lastarbeit des Hauses Joseph.

11,29 es traf ihn an der Prophet Ahia von Silo und hatte einen neuen Mantel an, und waren die beiden allein auf dem Felde. Und Ahia faßte den neuen Mantel, den er anhatte, und riß ihn in zwölf Stücke und sprach zu Jerobeam: Nimm zehn Stücke zu dir. Denn so spricht der Herr, der Gott Israels: Siehe, ich will das Königreich von der Hand Salomos reißen und dir zehn Stämme geben.

11,38 Wirst du nun gehorchen allem, was ich dir gebieten werde, und in meinen Wegen wandeln und tun, was mir gefällt, so will ich mit dir sein, und dir ein beständiges Haus bauen.

11,40 Salomo trachtete Jerobeam zu töten. Da machte sich Jerobeam auf und floh nach Ägypten und blieb in Ägypten, bis daß Salomo starb.

12,20 sie machten Jerobeam zum König über das ganze Haus Israel.

2. Jerobeams Abfall. Er erdenkt sich selbst seinen Gottesdienst.

1 Kö 12,27 wenn dies Volk soll hinausgehen, Opfer zu tun, so wird sich das Herz dieses Volkes wenden zu ihrem Herrn Rehabeam. Und der König hielt einen Rat und machte zwei goldene Kälber, eins zu Bethel, das andere zu Dan, und sprach zu ihnen: Es ist euch zuviel, hinauf gen Jerusalem zu gehen; siehe, da sind deine Götter, die dich aus Ägyptenland geführt haben.

1 Kö 12,31 er machte auch ein Haus der Höhen und machte Priester aus allem Volk, die nicht von den Kindern Levi waren.

12,33 er opferte auf dem Altar, welchen er aus seinem Herzen erdacht hatte.

3. Vergebliche Warnung und Gericht.

1 Kö 13,1 ein Mann Gottes kam von Juda durch das Wort des Herrn gen Bethel. Und er rief wider den Altar durch das Wort des Herrn und sprach: Altar! Altar! Der Altar wird reißen und die Asche verschüttet werden,

die darauf ist. Jerobeams Hand, die gegen den Propheten ausgereckt ist, verdorrt. Er bittet den Propheten um seine Fürbitte, und die Hand wird wieder heil. Trotzdem bekehrt sich Jerobeam nicht. Der Prophet wird durch einen lügenhaften Spruch eines anderen Propheten zum Ungehorsam durch längeren Aufenthalt verleitet und stirbt auf dem Heimweg durch den Biß eines Löwen. Durch dieses Gericht wird der Ernst Gottes Jerobeam nachdrücklich zum Bewußtsein gebracht, doch ohne Erfolg.

14,10 Ahia weissagt, als bei Erkrankung des Königssohnes durch das sich verstellende Weib Jerobeams sein Orakel eingeholt wird: Ich will Unglück über das Haus Jerobeams führen und ausrotten von Jerobeam alles, was männlich ist.

15,29 Baesa, der Revolutionär, erschlägt den Sohn Jerobeams nach kurzer Regierung und rottet das Haus aus (um der Sünden willen, die Jerobeam tat).

Baesa gehört zur Reihe der Revolutionäre und Mörder, an denen das Nordreich Israel, das ja seinen Ursprung einer Revolution verdankt, so reich ist. Er erschlägt Nadab, den Sohn Jerobeams, während er die Philisterstadt Gibbethon belagert, und wird König an seiner Statt. Er erschlägt das ganze Haus Jerobeams, wie der Prophet Ahia geweissagt hat, 1 Kö 14,10. Baesa löst sich aber innerlich nicht von den Sünden Jerobeams, an denen er äußerlich das Gericht vollstreckt hat. So wird ihm durch den Propheten Jehu, den Sohn Hananis, das Gericht über sein Haus angekündigt. Simri vollstreckt das Gericht an Ela, dem Sohn Baesas. Simri begeht, als er sich vor dem angreifenden Omri in Thirza nicht mehr halten kann, Selbstmord und verbrennt sich mit dem Königspalast. Wer das Schwert ergreift, wird durch das Schwert umkommen. Baesa regiert um 910. (Baesa = Verwüster.)

1 Kö 15,28 Mord an Nadab.

16,10 Mord an Ela.

Omri (Jahve ist Zuteiler) ist ein kraftvoller Regent. Er macht die Moabiter tributpflichtig, baut Samaria und verlegt dahin seine Residenz. Sein Wesen ist gottwidrig, so daß der Prophet Micha die Weise Omris und die Werke Ahabs zusammen nennt. Mi 6,16.

1 Kö 16,18 Selbstmord Simris.

16,25 Omri tat, was dem Herrn übel gefiel, und war ärger denn alle, die vor ihm gewesen waren.

Ahab, der Sohn Omris, ist von 875 - 854 König vom Nordreich Israel. Er ist ein tapferer Soldat, der sich, verwundet, bis zum Ende der Schlacht aufrechterhält, um hernach zusammenzubrechen (1 Kö 22,35). Er ist ein Freund weltkluger, nachgiebiger Bündnispolitik, die er mit Kompromissen auf dem Gebiet des Heiligen bezahlt, aber ein unnachgiebiger, sich mehr und mehr verstockender Feind Gottes.

1. Ahab ist ein Freund weltkluger Bündnispolitik.

1 Kö 16,31 er macht eine politische Heirat mit Isebel, der fanatisch heidnischen, ränkevollen Tochter des Königs von Sidon, um gegen die aufstrebenden Syrer Bundesgenossen zu finden.

20,34 er macht mit dem Syrer Benhadad, den er geschlagen hat, einen Bund, statt seinen Sieg auszunützen. Das wird sein Verhängnis, vor dem ihn auch ein Bündnis mit Josaphat, dem König Judas, nicht retten kann, 22,4.

2. Er erkauft weltliche Vorteile, indem er den heiligen Willen Gottes preisgibt. Er gibt seiner Frau in allem nach.

1 Kö 16,31 er nahm Isebel zum Weibe und ging hin und diente Baal und betete ihn an und richtete Baal einen Altar auf in dem Haus, das er ihm baute zu Samaria, und machte ein Ascherabild.

18,4 da Isebel die Propheten des Herrn ausrottete, schwieg Ahab.

21,7 er läßt die Erfüllung seines landgierigen Wunsches auf verbrecherischem Wege zu und bereichert sich an Naboths Weinberg. (Naboth ist sein Vätererbe unverkäuflich. Er wird um seiner Treue zur ererbten Scholle willen auf Isebels Anstiften fälschlich der Lästerung Gottes und des Königs beschuldigt und gesteinigt.)

3. Er ist Gottes unnachgiebiger Feind, der sich durch die Propheten nicht warnen läßt und sich immer mehr verstockt.

1 Kö 18,17 Ahab zu Elia bei der dreijährigen Dürre, statt sich zu beugen unter Gottes Herrschaft und Schuld bei sich zu suchen: Bist du es, der Israel verwirrt?

20,43 als der Prophet ihm auf die verkehrte Schonung Benhadads das Gerichtswort Gottes bringt, zieht er hin voll Unmut und zornig in sein Haus (er zürnt dem Warner statt sich selbst).

22,8 vor seinem letzten Kriegszug muß ihn Josaphat bitten, einen Propheten zu hören. Er weiß es wohl, daß Micha ein wahrhaftiger Prophet des Herrn ist, (aber ich bin ihm gram, denn er weissagt mir kein Gutes, sondern Böses). Als ihm Micha auf seine besondere Aufforderung hin die Wahrheit sagt, läßt er ihn in den Kerker werfen, 22,27.

19,1 und Ahab sagte Isebel an alles, was Elias getan hatte. (Weder Gericht noch Warnung, noch die große Hilfe auf dem Karmel macht auf ihn Eindruck. Er läßt Isebel nach wie vor gewähren.)

Elia (Gott ist Jahve) aus Thisbe in Gilead ist einer der größten Propheten des Alten Bundes. Er wird von Jesus im Täufer als sein Vorläufer anerkannt (Mt 17,12; Mal 3,23) und ist mit Mose auf dem Verklärungsberg. Sein Glaubensmut ist so groß wie sein Glaubensgehorsam. Er ist der einsame Zeuge Gottes unter einem götzendienerischen Geschlecht, ein Gerichtsbote und Gerichtsvollstrekker Gottes zugleich. Er zwingt das Volk und den götzendienerischen Ahab, der aus Nachgiebigkeit gegen seine phönizische Frau Isebel den Baalsdienst eingeführt hat, zur Entscheidung für Gott. Er zagt, als er keinen dauernden Erfolg hat, und wird von Gott wieder aufgerichtet und der Gotteserscheinung am Horeb gewürdigt wie Mose. Auch sein Ende ist wie das Moses in Gottes Geheimnis gehüllt.

Elia ist:

1. Der glaubensmutige Zeuge Gottes.

1 Kö 17,1 Es sprach Elia zu Ahab: So wahr der Herr, der Gott Israels, lebt, vor dem ich stehe, es soll diese Jahre weder Tau noch Regen kommen. (Seine Vollmacht ist in seinem Glauben und Gehorsam begründet.)

18,21 Da trat Elia zu allem Volk und sprach: Ist der Herr Gott, so wandelt ihm nach, ist's aber Baal, so wandelt ihm nach! ... Welcher Gott mit Feuer antworten wird, der sei Gott!

2. Der unerschrockene, glaubensgehorsame Bußprediger und Gerichtsbote Gottes.

1 Kö 18,1 Gehe hin und zeige dich Ahab, daß ich regnen lasse auf Erden!
18,18 ich verwirre Israel nicht, sondern du und deines Vaters Haus, damit, daß ihr des Herrn Gebote verlassen habt und wandelt den Baalim nach.
21,17 Aber das Wort des Herrn kam zu Elia und sprach: Mache dich auf und gehe hinab, Ahab entgegen ... und sprich: Du hast totgeschlagen, dazu auch in Besitz genommen, an der Stätte, da Hunde das Blut Naboths geleckt haben, sollen auch Hunde dein Blut lecken.
21,23 die Hunde sollen Isebel fressen an der Mauer Jesreels.
2 Kö 1,4 zu Ahasja, weil er in seiner Krankheit den Götzen gefragt hatte: Du sollst des Todes sterben.

3. Der Gerichtsvollstrecker.

1 Kö 18,40 an den Baalspfaffen.
2 Kö 1,10 an den Hauptleuten des Ahasja, die ihn gefangennehmen sollen.
Lu 9,55 Wisset ihr nicht, welches Geistes Kinder ihr seid? (Als die Jünger Feuer vom Himmel fallen lassen wollten, »wie Elia tat«. Jetzt war die Zeit der Versöhnung, nicht die des Gerichts.)

4. Der glaubensstarke Beter, dem Erhörung und Gnade widerfährt.

1 Kö 17,5 er ging hin und tat nach dem Wort des Herrn, und die Raben brachten ihm Brot und Fleisch.
17,16 dem Ölkrug mangelte nichts nach dem Wort des Herrn (er wird bewahrt in der Teuerung).
17,21 er rief den Herrn an und sprach: Herr, mein Gott, laß die Seele dieses Kindes wieder zu ihm kommen, und der Herr erhörte die Stimme Elias. (Die Mutter des Knaben erkennt ihre Sünde, 17,18 und wird gläubig,
17,24 Er erweckt den Toten.)
18,37 erhöre mich, Herr, daß das Volk wisse, daß du, Herr, Gott bist und du ihr Herz danach bekehrest. Da fiel das Feuer des Herrn herab.
18,42 tat sein Haupt zwischen seine Knie. (Gott schenkt den Regen. Wird vor allem Volk als wahrer Prophet bestätigt.)
1 Kö 19,4 es ist genug, Herr, so nimm nun meine Seele. Und siehe, ein Engel rührte ihn an. (In der Stunde der Verzagtheit wird er gestärkt.)
19,12 nach dem Feuer kam ein stilles, sanftes Sausen. (Er wird der Gotteserscheinung gewürdigt am Horeb und empfängt den Auftrag, Hasael und Jehu zu Königen und Elisa zu seinem Nachfolger zu salben. Der nach der Verzagtheit Aufgerichtete empfängt die Vollmachten, die die Zukunft gestalten.)
2 Kö 2,11 Elia fuhr im Wetter gen Himmel (von niemand, als von Elisa gesehen, dem er alsbald entschwand).

Die Witwe von Zarpath versorgt in ihrer Armut den Propheten Elia, weil sie glaubt.

1. Sie ist arm.

1 Kö 17,12 Sie sprach: So wahr der Herr, dein Gott, lebt, ich habe nichts Gebackenes, nur eine Handvoll Mehl im Kad und ein wenig Öl im Krug ... und gehe hinein und will mir und meinem Sohn zurichten, daß wir essen und sterben.

2. Sie glaubt dem Wort des Propheten und gibt, ohne an sich zu denken, ihr Letztes her.

1 Kö 17,13	Elia sprach zu ihr: Fürchte dich nicht! Gehe hin und mach's, wie du gesagt hast. Doch mache mir am ersten ein kleines Gebackenes davon ... dir aber und deinem Sohn sollst du danach auch machen. Denn also spricht der Herr, der Gott Israels: Das Mehl im Kad soll nicht verzehrt werden, und dem Ölkrug soll nichts mangeln, bis auf den Tag, da der Herr regnen lassen wird auf Erden. Sie ging hin und machte, wie Elia gesagt hatte. Und er aß und sie auch ... Das Mehl im Kad ward nicht verzehrt und dem Ölkrug mangelte nichts nach dem Wort des Herrn. (Aus ihrem Glauben wächst ihre Liebe hervor.)

3. Als ihr Sohn stirbt, packt sie die Anfechtung.

1 Kö 17,18	Du bist zu mir hereingekommen, daß meiner Missetat gedacht und mein Sohn getötet würde. (In der Anfechtung sieht die Gnade aus wie Gericht.)
17,22	Der Herr erhörte die Stimme Elias, und die Seele des Kindes kam wieder zu ihm, und er gab's seiner Mutter.
17,24	Und das Weib sprach zu Elia: Nun erkenne ich, daß du ein Mann Gottes bist, und des Herrn Wort in deinem Munde ist Wahrheit. (Sie überwindet die Anfechtung dadurch, daß sie sie dem Mann Gottes klagt und Hilfe erfährt.)

Obadja, der Hofmeister Ahabs, ist gottesfürchtig und rettet die durch Isebel verfolgten Propheten.

1 Kö 18,3	Obadja fürchtete den Herrn sehr.
18,12	Dein Knecht fürchtete den Herrn von seiner Jugend auf.
18,4	Obadja nahm hundert Propheten und versteckte sie in Höhlen und versorgte sie mit Brot und Wasser.
18,7	Obadja begegnet Elia. Er fiel auf sein Angesicht und sprach: Bist du nicht mein Herr Elia?
18,8	Elia sendet Obadja zu Ahab, damit er diesem sein Kommen meldet.
18,12	Obadja hat Bedenken, läßt sich aber von Elia überwinden und geht hin.

Elisa, der würdige Nachfolger Elias, ist ein Eiferer im Streben nach den höchsten Gaben, im Zürnen und Strafen, im Eingreifen in die Geschicke der Völker, im tätig helfenden Glauben, in herber Selbstlosigkeit.

Elisa ein Eiferer:

1. im Streben nach den höchsten Zielen;

1 Kö 19,19	Elia ging zu ihm, warf seinen Mantel auf ihn. Er aber ließ die Rinder, mit denen er pflügte, und folgte ihm nach.
2 Kö 2,2	Er verläßt Elia nicht und wird so Zeuge seines triumphierenden Todes.
2,9	er erbittet ein Zwiefältiges vom Geiste Elias.

2. im Zürnen;

2 Kö 2,24	flucht den Knaben, die ihm spotten.
5,27	der Lügner Gehasi wird aussätzig wie Schnee.

3. im Eingreifen in die Geschicke seines Volkes und anderer Völker;

2 Kö 9,1	Elisa läßt Jehu zum König salben über Israel durch einen Prophetenschüler.

9,7 läßt ihm sagen als Spruch Gottes: Du sollst das Haus Ahabs, deines Herrn, schlagen, daß ich das Blut meiner Knechte, der Propheten, und das Blut aller Knechte des Herrn räche, das die Hand Isebels vergossen hat, daß das ganze Haus Ahabs umkomme.

8,11 Elisa, der Mann Gottes, schaute Hasael lange und starr an, und weinte. Da sprach Hasael: Warum weinest du, Herr? Er sprach: Ich weiß, was für Übel du tun wirst den Kindern Israel: Du wirst ihre festen Städte mit Feuer verbrennen und ihre junge Mannschaft mit dem Schwert töten. Der Herr hat mir gezeigt, daß du König von Syrien sein wirst.

13,15 er gibt sterbend dem Joas den Auftrag, die Syrer zu schlagen.

4. im tätig helfenden Glauben;

2 Kö 4,1 er nimmt sich der bedrängten Prophetenwitwe an und tut das Ölwunder, damit sie ihre Schuld bezahlen kann.

4,16 verheißt der gastfreundlichen Sunamitin einen Sohn.

4,32 entreißt ihren Sohn dem Tode durch anhaltendes Beten.

5,8 ist bereit, Naeman von Syrien zu helfen, daß er innewerde, daß ein Prophet in Israel ist.

6,5 er nimmt sich des Prophetenschülers an, dem das entliehene Beil in den Fluß gefallen ist, und verschafft es ihm wieder.

6,16 er spricht seinem Diener, als er von den Syrern umzingelt ist, Mut zu: Fürchte dich nicht, denn ihrer ist mehr, die bei uns sind, denn die bei ihnen sind. Und siehe, der Berg war voll feuriger Rosse und Wagen.

5. in herber Selbstlosigkeit;

2 Kö 5,10 er gibt Naeman die Hilfe nicht selbst, sondern weist ihn von sich weg auf Gott.

5,16 nimmt kein Geschenk an, so wahr der Herr lebt, vor dem ich stehe.

6. Das Zeugnis Josaphats.

2 Kö 3,12 Josaphat sprach: Des Herrn Wort ist bei ihm.

Die Sunamitin, eine reiche, gastfreundliche Frau, tut an Elisa Gutes und bekommt von ihm einen Sohn verheißen. Sie besucht den Propheten oft an Sabbaten und Neumonden. Als ihr Kind stirbt, nimmt sie glaubensstark ihre Zuflucht zum Propheten und bekommt ihren Sohn wieder.

2 Kö 4,8 Elisa ging gen Sunem. Daselbst war eine reiche Frau, die hielt ihn, daß er bei ihr aß. Und sooft er daselbst durchzog, kehrte er zu ihr ein und aß bei ihr.

4,9 sie sprach zu ihrem Mann: Siehe, ich merke, daß dieser Mann Gottes heilig ist, der immerdar hier durchgeht. Laßt uns ihm eine kleine bretterne Kammer oben machen und ein Bett, Tisch, Stuhl hineinsetzen.

4,16 Elisa sprach: Um diese Zeit über ein Jahr sollst du einen Sohn herzen.

4,23 als ihr Sohn stirbt, verzagt sie nicht, sondern geht zu Elisa, sie begnügt sich nicht mit Gehasi, sondern ruht nicht, bis Elisa mit ihr zieht.

4,37 sie beugte sich nieder zur Erde, nahm ihren Sohn und ging hinaus.

Die Dirne aus Israel fühlt herzlich mit der Krankheit ihres Herrn, glaubt an die Vollmacht des Propheten und verkündigt ihre Gewißheit ihrer Herrin.

2 Kö 5,2 eine junge Dirne, durch Kriegsleute weggeführt aus dem Lande Israel, war im Dienst des Weibes Naemans. Die sprach zu ihrer Frau: Ach, daß mein Herr wäre bei dem Propheten zu Samaria! Der würde ihn von seinem Aussatz losmachen.

Naeman, der Feldhauptmann des Königs von Syrien, ist ein trefflicher, gewaltiger und von seinem König um seiner vielen Siege willen hochgeachteter Mann. Er ist infolge seiner Erkrankung am Aussatz in Glanz und Not zugleich. Da er zu seinen Untergebenen freundlich ist, sind sie besorgt um ihn. Er läßt sich von der israelitischen Sklavin Elisa als Helfer empfehlen und hört auf ihren Rat. Er sucht zuerst Hilfe nach seinen eigenen Gedanken am samaritischen Königshof. Dann möchte er dem Propheten Vorschriften machen, auf welche Weise er ihn heilen soll, und ist erzürnt, daß er ihm nicht mehr Ehre antut. Doch auf das Zureden seiner Knechte wagt er es, sich unter die Anweisungen des Propheten zu demütigen. So erwacht sein Glaube. Er wird von den hochmütigen, eigenen Gedanken frei und zur demütigen Hingabe an Gott bereit.

1. Naeman ist in Glanz und Not zugleich.

2 Kö 5,1 Naeman, der Feldhauptmann des Königs von Syrien, war ein trefflicher Mann vor seinem Herrn und hochgehalten; denn durch ihn gab der Herr Heil in Syrien. Und er war ein gewaltiger Mann und aussätzig.

2. Naeman ist ein zu seinen Untergebenen freundlicher Mann.

2 Kö 5,3 Die Sorge der israelitischen Dirne: Ach, daß mein Herr wäre bei dem Propheten zu Samaria! Der würde ihn von seinem Aussatz losmachen.

5,13 Die Liebe seiner Knechte, die ihn umzustimmen suchen: Lieber Vater, wenn dich der Prophet etwas Großes hätte geheißen, solltest du es nicht tun?

3. Sein Glaube erwacht, er befreit sich von menschlichen Gedanken und reift zur Hingabe an Gott.

2 Kö 5,6 Brief des syrischen Königs an den König von Israel: Ich habe Naeman zu dir gesandt, daß du ihn von seinem Aussatz losmachest.

5,11 Naeman erzürnte und zog weg und sprach: Ich meinte, er sollte zu mir herauskommen und hertreten und den Namen des Herrn seines Gottes, anrufen und mit seiner Hand über die Stätte fahren und den Aussatz also abtun. Sind nicht die Wasser zu Damaskus besser, denn alle Wasser zu Israel, daß ich mich darin wüsche und rein würde? Und wandte sich und zog weg mit Zorn.

Auf das Zureden seiner Knechte gehorcht er, taucht sich siebenmal im Jordan; und sein Fleisch ward erstattet wie das Fleisch eines jungen Knaben, und er ward rein. Und er kehrte wieder zu dem Mann Gottes mit seinem ganzen Heer. Und da er hineinkam, trat er vor ihn und sprach: Siehe, ich weiß, daß kein Gott ist in allen Landen, außer in Israel; so nimm nun den Segen von deinem Knecht. Und er nötigte ihn, daß er's nähme, und er wollte nicht. Da sprach Naeman: Möchte deinem Knecht nicht gegeben werden dieser Erde eine Last, soviel zwei Maultiere tragen? Denn dein Knecht will nicht mehr anderen Göttern opfern und Brandopfer tun außer dem Herrn! (Seine Umkehr, um dem Propheten zu danken, wird infolge der hartnäckigen Uneigennützigkeit des Propheten, der von sich weg auf Gott hinweist, zu einer Umkehr zu Gott. Er erkennt Gott als Helfer an und will ihm fortan dienen.)

Gehasi, der Diener Elisas, erlebt die Wunder Elisas mit und sucht dennoch irdische Sicherungen, weil er sich nicht an der Gnade und Hilfe Gottes genügen lassen will. Weil er im Grunde glaubenslos ist, kann er weder ein Verständnis für die Not der Sunamitin haben und stößt sie weg, als sie hilfeflehend die Füße Elisas umfaßt, noch kann er ihren Sohn durch das Auflegen des Stabes des Propheten zum Leben erwecken. Er lügt, um ein Geschenk von Naeman zu erreichen, ebenso belügt er seinen Herrn, um sich herauszureden. Die harte Strafe des Aussatzes trifft ihn, weil er nicht das geringste Verständnis dafür hat, daß Elisa den Syrer durch seine Uneigennützigkeit zum Dank gegenüber Gott erwecken will, und weil er durch seine Geldgier das Werk Gottes in Naeman stört und den Propheten, der für die Ehre Gottes eifert, um seine Ehre bringt. Gehasi ist der Judas des Alten Testaments. Er ist glaubenslos, verständnislos, irdisch gesinnt und verlogen.

2 Kö 4,27	Gehasi trat hinzu, daß er sie abstieße.
4,31	Gehasi ging vor ihnen hin und legte den Stab dem Knaben aufs Antlitz, da war aber keine Stimme noch Fühlen.
5,20	es gedachte Gehasi, der Diener des Mannes Gottes: Siehe, mein Herr hat diesen Syrer verschont, daß er nichts von ihm hat genommen, was er gebracht hat. So wahr der Herr lebt, ich will ihm nachlaufen und etwas von ihm nehmen.
5,22	mein Herr hat mich gesandt und läßt dir sagen, es sind zu mir gekommen zwei Jünglinge aus der Propheten Kinder, gib ihnen einen Zentner Silber und zwei Feierkleider.
	Da die Diener (die die Schätze trugen) weg waren, trat er vor seinen Herrn. Und Elisa sprach zu ihm: Woher, Gehasi? Er aber sprach: Dein Knecht ist weder hierher noch daher gegangen. Er aber sprach zu ihm: Ist nicht mein Herz mitgegangen...? War das die Zeit, Silber und Feierkleider zu nehmen, Ölgärten, Weinberge, Schafe, Rinder, Knechte und Mägde? Aber der Aussatz Naemans wird dir anhangen und deinem Samen ewiglich. Da ging er von ihm hinaus, aussätzig wie Schnee.

Jehu, der Sohn Josaphats, des Sohnes Nimsis, der Revolutionär, ist durch den Auftrag Gottes an Elia (1 Kö 19,16), den Elisa ausführen ließ, zum Gerichtsvollstrecker am Hause Ahabs berufen. Er läßt die goldenen Bilder Jerobeams bestehen. An Hasael von Syrien verliert er das Ostjordanland. Jehu regiert um 840.

2 Kö 9,6	der Prophetenschüler salbt ihn zum König.
9,20	der Treiber Jehu.
9,24	er tötet Joram, den Sohn Ahabs, und Ahasja, seinen Neffen, den König Judas. Er läßt Isebel aus dem Fenster stürzen.
10,6	er läßt die 70 Söhne Ahabs töten, ebenso die 42 Brüder Ahasjas.
10,20	er bringt alle Baalspriester um.
10,29	aber von den Sünden Jerobeams ließ Jehu nicht, den goldenen Kälbern.
10,30	der Herr sprach zu Jehu: Darum, daß du willig gewesen bist zu tun, was mir gefallen hat.

Joachas, der Sohn Jehus, läßt nicht von den Sünden Jerobeams. Als Gott sein Land in die Hände der Syrer gibt, sucht er des Herrn Angesicht. Doch bleibt er, auch als ihm geholfen wird, der Alte. (Joachas = Jahve hat erfaßt.)

2 Kö 13,2	Joachas wandelte nach den Sünden Jerobeams und ließ nicht davon.
13,3	des Herrn Zorn ergrimmte über Israel und gab sie in die Hand Hasaels. Aber Joachas bat des Herrn Angesicht. Und der Herr erhörte ihn, doch ließen sie nicht von den Sünden des Hauses Jerobeams.

Joas, Sohn des Joachas, des Sohnes Jehus (790 - 784), siegt über Amazja, den König Judas, den er zuvor vor einem Angriff gegen Israel gewarnt hat. Er zerstört die Mauer von Jerusalem und plündert den Tempelschatz. Joas weint um den todkranken Elisa und erhält durch den Propheten die Verheißung des Siegs über die Syrer.

2 Kö 14,10 Du hast die Edomiter geschlagen, des überhebt sich dein Herz. Habe den Ruhm und bleibe daheim. Aber Amazja gehorchte nicht.

14,13 Joas griff Amazja, den König in Juda, riß ein die Mauer Jerusalems, vierhundert Ellen lang, und nahm alles Gold und Silber und Gerät, das gefunden ward im Hause des Herrn.

13,25 Dreimal schlug Joas den Benhadad und brachte die Städte Israels wieder.

Jerobeam II., Sohn des Joas (784 - 744), einer der glanzvollsten und erfolgreichsten Könige Israels. Er macht große Eroberungen im Norden seines Landes und im Ostjordanland. Sein Land steht in großer wirtschaftlicher Blüte. Aber infolge der Üppigkeit schwindet Zucht und soziale Gerechtigkeit dahin. Amos und Hosea treten auf und künden wie Sturmvögel den nahenden Gerichtssturm Gottes, ohne Gehör zu finden. Da die Schrift nicht nach äußeren Erfolgen, sondern nach dem Gehorsam zu Gott urteilt, wird von ihm gesagt, daß er tat, was dem Herrn übel gefiel.

2 Kö 14,24 er tat, was dem Herrn übel gefiel, und ließ nicht ab von den Sünden Jerobeams, des Sohnes Nebats, der Israel sündigen machte. Er brachte aber wieder herzu das Gebiet Israels von Hamath an bis ans Meer. Denn der Herr sah an den elenden Jammer Israels.

Sacharja, der Sohn Jerobeams II. (743), wird von Sallum ermordet, Sallum von Menahem (742 - 736). Der Sohn Menahems, Pekachja, wird von Pekach ermordet, Pekach stirbt unter der Mörderhand Hoseas. Sie alle gehen in den Wegen Jerobeams und tun, was dem Herrn übel gefiel. Sie sind ein schauerlicher Beweis dafür, daß, wer das Schwert ergreift, durch das Schwert umkommt. Assyrien tritt auf als Gerichtsvollstrecker an Israel. Israel wird im Jahre 722 in die Gefangenschaft geführt. 2 Kö 15,8-30. (Sacharja = Jahve gedenkt.)

2 Kö 17,18 der Herr ward sehr zornig über Israel, und tat sie von seinem Angesicht, daß nichts übrigblieb, denn der Stamm Juda allein.

C. Die Könige Judas nach ihrer Verbindung mit dem Hause Isebels

Joram (Jahve ist erhaben), Sohn Josaphats, 850 - 843 König in Juda, nimmt die Tochter Ahabs und Isebels zum Weib. Diese bringt die Mordmethoden des israelitischen Königshauses mit und verführt ihren Mann, bei seinem Regierungsantritt seine Brüder zu ermorden. Er wird selbst abgöttisch und verführt Juda zur Abgötterei. Elia kündigt ihm das Gericht an, wenn er sich nicht bessere. Das Gericht bricht über ihn herein.

1. Er übernimmt die Mordmethoden des Hauses Ahab.

2 Ch 21,4 er erwürgte seine Brüder alle mit dem Schwert, dazu auch etliche Oberste in Israel.

2. Selbst abgöttisch, verführt er das Volk zur Abgötterei.

2 Ch 21,11 er machte die zu Jerusalem abgöttisch und verführte Juda.

3. Elia kündet ihm das Gericht an.

2 Ch 21,12 es kam aber Schrift zu ihm von dem Propheten Elia, die lautete also: So spricht der Herr: Darum, daß du nicht gewandelt hast in den Wegen deines Vaters Josaphat, sondern wandelst in den Wegen der Könige Israels und machst Juda und die zu Jerusalem abgöttisch nach der Abgötterei des Hauses Ahab, und hast dazu deine Brüder erwürgt, die besser waren als du, siehe, so wird der Herr dich mit einer großen Plage schlagen an deinem Volk, an deinen Kindern, an deinen Weibern und an all deiner Habe, du wirst aber viel Krankheit haben an deinem Eingeweide, bis daß dein Eingeweide vor Krankheit herausgehe in Jahr und Tag.

4. Da er keine Buße tut, bricht das Gericht über ihn herein.

2 Ch 21,16 der Herr erweckte den Geist der Philister und Araber, die brachen ein in Juda, führten weg alle Habe, die vorhanden war im Hause des Königs, dazu seine Söhne und seine Weiber ... Nach allem plagte ihn der Herr in seinem Eingeweide mit solcher Krankheit, die nicht zu heilen war ... sein Eingeweide ging von ihm, und er starb in schlimmen Schmerzen. Sie machten ihm keinen Brand und begruben ihn nicht in der Könige Gräber.

Athalja, die Tochter Isebels, das Weib Jorams, des Königs von Juda, bringt nach Jehus Bluttat alle aus dem königlichen Geschlechte um, um ihre Herrschaft zu befestigen und ihr eigenes Leben zu retten vor dem Mordstahl eines Nachfolgers. Nur ein Königssohn, Joas, entrinnt dem Tode. Als sie ihn sieben Jahre später in der königlichen Würde umjubelt von dem Volk im Tempel sieht, schreit die Revolutionärin: »Aufruhr, Aufruhr!« Sie wird außerhalb des Tempels getötet. So erfüllt sich das Gericht an den Letzten aus Isebels Geschlecht.

2 Kö 11,1 Athalja brachte um alle aus dem königlichen Geschlecht.
11,14 Athalja aber zerriß ihre Kleider und rief: Aufruhr, Aufruhr!
11,16 sie wird außerhalb des Tempels getötet.

Joas, der Sohn Ahasjas, ein Urenkel Isebels (837 - 798), wird aus dem Blutbad, das seine Großmutter in grausamer Herrschgier unter ihren eigenen Nachkommen anrichtet, durch Joseba, seine Tante, das Weib des frommen Hohenpriesters Jojada, gerettet. Jojada erzieht den Knaben bis zu seinem siebenten Lebensjahre und läßt ihn dann unter dem Schutz von bewaffneten Leviten im Tempel zum König ausrufen. Das Volk stimmt fröhlich zu. Athalja wird getötet. Der Gottesdienst wird neu geordnet, der baufällig gewordene Tempel ausgebaut. Solange Jojada lebte, ließ sich der König von ihm leiten. Nach dem Tode Jojadas kam das gottlose Blut der Isebel, das durch den Einfluß Jojadas eine Zeitlang zurückgedrängt war, wieder zum Vorschein. Innerlich haltlos, gerät er unter den Einfluß seiner götzendienerischen Obersten. Er läßt den Propheten Sacharja, den Sohn seines Wohltäters Jojada, als der ihn im Auftrag Gottes warnt, töten. Diese seine himmelschreiende Undankbarkeit findet alsbald ihre Strafe. Obwohl er den Tempelschatz opfert, um Hasael von Syrien zufriedenzustellen, fallen die Syrer über ihn her und siegen über ihn. Er wird schwer krank. Da erwürgen ihn einige Verschwörer auf seinem Bett, um Sacharja zu rächen. Er wird nicht in den Königsgräbern begraben.

1. Joas, wie ein Brand aus dem Feuer gerettet, hält sich vom Geist der Isebel fern, solange Jojada lebt, der ihm streng und ernst die Wahrheit sagt und dessen feste Entschlossenheit er fürchtet.

2 Kö 11,2 Joseba, die Tochter des Königs Joram, Ahasjas Schwester, nahm Joas, den Sohn Ahasjas, und stahl ihn aus des Königs Kindern, die getötet wurden. Und er war versteckt im Haus des Herrn sechs Jahre.

11,12 im siebenten Jahr machten sie ihn zum König und salbten ihn.

11,20 und alles Volk im Lande war fröhlich, und die Stadt ward still.

2 Ch 24,2 Joas tat, was dem Herrn wohlgefiel, solange Jojada lebte.

24,4 Danach nahm er sich vor, das Haus des Herrn zu erneuern.

24,7 denn die gottlose Athalja und ihre Söhne haben das Haus des Herrn zerrissen, und alles, was im Hause des Herrn geheiligt war, haben sie an die Baalim gebracht.

24,15 Jojada ward alt und des Lebens satt und starb und war 130 Jahre alt, da er starb. Und sie begruben ihn unter die Könige, darum, daß er wohlgetan hatte an Israel und an Gott und an seinem Hause.

2. Joas, innerlich haltlos und schwankend, gerät unter den Einfluß götzendienerischer Schmeichler, lehnt das Wort der Wahrheit aus dem Mund der Propheten ab, ja, läßt den Träger des Gottesworts Sacharja, den Sohn Jojadas, töten.

2 Ch 24,17 die Obersten in Juda bückten sich vor dem König. Da hörte der König auf sie. Und sie verließen das Haus des Herrn und dienten den Ascherabildern. Da kam der Zorn über Juda um dieser Schuld willen.

24,19 Gott sandte Propheten zu ihnen, und die zeugten wider sie, aber sie nahmen es nicht zu Ohren.

24,20 der Geist Gottes erfüllte Sacharja, den Sohn Jojadas, des Priesters. der sprach zu ihnen: Ihr habt den Herrn verlassen, so wird er euch wieder verlassen. Aber sie steinigten ihn nach dem Gebot des Königs. Und der König Joas gedachte nicht an die Barmherzigkeit Jojadas, sondern erwürgte seinen Sohn. Da er aber starb, sprach er: Der Herr wird's sehen und heimsuchen. (Mt 23,35 nennt Jesus sein Blut ein gerechtes.)

3. So trifft ihn das Gottesgericht.

2 Kö 12,18 da Hasael nach der Eroberung Gaths gen Jerusalem ziehen wollte, nahm Joas alles Gold, das man fand im Hause des Herrn und schickte es Hasael.

2 Ch 24,23 da das Jahr um war, kam herauf das Heer der Syrer, brachten um alle Obersten im Volk. Sie kamen mit wenig Männern, doch gab der Herr in ihre Hand eine sehr große Macht, darum, daß sie den Herrn verlassen hatten. Auch übten sie an Joas Strafe. Da sie von ihm zogen, ließen sie ihn in großer Krankheit zurück. Es machten aber seine Knechte einen Bund wider ihn um des Blutes willen der Kinder Jojadas und erwürgten ihn auf seinem Bette. Und man begrub ihn nicht in der Könige Gräbern.

Sacharja, Sohn Jojadas, der Prophet, siehe Joas.

Amazja, Sohn des Joas, Ururenkel der Isebel, regiert von 798 an, zeigt anfänglich Gehorsam gegen das Gesetz und die Propheten, überhebt sich aber nach seinem Sieg über Edom, verliert alle Mäßigung und geht zugrunde. Er mordet die Mörder seines Vaters und wird selbst ermordet. Der Mordgeist Isebels wütet immer noch im davidischen Königshaus.

1. Amazja ist anfänglich Gesetz und Propheten gehorsam, doch nicht aus Überzeugung, sondern aus Furcht vor den Richtern seines Vaters.

2 Ch 25,2	er tat, was dem Herrn wohlgefiel, doch nicht von ganzem Herzen.
25,3	da sein Königreich bekräftigt ward, erwürgte er seine Knechte, die seinen Vater erschlagen hatten.
25,4	doch schont er nach 5 M 24,16 ihre Kinder.
25,10	er schickt auf den Rat des Propheten die israelitischen Söldner aus seinem Heere fort und erringt den Sieg über die Kinder Edom.

2. Nach seinem Sieg überhebt er sich, ist grausam gegenüber den Gefangenen, fürchtet sich vor der Rache ihrer Götter und betet sie an. Er schlägt die Warnung des Propheten in den Wind, bricht den Krieg mit Israel mutwillig vom Zaun. Weil er nicht gehorcht, geht er in sein Verderben und stirbt unter dem Mordstahl der Eiferer ums Gesetz.

a) Verliert die Mäßigung gegen die Gefangenen Edoms;

2 Ch 25,12	stürzt 10 000 von der Spitze des Felsens, daß sie zerbarsten.

b) betet aus Furcht vor ihrer Rache die edomitischen Götzen an;

2 Ch 25,14	brachte die Götter der Kinder von Seir und stellte sie sich zu Göttern und betete an vor ihnen.

c) er gehorcht dem Propheten nicht;

2 Ch 25,15	da ergrimmte der Zorn des Herrn über Amazja und sandte einen Propheten zu ihm; und da er mit ihm redete, sprach er zu ihm: Hat man dich zu des Königs Rat gemacht? Höre auf, warum willst du geschlagen sein?

d) hört nicht auf die Warnung des Königs von Israel;

2 Ch 25,19	du gedenkst: Siehe, ich habe die Edomiter geschlagen, des überhebt sich dein Herz, und du suchst Ruhm. Aber Amazja gehorchte nicht, denn es geschah von Gott, daß sie dahingegeben würden, darum, daß sie die Götter der Edomiter gesucht hatten.

e) Amazja geht in sein Verderben.

2 Ch 25,22	Juda ward geschlagen vor Israel, Amazja gefangen nach Jerusalem geführt, die Stadt ausgeraubt.
25,27	von der Zeit an, da Amazja von dem Herrn wich, machten sie einen Bund wider ihn in Jerusalem; er aber floh gen Lachis. Da sandten sie ihm nach gen Lachis und töteten ihn daselbst.

Usia (Meine Stärke ist Jahve) oder Asarja (Chronik) (Gott hilf) kam nach der Ermordung seines Vaters Amazja mit 16 Jahren auf den Thron Judas. Er regierte von 779 - 739. Es gelang ihm, das Gebiet Judas bis zum Roten Meer zu erweitern, die Feinde des Landes in Schach zu halten und die wirtschaftliche und militärische Stellung des Landes auszubauen. Er überhob sich und maßte sich priesterliche Macht an. Zur Strafe wurde er aussätzig und sein Sohn Jotham übernahm die Regentschaft für ihn. In seinem Todesjahr wird Jesaja im Tempel berufen.

1. Sein Aufstieg und sein Verhältnis zu Gott.

2 Ch 26,4 er tat, was dem Herrn wohlgefiel, wie sein Vater Amazja getan hatte.
26,5 er suchte Gott, solange Sacharja lebte, der Lehrer in den Gesichten Gottes. (Er war in seiner Frömmigkeit nicht selbständig. Er hing nicht an Gott, sondern an Gottes Propheten.)

2. Sein Gottesverhältnis die Grundlage alles Gelingens.

a) Seine kriegerischen Erfolge.

2 Ch 26,2 er baute Eloth und brachte es wieder an Juda.
26,7 Gott half ihm wider die Philister, wider die Araber und wider die Meuniter. Und die Ammoniter gaben ihm Geschenke, und er ward berühmt.

b) Die Befestigung seiner Macht.

2 Ch 26,9 baute Türme zu Jerusalem, in der Wüste.
26,13 die Heeresmacht dreihundertsiebentausendfünfhundert... und schaffte ihnen für das ganze Heer Schilde, Spieße, Helme, Panzer, Bogen, Schleudersteine, und machte zu Jerusalem Geschütze künstlich.
26,10 grub viel Brunnen, denn er hatte viel Viehs, auch Ackerleute und Weingärtner, denn er hatte Lust zum Ackerwerk.

3. Seine Überhebung und Strafe.

2 Ch 26,16 da er mächtig geworden war, überhob sich sein Herz zu seinem Verderben, denn er vergriff sich an dem Herrn, seinem Gott.
26,17 und Asarja, der Priester Gottes, ging ihm nach und 80 Priester mit ihm und stunden wider Usia, den König, und sprachen: Es gebührt dir, Usia, nicht, zu räuchern dem Herrn, sondern den Priestern, aber Usia ward zornig und nahm das Rauchfaß in die Hand (er ließ sich nicht warnen).
26,20 da ward er aussätzig an seiner Stirn ... seine Plage war vom Herrn.
26,11 er ward verstoßen vom Hause des Herrn.

Jotham (Jahve ist vollkommen), der Sohn Usias und der Jerusa, die aus priesterlichem Geschlecht stammt, wird Stellvertreter seines aussätzigen Vaters und regiert im ganzen 6 Jahre (739 - 734). Er ist fromm wie sein Vater Usia, nur hält er sich vom Eingreifen in priesterliche Rechte fern, erschreckt durch das Gericht über seinen Vater. Er führt siegreichen Krieg gegen die Ammoniter, baut das obere Tempeltor und Befestigungen. Vor den letzten Folgerungen einer gründlichen Reform, vor dem Abtun der Höhen, scheut er zurück, weil er nicht die Kraft hat, wider den Strom der Volksmeinung zu schwimmen und sich der Verkündigung seines Zeitgenossen Jesaja anzuschließen. Vielleicht ist die götzendienerische Haltung seines Sohnes Ahas in der Schwäche Jothams begründet.

Sein Gehorsam.

2 Kö 15,34 er tat, was dem Herrn wohlgefiel, ganz wie sein Vater Usia getan hatte.
2 Ch 27,6 Jotham ward mächtig, denn er richtete sich in seinem Wandel nach dem Herrn, seinem Gott.
27,2 er ging nicht in den Tempel des Herrn (kein Eingriff ins Priesteramt).

Seine Erfolge.

2 Ch 27,3 er baute das obere Tor am Hause des Herrn.
27,4 baute die Städte auf dem Gebirge Juda, in den Wäldern Burgen und Türme (zum Schutz gegen Rezin von Syrien und Pekach von Israel).
27,5 stritt wider die Kinder Ammon und ward ihrer mächtig.

Seine Schwäche.

2 Kö 15,35 nur daß sie die Höhen nicht abtaten. (So war die Möglichkeit für das Aufkommen des Götzendienstes jederzeit gegeben. Er trat der Schlemmerei, Üppigkeit, dem sozialen Unrecht nicht entgegen, obwohl Jesaja dagegen predigte. So hatte er auch nicht die Kraft, seinen Sohn Ahas in seine Bahnen zu ziehen.)

Ahas (734 - 720) (Greifer, Besitzer), Sohn Jothams, wird mit 20 Jahren Regent, ist ein schwacher Charakter. Er läßt sich treiben und von den Regentengewohnheiten der Nachbarkönige, die ihm dann den Krieg erklären, anstecken. Er hat noch weniger als sein Vater den Mut, mit Gott und seinem Propheten einen gemeinsamen Weg zu gehen. So lehnt er Jesajas Rat ab: »Glaubt ihr nicht, so bleibt ihr nicht«, und macht sich freiwillig zum Untertan des Assyrers. Er kommt in den assyrischen Götzendienst hinein und verschuldet die Katastrophe seines Volkes.

Die Sünde Ahas'.

Ahas beginnt mit der Welt Freundschaft, läßt sich, in seinen Hoffnungen betrogen, nicht zur Umkehr, sondern nur zur Verstockung verleiten.

2 Kö 16,3 er wandelte auf dem Weg der Könige Israels.
16,3 ließ seinen Sohn durchs Feuer gehen nach den Greueln der Heiden. (Den Gehorsam, den er Gottes Geboten nicht geben wollte, erweist er in der Angst, als das Gericht ihn traf, in grausiger Weise den Götzen.)
16,4 er räucherte auf den Höhen und unter allen grünen Bäumen. (Ungehorsam gegen Gott kann man durch gesteigerte selbstgemachte Religiosität nicht gutmachen.)
Jes 7,9 Jesajas Wort: Glaubt ihr nicht, so bleibt ihr nicht. (Obwohl er einen anfänglichen Erfolg im Kampf gegen den König Rezin hat, gehorcht er Jesaja nicht, sondern sucht bei dem Assyrer Hilfe.)
2 Kö 16,7 sandte Boten zu Thiglath-Pileser.
16,8 nahm das Silber und Gold, das im Hause des Herrn war, und sandte dem König von Assyrien Geschenke.
16,10 opferte auf dem Abbild des Götzenaltars von Damaskus.
2 Ch 28,19 er löste die Zucht auf in Juda und vergriff sich am Herrn.
28,21 er plünderte das Haus des Herrn, aber es half ihm nichts.
28,22 er machte des Vergreifens am Herrn noch mehr und opferte den Göttern von Damaskus und schloß die Türen zu am Hause des Herrn und machte Altäre in allen Winkeln und reizte den Herrn, seiner Väter Gott.

Das Gericht über Ahas.

Er sympathisiert mit der Geisteshaltung der Könige Israels, die ihm durch ihre Kriegserklärung das Gericht Gottes bringen. Um das Gericht abzuwenden, sucht er nicht seine Zuflucht bei Gott, sondern bei den Götzen und dem Assyrer und vollendet damit das Gericht.

2 Kö 16,6	Rezin brachte Elath wieder an Syrien.
2 Ch 28,19	der Herr demütigte Juda um des Ahas willen. Es kam über ihn Thiglath-Pileser, der bedrängte ihn und stärkte ihn nicht.
28,27	sie brachten ihn nicht unter die Gräber der Könige Israels.

Hiskia (720 - 692) (Meine Stärke ist Jahve), Sohn des schwachen Ahas, ist fromm und hört auf Jesaja. Er hört aber auch auf den Rat der Politiker, die schon seines Vaters Ratgeber waren. So läßt er sich nach Sargons Tod (705) in ein antiassyrisches Bündnis der palästinischen Kleinstaaten hineinziehen, hinter dem Ägypten steht. Er läßt die Gesandten Babels seine Schätze schauen, um dem König von Babel - Merodach-Baladan - seine Bündnisfähigkeit gegen Assur darzutun. Er sendet Sanherib nach dessen halbem Sieg über Ägypten bei Altaku Tribut entgegen.

In der entscheidenden Stunde der Gefahr, als Sanherib doch vor Jerusalem zieht, ringt er sich durch zum Glauben an das Wort der Verheißung, das ihm Jesaja verkündet, und erfährt wunderbare Hilfe. In Sanheribs Lager bricht die Pest aus. Auch erfährt Sanherib, daß Thirhaka, der Gewalthaber von Ägypten, mit einem Heer heranrücke. So zieht Sanherib ab. Auch in der schweren Krankheit, als ihm bereits das sichere Ende durch den Propheten angesagt ist, wendet sich Hiskia in bußfertigem Glauben an Gott und genest.

1. Hiskia ist fromm und hört in religiöser Beziehung auf die Frommen.

2 Kö 18,3	er tat, was dem Herrn wohlgefiel, wie sein Vater David, er tat ab die Höhen, zerbrach die Säulen, rottete das Ascherabild aus und zerstieß die eherne Schlange ... er vertraute dem Herrn, daß nach ihm seinesgleichen nicht war unter den Königen Judas, noch vor ihm gewesen ist, er hing dem Herrn an, und der Herr war mit ihm, und wo er auszog, handelte er klüglich.

2. Hiskia vertraut in politischer Beziehung auf irdische Macht, schließt gegen Jesajas Rat Bündnisse gegen Sanherib.

2 Kö 20,13	Hiskia zeigt ihnen (den Gesandten Merodach-Baladans von Babel) das ganze Schatzhaus.
18,7	Hiskia ward abtrünnig vom König zu Assyrien.
18,14	da legte der König von Assyrien Hiskia dreihundert Zentner Silber auf und dreißig Zentner Golds.
Jes 30,2	Weh denen, die hinabziehen nach Ägypten, daß sie sich stärken mit der Macht Pharaos.

3. In den entscheidenden Stunden der Gefahr ringt sich Hiskia zum bußfertigen Glauben durch und erfährt wunderbare Hilfe.

2 Kö 20,1	Jesaja zu Hiskia: Beschicke dein Haus, denn du wirst sterben.

20,2 Hiskia wandte sein Antlitz zur Wand und betete zum Herrn: Ach Herr, gedenke doch, daß ich vor dir treulich gewandelt bin ... und Hiskia weinte sehr.

19,1 da Hiskia das (Läster- und Drohworte des assyrischen Erzschenken) hörte, zerriß er seine Kleider und ging in das Haus des Herrn und sandte die Ältesten der Priester zu Jesaja, um dessen Fürbitte zu erbitten.

19,14 Da Hiskia den Brief (Ultimatum des Assyrers) empfangen hatte, ging er hinauf und breitete ihn aus vor dem Herrn und betete vor dem Herrn. Hiskia erhält von Jesaja die göttliche Antwort und vertraut darauf.

Manasse (692 - 638) lebt nach dem Vorbild seines Großvaters in hemmungslosem Götzendienst und verführt dazu sein Volk. Er achtet nicht auf das Wort der Propheten, wo doch Jesaja sein Zeitgenosse war. So trifft ihn das Gericht durch die Verehrer der Götzen, die er anbetet, die Assyrer. In der Angst der Gefangenschaft in Babel bekehrt er sich. Er kommt zurück in sein Königreich und tut die Götzen ab. (Manasse = der vergessen macht.)

1. Manasses Götzendienst.

2 Ch 33,2 er tat, was dem Herrn übel gefiel, nach den Greueln der Heiden, die der Herr vor den Kindern Israel vertrieben hatte, und baute wieder die Höhen, die sein Vater Hiskia abgebrochen hatte, und stiftete den Baalim Altäre und machte Ascherabilder und betete an alles Heer des Himmels und diente ihnen. Er baute auch Altäre im Hause des Herrn und baute Altäre in beiden Höfen am Hause des Herrn allem Heer des Himmels. Und er ließ seine Söhne durchs Feuer gehen im Tale des Sohnes Hinnoms, und wählte Tage und achtete auf Vogelgeschrei, und zauberte und stiftete Wahrsager und Zeichendeuter. Er setzte auch das Bild des Götzen, das er machen ließ, ins Haus Gottes. Er verführte Juda und die zu Jerusalem, daß sie ärger taten denn die Heiden. Und wenn der Herr mit Manasse und seinem Volk reden ließ, merkten sie nicht darauf.

2. Das Gericht über Manasse.

2 Ch 33,11 darum ließ der Herr über sie kommen die Fürsten des Heeres und des Königs von Assyrien; die nahmen Manasse gefangen mit Fesseln und banden ihn mit Ketten, und brachten ihn gen Babel.

3. Seine Bekehrung.

2 Ch 33,12 da er in der Angst war, flehte er vor dem Herrn, seinem Gott, und demütigte sich sehr vor dem Gott seiner Väter und bat und flehte zu ihm.

Gebet Manasses 9 Ich habe gesündigt, und meiner Sünden ist mehr denn des Sandes am Meer; und bin gekrümmt in schweren eisernen Banden und habe keine Ruhe. Darum beuge ich die Knie meines Herzens und bitte dich, Herr, um Gnade ... du wollest mir Unwürdigem helfen nach deiner großen Barmherzigkeit, so will ich mein Leben lang dich loben!

2 Ch 33,13 da erhörte er sein Flehen und brachte ihn wieder nach Jerusalem zu seinem Königreich. Da erkannte Manasse, daß der Herr Gott ist. Und tat weg die fremden Götter und richtete zu den Altar des Herrn.

Amon, sein Sohn, ist auch ein Götzendiener, demütigt sich nicht wie sein Vater, fällt nach kurzer Regierung unter dem Mordstahl. 2 Ch 33,21. (Amon = zuverlässig.)

Josia, der Sohn Amons (637 - 607), kommt achtjährig zur Regierung. Er ist aufrichtig fromm, stellt daher den Götzendienst ab, bessert den Tempel aus, reformiert nach dem wiedergefundenen Gesetzbuch den Gottesdienst und macht mit seinem Volk einen Bund vor dem Herrn, den das Volk hält, solange er lebt. Doch achtet er nicht auf Gottes Führung, versteht die göttliche Warnung nicht und fällt in der Schlacht bei Megiddo 607 (Josia = wesentlicher Herr oder Feuer Gottes.)

1. Seine aufrichtige Frömmigkeit bestimmt seine Regierungshandlungen.

2 Ch 34,3 im achten Jahr seines Königreichs, da er noch jung war, fing er an, zu suchen den Gott seines Vaters David, und im zwölften Jahr fing er an, zu reinigen Juda und Jerusalem von den Höhen und Ascherabildern und Götzen und gegossenen Bildern.

34,8 er läßt das Haus des Herrn ausbessern.

34,14 Hilkia, der Priester, findet das Gesetzbuch des Herrn und gibt es dem Schreiber Saphan, daß er es dem König vorlese.

34,19 da der König die Worte des Gesetzes hörte, zerriß er seine Kleider. Er sendet zur Prophetin Hulda, um den Spruch Gottes zu erfahren. Hulda kündigt das Gericht an über das Volk, dem König aber verkündigt sie die Gnade, daß er im Frieden in sein Grab kommen und das Unglück nicht sehen werde, das über diesen Ort kommen soll.

2. Josia achtet nicht auf Gottes Führung, versteht die Warnung Gottes durch den Mund des Heiden nicht und gerät ins Unglück.

2 Ch 35,20 Necho, der König in Ägypten, zog herauf, zu streiten wider Karchemis am Euphrat. Und Josia zog aus ihm entgegen. Aber er sandte Boten zu ihm und ließ ihm sagen: Was habe ich mit dir zu tun, König Judas? Ich komme nicht wider dich, sondern wider das Haus, mit dem ich Krieg habe, und Gott hat gesagt, ich solle eilen. Laß ab von Gott, der mit mir ist, daß er dich nicht verderbe! Aber Josia gehorchte nicht den Worten Nechos aus dem Mund Gottes und kam, mit ihm zu streiten. Aber die Schützen schossen den König Josia. Seine Knechte brachten ihn nach Jerusalem, und er starb und ward begraben. Und ganz Juda trug Leid um Josia. Und Jeremia beklagte Josia.

Hilkia, der Priester; HULDA, die Prophetin, s. Josia 1.

Joachas (Jahve hat [ihn] erfaßt), der Sohn Josias, wird nach zweimonatiger Regierung von Necho gefangen nach Ägypten geführt, wo er stirbt. 2 Kö 23,31-33.

Jojakim (607 - 599), sein Bruder, wird von Necho eingesetzt zum König und treibt gewaltige Tribute von seinem Volk für ihn ein. Er orientiert sich, auch als Necho von Nebukadnezar besiegt und Juda von Babel abhängig geworden war, immer noch an Ägypten, fällt nach drei Jahren von Babel ab. Er stirbt vor der Belagerung Jerusalems durch Nebukadnezar. Er ist götzendienerisch, verblendet, läßt sich von den Propheten nicht warnen. Er sucht Gottes Wort dadurch zu entrinnen, daß er seinen Träger vernichtet. (Jojakim = Jahve richtet auf.)

2 Ch 36,5 Jojakim tat, was dem Herrn, seinem Gott, übel gefiel.

36,6 Nebukadnezar zog wider ihn herauf und band ihn mit Ketten, daß er ihn gen Babel führte. (Vorhaben wohl nicht ausgeführt, Jojakim wird Vasall Babels.)

Jer 7,18 die Kinder lesen Holz, die Väter zünden Feuer an, die Weiber kneten Teig, daß sie der Himmelskönigin Kuchen backen.

Jer 5,31 die Propheten weissagen falsch und die Priester herrschen in ihrem Amte.

26,23 Jojakim läßt den Propheten Uria aus Ägypten, wohin er geflohen war, töten, weil er wider Jerusalem und Juda geweissagt hatte. Aber an Jeremia wagt er sich nicht heran.

2 Kö 24,6 Jojakim entschlief mit seinen Vätern.

Jojachin, der Sohn Jojakims, regiert drei Monate lang in Jerusalem. Er wird im Jahre 597 mit 10 000 der tüchtigsten Volksgenossen nach Babel geführt. Nach 37 Jahren erhebt ihn Evil-Merodach aus dem Gefängnis. (Jojachin = Jahve bestätigt.)

Jer 22,24 so wahr ich lebe, spricht der Herr, wenn Chonja, der Sohn Jojakims, ein Siegelring wäre an meiner rechten Hand, so wollte ich dich doch abreißen und in die Hände Nebukadnezars geben und in ein ander Land treiben, und du sollst daselbst sterben. Schreibet an diesen Mann, dem es sein Lebtage nicht gelingt, der ohne Kinder ist.

2 Kö 24,15 und er führte weg Jojachin gen Babel.

25,27 Im 37. Jahr hob Evil-Merodach, der König zu Babel, das Haupt Jojachins aus dem Kerker hervor und redete freundlich mit ihm.

Zedekia (Jahve ist meine Gerechtigkeit), der letzte König der Juden, der Oheim Jojachins, wird von Nebukadnezar eingesetzt. Sein Name Matthanja wird geändert. Zedekia ist ein gutmütiger Schwächling. Ohne Verbindung mit Gott ist er von seinen Ratgebern abhängig. Auf ihre Veranlassung fällt er im Vertrauen auf Ägypten von Nebukadnezar ab und schlägt die Warnung Jeremias in den Wind. Er schwankt in seinen Entscheidungen hin und her. Er gelobt auf das Wort Jeremias hin ein Freijahr, fällt aber wieder um, als die Feinde vorübergehend abziehen (Jer 34). Er läßt es zu, daß die Fürsten Jeremia in die Schlammgrube werfen, gestattet es einige Stunden später Ebed-Melech, den Propheten herauszuziehen. Er läßt Jeremia heimlich zu sich kommen, um seinen Rat zu hören, findet aber nicht den Mut, den Rat des Propheten auszuführen. Er will sich, als dann alles verloren ist, durch die Flucht retten, wird aber eingeholt und, nachdem er die Hinrichtung seiner Kinder mitangesehen hat, geblendet und gefangen nach Babel geschleppt. (2 Kö 24,18-25,7.) Zedekia regiert 597 - 587.

Jer 38,5 Zedekia von Jeremia zu seinen Fürsten: Siehe, er ist in euren Händen, denn der König kann nichts wider euch.

38,10 da befahl der König Ebed-Melech: Zieh den Propheten Jeremia aus der Grube, ehe er sterbe.

38,24 siehe zu, daß niemand diese Rede erfahre, so wirst du nicht sterben. Und wenn's die Fürsten erführen...

2 Kö 24,18-25,7 Zedekias Geschichte.

6. Nachexilische Gestalten

Josua, der Sohn Jozadaks, der Hohepriester, und Serubabel, der Sohn Sealthiels aus davidischem Geschlecht, sind durch die tiefe Buße der Gefangenschaft hindurchgegangen und haben den Blick für die gerechten Gerichte Gottes bekommen, die das Volk mit seinem Abfall verdient hat. Sie haben den Verheißungen der Propheten, daß die messianische Zukunft des Volkes noch bevorstehe, geglaubt. So ziehen sie gebeugt und getrost zugleich ihrem Volk voran, um die alte Heimat neu zu gewinnen. Ihr Hauptziel ist, den Tempel und den Gottesdienst wiederherzustellen, und sie halten daran fest trotz aller Schwierigkeiten. In der berechtigten Sorge um die Reinheit der Gemeinde weisen sie die Bundesgenossenschaft der halbheidnischen Samariter zurück und bleiben dabei, als sie dieses Verhalten um jeden Erfolg zu bringen droht. Sie hören auf die Propheten Haggai und Sacharja und wagen den Tempelbau im festen Vertrauen darauf, daß Gott das schenken wird, was er befiehlt. Ihre Einigkeit und ihr gemeinsames Handeln sind so vollständig, daß es nach den Quellen nicht möglich ist, die persönliche Eigenart eines jeden von beiden zu unterscheiden.

An die Person Serubabels knüpfen sich messianische Hoffnungen (siehe Sacharja und Haggai).

1. Sie haben ein klares Ziel: Tempelbau und Reinheit der Gemeinde, darauf beruht ihre Einigkeit.

Esr 3,2	es machten sich auf Josua, der Sohn Jozadaks, und Serubabel, der Sohn Sealthiels, und bauten den Altar des Gottes Israels.
4,2	die Samariter kamen zu ihnen: Wir wollen mit euch bauen, aber Serubabel und Josua antworteten: Wir wollen allein bauen dem Herrn!

2. Sie halten an dem Ziel fest, auch, als äußere Schwierigkeiten es unerreichbar machen, und warten auf Gottes Stunde.

Esr 4,23	Sie (die von den Samaritern aufgehetzte persische Obrigkeit) wehrten ihnen mit Arm und Gewalt. Da hörte auf das Werk am Hause Gottes zu Jerusalem.

3. Als Gott durch den Mund der Propheten ihnen befiehlt, zu bauen, gehorchen sie.

Esr 5,1	es weissagten aber die Propheten Haggai und Sacharja..., da machten sich auf Serubabel und Josua und fingen an, zu bauen das Haus Gottes in Jerusalem, und mit ihnen die Propheten, die sie stärkten.
Sach 4,6	Das ist das Wort des Herrn von Serubabel: Es soll nicht durch Heer oder Kraft, sondern durch meinen Geist geschehen.
Hag 1,12	da gehorchten Serubabel und Josua solcher Stimme des Herrn, ihres Gottes.
1,14	der Herr erweckte den Geist Serubabels und den Geist Josuas und den Geist des ganzen übrigen Volks, daß sie kamen und arbeiteten am Hause des Herrn.

Esra, der Urenkel Hilkias, ein geschickter Schriftgelehrter, zittert vor der Sünde, weil er die Gerichte Gottes fürchtet, er will den Willen Gottes kennenlernen, darum studiert er das Gesetzbuch, das einst sein Urahn gefunden hat, darum bemüht er sich, das Gesetz zu tun. Er weiß, daß der einzelne an der Schuld seines Volkes mitträgt, darum lehrt er das Volk den Willen Gottes, darum ringt er um den Gehorsam seiner Brüder zu Gott. Gott stellt ihn durch den Auftrag Arthasasthas, Gottesdienst und Gesetz in Jerusalem durchzuführen, in eine große Verantwortung hinein, die er mutig sich zu eigen macht und im Vertrauen auf Gott durchführt.

1. Esra, der Schriftgelehrte.

Esr 7,10 er schickte sein Herz, zu suchen das Gesetz des Herrn und zu tun und zu lehren.

7,6 Esra war ein geschickter Schriftgelehrter.

2. Seine Sendung durch Arthasastha.

Esr 7,21 Ich, König Arthasastha, habe dies befohlen, daß, was Esra von euch fordern wird, daß ihr das fleißig tut.

7,23 Alles, was gehört zum Gesetz des Gottes des Himmels, daß man dasselbe fleißig tue, daß nicht ein Zorn komme über das Königreich des Königs und seiner Kinder.

7,25 du aber, Esra, nach der Weisheit deines Geistes, die unter deiner Hand ist, setze Richter und Pfleger, die alles Volk richten. Ein jeglicher, der nicht mit Fleiß tun wird das Gesetz deines Gottes und das Gesetz des Königs, der soll sein Urteil um der Tat willen haben.

7,28 ich ward getrost nach der Hand des Herrn, meines Gottes, über mir und versammelte Häupter aus Israel, daß sie mit mir hinaufzögen.

3. Sein Glaube.

Esr 8,21 ich ließ daselbst ein Fasten ausrufen, daß wir uns demütigten vor unserem Gott, zu suchen von ihm einen richtigen Weg für uns und unsere Kinder und alle unsere Habe. Denn ich schämte mich, vom König Geleit zu fordern. Denn wir hatten dem König gesagt: Die Hand unseres Gottes ist zum Besten über alle, die ihn suchen.

8,31 die Hand unseres Gottes war über uns und errettete uns von der Hand unserer Feinde und derer, die uns nachstellten auf dem Wege.

4. Sein Werk an seinem Volk.

Er erkennt die Schuld seines Volkes und fürchtet auf Grund der Kenntnis der Geschichte seines Volkes Gottes Gericht.

Esr 9,2 sie haben der Kanaaniter Töchter genommen sich und ihren Söhnen. Da ich solches hörte, zerriß ich mein Kleid und raufte mein Haupthaar und saß bestürzt.

Esr 9,14 sollten wir wiederum deine Gebote fahren lassen, daß wir uns mit den Völkern dieser Greuel befreundeten? Wirst du nicht über uns zürnen, bis daß es gar aus sei?

Er stellt sich mit unter die Schuld seines Volks.

Esr 9,6 Er sprach: Mein Gott, ich schäme mich, denn unsere Missetat ist über unser Haupt gewachsen.

10,6 er aß kein Brot und trank kein Wasser, denn er trug Leid um die Vergreifung derer, die gefangen gewesen waren.

5. Er reißt das Volk zu tatkräftiger Buße.

Esr 10,2 Einer aus dem Volk: Wohlan, wir haben uns an unserem Gott vergriffen, daß wir fremde Weiber nahmen, so laßt uns nun einen Bund machen mit unserem Gott, daß wir alle Weiber und die von ihnen geboren sind, hinaustun.

10,12 die ganze Gemeinde antwortete: Es geschehe, wie du gesagt hast.

Nehemia (Gottestrost) ist der Mundschenk des Königs Arthasastha von Persien. Er gehört zu den Männern, die im großen Elend der Babylonischen Gefangenschaft gelernt haben, daß die Weltgeschichte das Weltgericht ist. Er weiß, daß der einzelne nichts ist ohne sein Volk. Obwohl er selbst in glänzender Stellung ist, hält er seinem armen, unglücklichen Volk die Treue und trauert um der Not seiner Brüder willen. Als ihm der König durch Beurlaubung (im Jahre 445) die äußere Möglichkeit dazu gibt, geht er getrost ans Werk und vollendet es unter großen persönlichen Opfern. Das Vertrauen und die Gefolgschaft seines Volkes werden ihm zuteil. So baut er die Mauer Jerusalems und tut die Mißbräuche und Gesetzesübertretungen ab. Im Jahre 433 kehrt er an den königlichen Hof zurück. Als er vom Wiederaufkommen mancher durch ihn abgeschafften Mißbräuche erfährt, reist er noch einmal nach Jerusalem, um dort Ordnung zu schaffen.

1. Nehemia, der Führer, weiß sich verantwortlich für sein Volk.

a) er weint um das Elend seines Volks;

Ne 1,4 da ich aber solche Worte (Mauern Jerusalems zerbrochen, seine Tore mit Feuer verbrannt), hörte, saß ich und weinte und trug Leid etliche Tage, fastete und betete vor dem Gott des Himmels.

b) er beugt sich unter die Schuld seines Volks;

Ne 1,6 ich bekenne die Sünden der Kinder Israel, die wir an dir getan haben; und ich und meines Vaters Haus haben auch gesündigt.

c) er betet für sein Volk.

Ne 1,5 Ach Herr, Gott des Himmels, du großer und schrecklicher Gott, der da hält den Bund und die Barmherzigkeit denen, die ihn lieben.

2,4 da sprach der König zu mir: Was forderst du? Da betete ich zu dem Gott des Himmels und sprach zum König.

2. Im Vertrauen auf seine Sendung und Gottes Beistand wagt und vollbringt er sein Werk im Kampf gegen äußere und innere Widerstände. Das Volk leistet ihm Gefolgschaft.

Ne 2,18 ich sagte ihnen an die Hand meines Gottes, die gut über mir war, dazu die Worte meines Königs, die er zu mir geredet hatte. Und sie sprachen: So laßt uns auf sein und bauen. Und ihre Hände wurden gestärkt zum Guten. (Die Gefolgschaft seines Volkes sieht er an als ein Gottesgeschenk.)

4,3 wir beteten zu dem Herrn, unserem Gott, und stellten Hut gegen sie Tag und Nacht. (Widerstand gegen die äußeren Feinde.)

4,8 er macht dem Volk Mut: Gedenket an den großen schrecklichen Herrn und streitet für eure Brüder.

7,3 Es wurden Hüter bestellt aus den Bürgern Jerusalems. (Auch nach Vollendung der Mauern wurden sie bewacht.)

5,9.10 Er versammelt die Reichen um sich, die die Notlage ihrer armen Brüder ausnützten, und überwindet ihr unsoziales Verhalten durch sein ernstes Strafwort und den Hinweis auf seine eigene Uneigennützigkeit. Solltet ihr nicht in der Furcht Gottes wandeln um des Hohnes willen der Heiden? Laßt uns diese Schuld erlassen! (Gegen die inneren Feinde.)

8 Nehemia beseitigt Mißbräuche und Gesetzesübertretung mit rücksichtslosem, strafendem Ernst, der vor keinem Halt macht. Er läßt das Gesetz durch Esra vorlesen und gibt Esras Bestrebungen kraft seiner Vollmachten den nötigen Nachdruck. Er verpflichtet das Volk eidlich auf das Gesetz (Kap. 10). Reinhaltung der Rasse, Sabbatgebot und Tempelsteuer werden dem Volk eindrücklich zur Pflicht gemacht.

13,18.25 Mit unerbittlichem Eifer fährt Nehemia durch gegen die Übertreter.

13,6 nach etlicher Zeit erwarb ich vom König, daß ich gen Jerusalem zog. Er geht gegen die Lässigkeit im Zehntengeben, Sabbatschändung und Mischehen mit ausländischen Frauen vor.

2 Mk 2,13 legt ein Bücherhaus an und stellt der Könige, der Propheten und Davids Bücher zusammen. (Wichtige Vorarbeit für den alttestamentlichen Kanon.) So festigt er sein Werk für die Zukunft.

Esther ist eine Frau in der Reihe der Jael und Judith. Sie liebt leidenschaftlich ihr Volk und haßt den Volksfeind. Sie wird Königin, schlägt ihr Leben in die Schanze, um ihr Volk zu retten. Aber sie verfährt mit einer Grausamkeit und Rachsucht mit ihren Feinden, die keinen Hauch vom Geist der Gnade verspürt hat.

Est 4,16 ich will zum König hineingehen wider das Gebot; komme ich um, so komme ich um.

8,6 wie kann ich zusehen dem Übel, das mein Volk treffen würde? Und wie kann ich zusehen, daß mein Geschlecht umkomme?

7. Gestalten der Lehrbücher. Die Propheten

Hiob (der Angefeindete) wird Hes 14,14 mit Noah und Daniel zusammen als Typus der Gerechtigkeit genannt. Gott schickt ihm furchtbares Leiden, worin ihn Menschen vergeblich zu trösten versuchen. Aber weil sein Glaube echt ist, reißt ihn sein Leib nicht von Gott fort, sondern zu Gott hin. Im Glauben an die unerforschte Weisheit Gottes beugt er sich unter Gottes Hand und wird nun von Gott getröstet.

Hiob ist ein gerechter Mann.

1. Sein Verhalten im Glück.

Hi 1,5 wenn die Tage des Mahles um waren, machte Hiob sich auf und opferte Brandopfer nach ihrer Zahl, denn Hiob dachte, meine Söhne möchten gesündigt und Gott abgesagt haben in ihrem Herzen (er fürchtet für sich und seine Kinder, im Glück Gottes zu vergessen und das Herz an das Irdische zu hängen).

1,8 Hiob ist schlicht und recht, gottesfürchtig und meidet das Böse (Gottes Zeugnis über Hiob).

2. Sein Verhalten im Leid:

a) in der Armut und beim Tod seiner Kinder;

Hi 1,21 er fiel auf die Erde und betete an und sprach: Ich bin nackt von meiner Mutter Leibe gekommen, nackt werde ich auch wieder dahinfahren. Der Herr hat's gegeben, der Herr hat's genommen, der Name des Herrn sei gelobt! In diesem allen sündigte Hiob nicht:

b) in der Krankheit;

Hi 2,10 Haben wir Gutes empfangen von Gott und sollten das Böse nicht auch annehmen? In diesem allen versündigte sich Hiob nicht mit seinen Lippen.

c) in der Anfechtung;

Hi 1,12 Der Herr sprach zum Satan: Siehe, alles, was er hat, sei in deiner Hand, nur an ihn selbst lege deine Hand nicht!

2,6 siehe da, er sei in deiner Hand, doch schone seines Lebens!

vgl. Lk. 22,31 siehe, der Satanas hat euer begehrt, daß er euch sichte wie den Weizen (die Anfechtung bewährt die Echtheit des Glaubens).

d) die Anfechtung ist das Warum.

Hi 3,11 warum bin ich nicht gestorben von Mutterleibe an?

3,12 warum hat man mich auf den Schoß gesetzt?

3,20 warum ist das Licht gegeben den Mühseligen?

e) Hiobs Freunde beantworten die Frage Warum, indem sie in Hiobs Schuld die Ursache seiner Leiden suchen.

Eliphas:

Hi 4,17 wie kann ein Mensch gerecht sein vor Gott?

15,14 was ist ein Mensch, daß er sollte rein sein? ... siehe, unter seinen Heiligen ist keiner ohne Tadel, und die Himmel sind nicht rein vor ihm.

22,5 Deine Bosheit ist zu groß ... du hast etwa deinem Bruder ein Pfand genommen ohne Ursache, du hast den Nackten die Kleider ausgezogen, du hast die Müden nicht getränkt mit Wasser, und hast dem Hungrigen dein Brot versagt.

22,23 wirst du dich bekehren zu dem Allmächtigen, so wirst du aufgebaut werden ... tue nur Unrecht fern von deiner Hütte.

22,24 wirf in den Staub dein Gold.

22,29 denn die sich demütigen, erhöht er.

5,17 selig ist der Mensch, den Gott straft, darum weigere dich der Züchtigung des Allmächtigen nicht (Leiden zur Erziehung, darum Beugung).

Bildad:

Hi 8,3 meinst du, daß Gott unrecht richte? Haben deine Söhne vor ihm gesündigt, so hat er sie verstoßen um ihrer Missetat willen.

18,5 und doch wird das Licht der Gottlosen verlöschen.

25,4 wie kann ein Mensch gerecht sein vor Gott, siehe, auch der Mond scheint nicht helle ... vor seinen Augen; wieviel weniger ein Mensch, die Made, und ein Menschenkind, der Wurm.

Zophar:

Hi 11,13 wenn du dein Herz richtetest und deine Hände zu ihm ausbreitetest, wenn du die Untugend, die in deiner Hand ist, ferne von dir tätest, daß in deiner Hütte kein Unrecht bliebe, so möchtest du dein Antlitz aufheben ohne Tadel.

Elihu:

Hi 34,12 ohne Zweifel, Gott verdammt niemand mit Unrecht, und der Allmächtige beugt das Recht nicht (wenn jemand daran zweifelt, so ist das Hochmut).

34,24 er bringt die Stolzen um, er straft sie ab wie die Gottlosen.

3. Hiobs Anfechtung wird durch die Reden seiner Freunde vertieft. Sie treibt ihn zu Gott hin als seinem Bürgen und Erlöser. Nicht Vernunftgründe und Trostworte der Menschen erleichtern das Leid, sondern nur Gott kann es uns tragbar machen. Das Warum des Leids liegt in Gottes unerforschlicher Weisheit, das Wozu im »Näher, mein Gott, zu dir!«

Hi 17,3 sei du selbst mein Bürge bei dir, wer will mich sonst vertreten?

19,25 aber ich weiß, daß mein Erlöser lebt!

31,7 beteuert Hiob seine Unschuld in feierlicher Weise.

38,1 Gott antwortet Hiob aus dem Wetter und schildert seine unergründliche Weisheit.

42,3 ich bekenne, daß ich habe unweise geredet, was mir zu hoch ist und ich nicht verstehe.

42,6 darum spreche ich mich schuldig und tue Buße in Staub und Asche. (Hiob erkennt die Worte, die er in der Anfechtung sprach, als Hochmutssünde; siehe Elihus Rede, doch nur Gott konnte ihn davon überführen, nicht der Mensch.)

42,7 der Herr sprach zu Eliphas: Mein Zorn ist ergrimmt über dich und deine zwei Freunde; denn ihr habt nicht recht von mir geredet wie mein Knecht Hiob ... lasset meinen Knecht Hiob für euch bitten, denn ihn will ich ansehen. (Elihu wird nicht getadelt.)

42,9 der Herr sah an Hiob ... gab ihm zwiefältig soviel, als er gehabt hatte.

Asaph, ein Levit, von David als Sänger bestellt. Er stand vor dem Heiligtum zur Rechten und hatte mit ehernen Zimbeln den Takt zu halten (1 Ch 15,7.17 u. 19). Er wirkte mit bei der Einholung der Bundeslade unter David wie bei der Einweihung des Tempels unter Salomo (2 Chr 5,12). Er ist der Sänger des 50.

Psalmes, ein Mann von prophetischer Klarheit und Kraft. Er verkündet, daß nicht Opfer vor Gott gerecht macht, sondern Dankbarkeit, Treue, Gehorsam und Zucht. Ps. 73 bis 83 sind wahrscheinlich nach der Babylonischen Gefangenschaft von einem anderen Asaph gesungen. Der zweite Asaph ist ein Tröster im Leid von beinahe neutestamentlicher Tiefe.

I. Asaph, der Zeitgenosse Davids, ist

1. ein Prediger der Gerechtigkeit, der Dankbarkeit, der Buße und des Vertrauens auf Gottes Führung und Verheißung;

Ps 50,6 die Himmel werden seine Gerechtigkeit verkündigen, denn Gott ist Richter.
50,10 alle Tiere im Walde sind mein.
50,13 meinst du, daß ich Ochsenfleisch essen wollte?
50,14 opfere Gott Dank und bezahle dem Höchsten deine Gelübde.
50,16 aber zum Gottlosen spricht Gott: Was verkündigst du meine Rechte und nimmst meinen Bund in den Mund, der du doch Zucht hassest und wirfst meine Gebote hinter dich!

2. ein Beter in der Not;

Ps 50,15 rufe mich an in der Not (das tut Asaph treulich).

3. ein Sänger der Wohltaten Gottes.

Ps 50,23 wer Dank opfert, der preiset mich.

II. Der zweite Asaph, der nach der Babylonischen Gefangenschaft lebt, ist

1. ein Tröster im Leid;

Ps 73,1 Israel hat dennoch Gott zum Trost, wer nur reines Herzens ist.
73,23 dennoch bleibe ich stets an dir, denn du hältst mich bei meiner rechten Hand.
73,25 wenn ich nur dich habe, frage ich nichts nach Himmel und Erde. (Asaph leidet unter dem Glück der Gottlosen und Leid der Frommen. Er findet Trost im Blick auf ihr Ende und im blinden Vertrauen auf Gott, der alles durch sein Nahesein ersetzt, was ein Mensch im Leid verliert.)

2. ein Freund der Armen.

Ps 82,3 schaffet Recht dem Armen und dem Waisen.
82,4 errettet den Geringen und Armen und erlöst ihn aus der Gottlosen Gewalt!

Jesaja (Jahve ist Heil), aus höherem Stande, im Todesjahr Usias berufen durch eine Vision im Tempel, durch die ihm die Heiligkeit Gottes vor Augen trat. Er bekommt die schwere Aufgabe, Gerichtsbote für sein sich mehr und mehr verstockendes Volk zu sein. In furchtbaren Gerichten wird ein Rest gerettet werden. Er wirkt unter Ahas, Hiskia, Manasse von 740 - 690 und soll den Märtyrertod durch Zersägen gestorben sein. Er ist der Politiker unter den Propheten. Unermüdlich verkündet er, daß Gott nach sittlichen Gesetzen die Völker regiert.

1. Jesaja leidet unter dem Unrechttun seines Volks und verkündet ihm Buße und Gericht, nachdem er selbst den heiligen Gott erlebt hat, gerichtet, entsündigt und beauftragt worden ist, Gerichtsbote Gottes zu sein.

Jes 6,3 Heilig, heilig, heilig ist der Herr. Weh mir, ich vergehe!

6,10 verstocke das Herz dieses Volks, daß sie sich nicht bekehren und genesen ..., bis daß die Städte wüste werden, denn der Herr wird die Leute ferne wegtun... Doch wie eine Eiche und Linde, von welchen beim Fällen noch ein Stamm übrigbleibt..., ein heiliger Same wird solcher Stamm sein.

1,10 Höret des Herrn Wort, ihr Fürsten von Sodom, du Volk von Gomorra (Gottlosigkeit).

1,13 das Räuchwerk ist mir ein Greuel, Frevel und Festfeier mag ich nicht. Wenn ihr schon viel betet, höre ich euch nicht, denn eure Hände sind voll Bluts (Scheinheiligkeit).

5,8 weh denen, die ein Haus an das andere ziehen und einen Acker zum anderen bringen (Habgier).

5,11 weh denen, die des Morgens früh auf sind, sich des Saufens zu befleißigen und sehen nicht auf das Werk des Herrn (die Schlemmerei).

3,16 darum, daß die Töchter Zions stolz sind und gehen mit aufgerichtetem Hals, mit geschminkten Angesichtern, treten einher und schwänzen (Putzsucht der Frauen).

2,12 der Tag des Herrn ergeht über alles Hoffärtige, über die Zedern auf dem Libanon und die Eichen in Basan und über alle Tarsisschiffe (Ausländer).

9,9 sie sagen in ihrem Hochmut: Ziegelsteine sind gefallen, aber wir wollen's mit Werkstücken wieder aufbauen, man hat Maulbeerbäume abgehauen, so wollen wir Zedern an die Statt setzen (in frivolem Leichtsinn redet Israel mitten im Gericht von Wiederaufbau).

5,24 wie des Feuers Flamme Stroh verzehrt, also wird ihre Wurzel verfaulen. Der Herr wird die Heiden locken vom Ende der Erde. Sie werden daherbrausen und den Raub erhaschen (Gericht über Jerusalem).

2. Jesaja wendet sich wider falsche Politik

unter Ahas.

Jesaja greift ein in die Politik Ahas', der den Assyrerkönig Tiglath-Pileser zu Hilfe rufen will gegen Israel und die Syrer: Aber Ahas gehorcht ihm nicht.

Jes 7,4 Hüte dich und sei stille; fürchte dich nicht und sei unverzagt vor diesen zwei rauchenden Löschbränden, vor dem Zorn Rezins samt den Syrern.

7,9 glaubt ihr nicht, so bleibt ihr nicht.

7,14 das göttliche Zeichen der Hilfe ist die Jungfrau, die den Immanuel gebiert.

unter Hiskia:

Er warnt Hiskia vor jeder Bündnispolitik. Hiskia soll stille sein zu Gott und von Gott alle Hilfe erwarten. Doch Hiskia gehorcht ihm nicht. Beim Tode Sargons (705) läßt er sich in ein Bündnis der vorderasiatischen Völker, hinter dem Ägypten stand, hineinreißen. Furchtbar leidet die Seele des Propheten, der alles voraussieht, was kommt, und doch ein vergeblicher Warner ist. Er tut sein Letztes, um das Volk herumzureißen.

Jes 22 als die Gesandten Ägyptens mit Gepränge und Begeisterung empfangen werden, als der ehrgeizige Sebna, die Seele der ägyptenfreundlichen Bündnispolitik, triumphiert, verkündet Jesaja das Gericht.

22,1 Was ist denn, daß ihr auf die Dächer lauft? Laßt mich bitterlich weinen! Es ist ein Tag des Getümmels, Untergraben der Mauer, Geschrei am Berge. Elam fährt daher mit Köcher, Wagen und Leuten, Reiter werden sich lagern vor die Tore. Ihr werdet die Häuser abbrechen, die Mauer zu befestigen.

22,15 zu Sebna: Der Herr wird dich wegwerfen, umtreiben wie eine Kugel auf weitem Lande. Daselbst wirst du sterben, du Schmach des Herrn!

28,17 Wasser soll den Schirm wegschwemmen, daß euer Bund mit dem Tode los werde und euer Vertrag mit der Hölle nicht bestehe.

30,1 Weh den abtrünnigen Kindern, die ohne mich ratschlagen und ohne meinen Geist Schutz suchen, die hinabziehen nach Ägypten und fragen meinen Mund nicht. Es soll euch die Stärke Pharaos zur Schande geraten.

31,1 weh denen, die hinabziehen nach Ägypten um Hilfe und verlassen sich auf Rosse. Denn Ägypten ist ein Mensch und nicht Gott. Ihre Rosse sind Fleisch und nicht Geist.

32,9 stehet auf, ihr stolzen Frauen, es ist um Jahr und Tag zu tun, so werdet ihr Sicheren zittern. Es ist vorhanden Ausziehen, man wird klagen um die Äcker, die Paläste werden verlassen sein, bis über uns ausgegossen werde der Geist aus der Höhe.

30,15 wenn ihr umkehrtet und stille bliebet, so würde euch geholfen; durch Stillesein und Hoffen würdet ihr stark sein, aber ihr wollt nicht.

28,19 eitel Entsetzen wird es sein, sich auf Offenbarung zu verstehen (Mengebibel). Luther: Anfechtung lehrt aufs Wort merken.

Er wendet sich wider Sanherib, der den Bogen überspannt und Gott lästert. So macht Jesaja Hiskia Mut, daß er die Stadt nicht übergibt.

Jes 37,33 So spricht der Herr: Er soll nicht kommen in diese Stadt.

37,29 ich will dir einen Ring an die Nase legen und dich des Weges wieder heimführen, den du gekommen bist.

3. Jesaja hätte die Last seiner Gerichtsbotschaften und ihrer Ablehnung nicht ertragen können, wenn er nicht in der Ferne die Sonne des Heils durch die Wolken des Gerichts hätte aufleuchten sehen. Er schaut den Messias und die Endzeit gewissermaßen in einem Fernbild.

Jes 6,13 schon bei seiner Berufung wird ihm offenbart, daß in den Gerichten ein kleiner Rest bleibt, der ein heiliger Same sein wird.

11,1 er sieht nun aus dem abgehauenen Stamm Davids ein Reis aufsprießen, »auf welchem wird ruhen der Geist des Herrn, der Geist der Weisheit und des Verstandes«...

9,5 das Volk, das im Finstern wandelt, jubelt dem messianischen Kind zu, auf dessen Schultern die Herrschaft ist und das die göttlichen Namen hat: Wunderbar, Rat, Kraft, Held, Ewigvater, Friedefürst, und das regiert von nun an bis in Ewigkeit.

19,24 Israel selbstdritt mit den Ägyptern und Assyrern ein Segen auf Erden.

2,2 unter dem Messias werden die Heiden herzulaufen.

11,6 die Endzeit wird anbrechen mit ewigem Frieden in der Natur »ein kleiner Knabe wird Kälber und junge Löwen miteinander treiben«.

Jes 28,16 in Zion wird der köstliche Eckstein gelegt.

33,24	das sündige Volk, das nicht unter der ewigen Glut wohnen kann (Jes 33,14), wird Vergebung der Sünden haben.
35,5	alsdann werden der Blinden Augen aufgetan werden und der Tauben Ohren...
26,19	deine Toten werden leben, deine Leichname werden auferstehen!
25,8	Er wird den Tod verschlingen ewiglich, und der Herr, Herr wird die Tränen von allen Angesichtern abwischen.
35,10	ewige Freude wird über dem Haupt der Erlösten sein, und Schmerz und Seufzen werden entfliehen. (Die letzten sechs Stellen sind vielleicht von einem anderen Propheten nach der Babylonischen Gefangenschaft, den wir nicht kennen. Sie gehören zu den schönsten Worten des Alten Testaments.)

Das Trostbuch des Jesaja. Jesaja tritt auf zu einer Zeit tiefster Hoffnungs- und Mutlosigkeit. Er tröstet sein Volk und entzündet in ihm die Glut neuer Hoffnung. Seine Hoffnungen schöpft er aus der Erkenntnis der unvergleichlichen Größe Gottes, der Ohnmacht der Götzen und der Friedlosigkeit der Gottlosen. Er sieht in dem Perserkönig den kommenden Befreier des jüdischen Volkes aus babylonischer Gefangenschaft. Er bekommt den Blick geschenkt in das Geheimnis Gottes, durch das stellvertretende Leiden seines Knechts seine Sache wider alle menschliche Berechnung zum Siege zu führen. Keiner der Propheten sieht so klar die Gestalt des kommenden Messias wie er.

1. Er preist die unvergleichliche Größe Gottes.

a) Gott ist der Herr der Natur.

Jes 40,12	wer mißt die Wasser mit der hohlen Hand und faßt den Himmel mit der Spanne und wägt die Berge mit einem Gewicht?
51,15	ich bin der Herr, dein Gott, der das Meer bewegt.

b) Gott ist der Herr der Geschichte.

Jes 40,23	der die Fürsten zunichte macht und die Richter auf Erden eitel macht.
41,25	ich aber erwecke einen von Mitternacht, und er kommt vom Aufgang der Sonne. Er wird über die Gewaltigen gehen wie über Lehm.
45,1	so spricht der Herr zu seinem Gesalbten, dem Kores, den ich bei seiner rechten Hand ergreife, daß ich die Heiden vor ihm unterwerfe. V. 5 ich bin der Herr, sonst keiner mehr, kein Gott ist außer mir. Ich habe dich gerüstet, da du mich noch nicht kanntest.
45,7	der ich das Licht mache und schaffe die Finsternis, der ich Frieden gebe und schaffe das Übel (gegen die persische Zweigötterlehre vom Gott des Lichts und der Finsternis).

c) Gott ist der verborgene Gott.

Jes 40,14	wen fragt er um Rat, der ihm Verstand gebe?
45,15	fürwahr, du bist ein verborgener Gott, du Gott Israels, der Heiland!

d) Gott ist der Gott Israels, der treu zu seinen Verheißungen steht.

Jes 40,11	Er wird seine Herde weiden wie ein Hirte; er wird die Lämmer in seine Arme sammeln und in seinem Busen tragen, und die Schafmütter führen.
Jes 41,8	du, Israel, mein Knecht, Jakob, den ich erwählt habe.

41,13 ich bin der Herr, dein Gott, der deine rechte Hand stärkt und zu dir spricht: Fürchte dich nicht, ich helfe dir!

43,1 nun spricht der Herr, der dich geschaffen hat, Jakob...: Fürchte dich nicht, denn ich habe dich erlöst, ich habe dich bei deinem Namen gerufen, du bist mein. Ich habe Ägypten für dich als Lösegeld gegeben. Ich will vom Morgen deinen Samen bringen.

Jes 43,15 ich bin der Herr, euer Heiliger, der ich Israel geschaffen habe, euer König.

43,21 Dies Volk habe ich mir zugerichtet...Nicht, daß du mich gerufen hättest oder um mich gearbeitet hättest, sondern mir hast du Arbeit gemacht mit deinen Sünden.

49,15 kann auch ein Weib seines Kindleins vergessen, daß sie sich nicht erbarme über ihren Sohn? Und ob sie desselben vergäße, so will ich doch dein nicht vergessen. Siehe, in meine Hände habe ich dich gezeichnet, deine Mauern sind immer vor mir.

51,11 die Erlösten des Herrn werden wiederkehren und gen Zion kommen mit Jauchzen.

2. Er spottet über die Ohnmacht der Götzen und der Weltmacht Babels.

Jes 41,7 der Zimmermann nahm den Goldschmied zu sich und machten mit dem Hammer das Blech glatt auf dem Amboß und sprachen: Das wird fein stehen.

41,29 ihre Götzen sind Wind und eitel.

44,15 von der Zeder, die den Leuten Brennholz gibt, macht er einen Gott und betet's an.

46,6 sie lohnen dem Goldschmied, daß er einen Gott daraus mache, vor dem sie knien und anbeten.

47,1 Herunter, du Jungfrau, setze dich in den Staub! Setze dich auf die Erde, nimm die Mühle und mahle Mehl.

47,13 du bist müde vor der Menge deiner Anschläge. Laß hervortreten und dir helfen die Meister des Himmelslaufs und die Sterngucker....

3. Er sagt das Bußwort seinem Volk mit unerbittlicher Schärfe.

Jes 48, 4 ich weiß, daß du hart bist, und dein Nacken ist eine eiserne Ader, und deine Stirn ehern.

48,8 du hörtest nicht, ich wußte wohl, daß du verachten würdest und von Mutterleib an ein Übertreter genannt bist. Um meines Namens willen bin ich geduldig, daß du nicht ausgerottet werdest.

48,18 o daß du auf meine Gebote merktest, so würde dein Friede sein wie ein Wasserstrom und deine Gerechtigkeit wie Meereswellen.

52,11 rührt kein Unreines an, geht aus von mir, reinigt euch, die ihr des Herrn Geräte traget!

58,6 das ist ein Fasten, das ich erwähle: Laß los, welche du mit Unrecht gebunden hast; laß ledig, welche du beschwerst; gib frei, welche du bedrängst, reiße weg allerlei Last; brich den Hungrigen dein Brot, und die, so im Elend sind, führe ins Haus. So du niemand bei dir beschweren wirst noch mit Fingern zeigen noch übel reden, dann wird dein Licht in der Finsternis aufgehen, und der Herr wird dich immerdar führen...

55,6 suchet den Herrn, solange er zu finden ist, rufet ihn an, solange er nahe ist. Der Gottlose lasse von seinem Wege und der Übeltäter seine Gedanken und bekehre sich zum Herrn, so wird er sich sein erbarmen...

56,10 ihre Wächter sind blind, stumme Hunde, die nicht strafen können, sind faul, liegen und schlafen gerne. Es sind aber gierige Hunde, die nimmer satt werden können.

57,4 seid ihr nicht die Kinder der Übertretung und ein falscher Same?

57,10 du zerarbeitest dich in der Menge deiner Wege!

57,2 die richtig vor sich gewandelt sind, kommen zum Frieden.
48,22 aber die Gottlosen, spricht der Herr, haben nicht Frieden.

4. Er schaut die Gestalt des Gottesknechts, durch den Gott sein Werk ausrichtet. (Dieser ist das ideale Israel, eine Persönlichkeit, durch die Gott das Erlösungswerk ausführen wird.)

Jes 42,1 siehe, mein Knecht, an welchem meine Seele Wohlgefallen hat (Mt 3,17). Ich habe ihm meinen Geist gegeben.
61,1 der Geist des Herrn Herrn ist über mir...
43,10 mein Knecht, den ich erwählt habe. (Was er ist, ist er durch die Erwählung Gottes, durch den Heiligen Geist.)
42,1 er bringt das Recht unter die Heiden.
42,3 er wird das Recht wahrhaftig halten lehren.
42,4 er wird nicht matt werden, bis daß er auf Erden das Recht anrichte, und die Inseln werden auf sein Gesetz warten. (Lehrt das Recht halten.)
42,6 er ist das Licht der Heiden.
49,6 ich habe dich auch zum Licht der Heiden gemacht, daß du seiest mein Heil bis an der Welt Ende. (Das Heil der Heiden.)
50,4 er hat das wache Ohr, zu hören wie ein Jünger, und die gelehrte Zunge, mit den Müden zur rechten Zeit zu reden. (Der Gehorsame kann recht reden.)
42,3 das zerstoßene Rohr wird er nicht zerbrechen...
42,7 du sollst öffnen die Augen der Blinden, die Gefangenen aus dem Gefängnis führen.
61,2 er verkündet ein gnädiges Jahr des Herrn, zu trösten alle Traurigen. (Er ist lind und barmherzig.)
53,3 er war der Allerverachtetste...
53,4 fürwahr, er trug unsere Krankheit..., er ist um unserer Missetat willen verwundet.
53,10 wenn er sein Leben zum Schuldopfer gegeben hat, wird er Nachwuchs haben ..., durch seine Erkenntnis wird er, der Gerechte, viele gerecht machen, denn er trägt ihre Sünden... (Er leidet stellvertretend und sühnt dadurch die Schuld vieler Sünder.)

Jeremia (Jahve ist erhaben), Sohn des Priesters Hilkia aus Anathoth, einem Dorf, zwei Stunden nördlich von Jerusalem, vielleicht ein Nachkomme des von Salomo dorthin verbannten Abjathar, wirkt von 626-580. Er kündet den Untergang Jerusalems an. Von dem unbußfertigen und verstockten Volk nie verstanden, als Vaterlandsverräter verdächtigt, immer mehr angefeindet und gehaßt, geht der weiche, von der Last seiner Botschaft schier erdrückte Mann gehorsam seinen Weg, das Wort Gottes so zu sagen, wie er es vernommen hat. Jeremia wird im Todesjahr Assurbanipals, des assyrischen Großkönigs, berufen, als sich gewaltige politische Umgestaltungen anbahnen, als Babylon als Weltmacht das Erbe Assurs antritt und im Begriff ist, Ägypten niederzuschlagen. Juda wird in dieser Zeit von schwankenden Königen regiert, von dem götzendienerischen, verblendeten, verstockten Jojakim, der dem Wort Gottes dadurch entrinnen will, daß er seinen Träger vernichtet, und dem schwachen Zedekia, der von seinen Ratgebern abhängig ist. Das Volk verwirft Gott in der Not, sucht bei den Götzen Hilfe und läßt sich von nationalistischen Versprechungen zur Selbstüberhebung mit fortreißen. Jerusalem wird erobert, das Volk in die Gefangenschaft geführt, Jeremia bleibt unter dem armseligen Überbleibsel des Volks unter Gedaljas Statthalterschaft im Lande. Nach Gedaljas Ermordung zwingen diese

Juden Jeremia, mit ihnen nach Ägypten zu ziehen. Ehe seine Weissagung, daß Nebukadnezar auch Ägypten erobern werde, eintrifft, steinigen sie den Propheten, wie die Legende berichtet.

1. Er empfängt das Wort Gottes als eine jeden Erdenmaßstab sprengende ungeheure Wirklichkeit.

Jer 1,9 der Herr rührte meinen Mund an und sprach: Siehe, ich lege meine Worte in deinen Mund.

15,19 du sollst mein Mund sein!

23,29 ist mein Wort nicht wie Feuer, spricht der Herr, und wie ein Hammer, der Felsen zerschmeißt?

20,8 des Herrn Wort ist mir zum Hohn und Spott geworden täglich. Da dachte ich: Wohlan, ich will sein nicht mehr gedenken und nicht mehr in seinem Namen predigen. Aber es ward in meinem Herzen wie ein brennend Feuer, in meinen Gebeinen verschlossen, daß ich's nicht leiden konnte, und wäre schier vergangen.

15,16 dein Wort ward meine Speise, da ich's empfing; und dein Wort ist meines Herzens Freude und Trost.

2. Jeremia leidet unter dem Wort Gottes, das er empfängt:

a) als Jüngling berufen zu dem ungeheuren Auftrag, seinem Volk das Gericht anzukündigen;

Jer 1,7 sage nicht: »Ich bin zu jung«, sondern du sollst gehen, wohin ich dich sende.

1,10 ich setze dich heute über Völker und Königreiche, daß du ausreißen, zerbrechen, zerstören und verderben sollst und bauen und pflanzen.

1,14 von Mitternacht wird das Unglück ausbrechen.

9,21 der Menschen Leichname sollen liegen wie Mist auf dem Felde.

19,11 wie man eines Töpfers Gefäß zerbricht, das nicht kann wieder ganz werden, so will ich dies Volk und diese Stadt auch zerbrechen.

1,16 ich will das Recht lassen über sie gehen um ihrer Bosheit willen, daß sie mich verlassen und räuchern anderen Göttern und beten an ihrer Hände Werk.

2,13 mein Volk tut eine zwiefache Sünde, mich, die lebendige Quelle, verlassen sie und machen sich ausgehauene Brunnen, die löchrig sind.

8,7 Ein Storch weiß seine Zeit, mein Volk will das Recht des Herrn nicht wissen.

7,18 die Kinder lesen Holz, die Väter zünden Feuer an, die Weiber kneten Teig, daß sie der Himmelskönigin Kuchen backen. Siehe, mein Zorn ist ausgeschüttet über diesen Ort, der soll brennen, daß niemand löschen kann.

2,28 so manche Stadt, so manchen Gott hast du, Juda!

5,31 die Propheten weissagen falsch, und die Priester herrschen in ihrem Amt.

23,1 Weh euch Hirten, die ihr die Herde meiner Weide umbringet und zerstreut. (Jeremia muß gegen alle Fronten kämpfen.)

b) als Einsamer, ohne Familie, ohne Freund, ohne Echo bei seinen Hörern, ohne Erhörung seiner Fürbitte bei Gott;

Jer 26,11 die Priester und Propheten sprachen vor den Fürsten und vor allem Volk: Dieser ist des Todes schuldig (die Priester seine Verwandten).

20,10 ich höre, wie viele mich schelten ... Verklagt ihn, sprechen alle meine Freunde und Gesellen.
11,18 Der Herr zeigte mir ihr Vornehmen, daß sie mich wie ein armes Schaf zur Schlachtbank führen wollen (zu Anathoth, seinem Heimatort, planen sie, ihn zu ermorden).
6,10 mit wem soll ich doch reden? Daß doch jemand hören wollte!
34,15 als Nebukadnezar Jerusalem belagert, lassen sie auf Jeremias Wort ein Freijahr ausrufen für die Leibeigenen. Als nun das babylonische Heer abgezogen ist, schlagen sie wieder um. Jeremia kündigt ihnen die Rückkehr der Babylonier an.
7,16 du sollst für dieses Volk nicht bitten, keine Klage noch Gebet vorbringen, auch nicht sie vertreten vor mir; denn ich will dich nicht hören!
15,17 ich bin allein geblieben vor deiner Hand. Du bist mir geworden wie ein Born, der nicht mehr quellen will.

c) im Weh seiner Seele;

Jer 4,19 mir ist so herzlich weh! Meine Seele hört der Posaune Hall und eine Feldschlacht.
8,23 daß meine Augen Tränenquellen wären, daß ich Tag und Nacht beweinte die Erschlagenen in meinem Volk!
20,14 verflucht sei der Tag, darin ich geboren bin!
17,9 es ist das Herz ein trotzig und verzagt Ding, wer kann es ergründen?

d) im Widerstand gegen das Wort von Gott überwunden.

Jer 20,8 des Herrn Wort ist mir zu Spott und Hohn geworden. Da dachte ich: Wohlan, ... ich will nicht mehr in seinem Namen predigen. Da ward es in meinem Herzen wie ein brennendes Feuer, daß ich's nicht leiden konnte ...
20,7 Herr, du hast mich überredet, und ich habe mich überreden lassen.
15,20 ich habe dich wider dies Volk zur festen, ehernen Mauer gemacht. Ich bin bei dir, daß ich dir helfe und dich errette!

3. Er leidet für das Wort:

Jer 11,18 Mordanschlag zu Anathoth.
20,2 Pashur, der Tempelaufseher, legt ihn in den Stock.
26,8 es griffen ihn die Priester, Propheten und das ganze Volk und sprachen: Du mußt sterben! Jojakim tötet Uria, der wider Jerusalem weissagte, mit dem Schwert (26,23).
An Jeremia wagt er sich nicht heran.
37,11 als das Belagerungsheer der Babylonier vorübergehend abgezogen war und Jeremia nach seinem Acker sehen wollte, wird er als Überläufer geschlagen und in die Grube geworfen und lange Zeit gefangengehalten.
38,6 der schwache Zedekia gibt seinen Ratgebern nach und läßt sie Jeremia in die Schlangengrube werfen. Der Mohr Ebed-Melech spricht für ihn beim König, daß er herausgezogen wird und am Leben bleibt. Trotz aller Leiden bleibt er bei der Verkündigung seiner Gerichtsbotschaft.
44,18 die Juden, die Jeremia zwingen, mit ihnen nach Ägypten zu ziehen, werfen ihm vor: Seit sie ihm gehorchend der Himmelskönigin absagten, gehe es ihnen so schlecht. (Sie sollen ihn gesteinigt haben, damit er das Eintreffen seiner Weissagungen nicht erlebe.)

furchtlos und treu,

Jer 26,15 seine Verteidigung vor den Fürsten, die ihn töten wollen, wird zur Anklage.

27,6 verlangt im Gegensatz gegen die politischen Propheten Unterwerfung unter Nebukadnezar.

27,6 ich habe all diese Lande in die Hand meines Knechtes Nebukadnezar gegeben, daß sie ihm dienen sollen. (Gott wird von Jeremia als Herr aller Völker und Könige erkannt.)

21,9 Jeremia fordert die Belagerten auf zur Flucht. »Wer in dieser Stadt bleibt, wird sterben müssen, durch Schwert, Hunger, Pestilenz, wer aber sich hinausbegibt zu den Chaldäern, soll lebendig bleiben.«

vollmächtig Auge in Auge mit den Betroffenen die Gerichte Gottes ankündigend,

Jer 28,16 dieses Jahr sollst du sterben, denn du hast sie mit deiner Rede vom Herrn abgewendet (Jeremia zu dem falschen Propheten Hananja).

20,6 du, Pashur, sollst mit deinen Hausgenossen gefangen gehen und nach Babel kommen, daselbst sollst du sterben!

22,19 er soll wie ein Esel begraben werden, zerschleift und hinausgeworfen vor die Tore Jerusalems (gegen Jojakim).

als ein Getrösteter.

Jer 23,5 es kommt die Zeit, daß ich dem David ein gerecht Gewächs erwecken will..., und man wird ihn nennen: Der Herr ist unsere Gerechtigkeit.

29,11 ich weiß wohl, was ich für Gedanken über euch habe, Gedanken des Friedens und nicht des Leides...Ich will euer Gefängnis wenden und euch wiederum an diesen Ort bringen. (Im Brief an die Gefangenen zu Babel, in welchem er sie auch zur Fürbitte für die fremde Obrigkeit ermahnt. Gott ist nicht an Kanaan gebunden.)

31,3 der Herr ist mir erschienen von ferne: Ich habe dich je und je geliebt, drum habe ich dich zu mir gezogen aus lauter Güte.

31,31 ich will mit dem Hause Juda einen neuen Bund machen. Ich will mein Gesetz in ihr Herz geben.

4. Jeremia im Neuen Testament.

Mt 16,14 die Leute sagen, du seiest Jeremia ...

21,13 Mein Haus soll ein Bethaus sein, ihr aber habt eine Mördergrube daraus gemacht (Jer 7,11).

26,28 der Neue Bund - Jer 31,31.

11,29 ihr werdet Ruhe finden für eure Seelen (vgl. Jer 6,16. Jesus verwendet Worte aus Jeremia).

Hananja (Güte Gottes), ein Lügenprophet, der Zedekia zulieb falsch weissagt und noch im selben Jahr gemäß der Weissagung Jeremias stirbt.

Jer 28,11 Und Hananja sprach in Gegenwart des ganzen Volkes: So spricht der Herr: Ebenso will ich zerbrechen das Joch Nebukadnezars, des Königs zu Babel, ehe zwei Jahre umkommen, vom Halse aller Völker. Und der Prophet Jeremia ging seines Weges.

28,15-17 Und der Prophet Jeremia sprach zum Propheten Hananja: Der Herr hat dich nicht gesandt, und du hast gemacht, daß dies Volk auf Lügen sich verläßt. Darum spricht der Herr also: Siehe, ich will dich vom Erdboden nehmen; dies Jahr sollst du sterben; denn du hast sie mit deiner Rede vom Herrn abgewendet. Also starb der Prophet Hananja desselbigen Jahres im siebenten Monat.

Ezechiel (Hesekiel) (Gott stärkt), ist der Sohn einer von Zadok abstammenden angesehenen Priesterfamilie. Er ist 599 bei der ersten Eroberung Jerusalems weggeführt und mit 10 000 Juden, der geistigen Führerschaft seines Volkes, am Chebar, einem Kanal im Norden Mesopotamiens, angesiedelt worden. Im fünften Jahr der Gefangenschaft erscheint ihm der Herr in einem Gesicht in überwältigender Jenseitigkeit und Hoheit, die in gewaltigem Gegensatz steht zu der Armseligkeit der Gefangenen, und beruft ihn zum Wächter über sein Volk. Wie Jeremia in Jerusalem, so muß Ezechiel den Gefangenen das kommende Gericht über Jerusalem weissagen. Er tut das in Bildern von großer Eindruckskraft, die aus der Stumpfheit der Gefangenschaft zu einem wachen Miterleben der Geschehnisse aufrütteln sollen. So unablässig Ezechiel das Volk im Auge hat, so weiß er sich doch als Wächter und Seelsorger für den einzelnen verantwortlich. Er erwartet von der messianischen Zeit eine Umwandlung der Herzen und schaut in endzeitlichen Bildern ein geistiges Jerusalem ohne Tempel, das, von der Herrlichkeit des Herrn erfüllt, seine Geistesströme zu den Heiden sendet. Ezechiel wirkt um das Jahr 570.

1. Seine Berufung übermittelt ihm einen tiefen Eindruck von der Herrlichkeit des Herrn.

Hes 1	Er sieht im Gesicht den Cherubwagen, der durch alle Lande zieht.
3,12	Gelobt sei die Herrlichkeit des Herrn! (Er hört dieses Wort in einem Getön wie von einem großen Erdbeben.)

2. Der dadurch Wachgerufene erhält das Wächteramt über den einzelnen, sein Volk und die heidnischen Nachbarvölker.

Hes 3,16	des Herrn Wort geschah zu mir und sprach: Du Menschenkind, ich habe dich zum Wächter gesetzt über das Haus Israel, du sollst aus meinem Mund das Wort hören und sie warnen.
3,21	Wo du den Gerechten warnst, daß er nicht sündigen soll, und er sündigt auch nicht, so soll er leben, denn er hat sich warnen lassen, und du hast deine Seele errettet. (Die Treue im Wächterdienst ist zur Rettung der eigenen Seele notwendig.)
33,31	sie werden deine Worte hören, aber nicht danach tun; wenn es aber kommt, was kommen soll, so werden sie erfahren, daß ein Prophet unter ihnen gewesen ist.

a) Der Wächter erkennt die Bedeutung des einzelnen.

Hes 18,4	welche Seele sündigt, die soll sterben.
18,21	wo sich aber der Gottlose bekehrt von allen seinen Sünden, und hält alle meine Rechte, so soll er leben und nicht sterben.

b) Der Wächter über das Volk.

Hes 2,6	du wohnst unter Skorpionen, sie sind ein ungehorsames Haus.
3,7	das Haus Israel hat harte Stirnen und verstockte Herzen.
8	Ezechiel sieht die Greueldienste im Tempel (ägyptischer, babylonischer, phönizischer und persischer Götzendienst wird im Hause des Herrn gepflegt).
8,12	der Herr hat das Land verlassen (so sagen sie, dabei hat das Volk Gott verlassen).
4,1 ff.	Ezechiel muß sinnbildlich die Belagerung Jerusalems darstellen.
5,11	so spricht der Herr: Ich will nicht gnädig sein!

6,12 wer fern ist, wird an der Pestilenz sterben, wer nah ist, wird durchs Schwert fallen, wer übrigbleibt, wird Hungers sterben.

7,19 Silber und Gold wird sie nicht retten am Tage des Zorns.

9,6 das Gericht fängt an am Hause Gottes, nur die, die seufzen und jammern über die Greuel, werden verschont.

11,2 Gerichtswort über die Fürsten, weil sie unselige Gedanken und schädliche Ratschläge haben.

12,12 Gerichtswort über Zedekia, dessen Angesicht verhüllt wird.

15 Jerusalem eine Rebe, deren Holz zu nichts zu gebrauchen ist.

16 Jerusalem ein Findelkind (Vater ein Amoriter, Mutter eine Hethiterin), das, aufgezogen, geschmückt und zur Braut erhoben, die Ehe bricht. (Drei unwürdige politische Bündnisse mit Ägypten, Chaldäa, Babylon werden mit dem Verlust des Bundes mit Gott allzu teuer bezahlt.)

Hes 16,40 wie eine Ehebrecherin wird Jerusalem gesteinigt.

9,8 die priesterliche Fürbitte Ezechiels wird abgewiesen.

c) der Wächter über die umliegenden heidnischen Völker.

Hes 26,2 Tyrus triumphiert über den Fall Jerusalems: »Ich werde nun voll werden, weil sie wüste ist.«

28,17 weil sich dein Herz überhebt, darum will ich dich zu Boden stürzen (Gerichtswort über den König von Tyrus).

29,10 Ägypten rühmt sich seiner Wasserströme. Sie sollen vertrocknen.

29,15 Ägypten soll klein sein gegen andere Königreiche.

32,1 ff. Ezechiel singt das Grablied über den gefallenen Großmächten.

3. Ezechiel tut Blicke in die Heilszeit.

Hes 34,12 wie ein Hirte seine Schafe sucht, also will ich meine Schafe suchen.

11,17 ich will euch sammeln aus den Ländern, dahin ihr zerstreut seid, und will euch das Land Israel geben.

11,19 Ich will euch ein einträchtiges Herz geben und einen neuen Geist in euch geben und will das steinerne Herz wegnehmen aus eurem Leibe und ein fleischernes Herz geben.

36,26 Wiederholung dieser Verheißung. Ich will meinen Geist in euch geben und will solche Leute aus euch machen, die in meinen Geboten wandeln und meine Rechte halten und danach tun.

16,60 ich will aber gedenken an den Bund, den ich mit dir gemacht habe zur Zeit deiner Jugend, und will mit dir einen ewigen Bund aufrichten, daß du erfahren sollst, daß ich der Herr sei, daß du dich schämst, wenn ich dir alles vergeben werde.

17,22 ein Reis aus dem Zedernbaum (Stamm Davids) will der Herr auf einen hohen Berg pflanzen, daß allerlei Vögel unter ihm wohnen.

37 die Totenauferstehung (Auferstehung Israels als Volk).

37,17 Juda und Israel sollen unter dem Knecht David geeinigt werden. Der apokalyptische Feind Gog, der aus dem Norden kommt, wird geschlagen, dann beginnt die endgültige Heilszeit.

40,2 der sehr hohe Berg (Jes 2).

Hes 40,5 der neue Tempel.

47 der Strom, der im Tempel seinen Ursprung nimmt, heilt die Bitterwasser der Heiden.

Daniel (Gott ist Richter) lebt im Bewußtsein seines Volkes als besonders frommer und gerechter Mann und wird in der Reihe Noahs und Hiobs Hes 14,14 genannt. Er ist ein hochgestellter Beamter am Hof Nebukadnezars. Er ist treu im Glauben selbst unter Verfolgungen und mit der Gabe ausgerüstet, die Geheimnisse des kommenden Geschichtsverlaufs zu erkennen. Denn die letzten

Einsichten in den Gang der Geschichte haben nur die Menschen, die mit Gott leben. In der Verfolgungszeit unter Antiochus Epiphanes werden die Erinnerungen an Daniel lebendig und für das Volk niedergeschrieben zum Trost und zur Weisung. Das Buch war von großer Bedeutung für seine Zeit. Die Auferstehungshoffnung Dan 12 gibt vielen Kraft zum Martyrium. Der Blick auf den endlichen Sieg des Gottesreiches stählt die Ausdauer in trüber Zeit und hält die messianischen Erwartungen wach. Jesus und seine Jünger leben in diesem Buch. (Mt 24,15; Heb 11,33.34.)

1. Daniel ist treu

im Vertrauen auf Gott:

Da 1,13 vertraut, daß die Gemüsespeise, weil sie im Gehorsam gegen das göttliche Gebot genossen wird, ihn ebenso nähre wie Fleisch und Wein.

2,16 wagt es, den König um Frist zu bitten, weil er Gott vertraut, daß er ihm die Deutung des Traumes offenbare.

3,17 sein Vertrauen stärkt Sadrach, Mesach und Abednego zu gleichem Vertrauen: Siehe, unser Gott, den wir ehren, kann uns wohl erretten aus dem glühenden Ofen, dazu auch von deiner Hand erretten, und wo er's nicht tun will, sollst du dennoch wissen, daß wir deine Götter nicht ehren. (Echtes Vertrauen, das Gott nicht zwingt, sondern sich demütig unter ihn beugt, ihm keine Bedingungen stellt, sondern im Leiden den Gehorsam zur Treue vollendet.)

6,24 man zog ihn aus der Löwengrube und spürte keinen Schaden an ihm, denn er hatte Gott vertraut.

im Beten:

Da 6,11 fiel des Tages dreimal auf seine Knie, betete, lobte und dankte seinem Gott, wie er bisher zu tun pflegte (als das Gebet zu Gott bei Todesstrafe verboten ist).

2,20 Daniel lobt den Gott der Geschichte, den Gott seiner Väter, den Gott, von dem alle Weisheit kommt.

9,18 wir sind verstört, wir liegen vor dir mit unserem Gebet ... nicht auf unsere Gerechtigkeit, sondern auf deine große Barmherzigkeit.

9,5 wir haben gesündigt (er schließt sich zusammen mit seinem Volk in demütigem Schuldbekenntnis und in Fürbitte).

im mutigen Bekennen:

Da 1,8 bat den obersten Kämmerer aus Gewissensgründen um andere Speise. (Er wird der Sprecher und Führer für seine Freunde.)

2,28 vor Nebukadnezar: Es ist ein Gott im Himmel, der kann verborgene Dinge offenbaren.

4,24 darum, Herr König, mach dich los von deinen Sünden durch Gerechtigkeit...

5,22 du, Belsazar, hast dein Herz nicht gedemütigt, obwohl du solches alles weißt. (Sein Bekennen wird zur Seelsorge an den Mächtigen.)

2. Gott hält ihm die Treue und gibt ihm Gnade bei Gott und den Menschen, Weisheit und die prophetische Gabe.

Da 1,17 Gott gab Daniel Verstand in allen Gesichten und Träumen.

Da 1,9 Gott gab Daniel, daß ihm der oberste Kämmerer günstig und gnädig ward.
2,48 der König erhöhte Daniel und setzte ihn zum Obersten über alle Weisen zu Babel.
2,49 er selbst blieb bei dem König am Hofe. (Daniel erkennt seine Führung und bleibt am Hofe. Er bittet, seine Freunde in die Ämter der Landschaft Babel zu setzen.)

Daniels Gesichte und Hoffnungen.

Da 2 der Traum von dem Bild mit den tönernen Füßen, das durch den Stein zermalmt wird. (Die Weltreiche werden immer schwächer, bis das ewige Reich ihnen ein Ende setzt, Heb 12, 28 das unbewegliche Reich.)
7 die vier Weltreiche sind gleich vier Tieren.
7,13 der Menschensohn in des Himmels Wolken gründet durch das Gericht hindurch das ewige Reich.
Da 7,14 Gott gab ihm Gewalt, Ehre und Reich, daß ihm alle Völker und Zungen dienen sollen.
7,25 das vierte Reich erzeugt den Antichristen, der ein großer Weltherrscher ist.
9,26 Weissagungen über 62 Jahrwochen, die zur Makkabäerzeit auf die Ereignisse unter Antiochus, in der ersten Christenheit auf Christus gedeutet wurden.
12,2 viele, die unter der Erde sind, werden aufwachen, etliche zum ewigen Leben, etliche zu ewiger Schmach und Schande. Die Lehrer aber werden leuchten wie des Himmels Glanz.

Nebukadnezar, genauer Nebukadrezar, 605-562, nach seinem Sieg über Pharao Necho bei Karchemis der gewaltigste Herrscher Babylons, das Werkzeug Gottes (Jer 27,6: Nebukadnezar, mein Knecht) zum Gericht der Völker und der abtrünnigen Juden, ist ein brutaler Tyrann, der mit dem Heidentum trotz besserer Erkenntnisse, die aus der Berührung mit gefangenen Juden herrühren, verflochten bleibt, sich selbst überhebt und durch jahrelangen Wahnsinn gedemütigt wird.

1. Nebukadnezar ein brutaler Tyrann.

Da 2,9 will alle Weisen, weil sie seinen Traum nicht erraten, umbringen lassen.
3 Er bestimmt den Feuerofen für die glaubenstreuen Freunde Daniels, die sich weigern, das goldene Standbild anzubeten.
6 Löwengrube für Daniel, dem er Dank schuldete.
2 Kö 25,7 läßt Zedekia die Augen ausstechen, nachdem seine Kinder vor seinen Augen geschlachtet worden waren, und führt das ganze Volk der Juden in die Gefangenschaft.

2. Er überhebt sich infolge seiner ungeheuren Erfolge und wird, weil er schon Lichtstrahlen besserer Erkenntnis hat, hart gestraft.

Da 3,1 nach der Traumdeutung Daniels, »Du bist das goldene Haupt«, läßt er, statt Gott die Ehre zu geben, den er (Da 2,47) als Gott über alle Götter erkannt hat, sich ein goldenes Bild setzen, für das er göttliche Ehre verlangt.
4,27 nachdem ihm Daniel einen warnenden Traum mutig als Bußruf Gottes gedeutet hat, hob er an und sprach: Das ist die große Babel, die ich erbaut habe durch meine große Macht zu Ehren meiner Herrlichkeit.

4,30 von Stund an ward das Wort vollbracht über Nebukadnezar, und er ward verstoßen von den Leuten hinweg und aß Gras wie die Ochsen...

3. Er kommt wieder zu Vernunft, als er sich demütigt und Gott die Ehre gibt.

Da 4,31 ich hob meine Augen auf gen Himmel und kam wieder zur Vernunft und lobte den Höchsten ... und ich kam zu königlichen Ehren.
4,34 Er bekennt: Ich preise den König des Himmels, denn all sein Tun ist Wahrheit und seine Wege sind recht, und wer stolz ist, den kann er demütigen.

Belsazar, der Sohn Nebunaids, des letzten babylonischen Königs (des Nebukadnezar im Buch Daniel), ist ein verblendeter, übermütiger König, der nichts aus der Geschichte seines Vaters gelernt hat und in der Trunkenheit sich über seine verhängnisvolle Lage infolge des Angriffs der Perser gegen Babel hinwegtäuscht. Den Gott, der Gewalt hat, lästert er und entweiht die Tempelgefäße Jahves. Die ohnmächtigen heidnischen Götter lobt er. So trifft ihn das Urteil der geheimnisvollen Schrift an der Wand: ›Gezählt, gewogen und zu leicht befunden‹, das durch das jähe Entsetzen des Königs, durch das zu späte Befragen des Propheten, von dem er sich rücksichtslos die Wahrheit sagen läßt, nicht mehr rückgängig gemacht werden kann. In derselben Nacht kommt Belsazar um bei der Eroberung der Stadt durch die Perser.

Da 5,1 Belsazar machte ein herrliches Mahl mit seinen Gewaltigen und soff sich voll mit ihnen.
5,3 es wurden hergebracht die goldenen Gefäße aus dem Tempel, und der König, seine Weiber tranken daraus.
5,4 da sie so soffen, lobten sie die goldenen, silbernen Götter.
5,5 zur selben Stunde gingen hervor Finger wie einer Menschenhand.
5,6 da entfärbte sich der König, und seine Gedanken erschreckten ihn, daß ihm die Lenden schütterten und die Beine zitterten.
5,22 Daniel wird gerufen und erinnert ihn an die Selbstüberhebung und den Wahnsinn seines Vaters und spricht: Du, Belsazar, hast dein Herz nicht gedemütigt, ob du wohl solches alles weißt, sondern hast dich wider den Herrn des Himmels erhoben, darum ist gesandt diese Hand...
5,30 aber in derselben Nacht ward der Chaldäer König getötet.

Hosea (Gott hilft), aus vornehmer samaritischer Familie, jüngerer Zeitgenosse des Amos, wird durch das Erlebnis der Untreue seines geliebten Weibes zum Propheten. Ihre Untreue wird ihm zum Gleichnis der Untreue Israels gegenüber seinem Gott. Das innige Liebeswerben Gottes um das treulose Volk hat er in erschütternder Weise zum Ausdruck gebracht. Es ist vergeblich. Das Gericht geht seinen Lauf. Das Nordreich endigt uneins und geschwächt durch Revolutionen infolge der Eroberung Samarias durch den assyrischen Großkönig Tiglath-Pileser im Jahr 722.

1. Hoseas eheliches Leid wird ihm zum Gleichnis für die Untreue seines Volks gegenüber seinem Gott.

Hos 1,2 der Herr sprach zu ihm: Gehe hin und nimm ein Hurenweib und Hurenkinder, denn das Land läuft vom Herrn weg der Hurerei nach.
1,3 und er ging hin und nahm Gomer.
1,4 sie gebar einen Sohn. Der Herr sprach: Heiße ihn Jesreel (der Herr zerstreut).

1,6 sie gebar eine Tochter. Und er sprach zu ihm: Heiße sie Lo Ruchama (nicht in Gnaden).

1,8 sie gabar einen Sohn. Und er sprach: Heiße ihn Lo Ammi (nicht mein Volk).

2,7 ihre Mutter spricht: Ich will meinen Buhlen nachlaufen, die mir geben Brot, Wasser, Wolle...(Ägypten und Assyrien, zu denen die Könige Israels in den revolutionären Unruhen des Landes ihre Zuflucht nehmen.)

2. Gott sucht in seiner Treue das treulose Volk in Gericht und Gnade.

Das Gericht.

a) Die Ursache des Gerichts.

Hos 4,6 du verwirfst Gottes Wort, darum will ich dich auch verwerfen, du vergissest des Gesetzes deines Gottes...

Sünden des Priesterstandes.

Hos 4,8 sie fressen die Sündopfer meines Volkes und sind begierig nach ihren Sünden.

6,9 die Priester samt ihrem Haufen sind wie die Räuber.

Sünden des Volks.

Hos 4,1 der Herr hat Ursache, zu schelten (erhebt Anklage): Es ist keine Treue, keine Liebe, keine Erkenntnis Gottes im Lande, sondern Gotteslästern, Lügen, Morden, Stehlen und Ehebrechen hat überhandgenommen, und eine Blutschuld kommt nach der anderen.

9,17 Gott wird sie verwerfen, darum daß sie nicht hören wollen ...

5,5 die Hoffart Israels zeugt wider sie ...

8,14 Israel vergißt seines Schöpfers und bauet Paläste ...

4,12 mein Volk fragt sein Holz; 4,17 hat sich zu den Götzen gesellt.

6,7 sie übertreten den Bund wie Adam, darin verachten sie mich (falscher Gottesdienst).

8,4 sie machen Könige ohne mich.

12,2 sie machen mit Assur einen Bund und bringen Balsam nach Ägypten (falsche Politik).

7,16 sie bekehren sich, aber nicht recht.

b) Worin Hosea das Gericht Gottes sieht.

Hos 13,9 Israel, du bringst dich ins Unglück, denn dein Heil steht allein bei mir.

13,11 wohlan, ich gab dir einen König in meinem Zorn und will dir ihn in meinem Grimm wieder wegnehmen.

6,5 ich hoble (schlage) sie durch meine Propheten und töte sie durch meines Mundes Rede.

5,14 ich bin Ephraim wie ein Löwe, ich zerreiße sie und gehe davon, ich führe sie weg, und niemand kann sie retten.

3,4 die Kinder Israel werden lange Zeit ohne König, ohne Fürsten, ohne Opfer, ohne Altar, ohne Leibrock und ohne Heiligtum bleiben.

3. Hosea erwartet als Endergebnis des Gerichts eine gnädige Heimsuchung.

Hos 11,1 Da Israel jung war, hatte ich ihn lieb und rief ihn, meinen Sohn, aus Ägypten...V. 4 ich ließ ihn in Seilen der Liebe gehen (Gott ist treu).

10,12 säet Gerechtigkeit und erntet Liebe; pflüget ein Neues, weil es Zeit ist, den Herrn zu suchen.
11,9 meine Barmherzigkeit ist zu brünstig, daß ich nicht tun will nach meinem grimmigen Zorn. Denn ich bin Gott und nicht ein Mensch, und bin der Heilige unter dir.
11,11 die im Lande Assur werden kommen wie Tauben; und ich will sie in ihre Häuser setzen, spricht der Herr.
13,14 ich will sie erlösen aus der Hölle und vom Tode erretten ...
14,5 ich will ihr Abtreten wieder heilen, ich will Israel wie ein Tau sein, daß er soll blühen wie eine Rose ...

Joel (Jahve ist Gott), Sohn Petuels, sieht anläßlich einer Heuschreckenplage die Wetterwolken eines unwiderstehlichen Gerichts kommen. Endzeitliche Heere aus dem Norden, gegen die kein Wehren hilft, dringen gen Zion vor. Veränderungen geschehen im Weltall an Sonne und Mond und hüllen die Erde in Nacht. Er erblickt aber auch einen lichten Bezirk der Gnade zu Jerusalem, wo ein Volk den Geist Gottes bekommt, weil es den Namen des Herrn anruft. Der Eingang in den Gnadenbezirk geschieht durch gründliche Sinnesänderung. So wird Joel ein gewaltiger Bußprediger, der die Botschaft endzeitlichen Gerichts und endzeitlicher Gnade verkündet, um tiefgehende Buße hervorzurufen. Manche Worte im 4. Kapitel weisen auf nachexilische Zeit hin. Die endzeitlichen Gedanken aber, die bei der Heuschreckenplage und ihrer gnädigen Abwendung in Joel lebendig werden, sind altes prophetisches Gut.

1. Das Gericht Gottes.

Jo 1,5 Wachet auf, ihr Trunkenen, denn es zieht herauf in mein Land ein mächtiges Volk ohne Zahl; das hat Zähne wie Löwen.
2,1 erzittert, alle Einwohner im Lande, denn der Tag des Herrn kommt und ist nahe, ein finsterer Tag, ein wolkiger Tag, es kommt ein großes und mächtiges Volk. Sie werden durch die Waffen durchbrechen und nicht verwundet werden. Sonne und Mond werden finster. Der Tag des Herrn ist sehr groß und schrecklich. Wer kann ihn erleiden?
4,2 ich will alle Heiden zusammenbringen und sie ins Tal Josaphat hinabführen. V. 12 daselbst will ich sitzen, zu richten alle Heiden ...

2. Rettung nur in sofortiger Umkehr möglich.

Jo 2,12 Bekehret euch zu mir von ganzem Herzen. Zerreißet eure Herzen und nicht eure Kleider und bekehret euch zu dem Herrn, eurem Gott, denn er ist gnädig und barmherzig ...
2,17 die Priester sollen weinen und sagen: Herr, schone deines Volks! Warum willst du lassen unter den Völkern sagen: Wo ist nun ihr Gott?

3. Der Trost der Gnade.

Jo 2,18 da eiferte der Herr um sein Land und verschonte sein Volk.
2,21 Fürchte dich nicht, du liebes Land, sondern sei fröhlich und getrost, denn der Herr kann auch große Dinge tun!
2,22 fürchtet euch nicht, ihr Tiere auf dem Felde.
2,23 ihr Kinder Zions, freuet euch und seid fröhlich in eurem Gott, der euch Lehrer zur Gerechtigkeit gibt ... ihr sollt erfahren, daß ich mitten unter euch sei.
3,1 nach diesem will ich meinen Geist ausgießen über alles Fleisch.

3,5 und es soll geschehen, wer den Namen des Herrn anrufen wird, soll errettet werden. Denn auf dem Berg Zion und zu Jerusalem wird eine Errettung sein.
4,16 der Herr wird seinem Volk eine Zuflucht sein.
4,21 der Herr wird wohnen zu Zion.

Amos, der Hirte und Maulbeerbaumzüchter auf der Hochebene am Rand der Wüste zu Thekoa, von wo man einen weiten Blick hat über das Tote Meer nach Moab, lebt zur Zeit der siegreichen, von üppiger wirtschaftlicher Blüte begleiteten Regierung Jerobeams II. und tritt auf im Jahre 752 beim Herbstfest in der Hauptstadt Samaria, wo Üppigkeit der Reichen und Elend der Armen hart nebeneinander sind. Er ist der Mann der Stille und des Horchens. So hört er das Gerichtswort Gottes über die Völker und sein eigenes Volk und verkündet es mit tapferem Gehorsam. Er hat einen weiten Blick. Sein Gesichtskreis ist durch den göttlichen Horizont geweitet und umfaßt die Völker von Damaskus im Norden bis zu Juda im Süden, von Gaza im Westen bis zu Moab im Osten.

1. Amos, der Mann des weiten Blicks.

Am 1,1 das ist, was Amos gesehen hat (er sieht vom Standpunkt Gottes aus).
1 u. 2 Sein Gesichtskreis umfaßt Damaskus, Gaza, Tyrus, Edom, Ammon, Moab, Juda und Israel.

2. Amos, der Mann der Stille und des Horchens, vernimmt Gottes Gerichtswort.

Am 1,1 der unter den Hirten zu Thekoa war.
7,14 Amos ein Hirte, der Maulbeeren abliest.
3,7 der Herr tut nichts, er offenbare denn sein Geheimnis den Propheten.
3,8 der Herr redet, wer sollte nicht weissagen?

a) Er vernimmt das Gerichtswort Gottes über die umwohnenden heidnischen Völker.

Am 1,3 um drei oder vier Frevel willen der Damasker will ich sie nicht schonen, darum, daß sie Gilead mit eisernen Zacken gedroschen haben (Grausamkeiten im Kriege).
1 u. 2 verkündet den heidnischen Völkern das Gericht über ihre Taten. (Die Gebote Gottes gelten für die Taten der Völker, nicht nur der einzelnen; und sie gelten für alle Völker.)

b) Das Gerichtswort Gottes über Juda und Israel.

Am 2,4 darum, daß sie des Herrn Gesetz verachten und seine Rechte nicht halten und lassen sich von ihren Lügengöttern verführen, denen schon ihre Väter nachgefolgt sind... (Juda).
2,6 um drei oder vier Frevel willen Israels will ich ihrer nicht schonen, darum, daß sie die Gerechten um Geld und die Armen um ein Paar Schuhe verkaufen, Vater und Sohn gehen zur Dirne, bei den Altären schlemmen sie auf verpfändeten Kleidern. Ich habe aus euren Kindern Propheten erweckt und Nasiräer aus euren Jünglingen, so gebt ihr den Nasiräern Wein und gebietet den Propheten: Ihr sollt nicht weissagen!
6,6 trinkt Wein aus den Schalen und bekümmert euch nicht um den Schaden Josephs.

8,5 sprecht: Wann will denn der Neumond ein Ende haben, daß wir Getreide verkaufen, und der Sabbat, daß wir Korn feilhaben mögen und das Maß verringern und den Preis steigern und die Waage fälschen..., daß wir die Armen unter uns bringen...

5,21 Ich bin euren Feiertagen gram und verachte sie.

3,2 aus allen Geschlechtern der Erde habe ich euch allein erkannt, darum will ich euch heimsuchen in aller eurer Missetat.

5,27 ich will euch wegführen lassen jenseits Damaskus. (Die Erwählung Israels schützt nicht vor dem Gericht, sondern begründet es.)

4,6 ich habe euch müßige Zähne gegeben und Mangel an Brot, und doch bekehrtet ihr euch nicht zu mir. (Soziale Ungerechtigkeit, geschlechtliche Ausschweifungen, gewaltsame Verführung von Gott erweckter Jugend, Mundtotmachen der Propheten, schlecht verhüllt durch äußerlichen, genußsüchtigen, prunkhaften Kult, Luxus, der des Volksschadens über selbstsüchtigem Genuß vergißt, Wucher und Verachtung der Strafgerichte Gottes ziehen furchtbare Strafen herbei. Sodom und Gomorra zu Füßen Thekoas mahnen Amos nicht umsonst an den Gerichtseifer Gottes.)

Am 5,18 die des Herrn Tag begehren, wissen nicht, was sie tun, denn er ist Finsternis und nicht Licht.

7,8 Amos sieht im Gesicht die Bleischnur durch Israel ziehen, Gott will nichts mehr übersehen.

7,17 als der Priester Amazja von Bethel Amos wegen Aufruhrs beim König anzeigt (Bethel ist des Königs Heiligtum, 7,13), kündet Amos ihm persönlich das Gericht an.

8,2 er sieht den Korb mit reifem Obst. Da sprach der Herr: Das Ende ist kommen über mein Volk Israel, ich will ihm nichts mehr übersehen. Jerobeam soll durchs Schwert sterben, Israel aus seinem Land weggeführt werden durch ein Volk, das Gott erwecken wird (6,14; 7,11).

8,11 es kommt die Zeit, daß ich einen Hunger ins Land schicken werde nach dem Wort des Herrn.

3. Amos verkündet auch ein tröstliches Wort.

Am 5,24 Es soll aber das Recht offenbart werden wie Wasser und die Gerechtigkeit wie ein starker Strom.

9,11 zur selbigen Zeit will ich die zerfallene Hütte Davids wieder aufrichten. (Durch das Gericht hindurch kommt das Heil.)

Obadja (Knecht Jahwes), ein Mann, der tief davon durchdrungen ist, daß die Weltgeschichte das Weltgericht ist. Er weissagt das Gericht über Edom, das an Jerusalem unbrüderlich gehandelt hat, als unter dem jüdischen König Joram 852 Philister und Araber Jerusalem eroberten und die Gefangenen an Edom auslieferten.

Am 1,6 u. 9 um drei oder vier Frevel willen Gazas will ich ihrer nicht schonen, darum, daß sie die Gefangenen alle weggeführt und an Edom überantwortet haben.

Ob 1,3 der Hochmut deines Herzens hat dich betrogen, weil du in der Felsen Klüften wohnest, in deinen hohen Schlössern. Wenn du gleich in die Höhe führest wie ein Adler und machtest dein Nest zwischen den Sternen, so will ich dich von dort herunterstürzen, spricht der Herr.

Jona (Taube), der Sohn Amitthais, Zeitgenosse Jerobeams II. (2 Kö 14,25), zum Propheten berufen wider Willen, flieht vor Gott und fällt erst recht in Gottes Hände. Als er dann nach dem Umweg über die Not in der Tiefe des Meeres gehorcht und Ninive Buße verkündet, ist er mit der Güte Gottes, die der bußfertigen Stadt schont, nicht einverstanden. So zürnt er auch, als Gott ihm den

Schatten nimmt. Aus welch sprödem Material muß Gott selbst seine Propheten bilden!

Und doch ist dieser Jona ein Vorbild auf Christus! Er gab sich für die Schiffsleute ins Gericht, um diese zu retten. Gleichwie Jona drei Tage und Nächte in der Tiefe des Meeres zubrachte, so war Christus im Grabe bis zur Auferstehung. Mt 16,4.

1. Jonas Ungehorsam.

Jon 1,2 mache dich auf und gehe in die große Stadt Ninive, und er machte sich auf und floh vor dem Herrn.

2. Er setzt seinen Ungehorsam auch nach seiner Buße noch fort.

Jon 4,1 das verdroß Jona gar sehr und ward zornig.
4,3 will sterben vor Zorn.

3. Die Folgen seines Ungehorsams.

Jon 1,6 er schläft, als die Heiden beten und sich vor Gott fürchten. (Ungehorsam stumpft das Gewissen ab und bringt das Gebet zum Schweigen.)
1,15 sie warfen ihn ins Meer.
4,8 Lebensüberdruß.

4. Seine Buße.

Jon 2,8 da meine Seele bei mir verzagte, gedachte ich an den Herrn.
2,9 seine Erkenntnis: Die da halten an dem Nichtigen, verlassen ihre Gnade.
2,10 sein Gelübde.

5. Die Geduld Gottes im Leben Jonas.

Gott redet dreimal mit ihm: 1,2;3,2;4,9.
4,2 der von der Geduld Gottes Getragene empört sich gegen die Geduld Gottes mit Ninive.

Micha (Wer ist wie Gott?), lebt zur Zeit Jothams, Ahas', Hiskias und Manasses. Er ist ein Zeitgenosse Jesajas und vom gleichen sittlichen Ernst erfüllt. - Der Herr sendet seine Jünger zu zweien. - Nur hat er nicht den politischen Blick wie sein großer Zeitgenosse. Seine Aufgabe ist bescheidener. Er verkündet das Gericht über Samaria, dessen Geschick sich bald erfüllt, aber auch über das Heiligtum des Berges Zion, das wegen der Sünden seiner Priesterschaft und des Unrechts seiner Führer zum Steinhaufen wird. Diese Weissagung macht tiefen Eindruck. Hiskia beugt sich unter sie (2 Ch 32, 26), während zu Manasses Zeit der Prophet wohl Verfolgungen erleidet.

Micha sieht eine gewaltige Heilszeit kommen. Der Davidssproß aus Bethlehem, der von Ewigkeit her ist, wird es ausrichten und sein Volk durch Gerichte hindurch reinigen. Auch die Heiden haben am Heil teil, weil Gott in seiner Treue zu seinen Verheißungen steht.

1. Michas Berufsgewißheit.

Mi 3,5 sie predigen, es solle wohlgehen, wo man ihnen zu fressen gibt (feile Propheten).

3,11 ihre Priester lehren um Lohn. Ihre Propheten wahrsagen um Geld.

3,8 ich aber bin voll Kraft und Geistes des Herrn, voll Rechts und Stärke, daß ich Jakob sein Übertreten und Israel seine Sünde anzeigen darf.

2. Michas Bußwort und Gerichtsankündigung.

Mi 2,1 weh denen, die Schaden zu tun trachten und gehen mit bösen Tücken um, weil sie die Macht haben. Sie reißen Äcker an sich und nehmen Häuser (soziales Unrecht).

Mi 2,8 sie rauben beides, Rock und Mantel.

3,10 ihr baut Zion mit Blut und Jerusalem mit Unrecht.

3,1 ihr Fürsten solltet das Recht wissen, aber ihr hasset das Gute und liebet das Arge, ihr schindet ihnen die Haut ab und freßt das Fleisch meines Volkes.

2,11 wenn ich ein Irrgeist wäre und Lügenprediger und predigte, wie sie saufen und fressen sollten, das wäre ein Prediger für dieses Volk.

5,11 ich will die Zauberer bei dir ausrotten, deine Bilder und Götzen, daß du nicht mehr sollst anbeten deiner Hände Werk ... deine Ascherabilder ... (Götzendienst).

6,7 soll ich meinen ersten Sohn für meine Übertretung geben? (Manasse ließ seinen Sohn durchs Feuer gehen.)

6,16 man hält die Weise Omris und alle Werke Ahabs (zusammenfassend).

7,2 die frommen Leute sind weg in diesem Lande ... der Beste unter ihnen ist wie ein Dorn. Niemand glaube seinem Nächsten, denn der Sohn verachtet den Vater ... und des Menschen Feinde sind sein eigenes Hausgesinde (Gericht).

1,5 Welches ist die Übertretung Jakobs? Ist's nicht Samaria? Welches sind die Höhen Judas? Ist's nicht Jerusalem? (Die Stadt ist zusammengeballte Sünde.)

1,3 der Herr wird ausgehen von seinem Orte und herabfahren und treten auf die Höhen im Lande, daß die Berge vor ihm schmelzen wie Wachs vor dem Feuer.

5,10 ich will die Städte deines Landes ausrotten und alle deine Festen zerbrechen.

1,6 ich will Samaria zum Steinhaufen im Felde machen.

3,12 Zion wird um euretwillen wie ein Acker gepflügt werden.

6,14 du sollst nicht genug zu essen haben und sollst verschmachten.

2,4 meines Volkes Land wird eines fremden Herrn.

3,4 darum, wenn ihr nun zum Herrn schreien werdet, wird er euch nicht erhören.

4,10 du mußt zur Stadt hinaus und auf dem Felde wohnen und gen Babel kommen.

3. Michas Heilsverkündigung.

Mi 2,12 ich will dich, Jakob, versammeln ganz und die übrigen in Israel zuhauf bringen. Es wird ein Durchbrecher vor ihnen herauffahren, sie werden durchbrechen und zum Tor ausziehen, ihr König wird vor ihnen hergehen und der Herr vornean.

4,1 in den letzten Tagen wird der Berg, darauf des Herrn Haus ist, höher denn alle Berge, und die Völker werden herzulaufen und viel Heiden, aus Zion wird das Gesetz ausgehen, und des Herrn Wort aus Jerusalem.

4,7 ich will die Lahmen machen, daß sie Erben haben sollen, und der Herr wird König sein auf dem Berge Zion von nun an bis in Ewigkeit.

5,1 du Bethlehem Ephrata...aus dir soll mir der kommen, der in Israel Herr sei, welches Ausgang von Anfang und von Ewigkeit her gewesen ist.
7,11 Gottes Wort wird weit auskommen.
4,3 sie werden ihre Schwerter zu Pflugscharen und ihre Spieße zu Sicheln machen.

4. Micha wartet dieses Heils in Geduld und im Glauben an Gottes Treue. Sein letztes Wort ist ein Lobpreis.

Mi 7,7 ich will auf den Herrn schauen und des Gottes meines Heils warten, mein Gott wird mich erhören.
7,18 wo ist solch ein Gott, wie du bist, der die Sünde vergibt und erläßt die Missetat den übrigen seines Erbteils, der seinen Zorn nicht ewiglich behält, denn er ist barmherzig. Du wirst dem Jakob die Treue und Abraham die Gnade halten, wie du unseren Vätern vorlängst geschworen hast.

Nahum (Tröstung), aus Elkosch rechnet mit dem lebendigen Gott als dem alleinigen Herrn der Geschichte, der sie nach sittlichen Maßstäben lenkt als der Gott des Gerichts. Er tritt auf nach der Zerstörung No Ammons (Theben) durch Assurbanipal von Assyrien im Jahre 663 zu einer Zeit, da Jerusalem unter Manasse an Assyrien Tribut zahlt. Er kündet der allseits gefürchteten Weltmacht und ihrer unbezwinglichen Wasserfeste, der üppigen und sittenlosen Weltstadt Ninive, das Gericht Gottes an. In gewaltigen Bildern sieht der Prophet die Heere Gottes heraufziehen und die Weltstadt erobern. Gott ist der Richter einer Weltmacht, die von keiner menschlichen Macht mehr zur Rechenschaft gezogen werden kann.

Gott läßt keinen Frevel ungestraft.

Na 1,2 der Herr ist ein eifriger Gott, ein Rächer...der es seinen Feinden nicht vergessen wird.
1,3 der Herr ist geduldig und von großer Kraft, vor welchem niemand unschuldig ist ... des Weg in Wetter und Sturm ist.
1,6 wer kann vor seinem Zorn stehn?

a) Wider Sanherib.

Na 1,11 von dir (Ninive) ist gekommen der Schalksrat (Sanherib), der Böses wider den Herrn gedachte.
1,14 der Herr hat geboten, daß deines Namens kein Same mehr soll bleiben. Vom Hause deines Gottes will ich dich ausrotten. Götzen und Bilder will ich dir zum Grabe machen.

b) Wider Ninive.

Na 3,4 das alles um der großen Hurerei willen und Zauberei ... womit sie Land und Leute zu Knechten gemacht hat.
3,13 dein Volk soll zu Weibern werden.
3,16 deine Händler werden wie Käfer davonfliegen.
3,15 das Feuer wird dich fressen, und das Schwert wird dich töten.
3,19 deine Wunde wird unheilbar sein!
2,4 die Schilde seiner Starken sind rot, seine Wagen leuchten wie Feuer, glänzen wie Fackeln, fahren einher wie die Blitze (Gottes Heer).
2,7 die Tore an den Wassern werden geöffnet, der Palast wird untergehen.

Habakuk (Umarmung, Luther: Herzer), ist ein leidenschaftlich bewegter Mann, der die weltgeschichtlichen Ereignisse seiner Zeit mit Gott bespricht. Er klagt seine Angst und Not in herzlichem Gebet und bekommt prophetische Aufschlüsse über den Gang der Gerichte Gottes, in denen sich zugleich für die Gerechten, die an der Glaubenstreue festhalten, die bewahrende Gnade offenbart. Seine Seele ist voll endzeitlicher Spannung. Habakuk ist ein Zeitgenosse Nahums und in ähnlicher Stimmung. Er lebt, kurz bevor Nebukadnezar im Jahre 605 Pharao Necho bei Karkemis besiegt, in der Zeit, da Juda zwischen den beiden Mühlsteinen Ägypten und Assyrien zermalmt zu werden droht. Er sieht ein neues Volk, die Chaldäer, auf den Plan treten, die eine Zuchtrute sind für die Assyrer. Er verkündet den Assyrern das Gericht. Die Stunde, da die Großmächte stürzen, sieht er im fahlen Licht der Endzeit.

1. Sein Gerichtswort an die Assyrer.

Hab 2,19	weh dem, der zum Holz spricht: Wach auf!
1,6	siehe, ich will die Chaldäer erwecken, ein bitteres und ein schnelles Volk.
2,8	du hast viele Heiden beraubt, sie werden dich wieder berauben.
2,12	weh dem, der die Stadt mit Blut baut!
2,17	der Frevel am Libanon wird dich überfallen (die Assyrer hieben den Wald vom Libanon kahl).
1,10	Alle Festungen werden ihnen ein Scherz sein.
1,11	ihre Macht wird ihr Gott sein!
3,3	Gott kam von Mittag, sein Glanz war wie Licht, vor ihm her ging Pestilenz.

2. Sein Zwiegespräch mit Gott.

Hab 1,2	Herr, wie lange soll ich schreien und du willst nicht hören?
1,12	aber du, Herr, mein Gott, mein Heiliger, der du von Ewigkeit her bist, laß uns nicht sterben! Laß sie uns nur züchtigen!
3,2	Wenn Trübsal da ist, so gedenke der Barmherzigkeit!
3,2	Herr, mache dein Werk lebendig mitten in den Jahren!

3. So wird Habakuk getröstet.

Hab 2,3 u. 4	die Weissagung wird ja noch erfüllt werden zu seiner Zeit und wird endlich frei an den Tag treten und nicht ausbleiben. Ob sie aber verzieht, so harre ihrer, sie wird gewiß kommen und nicht verziehen. Siehe, wer halsstarrig ist, der wird keine Ruhe in seinem Herzen haben. Der Gerechte wird seines Glaubens leben.
2,20	der Herr ist in seinem heiligen Tempel. Es sei stille vor ihm alle Welt.
3,18	aber ich will mich freuen des Herrn und fröhlich sein in Gott, meinem Heil. Denn der Herr ist meine Kraft.

Zephanja (Jehova verbirgt), aus hohem Hause (Königssproß), wird tief gedemütigt durch das prophetische Schauen des Gerichtstages Gottes anläßlich des Skythensturmes im Jahre 630 vor der Josianischen Reform. Das Gericht geht über alle Völker, über alles Hohe und Sichere. Die einzige Rettung vor dem Gericht sieht Zephanja in der Demut. Nach dem Gericht wird Gott angebetet von den Heiden. Der durch das Gericht geläuterte Rest des Judenvolks bildet den Kern der Gottesgemeinde auf Erden.

1. Des Herrn Tag.

Ze 1,14 Des Herrn großer Tag ist nahe; er ist nahe und eilt sehr. Es werden die Starken alsdann bitterlich schreien. Denn dieser Tag ist ein Tag des Grimms, ein Tag der Trübsal und Angst, ein Tag des Wetters und Ungestüms ... ein Tag der Drommete wider die festen Städte und hohen Schlösser. Ich will den Leuten bange machen ... darum, daß sie wider den Herrn gesündigt haben. Ihr Blut soll ausgeschüttet werden, als wäre es Staub ... Es wird sie ihr Silber und Gold nicht erretten können am Tage des Zorns des Herrn, sondern das ganze Land soll durch das Feuer seines Eifers verzehrt werden; denn er wird plötzlich ein Ende machen mit allen, die im Lande wohnen.

a) geht über alle Völker:

Ze 2,4 Gaza muß verlassen, Askalon muß wüste werden ... Moab soll wie Sodom und die Kinder Ammon wie Gomorra werden. Das soll ihnen begegnen für ihre Hoffart. Schrecklich wird der Herr sein. Er wird alle Götter auf Erden vertilgen. Ihr Mohren sollt durch mein Schwert erschlagen werden. Er wird seine Hand strecken gen Mitternacht und Assur umbringen. Ninive wird er öde machen, dürr wie eine Wüste.

b) auch über Jerusalem und seine Führer.

Ze 3,1 Weh der greulichen, unflätigen, tyrannischen Stadt! Sie will nicht gehorchen, noch sich züchtigen lassen, sie will auf den Herrn nicht trauen, noch sich zu ihrem Gott halten. Ihre Fürsten sind unter ihnen brüllende Löwen und ihre Richter Wölfe am Abend, die nichts bis auf den Morgen übriglassen. Ihre Propheten sind leichtfertig und Verächter; ihre Priester entweihen das Heiligtum und deuten das Recht freventlich.

2. Die Rettung im Gericht liegt in der Demut vor Gott.

Ze 2,3 suchet den Herrn, alle ihr Elenden im Lande! ... Suchet Gerechtigkeit, suchet Demut, auf daß ihr am Tage des Zorns des Herrn möget verborgen werden.

3,11 ich will die stolzen Heiligen von dir tun, daß du nicht mehr sollst dich überheben auf meinem heiligen Berge!

3,12 ich will lassen in dir übrigbleiben ein armes, geringes Volk, die werden auf den Namen des Herrn trauen!

3,16 fürchte dich nicht, denn der Herr, dein Gott, ist bei dir, ein starker Heiland!

2,11 es sollen ihn anbeten alle Inseln der Heiden.

3,9 ich will den Völkern reine Lippen geben, daß sie alle sollen des Herrn Namen anrufen und ihm einträchtig dienen!

Haggai (der Festliche), tritt im Jahre 520 auf, als der Tempelbau infolge der politischen Unsicherheit und des Erlahmens der Heimgekehrten liegengeblieben war. Seine Reden muntern zum Tempelbau auf und haben nach Esr 5,1 und 6,14 den Erfolg, daß die Juden sich ermannen und den Bau vollenden.

Haggai ist ein schlichter Mann, und seine Verkündigung ist schlicht, aber kraftvoll. Er leitet die geringen Zeiten, die wirtschaftlichen Verluste, die den Vorwand geben, den Bau liegenzulassen, eben davon ab, daß den Juden infolge ihrer Nachlässigkeit im Tempelbau der Segen Gottes fehle. Nicht, weil geringe Zeiten sind kann man keine großen Opfer für

Gott bringen, sondern, weil man keine Opfer bringt, sind geringe Zeiten. Als sie sich dann ans Werk machen, kommt über Haggai die Ahnung künftiger Herrlichkeit dieses unscheinbaren Tempelbaues. Er sieht über dem schlichten Gebäude den Glanz messianischer Herrlichkeit. In Haggai wohnt die Kraft des Glaubens, dem geringe Dinge die Möglichkeit eröffnen, daß Gott seine Herrlichkeit offenbaren kann.

1. Ermunterung zum Bau.

Hag 1,4 eure Zeit ist da, daß ihr in getäfelten Häusern wohnt - und dies Haus muß wüste stehen.

1,5 schauet, wie es euch geht. Ihr säet viel und bringt wenig ein ... Wer Geld verdient, legt's in einen löchrigen Beutel. Warum das? Darum, daß mein Haus wüste steht und ein jeglicher eilt auf sein Haus.

1,12 da gehorchte Serubabel den Worten des Propheten Haggai, und das Volk fürchtete sich vor dem Herrn.

2. Die messianische Herrlichkeit.

Hag 2,6 es ist noch ein kleines dahin, daß ich Himmel und Erde bewegen werde. Ja, alle Heiden will ich bewegen. Da soll dann kommen aller Heiden Bestes; und ich will dies Haus voll Herrlichkeit machen. Es soll die Herrlichkeit des letzten Hauses größer werden als die des ersten gewesen ist, und ich will Frieden geben an diesem Ort. Zur selben Zeit will ich dich, Serubabel, wie einen Siegelring halten, denn ich habe dich erwählt. (Serubabel ein Stammvater Jesu.)

Sacharja, (Esr 5,1) (Jahve gedenkt), ein Zeitgenosse Haggais, lebt in einer Zeit, da der unmittelbare Strom des göttlichen Wortes nicht mehr so stark fließt. Er sieht Nachtgesichte, deren Deutung ihm ein Engel gibt. Angefochten in seiner Sendung, beruft er sich darauf, daß man erfahren wird, daß er von Gott gesandt ist (Sach. 6,15). Der Inhalt seiner Geschichte ist ein ernstes Gerichtswort über sein Volk, das sein trauriges Geschick verdient hat. Das Volk soll sich reinigen von seiner Gottlosigkeit im Handel. Sein Priesterstand braucht Entsühnung. Sacharja verkündet auch ein tröstliches Wort in der Verheißung einer kommenden geistigen Macht, eines Priesterkönigtums. Das, was in Christus Wirklichkeit wurde, sieht er schon in Serubabel und Josua erfüllt.

Sein Bußwort:

Sach 1,3 kehret euch zu mir, so will ich mich zu euch kehren! Seid nicht wie eure Väter, welche nicht gehorchten und achteten nicht auf mich.

5,2 Fluchbrief über alle Gottlosen.

5,8 Gottlosigkeit gleich dem Weib im Epha, dem Getreidemaß, eingeschlossen, wird nach Sinear, dem Land des unredlichen Handelns, entführt (V. 11).

7,11 u. 12 sie verstockten ihre Ohren, daß sie nicht hörten, und machten ihre Herzen wie einen Demant. Daher so großer Zorn vom Herrn Zebaoth auf uns gekommen ist.

3,2 Der Priester wird entsühnt durch Gott: Ist dieser nicht ein Brand, aus dem Feuer gerettet? ... Tut die unreinen Kleider von ihm. Und er sprach zu ihm: Siehe, ich habe deine Sünde von dir genommen und habe dich mit Feierkleidern angezogen. (Zu dem Hohenpriester Josua, der so die göttliche Bestätigung seines Amtes bekommt.)

Sein Trostwort:

Sach 2,9	ich will eine feurige Mauer umher sein und will mich herrlich darin erzeigen.
2,12	wer euch antastet, der tastet meinen Augapfel an.
2,14	freue dich, Tochter Zion, ich komme und will bei dir wohnen!
3,9	ich will die Sünde des Landes wegnehmen auf einen Tag.
4,6	es soll nicht durch Heer oder Kraft, sondern durch meinen Geist geschehen.
6,9	Krönung des Priesterkönigs.
8,23	Die Heiden kommen und sagen: Wir wollen mit euch gehen, denn wir hören, daß Gott mit euch ist.

Sacharja, ist nach Jes 8,2 der Freund des Jesaja. Er erwartet das Kommen eines demütigen Messiaskönigs, der ein Friedensreich begründet. Sacharja hat in hohem Maße die Gabe der Weissagung.

Sach 9,9	aber du, Tochter Zion, freue dich sehr ... siehe, dein König kommt zu dir, ein Gerechter und ein Helfer, arm, und reitet auf einem Esel ...
11,12	sie wogen dar, wieviel ich galt, dreißig Silberlinge (der Entschädigungspreis für einen getöteten Sklaven).

Maleachi (mein Bote) (vielleicht nicht ein Eigenname), wirkt um 470 in der von Babel zurückgekehrten Judenschaft, die den Tempel erbaut hat und sich unter dem Statthalter einer gewissen Ruhe erfreut. Es ist eine Zeit geringer Dinge. Man denkt klein von Gott. Das wirkt sich im Darbringen unwürdiger Opfer aus. Man hat die Distanz zu den Heiden verloren, geht Mischehen mit ihnen ein und entläßt das Weib seiner Jugend. Man ist ohne jeden seelischen Aufschwung. Mit diesem seelisch schlaffen, Gott gegenüber lauen Geschlecht, das frech und unbekümmert sündigt, nimmt nun Maleachi den Kampf auf und verkündigt ihm das Bußwort.

1. Das Bußwort.

Israels mangelhafter Gottesdienst:

Mal 1,8	einem Fürsten wagt man das nicht zu schenken, was man Gott als Opfer zu bieten wagt.
2,11	Juda entheiligt, was dem Herrn heilig ist, und buhlt mit eines fremden Gottes Tochter.
3,14	es ist umsonst, daß man Gott dient, sagen sie.
3,2	Wer wird den Tag seiner Zukunft erleiden, denn er ist wie das Feuer eines Goldschmieds und wie die Seife der Wäscher.
3,5	ich will ein schneller Zeuge sein wider die Zauberer, die Ehebrecher und Meineidigen und wider die, so Gewalt und Unrecht tun den Tagelöhnern, Witwen und Waisen und den Fremdling drücken und mich nicht fürchten.
3,7	ihr seid von eurer Väter Zeit an immer abgewichen von meinen Geboten ...
3,10	Bringet den Zehnten ganz in mein Kornhaus, auf daß in meinem Hause Speise sei, und prüfet mich darin, ob ich nicht des Himmels Fenster auftun werde und Segen herabschütten die Fülle.
3,19	es kommt der Tag, der soll brennen wie ein Ofen, da werden alle Gottlosen und Verächter Stroh sein.

2. Die Verheißung.

Mal 3,1 Siehe, ich will meinen Engel senden, der vor mir her den Weg bereiten soll. Bald wird kommen zu seinem Tempel der Herr, den ihr suchet, und der Engel des Bundes, des ihr begehret. Siehe, er kommt, spricht der Herr Zebaoth.

3,23 siehe, ich will euch senden den Propheten Elia, ehe kommt der große und schreckliche Tag des Herrn, der soll das Herz der Väter bekehren zu den Kindern.

1,11 Vom Aufgang der Sonne bis zum Niedergang soll mein Name herrlich werden unter den Heiden.

3,20 euch aber, die ihr meinen Namen fürchtet, soll aufgehen die Sonne der Gerechtigkeit und Heil unter ihren Flügeln.

Die alttestamentlichen Gestalten stehen noch im Dämmerlicht. Sie sehen noch nicht die Sonne des Heils. Nur einzelne Strahlen der Offenbarung treffen ihr inneres Auge. Aber die Besten stehen auf hoher Warte und schauen aus nach dem Sonnenaufgang. Und ihre Seele ist eingetaucht in das Morgenrot der messianischen Zeit.

2. BUCH

Biblische Gestalten

2. Teil:

DIE GESTALTEN DES NEUEN TESTAMENTS

8. Adventsgestalten

Zacharias (griechische Form für Sacharja), ist ein Priester aus der Ordnung Abia. Er ist fromm und untadelig in allen Geboten. Der Schmerz seines Lebens ist seine Kinderlosigkeit, die er nach der Meinung seines Volkes als eine Strafe Gottes ansehen muß. Sein Gebet bewegt sich oft um diese Not. Aber er ist allmählich abgestumpft. Er erwartet nichts mehr von seinem Gebet. Er erwartet auch nicht mehr die Erfüllung der messianischen Verheißungen, obwohl seine Seele nicht von ihnen loskommen kann. Deshalb erschrickt er, als die sichtbare Antwort aus der Welt Gottes in der Engelserscheinung einbricht, und kann auch jetzt noch nicht glauben. So verstummt er, während in seiner Seele die Erregung sich speichert wie ein gestauter Strom. Als das Kind geboren ist und im Tempel dargestellt wird, da bricht sich dieser Strom seiner Seele in begeisterten prophetischen Worten Bahn, die ein einzigartiger Heroldsruf des Evangeliums sind. Das kommende Heil besteht in der Einlösung der den Vätern gegebenen Verheißungen durch die Treue Gottes. Es ist Vergebung der Sünden, Gerechtigkeit, Heiligkeit und Frieden. Johannes ist der Wegbereiter des Herrn.

1. Zacharias ist fromm und untadelig im Gesetz, voll heißen Sehnens nach Kindersegen, nach Erfüllung der messianischen Verheißung, und doch allmählich ungläubig und hoffnungslos geworden.

Lk 1,6	sie waren beide fromm und wandelten in allen Geboten und Satzungen untadelig.
1,13	dein Gebet ist erhört, dein Weib wird einen Sohn gebären.
1,68	er hat besucht und erlöset sein Volk, wie er vorzeiten geredet hat durch den Mund seiner Propheten.
1,18	Wobei soll ich das erkennen? Denn ich bin alt.
1,20	du wirst verstummen, weil du meinen Worten nicht geglaubt hast.

2. Er erfaßt unter dem Gericht der Stummheit das nahe Kommen des den Vätern verheißenen messianischen Heils und wird der erste Sänger des Neuen Bundes.

Lk 1,68	Gelobet sei der Herr, der Gott Israels, denn er hat besucht und erlöset sein Volk und hat uns aufgerichtet ein Horn des Heils.
1,72	daß er gedächte an seinen Bund und an den Eid, den er geschworen hat unserem Vater Abraham.
1,77	und Erkenntnis des Heils gebest seinem Volk, das da ist in Vergebung ihrer Sünden.
1,76	du, Kindlein, wirst vor dem Herrn hergehen, daß du seinen Weg bereitest.
1,74	daß wir ihm dienten ohne Furcht unser Leben lang in Heiligkeit und Gerechtigkeit, die ihm gefällig ist.

Elisabeth (Gott ist getreu), das Weib des Priesters Zacharias, aus aaronitischem Stamm, leidet unter der Schmach der Kinderlosigkeit, die als Strafe Gottes angesehen wird, und demütigt sich darunter. Im Gegensatz zum Unglauben ihres Mannes hält sie am Glauben fest, daß bei Gott kein Ding unmöglich ist. Sie nimmt die endliche wunderbare Hilfe ganz aus der Gnade Gottes, der sie angesehen hat. Sie lebt in seliger Freude darüber, daß sie geglaubt hat und nicht zuschanden geworden ist, und in Erwartung der Wunder Gottes dahin. So bekommt sie die prophetische Gewißheit, daß ihr in Maria die Mutter des Messias begegnet. Sie nimmt Maria drei Monate bei sich auf. Beide Frauen preisen den Herrn in innigen Psalmen.

1. Sie leidet unter ihrer Schmach und wird darinnen tief gedemütigt.

Lk 1,7 sie hatten kein Kind, denn Elisabeth war unfruchtbar, und waren beide wohlbetagt.
1,25 also hat mir der Herr getan in den Tagen, da er mich angesehen hat, daß er meine Schmach unter den Menschen von mir nehme.
1,43 woher kommt mir das, daß die Mutter meines Herrn zu mir kommt?

2. Sie ist fromm und hält am Glauben fest, daß Gott, wenn er sie ansieht, ihr helfen kann.

Lk 1,6 sie waren beide fromm.
1,45 selig bist du, die du geglaubt hast (so spricht sie zu Maria aus eigener Erfahrung).
1,25 der Herr hat mich angesehen.

3. Sie wird erfüllt mit dem Geist der Weissagung und erkennt in Maria die Mutter des Messias.

Lk 1,41 Elisabeth ward des Heiligen Geistes voll.
1,42 Gebenedeit bist du unter den Weibern!
1,43 die Mutter meines Herrn.

Maria (Mirjam, Bitterkeit, Betrübnis) (vielleicht als Verwandte Elisabeths aus priesterlichem Hause), ist die reine, holdselige, demütig gehorsame, glaubende, in den Verheißungen der Väter lebende, still besinnliche Magd, die Gottes Gnade erwählt hat, die Mutter seines eingeborenen Sohnes zu werden. Sie erlebt in tiefer Beseligung die Freude, Mutter des Herrn zu sein, und jubelt sie im Psalm hinaus. Sie hat an ihrem Sohn eine Stütze bis zu seinem 30. Jahr und vertraut ihm, daß er zu allen Sachen Rat weiß. Sie erlebt mit tiefem Schmerz, daß ihr Sohn ganz anders ist als sonst ein Mensch und ihrer mütterlichen Leitung entgleitet, weil er ganz auf den himmlischen Vater hört. Sie macht vergeblich den Versuch, ihn in den schützenden Kreis der Familie zurückzuholen und muß ihn zum Kreuze ziehen lassen. Dort geht das Schwert durch ihr Herz, von dem Simeon gesprochen hat. Sie ist mit Johannes, der Sohnesstatt an ihr vertritt, unter der Schar der ersten Jünger. So hat sie sich durchgerungen von der Mutterliebe zum Glauben an den Heiland.

1. Sie ist von Gott erwählt, Mutter des Eingeborenen zu sein;

Lk 1,30 Fürchte dich nicht, du hast Gnade bei Gott gefunden!

a) sie ist rein und holdselig;

Lk 1,34 wie soll das zugehen, sintemal ich von keinem Manne weiß?
1,28 gegrüßet seist du, Holdselige!

b) sie lebt in den Verheißungen der Väter;

Lk 1,54 Er denket der Barmherzigkeit, wie er geredet hat unseren Vätern, Abraham und seinem Samen ewiglich.

c) sie ist gläubig;

Lk 1,37 bei Gott ist kein Ding unmöglich.
1,45 selig bist du, die du geglaubt hast.

d) sie ist demütig und gehorsam;

Lk 1,52 er stößt die Gewaltigen vom Stuhl und erhebt die Niedrigen (sie erkennt den Grundsatz der göttlichen Regierung).
1,48 er hat die Niedrigkeit seiner Magd angesehen.
1,38 siehe, ich bin des Herrn Magd, mir geschehe, wie du gesagt hast.

e) sie bewegt alles still in ihrem Herzen.

Lk 2,19 Maria behielt alle diese Worte und bewegte sie in ihrem Herzen.
2,51 Seine Mutter behielt alle diese Worte in ihrem Herzen.

2. Sie erlebt die beseligende Freude, Mutter des Herrn zu sein, und jubelt sie in ihrem Psalm hinaus.

Lk 1,46 Maria sprach: Meine Seele erhebt den Herrn, und mein Geist freut sich Gottes, meines Heilandes, denn er hat die Niedrigkeit seiner Magd angesehen, denn von nun an werden mich selig preisen alle Kindeskinder, denn er hat große Dinge an mir getan.

3. Sie traut Jesus, der ihre Stütze ist bis zu seinem 30. Lebensjahr, zu, daß er in allen Verlegenheiten helfen kann, so daß sie auch wunderliche Anordnungen befolgt.

Joh 2,3 Die Mutter Jesu spricht zu ihm: Sie haben nicht Wein.
2,5 Seine Mutter spricht zu den Dienern: Was er euch sagt, das tut!

4. Maria erlebt, wie die Weissagung Simeons sich schrittweise erfüllt.

Lk 2,34 dieser wird gesetzt zu einem Fall und Auferstehen vieler in Israel und zu einem Zeichen, dem widersprochen wird ... und es wird ein Schwert durch deine Seele dringen.
Lk 2,48 Mein Sohn, warum hast du uns das getan? Siehe, dein Vater und ich haben dich mit Schmerzen gesucht.
Joh 2,4 Weib (soviel wie Frau), was habe ich mit dir zu schaffen?
Lk 8,19 es gingen aber hinzu seine Mutter und Brüder und konnten vor dem Volk nicht zu ihm kommen. Und es ward ihm angesagt: Deine Mutter und Brüder stehen draußen und wollen dich sehen. Er aber antwortete und sprach zu ihnen: Meine Mutter und Brüder sind diese, die Gottes Wort hören und tun.
Mk 3,21 da es die Seinen hörten (daß sie vor dem Volk nicht Raum hatten, zu essen), gingen sie aus und wollten ihn halten, denn sie sprachen: Er ist von Sinnen.
Joh 19,25 es stand aber bei dem Kreuze Jesu seine Mutter.
19,26 der Herr sorgt für sie: Weib, siehe, das ist dein Sohn! Danach zu dem Jünger: Siehe, das ist deine Mutter. Und von der Stunde an nahm sie der Jünger zu sich.

5. Maria kommt von der Mutterliebe zum Glauben an den Erlöser.

Ap 1,14 diese waren alle stets beieinander mit Beten und Flehen samt den Weibern und Maria, der Mutter Jesu, und seinen Brüdern.

Joseph; ein Davidide (Stammbaum bei Matthäus: die rechtliche Sohnesfolge, und bei Lukas: die blutmäßige Verwandtschaft), ist ein schlichter Zimmermann. Er ist fromm und wartet auf die Erfüllung der messianischen Verheißungen. Er umgibt Maria mit reiner, rücksichtsvoller Liebe. Er ist gewissenszart, beherrscht und von einem männlichen Gerechtigkeitsgefühl beseelt. An der herben, wortkargen, männlichen Art seines Sohnes Jakobus (Jak 1,2 achtet für eitel Freude, wenn ihr in mancherlei Anfechtungen fallet) sieht man das Wesen des Vaters. Gott kann in Träumen zu ihm reden. Er gehorcht blindlings und sofort. So beschirmt er die Kindheit Jesu mit väterlicher Kraft und Fürsorge. Er muß in den Jünglingsjahren Jesu gestorben sein, denn er tritt in der heiligen Geschichte nach dem ersten Tempelgang mit dem zwölfjährigen Sohn völlig zurück.

1. Joseph ist Bauhandwerker und wohnt in dem wirtschaftlich aufblühenden Norden, wo er leicht Verdienst findet. Er weiß, daß die Heimat seiner Väter Bethlehem ist, wo er noch Grundstücke besitzt.

Lk 2,4 Da machte sich auf auch Joseph aus Galiläa, aus der Stadt Nazareth, in das jüdische Land, zur Stadt Davids, die da heißt Bethlehem, darum, daß er von dem Hause und Geschlechte Davids war.

2. Joseph ist ein frommer Mann, in dem die messianischen Verheißungen seines Volkes, zumal er Davidide ist, lebendig sind.

Mt 1,20 Du Sohn Davids.
1,19 Joseph aber, ihr Mann, war fromm.
Lk 2,41 Sie gingen alle Jahre gen Jerusalem auf das Osterfest.

3. Er ist gewissenszart, beherrscht und von einem männlichen Gerechtigkeitsgefühl beseelt.

Mt 1,19 Er wollte Maria nicht in Schanden bringen, gedachte aber, sie heimlich zu verlassen.
1,25 Er erkannte sie nicht, bis sie ihren ersten Sohn gebar.

4. Er gehorcht den Weisungen, die ihm Gott im Traume gibt.

Mt 1,20 Da erschien ihm ein Engel des Herrn im Traum und sprach: Fürchte dich nicht, Maria, dein Gemahl, zu dir zu nehmen.
2,13 Da erschien der Engel des Herrn dem Joseph im Traum und sprach: Stehe auf, nimm das Kindlein und seine Mutter zu dir und fliehe nach Ägyptenland und bleib alsda, bis ich dir sage.
2,19 Da Herodes gestorben war, da erschien der Engel des Herrn dem Joseph im Traum in Ägyptenland und sprach: Stehe auf und nimm das Kindlein und seine Mutter zu dir und ziehe hin in das Land Israel: Sie sind gestorben, die dem Kindlein nach dem Leben standen. Und er stand auf und nahm das Kindlein und seine Mutter zu sich und kam in das Land Israel.
2,22 Und im Traum empfing er Befehl von Gott und zog in die Örter des galiläischen Landes und kam und wohnte in der Stadt Nazareth.

Simeon (Erhörung), ist ein ehrwürdiger, frommer Greis. Er nimmt Gottes Wort ernst, lebt im Gehorsam des Wortes Gottes und hat Gemeinschaft mit Gott. Die Wirklichkeit Gottes ist für ihn so stark, daß er die gottferne Wirklichkeit seines Volkes und der Welt nur mit schmerzlicher Sehnsucht nach der Gottesherrschaft ertragen kann. So lebt er in gläubiger Erwartung in den großen Verheißungen der Schrift. Er ist innerlich gewiß geworden, noch das Kommen des Heils sehen zu dürfen. Der zweite Jesaja mit seinem weltweiten Missionsgedanken und seinem Wissen um den leidenden Gottesknecht hat seinen Hoffnungen Richtung gegeben. Er erwartet den Heiland als ein Licht, das die Heiden erleuchtet, und weiß, daß der Heilstag Gottes für die ganze Welt anbrechen wird. Er sieht mit prophetischem Blick, daß das Kommen des Reiches Gottes die Menschen seines Volks vor die Entscheidung stellen und Widerspruch finden wird. Er weiß, daß sich Gottes Reich unter Kämpfen und Leiden durchsetzen wird, die die Seele der Mutter Maria treffen werden. Die Mutter hat den Sohn zu opfern für den Sieg Gottes. Simeon steht unter der Führung des Heiligen Geistes und gehorcht seinen Anregungen. Er bekommt erleuchtete Glaubensaugen, daß er in dem hilflosen Jesuskind den kommenden Retter sehen kann.

1. Simeon ist fromm und gottesfürchtig, lebt in Gemeinschaft mit Gott, traut den Verheißungen seines Worts, leidet daher unter der Gottferne der Welt und wartet auf das Kommen des göttlichen Heils.

Lk 2,25 Ein Mensch war zu Jerusalem, mit Namen Simeon; und derselbe Mensch war fromm und gottesfürchtig und wartete auf den Trost Israels, und der Heilige Geist war in ihm.
2,26 Dem Wartenden war die Gewißheit geworden, daß er vor seinem Tode den Heiland sehe.

2. Er lebt in den Weissagungen Jesajas.

Lk 2,32 Der Messias ein Licht, zu erleuchten die Heiden (Jes 42,6; 49,6).
2,34 Der Messias ein Zeichen, dem widersprochen wird (Jes. 8,14).
2,35 Es wird ein Schwert durch deine Seele dringen (Jes 53).

3. Er bekommt Antwort auf sein Fragen und Warten und gehorcht der Führung des Heiligen Geistes.

Lk 2,26 Ihm war eine Antwort geworden von dem Heiligen Geist, er sollte den Tod nicht sehen, er hätte denn zuvor den Christus des Herrn gesehen.
2,27 Er kam aus Anregen des Geistes in den Tempel.

4. Darum erkennt er mit dem durch den Umgang mit Gottes Wort geschärften Blick des Glaubens in dem Kinde den Heiland der Welt und sieht seinen kommenden Weg.

Lk 2,28 Nahm ihn auf seine Arme, lobte Gott und sprach: ... Meine Augen haben deinen Heiland gesehen.

Hanna (Huld), ist eine Greisin, deren Leben durch den frühen Tod ihres Mannes in tiefes Leid geführt und von Gott getröstet worden ist. Gott ist ihr Lebensinhalt geworden. Sie läßt im Tempel sein Wort zu sich reden, spricht im Gebet mit Gott und dient ihm in freiem Verzichten. So hat sie das geisterhellte Auge, die Bedeutung der Stunde, da Jesus im Tempel dargestellt wird, zu erkennen. Die Woge der Freude, die über sie kommt, erweckt sie zum Lobpreis und zum Bekenntnis vor der Gemeinde der auf Gott Wartenden.

1. Hanna ist in tiefem Leid durch Gott getröstet.

Lk 2,36 hatte gelebt sieben Jahre mit ihrem Manne und war nun eine Witwe bei vierundachtzig Jahren; die kam nimmer vom Tempel.

2. Sie dient Gott.

Lk 2,37 Sie diente Gott mit Fasten und Beten Tag und Nacht.

3. So erkennt sie im Jesuskind den Messias, preist Gott und bekennt den Erlöser.

Lk 2,38 Sie trat auch hinzu zu derselben Stunde und pries den Herrn und redete von ihm zu allen, die da auf die Erlösung warteten.

Johannes der Täufer (griechische Form für das hebräische Johanan - Gott ist gnädig), ist aufgewachsen im Kreis derer, die auf die Erlösung warten, deren Gedanken von den Weissagungen Jesajas bestimmt sind. Infolge der wunderbaren Geschehnisse bei seiner Geburt ist er von Kind an in die Richtung auf Gott gewiesen und sich einer besonderen Sendung bewußt. Auf diese Sendung bereitet er sich vor in der Wüste, indem er mit den großen Worten des zweiten Jesaja sich beschäftigt. Im 15. Jahr des Kaisers Tiberius tritt er in der Jordangegend hervor im Bewußtsein, auf Gottes Befehl der Wegbereiter des nahen Messias zu sein.

In seiner äußeren Gestalt und Lebensweise ist er der Wüstensohn, der zur Welt der Zivilisation in einen starken Gegensatz tritt und so die Aufmerksamkeit erregt.

Die Wegbereitung besteht in der Aufforderung zur Umkehr zu Gott, vor dem unser Leben in Vergangenheit, Gegenwart und Zukunft als ein Ganzes daliegt. Umkehr zu Gott bedeutet deshalb ein In-Ordnung-Bringen der Vergangenheit und Zukunft. Das geschieht durch Gottes Gnadenangebot in der Wassertaufe zur Vergebung der Sünde und durch den gehorsamen Wandel, zu dem der Mensch frei wird, weil er von der Last der sündigen Vergangenheit erlöst ist. Wer Gott um die Frucht der Buße in einem gehorsamen Leben betrügt, auf den wartet das göttliche Gericht, vor dem weder die Zugehörigkeit zum auserwählten Volk, die Blutsverwandtschaft mit Abraham, noch die Zugehörigkeit zur gesetzesstrengen Gruppe der Pharisäer und dem priesterlichen Adel der Sadduzäer retten kann.

Die Wegbereitung ist in allem ihrem Tun Hinweis auf den kommenden Messias. Der auf den Messias hinweisend ausgestreckte Finger gehört zur Gestalt des Täufers und kann von ihr nicht weggedacht werden. Der eigentlich Wirkende in der Vergebung der Sünden und in der Reinigung vom verwerflichen Tun, im Ausführen der großen Scheidungen des Gerichts ist der Kommende. In seinem Wissen um die nur vorläufige Aufgabe ist die tiefe Demut des Täufers begründet, die jedes Endgültigsein ablehnt.

Johannes erkennt als erster in Jesus den Messias auf Grund der Überlieferung seines Elternhauses und der göttlichen Bestätigung bei der Taufe Jesu. Der Wegbereiter wird zum Zeugen Jesu. Damit ist sein Werk vollbracht.

Im Wissen um das Dasein des gewaltigen Erlösers steigert sich der Mut des Täufers zum todverachtenden Heldentum. Er verläßt die Wüste und sagt dem Gewaltherrscher Herodes das Bußwort. Als er im Gefängnis um Gottes willen schmachtet, hofft er auf das Eingreifen des Christus. Als nichts erfolgt, gerät er in Anfechtung, ob der stille Helfer Jesus auch der ist, der die Tenne fegen und die Spreu verbrennen wird. Er richtet entschlossen seine Zweifelsfragen an Christus selbst und bekommt die Antwort mit den Worten, die an Jesaja (Kap. 61 u. 35) anklingen: Der große Helfer ist da, zu helfen, nicht zu richten. Selig ist, der sich nicht an ihm ärgert, wenn sein Weg eigene Wünsche durchkreuzt. Der Täufer stirbt still und getrost im Kerker auf den einer Weinlaune entsprungenen Befehl des Herodes. Christus nennt ihn den größten Propheten, den wiedergekommenen Elia, und knüpft mit seinem Werk da an, wo der Täufer aufgehört hat.

1. Die Umwelt, aus der Johannes hervorwächst (siehe Zacharias und Elisabeth).

Lk 2,38 Alle, die da auf die Erlösung zu Jerusalem warteten.

1,15 Er wird groß sein vor dem Herrn: Wein und starkes Getränk wird er nicht trinken und wird noch im Mutterleibe erfüllt werden mit dem Heiligen Geist. Und er wird der Kinder Israel viele zu Gott, ihrem Herrn, bekehren. Und er wird vor ihm hergehen im Geist und Kraft des Elia, zu bekehren die Herzen der Väter zu den Kindern und die Ungläubigen zu der Klugheit der Gerechten, zuzurichten dem Herrn ein bereitet Volk. (Der Engel zu Zacharias.)

1,65 Diese ganze Geschichte ward ruchbar auf dem ganzen jüdischen Gebirge. Und alle, die es hörten, nahmen's zu Herzen und sprachen: Was meinst du, will aus dem Kindlein werden? Denn die Hand des Herrn war mit ihm.

2. Johannes der Wegbereiter des Messias.

a) durch die Weissagung zur Wegbereitung gerufen (Lk 1,15).

Jes 40,3 Es ist eine Stimme eines Predigers in der Wüste: Bereitet dem Herrn den Weg.

b) Durch den Befehl Gottes mit der Wegbereitung beauftragt.

Lk 3,1	Im fünfzehnten Jahr des Kaisers Tiberius, da Hannas und Kaiphas Priester waren, da geschah der Befehl Gottes zu Johannes, des Zacharias Sohn, in der Wüste.

c) Die Form seines Auftretens als Wegbereiter ist die des Nasiräers und der Propheten.

Mt 3,4	Er aber, Johannes, hatte ein Kleid von Kamelhaaren und einen ledernen Gürtel um die Lenden; seine Speise aber war Heuschrecken und wilder Honig.
2 Kö 1,8	Er hatte eine rauhe Haut an und einen ledernen Gürtel um seine Lenden (von Elia).
4 M 6,1-21	Nasiräer (Gottgeweihte), siehe Lk 1,15 Wein wird er nicht trinken.

d) Die Wegbereitung besteht in der Taufe der Buße zur Vergebung der Sünden und zum Gehorsam.

Mt 3,7	Als er nun viele Pharisäer und Sadduzäer sah zu seiner Taufe kommen, sprach er zu ihnen: Ihr Otterngezücht, wer hat denn euch gewiesen, daß ihr dem künftigen Zorn entrinnen werdet? Sehet zu, tut rechtschaffene Frucht der Buße. Denkt nur nicht, daß ihr bei euch wollt sagen, wir haben Abraham zum Vater. Ich sage euch: Gott vermag dem Abraham aus diesen Steinen Kinder zu erwecken. Es ist schon die Axt den Bäumen an die Wurzel gelegt. Darum, welcher Baum nicht gute Frucht bringt, wird abgehauen und ins Feuer geworfen.
Lk 3,10-14	Das Volk fragte ihn: Was sollen wir denn tun? Er antwortete: Wer zwei Röcke hat, der gebe dem, der keinen hat, und wer Speise hat, tue auch also. Zu den Zöllnern sprach er: Fordert nicht mehr, denn gesetzt ist. Zu den Kriegsleuten: Tut niemand Gewalt noch Unrecht. Lasset euch genügen an eurem Solde.
Mt 3,6	Sie ließen sich taufen von ihm im Jordan und bekannten ihre Sünden.
Lk 3,3	Er predigte die Taufe der Buße zur Vergebung der Sünden.

e) Sein Hinweis auf den Kommenden. Der Wegbereiter wird zum Zeugen Jesu und vollendet damit sein Werk.

Lk 3,16	Ich taufe euch mit Wasser; es kommt aber ein Stärkerer nach mir, der wird euch mit dem Heiligen Geist und mit Feuer taufen.
Joh 1,26	Er ist mitten unter euch getreten, den ihr nicht kennt. Der ist's, der nach mir kommen wird, welcher vor mir gewesen ist, des ich nicht wert bin, daß ich seine Schuhriemen auflöse.
Lk 3,17	In seiner Hand ist die Wurfschaufel, und er wird seine Tenne fegen und wird den Weizen in seine Scheune sammeln, und die Spreu wird er mit ewigem Feuer verbrennen.
Joh 1,29	Johannes sieht Jesum zu ihm kommen und spricht: Siehe, das ist Gottes Lamm, welches der Welt Sünde trägt! Dieser ist's, von dem ich gesagt habe, nach mir kommt ein Mann, der vor mir gewesen ist; denn er war eher denn ich.
1,32	Johannes zeugte und sprach: Ich sah, daß der Geist herabfuhr wie eine Taube vom Himmel und blieb auf ihm. Und der mich sandte, sprach zu mir: Auf welchen du sehen wirst den Geist herabfahren und auf ihm bleiben, der ist's, der mit dem Heiligen Geist tauft. Und ich sah es und zeugte, daß dieser ist Gottes Sohn.
1,36	Als er sah Jesum wandeln, sprach er zu zwei seiner Jünger: Siehe, das ist Gottes Lamm.

3. Die Demut des Täufers.

Lk 3,16 Es kommt ein Stärkerer nach mir, dem ich nicht genugsam bin, daß ich ihm die Schuhriemen auflöse.

Joh 1,20 Und er bekannte und leugnete nicht: Ich bin nicht Christus. Er sprach: Ich bin eine Stimme eines Predigers in der Wüste.

3,30 Er muß wachsen, ich aber muß abnehmen (als ihm gesagt wird, daß Jesus großen Zulauf hat).

3,29 Wer die Braut hat, der ist der Bräutigam. Der Freund aber des Bräutigams steht und hört ihm zu und freut sich hoch über des Bräutigams Stimme. Diese meine Freude ist nun erfüllt.

4. Der Mut des Täufers entspringt aus seinem Auftrag.

Lk 3,7 Ihr Otterngezücht (seine Sprache mit Pharisäern und Sadduzäern).

Mt 14,4 Johannes zu Herodes: Es ist nicht recht, daß du deines Bruders Weib habest.

5. Die Abendschatten im Leben des Täufers und das Licht Jesu.

Mt 11,2 Da Johannes im Gefängnis die Werke Christi hörte, ließ er ihm sagen: Bist du, der da kommen soll, oder sollen wir eines anderen warten?

11,4 Jesus antwortete und sprach zu ihnen: Gehet hin und saget Johannes wieder, was ihr sehet und höret: die Blinden sehen, und die Lahmen gehen ... und selig ist, wer sich nicht an mir ärgert.

14,10 Herodes schickte hin und enthauptete Johannes im Gefängnis. Da kamen seine Jünger und nahmen seinen Leichnam und begruben ihn und kamen und verkündeten das Jesu.

6. Das Wort Jesu über den Täufer.

Mt 11,9 Er ist mehr denn ein Prophet. Unter allen, die von Weibern geboren sind, ist nicht aufgekommen, der größer sei denn Johannes der Täufer. Der aber der Kleinste ist im Himmelreich, ist größer denn er ... Er ist Elia, der da soll zukünftig sein.

7. Ein Nachklang seines Wirkens.

Ap 18,25 Apollos wußte allein von der Taufe des Johannes.

19,3 Jünger in Ephesus, die nur mit der Taufe des Johannes getauft sind.

9. Jesus Christus

Jesus Christus, wahrer Mensch und wahrer Gott. Sein Bild sprengt in jedem Zug den Rahmen der Menschlichkeit und ist doch in diesen Rahmen durch die Selbsterniedrigung völlig eingeschlossen. Aber eben die Selbsterniedrigung Jesu beweist, daß er der ganz andere ist, den Gott erhöht hat, weil er in göttlicher Gestalt ist. Er ist Gottes letztes Wort, das fleischgewordene Wort. In ihm bekommt alles Geschaffene seinen Sinn, auf ihn zielt die Schrift. Er ist der Welten Heil und Richter.

1. Jesus Christus ist in göttlicher Gestalt und Gott gleich (Phil 2,6).

a) Das Zeugnis der Engel.

Mt 1,20 Der Engel des Herrn zu Joseph: Das in ihr geboren ist, das ist von dem Heiligen Geist.
Lk 1,32 Der Engel zu Maria: Er wird groß sein und ein Sohn des Höchsten genannt werden.
2,11 Euch ist heute der Heiland geboren.
24,5 Die Engel am Grabe Jesu: Was suchet ihr den Lebendigen bei den Toten? Er ist nicht hier, er ist auferstanden.
Ap 1,11 Engel zu den Jüngern: Dieser Jesus, welcher von euch ist aufgenommen gen Himmel, wird kommen, wie ihr ihn gesehen habt gen Himmel fahren.

b) Das Zeugnis des Vaters.

Mk 1,11 Da geschah eine Stimme vom Himmel: Du bist mein lieber Sohn, an dem ich Wohlgefallen habe.
Mt 17,5 Eine Stimme aus der Wolke sprach: Dies ist mein lieber Sohn, an dem ich Wohlgefallen habe; den sollt ihr hören.
Joh 12,28 Da kam eine Stimme vom Himmel: Ich habe ihn verklärt und will ihn abermals verklären. (Zeugnis durch Stimme vom Himmel.)
10,38 Glaubet doch den Werken, wollt ihr mir nicht glauben, auf daß ihr erkennet und glaubet, daß der Vater in mir ist, und ich in ihm.
3,2 Niemand kann die Zeichen tun, die du tust, es sei denn Gott mit ihm.
10,25 Die Werke, die ich tue in meines Vaters Namen, die zeugen von mir.
5,36 Die Werke, die mir der Vater gegeben hat, daß ich sie vollende, eben diese Werke zeugen von mir, daß mich der Vater gesandt hat. (Das Zeugnis der Werke.)
Mt 28,9 Der Auferstandene begegnet den Jüngern.
Mk 16,9 Jesus aber, da er auferstanden war, erschien er am ersten der Maria Magdalena.
Lk 24,31 Da wurden ihre Augen geöffnet, und sie erkannten ihn, und er verschwand vor ihnen.
24,36 Jesus trat mitten unter sie und sprach zu ihnen: Friede sei mit euch.
Joh 20,19 Der Auferstandene erscheint den Jüngern.
20,26 Dem Thomas.
21 Der Auferstandene am See Genezareth. (Zeugnis durch Auferweckung.)

c) Das Selbstzeugnis Jesu.

In Worten.

Joh 8,58 Ehe Abraham ward, bin ich.
Mt 11,27 Alle Dinge sind mir übergeben von meinem Vater. Niemand kennet den Sohn denn nur der Vater; und niemand kennet den Vater denn nur der Sohn.
5,22 Ich aber sage euch: (Jesus der Herr der Schrift.)
7,23 Jesus richtet am Jüngsten Tage.

10,32 Wer mich bekennet vor den Menschen, den will ich bekennen vor meinem himmlischen Vater.

26,63 Der Hohepriester: Ich beschwöre dich vor dem lebendigen Gott, daß du uns sagest, ob du seiest Christus, der Sohn Gottes. Jesus sprach zu ihm: Du sagst es. Von nun an wird's geschehen, daß ihr sehen werdet des Menschen Sohn sitzen zur Rechten der Kraft und kommen in den Wolken des Himmels.

28,18 Mir ist gegeben alle Gewalt im Himmel und auf Erden ... Taufet sie im Namen Gottes des Vaters, des Sohnes und des Heiligen Geistes ... und siehe, ich bin bei euch alle Tage, bis an der Welt Ende.

In Taten.

Mt 9,6 Er vergibt dem Gichtbrüchigen die Sünden: auf daß ihr aber wisset, daß des Menschen Sohn Macht habe, auf Erden Sünden zu vergeben, sprach er zu dem Gichtbrüchigen: Stehe auf, hebe dein Bett auf und gehe heim. Und er stand auf.

8,23 Jesus stillt den Sturm (er ist der Herr über die Natur).

11,5 Die Blinden sehen, die Lahmen gehen, die Aussätzigen werden rein, die Tauben hören, die Toten stehen auf.

9,25 Das Töchterlein des Jairus.

Lk 7,14 Jüngling zu Nain.

Joh 11,43 Lazarus.

d) Das Zeugnis der Apostel.

Mt 16,16 (Petrus) Du bist Christus, des lebendigen Gottes Sohn.

Ap 2,32 Diesen Jesus hat Gott auferweckt. Des sind wir alle Zeugen.

3,15 Den Fürsten des Lebens habt ihr getötet. Den hat Gott auferweckt von den Toten. Des sind wir Zeugen.

4,10 Im Namen Jesus Christus von Nazareth, den Gott von den Toten auferweckt hat, steht dieser allhier gesund.

7,55 (Stephanus) Ich sehe den Himmel offen und des Menschen Sohn zur Rechten Gottes stehen.

10,38 Petrus zu Cornelius: Gott hat diesen Jesus von Nazareth gesalbt mit dem Heiligen Geist und Kraft, der umhergezogen ist und hat wohlgetan und gesund gemacht alle, die vom Teufel überwältigt waren; denn Gott war mit ihm. Und wir sind Zeugen alles des, was er getan hat.

2 Pe 1,16 Wir sind nicht klugen Fabeln gefolgt, da wir euch kundgetan haben die Kraft und Zukunft unseres Herrn Jesus Christus, sondern wir haben seine Herrlichkeit selber gesehen.

Joh 1,14 (Johannes) Das Wort ward Fleisch und wohnte unter uns. Und wir sahen seine Herrlichkeit, eine Herrlichkeit als des eingeborenen Sohnes vom Vater, voller Gnade und Wahrheit.

1,1 Im Anfang war das Wort, und das Wort war bei Gott, und Gott war das Wort, und alle Dinge sind durch dasselbe gemacht. Und ohne dasselbe ist nichts gemacht, was gemacht ist.

1 Joh 1,1 Das da von Anfang war, das wir gehört haben, das wir gesehen haben mit unseren Augen, das wir beschaut haben und unsere Hände betastet haben, vom Wort des Lebens.

Ap 22,7 Paulus: Eine Stimme sprach zu mir: Saul, Saul, was verfolgst du mich? Ich antwortete aber: Herr, wer bist du? Und er sprach zu mir: Ich bin Jesus von Nazareth, den du verfolgst.

Rö 1,3 Sein Sohn, der geboren ist von dem Samen Davids nach dem Fleisch und kräftig erwiesen ein Sohn Gottes nach dem Geist seit der Zeit, da er auferstanden ist von den Toten, Jesus Christus, unser Herr.

1 Kr 15,3 Ich habe euch gegeben, was ich auch empfangen habe: daß Christus gestorben sei für unsere Sünden nach der Schrift, daß er begraben sei und daß er auferstanden sei am dritten Tage nach der Schrift...

Kol 1,16	Durch ihn ist alles geschaffen, was im Himmel und auf Erden ist. Es ist alles durch ihn und zu ihm geschaffen.
2,9	In ihm wohnt die ganze Fülle der Gottheit leibhaftig.
Heb 1,3	Er ist der Glanz seiner Herrlichkeit und das Ebenbild seines Wesens, und er trägt alle Dinge mit seinem kräftigen Wort und hat gemacht die Reinigung unserer Sünden durch sich selbst, und hat sich gesetzt zur Rechten der Majestät in der Höhe.

2. Er erniedrigte sich selbst und nahm Knechtsgestalt an,

Mt 20,28	Des Menschen Sohn ist nicht gekommen, daß er sich dienen lasse, sondern daß er diene.
Lk 22,27	Ich bin unter euch wie ein Diener.
Joh 13,3	Als Jesus wußte, daß ihm der Vater alles in seine Hände gegeben... hob er an, den Jüngern die Füße zu waschen.

ward wie ein anderer Mensch,

Lk 2,51	Er ging mit ihnen hinab und war ihnen untertan.
Mt 3,13	läßt sich taufen mitten unter den Sündern.
11,19	Sie sagen: Siehe, der Zöllner und Sünder Geselle. (Unter den Sündern.)
4,3	Der Versucher trat zu ihm.
Lk 4,13	Da der Teufel die Versuchung vollendet hatte, wich er von ihm eine Zeitlang.
Mt 16,23	Hebe dich weg von mir, Satan!
Heb 4,15	Versucht allenthalben gleich wie wir, doch ohne Sünde. (Versucht wie wir.)
Mk 1,35	Des Morgens vor Tage stand er auf, ging hinaus. Und Jesus ging in eine wüste Stätte und betete daselbst.
7,34	Sah auf gen Himmel, seufzte.
Joh 11,41	Jesus hob seine Augen empor und sprach: Vater!
Mt 26,39	Betet in seiner schweren Stunde in Gethsemane. (Betet wie wir.)

an Gebärden als ein Mensch erfunden.

Mt 4,2	Es hungerte ihn.
21,18	Es hungerte ihn.
Joh 19,28	Mich dürstet.
Mt 8,24	Er schlief.
Lk 12,50	Wie ist mir so bange, bis die Bluttaufe vollendet werde!
Mt 26,37	Er fing an zu trauern und zu zagen.
26,38	Bleibet hier und wachet mit mir. (Sucht Gemeinschaft mit Menschen in seiner Not.)

Er ward gehorsam:

Joh 4,34	Meine Speise ist die, daß ich tue den Willen des, der mich gesandt hat, und vollende sein Werk.

in der Liebe zu seinem Volk,

Mt 10,5	Gehet nicht auf der Heiden Straße, sondern geht hin zu den verlorenen Schafen aus dem Hause Israel.
15,26	Es ist nicht fein, daß man den Kindern ihr Brot nehme.
23,37	Wie oft habe ich deine Kinder versammeln wollen, wie eine Henne ihre Küchlein versammelt.

in der Liebe bis zum Tod,

Mt 11,28	Kommet her zu mir, alle (schrankenlose Liebe).
Lk 7,37	Die große Sünderin.

Mk 10,21	Jesus sah ihn an und liebte ihn.
Joh 13,1	Wie er geliebt hatte die Seinen, so liebte er sie bis ans Ende.
15,13	Niemand hat größere Liebe denn die, daß er sein Leben läßt für seine Freunde.
Mt 26,50	Mein Freund (zu Judas nach seinem Verräterkuß).
Lk 23,34	Vater, vergib ihnen, denn sie wissen nicht, was sie tun (Feindesliebe).

in dem Eifern für die Wahrheit,

Mk 10,21	Sagt dem reichen Jüngling die Wahrheit.
Mt 21,12	Im Eifer für das Haus des Herrn reinigt er den Tempel.
23,13	Wehe euch, ihr Schriftgelehrten und Pharisäer!
26,64	Ihr werdet sehen des Menschen Sohn sitzen zur Rechten der Kraft.

bis zum Tod am Kreuz.

Mk 14,36	Nicht was ich will, sondern was du willst.
Mt 16,21	Von der Zeit an fing Jesus an und zeigte seinen Jüngern, wie er müßte viel leiden und getötet werden (er sieht das Kreuz klar vor Augen).
Lk 22, 14 - 20	Einsetzung des heiligen Abendmahls (er selbst gibt seinen Leib in den Tod für die Menschen).
24,26	Mußte nicht Christus solches leiden und zu seiner Herrlichkeit eingehen?
Joh 19,17	Und er trug sein Kreuz. Allda kreuzigten sie ihn.
19,30	Es ist vollbracht! (Sein Sterben ist nicht nur Leiden, sondern höchste Tat.)

Darum hat ihn auch Gott erhöht

Mt 28,18	mir ist gegeben alle Gewalt im Himmel und auf Erden.
Lk 24,51	er schied von ihnen und fuhr auf gen Himmel.
1 Joh 2,1	wir haben einen Fürsprecher bei dem Vater, Jesus Christus, der gerecht ist.
Rö 8,34	welcher ist zur Rechten Gottes und vertritt uns.
2 Kr 5,10	wir müssen alle offenbar werden vor dem Richtstuhl Christi...
Off 5,7	das Lamm öffnet das Buch mit den sieben Siegeln (in ihm bekommt der Weltplan seinen Sinn).

und hat ihm einen Namen gegeben, der über alle Namen ist,

Lk 24,47	predigen lassen in seinem Namen Buße und Vergebung der Sünden.
Joh 16,23	so ihr den Vater etwas bitten werdet in meinem Namen, so wird er's euch geben.
Off 1,11	ich bin das A und O, der Erste und der Letzte.
Ap 4,12	es ist in keinem anderen Heil, ist auch kein anderer Name unter dem Himmel den Menschen gegeben, darin wir sollen selig werden.
4,10	im Namen Jesus von Nazareth steht dieser allhier gesund.

daß in dem Namen Jesu sich beugen sollen aller derer Knie, die im Himmel und auf Erden und unter der Erde sind.

Ps 110,1	setze dich zu meiner Rechten, bis ich alle deine Feinde zum Schemel deiner Füße lege.
Off 1,7	es werden ihn sehen alle Augen und die ihn zerstochen haben, und es werden heulen alle Geschlechter der Erde. Ja, Amen.
7,9	die große Schar aus allen Heiden und Völkern schrien mit großer Stimme und sprachen: Heil sei dem, der auf dem Stuhl sitzt, unserem Gott und dem Lamm.

10. Der Kreis der zwölf Jünger

Simon Petrus, der Jünger Jesu, ist wankelmütig, rasch begeistert, aber auch rasch entmutigt, Bekenner und Verleugner zugleich. Er ist schnell mit dem Wort, nimmt den Mund voll und hält nicht, was er verspricht. Aus diesem wankelmütigen Menschen soll ein Fels werden durch die Kraft Christi. Und er ist es geworden. Er hat die erste Gemeinde in Jerusalem gegründet und das Evangelium zu den Heiden getragen. Er wirkt später in Babylon, schreibt von dort durch Silas den 1. Petrusbrief. In der Neronischen Verfolgung soll er in Rom umgekommen sein. (Simon = Erhörung, Petrus = Felsenmann.)

I. Sein Werden.

1. Er lernt Jesus kennen durch Vermittlung seines Bruders Andreas, der ein Johannesjünger war, und bekommt von Jesus das Programm seines Lebens.

Joh 1,41 Andreas findet am ersten seinen Bruder Simon und spricht zu ihm: Wir haben den Messias gefunden, und führte ihn zu Jesus. Da ihn Jesus sah, sprach er: Du bist Simon, Jonas Sohn (Jonas - Taube), du sollst Kephas heißen (ein Fels).

2. Er scheint aber Jesus nicht nachgefolgt zu sein, vielleicht aus materiellen Sorgen heraus. Wir treffen ihn bei seinem Fischergerät entmutigt, weil er nichts gefangen hat. Nun wird er von Jesus selbst berufen durch den wunderbaren Fischzug.

Lk 5,5 Auf dein Wort will ich das Netz auswerfen. (Er glaubt.)
5,8 Herr, gehe hinaus von mir, ich bin ein sündiger Mensch! (Er tut Buße für seinen Unglauben und Sorgengeist.)
5,10 Er erhält die Verheißung: »Fürchte dich nicht, von nun an wirst du Menschen fangen«, und verläßt alles und folgt Jesu nach.

3. Er wird mit den Jüngern ausgesandt, um die Botschaft vom Himmelreich zu den verlorenen Schafen von Israel zu bringen.

Mt 10,7 Gehet hin und predigt und sprecht: Das Himmelreich ist nahe herbeigekommen.
Lk 10,17 Sie kamen wieder mit Freuden und sprachen: Herr, es sind uns auch die Teufel untertan in deinem Namen.

4. Er erlebt die Wunderwerke Christi und verzagt doch, wenn er einer großen Not gegenübersteht.

Mt 8,14 Heilung seiner Schwiegermutter durch Jesus.
8,25 Die Jünger sprachen: Herr, hilf uns, wir verderben! (Sturm auf dem Meer.)
Lk 8,51 Er wird Zeuge der Auferweckung des Jairus Töchterlein: Jesus ließ niemand hineingehen denn Petrus, Jakobus und Johannes.
Mt 14,25 Nach der Speisung der Fünftausend begegnet ihnen Jesus auf dem See Genezareth.
14,28 Petrus antwortete ihm und sprach: Herr, bist du es, so heiß mich zu dir kommen auf dem Wasser. Er sah aber einen starken Wind, da erschrak er

und hob an zu sinken, schrie und sprach: Herr, hilf mir! Jesus ergriff ihn und sprach zu ihm: O du Kleingläubiger, warum zweifeltest du?

17,1 Nach sechs Tagen nahm Jesus zu sich Petrus, Jakobus und Johannes, führte sie auf einen hohen Berg und ward vor ihnen verklärt. Petrus aber sprach: Hier ist gut sein. Lasset uns Hütten bauen.

17,16 Der Vater des besessenen Sohnes: Ich habe ihn zu deinen Jüngern gebracht, sie konnten ihm nicht helfen. Jesus aber sprach: O du ungläubige und verkehrte Art, wie lange soll ich bei euch sein? Wie lange soll ich euch dulden?

5. Sein Hochmut und sein Rechnen auf Lohn.

Lk 9,46 Es kam auch ein Gedanke unter sie, welcher unter ihnen der Größte wäre.

Mt 19,27 Petrus sprach: Siehe, wir haben alles verlassen und sind dir nachgefolgt. Was wird uns dafür?

18,21 Da trat Petrus zu ihm und sprach: Herr, wie oft muß ich meinem Bruder, der an mir sündigt, vergeben? Ist's genug siebenmal?

Joh 13,8 Da sprach Petrus zu ihm: Nimmermehr sollst du mir die Füße waschen (Demut am falschen Platz).

6. Er bekennt, daß Jesus der Christus ist, wird von Jesus gepriesen, aber er will Jesus abhalten von seinem Leidensweg.

Mt 16,16 Du bist Christus, des lebendigen Gottes Sohn.

16,17 Selig bist du, Simon, Jonas Sohn, Fleisch und Blut haben dir das nicht geoffenbart, sondern mein Vater im Himmel.

16,22 Petrus nahm ihn zu sich, fuhr ihn an und sprach: Herr, schone deiner selbst. Das widerfahre dir nur nicht.

16,23 Jesus wandte sich um und sprach zu Petrus: Hebe dich, Satan, von mir! Du bist mir ärgerlich, du meinst nicht, was göttlich, sondern was menschlich ist.

7. Sein Hochmut kommt vor dem Fall.

Joh 13,24 Petrus winkt Johannes, daß er forschen sollte, wer der Verräter wäre (er überhebt sich über Judas).

13,37 verspricht Jesus: Ich will mein Leben für dich lassen.

Mt 26,33 Petrus: Wenn sich auch alle an dir ärgern, so will ich doch mich nimmermehr an dir ärgern.

26,35 Petrus: Wenn ich mit dir sterben müßte, so will ich dich doch nicht verleugnen.

26,37 Jesus nahm zu sich Petrus ... fing an zu trauern und zu zagen.

26,40 Er kam zu den Jüngern und fand sie schlafend und sprach zu Petrus: Könnt ihr nicht eine Stunde mit mir wachen? (Der für ihn sterben wollte, kann nicht einmal für ihn wachen.)

Joh 18,10 Petrus haut dem Melchus das Ohr ab (trotzig).

Mt 26,56 Da verließen ihn alle Jünger und flohen (verzagt).

26,58 Petrus aber folgte ihm nach von ferne bis in den Palast des Hohenpriesters und setzte sich zu den Knechten, auf daß er sähe, auf was es hinaus wollte (waghalsig).

26,70 Er verleugnet den Herrn vor einer Magd: Ich weiß nicht, was du sagst.

26,71 Es sah ihn eine andere und sprach zu denen, die da waren: Dieser war auch mit Jesus von Nazareth. Er leugnete abermals und schwur dazu: Ich kenne den Menschen nicht.

26,74 Da hob er an, sich zu verfluchen und zu schwören: Ich kenne den Menschen nicht. Und alsbald krähte der Hahn.

8. Buße, Annahme, Prüfung, Neueinsetzung in sein Amt und Bereitung zum Martyrium.

Lk 22,61	Der Herr wandte sich und sah Petrus an. Und Petrus gedachte an des Herrn Wort, wie er zu ihm gesagt hatte: Ehe denn der Hahn kräht, wirst du mich dreimal verleugnen.
Mt 26,75	Er ging hinaus und weinte bitterlich.
Mk 16,7	Gehet hin, saget es seinen Jüngern und Petrus. (Jesus nimmt den Sünder an.)
1 Kr 15,5	Er ist gesehen worden von Kephas, danach von den Zwölfen.
Joh 21,7	Er gürtete das Hemd um sich und warf sich ins Meer (dem Auferstandenen entgegen).
21,15	Simon Jona, hast du mich lieber, denn mich diese haben? Er spricht zu ihm: Ja, Herr, du weißt, daß ich dich liebhabe. Spricht er zu ihm: Weide meine Lämmer.
21,17	Petrus war traurig, daß er zum dritten Male sagte: Hast du mich lieb? und sprach zu ihm: Herr, du weißt alle Dinge, du weißt, daß ich dich liebhabe. Spricht Jesus zu ihm: Weide meine Schafe.
21,18	Da du jünger warest, gürtetest du dich selbst und wandeltest, wo du hin wolltest; wenn du aber alt wirst, wirst du deine Hände ausstrecken, und ein anderer wird dich gürten und führen, wo du nicht hin willst.

II. Sein Wirken.

1. Petrus gründet die erste Gemeinde durch sein mutiges Bekenntnis und leitet sie mit Vollmacht, Wort und Gebet.

a) Sein Bekennermut.

Ap 1,15	Petrus fordert auf, für Judas einen Ersatz zu wählen.
2,14	Da trat Petrus auf mit den Elfen, erhob seine Stimme und redete zu ihnen: Ihr Juden, liebe Männer, und alle, die ihr zu Jerusalem wohnet, das sei euch kundgetan, und lasset meine Worte zu euren Ohren eingehen.
2,38	Tut Buße und lasset euch taufen auf den Namen Jesu Christi.
3,6	Im Namen Jesu Christi von Nazareth: Stehe auf und wandle!
4,10	Euch und allem Volk von Israel sei kundgetan, daß in dem Namen Jesus Christus von Nazareth, welchen ihr gekreuzigt habt, welchen Gott von den Toten auferweckt hat, steht dieser allhier vor euch gesund. (Sein Bekennermut vor dem Volk und Hohen Rat.)

b) Seine Vollmacht.

Ap 5,3	Vollmacht zu richten, gegenüber Ananias und Saphira.
9,34	Vollmacht zu heilen den lahmen Äneas.
9,40	Erweckung der Tabea.
5,15	daß wenn Petrus käme, sein Schatten ihrer etliche überschattete.

c) Gott bekennt sich zu ihm durch wunderbare Errettung.

Ap 5,19	Der Engel des Herrn tat in der Nacht die Türen des Gefängnisses auf.
12,7	Der Engel des Herrn kam daher, und die Ketten fielen ihm von seinen Händen.

d) Seine weise Selbstbeschränkung auf das Allerwichtigste.

Ap 6,4	Er beschränkt sich in seiner Arbeit auf Wort und Gebet und läßt die Armenpfleger wählen.

2. Seine Berufung zur Mission an den Heiden.

Ap 10,15	Was Gott gereinigt hat, das mache du nicht gemein.
10,34	Petrus im Haus des Kornelius: Nun erfahre ich mit der Wahrheit, daß Gott die Person nicht ansieht, sondern in allerlei Volk, wer ihn fürchtet und recht tut, der ist ihm angenehm.
Ap 11,18	Er legt seine Freiheit den Heiden gegenüber der Gemeinde in Jerusalem dar, daß sie schwiegen und lobten Gott und sprachen: So hat Gott auch den Heiden Buße gegeben zum Leben.

3. Der alte Wankelmut kommt wieder zum Vorschein.

Ap 15,7	Petrus tritt für Paulus und die Heidenmission ein auf dem Apostelkonzil.
Ga 2,12	Paulus widersteht dem Petrus, weil er zuerst mit den Heiden aß, dann aber, als die strengen Judenchristen aus dem Kreis des Jakobus von Jerusalem kamen, sich den Heiden entzog. Er läßt sich sein Unrecht von Paulus sagen.

4. In seinen Briefen spiegelt sich seine Lebenserfahrung wider.

1 Pe 1,2	Berufen nach der Vorsehung Gottes, des Vaters, zum Gehorsam und zur Besprengung mit dem Blute Jesu Christi.
1,7	Ermunterung, für Jesus zu leiden (Kap. 4,12).
3,10	Wer leben will, der schweige seine Zunge.
3,15	Seid allezeit bereit zur Verantwortung jedermann.
2 Pe 1,18	Die Stimme haben wir gehört vom Himmel, da wir mit ihm waren auf dem heiligen Berg.
3,12	Er mahnt zum Warten und Eilen zu der Zukunft des Tages des Herrn.
3,15	Wie auch unser lieber Bruder Paulus geschrieben hat.

Matthäus (Gabe Gottes), auch Levi genannt (Mk 2,14), Sohn des Alphäus, ist ein gewaltiger Mann, in dem sich die Hoheit Jesu in der Niedrigkeit spiegelt. Er ist einer der großen Religionslehrer der Menschheit. Matthäus führt in seinem Leben das Thema Buße und Glauben mit entschlossenem Ernst durch. Seine Berufungsgeschichte gibt ihm Standort und Gesichtspunkt, von dem aus er das Evangelium verkündet. Sein heißes Wollen zum Gehorsam gegen Gottes Willen läßt ihn die Worte Jesu, die die Bosheit ablehnen, besonders festhalten. Die Begründung des Glaubens an Christus durch das Wunderwirken Gottes in Christus ist ihm sehr wichtig. Darum erzählt er die wunderbare Geburt Jesu und berichtet von den Taten des Herrn. Darum legt er Wert auf den Schriftbeweis, der Gottes Wirken in den Linien der Verheißung dartut. Die Demut Jesu und sein Gehorsam gegen die von der Schrift gewollte Niedrigkeit hat es ihm besonders angetan.

Er schenkt der nationalen Frage Israels starke Beachtung und erkennt seine hohe Berufung an. Es bewegt ihn kein Gegensatz gegen die Religion Israels, sondern nur gegen seine Sünde, die ihm infolge seiner Verwerfung des Messias das Gericht bringt. Darum ist er frei von sektiererischem Zank wie von sektiererischem Stolz, weil ihm der Gehorsam gegen Gottes Willen das wichtigste ist.

So begründet er mit seinem Evangelium die palästinensische Gemeinde, und der Blick auf sie wird immer wieder sichtbar. Mit seinem Wort gibt er der ersten Gemeinde Weg und Richtung.

Er gibt seinen Bericht als frohe Botschaft Gottes in ruhiger Abgeklärtheit.

1. Matthäus wird durch den Ruf Jesu vom Zoll weggerufen in seine Nachfolge. Er erlebt die Gnade Gottes und wendet sich mit entschlossenem Glauben an Christus in völliger Buße von seinem bisherigen Leben ab.

Mt 9,9	Da Jesus von dannen ging, sah er einen Menschen am Zoll sitzen, der hieß Matthäus; und sprach zu ihm: Folge mir! Und er stand auf und folgte ihm.
Lk 5,28	Er verließ alles und folgte ihm nach.
Mt 9,11	Da das die Pharisäer sahen, sprachen sie: Warum ißt euer Meister mit den Zöllnern und Sündern? (Seine Berufung schlug der pharisäischen Selbstgerechtigkeit ins Gesicht.)

2. So wird er auf Grund seiner Lebenserfahrung Verkünder der frohen Botschaft von Christus und fordert Glauben und Buße.

a) Er begründet den Glauben an Christus.

Mt 1	Die wunderbare Geburt Christi.
4,23	Jesus heilte allerlei Seuche und Krankheit im Volk und sie brachten zu ihm Kranke, mit allerlei Seuchen und Qual behaftet, die Besessenen, die Mondsüchtigen und die Gichtbrüchigen; und er machte sie alle gesund. Die Kapitel 8 u. 9. 14. 15 Die Taten Jesu (Durch Gottes Wundertat).
2,23	Auf daß erfüllt würde, was da gesagt ist durch die Propheten: Er soll Nazarenus heißen.
8,17	Auf daß erfüllt würde, was da gesagt ist durch den Propheten Jesaja: Er hat unsere Schwachheiten auf sich genommen, und unsere Seuchen hat er getragen.
21,4	Das geschah aber alles, auf daß erfüllt würde, was gesagt ist durch den Propheten, der da spricht: Saget der Tochter Zion, siehe, dein König...
26,56	Aber das ist alles geschehen, auf daß erfüllt würden die Schriften der Propheten. Da verließen ihn alle Jünger und flohen. (Durch den Schriftbeweis.)
11,6	Selig ist, der sich nicht an mir ärgert! (Hoheit in der Niedrigkeit.)
3,15	Jesus: Laß es also sein! Also gebührt es uns, alle Gerechtigkeit zu erfüllen.
8,20	Des Menschen Sohn hat nicht, da er sein Haupt hinlege.
11,29	Ich bin sanftmütig und von Herzen demütig.
26,37	fing an zu trauern und zu zagen.
27,46	Mein Gott, mein Gott, warum hast du mich verlassen! (Durch den Hinweis auf die Demut Jesu. Matthäus hebt die Züge der Niedrigkeit Jesu so stark hervor, daß das Sieghafte der Kreuzes- und Auferstehungsgeschichte zurücktritt.)

b) Er ruft zu entschlossenem Gehorsam auf in Abwehr gegen das Böse; indem er gerade die Worte Jesu wiedergibt, die den radikalen Kampf gegen die Sünde verlangen.

Mt 5,13	Ihr seid das Salz der Erde; - das unbrauchbare Salz wird verworfen.
7,23	Die den Willen Gottes nicht tun, werden verdammt.
12,31	Die Lästerung des Geistes führt zur Verstockung.

16,24 Es wird die Verleugnung des Ichlebens verlangt - wer versagt, verliert sein Leben.
18,6 Wer die Kleinen zum Bösen verleitet, ist der allerschwersten Strafe schuldig.
Mt 18,35 Wer nicht vergibt, bekommt nicht vergeben.
22,11 Alle werden zur Hochzeit eingeladen. Wer aber kein hochzeitliches Kleid hat, wird verworfen.

3. Er weist der Gemeinde Christi ihren Platz an innerhalb Israels in Treue gegen Gottes Verheißung, ruft sie aber zur Abkehr von der Sünde Israels, die das Gericht unabwendbar macht und beruft sie zur Heidenmission.

Mt 5,18 Nicht der kleinste Buchstabe noch ein Strichlein vom Gesetz wird zergehen, bis es alles geschehe.
10,5 Gehet nicht auf der Heiden Straße und ziehet nicht in der Samariter Städte. Sondern gehet hin zu den verlorenen Schafen aus dem Hause Israel.
15,24 Ich bin nicht gesandt denn nur zu den verlorenen Schafen von dem Hause Israel.
23 Wehe euch, Schriftgelehrte und Pharisäer. Ihr seid Kinder derer, die die Propheten getötet haben. Wohlan, erfüllet auch ihr das Maß eurer Väter.
23,37 Jerusalem, die du tötest die Propheten und steinigst, die zu dir gesandt sind (die Sünde Israels).
27,25 Da antwortete das ganze Volk und sprach: Sein Blut komme über uns und unsere Kinder.
28,11 Die Hohenpriester wissen durch die Hüter des Grabes von seiner Auferstehung und glauben doch nicht.
28,19 Darum gehet hin und lehret alle Völker.

4. Der scharfe Geist des Matthäus liebt, um die Hoheit Jesu in der Niedrigkeit deutlich zu machen, den Kontrast, den Gegensatz in der Darstellung.

Mt 3,1 f. Taufe Jesu, das beseligende Hören der Gottesstimme: Dies ist mein lieber Sohn - unmittelbar darauf folgt
Mt 4 die Versuchung durch den Satan.
11,25 Lobpreis des Vaters, daß er das Evangelium den Unmündigen geoffenbart hat.
12,31 Das Wort gegen die Lästerung des Heiligen Geistes.
17,2 Verklärung - 17,17 Glaubenslosigkeit der Jünger, die den Besessenen nicht heilen können.
16,17 Selig bist du, Simon, Jonas Sohn.
16,23 Sprach zu Petrus: Hebe dich, Satan, von mir!
26,7 Die Tat der Liebe (Salbung) - 26,14 der Verrat des Judas.

Johannes und Jakobus, Söhne des Zebedäus und der Salome (vgl. Mt 27,56 mit Mk 15,40), einer Mutter, die das Höchste für ihre Söhne erstrebt, die in messianischen Hoffnungen glüht und diese Erwartungen in die Herzen ihrer Kinder gepflanzt hat. Johannes hat ein Ohr für das Reden Gottes in seiner Zeit. So finden wir ihn unter den Jüngern des Täufers. Als er von ihm den Hinweis auf das Lamm Gottes empfängt, macht er sich auf die Suche nach Jesus. Er ist seines Handwerks ein Fischer, arbeitet mit seinem Vater zusammen und hilft mit seinem Bruder dem Simon Petrus. Beim wunderbaren Fischzug werden sie von

Jesus in seine Nachfolge berufen. Johannes ist ein Feuergeist und von einem verzehrenden Eifer für die Ehre Gottes erfüllt. Er bekommt mit seinem Bruder Jakobus zusammen von Jesus den Namen »Boanerges«, d.i. »Donnerskinder« (Mk 3,17). Aus diesem seinem Wesen erklärt sich, daß er der Prophet der ersten Christenheit wird, der den Kampf zwischen Gott und dem Satan und den endgültigen Sieg des Reiches Gottes erschaut. Sein Feuergeist kommt auch in seiner Arbeit in der Gemeinde zum Vorschein. Er ist ein Kämpfer gegen die Gnosis und gegen die ungläubigen Juden.

Dieser Feuergeist wird von Jesus verklärt. Christus tritt in den Mittelpunkt seines Lebens. Er wird der Jünger, »den Jesus liebhatte«. Im engeren Kreis mit Petrus und Jakobus zusammen erlebt er die Verklärung Jesu und Gethsemane mit. Beim letzten Mahle Jesu sitzt er neben dem Meister. Er allein harrt bei Jesus aus in seinen Leiden, er begleitet den Herrn in den hohenpriesterlichen Palast und steht unter dem Kreuz. Ihm gibt Jesus seine Mutter als Vermächtnis und seiner Mutter ihn zum Sohn.

Johannes wird durch den Umgang mit Jesus zum Zentralblick des Glaubens geführt, in dem Hoffnung und Liebe beschlossen sind. Johannes denkt vom Mittelpunkt Christus aus. Er ist so nah der Glut Jesu, daß ihm die bunte Fülle des Lebens zu gewaltigen Kontrasten zusammenschmilzt. (Licht - Finsternis, Geist - Fleisch, Gott - Satan, Glaube - Unglaube, Lieben - Hassen.) Im Dienst der Gemeinde schreibt er seine Offenbarung und reinigt ihr Hoffen. Er schreibt seine Briefe und begründet die Bruderliebe. Zuletzt verfaßt er in Ergänzung der anderen Evangelien sein Evangelium als Missionsschrift an die ungläubigen Juden, »auf daß auch sie glauben, Jesus sei der Christus, der Sohn Gottes« (Joh 20,31). Hochbetagt ist er nach den übereinstimmenden Nachrichten des zweiten Jahrhunderts n. Chr. in Ephesus eines natürlichen Todes gestorben (Joh 21,23). Jakobus, der weiter nicht hervortritt, stirbt im Jahre 44 n. Chr. den Märtyrertod durch das Schwert des Herodes Agrippa. Die Juden haben Gefallen an seinem Tode.

I. Sein Weg zu Jesus.

1. Seine Eltern: Seine Mutter pflanzt die messianische Erwartung in sein jugendliches Herz.

Lk 5,10 Jakobus und Johannes, die Söhne des Zebedäus, Simons Gesellen.
Mt 20,20 Da trat zu ihm die Mutter der Kinder des Zebedäus mit ihren Söhnen, kniete vor ihm nieder und bat: Laß diese meine zwei Söhne sitzen in deinem Reich, einen zur Rechten und einen zur Linken.

2. Sein Suchen nach dem Messias.

Joh 1,35 es stand Johannes und zwei seiner Jünger. Und als er sah Jesum wandeln, sprach er: Siehe, das ist Gottes Lamm. Und die zwei Jünger hörten ihn reden und folgten Jesu nach. Jesus wandte sich um und sprach zu ihnen: Was suchet ihr? Sie kamen und sahen's und blieben bei ihm. Es war aber um die zehnte Stunde. Einer aus den zweien war Andreas.

3. Seine Berufung.

Lk 5,11 Nach dem großen Fischzug führten sie die Schiffe zu Lande und verließen alles und folgten ihm nach.

II. Seine natürliche Art wird von Jesus verklärt.

1. Seine natürliche Art: Er ist ein Feuergeist.

Mk 3,17 Jesus gab ihnen den Namen »Boanerges«, Donnerskinder.

Lk 9,54 Da das seine Jünger Jakobus und Johannes sahen (daß die Samariter ihn nicht annahmen), sprachen sie: Herr, willst du, so wollen wir sagen, daß Feuer vom Himmel falle und verzehre sie, wie Elia tat. Jesus aber wandte sich und bedrohte sie und sprach: Wisset ihr nicht, welches Geistes Kinder ihr seid?

Mk 10,35 Da gingen zu ihm Jakobus und Johannes und sprachen: Gib uns, daß wir sitzen einer zu deiner Rechten und einer zu deiner Linken in deiner Herrlichkeit. Jesus sprach zu ihnen: Ihr wisset nicht, was ihr bittet. Könnt ihr den Kelch trinken, den ich trinke, und euch taufen lassen mit der Taufe, mit der ich getauft werde? Sie sprachen zu ihm: Ja, wir können es wohl.

2. Wie Jesus diese Art reinigt und verklärt.

a) Er empfängt Jesu Wort, sieht Jesu Herrlichkeit und glaubt an ihn.

Joh 2,11 Er offenbarte seine Herrlichkeit, und seine Jünger glaubten an ihn.

6,68 Du hast Worte des ewigen Lebens, und wir haben geglaubt und erkannt, daß du bist Christus, der Sohn des lebendigen Gottes.

1,14 Das Wort ward Fleisch und wohnte unter uns, und wir sahen seine Herrlichkeit, eine Herrlichkeit als des eingeborenen Sohnes voller Gnade und Wahrheit.

20,8 Da ging auch der andere Jünger hinein, der am ersten zum Grabe kam, und sah und glaubte es. (Johannes ist der erste, der an den Auferstandenen glaubt.)

b) Jesus reinigt sein Wollen.

Lk 9,55 Wisset ihr nicht, welches Geistes Kinder ihr seid? Des Menschen Sohn ist nicht gekommen, der Menschen Seelen zu verderben, sondern zu erhalten.

Joh 13,1 Wie er geliebt hatte die Seinen, so liebte er sie bis ans Ende.

13,34 Ein neu Gebot gebe ich euch, daß ihr euch untereinander liebet, wie ich euch geliebt habe.

c) Jesus reinigt sein Hoffen.

Mk 10,39 Ihr werdet zwar den Kelch trinken, den ich trinke, und getauft werden mit der Taufe, mit der ich getauft werde, zu sitzen aber zu meiner Rechten und zu meiner Linken, steht mir nicht zu, euch zu geben, sondern welchen es bereitet ist.

d) Jesus zieht ihn in seine nächste Umgebung.

Joh 13,23 Es war einer unter seinen Jüngern, der zu Tische saß, an der Brust Jesu, welchen Jesus liebhatte.

19,26 Der Jünger, den Jesus liebhatte.
Lk 8,51 Jesus ließ niemand hineingehen denn Petrus, Jakobus und Johannes. (Johannes wird Augenzeuge der Auferweckung von Jairi Töchterlein.)
Mt 17,1 Jesus nahm zu sich Petrus, Jakobus und Johannes und führte sie beiseite auf einen hohen Berg und ward verklärt vor ihnen.
26,37 nahm zu sich Petrus und die zwei Söhne des Zebedäus und fing an zu trauern und zu zagen.

e) Johannes antwortet auf die Liebe Jesu mit besonderer Treue.

Joh 18,15 Simon Petrus folgte Jesus nach und ein anderer Jünger. Dieser Jünger war dem Hohenpriester bekannt und ging mit Jesus hinein in des Hohenpriesters Palast.
19,26 Da nun Jesus seine Mutter sah und den Jünger dabeistehen, den er liebhatte, spricht er zu seiner Mutter: Weib, siehe, das ist dein Sohn. Danach spricht er zu dem Jünger: Siehe, das ist deine Mutter. Und von der Stunde an nahm sie der Jünger zu sich.
21,7 Da spricht der Jünger, welchen Jesus liebhatte, zu Petrus: Es ist der Herr. (Johannes erkennt den Auferstandenen vor den anderen Jüngern.)

III. Sein Werk.

1. Seine Gemeinschaft mit Petrus.

Ap 3,1 Petrus aber und Johannes gingen miteinander hinauf in den Tempel (Heilung des Lahmen).
4,19 Petrus und Johannes vor dem Hohen Rat.
8,14 Da die Apostel hörten, daß Samarien das Wort Gottes angenommen hatte, sandten sie zu ihnen Petrus und Johannes.
Ga 2,9 Kephas und Johannes, die für Säulen angesehen waren.

2. Er schreibt die Offenbarung und leitet die Hoffnung der Urgemeinde in die rechte Bahn.

Off 22,20 Amen! Ja, komm, Herr Jesu! (Seine Hoffnung ist bestimmt durch die Erwartung des wiederkommenden Herrn.)
13,4 - 8 Das Tier aus dem Meer, der Antichrist, der die Macht um der Macht willen begehrt und in Verbindung mit dem falschen Prophetentum, das der Erhöhung des Menschen dient, die Heiligen teils verführt, teils mit Gewalt zum Abfall bringen will.
5,8 Das Lamm Gottes steht im Mittelpunkt der Weissagung.
6,1 Es öffnet die Siegel des Weltplanes Gottes.
19,20 Der Sinn der Weltgeschichte ist der Kampf des Christus mit dem Antichristen. Christus siegt in diesem Kampfe.
7,9 Die Gemeinde Christi besteht aus Juden und Heiden.
21,22 In der Gottesstadt ist kein Tempel. Gott ist ihr Tempel und das Lamm. (Verurteilung der Judenschaft und Abtun ihres Gottesdienstes.)

3. Johannes schreibt seine Briefe, bekämpft die Gnosis und begründet die Liebe aus dem Glauben an den Sohn Gottes, der in das Fleisch gekommen ist.

1 Joh 4,2 Ein jeglicher Geist, der nicht bekennt, daß Jesus Christus ist in das Fleisch gekommen, der ist nicht von Gott.
2,4 Wer sagt, ich kenne ihn, und hält seine Gebote nicht, der ist ein Lügner.
2,23 Wer den Sohn leugnet, der hat auch den Vater nicht.

4,19	Lasset uns ihn lieben, denn er hat uns zuerst geliebt.
4,21	Dies Gebot haben wir von ihm, daß, wer Gott liebt, daß der auch seinen Bruder liebt. (Die spezielle Anleitung zum Werk fehlt, es ist weder von Geld noch Ehe, noch Gemeinde die Rede. Mit dem Liebesgebot ist alles gesagt.)

4. Johannes schreibt in seinem Alter das Evangelium, um Glauben an den Sohn Gottes zu erwecken.

Joh 20,31	Diese aber sind geschrieben, daß ihr glaubet, Jesus sei der Christus, der Sohn Gottes, und daß ihr durch den Glauben das Leben habt in seinem Namen. (Dieser Gesichtspunkt bestimmt die Auswahl der Geschichten und Reden Jesu.)
18,6	Als Jesus zu ihnen sprach: Ich bin's, wichen sie zurück und fielen zu Boden.
Joh 19,30	Es ist vollbracht. (Johannes stellt die Einheit zwischen Wirken und Leiden Jesu dar. Er betont den Sieg und die Herrlichkeit Jesu und ergänzt somit Matthäus, der die Entsagung und das Leiden Jesu schildert.)

Philippus, der Apostel, stammt aus der zweisprachigen Stadt Bethsaida in Galiläa, in der griechisch und aramäisch gesprochen wurde. Die Evangelien zeichnen nur einige Striche von ihm. Er soll in Phrygien missioniert und dort den Märtyrertod gefunden haben.

1. Er wird von Jesus gefunden.

Joh 1,43	Jesus findet Philippus und spricht zu ihm: Folge mir nach! Philippus aber war von Bethsaida, aus der Stadt des Andreas und Petrus. (Er wird Mt 10,3; Mk 3,18; Lk 6,14; Ap 1,13 mit den anderen Jüngern zusammen genannt.)

2. Philippus findet andere und führt sie zu Jesus.

Joh 1,45	Philippus findet Nathanael und spricht zu ihm: Wir haben den gefunden, von welchem Mose im Gesetz und die Propheten geschrieben haben, Jesus, Josephs Sohn von Nazareth. Philippus spricht zu ihm: Komm und sieh es!

3. Er wird von anderen gefunden, die zu ihm Vertrauen fassen.

Joh 12,20	Es waren aber etliche Griechen, die traten zu Philippus, baten ihn und sprachen: Herr, wir wollten Jesum gerne sehen. Philippus kommt und sagt das Andreas, und Philippus und Andreas sagen's weiter Jesu.

4. Er ist ein großer Frager und wird von Jesus gefragt.

Joh 14,8	Spricht zu ihm Philippus: Herr, zeige uns den Vater, so genügt uns. Jesus spricht zu ihm: So lange bin ich bei euch, und du kennst mich nicht, Philippus? Wer mich siehet, der siehet den Vater. Wie sprichst du denn, zeige uns den Vater?
6,5	Da hob Jesus seine Augen auf und sieht, daß viel Volks zu ihm kommt, und spricht zu Philippus: Wo kaufen wir Brot, daß diese essen? Das sagte er aber, ihn zu versuchen, denn er wußte wohl, was er tun wollte. Philippus antwortete ihm: Für zweihundert Groschen Brot ist nicht genug unter sie, daß ein jeglicher unter ihnen ein wenig nehme. (Philippus bekommt die Antwort durch Gottes Wundertat über den rechnenden Verstand, der nie genug Hilfsmittel findet, hinaus.)

Nathanael (Gabe Gottes), ein Herrnjünger, der nur bei Johannes erwähnt wird, wahrscheinlich in den anderen Apostelverzeichnissen Bartholomäus genannt. Er ist ein echter Wahrheitssucher.

1. Nathanael, ein Gottsucher in echter Hingabe.

Joh 1,48 Ehe dich Philippus rief, da du unter dem Feigenbaum warst, sah ich dich. (Er hat wohl unter dem vor Blicken schirmenden dichten Blätterdach des Feigenbaumes gebetet.)

1,47 Jesus sah Nathanael zu sich kommen und spricht von ihm: Siehe, ein echter Israelite, in welchem kein Falsch ist.

2. Weil er die Wahrheit sucht, ist er kritisch.

Joh 1,46 Nathanael sprach zu ihm: Was kann von Nazareth Gutes kommen? (Nathanael erwartet den Messias nicht aus der jüdischen Diaspora in Galiläa, sondern aus dem Stammland Judäa.)

3. Als Wahrheitssucher ist er bereit, zu prüfen.

Joh 1,46 Philippus spricht zu ihm: Komm und sieh es! Jesus sah Nathanael zu sich kommen.

4. Der Wahrheitssucher begegnet dem, der die Wahrheit ist, er ist sofort überwältigt von Jesu Hoheit und ist bereit, ihn als Messias anzuerkennen.

Joh 1,49 Nathanael antwortete und spricht zu ihm: Rabbi, du bist der Gottessohn, du bist der König von Israel. Jesus spricht zu ihm: Du glaubst, weil ich dir gesagt habe, daß ich dich gesehen habe unter dem Feigenbaum (Fernblick Jesu); du wirst noch Größeres denn das sehen.

Thomas, der Apostel Jesu, ist ein nüchterner Wirklichkeitsmensch, der der erkannten Wahrheit sofort seinen Gehorsam schenkt. Er ist ein verstandsscharfer, grüblerischer Frager, bis er nach dem Ausgang Jesu auf Golgatha keine Antwort mehr auf sein Fragen erwartet. Der Zweifel quält ihn, isoliert ihn von den anderen Jüngern und bringt ihn der Verzweiflung nahe. Botschaft und Zeugnis der anderen Jünger, die den Vereinsamten suchen, bringen ihn in die Gemeinschaft zurück. Argwöhnisch gegen seine eigene Erkenntnis, stellt er die Bedingung, daß der Eindruck des Gesichtssinnes durch den Tastsinn bestätigt und dadurch ihm völlige Gewißheit werde. Der Auferstandene kommt seinem ehrlichen Zweifel entgegen. Im überirdischen Licht Christi erkennt das scharfe Auge des Thomas die göttliche Hoheit des auferstandenen Herrn. Thomas soll später nach dem Osten gewandert sein und die noch heute bestehende Kirche der indischen Thomaschristen gegründet haben.

1. Thomas, der nüchterne Wirklichkeitsmensch, der richtig erkennen will, um richtig zu handeln.

Joh 11,16 Da sprach Thomas, der genannt ist Zwilling, zu den Jüngern: Laßt uns mit ihm ziehen, daß wir mit ihm sterben! (Er sieht klar den düsteren Ausgang Jesu voraus und zieht als treuer Gefolgschaftsmann aus dieser Erkenntnis die Folgerung, zur letzten Hingabe bereit zu sein.)

2. Der grüblerische Frager.

Joh 14,5 Spricht zu ihm Thomas: Herr, wir wissen nicht, wo du hingehst, wie können wir den Weg wissen?

3. Der Zweifler, der sich von der Jüngergemeinschaft trennt und der Verzweiflung nahe ist.

Joh 20,24 Thomas aber, der Zwölf einer, war nicht bei ihnen, da Jesus kam.

20,25 Er sprach zu ihnen: Es sei denn, daß ich in seinen Händen sehe die Nägelmale und lege meine Finger in die Nägelmale und lege meine Hand in die Seite, will ich's nicht glauben. (Er stellt Bedingungen, auf welche Weise er zur Gewißheit kommen will.)

4. Er wird durch die Herablassung Jesu zu seinem ehrlichen Zweifel der gläubige Bekenner der Gottheit Christi.

Joh 20,27 Christus spricht zu Thomas: Reiche deine Finger her und siehe meine Hände, und reiche deine Hand her und lege sie in meine Seite, und sei nicht ungläubig, sondern gläubig! Thomas antwortete und sprach zu ihm: Mein Herr und mein Gott!
Spricht Jesus zu ihm: Dieweil du mich gesehen hast, Thomas, so glaubst du. Selig sind, die nicht sehen und doch glauben. (Der Zweifler darf Gott keine Bedingungen stellen, sondern kann nur dadurch seinen Zweifel überwinden, daß er gehorsam auf die Bedingungen Gottes eingeht.)

Judas, der Sohn des Iskarioten (Joh 6,71, die Familie stammt wohl aus dem Dorf Kariot), wurde von Jesus zum Jünger gewählt und war bereit, alles zu verlassen, um ihm nachzufolgen. Vielleicht war er vor seiner Umkehr ein Dieb aus selbstsüchtiger Begehrlichkeit heraus. Jesus schenkt ihm Vertrauen, um ihn von seiner bösen Neigung zu heilen, und übergibt ihm die Jüngerkasse. Obwohl Judas täglich erlebt, wie Gott der Jüngerschaft alles darreicht, was sie zum Lebensunterhalt nötig hat, wie der wunderbare Fischzug getan wird und unter den Händen Jesu das Brot sich mehrt, kommt er doch nicht los von seiner ungläubigen Geldsorge und Habgier. Mit kleinen Entwendungen aus der Jüngerkasse fängt er an, in die alte Sünde sich verstricken zu lassen. Für sich selbst wird er immer unersättlicher und heimst Gelder ein unter frommem Vorwand der Armenpflege, für Jesus wird ihm alles zu viel. Als er seine selbstsüchtigen Hoffnungen auf irdische Messiasherrlichkeit zerschlagen sieht, sucht er sich schadlos zu halten, indem er sich auf die Seite der Feinde Jesu schlägt. Weil er unter den klaren, durchdringenden Augen des Herrn seine Sünde festhält, muß er sich immer mehr verschließen gegen alle göttlichen Einwirkungen und öffnet sich damit dem Satan, der sein Herz erfüllt. Zu feige, um sich offen als Feind Jesu zu bekennen, spielt er ein Doppelspiel bis zum Verräterkuß im Garten Gethsemane. Jesus läßt ihn sich selbst entlarven beim heiligen Abendmahl, trauert um das verlorene Kind und wirbt um ihn mit einem letzten Wort der Liebe. Als Judas die Folgen seiner Tat sieht, erwacht er aus seiner Verblendung und erkennt die Furchtbarkeit seines Verrats. Er bringt die dreißig Silberlinge den Hohenpriestern und legt Zeugnis für die Unschuld Jesu ab. Als er aber seinen Verrat nicht mehr ungeschehen machen kann, verzweifelt er und richtet sich selbst.

1. Judas wird von Jesus erwählt und berufen zur Jüngerschaft.

Joh 15,16	Ihr habt mich nicht erwählt, sondern ich habe euch erwählt.
12,6	Er war ein Dieb und hatte den Beutel und trug, was gegeben ward.
Mt 19,27	Siehe, wir haben alles verlassen und sind dir nachgefolgt, was wird uns dafür?
Lk 22,35	So oft ich euch ausgesandt habe ohne Beutel, habt ihr auch je Mangel gehabt? Sie sprachen: Nie (Judas sollte durch das Vertrauen und die Wunderhilfen Jesu von seinem irdischen Sinn geheilt werden.)

2. Judas läßt sich von seiner Habsucht nicht lösen und unterliegt in den satanischen Versuchungen. So läßt er sich Schritt für Schritt mehr verstricken und von der Finsternis beeinflussen, bis er aus dem Haß des überführten Sünders heraus und aus Habsucht zum Verräter wird.

Joh 12,5	Judas: Warum ist diese Salbe nicht für dreihundert Groschen verkauft und den Armen gegeben?
13,2	Bei dem Abendessen, da schon der Teufel hatte dem Judas, dem Ischariot, ins Herz gegeben, daß er ihn verriet.
Lk 22,3	Es war aber der Satanas gefahren in den Judas, genannt Ischariot, der da war aus der Zahl der Zwölf. Und er ging hin und redete mit den Hohenpriestern. Und sie wurden froh und gelobten, ihm Geld zu geben. Und er versprach es und suchte Gelegenheit, daß er ihn überantwortete ohne Lärm.

3. Das Ringen Jesu um Judas.

Joh 13,21	Da Jesus solches gesagt hatte, ward er betrübt im Geist und sprach: Wahrlich, wahrlich, ich sage euch, einer unter euch wird mich verraten. Da sahen sich die Jünger untereinander an, und ward ihnen bange, von welchem er redete. (Jesus war so liebevoll zu Judas, daß keiner der Jünger am Verhalten Jesu merkte, welchen er als Verräter erkannt hatte.)
Lk 22,22	Wehe dem Menschen, durch welchen er verraten wird!
13,26	Jesus tauchte den Bissen ein und gab ihn Judas, dem Ischariot (eine besondere Freundlichkeit des Hausvaters). Und nach dem Bissen fuhr der Satan in ihn. Da sprach Jesus zu ihm: Was du tust, das tue bald. Das aber wußte niemand vom Tisch, wozu er's ihm sagte. Da er nun den Bissen genommen hatte, ging er alsobald hinaus. Und es war Nacht.
Mt 26,25	Da antwortete Judas und sprach: Bin ich's, Rabbi? Er sprach zu ihm: Du sagst es (Überführung).
Joh 17,12	Jesus nennt Judas das verlorene Kind.
Mt 26,47	Da kam Judas, der Zwölf einer, und mit ihm eine große Schar mit Schwertern und Stangen. Und der Verräter hatte ihnen ein Zeichen gegeben und gesagt: Welchen ich küssen werde, der ist's, den greifet. Jesus aber sprach zu ihm: Mein Freund, warum bist du gekommen?

4. Die Verzweiflung des Judas.

Mt 27,3	Da das sah Judas, der ihn verraten hatte, daß er verdammt war zum Tode, gereute es ihn, und brachte wieder die dreißig Silberlinge den Hohenpriestern und Ältesten und sprach: Ich habe übel getan, daß ich unschuldig Blut verraten habe. Sie sprachen: Was geht uns das an? Da siehe du zu. Und er warf die Silberlinge in den Tempel, hob sich davon, ging hin und erhängte sich selbst. (Reue, Wiedergutmachung, Schuldbekenntnis vor Menschen lösen nicht von der Last der Sünde, wenn nicht der Weg zu Christus gefunden wird.)

11. Gestalten aus den Evangelien

Herodes der Große, 37 - 4 vor Christus (unsere Zeitrechnung ist einige Jahre zu spät angesetzt), fragt nicht nach Gott, sondern nur nach Erwerb und Verteidigung der Macht. Dazu ist ihm jedes Mittel recht, auch vielfältiger Mord. Durch Mord und Verstümmelung der Priesterkönige aus dem glorreichen Haus der Makkabäer erringt er mit List und Grausamkeit die Herrschaft und heiratet die Makkabäererbin Mariamne. Der, welcher, um seine Herrschaft zu erhalten, aus Argwohn seine Frau und drei seiner Söhne tötet, schreckt auch vor dem Kindermord in Bethlehem nicht zurück. Mit prunkvollen Bauten stolzer Burgen, mächtigen Hafenanlagen (Cäsarea) und der Erneuerung des Tempels gewann er das tyrannisierte, vom Steuerdruck ausgesogene Volk so wenig wie die Priesterschaft und die Frommen. Er starb, von allen gehaßt, durch Zersetzung seiner Säfte einen langsamen Tod.

1. Seine Angst um seine Macht.

Mt 2,3 Er erschrak, als er von der Geburt des Messias hörte.

2. Seine Listigkeit.

Mt 2,4 Er erforschte von den Schriftgelehrten, wo Christus sollte geboren werden.
2,7 Er erlernte von den Weisen mit Fleiß, wann der Stern erschienen wäre.
2,8 Wies sie gen Bethlehem und sprach: Forschet fleißig nach dem Kindlein; wenn ihr's findet, so sagt mir's wieder, daß ich auch komme und es anbete.

3. Seine Grausamkeit.

Mt 2,16 Da Herodes sah, daß er von den Weisen betrogen war, ward er sehr zornig, schickte aus und ließ alle Kinder zu Bethlehem töten und an seinen ganzen Grenzen, die da zweijährig und darunter waren, nach der Zeit, die er mit Fleiß von den Weisen erlernt hatte.

Der Hauptmann von Kapernaum ist ein volksfremder Offizier des römischen Besatzungsheeres. Er ist mächtig angezogen vom Gottesglauben der Juden. Er baut ihnen eine Schule aus eigenen Mitteln. Er hält strenge Zucht und ist doch menschenfreundlich zu seinen Untergebenen. Er ist so demütig, daß er sich als Heide für unwürdig hält, zu Jesus zu gehen und Jesus in sein Haus zu bitten. Der menschenfreundliche Mann hat Freunde, die für ihn zu Jesus gehen. Er ist so gläubig, daß er Jesus es zutraut, mit einem Kommando der Krankheit zu gebieten. Der Herr wundert sich über seinen Glauben und preist ihn, weil er dem Glauben Israels überlegen ist. Am Hauptmann von Kapernaum erkennt der Herr, daß die Heiden vor Israel Kinder des Reiches Gottes werden.

1. Mächtig angezogen vom Gottesglauben der Juden, bringt er als Mann der Tat dafür Opfer.

Lk 7,5 Die Schule hat er uns erbaut.

2. Er hält als Offizier stramme Zucht, ist aber dabei menschenfreundlich zu seinen Untergebenen.

Lk 7,8 Ich habe Kriegsknechte unter mir. Spreche ich zu einem: Gehe hin, so geht er hin, und zum anderen: Komm her, so kommt er.
7,2 Eines Hauptmanns Knecht lag todkrank, den er werthielt.
7,3 Er sandte die Ältesten der Juden zu ihm und bat ihn, daß er seinen Knecht gesund mache.

3. Er ist demütig.

Lk 7,6 Sandte Freunde zu ihm und ließ ihm sagen: Bemühe dich nicht, ich bin nicht wert, daß du unter mein Dach gehest, darum habe ich mich selbst nicht würdig geachtet, daß ich zu dir käme.

4. Er ist gläubig.

Lk 7,7 Sprich ein Wort, so wird mein Knecht gesund.
7,9 Da Jesus das hörte, verwunderte er sich über ihn und sprach zum Volk: Ich sage euch, solchen Glauben habe ich in Israel nicht gefunden.

5. Der Blick Jesu auf den Vorsprung der Heiden.

Mt 8,11 Viele werden kommen vom Morgen und vom Abend und mit Abraham ... im Himmelreich sitzen, aber die Kinder des Reichs werden ausgestoßen in die Finsternis.

Der Gichtbrüchige. Seine jahrelange Krankheit hängt mit der Sünde zusammen und hat ihn in die Sünde des Murrens wider Gott hineingerissen. Als es nun für ihn nur noch eine Hilfe gibt, die Hilfe Gottes durch Jesus, da fällt ihm seine Sünde schwer aufs Herz, weil sie ihn von der helfenden Kraft Gottes trennt. Er glaubt, daß Jesus ihm helfen kann, und will deshalb um jeden Preis zu Jesus gebracht werden. Er durchbricht alle Hindernisse, die ihn von Jesus trennen. Der Herr vergibt ihm zuerst seine Sünde, dann heilt er ihn.

1. Der Sünder im Licht der Vergebung.

Mt 9,2 Sei getrost, mein Sohn, deine Sünden sind dir vergeben.

2. Der durch jedes Hindernis brechende Glaube an Jesus.

Lk 5, 19 Da sie vor dem Volk nicht fanden, an welchem Ort sie ihn hineinbrächten, stiegen sie auf das Dach und ließen ihn durch die Ziegel hernieder vor Jesum. Da er ihren Glauben sah...

3. Der Geheilte.

Lk 5,24 Daß ihr wisset, daß des Menschen Sohn Macht hat, auf Erden Sünden zu vergeben, sprach er zu dem Gichtbrüchigen: Ich sage dir, stehe auf und hebe dein Bettlein auf und gehe heim. Und alsbald stand er auf vor ihren Augen und hob das Bettlein auf, darauf er gelegen hatte, und ging heim und pries Gott.

Jairus, ein Oberster der Schule, findet in der Angst um sein sterbendes Kind den Weg zu Jesus und traut dem Heiland zu, daß er das Kind auferwecken kann, während Frau und Gesinde mit dem sicheren Tod rechnen und die Klageweiber und Trauermusik bestellen.

1. Er vertraut Jesus.

Mk 5,23 Jairus bat ihn sehr und sprach: Meine Tochter ist in den letzten Zügen. Du wollest kommen und deine Hand auf sie legen, daß sie gesund werde und lebe. Und er ging mit ihm.

2. Seine Umgebung ist ungläubig.

Mk 5,35 Da kamen etliche vom Gesinde des Obersten der Schule und sprachen: Deine Tochter ist gestorben; was bemühest du weiter den Meister?

Lk 8,52 Jesus sprach: Weinet nicht, sie ist nicht gestorben, sondern schläft. Und sie verlachten ihn. Er aber trieb sie alle hinaus.

3. Sein Glaube wird gestärkt.

Mk 5,36 Und Jesus sprach zum Obersten der Schule: Fürchte dich nicht, glaube nur!

4. Sein Glaube hilft ihm.

Lk 8,54 Jesus erweckt das Kind. Und seine Eltern entsetzen sich.

Der reiche Jüngling

1. Er ist ernst im Fragen nach dem einen, was not ist.

Mk 10,17 Es lief einer herzu, kniete vor ihm und fragte ihn: Guter Meister, was soll ich tun, daß ich das ewige Leben ererbe?

2. Er fragt bei dem, der die rechte Antwort geben kann.

Mt 19,17 Jesus: Niemand ist gut, denn der einige Gott. (Ein richtendes Wort gegen seinen Tugendstolz und ein Hinweis, daß er es in Jesus mit Gott zu tun hat.)

Mk 10,21 Jesus sah ihn an und liebte ihn.

Mt 19,17 Willst du zum Leben eingehen, so halte die Gebote. (Jesus will ihn damit zur Sündenerkenntnis führen.)

Mk 10,21 Jesus sprach zu ihm: Eins fehlt dir. Gehe hin, verkaufe alles, was du hast, und gib's den Armen, so wirst du einen Schatz im Himmel haben, und komm, folge mir nach und nimm das Kreuz auf dich.

3. Er hält sich selbst für gut.

Mt 19,20 Da sprach der Jüngling zu ihm: Das habe ich alles gehalten von meiner Jugend auf, was fehlt mir noch? (Er sieht nicht seine Gebundenheit.)

4. Er versagt, als der Herr ihn von seiner Gebundenheit ans Irdische loslösen will.

Mk 10,22 Er aber ward unmutig über die Rede und ging traurig davon, denn er hatte viele Güter.

Der Hauptmann unter dem Kreuz ist wohl ein Heide, aber ein Tatsachenmensch, der vom Sterben Jesu und seinen Begleiterscheinungen überwältigt wird und sich zur Gottessohnschaft Jesu bekennt.

Mt 27,54 Der Hauptmann und die bei ihm waren und bewahrten Jesum, da sie sahen das Erdbeben und was da geschah, erschraken sie sehr und sprachen: Wahrlich, dieser ist Gottes Sohn gewesen.

Bartimäus (Sohn des Timäus), blinder Bettler, der am Ausgang von Jericho am Wege sitzt und bettelt. Im heißen Verlangen, sehend zu werden, wird er hellhörig für alles, was er von den Taten Jesu vernimmt. Er glaubt, daß Jesus der Messias ist, und wünscht, ihm zu begegnen. So wartet er, bis Jesus an ihm vorüberkommt. Als er hört, daß Jesus durch Jericho zieht, schreit er um Hilfe. Er gibt Jesus den messianischen Namen und bittet ihn um sein Erbarmen. Er läßt sich auch durch Drohungen nicht einschüchtern und fährt fort mit verstärktem Geschrei. Als Jesus seinetwegen stillsteht und ihn zu sich ruft, wirft er seinen Mantel von sich, um ungehindert zu Jesus gehen zu können. Nach seiner Heilung folgt er dem Herrn nach.

1. Der Mensch der Sehnsucht hört vom Helfer.

Mk 10,47 Da er hörte, daß es Jesus von Nazareth war.

2. Er glaubt, daß Jesus ihm helfen kann.

Mk 10,47 Er gibt Jesus den messianischen Namen: Er fing an zu schreien und zu sagen: Jesu, du Sohn Davids, erbarme dich mein.
10,52 Jesus sprach zu ihm: Gehe hin, dein Glaube hat dir geholfen.

3. Er verdoppelt seine Anstrengung im Rufen, um den Widerstand der Menschen zu überwinden.

Mk 10,48 Viele bedrohten ihn, er solle stilleschweigen. Er aber schrie viel mehr: Du Sohn Davids, erbarme dich mein.

4. Er wirft alles fort, was ihn hindert, als Jesus seinetwegen stehenbleibt und ihn rufen läßt.

Mk 10,50 Er warf sein Kleid von sich, stand auf und kam zu Jesu.

5. Er folgt ihm nach.

Mk 10,52 Alsbald ward er sehend und folgte ihm nach auf dem Wege.

Salome (siehe Johannes und Jakobus), Mutter der beiden, wahrscheinlich Schwester der Maria, wie man aus den Vergleichen der folgenden Stellen schließt.

Mk 15,40 Maria Magdalena ... und Salome.
Mt 27,56 Maria Magdalena ... und die Mutter der Kinder des Zebedäus.
Joh 19,25 seiner Mutter Schwester.

Maria Magdalena stammt aus Magdala. Sie wird durch Jesus von schwerer Besessenheit geheilt und darf im Kreis der Frauen, die ihm dienten, ihm nachfolgen.

Sie liebt Jesus und kann sich nicht von ihm trennen, auch nicht von seinem Leichnam, glaubt aber nicht. Jesus gibt ihr vor allen anderen die Gewißheit seiner Auferstehung, indem er sie beim Namen ruft.

1. Maria Magdalena durch Jesus geheilt.

Lk 8,2 Maria, die da Magdalena heißt, von welcher waren sieben Teufel ausgefahren.

2. Sie darf ihm nachfolgen.

Lk 8,1 Die Zwölf mit ihm, darunter etliche Weiber, die er hatte gesund gemacht..., nämlich Maria.
Mk 15,47 Maria Magdalena schaute zu, wo er hingelegt ward.
Mt 28,1 Als der erste Tag der Woche anbrach, kam Maria Magdalena, das Grab zu besehen.

3. Sie hängt am irdischen Jesus und glaubt nicht, daß er auferstanden ist und lebt.

Joh 20,2 Sie glaubt weder beim offenen Grab,
20,12 noch beim Sehen der beiden Engel im Grabe,
20,14 noch als sie Jesum stehen sieht. Sie weiß nicht, daß es Jesus ist. (Der Unglaube macht blind.)

4. Der Herr führt sie zum Glauben.

Joh 20,16 Spricht Jesus zu ihr: Maria. Da wandte sie sich um und spricht zu ihm: Rabbuni! Spricht Jesus zu ihr: Rühre mich nicht an!

5. Sie wird die erste Osterbotin.

Joh 20,18 Maria Magdalena kommt und verkündigt den Jüngern: Ich habe den Herrn gesehen, und solches hat er zu mir gesagt.

Maria von Bethanien, die Schwester des Lazarus, des Freundes Jesu, und der Martha. Sie nimmt Jesus auf in ihrem Haus, sie hört auf sein Wort, glaubt, daß er Krankheit heilen kann, ringt sich durch zum völligen Glauben, daß er auch der Herr über den Tod ist. Von anderen läßt sie sich tadeln und bleibt still dabei, weil sie alles dem Urteil dessen anheimstellt, der da recht richtet. Diese feine, stille Frauenseele ahnt die Hoheit Jesu, glaubt an ihn und gibt ihm alles hin zu einer Zeit, da die Jünger noch zweifeln und leidensscheu vor der letzten Hingabe fliehen.

1. Sie hört auf sein Wort, und damit gibt sie ihm mehr als die Bereitschaft zum Dienen, und wird entgegen dem Tadel der Martha von ihm gepriesen.

Lk 10,39 Maria setzte sich zu Jesu Füßen und hörte seiner Rede zu.
10,40 Marthas Tadel.
10,42 Eins aber ist not: Maria hat das gute Teil erwählt, das soll nicht von ihr genommen werden.

2. Sie glaubt an ihn als den großen Heiland der Kranken und ehrt ihn.

Joh 11,32 Als nun Maria kam, da Jesus war, und sah ihn, fiel sie zu seinen Füßen und sprach zu ihm: Herr, wärest du hier gewesen, mein Bruder wäre nicht gestorben!

3. Sie geht mit ihm zu Grabe. Ohne Zweifel und Bedenken zum Ausdruck zu bringen, wie ihre Schwester Martha, erhebt sie ihre Seele zu völligem Glauben.

Joh 11,40 So du glauben würdest, du solltest die Herrlichkeit Gottes sehen (Jesus zu Martha).

4. Sie dankt ihm.

Joh 12,3 Da nahm Maria ein Pfund Salbe von ungefälschter köstlicher Narde und salbte die Füße Jesu und trocknete mit ihrem Haar seine Füße.

12,7 Als Judas sie tadelt, spricht Jesus: Laß sie mit Frieden, solches hat sie behalten zum Tag meines Begräbnisses.

Mk 14,8 Sie hat getan, was sie konnte.

14,9 Wahrlich, ich sage euch, wo dies Evangelium gepredigt wird, da wird man auch das sagen zu ihrem Gedächtnis, was sie jetzt getan hat.

Martha (Herrin), wohl die Älteste der drei Geschwister, nimmt, rasch entschlossen, Jesum, als er nach Bethanien kommt, in ihr Haus auf. Sie ist eifrig im hausfraulichen Dienen. Jesu Besuch ist ihr vor allem eine hausfrauliche Aufgabe. Sie versteht Maria nicht, daß sie zuhört und nicht zugreift, und macht ihrem Tadel Jesu gegenüber Luft, nicht ohne in Selbstgefälligkeit ein Lob für ihre Tüchtigkeit zu erwarten. Der Herr lehrt sie, daß das Hören seines Worts das allernötigste ist. Durch den Tod des Lazarus wird das »Eins ist not« Martha nachdrücklich eingeprägt. Jesus hebt sie am Grabe des Lazarus zu völligerem Glauben empor, daß sie ihn als Messias bekennt. Doch kann sie es noch nicht fassen, daß seine Macht der Verwesung überlegen ist. Der Tod setzt ihrem Glauben noch eine Schranke, die Jesus durch seine Auferwekkungstat durchbricht. Beim Mahl in Bethanien dient Martha ihrem Herrn zum letztenmal, gereinigt von Selbstüberhebung und Verachtung der anderen, im Wissen um das eine, das not ist, und im seligen Glauben an den Lebensfürsten.

1. Sie bietet Jesus ihre Gastfreundschaft an.

Lk 10,38 Da war ein Weib, mit Namen Martha, die nahm ihn auf in ihr Haus.

2. Ihr hausfrauliches Dienen ist getrübt durch Selbstgefälligkeit und Verachtung der Schwester und durch Verständnislosigkeit für das Wort Jesu.

Lk 10,40 Herr, fragest du nicht danach, daß mich meine Schwester läßt allein dienen? Sage ihr doch, daß sie es auch angreife.

3. Ihre Erziehung durch den Meister zum rechten Dienen durch die Anerkennung des einen, das not ist, und den Glauben an seine todüberwindende Herrlichkeit.

Lk 10,41 Martha, Martha, du hast viel Sorge und Mühe, eins aber ist not. Maria hat das gute Teil erwählt, das soll nicht von ihr genommen werden.

Joh 11,14 Lazarus ist gestorben (der Tod des Lazarus läßt Martha die Richtigkeit dieses Herrnwortes erkennen).
11,27 Herr, ja, ich glaube, daß du bist Christus, der Sohn Gottes.
11,39 Spricht zu ihm Martha: Herr, er stinkt schon, denn er ist vier Tage gelegen (Marthas Zweifel).
11,40 Jesus spricht zu ihr: Habe ich dir nicht gesagt, so du glauben würdest, du solltest die Herrlichkeit Gottes sehen?
12,2 Daselbst machten sie ihm ein Abendmahl, und Martha diente; Lazarus aber war deren einer, die mit ihm zu Tische saßen.

Lazarus (Gotthilf), der Bruder der Maria und Martha, tritt persönlich kaum hervor. Er war wie Maria gläubig, sonst hätte er die Stimme des Herrn, die ihn aus dem Grabe rief, nicht gehört. Jesus nennt ihn Freund und liebt ihn. An seinem Grabe gehen dem Herrn die Augen über.

Joh 11,5 Jesus aber hatte Martha lieb und ihre Schwester und Lazarus.
11,3 Sie ließen ihm sagen: Herr, siehe, den du lieb hast, der liegt krank.
11,11 Jesus spricht: Lazarus, unser Freund, schläft, aber ich gehe hin, ihn aufzuwecken.
11,43 Er rief mit lauter Stimme: Lazarus, komm heraus! Und der Verstorbene kam heraus.
12,2 Lazarus war deren einer, die mit ihm zu Tische saßen.
12,10 Die Hohenpriester trachteten danach, daß sie auch Lazarus töteten, denn um seinetwillen gingen viele Juden hin und glaubten an Jesum.

Zachäus, ein Oberbeamter der römischen Generalzollpächter für Judäa. Er ist Jude, aber als römischer Beamter bei seinen Volksgenossen verhaßt. Sein Reichtum ist nicht ohne Betrug zustande gekommen. Sein Sehnen, Jesum, den Freund der Zöllner und Sünder, zu sehen, stößt auf Hindernisse. Er überwindet sie und läßt sich nicht durch Menschen von Jesus fernhalten. Ihn, den keiner seiner Mitbürger sehen und beachten wollte, sieht Jesus, ruft ihn an und kehrt bei ihm ein. Der Eindruck dieser Liebe und Freundlichkeit des Herrn ist so gewaltig, daß Zachäus Buße tut, sich von seinen Sünden trennt, sein Unrecht bekennt und wieder gut macht. Der geldliebende Mensch ist plötzlich los vom Mammon, weil er in Jesus etwas Besseres gefunden hat, nämlich das ewige Heil.

1. Zachäus, der Zöllner und Sünder.

Lk 19,7 Sie murrten alle, daß er bei einem Sünder einkehrte.
19,8 So ich jemand betrogen habe, das gebe ich vierfältig wieder.

2. Sein Sehnen, Jesum zu sehen, und Überwindung der Hindernisse.

Lk 19,3 Er begehrte Jesum zu sehen, wer er wäre, und konnte nicht, denn er war klein von Person.
19,3 Er konnte nicht vor dem Volk. (Die Menschen, die ihm im Wege standen, waren zu groß.)

3. Die Freundlichkeit des Herrn, der den Verlorenen sucht, findet, anredet und bei ihm einkehrt.

Lk 19,5 Als Jesus kam an die Stätte, sah er auf und ward sein gewahr und sprach zu ihm: Zachäus, steige eilend hernieder, denn ich muß heute in deinem Hause einkehren.

4. Diese Freundlichkeit führt Zachäus zur Buße. Er bekennt und macht wieder gut.

Lk 19,8 Zachäus sprach zu dem Herrn: Siehe, Herr, die Hälfte meiner Güter gebe ich den Armen, und so ich jemand betrogen habe, das gebe ich vierfältig wieder.

Der Schächer zur Rechten

Die Liebe Jesu gewinnt ihm das Herz ab und bewegt es:

a) zur Buße,

Lk 23,34 Jesus sprach: Vater, vergib ihnen, denn sie wissen nicht, was sie tun.

23,40 Du fürchtest dich auch nicht vor Gott, der du doch in gleicher Verdammnis bist? Und wir zwar sind billig darin, denn wir empfangen, was unsere Taten wert sind; dieser aber hat nichts Ungeschicktes getan. (Er fürchtet Gott und die Verdammnis, kann deshalb die Lästerung des anderen Schächers nicht hören, er hält unter den Qualen der Kreuzigung seine Strafe für gerecht und bekennt das öffentlich.)

b) zum Glauben.

Lk 23,42 Er sprach zu Jesu: Herr, gedenke an mich, wenn du in dein Reich kommst. Und Jesus sprach zu ihm: Wahrlich, ich sage dir, heute wirst du mit mir im Paradiese sein. (Er wagt es, Jesus anzusprechen, ihm, dem Gekreuzigten, den messianischen Namen zu geben, von seinem Reich zu reden und seiner Liebe zuzutrauen, daß sie in ihrer Herrlichkeit eines bußfertigen Hingerichteten gedenkt. Der Schächer ist der erste Gläubige, der an den Gekreuzigten glaubt, und er glaubte, ohne etwas von Ostern gesehen zu haben.)

Der Schächer zur Linken ist der Mensch der Selbsthilfe und Gewalttat. Er verschließt sich gegen die Liebe Jesu mit verdoppeltem trotzigem Haß und entlädt seinen ohnmächtigen Zorn mit wilden Lästerworten auf Christus, weil er, statt die Gewalt an sich zu reißen und sich selbst und ihm zu helfen, geduldig leidet.

Lk 23,39 Aber der Übeltäter einer, die da gehängt waren, lästerte ihn und sprach: Bist du Christus, so hilf dir selbst und uns.

Kleophas, einer der Emmausjünger.

1. Traurig flieht er von Jerusalem.

Lk 24,17 Was seid ihr traurig? Da antwortete Kleophas: Bist du allein unter den Fremdlingen in Jerusalem, der nicht wisse, was in diesen Tagen drinnen geschehen ist?

2. Er sagt seinen Kummer Jesu.

Lk 24,20 Unsere Hohenpriester haben ihn gekreuzigt. Wir aber hofften, er sollte Israel erlösen.

3. Er läßt sich von Jesus um seines Unglaubens willen schelten.

Lk 24,25 O ihr Toren und träges Herzens, zu glauben all dem, was die Propheten geredet haben!

4. Er kann sich nicht von Jesus trennen und bittet ihn, zu bleiben. Jesus öffnet ihm die Schrift und offenbart sich ihm.

Lk 24,29 Sie nötigten ihn und sprachen: Bleibe bei uns. Er nahm das Brot, dankte, brach's und gab's ihnen. Da wurden ihre Augen geöffnet.

5. Sie verkündigen, alle Müdigkeit vergessend, den Jüngern seine Auferstehung.

Lk 24,33 Sie standen auf zur selben Stunde, kehrten wieder gen Jerusalem, fanden die Elf und erzählten ihnen, wie er von ihnen erkannt wäre an dem, da er das Brot brach.

Herodes Antipas, Sohn des großen Herodes, Vierfürst über Galiläa und Peräa (4 - 39 n. Chr.), ist der Landesfürst Jesu. Er kommt in die Gewalt der ehebrecherischen Herodias, der Enkelin des alten Herodes und der Mariamne, die in ihrem unbändigen Willen zur Macht ihren Mann (auch einen Herodes) verläßt, um Fürstin zu werden. Er läßt Johannes den Täufer, der den Mut hat, seinen Ehebruch zu strafen, verhaften und in die Burg Machärus einsperren. Er bekommt Achtung vor seiner Frömmigkeit und hört gern auf ihn. Durch List und Spekulation auf die Sinnlichkeit ihres Mannes überwindet Herodias seine Bedenken gegen die Tötung des Täufers. Er läßt Johannes hinrichten. Vor Jesus hat er die abergläubische Furcht des bösen Gewissens, weil er meint, in ihm sei der Täufer auferstanden. Jesus wird in Fesseln ihm vorgeführt, weil Pilatus in seiner Abneigung, selbst das Urteil über Jesus zu fällen, es ihm zuschieben und ihm zugleich eine Freundlichkeit erweisen will. Herodes verspottet Jesus und sendet ihn zurück, um das Recht des Statthalters öffentlich zu ehren. Über Jesus werden Pilatus und Herodes Freunde. Infolge einer Verleumdung durch Herodes Agrippa kommt er um sein Königreich und stirbt mit Herodias in der Verbannung zu Lyon.

1. Herodes Antipas, sinnlich, stolz, grausam und listig, ist ein Erbe herodianischer Art.

Mt 14,3 Herodes hatte Johannes gegriffen, gebunden und in das Gefängnis gelegt von wegen Herodias, seines Bruders Weib, denn Johannes hatte zu ihm gesagt: Es ist nicht recht, daß du sie habest. (Sein stolzes Ich ist beleidigt.)

14,5 Er hätte ihn gern getötet, fürchtete sich aber vor dem Volk, denn sie hielten ihn für einen Propheten.

14,6 Da tanzte die Tochter der Herodias vor ihnen. Das gefiel Herodes wohl.

Lk 13,32 Jesus nennt Herodes einen Fuchs.

Mk 8,15 Hütet euch vor dem Sauerteig des Herodes (Jesus warnt vor ihm und dem Geist seines Hofes.)

2. Er ist nachgiebig gegen seine Umgebung und kommt ganz in die Gewalt der Herodias und der Hofkamarilla, weil er mit ihnen sündigt.

Mt 14,7 Er verhieß der Tochter mit einem Eid, er wolle ihr geben, was sie fordern würde. Und wie sie zuvor von ihrer Mutter angestiftet worden war, sprach sie: Gib mir her auf einer Schüssel das Haupt Johannes des Täufers. Und der König ward traurig, doch um des Eides willen und derer, die mit ihm zu Tische saßen, befahl er's ihr zu geben.

Lk 23,11	Aber Herodes mit seinem Hofgesinde verachtete und verspottete Jesum.

3. Er hat gute Regungen und einzigartige Gelegenheiten, ein anderer zu werden.

Mk 6,20	Herodes fürchtete Johannes; denn er wußte, daß er ein frommer und heiliger Mann war; und verwahrte ihn und gehorchte ihm in vielen Sachen und hörte ihn gern.
Mt 14,2	Und er sprach zu seinen Knechten: Dieser (Jesus) ist Johannes der Täufer; er ist von den Toten auferstanden, darum tut er solche Taten (es schlägt ihm das Gewissen).
Lk 23,8	Da Herodes Jesum sah, ward er sehr froh, denn er hätte ihn längst gern gesehen - denn er hatte viel von ihm gehört - und hoffte, er würde ein Zeichen von ihm sehen.
	Und er fragte ihn mancherlei; er antwortete ihm aber nichts.

4. Das Böse gewinnt den Sieg.

Mt 14,10	Er schickte hin und enthauptete Johannes im Gefängnis.
Lk 23,11	Er verwirft Jesum.

Joseph von Arimathia, Mitglied des Hohen Rats, wohl neu zugezogen von Arimathia nach Jerusalem, ist ein stiller Jesusjünger. Er tritt nach Jesu Tod hervor und wagt es, Pilatus um den Leichnam Jesu zu bitten. Bei der Abstimmung über Jesus stimmt er gegen das Todesurteil. Er begräbt den Herrn in seinem neuen Felsengrab.

1. Ein heimlicher Jesusjünger.

Mk 15,43	Es kam Joseph von Arimathia, ein ehrbarer Ratsherr, welcher auch auf das Reich Gottes wartete.
Mt 27,57	Am Abend kam ein reicher Mann von Arimathia, der hieß Joseph, welcher auch ein Jünger Jesu war.
Lk 23,51	Einer, der auch auf das Reich Gottes wartete.
Joh 19,38	Der ein Jünger Jesu war, doch heimlich aus Furcht vor den Juden.

2. Er bekennt sich zu Jesus. Er wagt es, Pilatus um den Leichnam Jesu zu bitten, und begräbt ihn in seinem neuen Felsengrab.

Lk 23,51	Er hatte nicht gewilligt in ihren Rat und Handel.
Mk 15,43	Der wagte es und ging hinein zu Pilatus und bat um den Leichnam Jesu.
15,46	Er kaufte eine Leinwand und wickelte ihn in die Leinwand und legte ihn in ein Grab, das war in einen Felsen gehauen, und wälzte einen Stein vor des Grabes Tür.
Joh 19,41	Im Garten ein neues Grab, in welches niemand je gelegt war.
19,38	Beim Begräbnis wirkt er mit dem ihm nahestehenden Nikodemus zusammen.

Nikodemus ist ein angesehener Verwalter eines hohen Amts und pharisäischer Schriftgelehrter. Er kommt bei der Nacht zu Jesus aus Furcht, Schwierigkeiten bei seiner Behörde, die Jesus ablehnt, zu bekommen. Er redet von einer Mehrzahl von seinesgleichen, die bereit sind, Jesum als ihren Lehrer anzuerkennen. Der Herr spricht mit ihm über die Neugeburt aus dem Heiligen Geist, der durch den Glauben an Jesus zu uns kommt und uns innerlich erneuert.

Infolge dieser Begegnung tritt Nikodemus mannhaft auf gegen eine ungerechte Behandlung Jesu. Nach dem Tode Jesu bekennt er sich zu ihm und bereitet ihm ein königliches Begräbnis.

1. Nikodemus, ein hoher, angesehener, feingebildeter Beamter der Judenschaft, ein Mann von pharisäisch-ernster Frömmigkeit.

Joh 3,1 Es war ein Mensch unter den Pharisäern, mit Namen Nikodemus, ein Oberster unter den Juden.
3,10 ein Meister in Israel.
7,50 spricht zu den Hohenpriestern und Pharisäern (ist Mitglied des Hohen Rates).

2. Infolge der Zeichen Jesu gewinnt er die Überzeugung, daß Jesus von Gott gesandt ist, und kommt zu ihm, um ihn kennenzulernen, aber bei Nacht, weil er sich scheut, sich öffentlich zu Jesus zu bekennen.

Joh 3,2 Er sprach zu ihm: Meister, wir wissen, daß du bist ein Lehrer, von Gott gekommen. Denn niemand kann die Zeichen tun, die du tust, es sei denn Gott mit ihm.
3,2 Er kam zu Jesu bei der Nacht (der vorsichtige hohe Beamte).

3. Jesus geht nicht auf die naheliegende Frage ein, in was für einer Vollmacht er sein Werk tue, noch entwickelt er ihm sein Programm, sondern er greift ihn an. Er sagt dem gelehrten, gerechten und frommen Mann, daß er von neuem geboren werden muß durch den Glauben an Christus. Auf ihn gilt es zu blicken, wie die Israeliten in der Wüste auf die erhöhte Schlange schauten, um bei ihm die Heilung zu finden, damit die Werke nicht in der Finsternis, sondern in Gott getan werden.

Joh 3,3 Es sei denn, daß jemand von neuem geboren werde, so kann er das Reich Gottes nicht sehen.
3,14 Wie Mose in der Wüste eine Schlange erhöht hat, also muß des Menschen Sohn auch erhöht werden, auf daß alle, die an ihn glauben, nicht verloren werden, sondern das ewige Leben haben.
3,21 Wer die Wahrheit tut, kommt an das Licht, daß seine Werke offenbar werden, denn sie sind in Gott getan.

4. Der gelehrte, disputierfreudige Mann wehrt sich gegen den Gehorsam zur Buße und zum Glauben durch sein Fragen nach dem Wie.

Joh 3,4 Nikodemus spricht zu ihm: Wie kann ein Mensch geboren werden, wenn er alt ist?
3,9 Nikodemus antwortete und sprach zu ihm: Wie mag solches zugehen?

5. Jesu Antwort nimmt er still hin, um sie bei sich zu erwägen.

Joh 3,5 Jesus antwortete: Wahrlich, wahrlich, ich sage dir: es sei denn, daß jemand geboren werde aus Wasser und Geist, so kann er nicht in das Reich Gottes kommen.
Joh 3,11 Jesus antwortete und sprach zu ihm: Wahrlich, wahrlich, ich sage dir: Wir reden, was wir wissen, und zeugen, was wir gesehen haben, und ihr

nehmt unser Zeugnis nicht an. (Der Geist kommt durch den Glauben an Christus in unser Herz.)

6. Nikodemus tritt im Hohen Rat gegen die Ungerechtigkeit auf, die man Jesu antun will, wagt sich aber nicht weiter vor.

Joh 7,50 Spricht zu ihnen Nikodemus, welcher einer unter ihnen war: Richtet unser Gesetz auch einen Menschen, ehe man hört und erkennt, was er tut? Sie antworteten und sprachen zu ihm: Bist du auch ein Galiläer? Forsche und siehe, aus Galiläa steht kein Prophet auf. Und ein jeglicher ging also heim.

7. Nikodemus bereitet Jesus nach seinem Tode ein reiches Begräbnis.

Joh 19,39 Es kam aber auch Nikodemus, der vormals bei Nacht zu Jesu gekommen war, und brachte Myrrhe und Aloe untereinander bei hundert Pfunden.

Die Samariterin ist das Weib aus Sichar, das beim Wasserholen am Jakobsbrunnen von Jesus angesprochen wird. Aus einer oberflächlichen, sittenlosen Frau, deren Frömmigkeit verdorrt ist, wird unter dem Gespräch mit Jesus eine im Innersten getroffene und erquickte Botin des Evangeliums von Christus.

1. Sie ist oberflächlich.

Joh 4,11 Spricht zu ihm das Weib: Herr, hast du doch nichts, womit du schöpfest, und der Brunnen ist tief; woher hast du denn lebendiges Wasser?

4,15 Herr, gib mir das Wasser, auf daß ich nicht dürste und daß ich nicht herkommen müsse, zu schöpfen (sie haftet am irdischen Wasser).

2. Sie lebt in ihrem Lebensdurst sittenlos.

Joh 4,17 Ich habe keinen Mann.

4,18 Fünf Männer hast du gehabt, und den du nun hast, der ist nicht dein Mann.

3. Ihre Religiosität bewegt sich um die samaritisch-jüdische Streitfrage des rechten Anbetungsplatzes.

Joh 4,19 Herr, ich sehe, daß du ein Prophet bist. Unsere Väter haben auf diesem Berg angebetet, und ihr sagt, zu Jerusalem sei die Stätte, da man anbeten soll.

4. Ihr tiefstes religiöses Wissen ist das Wissen um den kommenden Messias, das unter den Worten Jesu aufwacht.

Joh 4,25 Spricht das Weib zu ihm: Ich weiß, daß der Messias kommt, der da Christus heißt. Wenn derselbe kommen wird, so wird er's uns alles verkündigen.

5. Sie ist von dem Messiaszeugnis Jesu erschüttert.

Joh 4,28 Da ließ das Weib ihren Krug stehen und ging hin in die Stadt.

4,29 Er hat mir gesagt alles, was ich getan habe.

4,9 Spricht das Weib zu ihm: Wie bittest du von mir zu trinken, so du ein Jude bist und ich ein samaritisch Weib? (Daß er mit ihr gesprochen hat, erscheint ihr nun über alles wunderbar und hebt sie aus dem Staube.)

6. Sie wird eine wirksame Missionarin, die durch ihre Botschaft ihre Landsleute zu Jesus führt, damit sie selbst prüfen können.

Joh 4,29 Kommt, sehet einen Menschen, der mir gesagt hat ..., ob er nicht Christus sei.
4,39 Es glaubten aber an ihn viele der Samariter aus der Stadt um des Weibes Rede willen, welches da zeugte: Er hat mir gesagt alles, was ich getan habe.
4,42 Sie sprachen zum Weibe: Wir glauben nun hinfort nicht um deiner Rede willen, wir haben selber gehört und erkannt, daß dieser ist wahrlich Christus, der Welt Heiland.

Der Kranke am Teich Bethesda sucht in achtunddreißigjähriger Krankheit seine letzte Hilfe am Wasser zu Bethesda. Da er keinen Menschen hat, der ihm rasch in das Wasser hilft, wenn es heilkräftig aufsprudelt, kommt er immer zu spät. Seine Verzweiflung darüber ist groß. Ihn sieht Jesus vor allen anderen, weil er am meisten Hilfe bedarf und heilt ihn.

1. Seine Not und Hilflosigkeit.

Joh 5,5 Es war ein Mensch daselbst achtunddreißig Jahre lang krank gelegen.
5,7 Ich habe keinen Menschen, wenn das Wasser sich bewegt, der mich in den Teich lasse.

2. Jesus sieht seine Not, erweckt in dem Hoffnungslosen neuen Willen zum Gesundwerden und heilt ihn.

Joh 5,6 Da Jesus ihn sah liegen und vernahm, daß er so lange gelegen hatte, spricht er zu ihm: Willst du gesund werden?
5,8 Jesus spricht zu ihm: Stehe auf, nimm dein Bett und gehe hin!

3. In der Anfechtung durch die Juden, die die Sabbatschändung durch die Heilung tadeln, hält er sich an das Wort Jesu.

Joh 5,11 Er antwortete ihnen: Der mich gesund machte, der sprach zu mir: Nimm dein Bett und gehe hin!

4. Jesus gibt ihm die Weisung für sein ferneres Leben, indem er in ihm die Furcht vor der Sünde erweckt.

Joh 5,14 Danach fand ihn Jesus im Tempel und sprach zu ihm: Siehe zu, du bist gesund geworden, sündige hinfort nicht mehr, daß dir nicht etwas Ärgeres widerfahre.

Der Blindgeborene ist schuldlos in seiner Not. Das Werk Gottes soll an ihm offenbar werden. Jesus hilft mit einem einfachen Hausmittel, mit einem Lehmumschlag, und sendet ihn nach dem Teich Siloah. Der Blindgeborene ist gehorsam und wird geheilt. Er bekennt sich im Verhör zu Jesus und bezeugt den ungläubigen Juden, daß solche Wundertat von Gott sein muß. Jesus begegnet ihm und führt ihn zum Glauben an den Sohn Gottes. Der Geheilte betet ihn an.

1. Der Blindgeborene wird von Jesus gesehen.

Joh 9,1 Jesus ging vorüber und sah einen, der blind geboren war. Es hat weder
9,3 dieser gesündigt noch seine Eltern, sondern daß die Werke Gottes offenbar würden an ihm.

2. Der Blindgeborene gehorcht schlicht der Anweisung Jesu.

Joh 9,6 Jesus spützte auf die Erde und machte einen Kot aus dem Speichel und schmierte den Kot auf des Blinden Augen und sprach zu ihm: Gehe hin zu dem Teich Siloah und wasche dich! Da ging er hin und wusch sich und kam sehend.

3. Er bekennt sich zu Jesus und bezeugt, daß er von Gott ist.

Joh 9,17 Er sprach: Er ist ein Prophet.

9,30 Das ist ein wunderlich Ding, daß ihr nicht wisset, von wannen er sei, und er hat meine Augen aufgetan ... wäre dieser nicht von Gott, er könnte nichts tun ... und stießen ihn hinaus.

4. Jesus begegnet ihm und führt ihn zum Glauben an den Sohn Gottes.

Joh 9,35 Es kam vor Jesum, daß sie ihn ausgestoßen hatten (in den Bann getan hatten), und da er ihn fand, sprach er zu ihm: Glaubst du an den Sohn Gottes? Er antwortete und sprach: Herr, welcher ist's, auf daß ich an ihn glaube? Jesus sprach zu ihm: Der mit dir redet, der ist's. Er aber sprach: Herr, ich glaube, und betete ihn an.

Pontius Pilatus, von 26 - 36 n. Chr. Landpfleger von Judäa, ist ein Mann von rücksichtslosem Charakter, der sich den Juden gegenüber allerlei Gewalttaten zuschulden kommen läßt. Er hat keine religiöse Überzeugung und daher auch keine sittliche Kraft, als er Jesu Unschuld erkennt, ihn entgegen dem Willen des Volkes freizulassen. Er sucht, klug wie er ist, sich um die Entscheidung, vor der ihm graut, zu drücken. Als ihm das mißlingt, übergibt er Jesum zur Hinrichtung, um sich selbst vor den Anklagen der Juden beim Kaiser zu retten.

1. Pilatus, der rücksichtslose Gewaltmensch.

Lk 13,1 Etliche verkündigten ihm von den Galiläern, deren Blut Pontius Pilatus mit ihrem Opfer vermischt hatte.

2. Pilatus, der Mann ohne religiöse Überzeugung.

Joh 18,38 Spricht Pontius Pilatus zu ihm: Was ist Wahrheit?

3. Er ist von der Hoheit Jesu betroffen, von seiner Unschuld überzeugt und wird von seiner Frau gewarnt.

Joh 18,38 Ich finde keine Schuld an ihm.

19,4 Ich führe ihn hinaus zu euch, daß ihr erkennet, daß ich keine Schuld an ihm finde. Sehet, welch ein Mensch!

19,7 Die Juden antworteten ihm: Er hat sich selbst zu Gottes Sohn gemacht. Da Pontius Pilatus das Wort hörte, fürchtete er sich noch mehr.

19,12 Von dem an trachtete Pontius Pilatus, wie er ihn losließe.

Mt 27,19 Sein Weib schickte zu ihm und ließ ihm sagen: Habe du nichts zu schaffen mit diesem Gerechten. Ich habe heute viel erlitten im Traum um seinetwegen.

4. Pilatus, der kluge Taktiker, der sich um die Entscheidung über Jesus drücken will.

Lk 23,7	Er übersandte ihn dem Herodes, welcher in den Tagen auch zu Jerusalem war.
Joh 18,39	Er stellt Jesus neben Barabbas und läßt dem Volk die Wahl zwischen beiden.
19,1	Er geißelt Jesus und führt den Zerschundenen dem Volk vor, um das Mitleid zu erregen.

5. Durch den Gang der Dinge wird er selbst zur Entscheidung gezwungen.

Joh 19,12	Die Juden aber schrien und sprachen: Läßt du diesen los, so bist du des Kaisers Freund nicht. (Er sucht sein Leben zu erhalten und gibt Jesum preis.) Da überantwortete er ihn, daß er gekreuzigt würde.

12. Die Gestalten der Apostelgeschichte und der Briefe

Stephanus (Krone) ist ein griechisch redender Jude, einer der sieben Diakone, die von der Gemeinde zur Armenversorgung gewählt werden. Er bezeugt in den Betsälen der griechisch redenden Juden das Evangelium von Christus. Da Stephanus in diesen Gesprächen seine Freiheit von Tempel und Gesetz zum Ausdruck bringt, verklagt man ihn wegen Lästerung des Tempels und des Gesetzes bei dem Hohen Rat. Als er in seiner Verteidigungsrede auf den Unglauben der Juden gegenüber den Propheten hinweist und ihnen ihre Schuld am Tode Jesu vorhält, rasen sie vor Zorn über ihn. Als er bekennt, im Gesicht die himmlische Herrlichkeit Jesu zu sehen, steinigen sie ihn. Sein Sterben ist durch die vergebende Liebe und das Gebet zu Jesus ein Zeugnis, das große Frucht trägt. Durch dieses Zeugnis empfängt Saulus den Stachel ins Herz, gegen den er sich nicht wehren kann. So hat sich die Fürbitte des Stephanus für seine Feinde an Paulus erfüllt.

1. Der Diakon.

Ap 6,3 Sehet unter euch nach sieben Männern, die ein gut Gerücht haben und voll Heiligen Geistes und Weisheit sind, welche wir bestellen mögen zu dieser Notdurft.

6,5 Sie erwählten Stephanus, einen Mann voll Glaubens und Heiligen Geistes.

2. Stephanus, der Zeuge Jesu Christi:

a) mit der Tat, mit Wundern und Zeichen;

Ap 6,8 Stephanus, voll Glaubens und Kräfte, tat Wunder und große Zeichen unter dem Volk.

b) der Zeuge mit dem Wort;

Ap 6,10 Sie vermochten nicht zu widerstehen der Weisheit und dem Geiste, aus welchem er redete.

7,51 Ihr Halsstarrigen, ihr widerstrebt allezeit dem Heiligen Geist, wie eure Väter, also auch ihr. Welchen Propheten haben eure Väter nicht verfolgt? Und sie haben getötet, die da zuvor verkündigten die Zukunft dieses Gerechten, dessen Verräter und Mörder ihr nun geworden seid. Da sie solches hörten, ging's ihnen durchs Herz.

7,55 Er sprach: Ich sehe den Himmel offen und des Menschen Sohn zur Rechten Gottes stehen.

c) der Blutzeuge.

Ap 7,56 Sie schrien laut, hielten ihre Ohren zu, stürmten einmütig auf ihn ein, stießen ihn zur Stadt hinaus und steinigten ihn ... der anrief und sprach: Herr Jesu, nimm meinen Geist auf! Er kniete aber nieder und schrie laut: Herr, behalte ihnen diese Sünde nicht! Und als er das gesagt hatte, entschlief er.

Ananias und Saphira werden durch das Vorgehen anderer (Barnabas) und durch Rücksicht auf Menschenurteil veranlaßt, sich ihres Gutes zu entäußern, haben aber doch nicht den Glauben, sich nun ganz ohne Sicherung auf Gott zu verlassen, sondern wollen sich einen Notpfennig zurückbehalten, ohne es den Aposteln und der Gemeinde zu sagen. So lügen sie aus Ehrgeiz im feierlichen Opfergottesdienst den Petrus an. Sie trifft ein sofortiges Strafgericht. Denn Gott läßt sich nicht spotten. Je mehr Geisteskräfte er gibt, um so mehr Gehorsam fordert er.

1. Das Vorbild anderer spornt ihren Ehrgeiz an.

Ap 4,36 Barnabas verkaufte einen Acker und brachte das Geld und legte es zu der Apostel Füßen.

2. Ihr Glaube ist nicht völlig.

Ap 5,2 Ananias entwandte etwas vom Geld mit Wissen seines Weibes.
5,3 Petrus sprach: Ananias, warum hat der Satan dein Herz erfüllt?

3. Aus Ehrgeiz und Unglauben lügen sie auf Grund vorhergehenden Einverständnisses vor dem geisterfüllten Petrus.

Ap 5,3 Daß du dem Heiligen Geist lögest?
5,4 Du hast nicht Menschen, sondern Gott belogen.
5,8 Petrus zu Saphira: Habt ihr den Acker so teuer verkauft? Sie sprach: Ja, so teuer. Petrus: Warum seid ihr denn eins geworden, zu versuchen den Geist des Herrn?

4. Sie werden gerichtet.

Ap 5,5 Da Ananias diese Worte hörte, fiel er nieder und gab den Geist auf. Und es kam eine große Furcht über alle ... Und alsbald fiel sie ... und gab den Geist auf (V. 10).

Philippus gehört seinem griechischen Namen nach zu den griechischen Juden Jerusalems. Er ist ein Mann voll Geistes und Glaubens und wird von der Jerusalemer Gemeinde zum Almosenpfleger gewählt. Dem Herrnbefehl: »Gehet hin in alle Welt!« gehorchend, geht er in der Verfolgungszeit, als die Christen von Jerusalem vertrieben werden, nach Samarien und verkündigt dort das Evangelium. Aus dem Diakon wird ein Evangelist (Ap 21,8). Er legt auch den Grund zur Kirche in Äthiopien. Dabei hält er die Gemeinschaft mit den Aposteln aufrecht.

1. Er ist ein Christ, der ein gut Gerücht hat.

Ap 6,3 Sehet unter euch nach sieben Männern, die ein gut Gerücht haben.
21,9 Der hatte vier Töchter, die waren Jungfrauen und weissagten. (Seine Kinder sind gläubig.)

2. Er ist ein Mann voll Heiligen Geistes und Weisheit.

a) Er läßt sich durch den Heiligen Geist führen.

Ap 8,4 Die nun zerstreut waren, gingen um und predigten das Wort. Philippus aber kam hinab in eine Stadt in Samarien.
8,26 Der Engel des Herrn redete zu Philippus und sprach: Stehe auf und gehe gen Mittag auf die Straße, die von Jerusalem geht hinab gen Gaza ... und er stand auf und ging hin.
8,29 Der Geist sprach zu Philippus: Gehe hinzu und halte dich zu diesem Wagen!

8,39 Da sie aber heraufstiegen aus dem Wasser, rückte der Geist des Herrn Philippus hinweg, und der Kämmerer sah ihn nicht mehr.

b) Gott bekräftigt sein Wort durch Zeichen.

Ap 8,6 Das Volk hörte einmütig und fleißig zu, was Philippus sagte, und sah die Zeichen, die er tat. Denn die unsauberen Geister fuhren aus vielen Besessenen mit großem Geschrei. Auch viele Gichtbrüchige und Lahme wurden gesund gemacht.

c) Er ist weise in der Gründung der Samariterkirche, in der Seelsorge am einzelnen und in der Verbundenheit mit der Gesamtkirche.

Ap 8,40 Philippus wandelte umher und predigte in allen Städten das Evangelium, bis daß er kam gen Cäsarea.
8,29 Der Geist sprach zu Philippus: Gehe hinzu und halte dich zu diesem Wagen. Da lief Philippus hinzu und hörte, daß er den Propheten Jesaja las, und sprach: Verstehst du auch, was du liesest?
8,14 Da die Apostel hörten zu Jerusalem, daß Samarien das Wort Gottes angenommen hatte, sandten sie zu ihnen Petrus und Johannes.
21,8 Des anderen Tages zogen wir aus, die wir um Paulus waren, und kamen gen Cäsarea und gingen in das Haus Philippus, des Evangelisten.

Simon der Zauberer aus einer Stadt Samariens läßt sich taufen, als er die Vollmacht des Philippus entdeckt. Doch löst er sich nicht von seiner bösen Art, die über Gott wie über ein Zaubermittel verfügen will, um damit Geld zu verdienen. So will er die Gabe des Heiligen Geistes von den Aposteln mit Geld erkaufen. Petrus sagt ihm das Bußwort, worauf er um Fürbitte bittet, damit kein Schade über ihn komme.

1. Er ist von der Vollmacht des Philippus tief beeindruckt.

Ap 8,9 Es war ein Mann mit Namen Simon, der bezauberte das samaritische Volk, und gab vor, er wäre etwas Großes. Und sie sahen alle auf ihn und sprachen: Der ist die Kraft Gottes, die da groß ist.
8,13 Auch Simon ward gläubig und ließ sich taufen und hielt sich zu Philippus, und als er sah die Zeichen und Taten, die da geschahen, verwunderte er sich.

2. Sein Glaube ist nicht aufrichtig und nicht bußfertig.

Ap 8,18 Da es Simon sah, daß der Heilige Geist gegeben ward, wenn die Apostel die Hände auflegten, bot er ihnen Geld an und sprach: Gebt mir auch die Macht, daß, so ich jemand die Hände auflege, derselbe den Heiligen Geist empfange.
8,20 Petrus sprach zu ihm: Daß du verdammt werdest mit deinem Gelde, darum, daß du meinst, Gottes Gabe werde durch Geld erlangt. Dein Herz ist nicht rechtschaffen vor Gott. Tue Buße für deine Bosheit, ob dir vergeben werden möchte die Tücke deines Herzens. Du bist voll bitterer Galle und verknüpft mit Ungerechtigkeit. Da antwortete Simon und sprach: Bittet ihr den Herrn für mich, daß der keines über mich komme, davon ihr gesagt habt.

Der Kämmerer aus Mohrenland, ein Sklave und Finanzgewaltiger der Königin Kandaze, gehört zu den Heiden, die in tiefer Sehnsucht nach Gott von dem Gott Israels angezogen sind. Er fährt nach Jerusalem, um dort anzubeten. Er erwirbt sich als Reiselektüre das Buch voller messianischer Hoffnungen, den zweiten Jesaja. Um seinetwillen wird Philippus auf die Straße nach Gaza gesandt. Der Kämmerer ist so aufrichtig, sein Nichtverstehen der Jesajastelle einzugestehen, so freundlich und demütig, Philippus zum Einsteigen und Erklären aufzufordern, so gläubig, daß er sofort bereit ist, sich taufen zu lassen, so in Christus selbständig und getröstet, daß er auch ohne Philippus fröhlich seine Straße zieht.

1. Der Kämmerer, ein Verschnittener, ein Gottsucher (Jes 56,4).

Ap 8,27 Ein Mann aus Mohrenland, ein Kämmerer und Gewaltiger der Königin Kandaze, welcher war über ihre ganze Schatzkammer, der war gekommen gen Jerusalem, anzubeten. Und zog wieder heim und saß auf seinem Wagen und las den Propheten Jesaja. (Er sucht im Tempel, er sucht in der Schrift.)

2. Er ist aufrichtig, demütig, gläubig und in Christus selbständig und getrost.

Ap 8,30 Verstehst du auch, was du liesest? Er aber sprach: Wie kann ich, so mich nicht jemand anleitet?

8,31 Er ermahnte Philippus, daß er aufträte und setzte sich zu ihm. Ich bitte dich, von wem redet der Prophet solches?

8,35 Philippus fing von dieser Schrift an und predigte ihm das Evangelium von Jesu ... Ich glaube, daß Jesus Christus Gottes Sohn ist ... und er taufte ihn.

8,39 Der Geist des Herrn rückte Philippus hinweg, und der Kämmerer sah ihn nicht mehr. Er zog aber seine Straße fröhlich.

Äneas, acht Jahre gichtbrüchig in Lydda, wird von Petrus entdeckt und geheilt, weil er sofort seinem Wort Glauben schenkt.

Ap 9,33 Er fand zu Lydda Äneas, acht Jahre lang auf dem Bett gelegen, der war gichtbrüchig, und sprach zu ihm: Äneas, Jesus Christus macht dich gesund, stehe auf und bette dir selber. Und alsobald stand er auf, und es sahen ihn alle, die zu Lydda ... wohnten, die bekehrten sich zu dem Herrn.

Tabea (Rehe), eine Wohltäterin der Armen zu Joppe, wird von Petrus vom Tode erweckt.

1. Tabea, ein Menschenkind der Liebe.

Ap 9,36 Sie war voll guter Werke und Almosen, die sie tat.

9,39 Alle Witwen weinten und zeigten ihm die Röcke und Kleider, welche die Rehe machte, als sie noch bei ihnen war.

2. Diese Liebe erweckt Gegenliebe und treibt zur Fürbitte.

Ap 9,38 Sie sandten zwei Männer zu Petrus und ermahnten ihn, daß er sich's nicht ließe verdrießen, zu ihnen zu kommen.

9,40 Petrus kniete nieder, betete und wandte sich zu dem Leichnam und sprach: Tabea, stehe auf.

3. Die Bitte wird erhört, und die Erhörung bewegt viele zum Glauben.

Ap 9,41 Er rief die Heiligen und die Witwen und stellte sie lebendig dar, und es ward kund durch ganz Joppe, und viele wurden gläubig an den Herrn.

Kornelius, Hauptmann der italienischen Kohorte in Cäsarea, ist gläubig geworden an den Gott Israels. Er ist gelöst vom Besitz und kann geben; er ist frei von der Selbstherrlichkeit und kann darum beten. Dieser zweifache Erweis der Echtheit des Glaubens macht tiefen Eindruck auf seine Hausgenossen, seine Kriegsknechte und das Volk und findet Beachtung bei Gott. Ein Engel erscheint ihm und fordert ihn auf, zu Petrus nach Joppe zu senden. Petrus wird durch ein Gesicht willig gemacht, entgegen aller jüdischen Sitte in das heidnische Haus einzugehen und da das Evangelium zu verkündigen. Während er den Gekreuzigten und Auferstandenen bezeugt und von der Vergebung der Sünden spricht, kommt der Heilige Geist auf alle, die dem Wort zuhören, daß sie mit Zungen reden und Gott preisen. So werden sie auf den Namen Jesu getauft, ohne Juden zu werden, ein bedeutsamer Vorgang für die erste Kirche.

1. Der Hauptmann Kornelius ist mit Ernst an Gott gläubig.

a) Er betet mit Ernst.

Ap 10,2 Er betete immer zu Gott.
10,30 Ich habe vier Tage gefastet bis an diese Stunde, und um die neunte Stunde betete ich in meinem Hause.

b) Er macht Ernst mit der Lösung vom Besitz.

Ap 10,2 Er gab dem Volk viel Almosen.

c) Er macht Ernst mit dem Bekenntnis zu Gott.

Ap 10,2 Gottselig und gottesfürchtig samt seinem ganzen Hause.
10,7 Er rief einen gottesfürchtigen Kriegsknecht von denen, die ihm aufwarteten.

2. Weil er mit Ernst anruft, ist ihm Gott nahe; weil er bekennt, ist er bei Gott bekannt.

Ap 10,4 Der Engel spricht zu ihm: Deine Gebete und deine Almosen sind hinaufgekommen ins Gedächtnis vor Gott.
10,5 Er bekommt den Auftrag, Petrus holen zu lassen.
10,15 Was Gott gereinigt hat, das mache du nicht unrein. (Petrus wird vorbereitet, das Evangelium zu den Heiden zu bringen.)

3. Er hört das Evangelium in ehrfürchtiger Erwartung gläubig an, so empfängt er mit den Seinen den Heiligen Geist. Er wird der Erstling unter den Heiden.

Ap 10,24 Kornelius wartete auf sie und hatte zusammengerufen seine Verwandten und Freunde.
10,33 Nun sind wir alle hier gegenwärtig vor Gott, zu hören alles, was dir von Gott befohlen ist.
10,44 Da Petrus noch diese Worte (alle, die an ihn glauben, bekommen Vergebung der Sünden) redete, fiel der Heilige Geist auf alle, die dem Wort zuhörten.
10,48 Und befahl, sie zu taufen im Namen des Herrn.

11,18 Als sie, die Gemeinde zu Jerusalem, das hörten, schwiegen sie still, lobten Gott und sprachen: So hat Gott auch den Heiden Buße gegeben zum Leben.

Agabus, ein urchristlicher Prophet aus Jerusalem, weissagt zu Antiochien eine Teuerung und zu Cäsarea die Gefangennahme des Paulus durch die Juden und Überantwortung in der Heiden Hände. Ap 11,28; 21,10.

Herodes Agrippa I., Enkel des Herodes des Großen und der Mariamne, kommt als gerissener, sich auf dem römischen Pflaster auskennender, seinen Nebenbuhler intrigant verleumdender Günstling Kaligulas und des Klaudius zur Macht über den Osten, Norden und zuletzt den Süden des alten herodianischen Reiches. Er sucht als König von Jerusalem die Pharisäer auf Kosten der Christen für sich zu gewinnen und tötet Jakobus im Jahre 44. Petrus entging demselben Schicksal nur durch ein Wunder. Im selben Jahr überhebt er sich und läßt sich vom Volk als Gott verehren. Seine bald darauf ausbrechende tödliche Krankheit wird von Juden und Christen als Gottesgericht angesehen.

1. Grausam und listig.

Ap 12,1 Um diese Zeit legte der König Herodes die Hände an etliche der Gemeinde, sie zu peinigen. Er tötete aber Jakobus, den Bruder des Johannes, mit dem Schwert. Und da er sah, daß es den Juden gefiel, fuhr er fort und fing Petrus auch.

12,19 (Nach dem wunderbaren Entrinnen des Petrus) ließ er die Hüter verhören und ließ sie abtun. (Der aufgeklärte Despot will ein Eingreifen Gottes nicht anerkennen und beschuldigt die Hüter.)

2. Er überhebt sich selbst und wird von Gott geschlagen.

Ap 12,21 Herodes zog das königliche Kleid an (das mit Silber durchwirkt in der Sonne leuchtete), setzte sich auf den Richterstuhl und tat seine Rede zu ihnen. Das Volk aber rief zu: Das ist Gottes Stimme und nicht eines Menschen.

Ap 12,32 Alsbald schlug ihn der Engel des Herrn, darum, daß er die Ehre nicht Gott gab; und ward gefressen von den Würmern und gab den Geist auf.

Joses mit dem Zunamen Barnabas, ein Levit aus Zypern, wird in den Pfingsttagen gläubig und verzichtet aus Liebe zu den Armen freiwillig auf sein Gut, um ohne irdische Sicherung allein seinem Herrn zu leben und restlos ihm zu vertrauen. Er ernährt sich fortan von seiner Hände Arbeit. Er hat den Mut zu neuen Aufgaben. So führt er Paulus bei den Aposteln ein. Er wird zum Leiter der aufblühenden heidenchristlichen Gemeinde in Antiochien durch die Apostel abgeordnet und holt Paulus zu seinem Gehilfen. Mit Paulus zusammen tritt er für die Freiheit der heidenchristlichen Gemeinden zu Jerusalem ein, wenn er auch einmal in der Frage der Gesetzesfreiheit unter dem Einfluß von Petrus ins Schwanken gerät. Er hält die Verbindung mit Jerusalem aufrecht und bringt eine Kollekte dorthin (Ap 11,30). Auf das Wort der Propheten hin wird er von der Gemeinde Antiochien mit Paulus in die Heidenmission gesandt und durchreist mit ihm Zypern und Kleinasien. Bei dieser gemeinsamen Arbeit übernimmt Paulus mehr und mehr die Führung. Als Paulus den Markus, den Verwandten des Barnabas, nicht mehr auf die zweite Missionsreise mitnehmen will, trennt sich Barnabas von Paulus, um fortan mit Markus zusammen sein Missionswerk selbständig durchzuführen. Doch entsteht aus dieser Trennung keine Feindschaft. Barnabas wird von Paulus immer mit Dankbarkeit genannt (1 Kor 9,6) und von dem Paulusschüler Lukas in der Apostelgeschichte besonders hervorgehoben.

Der Brief an die Hebräer wird ihm zugeschrieben und spiegelt die Theologie und kraftvolle Art des Barnabas wider.

1. Barnabas gewinnt Christum und seinen Trost.

Ap 4,36 Joses mit dem Zunamen von den Aposteln genannt Barnabas (d.h. ein Sohn des Trostes), von Geschlecht ein Levit aus Zypern.
11,24 Er war ein frommer Mann, voll Heiligen Geistes und Glaubens.
15,25 Es hat uns gut gedeucht, zu euch zu senden unseren liebsten Barnabas und Paulus, welche Menschen ihre Seelen dargegeben haben für den Namen unseres Herrn Jesu Christi (im Schreiben des Apostelkonzils).

2. Darum ist er bereit zum entschlossenen Verzicht auf seine irdische Habe.

Ap 4,37 Der hatte einen Acker und verkaufte ihn und brachte das Geld und legte es zu der Apostel Füßen.
1 Kr 9,6 Haben allein ich und Barnabas keine Macht, nicht zu arbeiten?
Heb 10,34 Ihr habt den Raub eurer Güter mit Freuden erduldet, als die ihr wisset, daß ihr bei euch selbst eine bessere und bleibende Habe im Himmel habt.

3. Er ist bereit zum Verzicht auf den Trost des Gesetzes und der eigenen Werke:

a) er nimmt sich des bekehrten Christenverfolgers Saulus an und schließt mit ihm eine enge Arbeitsgemeinschaft;

Ap 9,27 Barnabas nahm ihn zu sich und führte ihn zu den Aposteln.
11,25 Barnabas zog aus gen Tarsus, Saulus wieder zu suchen.

b) er ist willig zur Arbeit an den Heiden und tritt für die Freiheit der Heidenchristen vom Gesetze ein.

Ap 11,22 Die Gemeinde zu Jerusalem sandte Barnabas, daß er hinginge bis gen Antiochien. Dieser, da er hingekommen war und sah die Gnade Gottes, ward er froh.
13,2 Sondert mir aus Barnabas und Saulus zu dem Werk, dazu ich sie berufen habe (zur Missionsarbeit von Antiochien abgeordnet).
14,12 Paulus führte das Wort.
15,2 Sie ordneten, daß Paulus und Barnabas hinaufzögen gen Jerusalem zu den Aposteln und Ältesten um dieser Frage willen. (Die Frage der Verbindlichkeit des Gesetzes für die Heidenchristen.)
Ga 2,9 Sie gaben mir und Barnabas die rechte Hand und wurden mit uns eins, daß wir unter die Heiden, sie aber unter die Juden gingen.

4. Aus Rücksicht auf liebe Menschen schwankt Barnabas.

Ga 2,13 Mit Petrus heuchelten die anderen Juden, also daß auch Barnabas verführt ward, mit ihnen zu heucheln. (Unter dem Einfluß des Petrus trennt sich Barnabas von der Tischgemeinschaft mit den Heidenchristen.)

Ap 15,37 Barnabas gab Rat, daß sie mit sich nähmen Johannes mit dem Zunamen Markus. Paulus aber achtete es billig, daß sie nicht mit sich nähmen einen solchen, der von ihnen gewichen war... und sie kamen scharf aneinander, also daß sie voneinander zogen und Barnabas zu sich nahm Markus. (Er schwankt aus Rücksicht auf Markus in seiner Arbeitsgemeinschaft mit Paulus.)

Paulus (mit seinem jüdischen Namen Saulus, vielleicht bekommt er den Namen Paulus von Sergius Paulus, dem Landvogt von Zypern, Ap 13,9), wächst auf in der jüdischen Diaspora zu Tarsus, der üppigen Hafenstadt am Cydnus in Zilizien. Er empfängt dort Eindrücke wilden heidnischen Naturdienstes und schließt sich um so fester an das ernst-fromme Wesen der tarsischen Synagoge. Er ist Großstädter und entnimmt seine Bilder mit Vorliebe dem großstädtischen Leben. Er rühmt sich seiner rein jüdischen Abstammung aus dem nicht abgefallenen Stamm Benjamin und ist von Jugend auf daheim in der Heiligen Schrift. Er benützt das Bilderbuch des Alten Testaments mit virtuoser Kenntnis, so daß er die Zitate immer am Griff hat. Er ist in der rabbinischen Tradition wohlbewandert, so ist sein Beweisen immer der Schriftbeweis. Er gehört der strengen Richtung der Pharisäer an. Daher sein ernstes Bemühen, das Gesetz zu halten. Er hat als Pharisäer auch ein Handwerk gelernt und webt als Teppichmacher aus Ziegenhaar derbe Zelte. Er ist körperlich unscheinbar und oft krank. Sein Temperament ist außerordentlich erregbar und leidenschaftlich, doch ist er überaus zart und geduldig im Lieben. Die Kraft seines Denkens und seine praktische Energie, Menschen zu behandeln, ist bewunderungswürdig. So wird er, den auch verwandtschaftliche Beziehungen nach Jerusalem führen, dem Hohen Rat bekannt. Wegen seines Eifers um die jüdische Religion, seiner Umsicht und Tatkraft wird er durch den Hohen Rat zum Kommissar für die Bekämpfung der Christen berufen. Nachdem er als Vertreter der jüdischen Obrigkeit bei der Steinigung des Stephanus mitgewirkt hat, erscheint ihm auf dem Zug nach Damaskus der Gekreuzigte. Aus dem Verfolger wird nun der Apostel und erfolgreichste Missionar des Herrn.

Er trägt auf drei Missionsreisen das Evangelium in die griechisch-römische Welt, erkämpft dem Judenchristentum gegenüber den Raum für die Heidenmission und gründet und leitet blühende Gemeinden. Durch seine dreizehn Briefe an diese Gemeinden sind wir über seine Botschaft und die inneren Schwierigkeiten, die er als Missionar zu überwinden hatte, aufs genaueste unterrichtet. Bei dem Versuch, seinem heißgeliebten, verblendeten Volk in Jerusalem Christus zu bezeugen, gerät er in römische Gefangenschaft. Um der Justiz des Hohen Rates zu entgehen, beruft er sich auf den Kaiser und wird gefangen nach Rom gebracht. Ob er noch einmal frei geworden ist und den Plan einer Missionsreise nach Spanien durchführen konnte, ist nicht ganz sicher. Jedenfalls verliert sich seine Spur in der Neronischen Verfolgung, in der er durchs Schwert hingerichtet worden sein soll.

I. Sein Werden.

1. Heimat, Eltern und Erziehung.

Ap 22,3	Ich bin ein jüdischer Mann, geboren zu Tarsus in Zilizien und erzogen in dieser Stadt zu den Füßen Gamaliels, gelehrt mit allem Fleiß im väterlichen Gesetz.
Phi 3,5	Ich bin des Geschlechts Benjamin, ein Hebräer von Hebräern, nach dem Gesetz ein Pharisäer.
Ga 4,1	Seine rabbinisch-juristische Schulung.
Ap 23,6	Paulus rief im Rat: Ich bin ein Pharisäer und eines Pharisäers Sohn.
Ga 1,14	Ich nahm zu im Judentum über viele meinesgleichen in meinem Geschlecht und eiferte über die Maßen um das väterliche Gesetz.
1 Th 2,9	Tag und Nacht arbeiteten wir, daß wir niemand unter euch beschwerlich wären.
1 Kr 4,12	Wir arbeiten und wirken mit unseren Händen.
9,24	Bild vom Wettkampf.
2 Kr 2,15	Todesgeruch - Lebensgeruch (Bilder aus dem städtischen Leben).

2. Seine äußere Erscheinung.

2 Kr 10,10	Die Gegenwart des Leibes ist schwach und die Rede verächtlich.
Ap 14,12	Sie nannten Barnabas Jupiter und Paulus Merkur, dieweil er das Wort führte. (Er ist klein und beweglich.)
1 Kr 2,3	Ich war bei euch mit Schwachheit.
2 Kr 12,7	Es ist mir gegeben ein Pfahl ins Fleisch, nämlich des Satans Engel, der mich mit Fäusten schlage, auf daß ich mich nicht überhebe.
Ga 4,15	Wenn es möglich gewesen wäre, ihr hättet eure Augen ausgerissen und mir gegeben. (Er ist oft krank, vielleicht augenleidend.)
4,14	Meine Anfechtungen, die ich leide nach dem Fleisch, habt ihr nicht verachtet.

3. Sein Temperament.

Ap 22,3	Ich war ein Eiferer um Gott und habe diesen Weg verfolgt bis an den Tod.
23,3	Gott wird dich schlagen, du getünchte Wand!
Ga 5,12	Wollte Gott, daß sie ausgerottet würden, die euch zerstören!
1,9	So jemand euch Evangelium predigt anders, denn das ihr empfangen habt, der sei verflucht! (Außerordentlich erregbar und leidenschaftlich.)
2 Kr 2,4	Ich schrieb euch in großer Trübsal, in Angst des Herzens, mit viel Tränen.
Ga 4,19	Meine lieben Kinder, die ich abermal mit Ängsten gebäre, bis daß Christus in euch eine Gestalt gewinne. Ich wollte, daß ich jetzt bei euch wäre und meine Stimme wandeln könnte, denn ich bin irre an euch.
Phi 4,1	Meine lieben und ersehnten Brüder, meine Freude und meine Krone.
Phil 12	Du wollest ihn, das ist mein eigen Herz, annehmen, mehr denn einen Knecht, als einen lieben Bruder, sonderlich mir, wieviel mehr aber dir. (Er ist überaus zart und geduldig im Lieben.)
Rö 10,14	Wie sollen sie den anrufen, an den sie nicht glauben? Wie sollen sie aber an den glauben, von dem sie nichts gehört haben? Wie sollen sie aber hören ohne Prediger? Wie sollen sie aber predigen, so sie nicht gesandt werden? (Sein scharfes Denken türmt einen Schluß auf den anderen.)

4. Seine Bekehrung.

Ap 9,1	Saulus schnaubte noch mit Drohen und Morden wider die Jünger des Herrn und ging zum Hohenpriester und bat ihn um Briefe gen Damaskus an die Schulen.

Phil 3,6 Nach dem Eifer ein Verfolger der Gemeinde. (Was Paulus ist, ist er radikal.)

Ga 1,15 Da es aber Gott wohlgefiel, daß er seinen Sohn offenbarte in mir, daß ich ihn durchs Evangelium verkündigen sollte unter den Heiden: alsobald fuhr ich zu und besprach mich nicht darüber mit Fleisch und Blut, kam auch nicht zu Jerusalem zu denen, die vor mir Apostel waren, sondern zog hin gen Arabien und kam wiederum gen Damaskus. Danach über drei Jahre kam ich gen Jerusalem, Petrus zu schauen, und blieb fünfzehn Tage bei ihm.

Phi 3,7 Was mir Gewinn war, habe ich um Christi willen für Schaden erachtet.

Ap 9,3 Es umleuchtete ihn plötzlich ein Licht vom Himmel, und er hörte eine Stimme, die sprach zu ihm: Saul, Saul, was verfolgst du mich? Er aber sprach: Herr, wer bist du? Er sprach: Ich bin Jesus, den du verfolgst.

Es wird dir schwer werden, wider den Stachel zu löcken. Und er sprach mit Zittern und Zagen: Herr, was willst du, daß ich tun soll? Der Herr sprach zu ihm: Stehe auf, gehe in die Stadt, da wird man dir sagen, was du tun sollst... Er war drei Tage nicht sehend und aß nicht und trank nicht.

9,15 Der Herr zu Ananias: Dieser ist mir ein auserwähltes Rüstzeug, daß er meinen Namen trage vor den Heiden und vor den Kindern von Israel. Ich will ihm zeigen, wieviel er leiden muß um meines Namens willen.

II. Seine Lehre.

1. Er ist Botschafter der frohen Botschaft Gottes von seinem Sohn. Seine Lehre gründet sich auf die einmalige Geschichtstatsache Jesu Christi.

Rö 1,1 Paulus, ein Knecht Jesu Christi, berufen zum Apostel, ausgesondert zu predigen das Evangelium Gottes, welches er zuvor verheißen hat durch seine Propheten in der Heiligen Schrift, von seinem Sohn, der geboren ist von dem Geschlecht Davids nach dem Fleisch und kräftig erwiesen ein Sohn Gottes nach dem Geist, der da heiligt, seit der Zeit, da er auferstanden ist von den Toten. Jesus Christus, unser Herr, durch welchen wir haben empfangen Gnade und Apostelamt, unter allen Heiden den Gehorsam des Glaubens aufzurichten unter seinem Namen.

Rö 9,5 welcher auch sind die Väter, und aus welchen Christus herkommt nach dem Fleisch, der da ist Gott über alles, gelobet in Ewigkeit. Amen.

1 Kr 15,3 Ich habe euch zuvörderst gegeben, was ich auch empfangen habe: daß Christus gestorben sei für unsere Sünden nach der Schrift, und daß er begraben sei und daß er auferstanden sei am dritten Tage nach der Schrift und daß er gesehen worden ist von Kephas, danach von den Zwölfen...

Phi 2,7 Er nahm Knechtsgestalt an, ward gleich wie ein anderer Mensch und an Gebärden als ein Mensch erfunden.

2 Kr 8,9 Er ward arm um euretwillen.

5,14 Die Liebe Christi dringet uns also, sintemalen wir halten, daß, so einer gestorben ist, so sind sie alle gestorben.

1 Kr 11,23 Ich habe es von dem Herrn empfangen, das ich euch gegeben habe. Denn der Herr Jesus, in der Nacht, da er verraten ward, nahm das Brot...

Rö 15,3 Christus hatte nicht an sich selbst Gefallen, sondern wie geschrieben steht... die Schmähungen sind auf mich gefallen.

Ga 3,1 Welchen Christus Jesus unter die Augen gemalt war, als wäre er unter euch gekreuzigt.

1 Kr 7,25 Von den Jungfrauen habe ich kein Gebot des Herrn. Ich sage aber meine Meinung. (Paulus besitzt eine genaue Kenntnis der Geschichtstatsachen und Worte Jesu.)

2. Nicht die Lehre Jesu, sondern seine Mittlertat ist der Inhalt seiner Botschaft.

Rö 3,24	Wir werden gerecht aus seiner Gnade durch die Erlösung, so durch Christum Jesum geschehen ist.
2 Kr 5,21	Gott hat den, der von keiner Sünde wußte, für uns zur Sünde gemacht, auf daß wir würden in ihm die Gerechtigkeit, die vor Gott gilt.
1 Ti 2,5	Es ist ein Gott und ein Mittler zwischen Gott und den Menschen, nämlich der Mensch Christus Jesus, der sich selbst gegeben hat für alle zur Erlösung, daß solches gepredigt würde.
Rö 5,19	Wie durch eines Menschen Ungehorsam viele Sünder geworden sind, also auch durch eines Menschen Gehorsam werden viele Gerechte. (Christus der zweite Adam.)
2 Kr 4,4	Christus, welcher ist das Ebenbild Gottes.
Kol 1,15	Welcher ist das Ebenbild des unsichtbaren Gottes, der Erstgeborene vor allen Kreaturen; es ist alles durch ihn und zu ihm geschaffen. Er ist vor allem, und es besteht alles in ihm. Er ist das Haupt des Leibes, nämlich der Gemeinde; er, welcher ist der Anfang und der Erstgeborene von den Toten, daß alles durch ihn versöhnt werde zu ihm selbst, es sei auf Erden oder im Himmel, damit, daß er Frieden machte durch das Blut an seinem Kreuz durch sich selbst.

3. Die Verurteilung des Menschen.

1 Kr 2,14	Der natürliche Mensch vernimmt nichts vom Geiste Gottes.
Rö 3,23	Es ist hier kein Unterschied, sie sind allzumal Sünder.
Rö 7,14	Das Gesetz ist geistlich, aber ich bin fleischlich, unter die Sünde verkauft.
7,18	Ich weiß, daß in mir, das ist in meinem Fleische, wohnt nichts Gutes.
8,6	Fleischlich gesinnt sein ist der Tod.
Ga 5, 17	Das Fleisch gelüstet wider den Geist, und den Geist wider das Fleisch
Rö 7, 7	Die Sünde erkannte ich nicht außer durchs Gesetz.
Ga 3, 19	Das Gesetz ist hinzugekommen um der Sünde willen.
3, 24	Also ist das Gesetz unser Zuchtmeister gewesen auf Christum, daß wir durch den Glauben gerecht würden.

4. Der neue Mensch.

1 Kr 15, 45	Der erste Mensch, Adam, ward zu einer lebendigen Seele, und der letzte Adam zum Geist, der da lebendig macht.
Rö 5, 18	Wie nun durch eines Sünde die Verdammnis über alle Menschen gekommen ist, also ist auch durch eines Gerechtigkeit die Rechtfertigung des Lebens über alle Menschen gekommen.
2 Kr 5, 17	Darum, ist jemand in Christo, so ist er eine neue Kreatur.
Rö 3, 24	Wir werden geschenkweise gerecht aus seiner Gnade durch die Erlösung, so durch Jesum Christum geschehen ist.
6, 13	Begebet euch selbst Gott, als die da aus den Toten lebendig sind.
Eph 2, 5	Da wir tot waren in den Sünden, hat er uns samt Christo lebendig gemacht, hat uns samt ihm auferweckt und samt ihm in das himmlische Wesen gesetzt in Christo Jesu.
1,22	Gott hat alle Dinge unter seine Füße getan, hat ihn gesetzt zum Haupt der Gemeinde über alles, welche da ist sein Leib. (Die neue Menschheit.)
1 Kr 15, 25	Er muß aber herrschen, bis daß er alle seine Feinde unter seine Füße lege ... daß Gott sei alles in allem. (Die neue Welt.)
Rö 3, 28	So halten wir nun dafür, daß der Mensch gerecht werde ohne des Gesetzes Werke, allein durch den Glauben.
10, 17	So kommt der Glaube aus der Predigt, die Predigt aber durch das Wort Gottes. (Der Weg zur Erneuerung.)

III. Der Apostel und Heidenmissionar.

1. Seine Berufungsgewißheit.

Ga 1,15	Da es Gott wohlgefiel, der mich von meiner Mutter Leibe an hat ausgesondert und berufen durch seine Gnade, daß er seinen Sohn offenbarte in mir, daß ich ihn durchs Evangelium verkündigen sollte unter den Heiden...
1 Kr 9, 16	Daß ich das Evangelium predige, darf ich mich nicht rühmen, denn ich muß es tun. Und wehe mir, wenn ich das Evangelium nicht predigte!
1,1	Paulus berufen zum Apostel Jesu Christi durch den Willen Gottes.
3,10	Ich, nach Gottes Gnade, die mir gegeben ist, habe den Grund gelegt.
Rö 15,18	Ich wollte nicht wagen, etwas zu reden, wo dasselbige Christus nicht durch mich wirkte, die Heiden zum Gehorsam zu bringen durch Wort und Werk, durch Kraft der Zeichen und Wunder und durch Kraft des Geistes Gottes, also daß ich von Jerusalem an und umher bis Illyrien alles mit dem Evangelium Christi erfüllt habe und mich sonderlich beflissen, das Evangelium zu predigen, wo Christi Name nicht bekannt war, auf daß ich nicht auf einem fremden Grund baute.

2. Seine Aussendung durch die Gemeinde in Antiochien.

Ap 13,2	Da sie dem Herrn dienten und fasteten, sprach der Heilige Geist: Sondert mir aus Barnabas und Saulus zu dem Werk, dazu ich sie berufen habe. Da fasteten sie und beteten und legten die Hände auf sie und ließen sie gehen.
14,26	Sie fuhren gen Antiochien, von dannen sie verordnet waren durch die Gnade Gottes zu dem Werk, das sie hatten ausgerichtet. Da sie aber hinkamen, versammelten sie die Gemeinde und verkündigten, wieviel Gott mit ihnen getan hatte, und wie er den Heiden hätte die Tür des Glaubens aufgetan.
18,22	Er grüßte die Gemeinde (in Jerusalem) und zog hinab gen Antiochien und verzog etliche Zeit.

3. Die Reisen des Apostels.

Erste Missionsreise:

Ap 13,4	Sie fuhren gen Zypern. (Sie beginnen ihre Arbeit in der Heimat des Barnabas.)
13,13	Sie kamen gen Perge im Lande Pamphylien.
13,14	Sie zogen weiter von Perge und kamen gen Antiochien. (Sie bereisen Lykaonien, die schwer zugängliche Landschaft jenseits des Taurus, die Paulus von Tarsus her bekannt war.)
14,21	Sie zogen wieder gen Lystra und Ikonion und Antiochien und stärkten die Seelen der Jünger.
14,24	Und zogen durch Pisidien und kamen nach Pamphylien und redeten das Wort zu Perge und zogen hinab gen Attalien, und von dannen fuhren sie gen Antiochien.

Zweite Missionsreise:

Ap 15,2	Die Gemeinde zu Antiochien ordnete an, daß Paulus und Barnabas hinaufzögen gen Jerusalem zu den Aposteln... und zogen durch Phönizien und Samarien.
15,30	Sie kamen gen Antiochien.

15,40 Paulus wählte Silas (Barnabas und Markus trennen sich von ihm und reisen nach Zypern). Er zog durch Syrien und Zilizien und stärkte die Gemeinden.
16,1 Er kam gen Derbe und Lystra (von dort nimmt er Timotheus mit).
16,6 Da sie durch Phrygien und das Land Galatien zogen, ward ihnen gewehrt von dem Heiligen Geist, zu reden das Wort in Asien. Sie kamen an Mysien, versuchten durch Bithynien zu reisen, aber der Geist ließ es ihnen nicht zu. Sie zogen an Mysien vorüber und kamen hinab gen Troas.
16,11 Wir fuhren gen Troas und kamen gen Samothrazien und von dannen gen Philippi, die Hauptstadt des Landes Mazedonien.
17,1 Sie kamen gen Thessalonich.
17,10 Die Brüder fertigten Paulus und Silas ab gen Beröa. (Silas und Timotheus blieben da.)
17,15 Sie führten ihn bis gen Athen.
18,1 Danach schied Paulus von Athen und kam nach Korinth.
18,18 Paulus blieb noch lange daselbst (anderthalb Jahre), danach machte er seinen Abschied und wollte gen Syrien segeln und kam gen Ephesus.
18,21 Und fuhr weg von Ephesus und kam nach Cäsarea und ging hinauf gen Jerusalem und grüßte die Gemeinden und zog hinab gen Antiochien.

Dritte Missionsreise:

Ap 18,23 Er reiste weiter und durchwandelte das galatische Land und Phrygien und stärkte alle Jünger.
19,1 Und Paulus durchwandelte die oberen Länder und kam gen Ephesus. (Paulus ist drei Jahre in Ephesus, erlebt, wie das Wort des Herrn mächtig wächst, Ap 19,20. Nach dem Aufruhr des Goldschmieds Demetrius reist er nach Mazedonien, Ap 20,1.)
20,2 Da er diese Länder durchzogen und sie ermahnt hatte, kam er nach Griechenland und verzog allda drei Monate. (Paulus kommt auch nach Korinth.)
20,3 Da ihm die Juden nachstellten, da er nach Syrien wollte fahren, ward er zu Rat, wieder umzuwenden durch Mazedonien.
20,6 Wir fuhren nach den Ostertagen von Philippi gen Troas.
20,15 Wir kamen gen Milet (Abschied von den Ältesten von Ephesus).
21,3 Wir fuhren nach Syrien und kamen an zu Tyrus.
21,8 Wir kamen gen Cäsarea und gingen in das Haus Philippus, des Evangelisten.
21,17 Da wir nun gen Jerusalem kamen, nahmen uns die Brüder gerne auf.
21,26 Paulus heiligt sich mit vier Männern und ging in den Tempel. Dort sehen ihn Juden aus Asien und erregen das ganze Volk wider ihn (sie meinten, er habe Trophimus, den Epheser, in den Tempel geführt). Die römische Wache rettet ihn und gibt ihm Gelegenheit, zum Volk zu reden.
23,1 f. Paulus verkündigt vor dem Hohen Rat den Auferstandenen.
23,23 Der römische Hauptmann läßt Paulus zu seiner Sicherheit nach Cäsarea bringen, wo er von den Landpflegern Felix und Festus zwei Jahre gefangengehalten wird.
27,1 Paulus wird, da er sich als römischer Bürger (Ap 22,25) auf den Kaiser beruft, um dem Judengericht zu entgehen, als Gefangener nach Rom geführt.
28,30 Paulus blieb zwei Jahre in seinem eigenen Gedinge und nahm alle auf, die zu ihm kamen, und predigte das Reich Gottes und lehrte von dem Herrn Jesus mit aller Freudigkeit unverboten.

4. Seine mächtigen Waffen.

2 Kr 10,4 Die Waffen unserer Ritterschaft sind nicht fleischlich, sondern mächtig vor Gott, zu zerstören die Befestigungen. Wir zerstören damit die An-

schläge und alle Höhe, die sich erhebt wider die Erkenntnis Gottes, und nehmen gefangen alle Vernunft unter den Gehorsam Christi.

1 Kr 2,13 Wir reden nicht mit Worten, welche menschliche Weisheit lehren kann, sondern mit Worten, die der Heilige Geist lehrt.

2,2 ich hielt mich nicht dafür, daß ich etwas wüßte unter euch, ohne allein Jesum Christum, den Gekreuzigten. Ich war bei euch in Schwachheit, und mein Wort und meine Predigt war nicht in vernünftigen Reden menschlicher Weisheit, sondern in Beweisen des Geistes und der Kraft.

2 Kr 10,10 Die Briefe, sprechen sie, sind schwer und stark, aber die Gegenwart des Leibes ist schwach und die Rede verächtlich.

Rö 15,30 Helfet mir kämpfen mit Beten für mich zu Gott.

5. Seine missionarische Methode.

Ap 16,13 Am Tage des Sabbats gingen wir hinaus vor die Stadt an das Wasser, da man pflegte zu beten, und setzten uns und redeten zu den Weibern, die da zusammenkamen.

13,14 Sie gingen in die Schule am Sabbattage und setzten sich. Nach der Lektion des Gesetzes und der Propheten sandten die Obersten der Schule zu ihnen und ließen ihnen sagen: Liebe Brüder, wollt ihr etwas reden, so saget an. (Er beweist durch den Schriftbeweis, daß Jesus der Christus ist.)

13,42 Da die Juden aus der Schule gingen, baten die Heiden, daß sie am nächsten Sabbat ihnen die Worte sagten. (Paulus knüpft an die Synagoge an und wendet sich dann an den Kreis der gottesfürchtigen Heiden, der in Beziehung zur Synagoge steht.)

1 Kr 9,20 Den Juden bin ich geworden wie ein Jude, auf daß ich die Juden gewinne, denen, die ohne Gesetz sind, bin ich wie ohne Gesetz geworden, auf daß ich die, die ohne Gesetz sind, gewinne. Den Schwachen bin ich geworden wie ein Schwacher, auf daß ich die Schwachen gewinne, auf daß ich allenthalben ja etliche selig mache. (Seine Anpassungsfähigkeit und ständige missionarische Bereitschaft.) Er ist immer im Dienst und versagt sich keinem Menschen und keiner Gelegenheit, seine Botschaft aufzurichten. Er hat den Mut, zu Dieben 1 Kr 6,10, zu Sklaven 1 Kr 1,11, zu Vornehmen Ap 24, zu Gelehrten Ap 17, zu Königen Ap 26, zu Volksversammlungen Ap 22, zur Schiffsbesatzung Ap 27 zu reden.

6. Seine Geduld zum Leiden um seiner Aufgabe willen.

Ap 13,50 Die Juden bewegten die andächtigen und ehrbaren Weiber und der Stadt Oberste und erweckten eine Verfolgung über Paulus und Barnabas und stießen sie zu ihren Grenzen hinaus.

2 Kr 11,23 Ich habe mehr gearbeitet, ich habe mehr Schläge erlitten, ich bin öfter gefangen, oft in Todesnöten gewesen, von den Juden habe ich fünfmal empfangen vierzig Streiche weniger eins; ich bin dreimal gestäupt, einmal gesteinigt, dreimal habe ich Schiffbruch erlitten, Tag und Nacht habe ich zugebracht in der Tiefe des Meers; ich bin oft gereist, ich bin in Gefahr gewesen durch die Flüsse, in Gefahr durch die Mörder, in Gefahr unter den Juden, in Gefahr unter den Heiden, in Gefahr in den Städten, in Gefahr in der Wüste, in Gefahr auf dem Meer, in Gefahr unter den falschen Brüdern, in Mühe und Arbeit, in viel Wachen, in Hunger und Durst, in viel Fasten, in Frost und Blöße.

12,17 Habe ich etwa jemand übervorteilt?

1 Kr 4,12 Man schilt uns, so segnen wir. Wir sind stets wie ein Fluch der Welt und ein Fegopfer aller Leute. (Abschaum und Auswurf aller. Er muß Verdächtigungen über sich ergehen lassen.)

Ga 6,17 Hinfort mache mir niemand weiter Mühe, denn ich trage die Malzeichen des Herrn Jesu an meinem Leibe.

2 Kr 12,7 Auf daß ich mich nicht der hohen Offenbarungen überhebe, ist mir gegeben ein Pfahl ins Fleisch, nämlich des Satans Engel, der mich mit Fäusten schlage, dafür ich dreimal zum Herrn gefleht habe, daß er von mir wiche. Und er hat zu mir gesagt: Laß dir an meiner Gnade genügen, denn meine Kraft ist in den Schwachen mächtig. Darum bin ich gutes Muts in Schwachheiten um Christi willen, denn wenn ich schwach bin, dann bin ich stark.

7. Sein Drang nach vorwärts.

2 Th 3,1 Betet für uns, daß das Wort des Herrn laufe und gepriesen werde wie bei euch.
Rö 15,24 So will ich zu euch kommen, wenn ich reisen werde nach Spanien.
Ap 27,24 Du mußt vor den Kaiser gestellt werden.
Phi 3,13 Ich vergesse, was dahinten ist, und strecke mich zu dem, was vorne ist, und jage nach dem vorgesteckten Ziel.

8. Seine Stellung zum Staat. (Er ist kein Revolutionär, gebraucht dankbar den Schutz des römischen Staates, aber er verquickt nicht Gottes Reich und Weltreich.)

Rö 13,1 Jedermann sei untertan der Obrigkeit, die Gewalt über ihn hat, und ist keine Obrigkeit ohne von Gott ... sie trägt das Schwert nicht umsonst, sie ist Gottes Dienerin, eine Rächerin zur Strafe über den, der Böses tut.
Ap 16,37 Sie haben uns ohne Recht öffentlich gestäupt, die wir doch Römer sind.
22,25 Ist's auch recht, einen römischen Menschen ohne Urteil und Recht zu geißeln? (Paulus pocht auf sein Recht.)
Rö 14,17 Das Reich Gottes ist nicht Essen und Trinken, sondern Gerechtigkeit, Friede und Freude in dem Heiligen Geist.

9. Paulus, der Leiter der Gemeinden.

1. u. 2. Thessalonicherbrief: Paulus läutert die Zukunftserwartung der Gemeinde.
Galaterbrief: Er schreibt diesen Brief, um die Gesetzlichkeit, die von Judenschriften der Gemeinde aufgedrängt wird, zu überwinden.
Ga 3,24 Das Gesetz ist unser Zuchtmeister gewesen auf Christum.
2,16 Durch des Gesetzes Werke wird kein Fleisch gerecht.
2,21 So durch das Gesetz die Gerechtigkeit kommt, ist Christus vergeblich gestorben.
3,13 Christus hat uns erlöst von dem Fluch des Gesetzes, da er ward ein Fluch für uns.
1. Korintherbrief: Paulus bekämpft durch diesen Brief die Parteiungen der Gemeinde. Er beantwortet die Frage der Zucht, der Ehe, des Götzenopfers, des Abendmahls, des Zungenredens und wendet sich gegen die spiritualistische Verkehrung der Auferstehungshoffnung.
2. Korintherbrief: Paulus schreibt diesen Brief, um zur Sammlung einer Kollekte für die arme Gemeinde in Jerusalem zu ermuntern.
Römerbrief: Paulus schickt diesen gewaltigen Brief der Gemeinde in Rom, um seinen apostolischen Auftrag, den er auch zu Rom auszurichten gedenkt, zu begründen.
(So sind seine Briefe wahre Hirtenbriefe, die von einer großen Weisheit zur Leitung der Gemeinden Zeugnis ablegen.)

10. Seine seelsorgerliche Art.

1 Th 2,11 Wie ihr wisset, daß wir, wie ein Vater seine Kinder, einen jeglichen unter euch ermahnt und getröstet...

Ap 20,31	Denket daran, daß ich nicht abgelassen habe drei Jahre, Tag und Nacht, einen jeglichen mit Tränen zu vermahnen.
2 Kr 12,14	Ich habe euch nicht beschwert; sondern dieweil ich tückisch bin, habe ich euch mit Hinterlist gefangen. (Seine werbende, liebevolle Art wird von falschen Brüdern verdächtigt.)
Ga 1,10	Gedenke ich Menschen gefällig zu sein? Wenn ich den Menschen noch gefällig wäre, so wäre ich Christi Knecht nicht.
1 Th 2,7	Wir hätten euch mögen schwer sein als Christi Apostel, aber wir sind mütterlich gewesen bei euch, gleichwie eine Amme ihre Kinder pflegt.
1 Kr 4,21	Soll ich mit der Rute zu euch kommen, oder mit Liebe und mit sanftmütigem Geist?

11. Seine Treue:

a) im Festhalten seiner Gemeinden;

1 Ti 1,12	Ich danke unserm Herrn Christo, der mich treu geachtet hat und gesetzt in das Amt. (Seine Briefe mit ihrem Ringen um die Seele seiner Gemeinden beweisen die Treue.)

b) in der Liebe zu seinem Volk.

Rö 9,3	Ich habe gewünscht, verbannt zu sein von Christo für meine Brüder, die meine Gefreundeten sind, nach dem Fleisch.
2 Kr Kap. 8 u. 9	Kollekte für Jerusalem. (Mit großer Hingabe hält er die Verbundenheit mit der judenchristlichen Gemeinde in Jerusalem fest.)
Ap 20,22	Paulus reist nach Jerusalem, obwohl ihm Schlimmes geweissagt ist, weil er noch einmal seinem Volk Christus bezeugen will.
2 Ti 4,7	Ich habe einen guten Kampf gekämpft, ich habe den Lauf vollendet, ich habe Glauben gehalten. (Paulus am Ende seines Lebens.)

12. Seine Demut.

1 Kr 15,9	Ich bin der geringste unter den Aposteln.
Eph 3,8	Ich bin der geringste unter allen Heiligen.
Ti 1,15	unter welchen (Sündern) ich der schlimmste bin.

Markus (mit seinem jüdischen Namen Johannes, er trägt wie viele Männer aus dem zweisprachigen Gebiet einen Doppelnamen), Sohn der Maria. Seine Mutter ist eine Jüngerin Jesu. Ihr Haus ist ein Zufluchts- und Versammlungsort der ersten Gemeinde. Als Jüngling wird er mächtig von Jesus angezogen und erlebt Gethsemane mit. Sein Verwandter, es ist strittig, ob Onkel oder Vetter, Barnabas, der Levit aus Zypern, macht tiefen Eindruck auf ihn. In jugendlicher Begeisterung schließt er sich auf der ersten Missionsreise Barnabas und Paulus an, verliert aber, als sich die Reiseschwierigkeiten im Gebirge Kleinasiens häufen, den Mut und verläßt die Missionare, um heimzukehren. Seinetwegen entsteht zwischen Paulus und Barnabas Meinungsverschiedenheit. Paulus lehnt ihn als Begleiter für die zweite Missionsreise ab. Barnabas beurteilt ihn milder und will ihn wieder mitnehmen. So trennen sich Paulus und Barnabas. Barnabas hat mit seinem Urteil recht behalten. Wir treffen Markus später als geschätzten Mitarbeiter des Petrus. Er schreibt als Gehilfe des Petrus das Evangelium für die Heidenchristen, indem er die vorhandenen Traditionen des Matthäus benützt, das nur für Juden Verständliche wegläßt und hauptsächlich die Taten Jesu berichtet. So hat er auch keine Geburtsgeschichte Jesu. Die Petrusgeschichten sind besonders ausführlich, die aramäischen Ausdrücke kennzeichnen den den Ereignissen nahestehenden Gewährsmann. Markus hat Freude an breiter Ausführlichkeit und Lokalfarbe. Später hat Paulus sein Urteil über Markus geändert und empfiehlt ihn den Kolossern, daß sie ihn freundlich aufnehmen. In seinem letzten Brief an Timotheus bittet er, Markus mitzubringen, weil er ihm nützlich sei zum Dienst.

Markus gehört zu den Apostelschülern, die nicht den stahlharten Willen der ersten Jünger, auch nicht die hervorragende Geistesbegabung haben. Er ist aber zu einem wertvollen Gehilfen der beiden großen Apostel Petrus und Paulus herangereift. Seine Sprachkenntnisse (Notiz bei Papias: Markus, der Dolmetscher des Petrus) befähigen ihn, das zweite Evangelium zu schreiben.

1. Herkunft, Mutter und Haus des Markus.

Ap 4,36 Joses, mit dem Zunamen Barnabas, von Geschlecht ein Levit aus Zypern...

12,12 Das Haus der Maria, der Mutter des Johannes, der mit dem Zunamen Markus hieß, da viele beieinander waren und beteten.

2. Er erlebt Gethsemane mit, mächtig von Jesus angezogen.

Mk 14,51 Es war ein Jüngling, der folgte ihm nach, der war mit Leinwand bekleidet auf der bloßen Haut, und die Jünglinge griffen ihn. Er aber ließ die Leinwand fahren und floh bloß vor ihnen.

3. Er ist begeistert, aber er verzagt, wenn sich Schwierigkeiten erheben.

Ap 12,25 Barnabas und Saulus nahmen mit sich Johannes, mit dem Zunamen Markus.

13,4 Sie fuhren gen Zypern. Sie hatten Johannes zum Diener.

13,13 Da aber Paulus und die um ihn von Paphos fuhren, kamen sie gen Perge im Lande Pamphylien. Johannes aber wich von ihnen und zog wieder gen Jerusalem. (Seine Flucht in Gethsemane.)

15,38 Paulus achtete es billig, daß sie nicht mitnähmen einen solchen, der von ihnen gewichen war in Pamphylien und war nicht mit ihnen gezogen zu dem Werk. Und sie kamen scharf aneinander, also daß sie voneinander zogen und Barnabas zu sich nahm Markus und fuhr nach Zypern.

4. Trotzdem wird Markus ein brauchbarer Gehilfe der Apostel:

a) des Petrus;

1 Pe 5,13 Es grüßen euch, die samt euch auserwählt sind zu Babylon, und mein Sohn Markus.

Als sein Gehilfe schreibt er das Markus-Evangelium für die Heiden, vielleicht die Römer, die Freude haben an einem knappen Tatsachenbericht. Seine Nähe zu den Ereignissen geht hervor aus den aramäischen Wiedergaben einiger Worte Jesu.

Mk 7,34 Hephata!

5,41 Talitha kumi!

15,34	Eli, Eli, lama asabthani!
11,21	Petrus gedachte daran.
Mt 21,20	Da das die Jünger sahen. (Geschichte vom unfruchtbaren Feigenbaum.)

b) des Paulus.

Kol 4,10	Es grüßt euch Markus, der Neffe des Barnabas, über welchen ihr etliche Befehle empfangen habt, so er zu euch kommt, nehmet ihn auf. (Paulus ist in Rom.)
2 Ti 4,11	Lukas ist allein bei mir. Markus nimm zu dir und bringe ihn mit dir, denn er ist mir nützlich zum Dienst.
Phil 24	Es grüßt dich Markus.

Lukas, der Arzt, ein Heidenchrist, vielleicht aus Antiochien, ist der Begleiter des Apostels Paulus auf der zweiten Missionsreise von Troas bis Philippi, auf der Rückreise von der dritten Missionsreise von Philippi bis Jerusalem und auf der Gefangenschaftsreise von Cäsarea bis Rom, wo er dem Apostel nahe ist. Er schreibt als Schüler des Paulus das Evangelium und die Taten der Apostel, nachdem er sorgfältig den Tatbestand erforscht hat. Er hat als gebildeter Arzt einen scharfen Blick für den Geschichtsverlauf und die geschichtlichen Zusammenhänge. Seine Geschichtsschreibung steht nicht im Dienst irgendeiner Menschenverherrlichung, sondern geschieht zur Stärkung des Glaubens und zur Ehre Gottes. So gilt für ihn die Wahrheitsregel unverbrüchlich. Bei seiner Wiedergabe des Evangeliums benützt er eine alte judenchristliche Quelle von wundersamer Farbigkeit, deren Wiedergabe bis auf den hebraisierenden Ausdruck wortgetreu ist. Besonders groß ist ihm bei Jesus die völlige Bereitschaft zur Vergebung, das Angebot der Gnade an die Armen, an die Zöllner und Sünder, an die von den Pharisäern verachteten Frauen, an die Samariter und Heiden. Bei der Darstellung der Taten Jesu durch die Apostel zeigt Lukas, wie der Dienstwille zur Ausrichtung der Botschaft die Apostel ganz regiert. Sie gründen Gemeinden, die nicht für sich leben, sondern für den, der für sie gestorben und auferstanden ist. Weder religiöse Selbstbeschauung noch Verstandesspekulation noch Menschenverherrlichung, sondern Ausrichtung der Botschaft von Christus und Gründung von Gemeinden der Glaubenden und Liebenden ist das Anliegen der Apostel. Neben den großen Judenchristen Petrus tritt der Missionar der Heiden Paulus, und es wird bezeugt, wie der Herr mit und durch beide wirkt. Lukas legt Wert darauf, aufzuweisen, wie Paulus die Gemeinschaft der Gesamtkirche festhält. Es kommt bei Paulus keine Bitterkeit auf gegen Israel, trotz größter Leiden von seiten der Juden, sondern er hält die Verbundenheit mit der judenchristlichen Kirche aufrecht. So sehen wir in Lukas den getreuen Apostelschüler, der in der einzigartigen Schule des Paulus gelernt hat, was wesentlich ist zur Begründung des christlichen Glaubens und zur Festigung der christlichen Kirche.

1. Lukas, der Schüler und Begleiter des Apostels Paulus.

Ap 16, 10 - 17	Zweite Missionsreise von Troas bis Philippi.
20, 5 - 15	Rückreise von der dritten Missionsreise von Philippi bis Milet.
21, 1 - 18	Weiterreise von Milet bis Jerusalem.
Ap 27, 1 - 28,16	Seereise von Cäsarea bis Rom. (Sogenannte Wirstücke.)
Phil 24	Demas, Lukas, meine Gehilfen. (Von Rom aus geschrieben.)

2 Ti 4,11	Lukas ist allein bei mir.
Lk 7,29; 10,29; 16,15; 18,14	Der Paulinische Ausdruck »rechtfertigen«.

2. Lukas, der Arzt und Heidenchrist.

Kol 4,14	Es grüßt euch Lukas, der Arzt, der Geliebte.
4,10	Markus, Barnabas, Just, die aus den Juden sind. (Danach wird Epaphras, Lukas und Demas genannt, woraus zu schließen ist, daß sie Heidenchristen sind.)

3. Lukas, der Evangelist.

Völlige Bereitschaft Jesu zur Vergebung.

Lk 4,18	zu verkündigen das Evangelium den Armen.
6,20	Selig seid ihr Armen.
6,24	Wehe euch Reichen!
15,1	Es nahten zu ihm allerlei Zöllner und Sünder. Und die Pharisäer und Schriftgelehrten murrten. (Christus erzählt das Gleichnis vom verlorenen Sohn.)
18,10	Pharisäer und Zöllner.
7,37	Die große Sünderin.
8,2	Es folgten ihm etliche Frauen, die er gesund gemacht hatte von den bösen Geistern und Krankheiten.
10,38	Maria und Martha.
10,33	Der barmherzige Samariter.
17,15	Der dankbare Samariter.
7,9	Solchen Glauben habe ich in Israel nicht gefunden. (Hauptmann von Kapernaum, Heide.)

4. Lukas, der Verfasser der Apostelgeschichte.

Ap 4,10	Im Namen Jesu Christi von Nazareth steht dieser allhier vor euch gesund. (Keine Menschenverherrlichung, sondern Verherrlichung Jesu.)... und ist in keinem anderen Heil...
11,21	In Antiochien ward eine große Zahl gläubig. Es kam aber diese Rede von ihnen vor die Gemeinde zu Jerusalem, und sie sandten Barnabas, daß er hinginge. Er zog aus gen Tarsus, Saulus wieder zu suchen, und führte ihn gen Antiochien. Und sie blieben bei der Gemeinde ein ganzes Jahr und lehrten viel Volks.
14,23	Sie ordneten ihnen hin und her Älteste in den Gemeinden...
15,41	Er zog durch Syrien und Zilizien und stärkte die Gemeinden. (Hauptanliegen der Apostel der Dienst an den Gemeinden.)
15,2	Sie ordneten, daß Paulus und Barnabas hinaufzögen gen Jerusalem zu den Aposteln und Ältesten um dieser Frage willen. (Heidenchristliche Gemeinde und das Mosesgesetz.)
21,18	Paulus ging mit ihm ein zu Jakobus, und es kamen die Ältesten alle dahin. Und als er sie begrüßt hatte, erzählte er, was Gott getan hatte unter den Heiden durch sein Amt. Da sie das hörten, lobten sie den Herrn. (Begründung der Heidenmission in Gemeinschaft mit der judenchristlichen Kirche.)

Silas (so bei Lukas, in den Briefen Silvanus), ist ein jüdischer Christ, der mit Hingabe in der Heidenmission arbeitet. Er wird als Prophet und Lehrer von den Aposteln nach Antiochien geschickt mit dem Beschluß des Apostelkonzils. Paulus nimmt ihn mit auf die zweite Missionsreise. So wird er ein Mitarbeiter bei den Gemeindegründungen in Asien und Griechenland, ein Genosse seiner Leiden, ein Zeuge seiner Gebete und der Mitverfasser vieler Briefe des Paulus. Bei der dritten Missionsreise ist er nicht mehr. Wir hören von ihm, daß er bei Petrus in Babylon ist und den ersten Petrusbrief schreibt.

1. Silas ist als Lehrer und Prophet wortgewaltig.

Ap 15,32	Judas und Silas, die auch Propheten waren, ermahnten die Brüder mit vielen Reden und stärkten sie.

2. Silas, der Begleiter des Paulus.

Ap 15,40	Paulus aber wählte Silas und zog hin. Er zog durch Syrien und Zilizien und stärkte die Gemeinden. (Silas ist bei der Gründung der galatischen, mazedonischen, korinthischen Gemeinden dabei.)
16,19	Sie nahmen Paulus und Silas ... da sie sie wohl gestäupt hatten, warfen sie sie ins Gefängnis. (Mitgenosse der Leiden des Paulus.)
16,25	Um die Mitternacht beteten Paulus und Silas und lobten Gott. (Mitbeter des Paulus.)
1 Th 1,1	Paulus und Silas der Gemeinde zu Thessalonich.
2 Th 1,1	Paulus und Silas und Timotheus der Gemeinde zu Thessalonich. (Mitverfasser der Briefe.)

3. Der Begleiter des Petrus.

1 Pe 5,12	Durch euren treuen Bruder Silas habe ich euch ein wenig geschrieben. (Der Brief geht an die kleinasiatischen Gemeinden, denen Silas bekannt war. Daß Silas der Begleiter des Paulus und des Petrus sein konnte, beweist, wie eng die Verbindung zwischen Juden- und Heidenchristen in der ersten Kirche war.)

Demas, der Gehilfe des Paulus, ist bei ihm in der römischen Gefangenschaft, verläßt ihn vor seiner Hinrichtung und geht nach Thessalonich, wohl aus Leidensscheu. Es kostet ihm zuviel, ein wahrhaft heldisches Leben zu leben.

Phil 24	Es grüßt dich Demas, Lukas, meine Gehilfen.
Kol 4,14	Es grüßt dich Lukas, der Arzt, der Geliebte, und Demas.
2 Ti 4,10	Demas hat mich verlassen und diese Welt liebgewonnen und ist gen Thessalonich gezogen.

Lydia, die Purpurkrämerin aus Thyatira, ist gottesfürchtig, besucht daher regelmäßig den jüdischen Gottesdienst. Sie läßt sich, als sie Paulus hört, zum Glauben bewegen und erweist dem Apostel ihre Gastfreundschaft.

1. Gottesfürchtig hält sie fest an frommer Sitte.

Ap 16,13	an das Wasser, da man pflegte zu beten. Und ein gottesfürchtiges Weib mit Namen Lydia hörte zu.

2. Sie wird gläubig.

Ap 16,14	Dieser tat der Herr das Herz auf, daß sie darauf acht hatte, was von Paulus geredet ward.

3. Sie ist zum Dienst bereit.

Ap 16,15	Als sie aber und ihr Haus getauft ward (sie hat das Evangelium auch ihren Hausgenossen gebracht), ermahnte sie uns und sprach: So ihr mich

achtet, daß ich gläubig bin an den Herrn, so kommt in mein Haus und bleibet allda. Und sie nötigte uns.

16,40 Sie gingen aus dem Gefängnis und gingen zu der Lydia.

Phöbe, Diakonisse in Kenchreä, Überbringerin des Römerbriefs nach Rom. Paulus bittet für sie um Unterstützung der Gemeinde und gibt ihr das Lob, daß sie vielen Beistand getan hat, auch ihm selbst. Durch das Überbringen des Römerbriefs hat sie Hunderttausenden Beistand getan.

Rö 16,1 Ich befehle euch aber unsere Schwester Phöbe, welche ist im Dienst der Gemeinde zu Kenchreä, daß ihr sie aufnehmet in dem Herrn und tut ihr Beistand ... denn sie hat auch vielen Beistand getan, auch mir selbst.

Demetrius, der Goldschmiedemeister zu Ephesus, fühlt sich durch die Verbreitung der Lehre des Paulus geschäftlich geschädigt, ruft den Kreis der Interessenten zusammen und hetzt sie gegen Paulus auf, indem er ihren heidnischen Fanatismus aufstachelt. Er meint sein Geld und sagt Religion. Er ist einer von denen, die meinen, Gottseligkeit sei ein Gewerbe.

Ap 19,24 einer mit Namen Demetrius, ein Goldschmied, machte silberne Tempel der Diana und wandte denen vom Handwerk nicht geringen Verdienst zu.

19,27 es will nicht allein unserem Handel dahin geraten, daß er nichts gelte, sondern auch der Tempel der großen Göttin Diana wird für nichts geachtet werden...

Die Skevassöhne benutzen den Namen Jesu als Zauberformel zur Austreibung von Dämonen, ohne innerlich mit Jesus verbunden zu sein. Sie werden aus Mangel an Vollmacht dabei elend zuschanden. Ap 19,14 - 17.

Apollos stammt aus Alexandria, ist griechisch gebildet, in der Theologie der griechischen Juden bewandert und beredt. Er wird von der Predigt des Täufers erfaßt, erhält die Johannestaufe und hört von Jesus Christus. In Ephesus kommt er mit Aquila und Priscilla zusammen, die ihn weiter im Evangelium von Christus unterrichten. In Korinth hat Apollos große Erfolge. Paulus schätzt seine Arbeit und arbeitet vertrauensvoll mit ihm zusammen.

Ap 18,24 Es kam aber gen Ephesus ein Mann mit Namen Apollos, von Geburt aus Alexandrien, ein beredter Mann und mächtig in der Schrift. Dieser war unterwiesen im Weg des Herrn und redete mit brünstigem Geist und lehrte mit Fleiß von dem Herrn, wußte aber allein von der Taufe des Johannes. Dieser fing an frei zu predigen in der Schule. Da ihn aber Aquila und Priscilla hörten, nahmen sie ihn zu sich und legten ihm den Weg Gottes noch fleißiger aus. Da er wollte nach Achaja reisen, schrieben die Brüder und ermahnten die Jünger, daß sie ihn aufnähmen... er half viel denen, die gläubig waren geworden durch die Gnade. Denn er überwand die Juden beständig und erwies öffentlich durch die Schrift, daß Jesus der Christ sei.

Ap 19,1 Apollos zu Korinth.

1 Kr 1,12 Eine Gruppe der Gemeinden zu Korinth, die durch Apollos gewonnen worden war, nennt sich apollisch.

3,6 Ich habe gepflanzt, Apollos hat begossen, aber Gott hat das Gedeihen gegeben.

4,6 Solches aber habe ich auf mich und Apollos gedeutet um euretwillen, daß ihr an uns lernet, daß niemand höher von sich halte...

16,12 Von Apollos, dem Bruder, aber wisset, daß ich ihn sehr viel ermahnt habe, daß er zu euch käme mit den Brüdern.

Tit 3,13 Apollos fertige ab mit Fleiß, auf daß ihm nichts gebreche. (Paulus meldet in Kreta den Besuch des Apollos an.)

Aquila und Priscilla, die Arbeitgeber des Apostels Paulus, sind Juden aus Pontus, die aus Italien, wo sie ihre Teppichmacherwerkstätte haben, durch den judenfeindlichen Erlaß des Kaisers Claudius vertrieben werden. Paulus trifft sie in Korinth und tritt in ihre Werkstätte ein. Die Glaubensgemeinschaft verbindet sie so mit Paulus, daß sie ihm ständig die Arbeitsgelegenheit darreichen und es ihm so ermöglichen, bei seinem Missionsdienst sich selbst zu ernähren. Sie ziehen mit ihm nach Ephesus und von dort nach Rom. Zuletzt waren sie wieder in Ephesus. Sie retten den verfolgten Apostel unter eigener Lebensgefahr.

Ap 18,1 Danach kam Paulus gen Korinth und fand einen Juden mit Namen Aquila, von Geburt aus Pontus, welcher war neulich aus Italien gekommen samt seinem Weib Priscilla (darum auch der Kaiser Claudius geboten hatte allen Juden, zu weichen aus Rom). Zu denen ging er ein, und dieweil er gleiches Handwerks war, blieb er bei ihnen und arbeitete (sie waren aber des Handwerks Teppichmacher).

18,18 Paulus wollte nach Syrien fahren und mit ihm Priscilla und Aquila.

18,26 Aquila und Priscilla in Ephesus.

Rö 16,3 Grüßet Priscilla und den Aquila, meine Gehilfen in Christo Jesu, welche haben für mein Leben ihren Hals dargegeben, welchen nicht allein ich danke, sondern alle Gemeinden unter den Heiden.

2 Ti 4,19 Grüßet Priscilla und Aquila (sie sind zuletzt wieder in Ephesus).

Epaphroditus ist ein Gehilfe des Paulus, der Abgesandte der Gemeinde zu Philippi, der ihr Geschenk dem Paulus nach Rom überbringt. Er setzt sein Leben ein im Dienst Christi und erkrankt dort lebensgefährlich. Nach seiner Genesung nimmt er den Philipperbrief mit nach Hause.

Phi 4,18 Ich habe die Fülle, da ich empfing durch Epaphroditus, was von euch kam.

2,27 Er war todkrank, aber Gott hat sich über ihn erbarmt.

Phi 2,30 Um des Werkes Christi willen ist er dem Tode so nahe gekommen, da er sein Leben gering bedachte, auf daß er mir diente an eurer Statt.

2,29 Habt solche Leute in Ehren.

2,25 Epaphroditus, der mein Gehilfe und Mitstreiter und meiner Notdurft Diener ist (wie Paulus über ihn denkt).

Epaphras ist ein hochgeschätzter Gehilfe des Paulus, gründet die Gemeinde zu Kolossä, wirkt auch zu Laodizea und Hierapolis und teilt (vielleicht freiwillig) die Gefangenschaft des Paulus.

Kol 1,7 Wie ihr gelernt habt von Epaphras, unserem lieben Mitdiener, welcher ist ein treuer Diener Christi für euch, der uns auch eröffnet hat eure Liebe im Geist.

4,12 Es grüßt euch Epaphras, der von den Euren ist, ein Knecht Christi, und allezeit ringt für euch mit Gebeten, auf daß ihr bestehet vollkommen... ich gebe ihm Zeugnis, daß er großen Fleiß hat um euch und um die zu Laodizea und Hierapolis.

Phil 23 Es grüßt dich Epaphras, mein Mitgefangener in Christo Jesu.

Philemon ist ein angesehener Christ in Kolossä. Er hat die Sklavenfrage an dem durchgebrannten, von Paulus nach seiner Bekehrung zurückgeschickten Onesimus durch Liebe zu lösen. Paulus schreibt ihm dazu den Philemonbrief.

Kol 4,9 Onesimus, der getreue und liebe Bruder, welcher von den Euren ist.
Kol 4,17 wird Archippus genannt, woraus man den Rückschluß macht, daß Phi-
Phil 2 lemon von Kolossä ist.
die Gemeinde in deinem Hause.

10 so ermahne ich dich um meines Sohnes willen, Onesimus, den ich gezeugt habe in meinen Banden, welcher weiland hier unnütz (Wortspiel: Onesimus heißt nützlich), nun aber dir und mir wohl nütze ist, den habe ich wieder gesandt. Du aber wollest ihn, das ist mein eigen Herz, annehmen.

16 Nun nicht mehr als einen Sklaven, sondern mehr denn einen Sklaven, als einen lieben Bruder.

21 Ich habe aus Zuversicht deines Gehorsams dir geschrieben. (Was Paulus ihm zumutet, das traut er ihm auch zu.)

Timotheus, der Sohn eines Heiden und einer jüdischen Mutter aus Lystra, kommt bei der ersten Missionsreise des Apostels Paulus zum Glauben und wird auf der zweiten Missionsreise zum Missionsdienst als Begleiter des Apostels abgeordnet. Er wird der treuste Gehilfe des Paulus, der ihn als seinen Vertrauten mit wichtigen Aufträgen zu den Gemeinden senden kann und ihm zuletzt die Leitung der Gemeinde zu Ephesus anvertraut. In den Pastoralbriefen gibt ihm Paulus seine letzten Weisungen für die Leitung der Gemeinden.

1. Seine Eltern und Vorfahren.

2 Ti 1,5 Der ungefärbte Glaube in dir, welcher zuvor gewohnt hat in deiner Großmutter Lois und deiner Mutter Eunike.

Ap 16,1 Er kam nach Lystra, und siehe, ein Jünger war daselbst mit Namen Timotheus, eines jüdischen Weibes Sohn, die war gläubig, aber eines griechischen Vaters.

2 Ti 3,15 Weil du von Kind auf die Heilige Schrift weißt (fromme Erziehung).

2. Er wird auf der ersten Missionsreise gläubig an Christus.

1 Ti 1,2 Timotheus, meinem rechtschaffenen Sohn im Glauben.

3. Er wird zum Missionsdienst erwählt und abgeordnet.

Ap 16,2 Der hatte ein gut Gerücht bei den Brüdern unter den Lystranern und zu Ikonion.

16,3 Diesen wollte Paulus mit sich ziehen lassen. Und nahm und beschnitt ihn um der Juden willen, die an den Orten waren.

1 Ti 1,18 Nach den vorigen Weissagungen über dich.

4,14 Laß nicht außer acht die Gabe, die dir gegeben ist durch die Weissagung mit Handauflegen der Ältesten.

2 Ti 1,6 Ich erinnere dich, daß du erweckest die Gabe, die in dir ist durch die Auflegung meiner Hände. (Die Weissagungen der Ältesten empfehlen ihn zum Missionsdienst.)

4. In treuer Nachfolge, in Verfolgungen und in der Ausrichtung wichtiger Aufträge bewährt sich seine Treue und Rechtschaffenheit im Dienst am Evangelium.

2 Ti 3,10 Du bist nachgefolgt meiner Lehre, meiner Weisung, meiner Meinung, meinem Glauben, meiner Langmut, meiner Liebe, meiner Geduld, meinen Verfolgungen, meinen Leiden, welche mir widerfahren sind zu Antiochien, zu Ikonion, zu Lystra, welche Verfolgungen ich da ertrug!

Phi 2,20 Ich habe keinen, der so gar meines Sinnes sei, der so herzlich für euch sorgt... Ihr wisset, daß er rechtschaffen ist, denn wie ein Kind dem Vater hat er mit mir gedient am Evangelium.

1 Th 3,1 Wir haben es uns lassen wohlgefallen, daß wir zu Athen allein gelassen würden, und haben Timotheus gesandt, unseren Bruder und Diener Gottes und unseren Gehilfen im Evangelium Christi, euch zu stärken und zu ermahnen in eurem Glauben.

Ap 18,5 Da aber Silas und Timotheus aus Mazedonien kamen, drang Paulus der Geist (in Korinth).

1 Kr 4,17 Ich habe Timotheus zu euch gesandt, welcher ist mein lieber und getreuer Sohn in dem Herrn, daß er euch erinnere meiner Wege, die in Christo sind.

16,10 So Timotheus kommt, so sehet zu, daß er ohne Furcht bei euch sei, denn er treibt auch das Werk des Herrn, wie ich, daß ihn nun nicht jemand verachte. Geleitet ihn aber in Frieden, daß er zu mir komme, denn ich warte sein mit den Brüdern.

Ap 19,22 Er sandte zwei, die ihm dienten, Timotheus und Erastus, nach Mazedonien (von Ephesus aus).

Phi 2,19 Ich hoffe aber in dem Herrn Jesus, daß ich Timotheus bald werde zu euch senden, daß ich auch erquickt werde, wenn ich erfahre, wie es um euch steht.

1 Ti 1,3 Wie ich dich ermahnt habe, daß du in Ephesus bliebest (Paulus vertraut ihm die wichtige Gemeinde zu Ephesus an).

2 Ti 4,9 Befleißige dich, daß du bald zu mir kommst. (Paulus läßt ihn vor seinem Tod noch nach Rom kommen und gibt ihm im ersten und zweiten Timotheusbrief Weisungen für die Leitung der Gemeinden.)

Heb 13,23 Wisset, daß der Bruder Timotheus wieder frei ist, mit dem, sobald er kommt, will ich euch sehen. (Nachricht von einer späteren Gefangenschaft des Timotheus.)

Titus, ein Grieche von hohem Ansehen in den Gemeinden, wird von Paulus als Heidenchrist auf das Apostelkonzil nach Jerusalem mitgebracht, später von ihm mit schwierigen Aufgaben betraut, zuletzt mit der Leitung der Christengemeinden in Kreta beauftragt. Er bekommt durch einen persönlichen Brief des Apostels Weisungen für die Leitungsaufgaben.

1. Titus ist ein angesehener Heidenchrist.

Ga 2,1 Ich zog hinauf gen Jerusalem mit Barnabas und nahm Titus auch mit mir. Es ward auch Titus nicht gezwungen, sich beschneiden zu lassen, der mit mir war, obwohl er ein Grieche war. (Titus ist der erste Heidenchrist, der in Jerusalem mit den Aposteln teil hat am Tisch des Herrn.)

2. Titus im Dienst des Paulus.

2 Kr 2,4 Ich schrieb euch in großer Trübsal und Angst des Herzens mit vielen Tränen.

2,13 Ich hatte keine Ruhe im Geist, da ich Titus, meinen Bruder, nicht fand.

7,8 Denn daß ich euch durch meinen Brief habe traurig gemacht, reut mich nicht.

7,13 Wir haben uns gefreut über die Freude des Titus, denn sein Geist ist erquickt an euch allen. Denn was ich vor ihm von euch gerühmt habe, darin bin ich nicht zuschanden geworden... er ist überaus herzlich wohl über euch gesinnt, wenn er gedenkt an euer aller Gehorsam, wie ihr ihn mit Furcht und Zittern habt aufgenommen. (Titus wird zuerst mit einem

Strafschreiben, das uns verlorengegangen ist, dann mit einem zweiten Korintherbrief nach Korinth gesandt.) (Schwierige Aufträge.)

Tit 1,4 Titus, meinem rechtschaffenen Sohn nach unser beider Glauben... derhalben ließ ich dich in Kreta, daß du solltest vollends ausrichten, was ich gelassen habe, und besetzen die Städte hin und her mit Ältesten, wie ich dir befohlen habe. (Leitung der Gemeinden in Kreta.)

3,12 Paulus bestellt Titus nach Nikopolis.

2 Ti 4,10 Titus ist nach Dalmatien gezogen.

Felix, ein Freigelassener, in den fünfziger Jahren von Claudius zum Statthalter in Judäa ernannt, ist ungerecht, geldgierig und lüstern. Er steht unter dem Einfluß seiner jüdischen Gemahlin Drusilla und ist auf ihre Veranlassung nachgiebig, schlaff gegen die Juden. Er hat über Paulus zu richten und beweist dabei seine Charakterart.

1. Er ist nachgiebig, schlaff.

Ap 23,21 Er unternimmt nichts gegen die vierzig Verschworenen.

24,22 Da Felix solches hörte, zog er sie hin.

24,24 Felix kam mit seinem Weibe Drusilla, die eine Jüdin war, und forderte Paulus. (Die neugierige Drusilla will Paulus kennenlernen.)

24,27 Felix wollte den Juden einen Dienst erzeigen und ließ Paulus hinter sich gefangen.

2. Er ist lüstern, geldgierig, ungerecht.

Ap 24,25 Da Paulus redete von der Gerechtigkeit und von der Keuschheit und vom zukünftigen Gericht ...

24,26 Er hoffte aber daneben, daß ihm sollte von Paulus Geld gegeben werden, daß er ihn losgäbe, darum er ihn auch oft fordern ließ und besprach sich mit ihm.

3. Vom Bußwort getroffen und doch nicht willig, zu gehorchen, verschiebt er die Entscheidung.

Ap 24,25 Es erschrak Felix und antwortete: Gehe hin auf diesmal; wenn ich gelegene Zeit habe, will ich dich herrufen lassen.

Porcius Festus, 58 - 61 Statthalter in Judäa, ist ein Mann, der den Schwierigkeiten aus dem Weg gehen will. Darum will er Paulus dem Gericht der Juden überlassen. Um den König Agrippa zu ehren, fragt er ihn in bezug auf Paulus um Rat. Als er Paulus reden hört, nimmt er ihn nicht ganz ernst und hält ihn für geistig nicht normal.

1. Er geht den Schwierigkeiten aus dem Weg und will sich mit allen gut stellen.

Ap 25,9 Festus wollte den Juden eine Gunst erzeigen und antwortete Paulus und sprach: Willst du hinauf gen Jerusalem und daselbst über dieses dich von mir richten lassen?

25,14 Festus legt dem König Agrippa den Handel von Paulus vor.

2. Festus hält Paulus für einen geistig nicht ganz zurechnungsfähigen Gelehrten und drückt sich so um die Entscheidung.

Ap 26,24	Da sprach Festus mit lauter Stimme: Paulus, du rasest, die große Kunst macht dich rasend.

Herodes Agrippa II., Sohn Agrippas I., von Claudius drunten gehalten, erhält er nur den nördlichen und östlichen Teil des Herodes-Reiches. Doch gewinnt er Einfluß auf Jerusalem und vermittelt zwischen Juden und Römern. Festus führt ihm den gefangenen Paulus vor.

1. Er glaubt den Propheten.

Ap 26,27	Glaubst du, König Agrippa, den Propheten? Ich weiß, du glaubst.

2. Er hat Interesse für Christus.

Ap 25,22	Agrippa sprach zu Festus: Ich möchte den Menschen auch gern hören.
26,26	Paulus: Der König weiß solches wohl, zu welchem ich freudig rede. Denn ich achte, ihm sei der keines verborgen; denn solches ist nicht im Winkel geschehen.

3. Er ist gepackt, aber doch nicht überwältigt von dem Zeugnis des Paulus, weil er widerstrebt.

Ap 26,28	Agrippa aber sprach zu Paulus: Es fehlt nicht viel, du überredest mich, daß ich ein Christi würde.

Jakobus, der Bruder des Herrn, glaubt bei Lebzeiten Jesu nicht an ihn, sondern meint in seiner trocken-nüchternen Art, der alles Ungewöhnliche verdächtig ist, er sei von Sinnen. Durch die Erscheinung des Auferstandenen wird er gläubig und hält sich mit seiner Mutter und seinen Brüdern von nun an zur Jüngerschaft, wo er bald wegen seines entschlossenen Ernstes und seiner Geistesklarheit eine führende Stellung einnimmt. Er lebt im Wort Jesu und nennt sich seinen Knecht. Er schiebt alle theoretischen Fragen beiseite und wendet mit entschlossenem Ernst den Willen auf das sittliche Ziel. Er ist ein gewaltiger Beter und betet in fester Zuversicht. (Hegesipp berichtet, daß er beständig für Israel gebetet habe und daher bald »Burg des Volkes«, bald »der Gerechte« genannt worden sei.) Er lebt in schlichter Erwartung des nahenden Richters, der nicht nach äußerer Zugehörigkeit zur Kirche, sondern nach innerer Beschaffenheit richtet und den Kranz des Lebens reicht. Jakobus scheidet die Gemeinde von falscher Frömmigkeit, die das Werk vergißt, ebenso wie von der Welt, die dem begehrlichen Ichwillen lebt. Er hält um des Liebesgebots willen in großer Geduld die Verbindung mit Israel aufrecht und ringt um sein Volk bis zum Tode. So hält er auch die Verbindung zu der Heidenchristenheit und zu Paulus fest. Er wurde zuletzt (nach Josephus) 62 nach Christus auf Anstiften des Hohenpriesters Hannas als Gesetzesübertreter gesteinigt.

I. Sein Werden.

1. Zur Zeit der öffentlichen Wirksamkeit ist er ungläubig.

Joh 7,5	Seine Brüder glauben nicht an ihn.
Mk 3,31	Seine Mutter und seine Brüder schickten zu ihm und ließen ihn rufen.

3,21 Da es die Seinen hörten, gingen sie aus und wollten ihn halten, denn sie sprachen: Er ist von Sinnen.
Joh 19,27 Jesus befiehlt seine Mutter seinem Lieblingsjünger, nicht seinem Bruder.

2. Jakobus wird durch die Erscheinung des Auferstandenen zum Glauben geführt.

1 Kr 15,7 Danach ist er gesehen worden von Jakobus.
Ap 1,14 Diese waren alle stets beieinander einmütig mit Beten und Flehen, samt Maria, der Mutter Jesu, und seinen Brüdern.

II. Die Persönlichkeit des Jakobus.

1. Er weiß sich als Knecht Christi, der auf den richtenden Herrn wartet.

Jak 1,1 Jakobus, ein Knecht Gottes und des Herrn Jesu Christi.
5,9 Siehe, der Richter ist vor der Tür.
4,6 Gott gibt dem Demütigen Gnade. (Jakobus weiß sich in demütiger Abhängigkeit von Gott.)
1,18 Er hat uns gezeugt nach seinem Willen durch das Wort der Wahrheit.

2. Jakobus ist ein gläubiger Beter.

Jak 5,16 Des Gerechten Gebet vermag viel, wenn es ernstlich ist.
1,6 er bitte aber im Glauben und zweifle nicht.

3. Jakobus steht zeitlebens in der Buße, im Kampf gegen den verkehrten Willen.

Jak 1,22 Seid Täter des Worts und nicht Hörer allein!
2,10 So jemand das ganze Gesetz hält und sündigt an einem, der ist das ganze Gesetz schuldig.
4,4 Wisset ihr nicht, daß der Welt Freundschaft Gottes Feindschaft ist?

4. Seinen Verkehr mit den anderen beherrscht das Liebesgebot.

Jak 2,8 Die Liebe ist das königliche Gesetz.
Ap 15,20 Er legt den Heidenchristen die sogenannten noachitischen Gebote auf, um den gesetztreuen Juden den Verkehr mit ihnen zu ermöglichen.
21,18 Er gibt Paulus den Rat, um der Gesetzeseiferer willen ein Gelübde im Tempel auf sich zu nehmen.
Ga 2,9 Jakobus, Kephas und Johannes, die für Säulen angesehen waren, gaben mir die Hand und wurden mit uns eins, daß wir unter die Heiden und sie unter die Juden gingen. (Jakobus steht in der Gemeinschaft mit den übrigen Aposteln und der Heidenchristenheit.)

5. Aus dieser Liebe erwächst seine Geduld.

Jak 5,11 Die Geduld Hiobs habt ihr gehört und das Ende des Herrn habt ihr gesehen.
5,7 So seid nun geduldig, liebe Brüder, bis auf die Zukunft des Herrn. Siehe, ein Ackermann wartet auf die köstliche Frucht der Erde und ist geduldig darüber. (Jakobus harrt bei den Juden aus und bezeugt ihnen Christus, bis sie von der Tempelzinne stürzen.)
1,12 Selig ist der Mann, der die Anfechtung erduldet.

III. Jakobus ist einer der führenden Ältesten der Urgemeinde.

Ap 12,17 Petrus verkündigt dieses Jakobus und den Brüdern.
15,13 Jakobus macht den Vermittlungsvorschlag zur Aufrechterhaltung der Gemeinschaft zwischen Heiden- und Judenchristen, der sofort angenommen wird.

1. Er kämpft um den lebendigen Glauben, der zur Tat führt, und bekämpft scharf jegliche Entleerung des Glaubens.

Jak 2,17 Der Glaube, der nicht Werke hat, ist tot.

2. Er kämpft um die rechte Liebe, die die Person nicht ansieht. Jak 2,9.

Jak 1,19 Die den Zorn ablegt.
1,26 Die die Zunge zügelt.
1,27 Die den Witwen und Waisen Gutes tut.

3. Er löst die Gemeinde von Welt und Weltförmigkeit durch Hinweis auf den kommenden Herrn.

Jak 4,4 Wer der Welt Freund sein will, wird Gottes Feind sein.
4,12 Es ist ein einiger Gesetzgeber, der kann selig machen und verdammen. Wer bist du, der du einen anderen richtest?
5,8 Seid ihr auch geduldig und stärket eure Herzen; denn die Zukunft des Herrn ist nahe.

Judas, Bruder Jesu, schreibt den Judasbrief, der gegen die Gnostiker gerichtet ist und im zweiten Petrusbrief zitiert wird.

1. Der Bruder Jesu.

Judas 1 Judas, der Bruder des Jakobus.
Mt 13,55 Heißen nicht seine Brüder Jakob und Joses und Simon und Judas?

2. Er ist demütig.

Judas 1 nennt er sich Knecht Jesu Christi (nicht seinen Bruder).

3. Er ist gegründet in der Überzeugung der Apostel.

Judas 20 erbauet euch auf dem allerheiligsten Glauben durch den Heiligen Geist und betet und erhaltet euch in der Liebe Gottes und wartet auf die Barmherzigkeit unseres Herrn Jesu Christi zum ewigen Leben.

4. Er kämpft gegen die Gnostiker.

Judas 4 Sie sind Gottlose, ziehen die Gnade unseres Gottes auf Mutwillen und verleugnen unseren Herrn Jesum Christ, den einigen Herrscher.
11 Sie gehen den Weg Kains und fallen in den Irrtum Bileams um Gewinnes willen. Sie prassen bei euren Liebesmahlen ohne Scheu, weiden sich selbst, sind Wolken ohne Wasser, kahle, unfruchtbare Bäume (sie verachten die Menschheit Jesu, zertreten die sittlichen Normen und ergeben sich im Namen der Freiheit fleischlichen Lüsten).

Mir ist gegeben alle Gewalt im Himmel und auf Erden. Darum gehet hin und lehret alle Völker und taufet sie im Namen des Vaters und des Sohnes und des Heiligen Geistes, und lehret sie halten alles, was ich euch befohlen habe. Und siehe, ich bin bei euch alle Tage bis an der Welt Ende. Mt 28,18 - 20

hänssler

Fritz Grünzweig

Einführung in die biblischen Bücher

Bibelwissen kann auf verschiedene Weise vermittelt werden. Diese »Einführung in die biblischen Bücher« macht es auf übersichtliche, unkomplizierte Weise möglich, mit jedem biblischen Buch vertraut zu werden. Fritz Grünzweig ist der Garant dafür, daß dem Leser die Inhalte und Aussagen der Bibel lebendig und einprägsam vor Augen gestellt werden, wenn er etwa die heilsgeschichtlichen Linien vom Alten zum Neuen Testament zieht. Viele Abbildungen veranschaulichen seine Aussagen.

Band 1: Das Alte Testament
Gb., 608 S., zahlreiche s/w-Zeichnungen,
Nr. 391.625
ISBN 3-7751-1625-7

Band 2: Das Neue Testament
Gb., ca. 380 S., ca. 120 s/w-Zeichnungen,
Nr. 391.625
ISBN 3-7751-1773-3

Bitte fragen Sie in Ihrer Buchhandlung nach diesem Buch! Oder schreiben Sie an den Hänssler-Verlag, Postfach 1220, W-7303 Neuhausen-Stuttgart

hänssler

Erstmals: Die gesamte Bibel erklärt und ausgelegt

Herausgegeben von John F. Walvoord und Roy B. Zuck

„Das konsequente hermeneutische Verständnis der Bibel als der von Gottes Geist eingegebenen Heiligen Schrift macht diese fünfbändige Studienausgabe zum Alten und Neuen Testament zu einer bedeutsamen Bereicherung bereits veröffentlichter Bibelkommentare."
Kurt Hennig, Dekan † 1992

* **Abschnittweise Auslegung unter besonderer Berücksichtigung schwer verständlicher Verse**

* **Bedeutung von Schlüsselbegriffen im hebräischen und aramäischen Grundtext**

* **Erhellung von „Widersprüchen" des biblischen Textes**

* **Hintergrund-Information und geschichtliche Zusammenhänge**

Dieses neue Kommentarwerk erschließt dem Leser die faszinierende Welt und die heilsgeschichtliche Bedeutung des Alten und Neuen Testaments, die bisher selbst vielen Christen lebenslang Verständnisschwierigkeiten bereitet. Die Texte sind leicht lesbar und dennoch theologisch fundiert.
Weil alle Autoren dem Dallas Theological Seminary zuzuordnen sind, haben alle Beiträge eine gemeinsame bibeltreue Grundlinie, die sich durch die Kommentierung aller Texte zieht.
Das Werk vermeidet sowohl die Weitschweifigkeit mancher anderer Kommentare wie auch die Oberflächlichkeit mancher Kurzkommentare.
Konzeption und Aufbau ermöglichen eine schnelle Einarbeitung in die Texte, mit denen sich ein Ausleger oder Bibelleser befassen will.

hänssler

Das Leben Jesu

Die authentische Biographie mit Erklärungen

Die Idee

»Das Leben Jesu« bietet die Texte der vier Evangelien in einer einzigartigen Zusammenschau. Die Schilderungen der vier Evangelisten wurden so zusammengestellt, daß sich Jesu Leben und Dienst vor den Augen des Lesers in der historisch möglichen Abfolge der Ereignisse entfaltet. Der Evangelienharmonie ist ein ausführlicher Anmerkungsteil beigefügt, in dem der Autor die einzelnen Unterschiede zwischen den Evangelien detailliert erörtert.

Der Bibeltext

Die Neue Genfer Übersetzung entstand aus der Überarbeitung des Textes der Schlachter-Bibel. So entstand eine völlig neue Übersetzung, die den Wortlaut des Neuen Testamentes in die Sprache unserer Zeit überträgt. Das Ergebnis ist ein sehr gut lesbarer Text, der sich durch sprachliche Frische und Urtexttreue auszeichnet.

Die Anwendung

Dem Bibelleser bringt dieses Werk Jesu Taten und Worte sowie sein Leben auf eine neue, unmittelbare Weise nahe. Der Anhang macht es dem fachkundigen Leser möglich, den Weg zu verstehen und nachzuvollziehen, auf dem der Verfasser diese Evangelienharmonie erstellt hat.

Gb., ca. 400 S.,
Nr. 391.652
ISBN 3-7751-1652-4

hänssler

Bereits erschienene Bände:

Band 1: Genesis – 2. Samuel
Gb., mit Schutzumschlag, 608 S., 14 × 22 cm, 28 Tabellen, 20 Karten,
Nr. 391.568

Band 2: 1. Könige – Hohelied
Gb., mit Schutzumschlag, 608 S., 14 × 22 cm, 19 Tabellen, 5 Karten,
Nr. 391.569

Band 3: Jesaja – Maleachi
Gb., mit Schutzumschlag, 608 S., 14 × 22 cm, 15 Tabellen, 9 Karten,
Nr. 391.570

Band 4: Matthäus – Römer
Gb., mit Schutzumschlag, ca. 700 S., 14 × 22 cm, 25 Tabellen, 13 Karten,
Nr. 391.579

Band 5: 1. Korinther – Offenbarung
Gb., mit Schutzumschlag, ca. 700 S., 14 × 22 cm, 6 Tabellen,
Nr. 391.580

Preisvorteil dieser Reihe:
Bei Vorbestellung aller 5 Bände sparen Sie DM 100,–/sfr 96,–.
Bitte bestellen Sie unter der Nr. 391.311